国家出版基金项目
NATIONAL PUBLICATION FOUNDATION
"十三五"国家重点
图书出版规划项目

晚清思想史资料选编

1840—1911

第 一 卷

主编 郑大华 俞祖华

选编 刘 平 俞祖华 贾小叶

任 青 刘 纯 周 游

马守丽 朱映红 郑大华

岳麓书社·长沙

教育部人文社会科学重点研究基地中华伦理文明研究中心资助研究成果

郑大华

湖南省首批"芙蓉学者",湖南师范大学特聘教授,教育部人文社会科学重点研究基地中华伦理文明研究中心特约研究员。中国社会科学院近代史研究所研究员,中国近代思想研究中心理事长,并任国内外多所大学和科研机构的兼职教授、兼职研究员、国际学术顾问,享受国务院特殊津贴专家。长期从事中国近代思想史研究,主持国家社科基金重大招标课题以及重点课题和特别委托课题、国家出版基金课题、中国社会科学院创新工程重大招标课题以及重大和重点课题、国家民委重大委托课题和重点课题、湖南省重大委托课题等共24项;出版著作18种,译著5种(含合译),点校整理资料9种13册,发表学术论文180多篇、报纸学术文章30多篇;获国家及省部级优秀成果特别奖2项,一等奖4项,二等奖3项,三等奖4项。其著作多次入选《国家哲学社会科学成果文库》《中国社会科学院文库》《湖南省哲学社会科学成果文库》和十九大前"砥砺奋进的五年"大型成就展。

俞祖华

历史学博士,鲁东大学历史文化学院教授,出版《离合之间:中国现代三大思潮及其相互关系》等著作10余部;发表论文160余篇,被《新华文摘》《中国社会科学文摘》等转载50余篇。获中国国家图书奖1项、教育部科学研究优秀成果奖1项、省优秀社会科学成果一等奖3项。享受国务院特殊津贴专家。近年入选"国家百千万人才工程"、文化名家暨"四个一批"人才、国家"万人计划"哲学社会科学领军人才。

总　序

1840 年鸦片战争后，中国逐步沦为半殖民地半封建社会，国家蒙辱、人民蒙难、文明蒙尘，中华民族遭受了前所未有的劫难。从此开始，为改变半殖民地半封建社会的屈辱命运、摆脱民族沉沦、实现中华民族伟大复兴的中国梦，先进中国人进行了不懈探索，并留下了弥足珍贵的思想资料。本书选取的便是反映晚清时期中国人寻梦逐梦、不懈求索心路历程的重要文本，也收录了足以见证寻梦圆梦艰困重重之守旧人士的抗拒变革言论，这是我们迈向新征程以中国式现代化全面推进中华民族伟大复兴需要加以回望反思的。为了方便大家了解晚清思想史重要文本的产生背景与重要内涵，这里谈谈以下三个问题：

一、晚清思想史的研究内容和逻辑起点

晚清思想史的研究对象是从中国开始沦为半殖民地半封建社会到辛亥革命推翻清政府这一时段的思想变迁进程。时间上看，1840 年鸦片战争是半殖民地半封建社会的起点，鉴于思想家在某种程度上预知了封建社会发生重大变化的趋势，本书将嘉（庆）道（光）之际的经世思想文本作为晚清思想史资料选编的开篇；1912 年 2 月 12 日清帝退位诏书颁布是晚清政府的终结，鉴于思潮、思想家历史影响的延后，本选编也会涉及清帝退位之后的某些资料。内容上看，晚清半殖民地半封建社会的历史包括了毛泽东所概括的"两个过程"，亦即包括了半殖民地半封建化与反帝反封建斗争两个方面，故广义上的晚清思想史反映的是反帝反封建的进步思想与体现帝国主义侵略、封建主义压迫的反动思想及其斗争。本书重点选编了反映晚清进步思潮、进步思想家的思想资料，其中也涉及顺应社会发展趋势的地主阶级改革派的思想文本。

本书按照"一个主题（实现民族复兴）、两个争取（争取民族独立、争取社会进步）、三条主线（抵御外侮的爱国思想、除旧布新的变革思想、学习西方的开放思想）、四个阶级或阶层（地主阶级改革派、农民阶级、资产

阶级上层、资产阶级中下层）、六种思想或思潮（经世思潮、农民平均平等思潮、洋务与早期维新思潮、戊戌维新思潮、资产阶级启蒙思潮、民主革命思潮）、六组关系（社会变革与思想变革、古今关系、中西关系、思想家与思潮、思想家思想与民众思想、历史意义与现实启示）"的框架进行编选。

关于晚清思想史的"一个主题"。

习近平总书记在庆祝中国共产党成立一百周年大会上的讲话中指出："1840 年鸦片战争以后，中国逐步成为半殖民地半封建社会，国家蒙辱、人民蒙难、文明蒙尘，中华民族遭受了前所未有的劫难。从那时起，实现中华民族伟大复兴，就成为中国人民和中华民族最伟大的梦想。"晚清知识精英的各种呐喊呼唤、晚清各界人士的种种方案设计、晚清思想先驱的各种求索追寻，归结起来是一个主题：摆脱民族沉沦，实现民族复兴。晚清思想家有着强烈的家国情怀，他们的最大梦想与中心目标就是赶超欧美与日本，使中华民族摆脱屈辱并恢复领先地位，使中华文明再次对人类社会做出自己应有的重要贡献。魏源在《海国图志》中提出通过"师夷之长技以制夷"，达到"风气日开，智慧日出，方见东海之民，犹西海之民"的目标。康有为在受光绪帝召见时表示，中国讲求变法，"此后则蒸蒸日上，富强可驾万国"。谭嗣同指出，通过学习西方最终可以赶超西方，"以中国地宝之富，人民之众多而聪慧，必将为五大洲三十余国之冠"。严复预言进入 20世纪后，中国将与美国并驾于国际舞台，"故二十稘以往，将地大气厚者，为文明富庶之所钟焉。然则雄宇内者，非震旦，即美利坚也"。梁启超于 20世纪初提出了"少年中国"的梦想，而他讲的"少年中国"也就是"老年中国"的返老还童亦即复兴。孙中山早在 1894 年就提出了"振兴中华"的呼唤，并通过反清革命，领导创立了中华民国，他一再表达了建设最富强、最先进、最文明的国家，"使中国为世界第一"的目标定位，如其 1905 年8 月在东京中国留学生欢迎大会的演说中就表达过"将来我中国的国力能凌驾全球"，"比美国还要强几分的"，要"建一头等民主大共和国，以执全球的牛耳"的期望。

关于晚清思想史的"两个争取"。

"两个争取"即争取民族独立、争取社会进步，是近代民主革命两大任务的体现，是实现民族复兴一个主题在对外与对内两个层面的展开。近代中华民族陷于沉沦，是因为"帝国主义和封建主义相结合，把中国变为半殖民地和殖民地"；要实现中华民族复兴，就必须扫除实现民族复兴的两大障碍，即反对帝国主义以争取民族独立，反对封建主义以争取社会进步。从实践层面，晚清时期的鸦片战争、太平天国运动、中法战争、中日战争、戊戌变法、义和团运动、辛亥革命等历史事件相继发生，构成了"中国人民反抗帝国主义及其走狗的过程"；从思想层面，嘉道之际的经世思潮、19世纪五六十年代的农民平等平均思潮、19世纪60至90年代的洋务与早期维新思潮、19世纪末的戊戌维新思潮、19世纪末20世纪初的资产阶级启蒙思潮和辛亥革命时期的民主革命思潮潮起潮落，构成了中国人民与帝国主义、封建主义进行思想抗争的流程。正因为聚焦于反对帝国主义、争取民族独立，故而一以贯之的爱国主义成为晚清思想变迁的主线；正因为聚焦于反对封建主义、争取社会进步，故而倡导科学、民主、文明成为晚清思想变迁的核心内容。爱国、科学、民主、进步，在晚清时期就成了思想变迁的关键词。

关于晚清思想史的"三条主线"。

西方列强将侵略扩张与文明传播交织在一起，一方面要"把中国变为半殖民地和殖民地"，另一方面"又给中国资本主义生产的发展造成了某些客观条件和可能"，这使先进中国人对远方的来客采取了"师夷"与"制夷"的双重态度，他们清醒地认识到"两个争取"都离不开学习西方：要争取民族独立，必须通过学习西方，"尽得西洋之长技为中国之长技"；要争取社会进步，必须通过学习西方，借鉴"黜伪而崇真"的学术与"屈私以为公"的刑政，从而把"学习西方"和"爱国主义"很好地结合起来。晚清思想史的基本线索，除了旨在争取民族独立的抵御外侮的爱国思想和旨在争取社会进步的除旧布新的变革思想，还有另外一条主线就是学习西方的开放思想。抵御外侮的爱国思想包括了"保国""保种""保教""兵战""商战""学战""实业救国""教育救国""海防塞防""救亡图存""振兴中华"等；除旧布新的变革思想包括了"变易观""进化论""制器""变法""新民""求富求强""君主立宪""民主共和"等；学习西方的开放思想包括了"师夷长技""采西学，制洋器""自由为体，民主为用""民主与科学"等。

值得注意的是，与西方思想界从资产阶级民主主义到空想社会主义、再到科学社会主义的发展趋势相适应，晚清思想界的学习西方，不仅引入西方资产阶级民主主义，同时还把目光转向了反思与批判资本主义的社会主义思想，严复、梁启超、孙中山、马君武、朱执信、胡汉民等思想家都接触或介绍过社会主义，当时的《万国公报》《政艺通报》《新民丛报》《民报》《新世纪》《天义报》等多份报刊刊载过介绍和传播马克思主义、社会主义的文章，幸德秋水的《社会主义神髓》、村井知至的《社会主义》、岛田三郎的《社会主义概评》等在日本有影响的社会主义著作被译成中文在上海出版。这里需要说明的是，这一时期对马克思主义、社会主义的介绍和传播还是零星的、不成系统的，而且很多的介绍还附属于对无政府主义的介绍之中。马克思主义、社会主义的广泛传播是在十月革命后的五四时期。抵御外侮的爱国思想、除旧布新的变革思想、学习西方的开放思想的相互激荡，成为贯穿晚清思想史自始至终的三条基本线索。

关于晚清思想史的"四个阶级或阶层"。

晚清进步思想的主体是农民阶级、地主阶级改革派、资产阶级上层、资产阶级中下层这四个阶级或阶层。农民阶级：在反对西方帝国主义以争取民族独立方面，太平天国宣布了"万国皆通商""害人之物为禁""通商者务要凛遵天令"的对外政策，各地民众纷纷开展了反洋教斗争，义和团运动中提出了"顺清灭洋""扶清灭洋"等具有鲜明反帝性质的口号；在反对封建主义以争取社会进步方面，太平天国提出了《天朝田亩制度》，希望建立平均平等的"地上天国"；在学习西方方面，洪仁玕提出了具有资本主义性质的《资政新篇》，反映了当时先进中国人向西方寻找真理的迫切愿望，成为近代中国先进人士最早提出的近代化纲领。地主阶级改革派：林则徐、龚自珍、魏源、徐继畬、姚莹等经世派思想家提出了批判现实、"更法"改革、关注边疆、学习西方等进步思想；奕䜣、曾国藩、李鸿章、左宗棠、张之洞等洋务派思想家提出"千古变局、穷变通久"的变局观、"师其所长，夺其所恃"的自强观、"官督商办，振兴商务"的求富观、"中学为体，西学为用"的文化观、"废除八股，改革科举"的人才观；张之洞、刘坤一、瞿鸿機等中枢与地方大员在20世纪初提出改革主张，推动清末"新政"。正在向资产阶级上层转变或已成为资产阶级上层的王韬、薛福成、马建忠、郑观应等早期维新思想家提出了"变通趋时、变古就今"的变易观、"工商立国、力主商办"的经济观、"君民共主、设立议院"的议会观；康有为、严复、梁启超、谭嗣同等维新思想家提出了"通三世、今胜古、人胜天"的进化观、"减君权、兴民权、通下情"的政治观、"裁厘金、设商会、奖工艺"的经济观、"废科举、派留学、开民智"的文化观；梁启超、杨度、张謇、汤寿潜等立宪派思想家鼓吹君主立宪，发起恳请清政府速开国会的请愿活动。资产阶级中下层：19 世纪末孙中山提出了"振兴中华"的口号，到 20 世纪初革命风潮风起云涌，"驱除鞑虏，恢复中华，建立民国，平均地权"这十六字，被确立为具有资产阶级政党性质的同盟会的革命纲领。各种进步思潮汇成洪流，各派政治势力纵横捭阖，最终促成了从两千多年封建专制国家到亚洲第一个资产阶级共和国的历史巨变。

关于晚清思想史的"六种思想或思潮"。

晚清思想史上前后有嘉道之际的经世思潮、19 世纪五六十年代的农民平均平等思潮、19 世纪 60 至 90 年代的洋务和早期维新思潮、19 世纪末的戊戌维新思潮、19 世纪末 20 世纪初的资产阶级启蒙思潮和辛亥革命时期的民主革命思潮这"六种思想或思潮"如排山倒海，在思想洪流上潮起潮落、前后交错，但总趋势是"一泻千里激流下，奔流到海不复回"。对"六种思想或思潮"的流程，后面结合晚清思想史的发展阶段再作梳理，并在此基础上总结出晚清思想史的五大特点。

关于晚清思想史的"六组关系"。

研究晚清思想史，还应注意处理好以下六组关系：社会变革与思想变革、古今关系、中西关系、思想家与思潮、思想家思想与民众思想、历史意义与现实启示。

一是社会变革与思想变革的关系。历史唯物主义认为，社会存在是社会意识的基础与前提，社会存在是第一性的，而社会意识是第二性的；社会存在决定社会意识的内容与形式，有什么样的社会存在就有什么样的社会意识与之相适应，社会形态发生变动，思想道德随之发生变动；社会意识对社会存在具有反作用。据此我们可以看出，晚清思想变迁是晚清社会变迁在思想观念上的反映，与从封建社会变成半殖民地半封建社会的社会变革相适应，发生了从传统思想到近代思想的历史转型。近代史的"两个过程"，在思想史上体现为殖民主义、封建主义的反动思想与反帝反封建的进步思想两个方面。社会意识又有能动性。晚清思想史的一个特点，是思想理论与社会实践的脱节。这表现在两个方面：（1）就历史发展的进程来看，往往是思想理论超前，而社会实践滞后。（2）就思想家个人来看，社会实践落后于思想理论甚至相背离的现象也较普遍。所以我们在研究晚清思想史时，一定要把思想理论与社会实践结合起来进行研究，不能只看思想家们说了些什么，而且还要看他们做了些什么，只有如此，才能对思想家做出合乎历史事实的客观评价。

二是古今关系。古今中西之争贯穿着晚清思想史的全过程，其中，古今之争即新旧之争，就是中国思想进程内部守旧势力与革新势力、传统思想与现代思想之间的斗争，本质上是资产阶级思想反对封建主义思想的斗争，是"封建主义和人民大众的矛盾"在意识形态上的反映。晚清思想史的每一步进展，都是同进步势力与守旧势力的思想论争分不开的，都是与冲破"祖宗之法不可变""宁可亡国，不可变法"的思想束缚分不开的，洋务派与顽固派之争、维新派与守旧派和后党之争、立宪派与清廷抵制宪政之争、革命思想与封建卫道思想之争都属于这种性质。需要说明的是，清末改良派与革命派的论战是资产阶级内部不同思想派别的争论。古今之争的结果是资产阶级思想、"资产阶级代表所需要的自然科学和资产阶级的社会政治学说"得到了传播，封建思想以科举制废除失去了主流意识形态地位，推进了从传统思想到现代思想的初步转型。资产阶级思想作为晚清时期的新学，到了民国时期，其引领时代的地位被更为先进的新思想即"中国共产党人所领导的共产主义的文化思想"所取代了。

三是中西关系。晚清古今中西思想格局中的"西学与中学之争"，在很大程度上是与古今之争、新学与旧学之争合拍的，也就是说晚清进步思想从中西关系维度上讲是倡导向西方学习，从新旧关系、古今关系维度上是主张"力今胜古"、倡导新观念新思想。正是在这一意义上，毛泽东将近代"先进的中国人"定位为"向西方寻找真理"的人。对当时的人们来说，当务之急不是眼睛向后重温过去的故事，而是"睁眼看世界"寻求"新道理"，因为"新"与"外国"、与"西方"是联系在一起的，"要救国，只有维新；要维新，只有学外国"。但是，中西关系与古今关系、中西之争与古今之争毕竟是有区别的。因此，我们可以看到主张变法维新、改革革命的进步思想家有着鲜明的民族主义立场、文化保守主义立场，如魏源的"制夷"、洋务派的"中学为体"、维新派的"保国、保种、保教"、国粹派的"保存古学"，都体现了对中华民族、对中华文明的守护。

四是思想家与思潮的关系。晚清思想发展的一个重要特征就是思潮风起云涌，然而长期以来学术界对此关注不够，那些以"中国近代思想史"命名的著作，基本上是各个时期一些主要思想家思想的汇编。自20世纪90年代以来，这种状况有了改变，思潮史研究异军突起，蔚成风尚，相继出版了一批以"思潮史"命名的著作。以思潮为线索构架中国近代思想史无疑是对此前以思想家为线索构架中国近代思想史的重大突破，但它也同样存在着缺陷或不足。如果说在那些以思想家为主要线索构架而成的思想史著作中，寻找不到中国近代思潮的演化脉络，有树木而无森林的话，那么，在那些以思潮为主要线索构架而成的思想史著作中，则看不到主要思想家的思想和活动，有森林而无树木。而缺少思想家的思想和活动的思想史著作，其学术价值就必然会大打折扣。一部好的中国近代思想史著作，应该是思潮史研究与思想家研究的完美结合，即以近代思潮的演化脉络为经，以主要思想家的思想和活动为纬，经纬交织，一方面要以思想家的思想来见证思潮的演化，另一方面又要以思潮的演化来加深对思想家思想的解剖。

五是思想家思想与民众思想的关系。应注意处理好思想家思想与人民大众思想之间的关系。一方面要重视思想家的思想，至少应以思想家的思想为研究的切入点。这是因为：其一，真正有社会贡献、有历史影响的思想家，必然关注民生疾苦、关注社会诉求，致力于为人民大众鼓与呼；其二，与人民大众比较，作为社会精英，各个时期的思想家，尤其是他们的代表人物对于民族独立和社会进步这两大中国近代的时代主题有更敏感和更深切的感受，更能触摸到跳动的时代脉搏；其三，思想家的思想往往是一般社会思想和动向最集中、最典型的反映，是它们的浓缩体，这也是思想家的思想所以能影响社会的根本原因。另一方面，也要重视人民大众的思想，尤其要重视人民大众思想对思想家思想的影响。人民大众的思想，有的通过自己的代言人以社会运动纲领、口号的形式出现，如太平天国提出的《天朝田亩制度》、义和团运动中提出的"扶清灭洋"口号；有的以揭帖、谣诼、民间传说、民间信仰等独特形式呈现，如反洋教斗争中的一些歌谣、揭帖；有的以抗争、"民变"等反映民意的非文字形式呈现，其中不乏为思想家所感知。人民大众的思想表达尽管在多数情况下是隐形的，是没有文字记载的，但它反映的是社会的要求，人民的心声，是推动社会变革的基本动力。实际上在思想家的思想和人民大众的思想之间存在着一种相互作用、相互影响的互动关系。我们在研究思想家的思想时，还要特别注意加强对思想家的生活时代、生命历程和生存状态的研究，加强对思想家的思想是通过何种方式和渠道影响人民大众、从而影响到历史发展进程的研究。

六是历史意义与现实启示的关系。我们对晚清思想的价值重估，既要回到历史现场从当时的时代背景出发实事求是地估计晚清思想家、晚清思想、晚清思潮在当时所曾发挥的积极作用或历史局限；又要鉴古知今以当下的时代精神审视晚清思想遗产的现实启示。有的思想元素无论在当年还是在当下，都获得了较高的正面评价，如孙中山"振兴中华"的呼唤在当年就引领了广大志士仁人为实现民族复兴而不懈奋斗，在改革开放的今天这一口号同样响彻中华大地并激励着中华儿女投身中华民族伟大复兴历史伟业；有的思想元素在当年与当下的评价是有区别的，如清末改良派"合族"思想、"中华民族"观念，在当年或被革命派激烈批判或影响有限，但在当下却是铸牢中华民族共同体意识的珍贵思想遗产。

二、晚清思想史的发展阶段及其特点

如前所述，我们将晚清进步思想变迁的流程，概括为经世思潮、农民平均平等思潮、洋务与早期维新思潮、戊戌维新思潮、资产阶级启蒙思潮和民主革命思潮这"六种思想或思潮"的交织交替与相互激荡。与此相适应，可以把晚清思想史大致分为六个阶段，六个阶段不是截然分开的，主潮潮起潮落清晰可见，支流前后交错踪迹曲折。六个阶段为：

第一阶段是鸦片战争前后嘉道之际的经世思潮。经世思潮在鸦片战争前已经兴起，鸦片战争后蔚为大观，同时在抵御外侮、"更法"革新、学习西方三条线索上展开。抵御外侮的爱国思想，既包括着眼于当时的禁烟思想、抗英思想、"制夷"思想，也包括从长计议的对边疆史地的关注。边疆史地研究成为嘉道经世思潮的重要内容，当时出版了祁韵士的《皇朝藩部要略》、徐松的《西域水道记》、张穆的《蒙古游牧记》、姚莹的《康辅纪行》、何秋涛的《朔方备乘》等书。除旧布新的变革思想，既包括着眼于破的社会批判思想，如龚自珍有关清王朝已经进入"日之将夕"之"衰世"的预言、有关君主专制造成"一夫为刚，万夫为柔"的痛批；也包括着眼于立的社会改革建言，如包世臣在《海运南漕议》、魏源在《筹漕篇》中所提海运漕米对策。学习西方的开放思想更是风生水起，出现了林则徐的《四洲志》、魏源的《海国图志》、李兆洛的《西洋奇器述》、徐继畬的《瀛环志略》、梁廷枏的《海国四说》等著作，提出了"师夷之长技以制夷"等主张，使中国人初步认识到《禹贡》所称"九州"之外还有更为辽阔的五大洲四大洋，中国这一古老的"天朝上国"实际上已经落后于西方。

第二阶段从 1851 年金田起义到第二次鸦片战争后中外反动派联合镇压农民起义期间的平均平等思潮。太平天国在 1853 年定都南京后颁布了《天朝田亩制度》，提出了以废除封建土地所有制为中心内容的反封建思想，确定了"凡天下田，天下人同耕"的原则，表达了"有田同耕，有饭同食，有衣同穿，有钱同使，无处不均匀，无人不饱暖""天下一家，共享太平"的农民绝对平均主义理想，这种理想是根本不可能实现的。后期于 1859 年颁布了具有资本主义性质的《资政新篇》，提出学习西方，提倡与各国通商，借鉴西方先进的科学技术，发展资本主义经济等。这表明太平天国领袖不仅在反对封建主义方面做出了可贵的探索，而且在"向西方国家寻找真理"方面也曾领一时风骚。

第三阶段从 1861 年设立总理各国事务衙门到 1895 年甲午战争失败的洋务和早期维新思潮。清政府在两次鸦片战争中的相继失败，使朝野有识之士认识到中国面临数千年来未有之变局，认识到西方军事武器的先进性与学习西方的必要性。面对变局，奕䜣、文祥、曾国藩、李鸿章、张之洞等洋务派官僚，主张学习西方练兵制器以"求强"、引进西方工业文明技术以"求富"、办学堂派留学以求"西学"，主张"中学为体，西学为用"纲领即以西方资本主义的军事、民用技术来维护封建纲常名教；到了 19 世纪 80 年代后，尤其是中法战争后，一批原本是洋务运动的积极参与者和支持者的洋务知识分子，如王韬、薛福成、郑观应、马建忠、陈炽等人，开始从洋务派中分离出来，提出了更具有资本主义色彩的主张，如经济上力主"商办"与政治上倡设"议院"，从而成了早期维新思想家，成了洋务思潮、洋务运动的反思者和批判者。早期维新思想家是正在形成中的资产阶级上层的代表。

第四阶段从 1895 年甲午战争失败到"百日维新"失败的戊戌维新思潮。在甲午战争失败民族危机空前深重的背景下，康有为、梁启超、严复、谭嗣同等代表资产阶级上层的维新派主张开民智、兴民权、设议院、实行君主立宪，主张保护、奖掖、发展资本主义工商业并改革不利于资本主义发展的体制机制，主张废八股、设学堂、办报刊、立学会、译西书、派留学以传播资产阶级思想文化，在继承早期维新思潮的基础上推动资产阶级改革思想进一步发展并进而发展成维新运动，使中国近代化从"制器"到"变法""新民"，从器物层面向制度层面、观念层面不断推进。

第五阶段从 19 世纪末到 20 世纪初的资产阶级启蒙思潮。维新变法失败后，以流亡海外的梁启超为代表的维新思想家，一方面继续其未竟的维新事业，另一方面又以更大的热情投身思想启蒙活动，创办报刊，译介西书，传播启蒙思想，在中西文化的交融中整理和探讨中国固有的旧学术，并提出"史界革命""文学革命""小说界革命"和"诗界革命"等口号。与此同时，正在形成之中和后来已经形成的革命派也深知"革命必先去奴隶之根性"，认识到了思想启蒙的重要性，在积极从事反清革命的过程中，也以饱满的热情批判封建专制主义、纲常名教和封建迷信，宣传资产阶级的人权、自由和平等思想，并提出改造国民性的问题，为 20 世纪初期的思想启蒙做出过重要贡献。尽管维新派与革命派在政治取向上呈现出"道不同不相为谋，志不同不相为友"的态势，并围绕君主立宪与民主共和展开过激烈论争，但他们在致力思想启蒙上似乎形成了共识，都致力于"道德革命"、学术启蒙与文学"三大革命"，推陈出新，在史学、文学、教育和白话文运动等多个领域取得丰厚成果，为中国资产阶级新文化的发展奠定了基础。

第六阶段从 1903 年拒俄运动到 1912 年清帝退位的民主革命思潮，包括武昌起义前鼓吹"革命之破坏"与起义后转向"革命之建设"。孙中山、黄兴、章太炎、邹容、陈天华、秋瑾等代表资产阶级中下层的革命派，以民主共和批判君主专制，提出了"驱除鞑虏，恢复中华，建立民国，平均地权"的十六字政纲并进而概括为"民族、民权、民生"三民主义，着眼于"破"，宣传了"排满革命""政治革命""社会革命""家庭革命"；着眼于"立"，阐发了三阶段革命程序学说、五权宪法学说，以思想革命推动资产阶级民主革命的发展；又与改良派展开了论争，以民主共和思想批判君主立宪思想，推动中国政治近代化从渐进路线到激进路线、从保留君主到废除帝制，为终结中国两千多年的封建专制制度奠定了思想基础；在武昌起义后筹划"革命之建设"，及时根据从革命到执政的地位变化调整思想，如在民族主义方面从"排满革命"转向"五族共和"，也为捍卫民主共和做了力所能及的努力。

前已述及，晚清思想史的六个阶段不是截然分开的，有时或许会前后交错；晚清历史上除了六大主潮一泻千里，主干之外还有支流旁出、叉道众多。农民阶级在晚清思想舞台上的高光时刻是在道咸同年间，但在19世纪末仍有"扶清灭洋"的口号高震云天，在20世纪初仍有"山中之民"在穷乡僻壤的"民变"呐喊；19、20世纪之交思想舞台的主角无疑是代表资产阶级上层的维新派，但代表资产阶级中下层的革命派已发出"振兴中华"的呼号并交相使用着"批判的武器"与"武器的批判"；20世纪初，革命派在进行反清革命的同时，又积极从事思想启蒙；1903年拒俄运动后引领时代风骚的是资产阶级革命派，但立宪派君主立宪思想尤其是恳请清政府速开国会的请愿活动仍声势浩大，也曾吵吵嚷嚷的资产阶级两大阶层（即上层和中下层）、两大派别（即立宪派和革命派）联手完成了对洋人朝廷、君主专制的最后一击。实际上，辛亥革命是革命派、立宪派以及其他反清势力共同作用的结果。当然，其主导者是以孙中山为代表的资产阶级革命派。

毛泽东在阐述半殖民地半封建社会概念、阐明半殖民地半封建社会形成过程时，也分析了半殖民地半封建社会的特点。根据毛泽东的分析，晚清思想史的特点可以概括为五个方面：

一是悲壮的思想基调。既为民族沉沦而悲悯苍生，又为民族复兴而豪情万丈，这是由从独立的封建社会变成半殖民地半封建社会的历史变迁所决定的，悲壮之"悲"源自"帝国主义和中国封建主义相结合，把中国变为半殖民地和殖民地"所导致的中华民族沉沦；悲壮之"壮"源自"中国人民反抗帝国主义及其走狗"所追求的中华民族复兴。我们可以从魏源《海国图志叙》提及"此凡有血气者所宜愤悱"的忧患中、从康有为《上清帝第六书》发出"外衅危迫，分割洊至，急宜及时发愤"的呼号中、从孙中山《兴中会宣言》发出"堂堂华国，不齿于列邦；济济衣冠，被轻于异族"的陈词中、从谭嗣同面对亡国灭种危机留下的"四万万人齐下泪，天涯何处是神州"的诗句中感受悲壮之"悲"。我们可以从魏源诗词"如雷电倏忽，金石争鸣，包孕时感，挥洒万有"的气势中、从林则徐遣戍新疆途中留下的"苟利国家生死以，岂因祸福避趋之"的名句中、从梁启超《少年中国说》"少年智则国智，少年富则国富，少年强则国强，少年独立则国独立，少年自由则国自由，少年进步则国进步，少年胜于欧洲则国胜于欧洲，少年雄于地球则国雄于地球"的豪言壮语中感受悲壮之"壮"。

二是多元的思想生态。近代半殖民地半封建社会在社会结构上的复杂性，近代社会从传统社会向现代社会转型的过渡性，近代经济、政治和文化发展的不平衡性，决定了晚清杂然纷呈的思想生态。晚清思想是一个庞杂的思想系统，从性质看，有殖民主义思想、封建主义思想等反动思想，有反帝思想（反侵略思想）、反封建思想等进步思想；从时代特性看，有传统思想或守旧思想，有现代思想或革新思想；从民族特性看，有西学、外学、西方思想，有中学、国学、中华思想；从阶级属性看，有地主阶级思想、农民阶级思想、资产阶级思想、无产阶级思想，而地主阶级思想又包括改革派思想与顽固派思想，资产阶级思想又包括改良派（立宪派）思想与革命派思想；从门类看，有政治思想、经济思想、文化思想、哲学思想等；从功能作用看，有立足于破的社会批判思想、倾覆帝制思想，有立足于立的国家建设思想、民族复兴思想等。即使在某一方面、某一具体问题、某一思想家上，也可以细化，也可看到变化，如反帝思想可以具体分为反对帝国主义军事侵略思想、反对帝国主义经济侵略思想、反对帝国主义宗教侵略思想等，如对中西文化关系的思考上有排外主义、"中体西用"、"中西会通"、"自由为体，民主为用"、国粹主义等。

三是峻急的思想流程。近代社会快速变化，决定了晚清快速多变的思想流程，甚至具体到某一思想家也以"善变"著称。晚清用了几十年的时间走过了西方国家几百年的思想历程，社会变迁一波未平一波又起，外来思想如潮水般不停涌入，从封建主义到资本主义、再到社会主义几百年的思想历程浓缩成了晚清几十年的思想流程，十年前乃至几年前的进步思想和思潮，到十年后乃至几年后就成了落后思想和思潮了。如果借用已故著名历史学家陈旭麓先生的话说，晚清思想史的发展"表现为急剧的新陈代谢，螺旋地前进，螺旋特别多"。刚刚还是引领时代的思想先驱，转眼成了更先进思想家的批判对象；曾经是"拉车前进的好身手"，转眼成了"拉车屁股向后"的守旧者；当然也有的不断超越自己，从封建主义到民主主义，从民主主义到激进民主主义，从激进民主主义到社会主义。

四是激烈的思想碰撞。近代社会的主要矛盾是"帝国主义和中华民族的矛盾，封建主义和人民大众的矛盾"。除了主要矛盾，还有别的矛盾，例如资产阶级和无产阶级的矛盾，统治阶级内部的矛盾，新兴阶级内部的矛盾。这些矛盾的斗争及其尖锐化，在思想层面就是接连发生的思想论战，在社会层面"就不能不造成日益发展的革命运动"。帝国主义和中华民族的矛盾是"各种矛盾中的最主要矛盾"，在思想上呈现为中华民族、中国人民强烈、深沉、一以贯之的爱国主义、民族主义，民众的三元里抗英、士绅的反洋教、义和团的"灭洋"、留学生的拒俄运动、市民的抵制美货运动都是这种矛盾的体现。封建主义和人民大众的矛盾，在经济上体现为《天朝田亩制度》、"平均地权"等纲领，在政治上体现为围绕君主立宪、民主共和进行的思想交锋。统治阶级内部的矛盾如鸦片战争时期严禁派与弛禁派之争、经世思想与守旧思想之争，洋务运动时期的洋务派与顽固派之争，戊戌维新运动时期的帝党与后党之争。新兴阶级内部的矛盾如革命派与改良派在清末围绕三民主义展开的激烈论战。

五是无奈的思想结局。晚清时期，封建自然经济基础遭到破坏，但封建制度的根基仍占着显然的优势；民族资本主义有了某些发展，但没有成为中国社会经济的主要形式，这种社会经济的格局就决定了资产阶级思想虽然是一种"新学"，但"只能上阵打几个回合，就被外国帝国主义的奴化思想和中国封建主义的复古思想的反动同盟所打退了"。农民阶级、地主阶级改革派、资产阶级上层、资产阶级中下层为挽救民族危机，设计了各种救国方案，发起了各种民族运动，但结局无一不是"无可奈何花落去"，都没有改变中国的半殖民地半封建社会性质，都没有实现中华民族复兴的伟大梦想。正如习近平总书记在庆祝中国共产党成立一百周年大会上的讲话中所指出："太平天国运动、戊戌变法、义和团运动、辛亥革命接连而起，各种救国方案轮番出台，但都以失败而告终。中国迫切需要新的思想引领救亡运动。"于是，民国初年中国思想实现了从向西方学习到"走俄国人的路"的历史性转变。

三、晚清思想史的历史地位：中华传统思想的初步转型

晚清思想史在中华思想史上具有承上启下的重要历史地位："承上"是指传承上一历史时段即封建社会乃至奴隶社会、原始社会的中华传统思想，"启下"是指开启下一时段即新民主主义革命时期乃至社会主义社会的中华传统思想的新历程。它实现了中华传统思想的初步转型：如果我们将中华思想从"旧学"到"新学"的现代转型分为旧民主主义革命时期的"新学"即资产阶级新思想、新民主主义革命时期的"新学"即中国共产党领导的共产主义的文化思想和社会主义时期的"新学"三个阶段，那么，晚清思想史上的"新旧之争"以"资产阶级的新文化"批判"封建阶级的旧文化"，走出了中华思想现代转型"三步走"中的第一步，实现了中华思想的初步转型。之所以说晚清思想史实现了中华思想的初步转型：其一，农民阶级与地主阶级是传统封建社会的两大阶级，由于阶级的局限无法代表先进生产力，也无法代表先进思想文化，但地主阶级改革派对封建统治弊端的揭露、农民阶级对封建主义的揭露、两大阶级对西学某种程度的接纳与爱国主义思想，打破了资本主义新学河道上的坚冰，客观上为新思想的涌流清扫了障碍、提供了借鉴，而有的地主阶级改革派转换成了资产阶级色彩的早期维新思想家。其二，中国资产阶级不仅通过辛亥革命推翻了统治中国两千多年的封建帝制，也在近代前期反帝反封建思想所积累思想遗产的基础上，通过启蒙宣传批判了封建主义，传播了资产阶级民主主义，民国以后"资产阶级共和国观念深入人心"足以说明晚清"新学"的实绩。其三，晚清"新学""被外国帝国主义的奴化思想和中国封建主义的复古思想的反动同盟所打退了"的无奈结局，以所付出的思想代价表明了中国"需要新的思想引领"，促成了旧民主主义革命"新学"发展到新民主主义革命"新学"的转

变。中国人民通过长期的革命斗争实践和反复的思想理论比选，在晚清终结不久选择了"引领救亡运动"的"新的思想"——马克思主义，为实现中华思想的全面转型奠定了基础。

"五四"前后的三位思想明星陈独秀、梁漱溟、梁启超曾把晚清到民初的思想流程分为三期，即陈独秀在 1916 年 2 月所发表的《吾人最后之觉悟》一文中所说的"最初促吾人之觉悟者为学术""其次为政治"，"最后之觉悟"则"当为伦理问题"；梁漱溟在 1921 年所发表的《东西文化及其哲学》中所说的"咸同年间""看到西洋火炮、铁甲、声、光、化、电的奇妙"，甲午之役后"大家又群趋于政治制度一方面"，又发现"最应做的莫过于思想之改革"；梁启超在稍后所发表的《五十年中国进化概论》一文中所说的"先从器物上感觉不足"，再"从制度上感觉不足"，第三期"便是从文化根本上感觉不足"。我们不妨再从器物层面、制度层面、价值观念层面看一下晚清思想史在推动中华传统思想的初步转型中的贡献。三个方面恰好对应着新文化运动中的赛先生（Science）、德先生（Democracy）、穆小姐（Moral），晚清思想史从这些方面做了很好的准备、铺垫。

推动器物层面的现代转型。在近代中西文化冲突的大潮中，国人最先觉悟到自己落后于西方的就是科技。中国人对科学的认识也经历了一个不断深化的过程。魏源在《海国图志》中提倡"师夷之长技"即要求学习西方先进技术，此时"夷之长技"据他的解释主要是指"船坚炮利"的先进军事技术，他还批评了视外国先进技术为"奇技淫巧"的价值判断。洪仁玕在《资政新篇》中，把轮船、火车、手表、望远镜等西洋技术看成"正正堂堂之技"，并称之为"中宝"（"上宝"为基督教），而列中国积年已成的琴棋书画、金玉精奇等"骄奢之习"为"下宝"。冯桂芬提出"采西学，制洋器"，把对科学的认识从技术推进到了自然科学，于是，洋务运动时期在仿效西方军事、民用技术时，也出现了徐寿、华蘅芳等近代自然科学家。到了严复、康有为，他们对科学的概念有了比较正确的认识。严复在其第一篇论文《论世变之亟》中肯定了西学的命脉之一"于学术则黜伪而崇真"即科学，康有为在 1905 年发表的《物质救国论》一文中界定了"物质学"即科学。正是在晚清思想史对"西技"、"西艺"、"西器"、西方自然科学引介、传播的基础上，"科学"成为新文化运动的一面大旗，不仅是知识系统，而且被提升到价值层面、精神层面。

推动制度层面的现代转型。魏源撰写于近代之初的《海国图志》除了倡导"师夷之长技"，还对西方的民主制度唱了第一曲赞歌，他以倾慕的心情描绘了大洋彼岸美利坚"公举一大酋总摄之"等纪纲法度。马建忠、薛福成、郑观应、陈炽、张树声等人批评了中国传统政治"君民隔绝"的弊病，提倡创设议院，希望在中国建立"君民共主"的君主立宪制。甲午战争以后，追求西方民主成了更广泛的社会思潮，并开始发展为政治运动。严复介绍了天赋人权观念和社会契约论的思想，一面写成《辟韩》，批驳了韩愈鼓吹的君权神授、君权至上的专制主义理论；一面盛赞"屈私以为公"的民主是"西洋至美之制""天下至精之制"。康有为、梁启超、谭嗣同等人则请出孔圣人的亡灵呼唤政制改革，他们以"公羊三世说"论证君民共主的"升平世"即将到来，人类还将向更加美好的民主共和的"太平世"前进。维新志士以极大的热情甚至以生命为代价为改革封建专制制度，建立资产阶级君主立宪制度做了英勇的尝试。孙中山和他的战友呼唤民主共和，领导人民建立了亚洲第一个资产阶级共和国。"民主"与"科学"成为新文化运动的两大口号，民主成了中国人精神世界的一根重要支柱。

推动价值观念层面的现代转型。虽说陈独秀、梁漱溟、梁启超将第三期"伦理之觉悟""从文化根本上感觉不足"说成是新文化运动中的"最后之觉悟"，但在晚清时期，对封建伦理道德观念的批判、对资产阶级价值观念的倡导也取得了巨大进展，可以说没有戊戌和辛亥时期的思想启蒙就没有后来的新文化运动。历史观方面，先有经世派、洋务派与早期维新派倡导变易思想，后有严复等人引进西方进化论以"西之人力今以胜古"否定"中之人好古而忽今"，成为唯物史观传播的阶梯，自此国人确立了进步观念，不再认为黄金时代是已经飘逝的远古而是属于未来。本末观方面，晚清对传统本末观重农轻商的观念进行了批判，针锋相对地提出重商主义思想，如王韬提出"恃商为国本"、马建忠提出商业为"求富之源"、郑观应提出"习兵战不如习商战"，重商观念的倡导创造了有利于资本主义工商业发展的思想氛围。伦理观方面，谭嗣同、秋瑾等思想家对封建纲常名教进行了激烈批判，康有为、梁启超、严复、孙中山等思想家宣传了自由、平等、博爱、功利主义等观念。现代价值观念的倡导，促进传统思想、传统道德的现代转换，并使中华民族的精神世界更加丰富多彩。

我们的这套《晚清（1840—1911）思想史资料选编》就是根据上述的思路选编的，不当之处，欢迎批评指正。

总目录

二、鸦片战争后经世思潮的发展 / 270

第二卷

第三卷

·守旧派人士奏折

第四卷

第五卷

八、甲午战争前民间思想观念的初步变化 / 1

第六卷

第七卷

十二、反洋教与义和团运动 / 1

导　论 / 1

1. 鸦片战争以来下层群众反侵略的爱国思想 / 3

3. 义和团运动的反帝爱国思想和盲目排外思想 / 84

第八卷

第九卷

十五、20 世纪初革命派的启蒙思想 / 1

第十二卷

第一卷目录

一、 鸦片战争前经世思潮的复兴

导　论

　　经世思想是中国古代文化的精华，也是历代知识分子一以贯之的价值取向和优良传统。这一思想的渊源，最早可追溯到《易经》。在《周易正义》卷一"屯"中，有"象曰：云雷屯，君子以经纶"的说法。《周易正义注疏》称："君子法此屯象，有为之时，以经纶天下，约束于物，故云君子以经纶也。"此"经纶"一词含有"匡济"之义。最早将"经"与"世"二字连用的是《庄子·齐物论》："春秋经世，先王之志，圣人议而不辩。"尽管据王先谦的《庄子集解》，此处"经世"是"典谟""轨辙"的意思，与今日之"经世"一词的含义不太符合，但后世学者大都援儒入庄，以"经国济世"和"经世致用"来界定"经世"，使"经世"成了中国思想文化中的一个重要概念。经世思想在中国源远流长，但它"用之则行，舍之则藏"，其强弱彰隐直接受外在社会历史环境的制约，"一般而言，社会生活平稳，文化专制强有力，经世观念往往作为一种'潜质'埋藏在士人古色古香的学术外壳内，隐而不彰；到了社会危机四伏的关口，国家民族面对纷至沓来的内部的或外部的挑战，文化专制有所松动，士人的忧患意识便会大觉醒，其学术也在现实生活的冲撞、磨砺下，沿着经世方向发展"（冯天瑜：《道咸间经世实学在中国文化史中的方位》，见葛荣晋主编《中日实学史研究》，中国社会科学出版社1992年版）。而自乾隆后期起，特别是进入嘉（庆）道（光）之际，曾极盛一时的清王朝走上了衰败的道路，各种社会问题日益严重起来，如以皇室为代表的统治阶级生活的奢侈、吏治的腐败、土地兼并的加剧以及鸦片输入的激增所造成的危害等。而严重的社会问题必然引起严重的社会危机。为了反抗清王朝的统治和剥削，这一时期城乡人民的反抗斗争日趋频繁和激烈，农民的抗租和争田、反克扣工钱、夺粮、抗粮和反科派斗争如火如荼，城镇小手工业者、商民的罢工、罢市和抗官斗争此伏彼起。特别是这一时期的农民起义连绵不断，并呈现出次数多、规模大、范围广的特点。日益严重的社会危机，促进了因乾嘉汉学的兴起久已"隐而不彰"的经世思想的复兴。当时，会集于经世思潮旗帜之下的有二三十人，这些人大致可以分为两类：一是具有经世思想的大吏或朝臣，如两江总督陶澍、两广总督阮元、湖广总督林则徐、先任江苏布政使后升至云贵总督的贺长龄、署闽浙总督徐继畲、鸿胪寺卿黄爵滋等。这些人都是进士出身，点翰林，授编修，然后或经御史科道，或历州县知府，由臬司、藩司而巡抚、总督，成为清王朝的封疆大吏或朝臣，他们勇于任事，主张改革，对清除积弊，多所建言，并能躬身实际，是经世思潮的实践者。二是一些文人学者或下级官吏，如龚自珍、魏源、包世臣、姚莹、汤鹏、沈垚、张穆、何秋涛、张际亮、李兆洛、徐松、陈寿祺、梁廷枏、夏燮等。这些人或科举屡挫，官职卑微；或仕途坎坷，屡遭打击；或科举无望，布衣一生，由于长期生活在社会的中下层，对社会积弊多有了解。他们怀抱经世之志，究心经世之学，发言著书，献计献策，是经世思潮的倡导者。其中又以龚自珍、魏源、包世臣的影响最大，堪称代表。概而言之，在鸦片战争之前，复兴的经世思潮主要包括以下几个方面的内容：（一）批判汉学宋学，主张学术经世；（二）批判社会现实，主张"更法"和改革；（三）如何应对西北边疆西方的出现和鸦片问题。

1. 批判汉学宋学，主张学术经世

引　言

　　嘉道之际的经世思想的一个重要内容，就是通经致用，倡导经世实学。以龚自珍、魏源和包世臣为代表的嘉道年间的经世思想家学经的目的十分明确，即要"先立其大者"，重点学习那些关系"天下之治"、能对国家大政有所指导的经书。学习的方法要运用得当，要精读原著，直观经义，不要借助后世的传注，要"能以己意测古人立言之者，而穷其义之所止"。他们尤其强调学经要联系实际，思考和解决国计民生的重大问题，对于"先王制作之原，亦能以近世人情上推之，而原其终始"。魏源继承和发展了清代复兴的今文经学的治学方法，他所撰写的《诗古微》《董子春秋发微》《两汉经师今古文家法考》等经学论著，推本求源，上承庄存与的《春秋正辞》，下启康有为的《新学伪经考》和《孔子改制考》，在晚清今文经学发展史上具有非常重要的思想意义。与乾嘉学派逃避社会现实相反，嘉道年间的经世思想家认为，士人（知识分子）应关心国计民生，过问时事政治，用魏源的话说，要"以实事程实功，以实功程实事"。包世臣指出，天下之所以贵士，与士之所以自贵，其原因就在于士能"志于利济斯人而已"。又说："士者，事也，士无专事，凡民事皆士事也。"并再三强调，士大夫的学问经济，不在于时文、楷法，也不在于考据，而在社会现实，举凡现实生活中的一系列政治经济问题，如吏治官风、盐课漕运、河工水利、兵政边防、舆地农政、钱币人口、刑名法律、文教灾赈等都应成为自己所关心的对象。正是从这一认识出发，他对明末清初倡导经世实学的著名思想家顾炎武及其名著《日知录》特别推崇，认为"百余年来言学者必首推亭林，亭林书必首推《日知录》"。《日知录》之所以值得推崇，原因就在于顾炎武写作此书的目的，意在拨乱涤污，"启多闻于来学，待一治于后王"。以龚自珍、魏源和包世臣为代表的经世思想家许多都是名噪一时的著名学者，写过不少有关经学、史学和文学的著作或文章，但他们写书，研究学问，不纯粹是为写书而写书，为学问而研究学问，除学问外，还为了经世。以史学而论，他们认为"今必本夫古"，"古今一辙"，没有古就没有今，古今之间一脉相承，不可割裂，要通今，则必知古，"欲识济时之要务，须通当代之典章；欲通当代之典章，必考屡朝之方策"。研究历史的目的，是为解决现实问题提供历史借鉴。正是从这一认识出发，当周济向包世臣请教如何撰写两晋这段历史时，包世臣认为，"凡事之无系从违，人之无当兴衰者"，可以略写或不写；"至于人心所趋，视乎初政，心趋既久，遂成风俗，风俗既成，朝政虽力矫之，而有所不可"，这是古今都存在的问题，非唯晋代，因此必须详写；"而拨乱反正，端重人事，人事修，天运变，不善者善之资"，这是历史一再证明的经验教训，故"晋略之志，当在是矣"。魏源尤其重视当代史的研究，认为"时务莫切于当代"，并先后撰写成《圣武记》《道光洋艘征抚记》和《元史新编》等三部满含经世意蕴的历史著作，其前两部属于当代史。至于写文，他们反对脱离民事，将道抽象化，批评韩愈、柳宗元以来古文家抽象的载道之文是离事与礼，而虚言道以张其军，讽刺"近世治古文者，一若非言道则无以自尊其文"，认为道附于事而统于礼，"事无大小，苟能明其始末，究其义类，皆足以成至文"，提倡写"言事之文"和"记事之文"。他们特别强调作者要介入社会，关心国计民生，"深思天下所以化成者，求诸古，验诸事，发诸文"，多写一些"救时指事之章"，多发一些"防患设机之论"，使人们能"观其文以知俗，推其俗以知治"，从中得到一些"劝惩之方"和"补救之术"。

包世臣

与秦学士书

易堂先生学士阁下：日昨纪纲传谕以闭门写节母碑，故十许日未能相过。伏蒲所言，进止非所敢请，然朱君殆必大用，毋轻言出都，以误弹冠之庆云云。以世臣之违世背俗，非阁下固莫能如是垂意推挽者，然宿阁下终不悉鄙怀，未敢默默，伏惟聪察。

阁下甫抵都，握手絮语，以人材下访。世臣比荐广东知府罗含章，能兴沟洫；甘肃知县周燨，能兴机杼；新疆降调笔帖式和书，能持大体；新疆放回江巡道朱尔赓额，能任艰巨。阁下言朱君功在南河而被倾陷，吾所深知，又吾子之旧居停也。其余三君，何以见知吾子？世臣谓和君素闻其任东厅时事，伉直有风骨，月前遇于友人所，与作剧谈，识力具有本末。罗周皆不相识，其政事彰著有征。是在阁下者，以人事君，非以树德。世臣举尔所知，又岂有他意哉？

世臣自十二三岁时，即慨然有志于用世，不肯枉己以端其基。迄今年逾强仕，读先圣之书，通今时之制，究生民之利病，验风土之淳硗，凡以为吾儒分内事耳，求为可知，非以干禄。若谓世臣诗文追踪先正，难期弋获，非出于荐举不可，此非知命者之所虑也。退之有言："岂能决得失于一夫之目而为之忧乐？"世臣所学，虽未取料看退之，然较其所得，亦颇有不后古人者，何必与南山朝隮者流比哉？自嘉庆庚申至乙丑，六年之间，大兴朱文正公手札十数，招取入都，而世臣株守不行。戊辰之夏，觉罗长文敏公专折保荐，力辞始已。辛未之秋，以不欲登百文敏公剡牍成隙，皆阁下所素悉也。岂有今日反欲因缘阁下，淮朱君之毂，以为进身地步者乎？如谓朱君习河事，受之世臣，非得襄理，未必有功，此又不然。朱君如不能独任河事者，则世臣为妄言。况从前在南河，与朱君相处，河事之外，三省巨案及兴革事宜，百文敏悉委朱君，朱君专倚世臣。感其相知之深，治文书常至分夜。近年精力衰耗，不复堪此，朱君若果起用，势不听世臣他去，是以必欲先决归计。昨已就江苏提刑诚公之聘，五六日后便发南辕。人生但期有益于世耳，身虽不显而所言得行，苍生实受其福，夫复何憾？且草稿百卷，多切世用，正欲发箧删润，写定副本，果有名世，必来取法，又何忍厚自菲薄，贻后世君子之指摘，且以人废言也耶？

自去年九月至今，前后所与阁下论说及代属辞事，如公私异指以防猾吏，题奏一辙以抑权臣，刑兵之公费宜设，西北之水利当兴，盐法宜饬以防患，摊捐宜禁以教廉，节读邸抄，多见施用。但恐有司奉行不力，又或潜植根株以养弊薮耳。若覆奏时区画未善，原议官置之不问，是近日给谏陋习。原其初意，不过以一纸塞责，本无心于国是。阁下以师傅之尊，当圣主之笃念旧学，虚怀垂听，斡旋机枢，千载一时。而云进止非所敢请，岂所望于萧傅耶？古大臣诤议条画，至再至三，书之良史，阁下读之，其以为固执已见乎？盖爱君之心，发于不能自已也。前呈漕事一书，所关至巨。若仍仅以上达毕事，画地而守，则不如其已矣。耳属于垣，阁下不能自坚，外人测其浅深，将必十议十驳，日后虽欲求进一言而不可得。时乎不再，毋令异日有宝山空手之悔，天下幸甚！吾道幸甚！束装匆匆，十一日当踵辞，是日请必相待，然亦恐急促不能尽意，故先此覆布，惟垂鉴察。道光纪年三月八日，世臣再拜。（《安吴四种》卷四）

或问

道光甲辰八月，予编录论文之书既成，或问曰："先生之论文也，上自经史子集，下及倚声传奇，并阐其立意之浅深，纠其措辞之得失，可云切而备矣。唯八比为儒者正经，而止摘五言二首入录，读者就求其法，则门径不明，推广其义，则感发无自。近世多有精通古学而不能八比者，然先生述学诗云：'房行藁汗牛，一一究肯綮。比谓契真脉，谁知土偶耳。'则先生于此道实深，何不摭少小勤求之蕴，示学者矩矱，以执佌佌者之口乎？"

予曰："八比取士，历年五百，忠良英俊，类出其中。义醇词净本于经，议鸿识壮酿于史，描摹精切依于子，波澜洪远源于集，与古文固不殊也。唯其结体褊小，风裁矜整，故用法为尤严，而取势为尤紧。古文言皆己意，八比则代人立言，故其要首在肖题，而肖题之机，决于审脉。脉有来有去，其长章巨节，以中间一二间语命题者，文中词意，俱不得出本题之外。而眼光手法，注射操纵，必使牵全身以一发，现全神于一顾，然意则全身全神，而笔仍一发一顾，乃为能事。其单句为章者，发此言也有由，便是来脉。如其言则得，不如其言则失，便是去脉。故八比尤以单题为紧要关隘，以其题未具间架，梁柱皆须意造故也。然古文言皆己意，故贵能蹈实；八比代人立言，故贵能导虚；古文虽短章，取尽己意，故转换多变态，其墙壁宽而峻；八比虽长篇，取协题情，故推勘少回互，其墙壁隘而夷。自有八比以来，果其能者，未有不外严墙壁之守，而内专导虚以求制胜者也。而或薄为小道者，正以其体成于法，意妙在虚，责其实际，不足当宇宙有无之数而已。然其凝思至细，行文至密，所有近辉远映、上压下垫、反敲侧击、仰承俯引之法，反较古文为备。故工于八比者，以其法推求古书，常有能通其微意，不致彼此触碍者，则八比实足以为古文之导引。唯其始也以八比入，其终也欲摆脱八比气息，卒不易得耳。世固有少小未习觅举，而自慕前哲，博览典籍，穷力古文而不能八比者矣。若幼习举业，继攻古文，古文可观而不工八比者，则事理之所必无。盖八比皆父师督责而成，用心专，积力久，于八比尚无所得，而谓其能窥古文宏深之域哉？

"习八比者，无论姿性之利钝，父师必宜择一隅集，必自集中明白简炼之文授之，并使熟读其旁批总评，以悉一定不易之法。授经书时，则与之讲明训诂，使通字义。成篇之后看其出笔，笔力峭拔者，则使读子厚、明允、介甫之文，而以陶石篑、项水心凿其思路；笔势纵横者，则使读长沙、东坡、同甫之文，而以陈大十、黄陶庵荡其胸怀；笔情幽隽者，则使读傅季友、任彦升、陆敬舆、欧阳永叔之文，而以董思白、郑垒阳和其韵调；笔致重实者，则使读刘子政、韩退之、曾子固之文，而以陈卧子、熊次侯资其典赡；笔意窈深者，则使读《战国策》、太史公之文，而以钱鹤滩、金子骏诱其雄肆。此后则听其自为，从吾所好，而非父师之所能为力者矣。唯一切讲章，自《永乐大全》以下，断不宜使之寓目，自窒聪明。至《学》《庸》书本《戴记》之二篇，文理显畅，自宋仁宗御书之以赐状头王拱宸，时儒率援以立说，此不过射策家颂圣之技耳。及南宋考亭别撰章句，合《论》《孟》名为《四书》，抹煞仁宗书赐一节，而以为河南二程，始尊信表章之，一若禅门所谓独标心印者。其徒从反覆辨说，愈解愈缚，实则寻绎本文何不可解说之有？凡是理障，尤宜弃择。

"盖义理存乎人心，随所学为深浅，既明字义，又明文法，而必依人为说，从门入者，不是家珍，斯之谓矣。唯文物典章，无可凿空，书阙有间，汉儒已有不能尽通者。而《四书》内典制，则《三礼》郑注，尚可考核而晰，近乃束经籍于高阁，使后生小子缮诵《典制》《文林》《文环》等刻，讹以传讹。果能概从屏绝，求之遗书，即其质性弱劣，不能诵习全经，招集二三同志，分门各纂，自了原委，亦不必沉淹岁月，始克有成也。若近日小试，题多割截，在主者不过欲杜抄袭之弊，既通文法，临场求其程式，便有依仿，正昌黎所谓不学而能者。而时师乃以其钩意嵌字，纤小无可比似者，珍为秘授，使佳子弟穷年兀兀，卒无一得手处，是可叹也。要之八比一道，本非甚难，而士人业此，并时百万，积二百年之久，其卓荦可观者，曾不能十数，则以利禄之途，人怀侥幸，朝驾南辕，暮从北辙，前邪后许，谬种流传，隳风气而坏风俗，遂致世道人心，愈趋愈下，岂唯八比之尪劣而已哉。"（《安吴四种》卷九）

魏　源

书古微序

《书古微》何为而作也？所以发明西汉《尚书》今、古文之微言大谊，而辟东汉马、郑古文之凿空无师传也。

自伏生得《尚书》二十九篇于屋壁，而欧阳、夏侯传之，是为《今文尚书》。孔安国复得《古文尚书》四十五篇于孔壁，校今文多佚书十六篇。而安国从欧阳生受业，尝以今文读古文，又以古文考今文。司马迁亦尝从安国问故。是西汉今、古文本即一家，大同小异不过什一，初非判然二家也。自后汉杜林复称得漆书《古文尚书》，传之卫宏，贾逵为之作训，马融作传，郑玄注解，由是古文遂显于世，判然与今文为二，动辄诋今文欧阳、夏侯为俗儒，今文遂为所压。及东晋伪古文晚出，而马、郑亦废。国朝诸儒知攻东晋晚出古文之伪，遂以马、郑本为真孔安国本，以马、郑说为真孔安国说，而不知如同马牛（一本"牛"下有"冰炭"二字）之不可相及。今略举其不可信者数大端：

《后汉·杜林传》言："林得漆书《古文尚书》一卷，常宝爱之，虽遭艰困，握持不离身。出以示宏曰：'林流离兵乱，常恐斯经将绝，何期诸生复能传之！'"此古文本所自出。考漆书竹简，每简一行，每行二十五字或二十二字。若四十五篇之《书》漆书于简，则其竹简必且盈车。乃谓仅止一卷，遭乱挟持不离，不足欺三尺孺子。其不可信者一。

《汉书·儒林传》："孔氏有《古文尚书》，孔安国以今文读之，因以起其家，逸书得十余篇。"《艺文志·叙》曰："孔安国悉得壁中书，以考二十九篇，得多十六篇。"而东汉诸儒，亦谓佚十六篇，绝无师说。夫孔安国以今文读古文之训，以古文考今文之本，未尝别自成家，其佚书之无师说犹可言也。东汉古文力排今文之本而自有其漆书之本，力排今文之说而自有其师说，则必此佚十六篇者卓然皆有师说，而后可以压倒今文，何以今文无之者，古文亦无师说乎？十六篇既无师说，则其二十九篇之师说，既不出于今文，又出自何人？岂其阴袭其膏，阳改其面，而又反攻其背乎？其不可信者二。（段氏玉裁甚至谓"佚书增多十余篇，孔安国皆通其说，尽得其读；并此外壁中所出《尚书》，刘向《别录》、桓谭《新论》及《艺文志》所谓五十八篇者，孔安国亦尽得其读"。则是安国佚书较伏生更多三十篇，不止十六，何以史迁问故，不传一字，而卫、贾、马、郑传古文者，即十六篇亦不传一字乎？矢口猾言，不顾其后。）

《汉书·儒林传》言史迁尝"从安国问故"，而迁书所载《尧典》《皋陶谟》《禹贡》《洪范》《微子》《金縢》多古文说，则史迁为安国真古文之传，皎如天日。今马、郑《尧典》《皋陶谟》《微子》《金縢》《无逸》诸篇，无一说不与史迁相反。以《尧典》璇玑玉衡之天象而改为汉世洛下闳之铜仪；以《微子》篇之太师疵、少师彊，而诬为箕、比；以《无逸》篇淫乱之祖甲，诬为贤君，列于三宗；周公摄政十年，不并居丧、居东数之，以为居东三年而后迎归，归而后叛，叛而后东征，东征归而后居摄七年，首尾十二年之久。南辕北辙，诬圣师心，背理害道，不可胜数。岂史迁所传安国之古文，反不如杜林、卫宏杜撰之古文乎？后儒动以史迁之异马、郑者挤之为今文学，岂孔安国亦今文非古文乎？西汉之古文与今文同，东汉之古文与今文异。上无师传，且皆反背师传，其不可信者三。

西汉今、古文皆出伏生，凡伏生《大传》所言者，欧阳必同之，大、小夏侯必同之，史迁所载孔安国说必同之，犹《诗》齐、鲁、韩三家，实同一家，此汉儒师说家法所最重。若东汉古文则不然，马融不同于贾逵，贾逵不同于刘歆，郑玄又不同于马融。一"稽古"，而马以为"顺考古道"，郑以为"同天"；一"七政"，而马以为"斗七星分主日、月五星"，郑以为"天、地、人、四时"；一"六宗"，而刘歆以为"乾坤六子"，贾逵、马融以为"日宗、月宗、星宗、河宗、海宗、岱宗"，郑以为"星、辰、司中、司命（一本"命"下有"风师"二字）、雨师"；一"五器"也，马以为即"五玉"，郑以为即"五赞"；一"舜咨二十二人"也，马取"六官十二牧，进四岳而去四佐"，郑以为"九官十二牧，兼四佐而去四岳"；一"舜登庸在位之年"
也，郑作"二十年，百岁"，马作"三十年"，增"百有十二岁"。试问何为
古文？郑师马而异于马；马师卫、贾，而《酒诰》"成王若曰"异于卫、贾；
贾、马、卫、杜古文应本刘歆，而"六宗"异于刘歆。孰真古文，孰非古文
乎？且郑注《大学》，《康诰》《帝典》之"克明德"，与《尚书·尧典》之"克
明（一本"明"下有"俊"字）德"判然不同；《尧典》之"稽古"，与《皋
陶谟》之"稽古"不同；则郑亦自异于郑。孰古文，孰不古文乎？有师传
家法乎？无师传家法乎？乡壁虚造，随臆师心，不知传受于何人？其不可
信者四。

《儒林传》述"《古文尚书》，孔安国授都尉朝，朝授胶东庸生，庸生授
清河胡常，常授虢徐敖，敖授琅琊王璜平中、平陵涂恽子真，子真授河南
桑钦君长"。是安国之传授，与杜林、卫宏迥不相承。不知杜林所得之本，
即安国壁中之本乎？抑别自一本乎？伏生得自复壁，孔安国得自共王废宅，
河内女子得自老屋，何以杜林本不言得自何所，其师说亦不言授自何人？
其不可信者五。

近世治《尚书》者，江声、王鸣盛多祖马、郑，孙星衍持平于西汉今、
古文，而段玉裁则凡史迁本之异于马、郑者皆挤为今文说，专以东汉乡壁
虚造之古文为真古文，且谓今文之说皆不如古文，而伏生、欧阳、夏侯、
孔安国之微言大义几息灭于天下。予寻绎有年，深悉东汉杜林、马、郑之
古文依托无稽，实先东晋梅传而作伪，不惟背伏生，背孔安国，而又郑背
马，马背贾，无一师传之可信。正犹《易》古文出自费直，费直《易》无
章句，但以《彖》《象》《文言》《系辞》解《易》；而郑传费氏《易》，则臆
创为奢，支离穿凿，但借一先生之名以自盖其欺（一本"而郑传费氏《易》，
则臆创为奢，支离穿凿，但借一先生之名以自盖其欺"作"而荀、虞、郑则
卦气、消息、爻辰，各自创树，不知何本"），其义理凡系君德者，必推而
属之外事。故注《大学》，《康诰》《尧典》之"明德"，则皆以为"自明其
明德"，及改注《尚书》，则又指"明用才俊之人"；《洪范》"沉潜刚克"，不
言其德性之互济，而谓"专攻其阴潜之人，以防乱臣贼子"。违经害义，弊
等申、韩。《君奭》篇则以召公不说周公，谓其"复辟以后即当去位，不当
专位固宠，周公亦自白，言"我不以后人迷，不为子孙计"。皆以世俗之腹，

度圣贤之心，视西汉今文家谊，不可同年而语。

予既成《诗古微》二十二卷，复致力于《尚书》，坠绪茫茫，旁搜远绍，其得于经者凡四大端：一曰"补亡"，谓补《舜典》而并补《汤诰》，又补《泰誓》三篇、《武成》二篇、《牧誓》一篇，以及《度邑》《作雒》为《周诰》之佚篇。二曰"正讹"，如正《典》《谟》"稽古"为"通三统"，正"放勋""重华""文命"为"有天下之号而非名"，正"毋若丹朱敖"为"帝舜戒禹教子之训"而非禹以丹朱戒舜，正殷《高宗肜日》为胤嗣而非为祭称；正《无逸》"三宗"谓"太甲太宗，中宗，武丁高宗"而无淫乱之祖甲，《微子》所问为"大师疵、少师彊"而非父师箕子、少师比干，《金縢》《鸱鸮》为陈善责难而非疑忌，《梓材》为《鲁诰》而非《康诰》。三曰"稽地"，如考禹河而知有千年不决之渎，稽江、汉而知下游有三江分流入海之口，上游有江在荆州夷陵有分作九江之事，中游至寻阳九派，不谓九江，且彭蠡在江北不在江南，而汉为北江之案定。又知雍州黑、弱合流潜入青海，自合黎视之谓之南海，自雍州望之谓之西海，以其色青黑谓之青海。《地理志》"西海有黑水祠"，"有西王母石室"，此黑水入南海之明证。青海至今不通舟楫，不胜鸿毛，中有二岛，惟冰合可渡，番僧裹一岁粮入定其中，此青海即弱水之明证。四曰"象天"，知维斗为黄道极，旋绕乎赤道之北极，周建乎四时，终古无岁差，故可为外璇玑，亦可为大玉衡。而非北斗之玉衡。即北斗之三建，亦皆指北方以正子位，以佐璇玑之用，而并非建子、建丑、建寅之建。于是天文地理，皆定位于高高下下之中；孔思周情，各呈露于噩噩浑浑之际。天其复明斯道于世，尽黜伪古文十六篇，并尽黜马、郑之说，而颁西汉古谊于学宫矣乎，抑犹不可复明矣乎？先王先圣之灵，尚其鉴之！

咸丰五年正月，叙于高邮州。

《舜典》补亡篇，当增"尧曰：咨尔舜，允执其中，天之历数在尔躬，四海困穷，天禄永终"，及"舜让于德弗嗣"，及"受终于文祖"。(《古微堂外集》卷一)

书古微例言上

东晋晚出之孔安国古文《尚书》伪经、伪传、伪序，三者并发端于《朱子语录》中。尝疑孔书所增《大禹谟》《仲虺之诰》《咸有一德》《伊训》《太甲》《说命》《泰誓》《武成》《君陈》《周官》《毕命》等十六篇，皆伏生所无，不应伏生耄年所记皆其难者，而易者反不记。且西汉以前，经与传皆别行，至马融始以注附经，岂得西汉已有附经之传？其孔序庸沓，不似西汉文苍古之体，甚属可疑，言之凿凿。乃其徒蔡沈奉命作传，不知引申师说，以判正伪，遂仍旧辙，贻误后学。惟宋末吴氏澄著《书经纂言》，专注今文，而古文则但云嗣出，盖托词以斡旋功令也。明人梅鷟始力攻古文，而义多武断，考证尚疏，人多不信。其昌言排击、尽发症结者，则始于本朝阎若璩之《古文尚书疏证》。阎书已收入《四库全书》，而惠栋、江声、孙星衍、王鸣盛、段玉裁亦皆有疏证。惟孙氏知伏生今文《书大传》说之胜于马、郑古文，予则更廓其噎蔜，穷其阃奥，以尽发马、郑之覆，而阐西汉伏、孔、欧阳、夏侯之幽，使绝学复大光于世。

夫《毛传》尚可与三家《诗》并存，若伪古文之臆造经、传，上诬三代，下欺千载，今既罪恶贯盈，阅实词服，即当黜之学校，不许以伪经出题考试，不许文章称引，且毁伪《孔传》、伪《孔疏》及蔡沈《集传》，别颁新传、新疏，而后不至于惑世诬民。至马、郑传注之故背今文、臆造古文说者，亦不足以相代，则欲立学宫，舍西汉今文家专门之学，其将谁归？夫黜东晋梅赜之伪，以返于马、郑古文本，此齐一变至鲁也；知并辨马、郑古文说之臆造无师授，以返于伏生、欧阳、夏侯及马迁、孔安国问故之学，此鲁一变至道也。自非我国家经学昌明，轹唐凌宋，何以有是？爰附书其端末于目录后，以告承学治古、今文之士。（《古微堂外集》卷一）

书古微例言中

尝讶伏生口授今文《尚书》，传自七十子，微言大谊，炳若日星。欧阳、大小夏侯祖述之，各不离其宗。西汉上自人主，下自公卿，无不以今文博士为师者，故《汉书》言："自欧阳生传伏《书》，至歆八世皆为博士，他儒之传欧阳《书》者，亦往往入傅太子。"如桓荣以稽古之学劝其徒，疏广、疏受以黄金之赐娱老乡里，门人弟子会葬辄数千人，经学之盛，未有过此者，何以一至东汉，教辄旁歧？刘、杜、卫、贾、马不足道，郑康成以亲注《大传》之人，其服膺伏生不为不至，何以一旦改归赝本，自甘矛盾而不顾？且令天下靡然从之。不及百年，今文《书》及齐、鲁《诗》并归亡佚，惟《韩诗序》二卷，历唐及北宋而亦亡于南渡，何哉？及读《艺文志》曰："古之学者耕且养，三年而通一经〔艺〕。""故用力〔日〕少而畜德多，三十而五经立也。后世经、传既已乖离"，说者又"不思多闻阙疑之谊，而务碎〔义〕逃难，便辞巧说，破坏形体"。说《尧典》五字之文，至十余万言，说"若稽古"三万余言。"后进弥以驰逐，故幼童「而」守一艺，白首而后能言。安其所习，毁所不见，此学者大患也。"而后知今文之敝，非尽东汉古文家敝之，乃今文家先自敝也。夫《尧典》、"若稽古"有何奥难，而漫衍至是？三万言、十万言之多，盖犹后世之制艺、讲章也。

宋儒表章《四子书》教士，望其学圣有途辙，不歧于异端俗学，岂知功令既颁之后，至明而"蒙引""存疑""浅说""达说""说约"之讲章，乡会之程墨，乡社之房稿，定待闲在之选本，皆至于汗牛充栋而不可极，其敝于利禄，亦何异汉士说《尧典》"稽古"者乎？故以马融之贪肆而公诋欧阳生为俗儒，犹今之淹博词章者诋业科举之士为俗儒也。以彼今文家皆利禄之徒，而古文家为高材博学之徒矣。夫欧阳、夏侯不敝，而诸生习其支叶甘为利禄者敝之；马、郑斥利禄之辈谓俗儒可也，并斥欧阳、大小夏侯之师授渊源于七十子者亦为俗儒可乎？并畔伏生《大传》而不问，且臆造矫诬，使微言大谊尽变为肤浅可乎？斯则又东汉马、郑古文家之失也。即伪《孔传》亦乘马、郑支离臆说之极弊而乘虚以入者，使今、古文两败俱伤，谁之咎欤？

乌乎！古学之废兴，关乎世教之隆替，主持师道者，固不可有毫发之弊。苟忘其本教，而稗贩圣经，以博衣食，未有不累及先师者，可胜叹哉！故因论今文、古文而慨喟再三也。(《古微堂外集》卷一)

书古微例言下

西汉今、古文既厄于东汉马、郑之臆说矣，至今存什一于千百，而微言大谊绵绵延延，竟能回千钧于一发，使古谊复还者，何哉？则全赖有《史记》、《汉书》及伏生《大传》残本、《汲冢周书》佚本三者为之命脉也。

玑衡之说，《史记》与《大传》符，《淮南·天文训》《周髀算经》与《史记》符，故铜仪玉管机巧之说，终西汉世不能惑。荆州九江即九穴，在巴陵西不在巴陵南，有班《志》所引桑钦古文说可凭。扬州、九江，有太史登庐山观寻阳九江可凭。其自荆至扬，江、汉分流，有鹦鹉洲及寻阳桑落洲分九派可凭。江行各洲之南，汉行各洲之北，始知彭蠡之在江北而不在江南，为今太湖、望江等县之诸湖荡，以至皖江上游为汉水之大螺旋，故有彭蠡之名，又音转为大雷池之名。及其三江归宿，则又有《汉志》毗陵北江入海，扬州川，丹阳中江入海，扬州川之语。至黑水，则《地理志》西海有黑水祠。西海即青海，自雍州东望之为西海，自合黎言之为南海，自黑水言之为青海。今乃并知此水不胜鸿毛，不通舟楫，中有二岛，惟冬日冰合，番僧裹一岁粮入定其中，是知天然弱水。弱、黑并为一川，皆潜源重发于此，潴而不流。此皆《汉书·地理志》西海黑水祠之力也。况《地理［志］》于他山水，亦皆于其下注明《禹贡》作某，古文以为某，与桑钦《禹贡山水泽地》相符，其有功经义甚大。不然，尽以后世之江、汉为《禹贡》之江、汉，如苏氏、蔡氏、胡氏之一江三名者，以黑水为滇、黔之水者，其错缪尚可问乎？至北条之水，则《史记·河渠书》禹酾二渠，一为冀州高地之河，一为漯川入济之河。后世冀州九河尽没，而漯川千乘之河，自东汉至唐末五代，千年无患，非《史记》何由知为禹迹乎？此又《史记·河渠书》之力也。

惟天文与舆地皆必须图，而璇玑之不用北斗而用维斗，其玉衡北斗又止用其建北方而定子位，故初昏、夜半、平旦，杓、魁、衡三建，而皆非建寅、建丑、建卯之建。且建有所穷则济之以中星，中有所穷则助之以斗建，此自来图天文者所未有。邹君汉勋曾为余代绘《唐虞天象总图》，次《璇玑内外之图》，次玉衡三建，皆建北方，定子位，分平旦、夜半、初昏及中星用事，分绘各图，于金陵付梓。而江陵告变，图板皆毁于兵燹，邹君又殉

节于庐州，有天丧斯文之痛，谨泫然记之！（《古微堂外集》卷一）

大学古本叙

《大学》之要，知本而已；知本之要，致知、诚意而已。至善无恶，人之性；可善可恶，人之心。为善去恶者诚意，择善明善者致知。以《中庸》证《大学》，先后同揆，若合符节。故《致知》《诚意》二章，皆以"此谓知本"结之，此千圣之心，传六经之纲领也。

物有本末，修身以上为本，齐家以下为末。格物者，格其意、心、身、家、国、天下之物，以知其诚。正、修、齐、治、平之理，朱子《或问》《文集》《语录》屡言及之。本末不偏，惟未悟古本分章之条理，而误分经传，加以移补，遂留后人之疑，以为不格心、意、身之物，而泛言即凡天下之物。明代王文成公始复古本，而又未悟格物之本谊，遂谓"无善无恶心之体，有善有恶意之动，知善知恶者良知，为善去恶者格物"，与《中庸》明善先于诚身、择善先于固执之旨判然相歧。于是使诚意一关，竟无为善去恶之功，而以择善、明善屏诸《大学》之外，又以无善无恶之体破至善之天则，变圣经为异学。而其徒王畿，遂并以正心为先天之学，诚意为后天之学，明季高忠宪、顾泾阳力排之不遗余力。今虽熄讼，而补传未去，错简未复，则《大学》之谊不章。使朱子暗合古本之旨意而并显符古本之章次，则不致［启］文成之疑，虽道问学而不失于支；使文成显复古之章次而并暗符致格之条理，则不至启末流之弊。虽尊德性而不流于荡，岂非千载遗憾有待后人者乎？

源紬绎有年，涣然于古本《致知章》《诚意章》居首之谊，天造地设，证以《中庸》明善诚身及宋、明诸儒之说，而二章不分经传之案定矣；再以《正修章》为敬，以直内之功存养，与知行并进而敬补小学之说，亦不必外求矣。明代高忠宪公及国朝李文贞公，并力主古本之义；即宋儒陆子言格物，亦与朱子无殊。但俱未有成书，则古本义终未著。爰恭录《钦定礼记义疏》案语于首，其经文共分《致知章》《诚意章》《正修章》《修齐章》《齐治章》《治平章》凡六章，一循古本之旧，不分经传，尽录《朱子章句》原文于下，即以今本之说，注古本之书，天造地设，不约同符。又自以己意每章别加阐择，取明大意而止。其下编复取宋、明儒先之说，旁推曲畅，以尽其义。凡得书二卷。倘得如康熙中纂修《周易折衷》大学士李光地奏复朱子古本之例，使《大学》亦以古本颁学宫，以复石经孔、曾千年之旧，是所望于主持功令者。

道光元年岁在辛巳，书于京师。（《古微堂外集》卷一）

两汉经师今古文家法考叙

魏源曰：余读《后汉书·儒林传》，卫、杜、马、贾诸君子承刘歆之绪论，创立费、孔、毛、左古文之宗，土苴西京十四博士今文之学，谓之俗儒，废书而喟！

夫西汉经师，承七十子微言大义，《易》则施、孟、梁丘皆能以占变知来，《书》则大小夏侯、欧阳、兒宽皆能以《洪范》匡世主，《诗》则申公、辕固生、韩婴、王吉、韦孟、匡衡皆以"三百五篇"当谏书，《春秋》则董仲舒、隽不疑之决狱，《礼》则鲁诸生、贾谊、韦玄成之议制度，而萧望之等皆以《孝经》《论语》保傅辅道，求之东京，未或有闻焉。其文章述作，则陆贾《新语》以《诗》《书》说高祖，贾谊《新书》为汉定制作，《春秋繁露》、《尚书大传》、《韩诗外传》、刘向《五行》、扬雄《太玄》皆以其自得之学，范阴阳，矩圣学，规皇极，斐然与三代同风，而东京亦未有闻焉。

今世言学，则必曰东汉之学胜西汉，东汉郑、许之学综六经，呜呼！二君惟六书、三《礼》并视诸经为闳深，故多用今文家法。及郑氏旁释《易》《诗》《书》《春秋》，皆创异门户，左今右古。其后郑学大行，骎淫遂至《易》亡施、孟、梁丘，《书》亡夏侯、欧阳，《诗》亡齐、鲁、韩，《春秋》邹、夹、公羊、穀梁半亡半存，亦成绝学，谶纬盛，经术卑，儒用绌。晏、肃、预、谧、颐之徒，始得以清言名理并起持其后，东晋梅赜《伪古文书》遂乘机窜入，并马、郑亦归于沦佚。西京微言大义之学，坠于东京；东京典章制度之学，绝于隋、唐；两汉故训声音之学，熄于魏、晋；其道果孰隆替哉？

且夫文质再世而必复，天道三微而成一著。今日复古之要，由诂训、声音以进于东京典章制度，此齐一变至鲁也；由典章、制度以进于西汉微言大义，贯经术、故事、文章于一，此鲁一变至道也。

道光商横摄提格之岁，源既叙录武进礼曹刘申甫先生遗书，略陈群经家法，兹乃推广遍集两汉《儒林传》《艺文志》之文。凡得《周易》今文家施氏学第一，梁丘学第二，孟喜氏学第三，孟氏学旁出京氏、焦氏第四，《周易》古文家费氏学第五，其流为荀氏卦气之学、郑玄爻辰之学，此外又有虞翻消息卦变之学，斯为《易》学今古文传授大概也。

《尚书》今文列于博士者，有伏生、欧阳、大小夏侯二十八篇之学，有孔安国古文四十余篇之学。至东汉初，刘歆、杜林、卫宏、贾逵、马融、郑康成又别创古文之学，其篇次与今文同，而孔安国佚十六篇仍无师说，此皆不列于博士者。及东晋伪古文及伪孔《传》出，唐代列于学校，而伏、欧之今文，马、郑之古文，同时并亡。予据《大传》残编，加以《史记》《汉书》诸子所征引，共成《书古微》，斯《尚书》今、古文传授大概也。

《诗》则汉初皆习齐辕固生、鲁申公、韩婴三家，惟毛《诗》别为古文。郑康成初年习韩《诗》，及笺《诗》改从毛，于是齐、鲁、韩次第佚亡，今惟存毛《传》。及宋朱子、王应麟始略采三家《诗》残文而未得条绪；明何楷、本朝范家相、桐城徐璈次第搜辑，始获三家《诗》十之七八，而余发挥之，成《诗古微》，此《诗》今古文大概也。

小学以《说文》为宗，历代罕究。国朝顾炎武始明音学，而段、王二氏发明《说文》《广雅》，惟转注之说尚有疏舛，予特为发明之，此小学家之大概也。

《礼经》则禘祫之义，王肃与郑玄抗衡，郑主纬书感生五帝之说，肃主人帝为始祖所自出之帝，输攻墨（一本"墨"下有"守"字），秦固失之，楚亦未得，而郑玄《周礼注》计口出泉，至宋遂启王安石新法之祸。惟宋朱子纂《仪礼经传通解》，分家礼、邦国礼、王朝礼、丧祭礼，合三《礼》为一书，集三代古礼之大成，又欲采后世制度因革、损益以择其可行，国朝《读礼通考》《五礼通考》实成其志，此则古今三《礼》之大概也。

今采史志所载各家，立案于前，而后随人疏证，略施断制于后，俾承学之士法古今者，一披览而群经群儒粲然如处一堂。识大识小，学无常师，以为后之君子亦将有乐于斯乎？（《古微堂外集》卷一）

皇朝经世文编叙（代贺方伯）

事必本夫心。玺一也，文见于朱者千万如一，有玺籀篆而朱鸟迹者乎？有朱籀篆而玺鸟迹者乎？然无星之秤不可以程物，故轻重生权衡，非权衡生轻重。善言心者，必有验于事矣。

法必本于人。转五寸之毂，引重致千里，莫御之，跬步不前。然恃目巧，师意匠，般、尔不能闭造而出合。善言人者，必有资于法矣。

今必本夫古。轩、挠上之甲子，千岁可坐致焉。然昨岁之历，今岁而不可用，高、曾器物，不如祖、父之适宜；时愈近，势愈切，圣人乘之，神明生焉，经纬起焉。善言古者，必有验于今矣。

物必本夫我。然两物相摩而精者出焉，两心相质而疑难形焉，两疑相难而易简出焉。《诗》曰："秩秩大猷，圣人莫之。他人有心，予忖度之。"又曰"周爰咨度"，"周爰咨谋"。古人不敢自恃其心也如是，古之善入夫人人之心又善出其人人之心以自恢其心也如是。切焉劘焉，委焉输焉。善言我者，必有乘于物矣。

蟠焉际焉之谓神，效焉法焉之谓事，创之因之谓之后王君公，承之宣之谓之大夫师牧，役智、效能，分事亹亹，达之天下，谓之府史、胥徒、农工、商贾、卒伍。人积人之谓治，治相嬗成今古，有洿隆、有敝更之谓器与道。君、公、卿、士、庶人，推本今世、前世道器之洿隆所由然，以自治外治，知从违、知参伍变化之谓学。学为师长，学为臣，学为士庶者也。格其心、身、家、国、天下之物，知奚以正，奚以修，奚以齐且治平者也。

綖铖其好恶，教养其喜乐，兵刑其怒哀。亹亹乎经曲，渺渺乎精微，则遵、袭、循、守与创制同，诹、询、谋、议与施措同，胶葛纷纭、至纤至悉与性命流行品物同。觳诸事则右史所述，赜诸言则左史所记。事者一成而不可易，言则得失粲矣，违从系矣，参伍具矣。

先王以之备蒙诵，知民务，集群虑，研几微，究中极，精极蜎蠖不为奥，博周伦物不为末，玄黄相反不为异，规矩重叠不为同。故鸠聚本朝以来硕公、庞儒、俊士、畸民之言，都若干篇，为卷百有二十，为纲八，为目六十有三〔五〕。言学之属六，言治之属五，言吏之属八，言户之属十有二，言礼之属九〔十〕，言兵之属十有二，言刑之属三，言工之属九；则魁

理于邵阳魏君默深，告成于道光六年柔兆阉茂之仲冬也。（《古微堂外集》卷三）

龚自珍

壬癸之际胎观第一

天地，人所造，众人自造，非圣人所造。圣人也者，与众人对立，与众人为无尽。众人之宰，非道非极，自名曰我。我光造日月，我力造山川，我变造毛羽肖翘，我理造文字言语，我气造天地，我天地又造人，我分别造伦纪。众人也者，骈化而群生，无独始者。有倮人已，有毛人，有羽人，有角人，有肖翘人。毛人、羽人、角人、肖翘人也者，人自所造，非圣造，非天地造。其匹也，杂不部居。倮人之不与毛、角者匹，其（一本"其"作"是"）后政，非始政。后政也者，先小而后大。五人主为政，十人主为政，十十人主为政，百十人主为政，人总至，至于万，为其大政。有众人已，有日月；有日月已，有旦昼。日月旦昼，人所造，众人自造，非圣人所造。乃造名字，名字之始，各以其人之声。声为天而天名立，声为地而地名立，声为人而人名立。人之初，天下通，人上通，旦上天，夕上天，天与人，旦有语，夕有语。万人之大政，欲有语于人，则有传语之民，传语之人（一本"人"作"民"），后名为官。或以龙纪官，隶天之龙为首，不咸之水龙次焉，咸水之龙次焉，隶畜之龙次焉。或以云纪官，隶上天之云为首，隶天之云次焉，隶名山大川之云又次焉。或以鸟纪官，隶天之鸟为首，隶畜之鸟次焉。龙、鸟、云，天所部，非人所部。后政不道，使一人绝天不通民，使一人绝民不通天，天不降之，上天不降之，上天所天，又不降之。诸龙去，诸鸟不至，诸云不见，则不能以绝（一本"绝"作"纪"）。比其久也，乃有大圣人出，天敬降之，龙乃以部至，鸟以部至，云以部至，民昂首见者，天之借也（一本下有"非天也"三字）。众人以为天，大政之主必敬天，名日月星为神，名山川为祇，名天之人亦曰神。天神，人也；地祇，人也；人鬼，人也。非人形，则非人也。民之初，寿无纪，官不能纪远，寿不能如初，传纪之极言寿，卑矣。曰三万岁。曰八万（一本"八万"

作"万八"）千岁。（《定盦续集》卷二）

壬癸之际胎观第二

既有世已，于是乎有世法。民我性不齐，是智愚、强弱、美丑之始。民我性能记，立强记之法，是书之始。中方左行，东方左行，南方左行，东南方左行，东北方右行，西南方左行，西北方右行，北方右行，皆曰文。文之孳曰字，字有三名，曰声，曰形，曰义。民我性能测，立测之法，是数之始。数始于一，极于九。凡地之上，天之下，空尽（一本"尽"作"者"）实之，必立九以求实，谓之算。算之大者，曰测日月星；曰测地。日月星地既可测（一本"测"下有"已"字），则立之分限，以纪人之居世者，名之曰岁。曰春夏秋冬，是历之始。民我性能分辨，立分辨之法有四：名之曰东西南北。以高为北，庳为南，南方日所出，北方日所入，以为东，北方日所出，南方日所入，以为西，是方位之始。民我性善病，盖有虫焉（一本"盖有虫焉"作"有七情六气五欲"），以宅我身（一本"宅我身"作"戕五官"），则我身（一本"我身"作"五官"）病，是病之始。于是别草木之性以杀虫（一本"杀虫"作"攻治"），是（一本下有"病"字）医之始。倮人食毛羽人，不知所始。食毛羽人，亦病之始。民我性能类，故以书书其所生。又书所生之生，是之谓姓，是谱牒世系之始。一人生二子，则有长幼，则宗之始。有宗牒已，恐其乱，故部男女，是禁男女之始。佃有（一本"有"作"为"）公、侯、伯，有土之君始。民我性不齐，夫以倮人食毛羽人，及男女不相部，名之为恶矣；其不然者，名为善矣，是名善恶之始。（《定盦续集》卷二）

壬癸之际胎观第三

有天下，有大国。宝应出，福德聚，主天下。宝应不出，福德不聚，主大国。有天下者，都中（一本"中"下有"原"字）。有大国者，都西北。大国之君，有古纪，有近纪，亦以福德为差。夫始变古者，颛顼也。有帝统，有王统，有霸统。帝统之盛，颛顼、伊耆、姚；王统之盛，姒、子、姬；霸统之盛，共工、嬴、刘、博尔吉吉特氏。非帝王之法，地万里，位百叶，统犹为霸。帝有法，王有法，霸有法，皆异天，皆不相师，不相訾，不相消息。王统以儒墨进天下之言；霸统以法家进天下之言；霸之末失，以杂家进天下之言。以霸法劝帝王家，则诛。以帝王法劝霸家，则诛。能知王霸之异天者曰大人。进退王霸之统者曰大人。大人之聪明神武而不杀，总其文辞者曰圣人。圣人者，不王不霸，而又异天；天异以制作，以制作自为统。自霸天下之民，以及凡民，姓必黄炎；惟太皥、黄炎、共工为有胤孙，非古之凡民皆有胤孙。古之世，语言出于一，以古语古，犹越人越言，楚人楚言也。后之世，语言出于二，以后语古，犹楚人以越言名，越人以楚言名也。虽有大人生于霸世，号令弗与共：福禄弗与偕，观其语言，弗可用；号令与共，福禄与偕，观其语言，卒弗可用；于是退而立大人之语言，明各家之统，慕圣人之文，固犹将生越而楚言也。（《定盦续集》卷二）

壬癸之际胎观第四

心无力者，谓之庸人。报（一本"报"作"雪"）大仇（一本"仇"作"耻"），医大病，解大难，谋大事，学大道，皆以心之力。司命之鬼，或哲或愂，人鬼之所不平，卒平于哲人之心。哲人之心，孤而足恃，故取（一本无"取"字）物之不平者恃之。或以妒正性命，丑忌姣，曲忌直，父亦妒子，妻亦妒夫；或以攻正性命，细攻大，貌攻物，窳攻成，侧攻中。细攻大，将以求大名，侧攻中，将以求中名，谓之舍天下之乐，求天下之不乐。君子有心刑，大刑容，中刑绝，细刑校。道莫高于能容，事莫惨于见容，大倨故色卑，大傲故辞卑，大忍（一本"忍"作"不屑"，或作"不居"）故所责于人卑。伤生之事，异形而同神者二：一曰好胜，二曰好色。（一本下有"好胜之事，异形而同神者三：曰学问，曰憎怨，曰荣利"二十字）何以同？其原同也。五伦之事，天人互挈，人天迭为始，知不死之说者，亦不耻欲寿命。欲寿命有三术，惜神一，生物二，离怨憎三。大兵大札，起于肉食（一本"肉食"作"尊俎"）。大亡大哀，起于莞簟。大薄蚀，大崩竭，起于胶固。（《定盦续集》卷二）

壬癸之际胎观第五

万物之数括于三：初异中，中异终，终不异初。一匏三变，一枣三变，一枣核亦三变，和人用万物之数，或用其有，或用其空，或用其有名，或用其无名，或用其收，或用其弃。大人收者一而弃者九也，不以收易弃也。享，弃之积也。忌人者谤（一本"谤"作"说"）以所反，夺所恃也；媚人者誉以所反，绝所虑也。静女之动，其动失度。哀乐爱憎相承，人之反也；寒暑昼夜相承，天之反也。万物一而立，再而反，三而如初。天用顺教，圣人用逆教。逆犹往也，顺犹来也。生民，顺也。报本始，逆也。冬夏，顺也。冬不益之冰，为之裘，夏不益之火，为之葛，逆也。乱，顺也；治乱，逆也。庖牺氏之易，逆数也；礼逆而情肃，乐逆而声灵。是故教王者上勤天，教子上勤父，教臣上勤国君。（《定盦续集》卷二）

壬癸之际胎观第六

有域外之言，有域中之言，域外之言有例，域中之言有例。有以天为极，以命为的；有不以天为极，不以命为的。域外之言，善不善报于而身，历万生死而身弥存；域中之言，死可以休矣，善不善报于而胤（一本"胤"作"允"）孙。是故夫有尺土之氓，则立宗为先，及其有天下，师彼农夫，谓将以传福禄于后昆。呜呼！既报之后身，又禄之身后，不亦劝乎？既报之于后身，又芟刈其身后，不亦伤乎？是故大人毋辨、毋惑、毋眩瞀，而惟为善之是坚。大人之所难言者三：大忧不正言，大患不正言，大恨不正言。忧无故比，患无故例，仇无故诛，恨无故门，言无故家。（《定盦续集》卷二）

壬癸之际胎观第七

圣者语而不论，智者论而不辨。大人曰：天下方安小伪。小伪不可安，不如以大伪明于天下。言伪忠，禁伪教，德伪情，道伪圣，礼伪自然。域中之言，名实其大端，兵为其幾。有名，天下兵集之有辞矣；无实，天下兵集之无患矣。有名无实，是再受兵；有实无名，是再却兵。无名伪有名，耻；无实伪有实，败。名实中，不败，战亦不胜。有名伪无名，霸。败果何丧？败者不能言；霸果何获？胜者不能言。非不能言，本无以言。故曰：万物不自立。有说十之一，无说十之九；无说十之一，始有说卒无说十之九：善非固有，恶非固有，仁义、廉耻、诈贼、很忌非固有。或诚耻之，万人耻其名矣；或诚争之，万人争其委矣；或诚嗜之，万人嗜其貌矣，或诚守之，万人守其蹊矣。女子十五，避男子于圊渝，恶也，女子七岁，避男子于路，非恶也。恶之，谓之有说；非恶而恶之，谓之卒无说。万物名相对者，势相待，分相职，意相注，神相耗，影相藏；势不相待，分不相职，意不相注，神不相耗，影不相藏，将相对之名不成，万事皆不立。万事不自立，相倚而已矣；相倚也，故有势。万理不自立，相譬而已矣；相譬也，故有辨。相倚相譬也，故有烦惑狂乱，有烦惑狂乱也，故有圣智。大人之听众人也，耳击之也，曰：皆然；目击之也，曰：无所否。何谓无所否？众人之名亦与名，众人之守亦与守，众人之争亦与争。麟凤能游肖翘之族，而与蠛蠓辨，或觊为细也，或觊为巨也，或觊为神怪也；同则是，异则是；同同则是，异异则是；是则是，非则是；乖则是，合则是。浑而大圜，其精（一本"精"作"情"）如不完，其貌如不全，不名一，不守一，不争一。众人之情恒完，貌恒全，名一，守一，争一，曰：尽之矣！有所蔽，故有所乐；多所蔽，故多所乐。弗惊也，弗疑也，弗慕也，何乐之有？诗曰"昊天孔昭，我生靡乐"。盛德有福者，忧患避弗及，智慧废弗用，名之曰顽；顽以完其初，死必上跻矣。盛德无福者，忧患入之，智慧出之，名曰劳；劳以不完其初，死必旁落矣。神矣夫！父母物之民，智慧之所出，忧患之所入，入亦无算数，出亦无算数，入亦无比例，出亦无比例。虽则用智，惨然而哀；虽则用慧，惨然而哀；或则抱忧而食患，不忍用智慧焉而哀；或则介忧而胃患，不（一本无"不"字）忍用智慧焉而哀。其生也，名曰哀民，字曰难测。其死也，名曰最上，字曰无上。智慧之积，无上者之体；哀惨之积，无上者之用。体常静，用常动。神矣夫！父母物之民。（《定盦续集》卷二）

壬癸之际胎观第八

万物不自名，名之而如其自名。是故名之于其合离，谓之生死；名之于其生死，谓之人鬼；名之于其聚散，谓之物变；名之于其虚实，谓之形神；名之于其久暂，谓之客主；名之于其客主，谓之魂魄；名之于其淳浊、灵蠢、寿否、乐否，谓之升降；名之于其升降，谓之劝戒；名之于其劝戒取舍，谓之语言文字。有天，有上天（一本"有天，有上天"，作"虽然，害为本？害为归？曰：以天为本，以天为归"），文王、箕子、周公、仲尼，其未（一本无"未"字）生也，在（一本"在"作"自"）上天。其死也，在（一本"在"作"反"）上天。其生也，教凡民必称天（一本下有"归其所本，反其所归，于此聚散，于此合离，于此客主升降，于此取舍劝戒，于此语言文字，大本本天，大归归天"四十二字），天故为群言极。（《定盦续集》卷二）

壬癸之际胎观第九

群言之名我也无算数，非圣人所名，圣何名？名之以不名。群言之名物也无算数，非圣人所名，圣何名？名之曰我。域中之极言曰神，乃曰立元神，乃曰元神返而已矣，元神得养而已矣，去非元神而已矣。域外之言曰：返之去之，不如因之，不如从而尊之；因之无所祛而已矣，尊之无所加而已矣；因之有差，尊之有差，名之有差；名之以不名，亦有差；域中之所名，无能以差。蠢也者，灵所借力者也；暂也者，常所借力者也；逆旅也者，主人所借力者也。生亦多矣，大人恃者此生；身亦多矣，大人恃者此身。恃焉尔，欲其留也；留焉尔，欲其有为也；有为焉尔，不欲以更多也。是之谓大人之志。（《定盦续集》卷二）

六经正名

龚自珍曰：孔子之未生，天下有六经久矣。庄周《天运篇》曰："孔子曰：某以六经奸七十君而不用。"记曰："孔子曰：入其国，其教可知也。有

《易》《书》《诗》《礼》《乐》《春秋》之教。"孔子所睹《易》《书》《诗》，
后世知之矣，若夫孔子所见《礼》，即汉世出于淹中之五十六篇；孔子所谓
《春秋》，周室内所藏百二十国宝书是也。是故孔子曰："述而不作。"司马
迁曰："天下言六艺者，折衷于孔子。"六经、六艺之名，由来久远，不可以
臆增益。善夫，汉刘歆之为《七略》也！班固仍之，造《艺文志》，序六艺
为九种，有经、有传、有记、有群书。传则附于经，记则附于经，群书颇
关经，则附于经。何谓传？《书》之有大小夏侯、欧阳传也；《诗》之有齐、
鲁、韩、毛传也；《春秋》之有公羊、穀梁、左氏、邹、夹氏亦传也。何谓
记？大、小戴氏所录，凡百三十有一篇是也。何谓群书？《易》之有《淮南
道训》《古五子》十八篇，群书之关《易》者也。《书》之有《周书》七十
一篇，群书之关《书》者也。《春秋》之有《楚汉春秋》《太史公书》，群书
之关《春秋》者也。然则《礼》之有《周官》《司马法》，群书之颇关《礼》
经者也。汉二百祀，自六艺而传记，而群书，而诸子毕出，既大备。微夫
刘子政氏之目录，吾其如长夜乎？何居乎，后世有七经、九经、十经、十
二经、十三经、十四经之喋喋也？或以传为经，《公羊》为一经，《穀梁》
为一经，左氏为一经。审如是，是则韩亦一经，齐亦一经，鲁亦一经，毛
亦一经，可乎？欧阳一经，两夏侯各一经，可乎？《易》三家；《礼》分庆、
戴；《春秋》又有邹、夹；汉世总古今文为经，当十有八，何止十三？如其
可也，则后世名一家说经之言甚众，经当以百数。或以记为经，大小《戴》
二记毕称经。夫大小《戴》二记，古时篇篇单行，然则《礼》经外，当有
百三十一经。或以群书为经。《周官》晚出，刘歆始立。刘向、班固灼知其
出于晚周先秦之士之掇拾旧章所为，附之于《礼》，等之于《明堂》《阴阳》
而已。后世称为经，是为述刘歆，非述孔氏。善夫刘子政氏之序六艺为九
种也！有苦心焉，斟酌曲尽善焉。序六艺矣，七十子以来，尊《论语》而
谭《孝经》，小学者，又经之户枢也；不敢以《论语》夷于记，夷于群书也；
不以《孝经》还之记，还之群书也；又非传，于是以三种为经之贰。虽为经
之贰，而仍不敢悍然加以经之名。向与固可谓博学明辨慎思之君子者哉！
《诗》云："自古在昔，先民有作。"向与固岂非则古昔、崇退让之君子哉？
后世又以《论语》《孝经》为经。假使《论语》《孝经》可名经，则向早名
之；且曰序八经，不曰序六艺矣。仲尼未生，先有六经；仲尼既生，自明

不作；仲尼曷尝率弟子使笔其言以自制一经哉？乱圣人之例，淆圣人之名实，以为尊圣，怪哉！非所闻，非所闻！然且以为未快意，于是乎又以子为经。汉有传记博士，无诸子博士。且夫子也者，其术或醇或疵，其名反高于传记。传记也者，弟子传其师，记其师之言也；诸子也者，一师之自言也。传记，犹天子畿内卿大夫也；诸子，犹公侯各君其国，各子其民，不专事天子者也。今出《孟子》于诸子，而夷之于二戴所记之间，名为尊之，反卑之矣，子舆氏之灵，其弗享是矣。问子政以《论语》《孝经》为经之贰，《论语》《孝经》，则若是班乎？答：否否。《孝经》者，曾子以后，支流苗裔之书，平易泛滥，无大疵，无闳意妙指，如置之二戴所录中，与《坊记》《缁衣》《孔子闲居》《曾子天圆》比，非《中庸》《祭义》《礼运》之伦也。本朝立博士，向与固因本朝所尊而尊之，非向、固尊之也。然则刘向、班固之序六艺为九种也，北斗可移，南山可隳，此弗可动矣！后世以传为经，以记为经，以群书为经，以子为经，犹以为未快意，则以经之舆儓为经，《尔雅》是也。《尔雅》者，释诗书之书，所释又诗书之肤末，乃使之与诗书抗，是尸祝舆儓之鬼，配食昊天上帝也。（《定盦文集补编》卷一）

述思古子议

闻之观古子，观古子闻之聪古子，聪古子闻之思古子（一本无"闻之"至"思古子"二十一字），言也者，不得已而有者也。如其胸臆本无所欲言，其才武又未能达于言，强之使言，茫茫然不知将为何等言；不得已，则又使之姑效他人之言；效他人之种种言（一本"种种言"作"言种种"），实不知其所以言。于是剿掠脱误，摹拟颠倒，如醉如瘝以言，言毕矣，不知我为何等言。今天下父兄，必使髫卯之子弟执笔学言，曰：功令也，功令实观天下之言。曰：功令观天下说经之言。童子但宜讽经，安知说经？是为侮经。曰：功令兼观天下怀人、赋物、陶写性灵之华言。夫童子未有感慨，何必强之为若言？然则天下之子弟，心术坏而义理锢者，天下之父兄为之。父兄咎功令，宜变功令。变之如何？（一本"如何"下有"曰"字。）汉世讽书射策，皆善矣。讽书射策，是亦敷奏以言也。如汉世九千言足矣，则进而与之射策。射策兼策本朝事，十事中十者甲科，中七者乙科，中三四者丙科，不及三摈之。其言不得咿嚘不定，唱叹蔓衍，以避正的。宜酌定每条毋逾若干言以为式（一本无此句），其不能对，则庄书未闻二字以为式。如此则功令不缛，有司不眩，心术不欺，言语不伪。至于说经，则老年教学之先生为之，成人有德者为之，髫卯姑毋庸；私家箸述，藏名山者为之，大廷姑毋庸。诗赋则私家之（一本"之"下有"言"字）又不急之言也。及夫唱叹蔓衍之文章，大廷试士毋庸。（《定盦续集》卷二）

病梅馆记

　　江宁之龙蟠，苏州之邓尉，杭州之西溪，皆产梅。或曰：梅以曲为美，直则无姿；以欹为美，正则无景；梅以疏为美，密则无态。固也。此文人画士，心知其意，未可明诏大号，以绳天下之梅也；又不可以使天下之民，斫直，删密，锄正，以夭梅、病梅为业以求钱也。梅之欹、之疏、之曲，又非蠢蠢求钱之民，能以其智力为也。有以文人画士孤癖之隐，明告鬻梅者，斫其正，养其旁条，删其密，夭其稚枝，锄其直，遏其生气，以求重价；而江、浙之梅皆病。文人画士之祸之烈至此哉！予购三百盆，皆病者，无一完者，既泣之三日，乃誓疗之、纵之、顺之，毁其盆，悉埋于地，解其棕缚；以五年为期，必复之全之。予本非文人画士，甘受诟厉，辟病梅之馆以贮之。呜呼！安得使予多暇日，又多闲田，以广贮江宁、杭州、苏州之病梅，穷予生之光阴以疗梅也哉？（《定盦续集》卷三）

陶　澍

沅江县尊经阁记

　　经者，常也，所以纲纪人道之始终，而轨一世于和平者也。初未尝以为典籍之称。自戴记有《经解》一篇，言《诗》《书》《易》《礼》《乐》《春秋》之教，而六经、五经、七经、九经、十三经之名，由此起焉。盖尝论之，古之所谓经者，致治之理也。惟天下至诚，能经纶天下之大经，而凡为天下国家，皆不外"九经"之目。若典籍，则所以发明此理者也，名之曰"经"。而典籍中皆若有古人之守纲常名教之理，遂以维乎万世而不敝。斯经之理实，经之用宏，而经之名亦于是乎尊矣。

秦火而后，知尊经自董仲舒始。而茂陵表章之功实不可泯。其后白虎、鸿都之制，皆知以经为重。故汉治浑浑，犹为近古。自瞀儒有拟经之僭，而青牛、白马家说，皆称为经。经之名既不尊，而政治因以大坏。宋儒崛起，经之旨，乃昭然复揭诸白日。顾其时之君不能知，或知之而不能用，用之而不能尽，斯亦未可谓能尊经者也。

我朝圣圣相承，精一之传，直接尧舜，一切典章文物，斟酌于唐虞三代，而用其中。盖宋儒所讲求者，至是乃咸见诸施行矣。是以政教之隆，古莫与京；而养士之具，尤为善美。凡天下学宫，皆有列圣御制及钦颁诸书，例得建阁储之，以彰尊经之化，而使夫草野青衿之士，咸得仰窥圣学之高深优柔焉，以会乎古之所谓"经纶而为天下国家"者。经学之昌，可为极盛也已。

沅江之有尊经阁，始于教谕骆孔僎，与其学之贤者成之。地据学宫之后，崇圣祠之前左偏，制恢而高，无潮湿之患。由其中以望，则衡麓之胜，隐隐如席案之横于前。资江、沅水环抱前后，兰芷之芳，可撷而数也。而洞庭一湖，浩浩汤汤，尤有学海文澜之观焉。阁成于嘉庆八年，未有记者。今冬沅邑诸君子，礼予商榷志乘，因以为请。盖圣朝所以嘉惠经生者厚矣。吾侪躬逢盛世，日手一经，可不顾名而思义乎？愿与诸君子共勉之。（《印心石屋文钞》卷二）

毛诗礼征序

六经之道同归，而卜氏言《诗》通于《礼》后，明其互相为用也。迨后齐、鲁、韩三家并立，毛氏后出独存。康成作笺，虽时不用毛义，要亦不离其宗。惟郑深于《礼》，每以《礼》说《诗》。盖汉人专门传授，恒详于制度名物，略于义理，不独《诗》为然。而学者即可因是以求三代经曲之迹，与圣作明述，相遇于一堂，犹旦暮也。后世高谈性命，逃之于空虚，议论日多，而无当于实用，学术之所以不能如古，盖在是矣。

泾川包孝廉世荣之说《诗》也，但取《诗》之涉于《礼》者，疏通而证明之，其于"兴、观、群、怨"之旨，"温柔敦厚"之教，夫人所能道者，不屑屑焉。其分门别类大端，仿陈祥道《礼书》，及秦氏《五礼通考》，闳纲细目，不必尽具，而以资小学，广多识，犹之五都肆也。夫议《礼》之家，纷如聚讼，后生读之，往往不能终卷。君乃条举件繁〔系〕，如肉贯弗，可不谓朴学者欤！书刻于君殁之后。君从兄世臣，惜君年不永，他所著未就，惟此书已有定本，亟镌以传之于世。而君尝与友人笺，谓此书殊不足发明郑氏，但征旧文，供制举家撮拾而已。良甘苦自道之言，以视世之转相剽贼，诩诩然自命著述，而居之不疑者，其相去奚啻霄壤哉！观此书者，既服其该通之学，又以见其不自足之心也。（《印心石屋文钞》卷八）

钟山书院课艺序

江左为人文之薮，而钟山如龙蟠，扶舆清淑之气蓄泄于兹。国家人文化成，因明制，立书院，岁选高材之士肄业其中，储他日通经学古之用，意甚盛也。

余以庚寅秋，恭膺简命，建节斯土，得时以退食之暇，进诸生观其角艺，四年于兹矣。适院长胡竹村先生，将有课义之刻，于以觇诸生诣力所就之浅深，非苟为标行卷博虚誉也。夫自八比取士之法行，虽魁才硕学不能不降而就律令。至其文之高下，则随时地为转移，要惟以实而不以华，为能垂世而可久焉。古称扬州，其气轻扬而上浮，江、鲍、徐、庾所患，非藻绘不足也。我世宗宪皇帝御书"敦崇实学"悬之讲堂，其隐寓箴砭而示之正鹄者，至深切矣。

夫学何以实？盖必从"衣锦尚绸"之始，以驯致于不见是而无闷之域，而后读古圣贤之书，恍若謦咳接而声与通。故发之为文，悉如古圣贤之所欲言，而犁然有当于人人之心。亦如亲见古圣贤，而聆其意中之所欲言，以是出而应有司之知，其亦可矣。遇与否，则命也。有实学，斯有实行，斯有实用；非是，则五石之瓠，非不枵然大也，其中乃一无所有。以中无所有之人，即幸邀有司一日之知，责其实用难矣哉！

往时，卢抱经、钱竹汀、姚姬传诸先生，尝主斯席，皆以实学为教。数十年来，流风未替。今又得胡先生为之提唱，吾见其风气蒸蒸日上也。故于课义之刻，重举圣训，为诸生勖焉。（《印心石屋文钞》卷九）

贺熙龄

张南轩先生文集序

湘潭张生德林梓南轩先生文集成，而问序于余，余以前人叙之已详，辞弗为。张生请益坚，乃为之言曰：先生之文，微言大义炳若日星，固无待乎余言，而人知读先生之文者鲜，读先生之文而能得其意以切体于身心者则尤鲜，是亦不可以无言也。

先生之讲学也，主于涵养持敬；其谋国也，主于致君仇敌；其居官也，主于恤民练军；而其本则一以《论语》《孟子》为归。孔门教人惟以仁，仁者，天地之心，物之所以生，人皆有之而未能尽者，则有我之私汩之也；至孟子复申之以义，义至而仁乃可行，而人之趋利而亡义者，亦有我之私汩之也。切切焉惟我之私欲是图，则一身之行诣可不顾，而万物之疴痛不相关，于是天命为之不流，而人与己扞格而不能通矣。

今之学非有异于古之学也，而其汲汲于词章训诂，以趋鹜于科举者，惟欲荣华其身已耳，非有天下国家之虑也。其侥幸一得，则亦惟官资崇庳、禄廪厚薄是计，如陆子静之所叹焉。理义不足灌其心胸，文章愈以滋其浮薄，学术不明而民物益无所赖，岂不重可叹哉？

先生屡以为仁开示学者，而尤兢兢于义利之辨，词旨恳到，剖析无间，今取其书而沉潜反复，如立严师之侧，而摘余之疵如膏粱刍豢之悦吾口也，而如以驰骛驳杂之胸，而读先生之言，则宜乎枘凿之不相入矣，又安能警醒奋发而探圣贤成己成物之旨哉？（《寒香馆文钞》卷二）

唐镜海四砭斋文存序

余嘉庆丁卯岁与镜海先生同举于乡，以文章相切劘，嗣先生官翰林，余贻书询以《文选》之学，先生复书谓："文辞不足为学，余与令兄藕耕近究心于朱子《近思录》及薛文清《读书录》，以自治其身心，求寡过而已。"余于是始知先生用功之深，而余之知有切己之学也，亦自此始。

夫学术至今日而益裂矣，其高焉者空谈心性而不求诸实用；其卑焉者溺于训诂、考据，斳斳于一名一物之微；又其下者剽窃词章，以图幸进，而皆置身心于不问。故其出而临民也，卤莽灭裂，以利禄为心，而民物不被其泽。先生心焉伤之，兢兢焉奉程朱为的，主敬以立其体，忠恕以致其用。非有裨于身心意知之理者，不以关其虑也；非有关于天下国家之故者，不以用其功也。考之于己而不求知于人，反之于心而惟一顺乎理。故其见诸政事者，相其土宜以谋其生聚，因其本明以除其锢蔽，区画于日用饮食之细，以诱致于孝弟忠信之良。秀者服其教而顽者从其令，使后世之民得沐先王至治之泽也，岂非真儒之效与？

先生不欲以文见，而其阐经义之微言，道身心之自得，觉凡民之聋聩，谋闾里之安全，人之读之者，要皆如布帛菽粟而各得其所适焉。此周程张朱之文无意为文，而为古今之至文也。余与先生交三十余年矣，不鄙浅陋而命序其文，因道其所窥见者于此。（《寒香馆文钞》卷二）

张访石读书谱序

戊子秋，余奉命视学湖北汉川，张访石广文携其所著《读书谱》示余，并属余序。余受而读之，其采择则自汉以来诸儒之名言硕论，皆能撮其精要。其编辑则始之读书宗旨，以正其趋向；终之读书作用，以究其功诣。而其中之节目条理无不详焉。凡皆以禁其为利而谕之为义，敛其驰骛浮游之志，而归于切近笃实之途，余是以叹广文之读书，非犹夫人之读书者也。盖世之溺于俗学久矣，古圣贤之微言大义，所以教人身心性命之修者，乃徒视为掇拾词章、弋取科第之具，书自书而我自我，而又背而驰焉。于是藻辞日甚，本性日漓，窃一第，获一官，沾沾焉，以为读书之事如是而止，遂使古人之书其义蕴不著于天下后世，而吾人之终日孜孜以读书者，或反以败坏其身心。世教不明，而人材之不古，若其不以此也与？

先生心焉忧之，著为兹谱。世之读书者，能遵此谱以自治，首明公私人己之辨，以渐求夫正修齐治之方，则上焉者可以驯至于圣贤，次焉者亦得束身于寡过，庶几读书与为学非两事，而国家亦获收读书人之效也。则兹谱之有裨于世道人心者，岂浅鲜哉？（《寒香馆文钞》卷二）

唐　鉴

进畿辅水利备览疏

奏为畿辅水利，久废不举，现在经费不足，生财之道，莫此为善，谨略陈举行大概，仰祈圣鉴事。

窃惟民食以稻为重，稻田以水为原。南方之财赋，稻田为之也，水利之最著者也。直隶地方，经河十八，纬河无数。又有东淀、西淀。南泊、北泊，渐次填淤、衍为沃壤者，随处皆有。若使引河淀诸水，洒为沟洫，荡为塘渠，则水之利不异于东南矣。而农民安守故常，止知高粱、小米以及麦、菽数种。此数种者，是皆喜燥而恶湿，畏水而不敢近水。凡近水者皆徙而避之，至使沃土废而不垦，是以有用之水而置之无用之地，而且须用人力以曲防其害，则不善用水之过也。是以雍正四年，有怡贤亲王与大学士朱轼查办畿辅农田水利之举。办至七年，得稻田六十余万亩。厥后总理不得其人，责成各州县各自办理，有岁终功过考核，而历年久远，坠坏难稽矣。

臣自通籍以来，往来南北，留心此事，稽古诹今，著有《畿辅水利》一书，刻成十二本；因坊本粗具，不敢进呈。谨交军机以备查采，至举行事宜，求皇上于部院大臣中择其人之谙于农田水利者，钦派一二员为之总理，其经费不过举行之年约须一二十万，次年则已成之田已有收获，年复一年，利益加利，兴功数载，美利万世。生财之道，莫大于是矣。臣愚昧所及，是否有当，伏乞皇上训示。谨奏。（《唐确慎公集》卷首）

复何丹溪编修书

读嘉平望九惠缄，有孔怀之痛，不胜骇愕，莫赙缺礼为歉。

伏维尊候安善，崇业深纯，上蒙主知，正儒者家修廷献之至幸，闻之喜而不寐。朱子承周、程既启之学，身体而力行之，其与知交、门人等往复问答，及各经注解问难，所言道理、工夫，平正悫实，浅浅深深以渐而进，不准有一丝差谬，不任有一念放过，不容有一语陵躐，不使有一事安排。

诚诚实实，的的当当，于独知中大著精神，撤开茫昧，一意勇往行将去，始得光明正大，绝无挂碍。后世学者果能遵此而行，何患不到圣贤路上乎。

某四十前即欲拟作学案，因外放中辍，而稿本后亦毁于火。去岁忽于敝簏中得当年所看《大全》《文集》，其签记尚存，惟所记眉目多不惬于意，则一时所见自不足凭矣。今拟分为五案：开章总案曰敬曰诚，次格致案，次诚正案，次修齐案，次治平案。敬者所以补《小学》之缺，诚者所以立《大学》《中庸》之基。敬字无工夫，则血气溢而为戾、为乖、为忿、为暴虐，形骸肆而为惰、为骄、为偷、为淫泆，心欲公而私阻之，身欲正而邪夺之，知与意可恃乎？此敬之所由必补也。诚字无工夫，则知假、意假、心身假，而齐治平亦假，在中庸则中假、庸假、达道假、达德假，即九经亦假，是何以尽性达天乎？此诚之所以必立其基也。礼制本欲另作一编，今审思之，似可归入修齐案中，何如？

《水利备览》，为营田而作也。利，即所谓农田也。下手则见地开田而已，切不可在河工上讲治法。何也？直隶之河，无不治也，桑干、滹沱虽少大，其来势平，其涨易下，即遇大涨，稍疏之，不数日已散归于淀矣，不足患也。九十九淀现已填淤几及一半，疏其未填淤者，而垦其填淤，并及旁地，利莫大于此也。惟北农不谙种稻法，若果欲行，则当先募湖南北、江西等处农民若干人，相地开垦，以为之倡。先一年给以工本，次年即有出息，三年以后所出可溢于本，无须筹资矣。所开之田或即给开田之人，以收官租，或另有办法，是可因时制宜也。所难者，非得一明晓农务之总管，以经纬之，恐见之不真，筹之不备，守之不坚，任之不力，举之不当。如道光初年之程工部，则大谬不然矣。立夫于此事，甚为明白，但避嫌不肯为越俎之举耳。《备览》中《源流》等篇，是追其源头，不能不备载也。《臆说》则切今日言之。谨此布复。（《唐确慎公集》卷三）

汤 鹏

则古上

浮邱子曰：君子毋自智，毋自勇，毋自功，毋自名。凡自智以愚天下者，不能愚天下者也。凡自勇以先天下者，不能先天下者也。凡自功以盖天下者，不能盖天下者也。凡自名以聋天下者，不能聋天下者也。君子毋自智，智有宗；毋自勇，勇有守；毋自功，功有底；毋自名，名有归：则可谓纳之于轨物也已。君子出一言，思其然，不以概其不然；致一行，思其济，不以骋其所不济。其然者，昌之；其不然者，湔洗之。其济者，广之；其不济者，划刈之：则可谓裁之于义理也已。君子豁达以出，弗病其露也；周密以入，弗病其藏也；纵横旁魄，弗病其过也；老成宽好，弗病其不及也；猛鸷，弗病其劲也；委蛇，弗病其曲也；守默，弗病其方也；画奇，弗病其圆也；端悫，弗病其质也；雍容，弗病其文也：则可谓详之于体段也已。君子辙迹有弗践也，耳目有弗考也，思想有弗营也。君子居迩以驭远，所弗践如共〔其〕践；执简以治繁，所弗考如其考；主静以该动，所弗营如其营：则可谓鸿之于作用也已。

君子纳之于轨物，然后能裁之于义理；裁之于义理，然后能详之于体段；详之于体段，然后能鸿之于作用。君子曷施而每进益上如此也？《说命》之言曰："王！人求多闻，时惟建事，学于古训乃有获。事不师古，以克永世，匪说攸闻。"《毕命》之言曰："惟德惟义，时乃大训。不由古训，于何其训？"是故君子必于古乎索之。曷索之？曰：于古载籍乎索之，于古师表乎索之，于古臣佐乎索之，于古气数乎索之，于古符验乎索之，于古趣尚乎索之，则可谓居今稽古也已。

君子知《易》总吉凶，《诗》总美刺，《书》总政事，《礼》总文物，《乐》总声音，《春秋》总名分，《学》《庸》《论》《孟》总言行本末。少与书生共其诵读焉，长为天下国家铺其能事焉，远证古往同其消息焉，近与季世之君毋出一辙焉。是故知其反不知其正，此秦皇所以重法律而庳仁义也。知其一不知其二，此汉高所以坐马上而骂《诗》《书》也。知其细不知其大，此光武所以崇经术而专章句也。知其歧不知其归，此梁武所以富撰述而谈苦空也。知其浮不知其实，此隋炀所以工词艺而矜高选也。知其概不知其成，此唐宗所以勤学问而多惭德也。君子不贵也。是故读经则思其意，读史则思其迹。思其意，则奥而娴，使人变动光明而济。思其迹，则炯而严，使人中正比宜而静。奥而娴，性之导也。炯而严，情之约也。变动光明而济，材之彻也。中正比宜而静，德之成也。成德以范，彻材以学，约情以节，导性以源，则可谓于古载籍乎索之也已。

君子知帝王必有师，神圣必有学。黄帝学乎大颠，颛顼学乎绿图，帝喾学乎赤松子，尧学乎务成子附，舜学乎尹涛，禹学乎西王国，汤学乎贷子相，文王学乎锡畴子斯，武王学乎太公。下至汉、唐、宋、明，英君谊辟，靡不礼孔子而以为师焉。是故履帝王之位而无疢者，知尊师者也。躬神圣之资而有成者，知就学者也。知就学，则知所入；知所入，则阴、阳、佛、释、稗官野史、记问词章之杂，不听于耳。知尊师，则知所上；知所上，则巧、令、孔壬、宦官、宫妾，俳优、侏儒之媚，不接于目。知就学，则知所通；知所通，则毋敢谓讨论自一事，匡济又自一事，而厌薄图籍、攫拿名物之计，可以不作。知尊师，则知所庇；知所庇，则毋敢谓儒雅自一流，辅拂又自一流，而疑惑人材、枝离功用之愆，可以必去：则可谓于古师表乎索之也已。

君子上稽世之隆也，则帝之臣有若咎、夔、稷、契，王之臣有若周、邵、毕、荣。下稽世之季也，则犹有若管夷吾臣于齐，公孙侨臣于郑，孙叔敖臣于楚，百里奚臣于秦。又其降也，则犹有若子房臣于沛公，诸葛臣于昭烈，周瑜臣于孙策，王猛臣于苻坚，崔浩臣于拓跋，苏绰臣于宇文，李泌臣于肃宗，王朴臣于柴氏，楚材臣于蒙古，伯温臣于朱明。是故君有其意，谓臣无其意者，诳人者也。古有其材，谓今无其材者，诳天者也。君有其意慎勿迁，臣有其意慎勿闭，古有其材慎勿衰，今有其材慎勿湑。属此则圣，属彼则狂，属此则奇，属彼则凡；属圣则白，属狂则昧，属奇则敏，属凡则惰；属白则化，属昧则梗，属敏则举，属惰则废。毋废斯举，毋梗斯化，毋惰斯敏，毋昧斯白，毋凡斯奇，毋狂斯圣，则可谓于古臣佐乎索之也已。

君子知一代之兴亡他焉，芟其所以踣者而已矣。一代之踣亡他焉，坏其所以兴者而已矣。是故夏运踣而商兴，则《商书》之言曰："夏氏有罪，予畏上帝，不敢不正。"殷运踣而周兴，则《周书》之言曰："今惟殷坠厥命，我其可不大监抚于时？"秦运踣而汉兴，则董仲舒之言曰："今汉继秦之后，更化可以善治。"隋运踣而唐兴，则魏徵言曰："臣愿当今动静以隋为监。"五季踣而宋兴，则惩五季尾大之祸，收天下之权，建久长之计。元运踣而明兴，则惩元季君臣纵弛，先肃纪纲，后施惠政。是放芟其所以踣，则国本固；国本固，则阴阳和；阴阳和，则万物苏；万物苏，则灾害弭。树其所以兴，则君志特；君志特，则政教新；政教新，则万事理；万事理，则太平致。毋文恬武熙而自谓泰，毋国噪民枯而自谓整，毋界在芒昧而不思，毋忧在眉而不省，则可谓于古气数乎索之也已。

君子与治同道，则郁郁嶷嶷；与乱同道，则战战兢兢。是故天下亟治亟乱，靡不根于一计一念。一念调，则景星、庆云、甘露、华雪此其兆，则嵩呼告庆、河荣表符此其兆，则儿童鼓腹、耉老庞眉此其兆。一念汨，则猋风、霆雨、轰雷、苦雾此其兆，则山崩骇天、川溢杀人此其兆，则野积枯癯、民腾锋侠此其兆。一计理，则凤仪、龟假、鱼跃、鳞游此其兆，则宝鼎出土、瑞石呈文此其兆，则禾生三颖、芝产九茎此其兆。一计舛，则蛇斗、蚁飞、枭鸣、鼠舞此其兆，则天仪汗下、金鼓自破此其兆，则桑穀共生、仆柳起立此其兆。是故治将兆而气矜者，必有不成之功，治既差而文饰者，必有积深之祸；乱未兆而思虑者，必有过人之材；乱既亟而涕泣者，必有格天之力：则可谓于古符验乎索之也已。

君子勤思而默识之，择其可而宗主之。缮性则宗天道，履事则宗地道，律躬则宗圣道，服物则宗神道。是故以天道治天下，尚诚不尚术；以地道治天下，尚实不尚文，以圣道治天下，尚义不尚欲；以神道治天下，尚敬不尚怠。尚术者骈旁而失中，尚诚者纯固而守要；尚文者铺张而不伦，尚实者缜密而有理；尚欲者贪鄙而好徇，尚义者卓荦而自名；尚怠者拘罢而失事，尚敬者刚强而有为。是故刚强而有为，与躁戾者其指又殊矣；卓荦而自名，与狂诞者其旨又殊矣；缜密而有理，与苛细者其指又殊矣；纯固而守要，与拙艰者其指又殊矣。则可谓于古趣尚乎索之也已。

君子［于］载籍乎索之，又于师表乎索之，又于臣佐乎索之，又于气数乎索之，又于符验乎索之，又于趣尚乎索之，然而君子毋自炫其博也，毋自闳其深也，毋自信其定也，毋自悦其安也。君子博通而居之以孙，深思而出之以易，身定而防之以豫，心安而战之以危。居之以孙，故不肆；不肆，故和平；和平，故为民物之杕。出之以易，故不駭；不駭，故中正；中正，故为天地之根。防之以豫，故不梗；不梗，故清明；清明，故为皇王之象。战之以危，故不餒；不餒，故强固；强固，故为福禄之符。则可谓体道抱德也已。

君子病不法古之可法、戒古之可戒也。法、戒矣，病其不力也。法、戒力矣，病其力于始而弛于末也，力于百而弛于一也，力于巨而弛于细也。君子弗力于始而弛于末，弗力于百而弛于一，弗力于巨而弛于细矣。虽然，古之适，能勿今之午乎？古之削，能勿今之留乎？能勿繁称强辨，自文其愚乎？能勿背众自是，取怨其下乎？能勿卤莽于恩威之用，而亏损于名实之间乎？能勿使踥踥者哂儒书不可为用，而訾訾者攻文物而持其短乎？是故贾谊述礼乐，汉文弗能用；刘蕡引《春秋》，唐文若罔闻：此疑古而离其宗者也，非所以撢渊源而出治道也。安石进泉府，神宗日以敝；孝孺说井田，建文卒以亡：此信古而违其时者也，非所以资鼓舞而利推行也。君子斟酌古今，是以去意必则罔所硋；周详理势，是以赴事会则罔所差；料量缓亟，是以守从容则罔所偾；诇察向背，是以执枢机则罔所轻：则可谓考中度衷也已。

君子于古谓为可从也，弗谓为可胜也；谓为可化也，弗谓为可背也。虽弗谓为可胜也，君子断断乎弗谓为可下也。虽弗谓为可背也，君子断断乎弗谓为可灭也。凡谓古为可胜者，无余材而伐者也。凡谓古为可下者，无元气而陷者也。凡谓古为可背者，有浮念而违者也。凡谓古为可灭者，有大心而畔者也。凡无余材而伐者，匪靡则简。凡无元气而陷者，匪寂则随。凡有浮念而违者，匪露则巧。凡有大心而畔者，匪裂则伤。君子雅而不靡，朴而不简，壹而不寂，婉而不随，英而不露，讚而不巧，敏而不裂，断而不伤，则可谓宗原变应也已。

君子于今毋中人以其不测也，毋窘人以其不能也，毋狃于其时之不可更也，毋讳于其事之不可堪也，毋贪于天之所不可常也，毋立于物之所不可即也。凡中人以其不测者是谓诈，凡窘人以其不能者是谓骄，凡狃于其时之不可更者是谓怃，凡讳于其事之不可堪者是谓昧，凡贪于天之所不可常者是谓幸，凡立于物之所不可即者是谓孖。凡诈者于古为贼，凡骄者于古为毒，凡忱者于古为赘，凡昧者于古为秽，凡幸者于古为浇，凡孑者于古为替。君子信而不诈，善而不贼，和而不骄，慈而不毒，振而不忱，要而不赘，亮而不昧，馨而不秽，贞而不幸，齐而不孑，坚而不替，则可谓外内兼修也已。

君子治瘝瘵以古，治官骸以古，治闺门以古，治群黎百姓以古，治九州之外、八荒之极以古，治千龄万代以古。治瘝瘵以古，故擢德性以要之挚；擢德性以要之挚，故亡恢诡狡猾、污漫突盗。治官骸以古，故束威仪以要之定；束威仪以要之定，故亡恣睢暴戾、般乐怠傲。治闺门以古，故惇彝训以要之壹；惇彝训以要之壹，故亡匿于宫寝，玩于家邦。治群黎百姓以古，故错经制以要之宜；错经制以要之宜，故亡填于饥溺，狃于愚顽。治九州之外、八荒之极以古，故树风教以要之化；树风教以要之化，故亡鹿骇狼顾，疆场血战。治千龄万代以古，故积醇曜以要之思；积醇曜以要之思，故亡棘心秕政，史乘羞称。则可谓始乎有本，卒乎无穷也已。

君子谓规摹可辟则辟之，精神可到则到之，道德可成则成之，礼乐可兴则兴之，以补苴近事为必不可常，以剿袭私智为必不可大，以支离曲辟为必不可该，以委琐龌龊为必不可振，以缪学杂举为必不可亲，以纤计小谈为必不可用，以伟服瑰称为必不可信，以离度绝理为必不可逞，以谌体浊神为必不可安，以拘文牵义为必不可广，以决拿治烦为必不可精，以猎名违实为必不可问，以放析就功为必不可赖，以婉约从志为必不可溺，以辅弼耆老为必不可咤，以瞀史、瞀御为必不可狎，以兵戈旱潦为必不可苟，以山川鬼神为必不可忘，则可谓不迷于所见，而不桡于所守也已。（《浮邱子》卷一）

则古中

浮邱子曰：凡治天下，毋狃凡近；凡致太平，毋贡阿偏。愚者所誉，智者哂焉；不肖者所陈，贤者叹焉。是古君子武为枝，文为干；今为俯，古为仰。祖宗以文，恢之以文，厥德惟新。祖宗以文，济之以武，除慝御侮。祖宗以武，世之以武，不能小补。后王以古，佐之以古，是规是矩。后王以古，济之以今，无损智临。后王以今，市之以今，有愧厥衾。是故尧舜传中，汤武传敬，因心为则，乃神乃圣。春秋传霸，六国传诈，驭世以浇，真源遂殁。秦焚诗书，晋倡老庄，骋其败坏，其何能邦？汉泥章句，唐剽文学，匪无可录，大者颓薄。宋礼孔孟，吾道以特；惜其理政，倒施白黑。明砺士行，气直骨骞；王不自治，而蹈于愆。是故人师先觉，车戒前倾，芟其狂以作圣也，理其驳以尚醇也。毋谓质贱，尔乃天与之而人忘之乎？毋谓运晚，尔乃圣作之而愚弛之乎？毋谓国家自有法度，尔乃不广大之而褊小之乎？毋谓时俗溺于见闻，尔乃不整理之而芜累之乎？是故民物属然后致名位，名位属然后致文物，文物属然后致德业，德业属然后致久大。是故黮浅所不能蓄者，蓄之以其多闻；因循所不能树者，树之以其日新；祖宗所不能开者，开之以其子孙；后王所未尝闻者，闻之以其庶人。《春秋传》曰："山有木，工则度之；宾有礼，主则择之。"是故圣哲诞生，或在下也；声华黯淡，未可忽也；起于草莽之中，而严于王伯之辨，国之杖也；削于伎能之末，而熟于古今之故，物之镜也。是故言损益，祖伯益；言刚柔，祖皋陶；言性习，祖伊尹；言知行，祖傅说；言休咎，祖《洪范》；言敬怠，祖丹书；言贵贱，祖《旅獒》；言劳逸，祖《无逸》。以此格君，何君不圣！以此济世，何世不昌！以此植物，何物不禄！以此感神，何神不降！

是故任人必辨其材，理政必考其学；匪其合者不谋，匪其精者不觉。尔乃原伯鲁不悦学，此周之所自替；子楚不习诵，此秦之所自亡：消息而微者也。尔乃董仲舒以《春秋》决狱，是能为汉名儒；朱熹以《大学》告君，是能为宋醇儒：脉落而盛者也。尔乃荀卿读《礼》而法后王，司马光读《孟子》而疑不经：贤哲而歧者也。尔乃匡衡读《诗》而党奄寺，苏威读《孝经》而媚盗贼：文弱而辟者也。尔乃刘歆读《周官》而文其奸，王安石读《周官》而行其愎：经术而差者也。尔乃张禹读《论语》而贡其谀，赵普读《论语》而厚其贪：柄藉而恶者也。尔乃管仲《内业》可诵，首变周公；晏婴俭德可风，首演《老子》：夸其烈而小者也。尔乃吴起学于曾参，将不以正；李斯学于荀卿，相不以正：离其宗而缪者也。尔乃张良号称王佐，实师黄老；诸葛谥著忠武，本习申韩：寻其源而左者也。尔乃嵇康读《老》《庄》，重增其放；袁悦之好《战国策》，死于短长：畔其道而贱者也。尔乃陆贾前说《诗》《书》，《新语》弗详本末；贾谊有志礼乐，宣室第说鬼神：宠其对而薄者也。尔乃韩愈虽斥佛骨，反谓孔、墨并用；陈亮虽尊孟子，倡言王霸双行：更其端而乱者也。尔乃桓荣专门章句，未足为天子之师；沈约树帜词华，无补于污君之代：劣其具而浮者也。尔乃刘义康不见淮南厉王事，是以获罪；寇准不读《霍光传》，其功不终：短其术而陋者也。尔乃叔孙通之贱而议礼，胡广之佞而号中庸，扬雄之阿而拟《易》《论语》，何晏之狂而论《易》，林栗之险而讲《易》《西铭》：名违其实而嚚者也。尔乃刺库狄干为穿锥，刺萧炅为伏猎侍郎，刺安禄千为殁字碑，刺薛昂为俗佞，刺永锡为雀儿参政：目不知书而觍者也。於乎！吾道之难，人材之降，至于目不知书而觍者，则已亟矣！天地之仁，师儒之义，至于目不知书而觍者，则已穷矣！以此赞君，何君不俚！以此驭世，何世不僵！以此师〔帅〕物，何物不毒！以此理神，何神不狂！

是故不学者否，善学者臧；灭古者灾，则古者祥。其在《荡》之诗曰："匪上帝不时，殷不用旧。虽无老成人，尚有典刑。曾是莫听，大命以倾。"谓上毋灭古以陨乃典刑也。其在《小绵〔旻〕》之诗曰："哀哉为犹，匪先民是程，匪大犹是经。惟迩言是听，惟迩言是争。如彼筑室于道谋，是用不溃于成。"谓下毋灭古以塞乃谋猷也。是故惇儒雅然后知物则，寻统绪然后佐平康，熄邪说然后守至是，芟近切然后享厚偿，立泰岱然后庳培塿，溯昆仑然后下江潢。观古人之备，然后能举兵刑礼乐；洗群术之陋，然后能和天人阴阳。是故力小而任重者债，知短而事繁者伤，多瑕而理物者噪，鲜实而柄国者荒，曲路而求通者大道不举，盛饰而为好者精气不藏，左枝而右吾者忧患不测，近默而远暗者智察不明，一人而两心者中必乱，同谋而异道者外必横，朝然而暮疑者计必左，阳奉而阴违者咎必丛，食其禄、毋思其报者廉耻丧，行其政、毋知其敝者风会降，佞其词、毋反其正者可否便，矜其气、毋求其是者出入狂，粗闻其说、毋究其精者不可与该百代，薄奏其伎、毋储其用者不可与际四旁，苟得其情、毋精其理者不可与同天地，亟齐其末、毋修其本者不可与辅皇王。其在《烝民》之诗曰："古训是式，威仪是力，天子是若，明命使赋。"於乎！君臣上下之交，丁宁告戒之要，其唯则古乎！其唯则古乎！君子而不则古，则大远于学问之意。君子而大远于学问之意，则不知所以为家国天下。君子而不知所以为家国天下，则化理断。君子而断化理，则不有榛梗于萧墙之内，必有鱼溃肉烂于山溪海甸之外。孟子曰："上无礼，下无学，贼民兴，丧无日矣。"於乎！可不悚

乎！（《浮邱子》卷一）

则古下

浮邱子曰：君子以古之学为学，则以古之问为问。舜好问而好察迩言，圣人而天子者贵问也。矧乃圣不舜若乎？《仲虺之诰》曰："好问则裕，自用则小。"贤人而相天子者贵问也，矧乃贤不仲虺若乎？孔文子敏而好学，不耻下问，大夫而贤者贵问也，矧乃贤不文子若乎？洙泗之间来问业者三千人，中心悦而诚服者七十人，游于圣人之门而为士者贵问也，矧乃士不洙泗若乎？

於乎！河降则恶流积，山降则秽孽丰，人降则聪明诡，代降则意气横。谁其不古若哉？然而乃以古之好问为不然，然而君臣上下厥疾乃不瘳，是何也？天子不好问，则十饰作；宰相不好问，则九惭兴；大夫不好问，则八隳积；士不好问，则十剽成。十饰维何？德弗完则饰其瑕，业弗长则饰其忱，闻弗广则饰其陋，睹弗亲则饰其臆，议弗中则饰其枝，行弗宜则饰其梗，是弗析则饰其蠢，非弗断则饰其懦，安弗豫则饰其墥，危弗捍则饰其败，是谓十饰。九惭维何？阴阳灾害不详，则对天有惭；山川崩裂不详，则对地有惭；圣狂出入不详，则对君有惭；祸富报施不详，则对神有惭；子弟善败不详，则对家有惭；谋议异同不详，则对友有惭；材质清浊不详，则对士有惭；亿兆德怨不详，则对民有惭；草木丰耗不详，则对物有惭：是谓九惭。八隳维何？好逸而官守隳，好佞而言责隳，好杂而名器隳，好滥而财用隳，好僈而礼制隳，好陋而文教隳，好怯而军容隳，好私而宪典隳，是谓八隳。十剽维何？不根而剽皇初，不衷而剽性始，不质而剽老成，不文而剽华赡，不辨而剽详洽，不行而剽勤劳，不智而剽诇察，不爱而剽恻隐，不忠而剽经济，不廉而剽操履，是谓十剽。

於乎！问则不饰，饰则不问；问则不惭，惭则不问；问则不隳，隳则不问；问则不剽，剽则不问：乃其病之固然者乎？不伺生饰，饰生无穷；不问生惭，惭生无穷；不问生隳，隳生无穷；不问生剽，剽生无穷；乃其忧之茫然者乎？且夫固然者可知而可极也，茫然者可知而不可知，可极而不可极也。是故十饰作，而天子岂惟不好问已也？则无不神圣之时，则无不耽盘流遁之时，则无不亏心驭世、惕悍骄暴之时，是谓饰生无穷。九惭兴，而宰相岂惟不好问已也？则无不窜端匿迹之时，则无不卖荣固宠、逊辞取容之时，则无不先私而后国家之时，是谓惭生无穷。八隳积，而大夫岂惟不好问已也？则无不浮游消摇、僻陋慢訑之时，则无不感忽悠暗之时，则无不旷事而事其不当事之时，是谓隳生无穷。十剽成，而士岂惟不好问已也？则无不盲妄之时，则无不枵中肥外之时，则无不斫坏忠、信、孝、悌、礼、义、廉、耻，以蠹蚀人心、枝蔓风俗之时，是谓剽生无穷。

且夫天之道，其犹响之应声也；国之故，其犹水之随风也。是故上不好问，则愚弄其下；下不好问，则愚弄其上。是何也？天子不自坐其饰，是不得不以愚弄宰相；宰相不自坐其惭，是不得不以愚弄大夫；大夫不自坐其隳，是不得不以愚弄士；士不自坐其剽，是不得不以愚弄山林小民、未进于朝廷之人：是谓自上而愚弄其下。士必自利其剽，是不得不以愚弄大夫；大夫必自利其隳，是不得不以愚弄宰相；宰相必〔自〕利其渐，是不得不以愚弄天子；天子必自利其饰，是不得不以愚弄天地、山川、百神之祀之灵：是谓自下而愚弄其上。噫！自上而愚弄其下，不好问之倒施也。自下而愚弄其上，不好问之惨报也。且夫有倒施，则必有惨报；有惨报，则必有不支。秦政、隋炀因不好问而踣其国；公孙鞅、王安石因不好问而毒其民；汉之甘陵，明之东林，大底杂名实，持异同，因不好问而糜烂其徒党。噫！充类至义之尽，则流失败坏，焉有底乎？此其为不可知而不可极者乎？

且夫人不自见，唯镜可以呈之；今之不然，唯古可以医之。《诗》曰："相在尔室，尚不愧于屋漏。"曾子曰："十目所视，十手所指，其严乎！"是言也，盍医饰？《易》曰："山下有泽，损，君子以惩忿窒欲。"孔子曰："内省不疚，夫何忧何惧？"是言也，盍医惭？《易》曰："天行健，君子以自强不息。"孔子曰："敏则有功。"是言也，盍医隳？孔子曰："道听而途说，德之弃也。"孟子曰："故声闻过情，君子耻之。"是言也，盍医剽？兹四者咸就医，则古之学不废。学不废，则问不废。问不废，由于虚中，由于求益。虚中由于自照，自照由于循省，循省由于体道，体道由于志气不萎，志气不萎由于天性不滓。求益由于自前，自前由于黾勉，黾勉由于惜时，惜时由于精神不流，精神不流由于人理不棘。然则问之时义大矣哉！

愚问圣，寡问多，贱问贵，少问老，谨而驯也。圣问愚，多问寡，贵问贱，老问少，大而赅也。问本得实，问末得通，问始得微，问终得备，详而举也。学焉后问，问焉后思，思焉后辨，辨焉后行，渐而进也。谨而驯者毋伤傲，大而赅者毋伤隘，详而举者毋伤漏，渐而进者无伤猎。毋傲，毋隘，毋漏，毋猎，则君子之所为，以问终其身也。《春秋传》曰："学犹殖也，不殖将落。"则且为补之曰："问犹浚也，不浚将闾。"

且夫恶其落而废其殖，恶其闾而废其浚，是欲不资沾溉而获百谷，不勤疏凿而顺九河也，必不冀矣。是故废问者其绪竭，贵问者其味长；善问者其机活，不善问者其态狂。《春秋传》曰："访问于善为咨，咨亲为询，咨礼为度，咨事为诹，咨难为谋。"此善问也夫！孟子曰："挟贵而问，挟贤而问，挟长而问，挟有勋劳而问，挟故而问，皆所不答也。"此不善问也夫！

窃尝曲申孟子之意，以尽后世之态：有挟而不废问，有挟而不问，有挟之以待人问，有可挟而挟，有几近可挟而挟，有本非其所可挟而挟。是故挟之焰愈凶，则品愈下。大贵大贤而挟已不可，矧乃小贵小贤而挟乎？小贵小贤而挟已不可，矧乃不贵不贤而挟乎？最长、最有勋劳而挟已不可，矧乃差长、差有勋劳而挟乎？差长、差有勋劳而挟已不可，矧乃蔑长、蔑有勋劳而挟乎？亲切之故而挟已不可，矧乃琐琐牵连之故而挟乎？宿昔之故而挟已不可，矧乃了无觌面谭心之雅而挟乎？其在《菀柳》之三章曰："彼人之心，于何其臻？曷予靖之？居以凶矜！"《桑柔》之五章曰："谁能执热，逝不以濯？其何能淑？载胥及溺！"夫遍国中而以挟来，且遍国中而以本非其所可挟之挟来，于是君子愀然伤心，泫然出涕，抱道孑立，与时龃龉；有上下古今之材，不能豁其淡漠之怀；有操舍存亡之界，不能挽其愮荡之神；有发强刚毅之概，不能起其沉痼之习；有温恭和兑之容，不能折其恣睢之焰；虽欲诱掖奖劝以当春，箴规指责以当秋，已哉已哉！末如之何！譬诸农师能教稼，而能吹枯振槁乎？匠师能斫木，而能镂冰雕朽乎？忧江河之浊，而能以涕泣清之乎？闻贾竖之争，而能以理道折之乎？是故君子有不屑之教诲，总根于不忍人之心；有不忍人之心，总格于各挟其挟之人。此"曷予靖之，居以凶矜"之谓也，此"其何能淑，载胥及溺"之谓也。

悲夫！挟乃意气之病，亟之则为心性之病。挟乃人材之累，亟之则为国本之累。是故挟一也，然而乃有古今升降之殊。譬诸好利剑者，始试之，不过断牛马而截犀象；既而杀人，罪莫大焉！夫挟之行于天地之间也亦然。是故不去怠，不可以善学；不去挟，不可以善问。不善学者与痴等，不善问者与暗等，不去怠者与鸩毒等，不去挟者与蟊贼等。孟子曰："予不屑之教诲也者，是亦教诲之而已矣。"则焉有君子而不思发暗者以洪钟之声，且提絜蟊贼以灵虫之长乎？而挟有稍近可挟而挟，有本非其所可挟而挟。挟而不废问者，有忌惮也夫！挟而不问者，无思虑也夫！挟之以待人问者，无颜状也夫！可挟而挟者，无度量也夫！稍近可挟而挟者，无志节也夫！本非其所可挟而挟者，无底衷也夫！

　　且夫挟一也，然而乃有古今升降之殊。譬诸好利剑者，始试之，不过断牛马而截犀象；既而杀人，罪莫大焉！夫挟之行于天地之间也亦然。是故不去怠，不可以善学；不去挟，不可以善问。且夫不善察者与盲等，不善听者与聩等，不善学者与痴等，不善问者与暗等。於乎！人其勿为暗乎！
（《浮邱子》卷一）

姚　莹

读书大义

　　盈天地间皆道也。有器，有数，有理。何谓器？典章、制度、文物，诸灿然者是矣。何谓数？二气、五行、十日、四时之迭运，长短、大小、高下、清浊、厚薄之不齐，凡诸错然者是。何谓理？天之所以刚健，地之所以柔顺，人之所以灵贵，物之所以蠢贱，三纲之所以立，五常之所以顺，凡诸事之所以然者是矣。

　　器统于数，数统于理。明乎理者可变其数以制器，局于器者或昧其数以害理。虽然，理不易明也，托诸空言，不若见诸行事，舍器与数，则愚者无以为信；而人自以意为理，异端邪说之患又生。圣人虑焉，故修《六经》，载古圣贤之行事与礼乐制度之迹，使观其制度、行事，先王之道可知也。而其大经大法，所以制作行事之本，则器、数所不能尽，非深明乎道德仁义之微与身心性命之极者，乌足以知之？故大人之学，始于致知、格物，终于治国、平天下。《中庸》之教，始于率性修道，终于无声无臭，广大精微，一以贯通，岂拘拘习制度、考行事者所能测其故哉！《大学》《中庸》者，《六经》之囊橐；礼乐器数者，《六经》之宝藏。而《论语》者，《大学》《中庸》之锁钥也，故详于理而略于器数。非略之也，以为明乎此然后见先王器数之美，或不备即有废兴焉可也，此圣贤之微义也。世儒言理者，或指器数为糠秕；而好器数者，又讥空理之无据，胥失之矣。（《中复堂全集·识小录》卷一）

朱子之学先博后约

《论语》曰："君子博学于文。"又曰："多闻择其善者而从之，多见而识之。"《中庸》曰："博学之，审问之。"孔子之门，身通六艺者七十二人。可见学者先以多闻为贵。朱子生平博闻强识，无书不读，自天文、地理、诸子百家之言，无不精通大义。盖其闻见广，故局量大；器识高，故裁鉴精；惟宏故通，惟明故辨也。人但见其表章《六经》"四子"，于典章、名物训故不甚凿凿，遂疑其空疏，是未尝读《朱子全集》者。特人之精力有所专注以成名，则余事不能兼尽其至耳。夫典章、名物、训诂，此汉、唐诸儒之所长也。其精力尽于此，故"天人""性命"之理，圣贤精微之蕴，莫能明焉，然不可谓其一无所得也。朱子精力专在"天人""性命"之理，圣贤精微之蕴；而于古今治乱兴亡之迹、人物是非臧否之实，尤详考而熟悉之。至于天文、地理，"九流"、"二氏"、诗文、词赋、杂技小数，无一物一事不推求而得其义。若典章、名物、训诂，特其学问中之一事耳，又未尝不孜孜考索，征实辨谬，以求其确当也。此其通材宏智、博学多能亦岂汉、唐诸儒所及？若其生平出处，言行中正醇粹。无不可以示天下而为万世之法，盖孔子以后一人而已。（《中复堂全集·识小录》卷一）

2. 批判社会现实，主张"更法"和改革

引　言

　　嘉道之际的经世思想家们首先对清王朝衰世的种种黑暗现实进行了无情的揭露和批判。他们指出，表面上当时社会"文类治世，名类治世，声音笑貌类治世"，是一派歌舞升平的景象，但实际上国势陵夷，已经进入"日之将夕，悲风骤至"的衰世。这首先表现在老百姓尤其是农民生活的日益贫困。龚自珍在《西域置行省议》一文中写道："自乾隆末年以来……人心惯于泰侈，风俗习于游荡，京师其尤甚。自京师始，概乎四方，大抵富户变贫户，贫户变饿者"，作为"四民之首"的农民，"奔走下贱"，生活不下去了，"各省大局，岌岌乎皆不可以支月日，奚暇问年岁？"甚至在向称富庶的东南地区，因赋税的繁重，也出现了"不论盐铁不筹河，独倚东南涕泪多。国赋三升民一斗，屠牛那不胜栽禾"的悲惨局面。其次表现在吏治的日益败坏。他们指出，吏治腐败虽然历朝历代都时有发生，但以乾隆末年以来最为严重。在京师，那些手握大权的"政要之官"，都是一些品质恶劣、欺诈无能的平庸之辈，他们为追求奢侈腐化的享乐生活，贪赃枉法，收受贿赂，无恶不作。在地方，所谓的"亲民之官"，却以钱漕为利薮，案牍为威权，"至风俗之浇漓，闾阎之安扰，以其无利于己，而置之不问"。至于那些胥吏衙役，他们更像"豺踞而鸮视，蔓引而蝇孳"一样，欺压百姓，飞扬跋扈。再次表现在人才的凋零。他们指出，吏治的败坏，必然导致人才的空乏和虚患，真正的人才被埋没，被扼杀。因此，嘉道年间，"天下之无才"，"左无才相，右无才史，阃无才将，庠序无才士，陇无才民，廛无才工，衢无才商"。即使有才能的想贡献自己的力量，朝廷也不重视，相反，"督之，缚之，以至于戮之"。人才的凋零，这是一个社会进入"衰世"最明显的表征。嘉道之际的经世思想家们在对清王朝衰世的种种黑暗现实进行揭露和批判的同时，提出了"更法"和改革的要求。依据《周易》的"穷则变，变则通，通则久"的变易思想，龚自珍批评那种死守"天不变，道

亦不变"的观念和一切"率由旧章"的主张是陈腐迂见，认为"一祖之法无不敝，千夫之议无不靡"，只有变法改革才有可能挽救已陷入"衰世"的清朝统治，否则，衰世就会变成乱世，最后的结局，将是"踵兴者之改图"。他强调，改革有两种方式，一种是"劲改革"，一种是"自改革"。"劲改革"权操于"来者"，"自改革"权操于清朝自己，"与其赠来者以劲改革，孰若自改革？"他特别提醒清统治者："我祖所以兴，岂非革前代之败耶？前代所以兴，又非革前代之败耶？"魏源也对那种死抱祖宗之法不能变的陈腐观念进行了批判，认为"天下无数百年不弊之法，无穷极不变之法"，法有了弊，就必须变，"变古愈尽，便民愈甚"。变法的目的是为了"利民"。所以，凡"人情所不便者，变可复；人情所群便者，变则不可复"。他并列举历史上的赋税制度、选官制度和军事制度的变革，以说明只要变革为"人情所群便者"，即使"圣王复祚"，"必不舍条编而复两税，舍两税而复租庸调"；"必不舍科举而复选举（这里的"选举"，指的是"九品中正制"——引者），舍雇役而为差役"；"必不舍营伍而为屯田、为府兵也"。包世臣针对当时严重存在的社会经济问题，主张"一反五百年之弊"，进行改革。而改革的基本原则，是"上利国而下利民"，使国家和老百姓都能从改革中得到好处，而不能"膏屯于上，泽竭于下"，借改革之名，行搜刮之实。他认为只有国民两利，改革才能获得老百姓的支持，也才有成功的可能。基于上述认识，嘉道之际的经世思想家们提出了一系列的改革主张和方案，这些主张和方案涉及"三大政"——"漕政、盐法、河工"以及币制、科举、农业等方面。

龚自珍

乙丙之际塾议三

客问龚自珍曰：子之南也，奚所睹？曰：异哉！睹书狱者。狱如何？曰：古之书狱也以狱，今之书狱也不以狱。微独南，邸抄之狱，狱之畔皆同也，始狡不服皆同也，比其服皆同也，东西南北，男女之口吻神态皆同也，狱者之家，户牖床几器物之位皆同也。吾睹一。或释褐而得令，视狱自书狱，则府必驳之，府从则司心驳之，司从则部必驳之。视狱不自书狱，府虽驳，司将从，司虽驳，部将从。吾睹二。视狱自书狱，书狱者之言将不同，曰：臣所学之不同，曰：臣所聪之不同，曰：臣所思虑之不同。学异术，心异脏也。或亢或逊，或简或缛，或成文章，语中律令，或不成文章，语不中律令，曰：臣所业于父兄之弗同。部有所考，以甄核外（一本无"外"字），上有所察，以甄核下，将在是矣。今十八行省之挂仕籍者，语言文字毕同。吾睹三。曰：是有书之者，其人语科目京官来者曰：京秩官未知外省事宜，宜听我书。则唯唯。语入赀来者曰：汝未知仕宦，宜听我书。又唯唯。语门荫来者曰：汝父兄且慑我。又唯唯。尤力持以文学名之官曰：汝之学术文义，憍不中当世用，尤宜听我书。又唯唯。今天下官之种类，尽此数者，既尽驱而师之矣。强之乎？曰：否。既甘之矣。吾睹四。佐杂书小狱者，必交于州县，佐杂畏此人矣。州县之书狱者，必交于府，州县畏此人矣。府之书狱者，必交于司道，府畏此人矣。司道之书狱者，必交于督抚，司道畏此人矣。督抚之上客，必纳交于部之吏，督抚畏此人矣。吾睹五。其乡之籍同，亦有师，其教同，亦有弟子，其尊师同，其约齐号令同，十八行省皆有之，豺蹲而鸮视，蔓引而蝇孳，亦有爱憎恩仇，其相朋相攻，声音状貌同，官去弗与迁也，吏满弗与徙也，各行省又大抵同。吾睹六。狃富久，亦自富也。狃贵久，亦自贵也。农夫织女之出，于是乎（一本无"乎"字）共之，宫室车马衣服仆妾备。吾睹七。七者之睹，非忧、非剧、非醒、非疟、非鞭、非棰、非符、非（一本"非"下有"契"字）约，析四民而五，附九流而十，挟百执事而颠倒下上，哀哉，谁为之而壹至此极哉！（《定盦文集补编》卷一）

乙丙之际箸议第六

自周而上，一代之治，即一代之学也；一代之学，皆一代王者开之也。有天下，更正朔，与天下相见，谓之王。佐王者，谓之宰。天下不可以口耳喻也，载之文字，谓之法，即谓之书，谓之礼，其事谓之史。职以其法载之文字而宣之士民者，谓之太史，谓之卿大夫。天下听从其言语，称为本朝、奉租税焉者，谓之民。民之识立法之意者，谓之士。士能推阐本朝之法意以相诚语者，谓之师儒。王之子孙大宗继为王者，谓之后王。后王之世之听言语奉租税者，谓之后王之民。王、若宰、若大夫、若民相与以有成者，谓之治，谓之道。若士、若师儒法则先王、先冢宰（一本"冢宰"作"大夫"）之书以相讲究者，谓之学。师儒所谓学有载之文者，亦谓之书。是道也，是学也，是治也，则一而已矣。乃若师儒有能兼通前代之法意，亦相诚语焉，则兼综之能也，博闻之资也。上不必陈于其王，中不必采于其冢宰、其太史大夫，下不必信于其民。陈于王，采于宰，信于民，则必以诵本朝之法，读本朝之书为率。师儒之替也，源一而流百焉，其书又百其流焉，其言又百其书焉。各守所闻，各欲措之当世之君民，则政教之末失也。虽然，亦皆出于其本朝之先王。是故司徒之官之后为儒，史官之后为道家老子氏，清庙之官之后为墨翟氏，行人之官之后为纵横鬼谷子氏，礼官之后为名家邓析子氏、公孙龙氏，理官之后为法家申氏、韩氏。世之盛也，登于其朝，而习其揖让，闻其钟鼓，行于其野，经于其庠序，而肆其豆笾，契其文字。处则为占毕弦诵，而出则为条教号令，在野则熟其祖宗之遗事，在朝则效忠于其子孙。夫是以齐民不敢与师儒齿，而国家甚赖有士。及其衰也，在朝者自昧其祖宗之遗法，而在庠序者犹得据所肄习以为言，抱残守阙，纂一家之言，犹足以保一邦、善一国。孔子曰："郁郁乎文哉，吾从周。"又曰："吾不复梦见周公。"至于夏礼商礼，取识遗忘而已。以孔子之为儒而不高语前哲王，恐蔑本朝以干戾也。至于周及前汉，皆取前代之德功艺术，立一官以世之，或为立师，自《易》《书》大训杂家言，下及造车、为陶、医、卜、星、祝、仓、庾之属，使各食其姓之业，业修其旧。此虽盛天子之用心，然一代之大训不在此也。后之为师儒不然。重于其君，君所以使民者则不知也；重于其民，民所以事君者则不知也。生不荷耰锄，长不习吏事，故书雅记，十（一本"故书雅记"作"九州谣俗户闳末"）窥三四（一本无"三四"二字），昭代功德，瞠目未睹，上不与君处，下不与民处。由是士则别有士之渊薮者，儒则别有儒之林囿者，昧王霸之殊统，文质之异尚。其惑也，则且援（一本"则且援"作"謷"）古以刺（一本"刺"作"驾"）今，嚣然有声气（一本"有声气"作"异寡过者"）矣。是故道德不一，风教不同，王治不下究，民隐不上达，国有养士之资，

士无报国之日，殆夫，殆夫！终必有受其患者，而非士之谓夫？（《定盦文集》卷上）

乙丙之际箸议第七

夏之既夷，豫假夫商所以兴，夏不假六百年矣乎？商之既夷，豫假夫周所以兴，商不假八百年矣乎？无八百年不夷之天下，天下有万亿年不夷之道。然而十年而夷，五十年而夷，则以拘一祖之法，惮千夫之议，听其自陊，以俟踵兴者之改图尔。一祖之法无不敝，千夫之议无不靡，与其赠来者以劲改革，孰若自改革？抑思我祖所以兴，岂非革前代之败（一本"败"作"敝"）耶？前代所以兴，又非革前代之败（一本"败"作"敝"）耶，何莽然其不一姓也？天何必不乐一姓耶？鬼何必不享一姓耶？奋之，奋之（一本"之"下有"又"字）！将败（一本"败"作"敝"）则豫师来姓，又将败（一本"败"作"敝"）则豫师来姓。《易》曰："穷则变，变则通，通则久。"非为黄帝以来六七姓括言之也，为一姓劝豫也。（《定盦文集》卷上）

乙丙之际箸议第九

吾闻深于《春秋》者，其论史也，曰：书契以降，世有三等，三等之世，皆观其才；才之差，治世为一等，乱世为一等，衰世别为一等。衰世者，文类治世，名类治世，声音笑貌类治世。黑白杂而五色可废也，似治世之太素；宫羽淆而五声可铄也，似治世之希声；道路荒而畛岸隳也，似治世之荡荡便便（一本"便便"作"平平"）；人心混混而无口过也，似治世之不议。左无才相，右无才史，阃无才将，庠序无才士，陇无才民，廛无才工，衢无才商，抑（一本无"抑"字）巷无才偷，市无才驵，薮泽无才盗，则非但鲜君子也，抑小人甚鲜（一本无"则非但鲜君子也，抑小人甚鲜"十二字）。当彼其世也，而才士与才民出（一本"与才民出"作"孤根以升"），则百不才督之、缚之，以至于戮之。戮之非刀、非锯、非水火；文亦戮之，名亦戮之，声音笑貌亦戮之。戮之权不告于君，不告于大夫，不宣于司市，君大夫亦不任受。其法亦不及要领，徒戮其心，戮其能忧心、能愤心、能思虑心、能作为（一本"作为"作"担荷"）心、能有廉耻心、能无渣滓心。又非一日而戮之，乃以渐，或三岁而戮之，十年而戮之，百年而戮之。才者自度将见戮，则夙夜号以求治，求治而不得，悖悍者则夙夜号以求乱。夫悖且悍，且瞑然瞆然以思世之一便己，才不可问矣，向之伦惩有辞矣。然而起视其世，乱亦竟不远矣。是故智者受三千年史氏之书，则能以良史之忧忧天下，忧不才而庸，如其忧才而悖；忧不才而众怜，如其忧才而众畏。履霜之屩，寒于坚冰，未雨之鸟，戚于（一本"于"作"如"）飘摇，痹瘘之疾，殆于痈疽，将萎之华，惨于槁木。三代神圣，不忍薄谲（一本"薄谲"作"弃才屏智"）士勇夫（一本无"勇夫"二字），而厚豢驽羸，探世变也，圣之至也。（《定盦文集》卷上）

乙丙之际塾议第十六

有匹妇（一本"妇"作"夫"）之忧，有城市之忧，有人主之忧。匹妇（一本"妇"作"夫"）之忧，货重于食，城市之忧，食货均，人主之忧，食重（一本"重"作"亟"）于货。夫货，未或绌也，未或毁也。以家计，患其少，以域中计，尚患其多。何哉？孝者以奉亲，悌者以事长，睦者以恤（一本"恤"下有"宗"字）族，任者以急（一本"急"作"惠"）朋友，侠者以无名，放者以无节，虽（一本无"虽"字）千万不钧，其在天地间则钧。埋之土中，取之土中，投之水火，取之水火，不出天地之间。人主者，会天地之间之大势，居高四呼。博货之原，则山川效之；啬货之流，则官司钥之；重货之权，则名与器视之；货在宫中，鬼神守之；货在朝野，吏民便之。其敝也，贝专车不得一（一本无"一"字）匹麻，有金一斛不籴掬粟；又其敝也，丐夫手珠玉，道殣抱黄金（一本"金"下有"明主"二字）。知黄金珠玉之必无救（一本"救"下有"于道殣"三字）也，是故博食之原，啬食之流，重食之权，总四海而忧之，不急一城之急，一市之急，矧乃急匹妇（一本"妇"作"夫"）之（一本"之"下有"所"字）急矣。食民者，土也；食于土者，民也。凡民以有易无，使市官平之，皆以稻、麦、百谷、竹、木、漆、陶、铁、筐筥（一本无"筐筥"二字）、桑柘、葛苎、蔬韭、木实、药草、牛、驴、马、猪、羊、鸡、鱼、蒲苇、盐酒、笔楮

（一本无"笔楮"二字）使相当；其名田者赋于官亦用是。百家之城，有银百两；十家之市，有钱十缗；三家五家之堡，终身毋畜泉货可也。畜泉货，取其稍省负荷百物者之力，便怀衵而已，不挈万事之柄。行此三十年，富民所吝惜，非货焉，贫民所歆羡怨叹，非货焉，桀黠心计者，退而役南亩，而天下复奚扰扰贫与富之名为？请定后王式：曰泉式，其质青铜，其轮周二寸半，其重八铢。银之色理有常，其枚无常，其价赢缩有常，其品二等。（《定盦续集》卷二）

明良论一

三代以上，大臣、百有司无求富之事，无耻言富之事。贫贱，天所以限农亩小人；富贵者，天所以待王公大人君子。王公大人之富也，未尝温饱之私感恩于人主，人主以大臣不富为最可嘉可法之事，尤晚季然也。《洪范》五福，二曰富；《周礼》八枋，一曰富。臣之于君也，急公爱上，出自天性，不忍论施报。人主之遇其臣也，厚以礼，绳以道，亦岂以区区之禄为报？然而禹、箕子、周公然者，王者为天下国家崇气象，养体统，道则然也。孟子曰："无恒产而有恒心（一本有"者"字），惟士为能。"虽然，此士大夫所以自律则然，非君上所以律士大夫之言也。得财则勤于服役，失财则怫然惕，此诚厮仆之所为，不可以概我士大夫。然而卒无以大异乎此者，殆势然也。士大夫岂尽不古若哉？廉耻岂中绝于士大夫之心哉？然而古之纤人俗吏少于今者，诚贵有以谋之至亟矣！三代、炎汉勿远论，论唐、宋盛时，其大臣魁儒，大率豪伟而疏阔，其讲官学士，左经右史，鲜有志温饱、察鸡豚之行；其庸下者，亦复优游书画之林，文采酬酢，饮食风雅。今士大夫，无论希风古哲，志所不属，虽下劣如矜翰墨，召觞咏，我知其必不暇为也。今上都通显之聚，未尝道政事谈文艺也；外吏之宴游，未尝各陈设施谈利弊也；其言曰：地之腴瘠若何？家具之赢不足若何？车马敝而责券至，朋然以为忧，居平以贫故，失卿大夫体，甚者流为市井之行。崇文门以西，彰义门以东，一日不再食者甚众，安知其无一命再命之家也？远方之士，未尝到京师，担笈数千里而至，乐瞻士大夫之气象丰采，以归语田里。今若此，殆非所以饰四方之观听也！谓外吏富乎？积逋者又十且八九也。夫士辞乡里，以科名通籍于朝，人情皆愿娱乐其亲，赡其室家；廪告无粟，厩告无刍，索屋租者且至相逐，家人嗷嗷然呼。当是时，犹有如贾谊所言"国忘家，公忘私"者，则非特立独行以忠诚之士不能。能以概责之六曹、三院、百有司否也？内外大小之臣，具思全躯保室家，不复有所作为，以负圣天子之知遇，抑岂无心，或者贫累之也。《鲁论》曰："季氏富于周公。"知周公未尝不富矣。微周然，汉、唐、宋之制俸，皆数倍于近世，史表具在，可按而稽。天子富有四海，天子之下，莫崇于诸侯，内而大学士、六卿，外而总督、巡抚，皆古之莫大诸侯。虽有巨万之资，岂过制焉？其非俭于制，而又黩货焉，诛之甚有词矣！今久资尚书、侍郎，或无千金之产，则下可知也。诚使内而部院大臣、百执事，外而督、抚、司、道、守、令，皆不必自顾其身与家，则虽有庸下小人，当饱食之暇，亦必以其余智筹及国之法度、民之疾苦。泰然而无忧，则心必不能以无所寄，亦势然也。而况以素读书、素识大体之士人乎？夫绳古贤者，动曰是真能忘其身家以图其君。由今观之，或亦其身家可忘而忘之尔。内外官吏皆忘其身家以相为谋，则君民上下之交，何事不成？何废不举？汉臣董仲舒曰"被润泽而大丰美"者，此也。朝廷不愈高厚，宇宙不愈清明哉？（《定盦文拾遗》）

明良论二

　　士皆知有耻，则国家永无耻矣；士不知耻，为国之大耻。历览近代之士，自其敷奏之日，始进之年，而耻已存者寡矣！官益久，则气愈媮；望愈崇，则诌愈固；地益近，则媚亦益工。至身为三公，为六卿，非不崇高也，而其于古者大臣巍然岸然师傅自处之风，匪但目未睹，耳未闻，梦寐亦未之及。臣节之盛，扫地尽矣。非由他，由于无以作朝廷之气故也。何以作之气？曰：以教之耻为先。《礼·中庸》篇曰："敬大臣则不眩。"郭隗说燕王曰："帝者与师处，王者与友处，伯者与臣处，亡者〔国〕与役处。凭几其杖，顾盼〔昒视〕指使，则徒隶〔厮役〕之人至。恣睢奋击，呴籍叱咄，则厮役〔徒隶〕之人至。"贾谊谏汉文帝曰："主上之遇大臣如遇犬马，彼将犬马自为也。如遇官徒，彼将官徒自为也。"凡兹三训，炳若日星，皆圣哲之危言，古今之至诚也！尝见明初逸史，明太祖训臣之语曰："汝曹辄称尧、舜主，主苟非圣，何敢谀为圣？主已圣矣，臣愿已遂矣，当加之以吁咈，自居皋、契之义。朝见而尧舜之，夕见而尧舜之，为尧舜者，岂不亦厌于听闻乎？"又曰："幸而朕非尧舜耳。朕为尧舜，乌有汝曹之皋、夔、稷、契哉？其不为共工、骥兜，为尧、舜之所流放者几希！"此真英主之言也。坐而论道，谓之三公。唐、宋盛时，大臣讲官，不辍赐坐、赐茶之举，从容乎便殿之下，因得讲论古道，儒硕兴起。及据（一本"据"作"其"）季也，朝见长跪、夕见长跪之余，无此事矣。不知此制何为而辍，而殿陛之仪，渐相悬以相绝也？农工之人、肩荷背负之子则无耻，则辱其身而已；富而无耻者，辱其家而已；士无耻，则名之曰辱国；卿大夫无耻，名之曰辱社稷。由庶人贵而为士，由士贵而为小官，为大官，则由始辱其身家，以延及于辱社稷也，厥灾下达上，象似火！大臣无耻，凡百士大夫法则之，以及士庶人法则之，则是有三数辱社稷者，而令合天下之人，举辱国以辱其家，辱其身，混混沄沄，而无所底，厥咎上达下，象似水！上若下胥水火之中也，则何以国？窃窥今政要之官，知车马、服饰、言词捷给而已，外此非所知也。清暇之官，知作书法、赓诗而已，外此非所问也。堂陛之言，探喜怒以为之节，蒙色笑，获燕闲之赏，则扬扬然以（一本无"以"字）喜，出夸其门生、妻子。小不霁，则头抢地而出，别求夫可以受眷之法，彼其心岂真敬畏哉？问以大臣应如是乎？则其可耻之言曰：我辈只能如是而已。至其居心又可得而言，务车马、捷给者，不甚读书，曰：我早晚直公所，已贤矣，已劳矣。作书、赋诗者，稍读书，莫知大义，以为苟安其位一日，则一日荣；疾病归田里，又以科名长其子孙，志愿毕矣。且愿其子孙世世以退缩为老成，国事我家何知焉？嗟乎哉！如是而封疆万万之一有缓急，则纷纷鸠燕逝而已，伏栋下求俱压焉者鲜矣。昨者，上谕至引卧薪尝胆事自况比，其闻之而肃然动于中欤？抑弗敢知！其竟憪然无所动于中欤？抑更弗敢知！然尝遍览人臣之家，有缓急之举，主人忧之，至戚忧之，仆妾之不可去者忧之；至其家求寄食焉之寓公，旅进而旅豢焉之仆从，伺主人喜怒之狎客，试召而诘之，则岂有为主人分一夕之愁苦者哉？故曰：厉之以礼出乎上，报之以节出乎下。非礼无以劝节，非礼非节无以全耻。古名世才起，不易吾言矣。（《定盦文拾遗》）

明良论三

敷奏而明试，吾闻之乎唐、虞；书贤而计廉，吾闻之乎成周。累日以为劳，计岁以为阶，前史谓之停年之格，吾不知其始萌芽何帝之世，大都三代以后可知也。今之士进身之日，或年二十至四十不等，依中计之，以三十为断。翰林至荣之选也，然自庶吉士至尚书，大抵须三十年或三十五年；至大学士又十年而弱。非翰林出身，例不得至大学士。而凡满洲、汉人之仕宦者，大抵由其始宦之日，凡三十五年而至一品，极速亦三十年。贤智者终不得越，而愚不肖者亦得以驯而到。此今日用人论资格之大略也。夫自三十进身，以至于为宰辅、为一品大臣，其齿发固已老矣，精神固已惫矣，虽有耆寿之德，老成之典型，亦足以示新进；然而因阅历而审顾，因审顾而退葸，因退葸而尸玩，仕久而恋其籍，年高而顾其子孙，傺然终日，不肯自请去。或有故而去矣，而英奇未尽之士，亦卒不得起而相代。此办事者所以日不足之根原也。城东谚曰："新官忙碌石呆子。旧官快活石师子。"盖言夫资格未深之人，虽勤苦甚至，岂能冀甄拔？而具形相向坐者数百年，莫如柱外石师子，论资当最高也。如是而欲勇往者知劝，玩恋者知惩，中材绝侥幸之心，智勇苏束缚之怨，岂不难矣！至于建大猷，白大事，则宜乎更绝无人也。其资浅者曰：我积俸以俟时，安静以守格，虽有迟疾，苟过中寿，亦冀终得尚书、侍郎。奈何资格未至，晓晓然以自丧其官为？其资深者曰：我既积俸以俟之，安静以守之，久久而危致乎是。奈何忘其积累之苦，而晓晓然以自负其岁月为？其始也（一本无"也"字），犹稍稍感慨激昂，思自表见；一限以资格，此士大夫所以尽奄然而无有生气者也。当今之弊，亦或出于此，此不可不为变通者也。（《定盦文拾遗》）

明良论四

庖丁之解牛，伯牙之操琴，羿之发羽，僚之弄丸，古之所谓神技也。戒庖丁之刀曰：多一割亦笞汝，少一割亦笞汝；韧伯牙之弦曰：汝今日必志于山，而勿水之思也；矫羿之弓，捉僚之丸曰：东顾勿西逐，西顾勿东逐，则四子者皆病。人有疥癣之疾，则终日抑搔之，其疮痏，则日夜抚摩之，犹惧未艾，手欲勿动不可得，而乃卧之以独木，缚之以长绳，俾四肢不可以屈伸，则虽甚痒且甚痛，而亦冥心息虑以置之耳。何也？无所措术故也。律令者，吏胥之所守也；政道者，天子与百官之所图也。守律令而不敢变，吏胥之所以侍立而体卑也；行政道而惟吾意所欲为，天子百官之所以南面而权尊也。为天子者，训迪其百官，使之共治吾天下，但责之以治天下之效，不必问其若之何而以为治，故唐、虞三代之天下无不治。治天下之书，莫尚于六经。六经所言，皆举其理、明其意，而一切琐屑牵制之术，无一字之存，可数端了也。约束之，羁縻之，朝廷一、二品之大臣，朝见而免冠，夕见而免冠，议处、察议之谕不绝于邸钞。部臣工于综核，吏部之议群臣，都察院之议吏部也，靡月不有。府州县官，左顾则罚俸至，右顾则降级至，左右顾则革职至，大抵逆亿于所未然，而又绝不斟画其所已然。其不罚不议者，例之所得行者，虽亦自有体要，然行之无大损大益。盛世所以期诸臣之意，果尽于是乎？恐后之有识者，谓率天下之大臣群臣，而责之以吏胥之行也。一越乎是，则议处之，察议之，官司之命，且倒悬于吏胥之手。彼上下其手，以处夫群臣之不合乎吏胥者，以为例如是，则虽天子之尊，不能与易，而群臣果相戒以勿为官司之所为矣。夫聚大臣群臣而为吏，又使吏得以操切大臣群臣，虽圣如仲尼，才如管夷吾，直如史鱼，忠如诸葛亮，犹不能以一日善其所为，而况以本无性情、本无学术之侪辈邪？伏见今督、抚、司、道，虽无大贤之才，然奉公守法畏罪，亦云至矣，蔑以加矣！使奉公守法畏罪而遽可为治，何以今之天下尚有几微之未及于（一本"未及于"作"不若"）古也？天下无巨细，一束之于不可破之例，则虽以总督之尊，而实不能以行一谋、专一事。夫乾纲贵裁断，不贵端拱无为，亦论之似者也。然圣天子亦总其大端而已矣。至于内外大臣之权，殆亦不可以不重。权不重则气不振，气不振则偷，偷则敝。权不重则民不畏，不畏则狎，狎则变。待其敝且变，而急思所以救之，恐异日之破坏条例，将有甚焉者矣。古之时，守令皆得以专戮，不告大官，大官得以自除辟吏，此其流弊，虽不可胜言，然而圣智在上，今日虽略仿古法而行之，未至擅威福也。仿古法以行之，正以救今日束缚之病。矫之而不过，且无病，奈之何不思更法，琐琐焉，屑屑焉，惟此之是行而不虞其陊也？圣天子赫然有意千载一时之治，删弃文法，捐除科条，裁损吏议，亲总其大纲大纪，以进退一世，而又命大臣以所当为，端群臣以所当从。内外臣工有大罪，则以乾断诛之，其小故则宥之，而勿苛细以绳其身。将见堂廉之地，所图者大，所议者远，所望者深，使天下后世，谓此盛世君臣之所有为，乃莫非盛德大业，而必非吏胥之私智所得而仰窥。则万万世屹立不败之谋，实定于此。

外祖金坛段公评曰：四论皆古方也，而中今病，岂必别制一新方哉？耄矣，犹见此才而死，吾不恨矣。甲戌秋日。

四论，乃弱岁后所作，文气亦何能清妥？弃置故簏中久矣。检视，见[第二篇后]外王父段先生加墨矜宠，泫然存之。自记。（《定盦文拾遗》）

尊隐

将与汝枕高林，藉丰草，去沮洳，即荦确，第四时之荣木，瞩九州之神（一本"神"作"灵"）。皋，而从我嬉其间，则可谓山中之傲民也已矣。仁心为干，古义为根，九流为华实，百氏为杝藩，枝叶昌洋，不可殚论，而从我嬉其间，则可谓山中之悴民也已矣。闻之古史氏矣，君子所大者生也，所大乎其生者时也。是故岁有三时：一曰发时，二曰怒时，三曰威时；日有三时，一曰蚤时，二曰午时，三曰昏时。夫日胎于溟涬，浴于东海，徘徊于华林，轩辕于高闳，照曜人之新沐濯，沧沧凉凉，不炎其光，吸引清气，宜君宜王，丁此也以有国，而君子适生之，入境而问之，天下法宗礼族归心，鬼归祀，大川归道，百宝万货，人功精英，不翼而飞，府于京师，山林冥冥，但有鄙夫、皂隶所家，虎豹食之，曾不足悲。日之亭午，乃炎炎（一本一"炎"字）其光，五色文明，吸饮和气，宜君宜王，丁此也以有国，而君子适生之，入境而问之，天下法宗礼族修心，鬼修祀，大川修道，百宝万货，奔命涌塞，喘车牛如京师，山林冥冥，但有窒士，天命不犹，与（一本"与"作"俱"）草木死。日之将夕，悲风骤至，人思灯烛，惨惨目光，吸饮莫气，与梦为邻，未即于床，丁此也以有国，而君子适生之；不生王家，不生其元妃、嫔嫱之家，不生所世世（一本一"世"字）豢之家，从山川来，止于郊。而问之曰：何哉？古先册书，圣智心肝，人功精英，百工魁杰所成，如京师，京师弗受也，非但不受，又裂而磔之。丑类

窳呰（一本"窳呰"作"呰窳"），诈伪不材，是辇是任，是以为生资，则百
宝咸怨，怨则反其野矣。贵人故家蒸尝（一本"尝"下有"磐石"二字）之
宗（一本"宗"下有"烬"字），不乐守先人（一本无"人"字）之所予重器，
不乐守先人（一本无"人"字）之所予重器，则媵人（一本"人"作"者"）
子（一本无"子"字）纂之（一本"之"下有"去"字），则京师之气泄，
京师之气泄，则府于野矣（一本无"矣"字）。如是则京师贫，京师贫，则
四山实矣。古先册书，圣智心肝，不留京师，蒸尝之宗之〔子〕孙，见闻
嫿婀，则京师贱；贱，则山中之民，有自公侯者矣。如是则豪杰轻量京师；
轻量京师，则山中之势重矣。如是则京师如鼠壤；如鼠壤，则山中之壁垒
坚矣。京师之日〔苦〕短；山中之日长矣。风恶，水泉恶，尘霾恶，山中泊
然而和，浏然而清矣。人攘臂失度，啾啾如蝇蚋，则山中戒而相与修娴靡
矣。朝士寡助失亲，则山中之民，一啸百吟，一呻百问疾矣。朝士僾焉偷
息，简焉偷活，侧焉徨徨商去留，则山中之岁月定矣。多暴侯者，过山中
者，生钟虡之思矣。童孙叫呼，过山中者，祝寿考之毋遽死矣。其祖宗曰：
我无余荣焉，我以汝为殿矣。其山林之神曰：我无余怒焉。我以汝为殿矣。
（一本无以上五句。）俄焉寂然，灯烛无光，不闻余言，但闻鼾声，夜之漫
漫，鹝旦不鸣，则山中之民，有大音声起，天地为之钟鼓，神人为之波涛
矣。是故民之丑生，一纵一横。旦暮为纵，居处为横，百世为纵，一世为
横，横收其实，纵收其名。之民也，壑者欤？邱者欤？垤者欤？避其实者
欤？能大其生以察三时，以宠灵史氏，将不谓之横天地之隐欤？闻之史氏
矣，曰（一本无"曰"字）：百媚（一本"媚"作"媚"）夫，不如一猖（一
本"猖"作"狂"）夫也；百酣（一本"酣"作"傲"）民，不如一瘁民也（一
本"也"下有"有"字）；百瘁民，不如一之民也。则又问（一本"问"下
有"之"字）曰：之民也，有待者耶？无待者耶？应之曰：有待。孰待？待
后史氏。孰为无待？应之曰：其声无声，其行无名，大忧无蹊辙，大患无
畔涯，大傲若折，大瘁若息，居之无形，光景煜熻，捕之杳冥，后史氏欲
求之，七反而无所（一本无"所"字）睹也。悲夫悲夫（一本无"悲夫悲夫"
四字）！夫是以又谓之纵之隐。（《定盦续集》卷二）

包世臣

中衢一勺·目录序

叙曰：河、漕、盐三事，非天下之大政也，又非政之难举者也，而人人以为大，人人以为难，余是以不能已于言也。漕难于盐，河难于漕，事难则言之宜详，余是以不能已于言，而于河言之尤多者也。然余有所不能已而言河言漕言盐，其书脱手流布，传写者既苦错误，又或以意窜改，至异事实。然以是被声闻矣，然以是遭唇齿矣，而皆非余作书之意也。

余少小见官民相争必于漕，而无以已之。嘉庆七年游海上，比物察情，以为举海运则公费大省，而官之困于丁，与民之困于官者，可以小纾，而无借以成其说。值八年衡家楼河决穿运，得达于苏抚，卒不见行。乃作《海运南漕议》以为私书。

十三年江督请帑六百万，大修汰黄堤。援东河成案，以什六归滨河之凤、泗、徐、淮、扬、海六府州，分十年摊征归款。予以凤、徐诸郡邑，民瘠而危，数为变，南河例无摊征，似难奉行。又正料为根本至计（南河旧以派厅荡料为正料，各厅领价自购为购料，故有移正作购参案。近则名苇秸为正料与缆橛各杂料者对举，而荡料余方俱由库道作收支，料变为纸，几如会子。然黍秸仍名秸料，是恶害去籍之未尽者），苇荡左右营，南河之天府也，近乃专以购价唉工员，库贮倍蓰（库贮犹言额支系南河名目）而工仍无料，区脱视荡，徒称饷绌，乃为《筹河刍言》，明经费之无假外求，冀当路之或牖其衷也。故相国觉罗长文敏公、戴文端公持节视南河，见其书，遂得罢摊征之议，而采用接筑长堤接长盖坝之策。文端以筹荡非奉使所及事，而心以为善。文敏叹厘淤为经久硕画，以江督系其姻娅，授本使目奏行之。既久不报，文敏遂面陈其略，奉旨饬江督仿靳辅遗法，自筹治河费，一切开例商捐课程诸说，皆不许在筹议之内。江督卒以每食盐一斤增河费三厘具覆。芦、浙、闽、粤之醝贾，并因缘为奸以病齐民矣，而河事愈亟，乃为《策河四略》，以俟能者。

十六年，故节相百文敏公以台长出督两江，在都得《刍言》《四略》二书，首举盖坝有成效，语在《郭君传》。遂并举接堤筹荡，其《筹荡章程》

虽出余手，而发行于十月，为时已缓，又未能先委十万，是以不获符前说，止增采余柴四百三十万束，浮于原定正额过倍而已。而工员奉派正料垛数，已为四五十年来所未闻见，虑嗣后荡事益治，遂停购价，谤语滋起。文敏以筹荡之故，知厘淤事必可行，颇欲究其说。左右见文敏意在修好，乃巧为谣诼以尼之，工员乘机并翻筹荡之局。司事者既获重咎，共幸荡事可已，而庙谟独断，饬仍核实妥办，事得不废。道光纪年以后，河势复否，而奇险叠见，卒保安澜者，垂裕远而正料足也。

十八年豫东之役，故工部尚书苏公得《刍言》，知厘淤事未举，遂于筹议经费案内，列款入告，奉敕交文敏。文敏深忿不自已出，所亲承望风指，减淤数以薄其功，欲苏公舛余言，而亦无不借致富贵矣。

故南督黎襄勤公，十六年春初擢淮海道，即购二书，珍为秘箓，演其说，与河督争堵倪家滩以知名。继识余，就问书旨尤详具，机要多取裁决焉。十七年春，襄勤建议守倪家滩格堤，余以如议则大堤必溃。沮坏全局，驳正其事，始有隙。然是秋超升为督，仍力举束水对坝课柳株验土垛稽垛牛减漕规（南河例价名目）。请移束御两坝，一切依二书所言。虽移坝不得请，而滩柳茂密，土料如林，工段修洁，河身深㟃，钱粮节省者过半，秩秩改观矣。徒以误创圈堰，构险惊心，遂使志出苟完，计专救败，而救败尤非。上游则以虎山腰减汛水，而归墟于周桥，下游则听叶家社旁泄，不复自守前说。束水坝寻亦罢废。襄勤之言曰：“黄涨非人力所能御，凿山腰以减之，无刷塌之虞，而有化险为平之妙。”余见其议虽成而事尚未举，恃旧德以诤之，曰：“黄以无溜为至险，攻大垛不与焉。湖以淤底至为险，掣石工不与焉。阁下谓减黄入湖为化险为平，黄缓湖高，吾坐见其积平成险也。两险交至，其祸甚烈。阁下意在及身，然或未能以忧患贻后人已。”自圈堰病发，襄勤常耻见绌，语在《杂记上》，及以危言论山腰，尤衔之，自是为水火矣。会东河屡决，借以少安，马睢并合，河归南境。经行一载之后，交汛则清河、安东、阜宁三县所辖河长且二百里，水势常平堤，而中泓无溜。襄勤忧悴不知所为，惟力疾奔走，遂以道光四年春，病瘵卒官。而后人智同宾雀，无睹败征，不数月高堰竟决。余目击巨艰，乃作《漆室答问》，以发因败为功之机，而当路莫能采录者。

于是运道大梗，相国英公据余议为海运之请。而奉行依违，委任胥侩，上海商民被扰，盖略与清江之拨船运夫等矣。未几，沮海运者皆败，余意事在决行，乃为《海运十宜》以布之。良以霍食思深，决策廿载之前，天时人事，迫归一术，诚不忍见其或有得失，使哓哓滕口说，以疑众隳成，而汲江嗟其无及，食葵忧其告匮也。夫亲见子云，古人所叹。凫鹄来远，物理所珍。昨闻东督张公请集群议，有自谓无及成于六德之风，圣明嗟赏，饬行所奏。稽其折称汛到旁午，霜后宴息，徒知言防，莫事求治。又谓南河多分泄而致受淤，以及筑做对坝束水，数事则主于《问河事优劣》《说坝》，而杂取《郭君传》四略以为说。至云用靳辅爬沙船，是未见《辨南河传说》之书也。书不尽言，言不尽意，张公即尽见其书，庸遽尽其意乎？郢书治燕，周官乱宋，夫岂一概而已。

或者曰："君子之思不出位。吾子少禀殊资，弱不好弄，攀跻嬴刘，鞭笞唐宋。千名未闻罗隐，一命不沾李白。孺仲之子蓬头，仲晦之母粝食。食贫而处脂不润，居卑而名津匿迹。先忧后乐，矢口嘤嘤。自为则已早，为人则已劳，舍田芸田，毋乃病乎？"余曰："造车合辙，匠氏之方也；明齐知类，雅儒之行也。古之为河为漕为盐而善者，治其事而后苍黄趋蹶贸贸以从之耶？抑其事素立也？手无斧柯，则待其人，亦济世利物也，虽劳何病？"

或又曰："阴用其言，阳弃其身，虽有功而不究，吾子得此于诸公也屡矣。况不乏下石焉者乎？何吾子之不悔而无戒心也？"余曰："众建诸侯而少其力，贾生发策而收功于主父偃，王文成踵其术，以从思田之役，功施到今，贾生借兔术疏之诮于后世幸矣！诸公有采余言以效功当世者，余之幸较贾生为大。且君子立言，非以为市也，而何悔乎？古之以言获祸者，皆倾危不诡于中。余言所知能主利济者取则焉，又何戒之有？然而利害倚伏，相待以发。惠以养老，蹠以黏牡，同是饴之见也。"故余议海运，将以纾民困也。今海运已举，官不受丁困矣。而其所受之困，虽不至如丁之甚而事加先，是民未困于官而官先困也。官既先困，则民之继困当益甚，是余说之反也，此之不能不戒也，故校录诸书附记更历，以饷有心三事者，题曰《中衢一勺》。为其不足以言尊也，夫设尊于衢，饮者自斟酌之，然或饮之而过节，与性不宜饮，则皆足以致病。然以有致病者而彻其尊，则必有求饮而不得者已，是必如黔敖要于路而自饮之耶？然有不食嗟来者，则速其死，再三求处于无咎之地而不得，是亦未可以不悔也。道光五年十二月八日泾包世臣慎伯甫书于许市舟中。

合注：倪家滩，在云梯关下八九十里。十六年冬，襄勤承办减工下段引河，倪家滩先于是年春漫口，河督不肯堵塞，受淤尤厚。襄勤估挑引河深一丈五尺，以其土于两岸坚筑缕堤，长三千丈，首尾缘以格堤，斜属之大堤，两缕堤相距才九十余丈。十七年春，李家楼合，河归故道，缕堤内身仄，坚守格堤，水无所泄，必旁攻大堤，故驳正之。

虎山腰，系十八里屯旧址。就其基展宽，引水入丁塘湖，凿山腰为减坝，泄入引河，注洪泽湖。坐落铜山县城西三十里，系铜沛厅所辖。

叶家社，在黄河北岸，去海口五六十里。

马工，系马营坝，在河南武陟县，黄沁同知所辖。

仪工，在仪封县，系兰仪厅所辖。（《安吴四种》卷一）

中衢一勺·附录序言

叙曰：仆于道光乙酉，刻旧著言河漕盐之书三卷，题曰《中衢一勺》。其言虽切而勿详，又得其书者，大都视三事为三而不知其实一也。河，治水事也，水有利有害，能去水害者，在能收水利。漕为惟正之供，什一而征，法自前古。盐之起也，命曰海王，固以佐军国所不及，而纾沾体涂足者之困。凡皆以奠民居急民事也，唯以三事皆近利，司事久则见利忘义，渐去其本以病民，卒至司事之利亦与俱病，则不揣本而齐末之故也。

河盐二事，仆实能究其深，举而措之，于国于民既大利，而司事者亦沾溉无已。惟漕则大略而已，其细微曲折，可不变法而推行无碍者，颇未能自信。嗣游武林，识故平湖令江阴赵琳圃球，示及政书五篇，唯《说漕》为最善，条列十五事，二万余言。如其说，则民与官与丁，皆取诸官中而用之裕如，一切依于成案，只须去胥吏之奸而已。因手抄而藏之，欲删要为书以补吾阙，携至都下，遍言于所知，借钞转展，遂失其稿本。赵君老矣，其书刻否并存殁不可知。仆意以漕主江浙，即举赵君法，而民困卒难悉纾，然兴屯以减江浙之额漕，斯事体大，恐未有能见诸实事者。举赵君说，则潜移默运，谨守成法，贪夫无以肆其唇舌，小民已亲受利益，或亦可杜大患于日后。世果有出类之杰，膺圣主笃信重寄者出，一反五百年之弊，以上利国而下利民，则仆说具在。若居得为之地，只有心补苴，以小利斯民于目前，则当求赵说。其书固已至纤至悉，节目备具也。

仆转侧江、淮、燕、齐数十年，时时与当路论说民间疾苦，为补救之方。诸公亦共信其谋不为身，确凿可行而善之，然卒未有能举其事者。至市井小民，偶倡邪说，于事理既无足动听，又其力曾不足以达微员末弁，而近之一二年，远则五六年，其说竟上腾章奏，仰邀俞允。仆经见已屡，窃以为天意欲重困斯民，浸削国脉。积久然后知上利国下利民，则中必不利于蚕蠹渔牟者，故百言而百不用；上病国而下病民，中必大利于蚕蠹渔牟者，故说一出而万口传播，终得达于大有力者。以是知仍关人事，而非彼苍之降割下方也。

仆老而试令江西，权篆新喻者年余。前任倚上游有连，摧折庠序，以预为加漕地，致兴大狱，省垣悉谓其民为比户可诛。需次无肯往者，不得已而及仆。仆受命星驰，未及邑境十五里，居民夹道私语，新喻城必不能入。仆从闻之，皆欲少留。仆中夜驰至，诘朝视事，隶役逃散略尽。而父老督子弟催科，勤于粮差。其应审人证，谕父老送案唯谨。及当征漕，仆集绅耆与户粮书吏廷谕之曰："漕正供也，民司输而令司征。至兑军安丁，与上下规费，本属陋规，然议裁减则权不在令，出赔垫则仆无其力。诸君与户书，非族即戚，仆初任贵邑，又向未办漕，诸君与户书取存架十年来旧卷，核算其必不可省之用费，使仆无赔垫之累，贵邑免抗顽之讥，足矣。若前此虐民诸政，仆已访悉，力能尽划除之。一遵漕运则例，花户执挡，余米收回，断不使诸君讥仆行不掩言也。"绅耆与户书公算三日，漕费须库纹万九千三百余两。邑人踊跃输将，米既干洁，而费用毕集。兑军时丁验米色，谓为生平所未见，一切规费皆如向例，而兑付加早。及军船开行后，乃蒙擅变旧章迹涉科敛之严劾，去官待办。漕运则例世莫遵行，以浮收斳折为旧章久已，考曰擅变，夫复何辞？然民情大可见，而漕事非必不可办，亦可见矣。

故集录前后诸文，附原刻《中衢一勺》之后，为附录四卷。卷内反复，皆盐漕河三事，三事虽政之一端，然非具运量全局之识，固不足以察事理之所极，而随时酌剂以有利无弊也，故摘取《说储》上篇，序论举要之词，附之编尾，使览者得悉其指归焉。（《安吴四种》卷一）

海运南漕议并序

嘉庆癸亥，河南衡家楼决口，穿山东张秋运河，粮艘不能行。中外颇忧漕事。上以谏臣言，饬有漕督抚议海运。予曾游上海、崇明，登小洋、马迹诸山，从父老问南北洋事，稔海运大便。然非有所资借而骤改旧章，则疑众难成。既见邸抄，遂委曲告所知。未几，其说达于江苏巡抚，属为论列，巡抚以为然。删润再三，阅月余始缮折（编者注："阅月余始缮折"，原作"初缮折"，据清吴熙载手校《小倦游阁集》稿本改），而浙江巡抚已论罢其事，竟以中止。予以其关系极重，故删为私议，以俟后日之谋国是君子推取焉。

驳海运之说者三：一曰洋氛方警，适资盗粮；二曰重洋深阻，漂没不时；三曰粮艘须别造，舵水须另招，事非旦夕，费更不赀。然三者皆书生迂谭，请得一一折之以事实而后伸正义。

出吴淞口，迤南由浙及闽粤，皆为南洋。迤北由通海、山东、直隶及关东，皆为北洋。南洋多矶岛，水深浪巨，非鸟船不行。北洋多沙碛，水浅礁硬，非沙船不行。小鸟船亦吃水丈余；沙船大者才四五尺。洋氛在闽粤，皆坐鸟船，断不能越吴淞而北，以争南粮也。

沙船聚于上海，约三千五六百号。其船大者载官斛三千石，小者千五六百石。船主皆崇明、通州、海门、南汇、宝山、上海土著之富民。每造一船须银七八千两，其多者至一主有船四五十号，故名曰船商。自康熙廿四年开海禁，关东豆麦每年至上海者千余万石，而布茶各南货至山东、直隶、关东者，亦由沙船载而北行。沙船有会馆，立董事以总之。予尝问其每岁漂没之数，总不过千百分之一，而遇飓风、松仓在其中。松仓者，巨浪入仓，豆见水辄胀大至倍，恐船臌裂，故酌弃其半于海以松之也。今南粮由运河，每年失风，殆数倍于此。上海人往关东、天津，一岁三四至，水线风信，熟如指掌。关东、天津之信，由海船到者无虚日，此不得以古人之已事为说也。

秦、汉、唐漕粟入关，未尝言官艘，唯《刘晏传》有宽估之说，谅亦杂雇民船。国家除南粮之外，百货皆由采办，采办者官与民为市也。间岁并有采买米粮，以民船运通之事。而山东、江南拨船，皆由雇备，是雇船未尝非政体也。取其便适无他患，何必官艘哉？沙船以北行为放空，南行为正载。凡客商在关东立庄者，上海皆有店。上海有保载牙人，在上海店内写载，先给水脚，合官斛每石不过三四百文。船中主事者名耆老，持行票店信，放至关东装货，并无客伙押载，从不闻有欺骗。又沙船顺带南货，不能满载，皆在吴淞口买人挖草泥压船。今若于冬底传集船商，明白晓谕，无论其船赴天津、赴关东，皆先载南粮至七分，其余准带南货。至天津卸于拨船，每南粮一石，给水脚银四钱。上载时每石加耗米五升，卸载时以平斛收，津丁之加二五米，俱成正供，以增仓储，合计南粮四百万石，不过费水脚百六十万，曾不及漕项十之三四。（此合州县津丁兑费而言，非专指粮道库项也。）而陆续开行，二月初，江浙之粮即可抵淀。往返三次，全漕入仓矣。船商以放空之船，反得重价，而官费之省、仓米之增者无数，又使州县不得以兑费津贴旗柁名目，借词浮勒，一举而众善各焉。先期咨会浙江提镇，哨招宝、钱陈，江南提镇，哨余山及大、小洋山，会于马迹，山东镇臣，哨成山十岛，会于鹰游门，以资弹压护送。而淀津有拨船数千号，足敷过载。由淀津抵通二百里，无粮艘沮滞，挽行顺速，唯装卸及发水脚之时，若使吏胥克扣需索，则船商或畏怯不前耳。然悉心筹画，专意了此一节，亦非甚难之事也。至行之有效，然后筹裁撤粮艘、安插柁水、清查屯田，其事皆有条理可循。兹未及具论，谨议。

（合注：招宝山，在宁波府；钱陈山，在嘉兴府，俱在海中。余山在崇明外洋。小洋山，江苏、浙江洋面交界处。大洋山在小洋山东南，入浙洋界。马迹山在崇明南，上有都司营。鹰游门在海州与山东洋面交界处。）

（《安吴四种》卷一）

筹河刍言

治河者始自下流，下流既畅，上澜自安。自神禹以迄国朝靳文襄，奏绩宣防，莫不由此。自贾让倡不与水争地之说，墨守诸生，群以筑堤激水为非计。而前明潘氏解之曰："导河云者，盖洪水横流时，禹度其高下，以堤束之，引而入海之谓也。"愚证以八蜡祭防，则潘氏之言信矣。潘氏又曰："沙垫底高，但谓旁决之河，不可以论于归槽时也。沙易停，亦易刷，水势归槽，则沙随水刷。故余所筑遥堤，守之十七年而未尝有分寸加高者，诚以水聚则底深也。但底深之后，人视堤为无用而弃之，不加修葺，则有旦夕之急耳。"绎潘氏之论，以验文襄之事，大概可知矣。文襄之督南河也，清口以下涸者且十年，遂于关外接筑长堤，除逼海软淤廿里之外，皆加修防，堵塞决口四十余处，而河以治安者五十年。是故近日之河患频仍，说者共咎海口矣。然而不稽前贤之成绩，不察现在之情形，谬为铁板沙、拦门沙可骇之说。又谓海潮上下，河水不敌，以致淤垫，因有别改海口，及修复爬沙船、混江龙等议。夫改海口之说，潘氏已详言而力排之，今昔一理，无容赘辩。至爬沙等船，乃文襄之舛议。铁板、拦门之名，自前明嘉靖之初已见章奏，其时海口仅在云梯关下，至今海口东徙且数百里，若果系铁板，则当横塞关门，何以竟随水下徙耶？

盖河水下注，海潮上溢，于口门一顶，则潮水锐而中行；黄水曲而两散，黄潮交汇之处，中聚停沙。此不必海口为然也，凡山河入江之处皆有之。愚更谓黄口之潮，实弱而易敌，唯不能为黄厚集其力耳。夫水莫大于江河，海潮入江直上至小孤山，瞬息二千五六百里。海潮入河，仅抵十套，才百五六十里耳。盖海虽周环，而性同就下，地势北高南下，海流趋于南，而山东之成山矶头，横插海中者千余里，挑溜东去，回溜南折，正抵钱塘，故潮为最大。黄浦口次之，福山口又次之。河口近在胶僮之间，正成山之矶窝耳，故潮力甚弱。河源万里，又合五省之支流，此正"同为逆河"之势也。但北岸六套，南岸仁和镇以下二百余里，全无堤束，遇大汛水旺之时，横溢至数百里。流散则缓，潮乘其虚，直入以扼其吭〔坑〕，故河身积淤，屡致不测。愚尝亲至海口，南自射阳湖，北至灌河口，徘徊青淤尖上，度其情势。见潮落之时，拦门沙面水色深白可辩，去口门尚有二三十里，与潘氏所言不殊。夫河既入海，而沙在二三十里之外，其不阻大溜也明甚。诚修培旧有之堤，接长至逼海软淤二十里为止，则河力聚，而海潮上泛，河溜仍自下行，冲刷底淤，不至如今之潮旺时，河水倒流百里，致上游水立矣。再度上游河身漫宽中泓无溜之所，测量水线，镶做对头束水斜坝，激动水头，节节逼溜，导至清口。乃于束清坝下，接长盖坝，逼高清势。于御黄坝外，加做顺黄大坝，挑黄溜北行，导清溜东注。分工赶办，遴选良善之员，期于归实。不过经两大汛，而桃源之高家湾以下，河底可以挈深。河深则淮高，清水下注，助黄刷沙，高堰自不吃重，粮艘永无滞碍，此虽未然之事，而有必然之理者也。今制府奏请饷六百万，分别动帑及摊征归款两项。南河从无摊征之例，恐骇民听。而户部筹拨，势实不继。内外俱以为忧。愚周旋海滨者月余，详察地势，周谘人情，有深便于民而借资国帑者二事，敬谨述陈，以庶几野人曝背之义焉。

（合注：靳公言黄河盛涨时，水面高于平地，自数尺至丈不等。今冬令之河底，且高于平地数丈。盖潘氏之前，遥堤未备，河水泛决漫流，平地亦从而高，故平地与河身不甚相悬，是以终宋之世，河可南北两行。及潘氏汰黄堤成，河水独行，而嗣其事者，不能攻淤以治河底，唯恃继长增高，以幸无患，是以河底日高，竟成筑垣居水之势，有决口即夺流，无复两行之事矣。

高家湾，在桃源、清河交界处，外北厅所辖杨庄口门上三十里。）

一、拟召买海淤，厘奸杜争，以裕经费。

云梯关下，其北岸自马港河起，东下至现在海口，青红二沙，淤成堆阜，迤北之云台山，已成平陆。地隶海、安、阜三州县，民灶相杂，淤出新地约方二百里。前此乾隆四十五年，因水漫豁粮之民灶地五千七百六十三顷零，今亦淤成沃壤。其南岸北沙以下，至黄河尾闾，长二百余里，宽百里，无赋者十居八九。又鳝鱼港诸处，向因无工，黄河漫水南注射阳湖荡，亦出淤洲甚广。查南北两岸，截长补短，以鸟道开方计之，约方三百里。每里五百三十亩，当得地四十五六万顷。以五六万顷为湖河沮洳之地，又除十万顷为苇营官荡及浅淤、青淤、斥卤不毛，民居、坟墓之地，又三分去其一，当得产稼地二十万顷。此地皆肥淤，其附近海州及关前数十里者，多有大户隐射，其余亦有客户搭棚私种。撒种满野，收成即去，每亩收豆麦至二三石之多。因无粮官地，不敢恋种，即大户隐射者，亦不敢硬占，不过贿嘱吏胥，且前且却。偶有报升在案者，又成讼至十数年莫得咨结。前高文端所谓百里无人烟之处，今人居颇密，为东南富户所集。查乾隆四十年，前升任库道李奉翰，议详制、河二院，将苇营溢地，召民领买。后缘四十五年豁除关外溢地钱粮，召买案以中止。今既淤溢肥饶，出产繁沃，且居民愿得此者，不谋同词，徒以报升费重，莫敢先发。

查文襄治河，共用银二百廿万两而功成。其友陈君为筹钱粮于淮扬居民，谓河治则田可耕，且新淤田肥，出产加倍，共帮修河费银，每顷三十、

二十、十两不等，遂以归款，其余以济官吏弁兵。公费饶裕，令行如流，俎豆至今，未尝有议其加派病民者。其"八疏"内《筹画钱粮》一疏具在，可稽也。夫文襄时，以居民己产帮费修河，尚踊跃恐后，况此以官地召民承买，开其财源，永杜争端，岂有不应捷影响者乎？诚明示召买，其先已隐射耕种者，皆准自陈缴价，给与执照。以地高下定价，每顷分三十两、二十五两、二十两三则。以中则为率，可得银五百万两。又带缴接筑护田大堤费银，每亩三分，可得银六十万两。查该州县正粮，每亩岁纳银三分、二分、分七八厘不等，除安东一邑无漕外，每亩又征漕一升至四五合不等。今召买之地，旧占者即年、荒地二年后，一体照则摊粮，约以每亩二分为率，岁可得银四十万两。每亩带征接堤岁修银二厘，可得银四万两。三项均归河库。其前此隐射，而示到两月不行陈报者，许他人指买。其同指一段而报买在后者为套报，不准。若所报亩顷之数，丈出不实在十二以内者，但令照数补缴，过此即治以欺隐之罪。

　　难者或谓："海滨人悍，大户隐射已久，复使缴价清丈，或至滋事。"此非暗于理而不乐成美，即欲酿民争以便其攘利者也。隐射之户，每年所出规费倍蓰正供，又豢养拳勇以备械斗，倘成命案，常至倾覆。今出示招买，即隐射万亩之家，不过输银三千两而永享丰厚，且谁肯岁费无算，以自蹈危机哉？至素为大户豢养之徒，性非无良，徒以势孤力微，不能自占官地，故依托大户，聊为生计。今既可以指买，各出所积，皆得永业。富者乐其远祸，贫者乐其得生，滋事之虑，诚为过矣。又谓："海淤地广，附近民稀，召买莫应，徒多一说。"此亦非明于事实者也。关外居民，本皆新植，一由私种官地，一由转贩荡料，致家大万，枌榆相望。且清江文武各员，内外各幕，及彼游客兵目，多拥厚资，共知指买为大利所存，但恐人浮，无忧饷绌。或又谓："王者不与民争利，斥卤之区，宜弛以便民。"此又貌求宽大之经而坐失治平之柄者也。夫弛利与民，所以济贫乏，非以优奸宄。今任大户之隐射，而贫民为其牙爪，道府州县之猾吏，相与为奸，非所以成政体也。召买一行，则奸民不至犯法，而有以自全；贫民皆得食力，而有以自植，是一举而教养之实备焉者也。凡此三说，皆非所忧。但宜简公忠晓事大员一人专司其事，礼致一二贤杰为海隅人所素信服者，招徕晓谕，以消小民不信官府之心，先得数大户及民望为倡，则报买骈集矣，若误任牧羊之狼，而辅以假虎之狐，则百为而百无成，又奚必召买海淤之一事耶？

康熙三十八年，河身创堤，奉旨：此堤不论远近，必与要修。朕业已指示，不用高宽，止用高五尺、底宽二丈、顶宽七八尺以遏水头，钦此。查现今当接筑之堤，除近海沮洳二十里，计之约二百里。北岸创堤，长三万六千丈，顶宽八尺，底宽二丈八尺，高五尺。每丈计土九方，共计土三十二万四千方。南岸较险，临河一面，应筑坦坡。顶宽八尺，底宽四丈八尺，高五尺。每丈计土十四方，共五十四万方。二共计土八十六万四千方。每方宽估作银四钱，水碾在内，取伏淤真土，打碎坚筑，共需银三十四万五千六百两。嗣后递分二年，北岸加高培宽，筑成新口堤。共高八尺，顶宽二丈，底宽五丈二尺。除原创土方不计外，计用新土共七十三万方。南岸坦坡加高帮宽，亦分为二年，新旧堤共高八尺，顶宽二丈，底宽八丈四尺。除原创土方不计外，二年分筑，计用新土共一百万方。两岸续筑新土，共一百七十三万方。每方四钱，共银六十九万二千两。连原堤通共银一百三万七千六百两。先即行委官两岸勘筑封土，领饷兴工，一月可以毕事。其款在买升项下拨还。买升之项不过期月，大势必集，无容虑其不能接济也。再，新堤顶溜陡水之处，须镶做防风以保冲突，归入另款。招买示未发之前，当行各州县提取粮册赤书，日后照册除粮丈地，自无欺隐矣。买升之款，除接筑长堤外，可备修筑砖石各工，及创高家湾以下，河宽溜缓之处，挑水各坝，复建清口顺黄大坝，头坝前接长盖坝至风神庙，及各工帮戗之需。堤成，仍宜修复栽柳种荄之制，派兵与民协护，则久安长治之策也。

一、拟筹盘苇荡，任地惠民，以平料物。

近年河费繁重，皆因料价腾贵，料贩居奇，以致漕规例价不敷。旧例购料七十五两一堆。在十月至正月收生柴九万斤，二月至四月收温柴七万八千斤，五月至九月收干柴六万六千斤。而今不论月日，改收柴三万斤一堆，发价一百四十五两至一百八十五两不等。是今之一堆，昔日两堆之价也；昔之一堆，今日两堆之用也。出入相乘，悬殊四倍，正供有常，何以堪此？查南河皆用海柴，海柴皆产苇荡营官地。凡民间烧烟，旧例皆官料做工之余。今乃奸民串买荡柴，反与河员为市，居奇抬价，以病国帑。且饷或不继，料不至工，常至成事。夫水性有孚，盛涨逼堤，无料加镶，乃至漫刷。是近日南河机宜，探本清源，专在清荡。查连年岁修、抢险二款，用至二百三四十万之多。工程经费正料居六，杂料及夫土居四，则每年购料银，约百六十万两。以新定例牵算百六十两一堆计之，约通工用料万堆，每堆限缴三万斤，且不能足数。以原定每堆七十五方，每方四十束，每束干柴二十二斤计之，则实得漕规料四千四百堆，即可济通工之用。

查苇荡左营原额产柴地五千余顷，右营原额产柴地七千余顷，共万二千余顷。今既淤宽，前升任库道吴坛，曾用绳围荡地一亩，樵得重六十斤柴二十四束。以衰旺取中，每亩樵得漕规生柴三十斤一束者三十束，则万二千顷，可得柴三千六百万束，为料万二千堆。以四千四百堆为加镶春工及防风抢险之需，仍余七千六百堆。官分地设厂，运卖烧烟，每堆取足钱八十千文，比之今日市价，才三分之一耳，其便民岂有既哉？合计卖价，可得足钱六十万八千千文。其樵兵交工四千四百堆，不行给价，外余柴束，每束照正料旧漕规减五厘，照刀本增八厘，见束给樵兵银一分五厘，共银三十四万二千两。每岁八月，即发银十万两，为各兵募雇刀手之本，又发银二千两为搭棚之费。

查左、右二营，实樵兵千二百名，每兵自雇刀手五名，合七千人。自霜降日开采，至清明日停刀，共一百六十五日，除十五日为大雨雪停采外，一百五十日。以三千六百万束分计，每人该采五千一百束，每日该采三十五束，堆驮在内。每兵领募本八十两，以雇五人，一切宽裕矣。此项即于给柴价内扣还外，仍余柴价二十四万两。提二万两为停刀后疏沟补种之用，以二万两为本营参守千把协效之公费，以一万两为记名效用百总头脑之酬赏，以一万两调济操防中右二营当差公费，以二万两调济船务营弁兵，以四万两为觅船分运各厂及司事辛食之费，仍存柴价十二万两。分给樵兵，每兵一名可分百两。以厂卖六十万千计之，除去柴价，尚存钱二十六万千，可以助杂料夫土之用。查左营地，各队各兵俱有分界。右营漫滩，并无分址，似应丈清，照左营例分定。使兵知产柴旺，则得柴价多，视如己产，加意护青。且巡守勤慎，堆成时不虑奸人风火也。

然此举商之河埙官幕，则莫乐行之者，何也？官之领帑购料，幕之代官收买，游客之为料贩居间，皆非无为而为。今取诸官荡而有余，且转以卖之于民，则办料之利窦塞矣。常时料价尚有行市，唯抢险急需，则居奇数倍。而幕借以告其居停，官借以白其上宪，皆不能驳价核实。今工积官料，备防无匮，则做工之浮开杜矣。

市虎成于三言，筑舍误于谋道。故曰非言之难，听之难也；非听之难，行之难也；非行之难，断之难也。是唯望当路君子之能断而已！（《安吴四种》卷一）

策河四略（节选）

南河所辖曰黄，曰运，曰清。其要害曰海口，曰清口，曰高堰。海口不畅，则上游水立，而黄灌入清，清黄相抵则淤垫清口，清水不出则高堰吃重。今海口既兴大工，堵合马港河，浚旧海口，不日启放引河，大溜冲刷，下游定能深畅。然不知黄之受病，实在清口以上之高家湾一带，河宽无槽，中泓溜弱，是以淤浅，而病发清口。淮之受病，在移束清入湖口，移御黄至河沿，而并收窄其金门，遂使清弱黄强，终年滞运。及淮水上游盛涨，而洪湖又以连年启放丰山、祥符各闸，湖底之迤北垫浅过半，水势南掣，五坝不守，坝下引河，渐次湮废，下河民便，什九淤塞。故上坝一启，则下河成灾。自甲子及今，七年未安枕已。而今年守湖过旺，遂至西风一日，三坝并通，时将短至，而高邮、邵伯犹昕夕戒严。南河时事，岌岌如斯。加以调拨正供，几遍天下，开土方，增盐价，利源渐穷，而河势更否。率此为常，后将何及？以愚筹之，约有四略：其一曰救敝要略，其目八：曰堵御坝以浚运淤；疏引河以导湖溜；接长盖坝以发清势；补筑顺坝以杀黄怒；截港接堤以敌潮汐；外柳内芒以防漱漫；对坝逼溜以攻积淤；引溜归泓以减险工。其二曰守成总略，其目六：曰课官幕以慎要工；逐倡优以节浪费；核春工以杜虚险；稽堆牛以备黑汛；严守减闸以掣湖底；劝疏便民以备启坝。其三曰筹款至略。其四曰积贮本略。后二略前已详具《筹河刍言》。凡此四略，得实心实力之君子，不挟私，不避怨，举行如指，而三年之后，三河不复潘、靳旧轨者，未之有也。（《安吴四种》卷一）

海运十宜

海运之便，前议已详言之，本为明白易举。自本年二月奉旨饬查，当事未悉底里，不事谘询，循例委员分投查看，有司更纵吏役，恣意封船，百弊丛生，扰遍滨海。四月复奉明谕，势在必行，而委员不思变计，至苏抚有饬行嘉湖道查覆沙船逃匿乍浦之事，船商畏沮之情可想。谚云："医病易，医药难。"加以本年催提粮艘，卸货几尽，搁浅数月，裂渗堪虞。丁柁苦累情形，实为从来未有。承极敝而议创举，应机制变，断非预定绳尺所能赅核，谨就情事之尚可言宜者，条为十宜，以俟职谋国是之君子采择焉。

一、黄河情形既至此极，是来年漕运，舍海更无他道。现在浅沮各帮，若循例截留江北，将来别雇船只转输海口，岂不重为劳费？闻大闸以上已无重船，湖水虽未能导出清口，若在二闸迤下，飞渠借水，抽退尚可为力。查海道自五月至七月，风信靡常，船皆下碇，北洋名为守冻，南洋名为停秋。迨至洋面通行，尚有五十余日，可以筹办一切。筹办既定，乃撤各帮渡江，转至吴淞，卸交沙船，约中秋开行，九月初可必抵淀也。

一、内外库贮，颇非饶裕，本年纤挽盘拨，封雇长短拨船，糜费已属不赀。此时抽退各帮，米数尚在百万以外，筹议水脚，亦非易集，非出无中生有之奇，未能济事。即来年由海新漕，又岂能别议开销？似宜查明节次，奏明州县津贴丁柁成案，照数提拨，以给沙船水脚。如尚不敷，再以漕项正供拨抵。核明拨抵若干，照减运旧章，调剂丁柁若干，此外是否仍有节省，通盘筹画，方免临事周章。

一、沙船十一帮，俱以该商本贯为名，以崇明、通州、海门三帮为大。尤多大户立别宅于上海，亲议买卖。然骄逸成性，视保载行内经手人，不殊奴隶。保载行八家，并非领帖船埠，专为庄客包税，兼及觅船，并不于水脚内抽分行用。海运漕粮，既非税货，未便责令该行保载。其大户有船三五十号者，自为通帮所敬厚。亦有船数较少，而人颇解事，常为同帮居间排解，虽未必无因而求利之心，而为人信服已久。至会馆创于嘉庆初年，虽名通帮公捐，实未能同归一路。董事之力棉薄，各帮大户，多未谋面。似宜确访三大帮之大户，及解事人，礼致而切喻之。使之自合通帮，详议利病，酌其可行者与之兴除。（船商有最苦累之事，能兴除之则可收通帮之心，然预形纸笔便生格碍。）即明立文案，立该商各为本帮领袖，其小帮领袖，则由该商保充。饬令常川在馆，会同董事，将各帮沙船花名造册呈送。有船到埠，即赴会馆挂号。其是否篷缆坚固，商户殷实，堪载官漕，即责成董事、领袖等，出具互结若干番，与本商领状同送，飞咨天津督收官查核。至其揽载南货，或仍由保载行，或即由会馆，各听其便。盖事当创始，官民本未相孚，又值两次骇政之后，更难家喻户晓。非得其帮内敬厚信服之人，从容解说，使通帮晓然知载官漕与揽客货同一利市，难期成效。且大户听从，则事有依靠，解事人顺手，则浮议尽息。然或误用憸人，又足偾事，未可执一论也。

一、大户之船，油舱必精善，耆老舵水必皆著名好手，庄客时常写雇，故富则益富。船少者商本既微，生涯淡泊，船或老朽，贫则益贫。宜饬查明一商止有船五号以内者，非新造新舱之船，不准配运，以昭慎重。

一、沙船揽载关东豆货，水脚长落不一，口争多寡，率难平允。似宜吊取本年现写客货契票，将关石伸为仓石（漕斛卜海人呼为仓石），较明每石水脚银若干，酌量加增。韩昌黎言："凡是和雇百姓，愿为私家载物取钱五文，不为官家载物取钱十文。"增于民价，尚非乐从，何论核减？况天津从成山西转，本为北洋远路乎？又核明客货折交升合之例，酌加耗米。该船所得耗米，抵津交卸。如有余剩，宜仿上年台米之例，酌减若干，官为收买。既遂商情，益充仓贮。

一、粮艘漂失米石，有全赔全免之殊，然皆通帮公摊。沙船揽载客货，其应赔应免想亦必有旧章。宜酌于二者之间，由该领袖等议呈，核定应赔应免，仍照粮船通帮摊赔之例，不至重累一商。其应赔之米，先以剩耗抵补，如有不敷，由会馆议动公费，于次运买米搭交。

一、通州经纪花户，视旗丁为佃客，人所共知。沙船初载漕粮，尤无畔岸，不比关东、台湾采买招商之米，该役等心知其无可讹索者也。宜奏请轮用天津粮食行内斛手。沙船耆老以南给印斛，与北斛较明，盘交拨船（买卖旧例，过斛人每斛有钱一二三文不等，应从其旧，无须禁止）。

一、宜饬董事、领袖公议，每载官漕一石，酌提银若干，分帮贮馆，以作公费。使赔补松仓，不必着追本商，或至虚悬。并制官斛若干面，呈请验烙。凡载漕之船，各给一面，到津比较。招斛手若干名伺应过载，一切经费，以及造册取结、监收会议、备办茶饭之类，皆于公费内动支。每一运交竣之后，总计赢余若干，应如何存留公用之处，悉饬该董事领袖等妥议，呈明定案，以防科敛染指之弊。

一、都下官民，除南粮之外，一切食用之具，无不仰给东南。由粮船附载，十常八九。今既改河由海，则向来由粮船附载各货，不能不准其即由沙船附载，以给都下。是海运一行，南货出海者，较前倍蓰。若一概免税，则浒、由、扬、淮、宿、临等关缺额，全无补苴。而海津两关，出入皆免，几同虚设。关系课程，为数颇巨。况沙船以载漕之余，揽载南货，多寡不一，苦乐难均，似宜给足水脚，他货出入，仍旧输税。至海关额征本少，新增货税，数难预定，应列另档，以备抵补各关缺额。

一、实征本色由海运津之州县，皆系滨海近地，又在水乡多船之区，若短运仍用粮船，则津贴仍不能免，海运水脚，势难另筹。似宜由各州县雇船押送至吴淞过载，该州县即在漕耗动用，不至捐赔。而粮船柁水，查照减运年分解散成案，于归次时即行妥办，不致多出一番举动。然各州县送粮船只，齐集吴淞，既形拥挤，又多守候。似宜由督办之员，核明在埠沙船受载实数，酌派何州县于何日运淞过载，庶免积压弊混，别滋事端。

以上十宜，虽系粗迹，然一心妙其运用，十事植其胠维，则伐柯之则，亦略备于此矣。（《安吴四种》卷三）

代议改淮鹾条略

道光十年冬，户部以两淮鹾务宜"改为民运民销，化莠为良"入奏。奉旨命原奏之王尚书、宝侍郎驰驲之江南，会同督部定议。星使与督部皆委亲信人员赴场灶查看情形。委员见予书者，疑予为发踪之处，微服过访。予亦乐千年弊政之庶可革也，走笔书二十五条以畀之。钱粮正杂，每斤六厘者，乃部奏原定之数，故仍之。其实尚可酌减，使与盐本相称，乃行之益无格碍。然鹾贾殊不便此，虽明良契合，意在必行，犹未敢必其定能有成也。十一月二十五日记。

一议灶户岁输折价钱粮，为数至少，尚多拖欠。今若按镦征课，私锅既不可尽，衰旺又难定额，一镦所摊，课至累百，盐卖钱散，断难清款，自以征商为长。然买客赴场纳课，场署坐落海滨，既无城郭仓库，又大使职分较小，旺产场分，岁课且至数十万两，干没亏挪，恐亦难免。自宜令买客赴运司纳课，领票赴场买盐，由场员验明，发照出场。如殷实灶户愿贩盐出场者，仍先赴司纳课领票，与外客一例办理，方于裕课通商，两无窒碍。

一议解散盐禁同米麦，无须再配引目，自宜以斤起算，使人易晓。查两淮现纲盐，每引额配三百六十四斤，每纲额行一百六十八万引零。奏销银，正款一百八十万两，杂款织造、铜斤、河饷三十万两，考核银减半，平余五万两，其盐规匿费七十万两，唯京中、口外各衙门津贴之项，已关定额，自宜一体摊入。至各省文武，既无督销专缉之责，旧设规费，自宜剔除。又帑利九十余万两，断无令新贾代旧商偿欠之理。而款内挑浚运河诸事，实关紧要，亦宜核明银数，别立名目摊入。至奉发参斤，既无额商，自应请停。以上数款，应请并入奏销，删除考核名目，以免参差。约计每盐一斤，应摊正杂课银四厘内外，由运司当堂兑收，归正库存贮。

一议盐义仓系奉世宗宪皇帝特旨建设，以备卜下两江饥馑者。应酌核向来动缺买补章程，照州县主守之例，责成运司，不得转派首领等官，致滋亏缺。其建在场下者，即责成场员，宜酌定每年经费若干。

一议御书楼系承高宗纯皇帝特恩，存贮扬州天宁寺、金山江天寺两处，嘉惠江淮士林者。或即交该住持兼管，或遴选淹博勤慎士人数名，分别正副，依时敬谨晒晾。宜酌定每年经费若干。

一议杂支外支，款繁滋弊。查月折堂俸，及挂名书楼、育婴堂、普济堂各董事，实系无事而食，应与文武衙门旧设巡缉经费，皆无庸议。至如育婴堂，现养婴千四百余名，乳妇同之，向设内号、东号、西号，董事逐日收婴、觅乳、验顶、核肥瘦、课勤惰，事颇繁要，应查明实在办事之人，分别在堂久暂，每号酌留三四人。其医生常川在堂诊视者，有每月方簿可稽，合计乳妇婴儿数近三千，应就实诊医士内，试验能否，酌留七八人。所需药饵，应提药铺三年内帐簿，酌中定数，以杜冒销。其徽州书院、扬州恤嫠会所需经费，各有本款交商生息，然追缴存本，完欠难定。应同现行之普济堂、老人堂、救生船、扬仪书院、江宁苏州书院、苏州育婴堂，一体核明，酌加捐款每斤银若干，令买客带纳，以绵善举。

一议淮南串场河，时浚时淤。淮北盐河，双金闸一闭立即断流。故淮北运盐，名曰秋单。此次既改章程，应听由南、北六塘河，归总六塘河，至崔镇九里冈一带盘坝。或由扬庄入御黄坝，或盘过运、黄两河，由包家海子等处上洪湖船。此系长年通行之道，然被西水冲刷，间段不免淤阻。河道通塞，关系商运、民食者甚巨，必应随时官为疏浚。所有经费，应酌定数目，于钱粮内摊带，与前三款一并归入另库，使与奏销钱粮不相混杂。合计每斤，约捐银二厘以内。

一议赴司纳课，资本大小不齐，且多有未到扬州不习官府者。应照各省藩司之例，于运司署前设立官银号五家，海属一家，通、泰各二家，将钱粮科则，逐条载明，仍将各条归并合算，以杜逐条卷零之弊，刊刻木榜，竖立司前及银号门首。其四首领十五房，应酌核归并以节浮费，从前所有薪水饭食各款，并应删除，使与地方一例。

一议各场去扬，远近不一，买客不习地形，势必就近争买，较远场分，或致积压盐斤。除买梁盐有定产场分外，其余买安盐者，应由司于收课给票时，按场分产盐多寡，轮派标明赴买。各客赴场呈票，照数买足。雇船出场时，请场员秤验给照出场。仍修复北桥散旗旧例，运司于盐厅按船抽秤一两捆，除每捆浮出五斤以内，仍准给旗放行外，自六斤以上，照各关罚倍例，分别办理。（北桥散旗事久不行，旗式无考，应酌用阔黄布一幅斜裁，上横书衔姓，下直书某商雇某户船，载例盐若干捆，年、月、日给其委员所给旗，仍由运司先用空白印旗发交，于日、月后加署委员衔姓，场照每客给一张，即分载十船，止用一照，司旗则每船给一面，船多者挨次填第一、二、三、四字样。数客合雇一船，则旗前并列客名，以便稽核。各客所领照、旗，于下届赴扬纳课时附缴。）如浮至一成，则照漏税例究办。其江广客应出江换江船者，则与淮北转尖之船，皆泊仪征，由运司委员（或营或县酌定）秤验给旗。淮北赴安豫各岸之盐，则于淮河口，委泗州秤验给旗。

一议变法伊始，必宜广为招徕。查淮境以江广为远路，该省盐斤旧集南昌、汉口，听外府县水贩携银赴买，运回济食。此次即可招使前赴扬州，纳课买盐，直达本籍。其旧商存岸及现在出场改捆上船之盐，计新客遵示来扬，总须数月，旧商减价速售，亦不至大丧资斧。而新客陆续到岸，民食无虑缺乏。至私贩头目多拥厚资，自可立变良贾。而手下附从之人，身外多无长物，应咨查两浙仁钱担商、金衢筹商成例，斟酌定章，将淮北之桃、沭、海、赣，淮南之山、阜、高、宝、江、甘、如、泰，坐落运河东岸地段，听其肩挑售卖，使国课不虚，而口食有赖，不致流为盗贼，扰累官民。若用倒撑小船装盐贩卖者，便当赴扬纳课，由场发照，方准出场，以杜透漏。

一议淮南辰永两帮江船，数至累千，每船不下三十人。因律有不以盐船载盐之禁，故其船式样笨大，与他船回殊，盐法一改，此船不能揽载他货，又向与老虎颈一带私枭同里交好，若奸商欲挠大计，造言煽惑，颇费收拾。查江安地近，转输迅速，用船应听客便。至江广地道既远，买客资本自必稍裕，且江湖巨浪，非大船不可，应饬地方官分帮传集，令其公保信实数人，充当船行，专装江广客盐。除该船主力能营运，自本自客，以及头柁各人，能朋本营运者，不须由行，毋许经纪人等派扰外，余俱照例每两三分抽用，不准丝毫多索，水脚若干，悉听三面照时议值。

一议灶户卖盐，向系运赴场员所驻集镇，住居歇家，与场商交易；况在远客初到，人地生疏，尤不能按户挨收。应听旧业场商及灶户殷实人等，开设盐行，居积引揽，悉听其便。盐客买足报验领照，取该行甘结备案。

一议课银较盐价，多寡倍差，难保无不肖灶户，勾串客商来场私买，于可以偷越去处，得规包送。应查明各场通船只不当关津之所，用木桩钉截，使盐船并归一路，易于查核。

一议淮北旧有杠夫千余名，搭盖席篷，住湖嘴后河北地面，专抬盐捆，别无生业。从前为议改坝，商厮唆使出头，屡成巨案。查总六塘河去运河约三五里，必须搬运，应明示仍用杠夫，令其移家前往，相距一程，事非累坠。

一议仪征沿江一带，老少妇女，多以扫脚盐为生。应查明人家若干，除老废无依，筹设公所，比孤贫收养外，其余分别酌动义仓，给半年口粮，或折给资本，令其营趁迁业。其平日扒偷之徒，宜明示宥其既往，如敢结党把持，自以官法严惩，仍坐所由。

一议仪征埠头捆工箕秤人等，为数虽多，然皆稍有身家，盐务系其熟路。即有赤贫营趁之辈，自可帮同营运，无忧失业。

一议大小单钓屯船，既免坝掣，自可由孔家涵子直达场河，装运盐斤。其安庆以下盐客，或有由各口岸雇船来运者，亦听其由涵子抵场。皆由场员秤验后，于照内填明捆数斤重，由运司抽验给旗，经过各关，验旗放行。如查出捆数比旗载浮多，照逃关例究办。

一议淮境之内，不分南北，假有拦出淮境，自听邻境巡缉弁兵捕究；明示盐客船户人等，毋贪小利，自罹重网。

一议盐既不分纲食，无须改解子捆。然散置船舱，殊难稽核，应定以筑成三百斤为一捆，酌加卤耗包索若干斤，照天池掣马旧例，以二十捆为一马，抽秤一捆，多少照算，而荡蒲亦存销路，不至以货弃地。（险远乡邑，势必改五十斤中砠，挑盘零卖，需用小包，盐客自即在场带去也。）

一议淮北盐价，较淮南不及一半（北垣向例，盐一挑取制钱八十文，以人力为度，不过秤），而运道艰阻，盘剥较多，应免纳杂支捐款钱粮。唯浚河经费，一例摊纳。

一议淮北临兴一场，产盐最旺，坐落最远，向来从无商买，全数济私。应听转尖海运至淮南地界售卖，照海船成例，于内外洋汛地挂号，验照进口，凡指明转尖之客，应与南场一体摊纳外杂钱粮。

一议盐既由司纳课，自不能再于各关抽税，而船料在所当征。应核明扬由龙江、芜湖、正阳、九江、田荆等关科则，逐细定章，使船户与买客周知，以安商心。

一议司发之票，场发之照，应酌定程式。司票照芜湖关船票用安抚印之例，盖总督印；场照照地方契尾之例，盖运司印。司票到场，由场员按月径缴总督，以资查核；场照由场官秤验盐捆斤重，填明出场日月，仍将照根按月缴司。

一议新法既行，销盐大畅，所有带纳捐款，数年之后，存积必多。应请积至百万，即报拨一次，以免滋弊。

一议酌定章程入奏后，即应刊刻简明告示，各处张贴。仍将前后筹议条目、告示，票式、照旗各式样，刻印装钉，照宪书及各关木榜之例，盖印壳面，遍行发卖，使穷乡僻坞，大小咸知。凡卖客船户，各带一本，使沿途匪棍，不得捏词讹索。

一议淮北出路，虽改由六塘河，究属盘剥艰难。既不分别南北，若听兴、阜、盐三县各场盐，由宝应望直港过坝，入护城河，直抵蒋家坝，盘堰入淮，则两次换船，已越洪湖之险，又不与粮艘争道，可以减本迅运。其淮北三场，悉听转尖，尤于商、灶俱便。若此，则杠夫须下移，附备一说。

（《安吴四种》卷七上）

畿辅开屯以救漕弊议

水利与屯田，同理而殊势。水利者明农之先务，主于足民；屯田者足食之上理，主于裕国。故水利之兴，多在闲暇之时，民足而国储亦富；屯田之兴，多在有事之秋，国裕而民急亦解。数百年来，兴水田于西北者，何承矩之后，以怡郿、朱鄂两文端为盛。经理数年，垦成稻田至三百余万亩，而不久即废，论者多咎其尚不与民争利之虚名，不开屯而听升科，以致功隳已成，为虑不及远。此固非乐成人美之谈，然详考当日时势，即开屯亦不能以垂久也。南漕岁额平米四百万石，雍正中，曾以运河浅涸，阻漕南粮，至侍郎李绂筹办乃通，事载《穆堂文集》，然未闻当时都下有乏食之虞，是储蓄未急也。经征官多收羡余，特定为贪官例，是当时不以浮收勒折为当然，则民力未急也。运丁稍刑竭蹶，尹文端奏增水脚钱每石五十余文，不闻经征官别有津贴，是丁力官力俱未急也。如是，而必责其不能预为今日之地，不亦过乎？惟当日水田三百万，散在数十州县，随处开屯，不能得如许肯任事而通农事之人，一也。运道迂远，转搬滋费，都下既不仰给，则经费疑于虚耗，二也。北人口味皆宜杂粮，粜买不售，三也。加以选种不精，米多秕稗，粪本不时，收成歉薄，升科之后，业者或难偿本，故旋踵而废，如是，虽开屯，又独能久耶？

今京通两仓存粮，曾不足以支岁半，运河略闻浅滞，则都下人心为之惶惑，万一有如雍正中阻运之事，何以待之？至南漕专借江浙，尤以苏、松为大。近年吴中民户，田租所入，仅足当漕，而条银必须赔垫。即裕户讼户输纳较轻，亦复倍差额征。（苏州漕额每亩自二斗一至一斗五不等，牵算为见亩一斗八升。近年民户完折色每石至洋六块，为钱七千有零，而糙粮每石市价不过一千七百文，是四石方敷一石，计每亩完漕当用米七斗余。苏州佃租，每亩米一石，看收成定分数，通牵十年，断不能及八分，故租入仅敷完漕也。）民户脧削不堪，非闹仓不能邀减，众志成城，不谋而集，故抢斛、拆仓、殴官之案，相望而起。从前闹漕皆棍徒，近年则皆力农良民。封圻大吏，知良民闹漕之实出于不得已也，每事姑容，渐不可长。州县开仓收本色，近已及倍，米足兑军，闭廒开折，民户比市价常三四倍，裕户讼户或两倍或倍半。无论平日官声，漕开则怨敛，民户日少，讼户日增。而运丁兑费，每船须洋钱千二三百块，折入之数，常不敷兑费。挪库项、贷利债，漕事幸毕，而奏销限届，公私亏累，十缺而九。旗丁所得津贴，仍不敷沿途闸坝起拨盘粮交仓之费，倾覆身家，十丁而六，是民困官困丁困皆至于不可复加。《记》曰："穷则变，变则通"，漕弊至此固非变不通矣。必有备，事乃有济，"损上益下，民说无疆"。变通之权，惟决于开屯而已。

考今法，每里为三百六十步，计长百八十丈。田每亩积实二百四十弓，计方七丈七尺五寸。每方一里，为田五百三十亩；方十里，为田五万三千亩；方百里，为田五百三十万亩。稻田中岁可得稻四石，计米二石，以民间业佃例各半计之，得好田二百万亩，岁入即当全漕之半。岁积月累，九年之蓄易易耳。宜于畿辅数百里之内，附近河道可通舟处，相地脉，开沟渠，招集江浙老农，用安徽早粳七分，苏杭晚香三分，选其佳种，分试地力所宜，度其地可拓至方三四十里处，乃下手。附近畿辅，求方三四十里可开屯者三四处，尚非难事。一有成效，即可将江浙之赋，或减轻，或酌改为本折兼征，则民气得苏，官困亦解，而大吏得以执法齐民，免长不逊之习。上裕国而下足民，盖有非名言所能尽者。虽然，言之易，行之难，行之有效易，行之无弊难。夫举非常之事者，固必待非常之人。然所谓非常之人者，非智勇超群，能持一切之法以威众之谓；必其能询刍荛，察迩言，广思善断，集众人之心思材力而归于一，遇小小窒碍，则又能随时更正补苴，以顺民情而就事理者也。是故有识者言之，有力者以为然而行之，发令之始，莫不承顺风指，而胥吏借承顺之势，以阴求其所欲，国未见利而民已被害，好论议者，因以持其短长，盛业中阻，非一世也。北人既不习水田，又食性不宜稻米，是不惟不可抑勒之也，并不必劝谕之。专力治官屯，成败利病，皆官受之而不及于民，则不生阻挠之端。

或云："一面开官屯，一面劝民习垦，所产稻米，官以厚值收买之，则自乐于从令。"然民从者寡，是徒作一说耳；从者众，收成之后，官何能尽数收买？是不宜预为胥吏筹生计，而自取有言不信之讥矣。至于如何相度土性，如何收并民地，如何疏导泉源，如何安插棚厂，则书不尽言，言不尽意，非议者所当悬断也。

余嘉庆癸酉舟行扬州下河，见马家荡可以成屯，因著《下河水利说》，刻入《中衢一勺》。其时江浙漕政，尚未否极，故止为地方官言为民兴利一层。今若能为官举之，则可纾江浙民困，以上培国脉。然非两江督盐使者，则力不能筹此巨款，以必有成。盖开屯经费，当十倍于原议也。（近年盐法更否，每年奏销，搜括不遗余力，尚难赶保处分，再议于盐务筹巨款，真令闻者失笑矣。然得其窍，则事不劳而集，非指空迂谈，但不能明言耳。）道光己丑，经山东运河，见闸河东岸，自鲁桥至伙头湾，西岸自安沟至枣林，长约八十余里，两岸各宽二三十里，共宽五十余里，土性胶黑，保泽长谷，若以开屯，较马家荡作力为易，因著《闸河日记》，并有五言诗纪之。此事东河督及济宁牧有心者，皆能为之。附记于此，以告有心世道之君子焉。（《安吴四种》卷七上）

魏　源

默觚下·治篇一

人有恒言曰"才情"，才生于情，未有无情而有才者也。慈母情爱赤子，自有能鞠赤子之才；手足情卫头目，自有能捍头目之才。无情于民物而能才济民物，自古至今未之有也。小人于国、于君、于民，皆漠然无情，故其心思智力不以济物而专以伤物，是鸷禽之爪牙，蜂虿之芒刺也。才乎，才乎！《诗》曰："凡民有丧，匍匐救之。"

人有恒言曰"学问"，未有学而不资于问者也。土非土不高，水非水不流，人非人不济，马非马不走。绝世之资，必不如专门之夙习也；独得之见，必不如众议之参同也。巧者不过习者之门，合四十九人之智，智于尧、禹，岂惟自视欿然哉？道固无尽藏，人固无尽益也。是以《鹿鸣》得食而相呼，《伐木》同声而求友。

读《皇皇者华》之诗，喟然曰：为此诗者，其知治天下乎！一章曰"周爰咨诹"，二章曰"周爰咨谋"，三章曰"周爰咨度"，四章曰"周爰咨询"。世固有负苍生之望，为道德之宗，起而应事，望实并损者，何哉？以匡居之虚理验诸实事，其效者十不三四；以一己之意见质诸人人，其合者十不五六。古今异宜，南北异俗，自非设身处地，乌能随盂水为方圆也？自非众议参同，乌能闭户造车，出门合辙也？历山川但壮游览而不考其形势，阅井疆但观市肆而不察其风俗，揽人材但取文采而不审其才德，一旦身预天下之事，利不知孰兴，害不知孰革，荐黜委任不知孰贤不肖，自非持方枘纳圆凿而何以哉？夫士而欲任天下之重，必自其勤访问始，勤访问，必自其无事之日始，《皇华》之诗知之矣。

自古有不王道之富强，无不富强之王道。王伯之分，在其心不在其迹也。心有公私，迹无胡越。《易》十三卦述古圣人制作，首以田渔、末耜、市易，且舟车致远以通之，击柝弧矢以卫之；禹平水土，即制贡赋而奋武卫；《洪范》八政，始食货而终宾师；无非以足食足兵为治天下之具。后儒特因孟子义利、王伯之辩，遂以兵食归之五伯，讳而不言，曾亦思足民、治赋皆圣门之事，农桑、树畜即孟子之言乎？抑思屈原志三后之纯粹，而亦曰"惜往日之曾言〔信〕兮"，"国富强而法立"，孔明王佐之才而自比管、乐乎？王道至纤至悉，井牧、徭役、兵赋，皆性命之精微流行其间。使其口心性，躬礼义，动言万物一体，而民瘼之不求，吏治之不习，国计边防之不问；一旦与人家国，上不足制国用，外不足靖疆圉，下不足苏民困，举平日胞与民物之空谈，至此无一事可效诸民物，天下亦安用此无用之王道哉？《诗》曰："监观四方，求民之莫。"

工骚墨之士，以农桑为俗务，而不知俗学之病人更甚于俗吏；托玄虚之理，以政事为粗才，而不知腐儒之无用亦同于异端。彼钱谷簿书不可言学问矣，浮藻馂飣可为圣学乎？释、老不可治天下国家矣，心性迂谈可治天下乎？《诗》曰："民之质矣，日用饮食。"

为治者不专注其大而但事节目，则安危否泰之大端失之目睫矣；用人者不务取其大而专取小知，则卓荦俊伟之材失之交臂矣。故为国家厘细务百，不若定大计一；为国家得能吏百，不若得硕辅一。君子以细行律身，不以细行取人，不以剸剧理繁塞艰巨。国于天地，有与立焉，斯见小欲速之弊祛，而百年苞桑之业固也。《诗》曰："出话不然，为犹不远。"

天地之生才也，"予之齿者去其角，两其足者傅之翼"，是以造化无全功，阴阳无全能。以虞廷五臣皆圣人之材，而明刑、教稼、治水、典胄，终身不易其官。吾知孔子用世，必不使游、夏司繁剧而由、求典文章，必不使曾、冉专对使命而宰、赣师保坐论。天地有所不能强，而况于人乎？后世之养人用人也不然。其造之试之也，专以无益之画饼，无用之雕虫，不识兵、农、礼、乐、工、虞、士、师为何事；及一旦用之也，则又一人而遍责以六官之职，或一岁而遍历四方民夷之风俗；举孔门四科所不兼，唐、虞九官所不摄者，而望之科举免册之人。始也桃李望其松柏，继也彩胜望其桃李；及事不治，则拊髀而叹天下之无才。乌乎！天下果真无才哉？《诗》曰"螟蛉有子，果赢负之。教诲尔子，式穀似之"，言所用必所养，所养必所用也；又曰"维南有箕，不可以簸扬"，言所用非所养，所养非所用也。

山林之人欲济物，必分己之财；乡间之子欲去弊，必资官之势；不必己财而可以惠物，不借人势而可以祛蠹者，其惟在位君子乎？操刀而不割，拥楫而不度，世无此蠢愚之人。故君子用世，随大随小，皆全力赴之，为其事而无其功者，未之有也。彼穑而我飧之，彼织而我温之，彼狩而我裀之，彼驭而我轩之，彼匠构而我骈之，彼赋税商贾而我便之，彼干盾捍卫而我安之。彼于我何酬，我于彼何功？天于彼何啬，于我何丰？思及此而犹泄泄于民上者，非人心也。《诗》曰："彼君子兮，不素食兮。"（《古微堂内集》卷二）

默觚下·治篇五

三代以上，天皆不同今日之天，地皆不同今日之地，人皆不同今日之人，物皆不同今日之物。天官之书，古有而今无者若干星，古无而今有者若干星；天差而西，岁差而东；是天不同后世之天也。浊河徙决，淤阏千里，荥泽、巨野塞为平原；济、汜莫辨源流，碣石沦于渤澥；井田废而沟洫为墟，云梦竭而洞庭始大；十薮湮其九，三江阏其二，九河、九江不存其一；雍州田上上，今但平芜；扬州田下下，今称陆海；"高岸为谷，深谷为陵"；是地不同于后世之地也。燕、赵、卫、郑，昔繁佳冶；齐、鲁、睢、涣，古富绮纨；三楚今谁长鬣？勾吴岂有文身？淮、徐孰戎、夷之种？伊川畴被发之伦？茶黄互市，为制夷之要；疹痘有无，区中外之坊；岂可例诸唐、宋以前，求其脏府之故；是人变于古矣。黍稷五谷之长，数麻菽而不数稻；亨葵五菜之主，苈蓼藿而不及菘；枌榆养老之珍，今荒馑始食其皮；荇藻蘋蘩，以共祭祀；堇荼苣薇，恒佐饔飧；蜉蝣蛴螬，古实甘美之羹（陆玑言蜉蝣，陶弘景言蛴蛴可食，皆异于今）；蚔蜗蜩蜎，礼则燕食之醢；今畴登鼎俎、荐齿牙？布有麻葛而无吉贝，币有黄金而无白银，纨绮称睢、涣而无吴、越；今皆反之，是物迁于古矣。媵娣侄于昏礼，登孙尸于祭祀；跪地以坐，抟饭以食；跣足舞蹈以为敬，刀漆以为书，贝币以为货，霤奥以为宫，四面左右个以为堂，刍灵明器以为葬；乘车以战，肉刑以治；不谓大愚，则谓大戾，岂独封建之于郡县，井田之于阡陌哉？故气化无一息不变者也，其不变者道而已，势则日变而不可复者也。天有老物，人有老物，文有老物。柞薪之木，传其火而化其火；代嬗之孙，传其祖而化其祖。古乃有古，执古以绳今，是为诬今；执今以律古，是为诬古；诬今不可以为治，诬古不可以语学。《诗》曰："岂其食鱼，必河之鲂？岂其取妻，必齐之姜？"

租、庸、调变而两税，两税变而条编。变古愈尽，便民愈甚，虽圣王复作，必不舍条编而复两税，舍两税而复租、庸、调也；乡举里选变而门望，门望变而考试，丁庸变而差役，差役变而雇役，虽圣王复作，必不舍科举而复选举，舍雇役而为差役也；丘甲变而府兵，府兵变而彍骑，而营伍，虽圣王复作，必不舍营伍而复为屯田为府兵也。天下事，人情所不便者变可复，人情所群便者变则不可复。江河百源，一趋于海，反江河之水而复归之山，得乎？履不必同，期于适足；治不必同，期于利民。是以忠、质、文异尚，子、丑、寅异建，五帝不袭礼，三王不沿乐，况郡县之世而谈封建，阡陌之世而谈井田，笞杖之世而谈肉刑哉！"礼，时为大，顺次之，体次之，宜次之。"《周颂·勺》篇，美成王能酌先祖之道以养天下也。《诗》曰："物其有矣，维其时矣。"

庄生喜言上古，上古之风必不可复，徒使晋人糠秕礼法而祸世教；宋儒专言三代，三代井田、封建、选举必不可复，徒使功利之徒以迂疏病儒术。君子之为治也，无三代以上之心则必俗，不知三代以下之情势则必迂。读父书者不可与言兵，守陈案者不可与言律，好剽袭者不可与言文；善琴弈者不视谱，善相马者不按图，善治民者不泥法；无他，亲历诸身而已。读黄、农之书，用以杀人，谓之庸医；读周、孔之书，用以误天下，得不谓之庸儒乎？靡独无益一时也，又使天下之人不信圣人之道。《诗》曰："园〔爰〕有树檀，其下维蘀。"君子学古之道，犹食笋而去其箨也。（《古微堂内集》卷二）

默觚下·治篇十一

三代以上之人材，由乎教化；三代以下之人材，乘乎气运。乘气运而生者，运尽则息，惟教化出之无穷。气运所生亦有二：国之将昌也，其人材皆如霆启蛰，乘春阳愤盈，而所至百物受其祥；衰则反是，其人材如蛰堲户，湫闭槁瘁，所至而百物受其怆悢。是以入其国，观其条教号令，聆其谣议文章，占其山川云物，而国之休悴可知也。岂天地生材之心久而息乎，抑人力物力久而爱其宝乎？冈陵川阜，与宗社之培植，相摩荡，相推移，潗勃郁积，日出而不穷，奚其息也，奚其爱也？疆萎未亏，人民未变，水土未绌；糟者犹糟，实者犹实，玉者犹玉，酒者犹酒，穹然者犹穹于上，颓然者犹颓于下，林林总总者犹日奔攘于侧。问其光岳之钟，则乌灵焉；问其山泽之藏，则枵朽焉。稽其籍，陈其器，考其数，诹诸百执事之人，厄何以漏？根何以蠹？高岸何以谷？荃茅何以荒？堂询诸庭，庭询诸户，户询诸国门，国门询诸郊野，郊野询诸四荒，无相复者；及其复之，则已非子、姬之氏矣。《诗》曰："池之竭矣，不云自频？泉之竭矣，不云自中？"

《蟋蟀》之诗，三曰"无已太康"，"好乐无荒"。荒者乱之萌也，乱不生于乱而生于太康之时。堂陛玩愒，其一荒；政令丛琐，其二荒；物力耗匮，其三荒；人材魋荼，其四荒；谣俗浇酗，其五荒；边场弛警，其六荒；大荒之萌，未有不由此六荒者也。去草昧愈远，人心愈溺，其朝野上下莫不玩细娱而苟近安，安其危而利其灾，职思其居者容有之矣，畴则职思其忧者乎？畴则职思其外者乎？以持禄养骄为镇静，以深虑远计为狂愚，以繁文缛节为足黼太平，以科条律例为足剔奸蠹，甚至圜熟为才，模棱为德，画饼为文，养痈为武，头会箕敛为富，"出话不然，为犹不远"，举物力、人材、风俗尽销铄于泯泯之中，方以为泰之极也。《泰》之九五曰："无平不陂，无往不复。"霜未冰，月几望，气数与人事合并，沉溺而不可救，奈之何哉！诚欲倾否而保泰，必自堂陛之不太康始。《诗》曰"民莫不逸，我独不敢休"，"无已太康"之谓哉！

历代亡天下之患有七：暴君、强藩、女主、外戚、宦寺、权奸、鄙夫也。暴君无论矣，强藩、女主、外戚、宦寺、奸相，皆必乘乱世暗君而始得肆其毒，人人得而知之，人人得而攻之。惟鄙夫则不然，虽当全盛之世，有愿治之君，而鄙夫胸中，除富贵而外不知国计民生为何事，除私党而外不知人材为何物；所陈诸上者，无非肤琐不急之谈，纷饰润色之事；以宴安鸩毒为培元气，以养痈贻患为守旧章，以缄默固宠为保明哲，人主被其薰陶渐摩，亦潜化于痿痹不仁而莫之觉。岂知久之又久，无职不旷，无事不蛊，其害且在强藩、女祸、外戚、宦寺、权奸之上；其人则方托老成文学，光辅升平，攻之无可攻，刺之无可刺，使天下阴受其害而己不与其责焉。古之庸医杀人；今之庸医，不能生人，亦不敢杀人，不问寒、热、虚、实、内伤、外感，概予温补和解之剂，致人于不生不死之间，而病日深日痼。故鄙夫之害治也，犹乡愿之害德也，圣人不恶小人而恶鄙夫乡愿，岂不深哉！《诗》曰："多将熇熇，不可救药。"

人材之高下，下知上易，上知下难；政治之得失，上达下易，下达上难。君之知相也不如大夫，相之知大夫也不如士，大夫之知士也不如民，诚使上之知下同于下之知上，则天下无不当之人材矣；政治之疾苦，民间不能尽达之守令，达之守令者不能尽达之诸侯，达之诸侯者不能尽达之天子，诚能使壅情之人皆为达情之人，则天下无不起之疾苦矣。虽然，更有怀才抱道之士，君相不知，臣下亦不知者，更有国家之大利大害，上下非有心壅之，而实亦无人深悉之者，更何如哉？《诗》曰："知我者谓我心忧，不知我者谓我何求。"（《古微堂内集》卷二）

默觚下·治篇十四

万事莫不有其本，守其本者常有余，失其本者常不足。宫室之设，本庇风雨也；饮食之设，本慰饥渴也；衣裳之设，本御寒暑也；器物之设，本利日用也。风雨已庇而求轮奂，轮奂不已而竞雕藻，于是栋宇之本意亡；饥渴已慰而求甘旨，甘旨不已而错山海，于是饱腹之本意亡；寒暑已卫而辨章服，章服不已而尚珍奇，于是裘葛之本意亡；利用已备而贵精丽，精丽不已而尚淫巧，于是制器之本意亡。主奢一则下奢一，主奢五则下奢五，主奢十则下奢十，是合十天下为一天下也。以一天下养十天下，则不足之势多矣；不足生觊觎，觊觎生僭越，僭越生攘夺，王者常居天下可忧之地矣。祸莫大于不知足，不知足莫大于忘本，故礼乐野人从先进，欲反周末之文于忠、质也。炳兮焕兮，日益之患兮；寂兮寞兮，日损之乐兮；能知损之益、益之损者，可以治天下矣。帝王之道贵守一，质俭非一也而去一近，故可守焉，非若奢、文之去一远也。《诗》曰："不思其反，反是不思，亦已焉哉！"

神气化形体，形体化衣食，衣食化语言，语言化酬酢，酬酢化尊卑，尊卑化轩冕，轩冕化宫室，宫室化城郭，城郭化市井，市井化赋税，赋税化燕飨，燕飨化狝狩，狝狩化盟会，盟会化歌舞，歌舞化聚敛，聚敛化刑狱，刑狱化甲兵，甲兵化水火，水火复化神气。其来也浡不可阏，其成也坚不可铄。虽古之圣王，不能使甲兵之世复还于无甲兵，而但能以甲兵止甲兵也；不能使刑狱之世复还于无刑狱，而但〔能〕以刑狱止刑狱也；不能使歌舞之世复还于无歌舞，而但能以歌舞为礼乐也。刑狱甲兵归于歌舞，歌舞归于礼乐，礼乐归于道德，则不肃而严，不怒而威，不侈靡而乐。是以圣王之治，以事功销祸乱，以道德销事功；逆而泯之，不顺而放之，沌沌乎博而圜，豚豚乎莫得其门，是谓反本复始之治。《诗》曰："维天之命，於穆不已。於乎不显，文王之德之纯。"

使人不暇顾廉耻，则国必衰；使人不敢顾家业，则国必亡。善赋民者，譬植柳乎，薪其枝叶而培其本根；不善赋民者，譬则翦韭乎，日翦一畦，不罄不止。《周官》保富之法，诚以富民一方之元气，公家有大征发、大徒役皆倚赖焉，大兵燹、大饥馑皆仰给焉。彼贪人为政也，专朘富民，富民渐罄，复朘中户，中户复然，遂致邑井成墟。故土无富户则国贫，土无中户则国危，至下户流亡而国非其国矣。《诗》曰"适彼乐土"，言将空其国以予人也。且也天下有本富有末富，其别在有田无田。有田而富者，岁输租税，供徭役，事事受制于官，一遇饥荒，束手待尽；非若无田富民，逐什一之利，转贩四方，无赋敛徭役，无官吏挟制，即有与民争利之桑、孔，能分其利而不能破其家也；是以有田之富民可悯，更甚于无田。《硕鼠》之诗，幸其田之将尽而复为无田之民，不受制于官吏也，乌乎伤哉！

俭，美德也；禁奢崇俭，美政也；然可以励上，不可以律下；可以训贫，不可以规富。《周礼》保富，保之使任恤其乡，非保之使吝啬于一己也。车马之驰驱，衣裳之曳娄，酒食鼓瑟之愉乐，皆巨室与贫民所以通工易事，泽及三族。王者藏富于民，譬同室博弈而金帛不出户庭，适足损有余以益不足，如上并禁之，则富者益富，贫者益贫。彼富而俭者，未必如大禹之菲食恶衣而为四海裕衣食也，未必如晏子、墨子之节用而待举火者七十家、待寝攻者数十国也。俭生爱，爱生吝，吝生贪，贪生刻。三晋之素封，不如吴、越之下户，三晋之下户，不如吴、越之佣隶；俭则俭矣，彼贫民安所仰给乎？天道恶积而喜散，王政喜均而恶偏，则知以俭守财，乃白圭、程郑致富起家之计，非长民者训俗博施之道也。《唐》《魏》刺俭啬，至于"宛其死矣，他人入室"，无一言及于散财任恤足为美俗仁里乎！《桑柔》之诗曰"好是家啬，力民代食"，《韩诗》说谓"好用此居家吝啬之人"，则知《周官》保富非此之谓矣。

十履而一跣则跣者耻，十跣而一履则履者耻，此俗之以众成者乎？上好紫则下皆女服，上好剑则士皆曼胡，此俗之以贵移者乎！及其既成，虽贤者处之，不免颠倒于众习。群尚俭则耻奢，群尚奢则耻俭矣；群尚让则耻竞，群尚竞则耻让矣。今之郡县，即古封建之地也。地不远而各自为俗，好讦讼，好勇战，好奢靡，好任侠，好封殖，相高相尚，生而习见，不以为非；未至则求其至，已至则求其胜，虽贤父兄师友戒劝之，良有司训谕之不止；自非易其所安而别开以可慕，岂能因势利导，风行而草偃乎？民之制于上，犹草木之制于四时也，在所以煦之，煦之道莫尚乎崇诗书，兴文学。故君子读《郑风》，不叹其淫荡而叹《子衿》学校之久废；读《卫风》，不伤其流泆而伤《淇澳》礼教之久衰；读《陈风》，不叹其淫奔而叹其巫觋歌舞之不革。

"飘风大和，泠风小和。"风之所过，万窍怒号；风之所止，一尘不嚣；其怒也有倡而和者也；其止也有锐而竭者也。有士风，有民风，斯二者或区于土俗焉，或移于政教焉。《小戎》《驷骥》之秦，二《南》雅化之丰、镐也；《扬水》《无衣》之晋，平阳、蒲坂之帝都也；阖庐剑士之吴，太伯端委之吴也；魏、晋清谭之士林，东汉礼教节义之士林也；自非不待文王之豪杰，有不随风草偃者哉！风之既成，贤君相三纪挽之不足；风之将变，一狂士败之有余。《诗》曰"匪风发兮，匪车揭兮"，言民风之易变也；"风雨萧萧，鸡鸣胶胶"，言士风有变有不变也；不变者天地之心所寄也。（《古微堂内集》卷二）

明代食兵二政录叙

以三代之盛，而殷因于夏礼，周因于殷礼，是以《论语》"监二代"，荀卿"法后王"，而王者必敬前代二王之后，岂非以法制因革损益，固前事之师哉！

我朝之胜国曰明代，凡中外官制、律例、赋额、兵额，大都因明制而损益之，故其流极、变迁、得失、切劀之故，莫近于明。

明中叶以后之主，德无足论；论其祖宗朝之制度异今日者，则莫如大兵大役之派民加赋，末年遂以是亡国，而方其盛时，则亦以此不致别筹国用。举天下仕进一出于科目，无他途杂乎其间，无色目人分占其间，无论甲乙一第，未有终身不沾一禄者；内而部曹，外而守令，未有需次数年、十数年始补一缺者。遇铨选乏人，则辄起废田间，旋踵录用，士之得官也易，复官也易，则其视去官也不难。又士自成进士释褐以后，则不复以声律、点画为重，士得以讲求有用之学。故中材之士，往往磨厉奋发，危言危行，无所瞻顾。凡本兵、吏部文武之任，往往有非常豪杰出乎其间，虽佚君乱政屡作，相与维持匡救而不遽亡。使非四方税榷太监扰其下，主兵太监掣其外，司礼太监神丛阿柄倒其上，则虽偶有大兵大役之加派，民不致乱也，虽有北鞑南倭之侵轶，兵不致亡也。是明代之得，在于清仕途，培士气，其失在于大权旁落，而加派练饷，门户党援，则其变证也。

不〔无〕一岁不虞河患，无一岁不筹河费，前代未之闻焉；江海惟防倭防盗，不防西洋，夷烟蔓宇内，货币漏海外，病漕、病醝、病吏、病民之患，前代未之闻焉。内外既无两漏卮，仕途又无两滥竽；无漏卮则国储财，无滥竽则士储才。故虽以宗禄、土木、神仙之耗蠹，中珰、廷杖之摧折，而司农、柄兵诸臣，得以随弊随治。病患迭出，人材亦迭出，不至有仰屋呼庚之虞，不至有拊髀乏材之叹。

乌乎！治有余之证，易于治不足之证，明中叶以前之证，其尚有余乎？有下而无上，厥象水；有上而无下，厥象火；明中叶以后之证，其犹水欤？

皇清立国之初，闵民生之困，监胜国之失，首申阉宦重赋之禁；乾隆、嘉庆以来，黄河大工，一切发帑，永免力役之征。而且赐复蠲租之诏，史不绝书，其重民食也如是；北鞑南倭，爟燧不惊，土司改流，万里不警，其靖边患也如是。民生其间，耳不闻苛政，目不见锋镝，而又乾纲亲揽，日见群臣，日答万幾；优礼言官，从不知有廷杖诏狱为何事。其政本肃清，岂独高出明代万万？然而东南之漕运困于输将，中外之仕途困于需滞，沿边之军饷诎于度支者，何哉？

黄河无事，岁修数百万，有事塞决千百万，无一岁不虞河患，无一岁不筹河费，此前代所无也；夷烟蔓宇内，货币漏海外，漕鹾以此日敝，官民以此日困，此前代所无也；士之穷而在下者，自科举则以声音诂训相高，达而在上者，翰林则以书艺工敏、部曹则以胥史案例为才，举天下人才尽出于无用之一途，此前代所无也；其他宗禄之繁，养兵之费，亦与前世相出入。是以节用爱民，同符三代，而天下事患常出于所备之外。立乎今日以指往昔，异同黑白，病药相发，亦一代得失之林哉！

少游京师，好咨掌故，曾以道光五载为江苏贺方伯辑《皇朝经世文编》。继又念今昔病药之相沿，常以对治而益著，爰复仿宋臣鉴唐、汉臣过秦之谊，故集有明三百年文章论议言食政之类十有三：曰理财，曰养民，曰赋、役，曰税课，曰屯政，曰仓储，曰荒政，曰盐法，曰宗禄，曰水利，曰运河，曰河防；兵政之类二十有四：曰兵制，曰京营，曰亲军召募，曰战车，曰屯饷，曰茶马，曰防守九边形势，曰蓟镇、宣、大边防，曰辽东边防，曰西番，曰西南土司，曰朝鲜御倭，曰款贡，曰盗贼；凡为卷七十有八。劳臣荩士，蒿忧瑰画，粲矣，具矣！若夫议礼之聚讼，刑狱之匡救，于今无涉，概不旁录。其辽东边防，事关敌忌，可酌改而不必讳言，则有《钦定明史》旧例在，有纯皇帝褒熊廷弼及赠谥殉节诸臣之诏书在。（《古微堂外集》卷三）

筹河篇上

我生以来，河十数决。岂河难治？抑治河之拙？抑食河之饕？作《筹河篇》。

但言防河，不言治河，故河成今日之患；但筹河用，不筹国用，故财成今日之匮。以今日之财额，应今日之河患，虽管、桑不能为计；由今之河，无变今之道，虽神禹不能为功。故今日筹河，而但问决口塞不塞与塞口之开不开，此其人均不足与言治河者也。无论塞于南难保不溃于北，塞于下难保不溃于上，塞于今岁难保不溃于来岁；即使一塞之后，十岁、数十岁不溃决，而岁费五六百万，竭天下之财赋以事河，古今有此漏卮填壑之政乎？吾今将言改河，请先言今日病河病财之由，而后效其说。

人知国朝以来，无一岁不治河，抑知乾隆四十七年以后之河费，既数倍于国初；而嘉庆十一年之河费，又大倍于乾隆；至今日而底高淤厚，日险一日，其费又浮于嘉庆，远在宗禄、名粮、民欠之上。其事有由于上者，有由于下者。

何谓由上？国初靳文襄承明季溃败决裂之河，八载修复，用帑不过数百万；康熙中，堵合中牟杨桥大工，不过三十六万。其时全河岁修不过数十万金，盖由河槽深通，而又力役之征，沿河协贴物料方价皆贱，工员实用实销，故工大而费省。乾隆元年，虽诏帑各省海塘河堤派民之工十余万，而例价不敷者，尚摊征归款。至四十七年，兰阳青龙冈大工，三载堵闭，除动帑千余万外，尚有夫料加价银千有一百万，应分年摊征。其时帑藏充溢，破格豁免，而自后遂沿为例，摊征仅属空名。每逢决口，则沿河商民，且预囤柴苇，倍昂钱值，乘官急以取利，是为河费一大窦。然乾隆末，大工虽不派夫，而岁修、抢修、另案，两河尚不过二百万。及嘉庆十一年，大庚戴公督南河，奏请工料照时价开销，其所借口，不过一二端，而摊及全局。于是岁修、抢修顿倍，岁修增，而另案从之，名为从实开销，而司农之度支益匮，是为河费二大窦。计自嘉庆十一年至今，凡三十八载，姑以岁增三百万计之，已浮旧额万万，况意外大工之费，自乾隆四十五年至今，更不可数计耶？此之谓费浮自上。

其浮自下者，自靳文襄以后，河臣不治海口，而惟务泄涨，涨愈泄，溜愈缓，海口渐淤，河底亦渐高，则又惟事增堤。自下而上，自一二岁以至十岁、数十岁，河高而堤与俱高。起海口，至荥泽、武陟两堤，亘二千余里，各增至五六丈。束水于堵，隆堤于天。试以每岁加堤丈尺，案册计之，必有二三十丈。其实今堤不及十分之二，不曰汛水淤垫，则曰风日削剥，以盖其偷减。（其实汛水仅能淤堤中之河身，不能淤堤外之官地。试以堤外平地高低丈尺诘之，则词穷矣。）即此加堤之费，已不下三万万。河身既淤，大溜偶湾，即成新险，于是又增另案之费；河堤既高，清水不出，高堰石堤，亦逐年加高，于是又增湖堰之费，亦不下三五万万。是以每汛必涨，每涨必险，无岁不称异涨。每岁两河另案岁修，南河计四百万，东河二三百万。溃决堨〔堵〕合之费，人能知之，能患之，其不溃决而虚糜之费，则习以为常，且不知之，且不能患之也。堤日增，工日险，一河督不能兼顾，于是分设东、南两河，置两河督，增设各道、各厅。康熙初，东河止四厅，南河止六厅者，今则东河十五厅、南河二十二厅。凡南岸北岸，皆析一为两，厅设而营从之，文武数百员，河兵万数千，皆数倍其旧。其不肖者，甚至以有险工有另案为己幸。若黎襄勤之石工、栗恪勤之砖工，即已有“糜费罪小，节省罪大”之谤。此之谓费增自下。是以国家全盛财赋，四千万之出入，无异乾隆中叶之前，巡幸土木普免之费，且倍省于乾隆之旧；而昔则浩浩出之而不穷，今则斤斤撙之而不足。是夷烟者，民财之大漏卮，而河工者，国帑之大漏卮也。

然则今日舍防河而言治河可乎？惩糜费而言节用可乎？曰无及矣！南河十载前，淤垫尚不过安东上下百余里，今则自徐州、归德以上无不淤。前此淤高于嘉庆以前之河丈有三四尺，故御黄坝不启，今则淤高二丈以外。前此议者尚拟改安东上下绕湾避淤，或拟接筑海口长堤，对坝逼溜，以期掣通上游之效；今则中满倒灌，愈坚愈厚愈长，两堤中间，高于堤外四五丈，即使尽力海口，亦不能掣通千里长河于期月之间，下游固守，则溃于上，上游固守，则溃于下。故曰：由今之河，无变今之道，虽神禹复生不能治，断非改道不为功。人力预改之者，上也，否则待天意自改之，虽非下士所敢议，而亦乌忍不议？（《古微堂外集》卷六）

筹河篇中

河决南岸与决北岸孰胜？则必佥曰：南决祸轻，北决祸重。北决而在上游，其祸尤重。决北岸上游者，若乾隆青龙冈之决，历时三载，用帑二千万，又改仪封、考城而后塞。嘉庆封丘荆隆工之决，历时六载，后因暴风而后塞。武陟之决，用帑千数百万，亦幸坝口壅淤而后塞。南岸则虽在上游，亦不过数百万可塞。是地势北岸下而南岸高，河流北趋顺而南趋逆。故挽复故道，北难而南易。上游北决，则较下游其挽回尤不易。

问曰：然则河之北决，非就下之性乎？每上游豫省北决，必贯张秋运河（张秋即今寿张县），趋大清河入海，非天然河槽乎？挽回南道既逆而难，何不因其就下之性使顺而且易，奈何反难其易而易其难，祸其福而福其祸？则必曰：恐妨运道。乌乎！今之南运河，果能不灌塘而启坝通运乎？既可灌塘于南运河，独不可灌塘于北运河乎？明知顺逆难易，利害相百，乃必不肯舍逆而就顺，舍难而就易，岂地势水性使然乎？审地势水性如之何？曰：莫如南条行南，北条行北而已。近日黄河屡决，皆在南岸，诚为无益，即北决，而仅在下游徐、沛、归德之间亦无益，惟北决于开封以上则大益。何则？河、济北渎也，而泰山之伏脉介其中，故自封丘以东，地势中隆高起，而运河分水龙王庙，遏汶成湖，分流南北以济运。是河本在中干之北，自有天然归海之壑。强使冒干脊而南，其利北不利南者，势也。北条有二道：一为冀河故渎，《史记》所谓禹载之高地者，今不可用。（上游即漳水，下游至天津静海县入海，皆禹河故道，其地亦高，故不可用。）一为山东武定府之大清河即济水、小清河即漯水，皆绕泰山东北，起东阿，经济南，至武定府利津县入海，即禹厮河为二渠，一行冀州，一行漯川者也。

自周定王时，黄河失冀故道，即夺济入海，东行漯川，故后汉明帝永平中，王景治河，塞汴归济，筑堤修渠，自荥阳至千乘海口千余里（汉千乘即今武定府利津县），行之千年。阅魏、晋、南北朝，迄唐、五代，犹无河患，是禹后一大治，盖不用禹冀州漳、卫之故道，而用禹兖州漯川之故道。以地势，则上游在怀庆界，有广武山障其南，大伾山障其北；既出，即奔放直向东北，下游有泰山支麓界之，起兖州东阿以东，至青州入海，其道皆亘古不变不壤〔坏〕，其善一。以水性，则借至清沉驶之济，涤至浊淤之河，药对证而力相敌，非淮、泗恒流不足刷黄者比，其善二。

北宋河益北徙，几复故道，宋人恐河入契丹境，则南朝失险，故兴六塔二股河，欲挽之使东，又不知讲求漯川故道，其弊在于以河界敌，志不在治河也。

及南宋绍熙、金明昌之际，河遂自阳武而东，至寿张，注梁山泺分二派，北派由北清河入海，南派由南清河入海，南清河即泗水入淮之道（今会通河起汶上县至淮安府清河县是也），北清河即济漯川。（今大清河自运河滚水坝历东阿、平阴、济阳、齐东、武定、青城、滨州、蒲台至利津海口。）其时，金人以邻为壑，故纵河南下，与北清河并行，其弊又在于以河病敌，亦无志治河也。

及元世祖至正中，开会通河，尽断北流，专以一淮受全河，而河患始亟。元末至正中又北决。贾鲁初献二策：一议修筑北堤以制横溃，其用功省；一议浚塞并举，挽河南行，复故道，其功费甚大。脱脱竟用后议，挽之使南。其时，余阙即言河在宋、卫之郊，地势南高于北，河之南徙难而北徙易。议者虑河之北，则碍会通之漕，不知河即北，而会通之漕不废。何则？漕以汶，不以黄也。贾鲁不能坚持初议，其识尚出余阙之下。明以来，如潘印川、靳文襄，但用力于清口，而不知徙清口于兖、豫，其所见又出贾鲁之下。诸臣修复之河，皆不数年、十余年随决随塞，从无王景河千年无患之事。岂诸臣之才，皆不如景，何以所因之地势水性，皆不如景？其弊在于以河通漕，故不暇以河治河也。

今日视康熙时之河，又不可道里计。海口旧深七八丈者，今不二三丈；河堤内外滩地相平者，今淤高三四五丈，而堤外平地亦屡漫屡淤，如徐州、开封城外地，今皆与雉堞等，则河底较国初必淤至数丈以外。洪泽湖水，在康熙时止有中泓一河，宽十余丈，深一丈外，即能畅出刷黄，今则汪洋数百里，蓄深至二丈余，尚不出口，何怪湖岁淹，河岁决。然自来决北岸者，其挽复之难，皆事倍功半，是河势利北不利南，明如星日。河之北决，必冲张秋，贯运河，归大清河入海，是大清河足容纳全河，又明如星日。使当时河臣明古今，审地势，移开渠塞决之费，为因势利导之谋，真千载一时之机会。乃河再三欲东入济，人必再三强使南入淮，强之而河不受制，则曰："治河无善策,治河兼治运尤无善策。"乌乎!运河之贯黄河,南北一也,黄河之贯运河,亦南北一也。汶水自南旺湖北行百三十余里,至张秋入大清河,建瓴而下,是南岸通漕甚易,所宜筹。惟北岸但自寿张至临清二百余里,尽塞减水坝倒塘济运,而筑石闸于寿张黄、运之交,是北岸通运,亦视南河御黄坝倍易,何虞乎运道?且今日之河,亦不患其不改而北也。使南河尚有一线之可治,十余岁之不决,尚可迁延日月。今则无岁不溃,无药可治,人力纵不改,河亦必自改之。然改之不可于南岸,亦不可于下游徐、沛之北岸。何也?上游河身高于平地,仍可决而南也。惟一旦决上游北岸,夺溜入济,如兰阳、封丘之已事,则大善,若更上游而决于武陟,则尤善之善。河已挽之不南,费又筹之无出,自非因败为功,计将安出?

因败为功如之何?曰:乘冬水归壑之月,筑堤束河,导之东北,计张秋以西,上自阳武,中有沙河、赵王河,经长垣、东明二县,上承延津,下归运河,即汉、唐旧河故道。但创遥堤以节制之,即天然河槽。张秋以东,下至利津,则就大清河两岸展宽,或开创遥堤,即如王景用钱百亿(共一千万贯,合银五百万两),尚不及兰阳、武陟之半。河既由地中行,无高仰,自无冲决。即使盛涨偶溢,而堤内堤外相平,一堵即闭,不过如永定河塞决之费一二十万而止。新河北不驾太行之脉,南不驾泰山之脉,介两脉之间,所刷皆尘沙浮土,日益深通。且南岸有旧河淤身千余里,高五六丈,宽数百丈,以北岸为南岸,新河断不能再侵轶而南。虽自考城以下,旧河迤逦益南,距新河渐远,难尽借北堤为南堤,而河如南决,则断不能冒截而过北岸。自卫辉以上,西薄大伾山,自卫辉以东,有平衍,无洼下,加用砖工护堤,以御大溜,河必不舍深就高,侵轶而北。(禹河由冀州入海,史言载之高地,是冀北不洼下之证。即使数百年后,河流偶北,如北宋之复禹迹,亦无庸挽之使南矣。)姑毋侈王景河千年之远效,而数百载间大工费必可省矣。

其平时岁修,则姑复国初之旧,以一河道驻张秋,督南岸、北岸、上游、下游数厅官,及河标武职数十员而止,可裁冗员大半矣。(每厅辖境不能过百里,缘盛涨时鞭长莫及也。若水由地中行,则无险工可抢,故无用多官。)岁修及倒塘济运,至多以数十万计,如国初旧额,岁可省五百万,十数年可渐复乾隆库藏之旧,大利一。河北自卫辉南境,凡沙河所经,如原武、阳武、延津、封丘、考城，直走山东，皆历年河决正溜所冲之地，非沙压，即斥卤，皆土旷人稀，无辐辏阛阓，而南自开封，下至淮海，旧河涸出淤地千余里，以迁河北失业之民，舍硗瘠，得膏腴，不烦给价买地，大利二。洪泽湖畅出入海，高堰可不蓄水，涸出淮西上游民田数万顷，大利三。五坝不启，下河不灾，淮、扬化为乐国，大利四。河不常患，帑不虚糜，而后国家得以全力饬边防，兴水利，尽除一切苟简权宜之政，大利五。其新河岁修数十万金，但取诸旧河、旧湖涸出淤地升科之项而有余，国家更不费一钱以治河，大利六。

此六利者，天造地设，自然之利，非非常之事也，亦不必需非常之人也。但须廷议决计于上，数晓事吏承宣于下，晓谕河北州县，当水冲数十里内之民，以兰阳、武陟之已事，令其徙危就安，徙害就利，舍硗瘠，就膏腴，天下无不知利害之人，断无甘心危地以待沦胥之事，岂非因势利导至易之策？然而事必不成者，何也？河员惧其裁缺裁费，必哗然阻；畏事规避之臣，惧以不效肩责，必持旧例，哗然阻。一人倡议，众人侧目，未兴天下之大利，而身先犯天下之大忌。盘庚迁殷，浮言聒聒，故塞泽洞之口易，塞道谋之口难。自非一旦河自北决于开封以上，国家无力以挽回淤高之故道，浮议亦无术以阻挠建瓴之新道，岂能因败为功，邀此不幸中之大幸哉！

吁！国家大利大害，当改者岂惟一河！当改而不改者，亦岂惟一河！

此山东济南府武定府之大清河，非直隶天津直沽口之大清河也。南北相距五六百里，一系济水，一系卫水，判然不同。虽二道皆禹河故道，而燕、蓟之水皆南流，此北道地高之明证；且密迩京师，断不可用。惟东道天然大壑深通，且为历年北决之正溜，天造地设，更无善于此者。胡氏渭尚责王景不知复禹河冀州故道，未能尽善，岂殷室五迁为患之河，反胜于汉、唐千年无患之河乎？但慕师古，无裨实用，斯则书生之通蔽已。（《古微堂外集》卷六）

筹河篇下

或曰：史称王景治河，发卒数十万，修渠筑堤，自荥阳东至千乘海口

千余里（千乘，今利津县），商度地势，凿山阜，破砥绩（原注：砥绩，山
名。案：绩当作碛，盖山麓石矶插入水中者，必破去方免碍水道），直截沟
涧（逢湾取直），防遏冲要（即今扫坝、挑溜、御险），疏决壅积（旧无河
漕处，别开引河），十里立一水门，令更相洄注，无溃漏之患。（说详下文。）
简省役费，然犹以百亿计（十万曰亿，凡用钱千万贯）。明年夏，渠成。（兴
工于先年霜降后，逾春毕工。）诏滨河郡国置河堤员吏如西京旧制（原注
引《十三州志》曰：成帝时，河堤大坏，泛滥青、徐、兖、豫四州，及以
校尉王延代领河堤谒者，秩千石，或名其官为护都水使者。中兴以三府掾
属为之。），其法皆与后世治河相仿。惟十里立一水门，得无分泄水力？溜
缓沙停，蹈贾让多开渠门之失，违潘、靳束水攻沙之议！

　　曰：潘季驯治河，亦有闸坝涵洞以杀盛涨而淤沣地。景之水门，即潘氏
之闸洞也。更相洄注，使无溃漏，则水门外必仍有遥堤以范围之，即汉人
所谓金堤，又谓之石堤者。潘氏遥堤，相去千丈，内有缕堤，相去三百丈。
河槽常行缕堤之中，日夜攻沙，若水门不在缕堤外遥堤内，则一泄不返，
安能更相注而无溃漏耶？计王景新河，初年渠身尚浅，伏秋二汛，往往溢
出内堤，漾至大堤，故立水门，使游波有所休息，不过三四日，即退归河
槽，故言更相洄注。若数年后，新河涤深至五六丈，则大汛不复溢过内堤，
而水门可等虚设，故能千年无患。然则十里一水门者，盖其开放新河时，
使皆洄注于内堤左右，而非泄水于外堤乎？用钱千万贯，不及近世兰阳、
武陟大工之半，而遂建千载之绩，何惮而不为？曰：王景筑堤千余里，用
钱千万贯，其时物力，视今贵贱悬绝，果能以今日银价合古时钱价耶？曰：
王景之费，一由于初创新道，故有凿阜破砥，直截沟涧之劳；二由于十里
立一水门更相洄注也。今则因其故道，无复凿阜破砥之功，是费可省于旧
者一。水门石工，视缕堤土工费倍，盖其时荥阳以东，无高厚南岸为之节
制，恐河南侵，故堤防用力若是，今则有高厚旧河身以为南岸，即不必立
水门，不必用缕堤，而但筑遥堤；其北岸亦止须间抛砖工以护堤御涨，费
可省于旧者二。是今日之事，师景而逸于景。考河堤土工，每方例给银一
钱九分，或二钱一分。今欲改道，必筑新堤高丈五尺，顶厚三丈，底宽十
丈五尺，计堤长每丈需土百方，为银二十两，每堤一里，需银二千六百两。
除旧河上游，即以北堤作南堤，毋庸新筑，及下游大清河两岸遥堤，高广

减半，其费较省外，统计新河千余里，不过费帑金五六百万，止需目前今河例修一岁之费，即可一劳永逸；以今之银五百万，抵汉世之钱千万贯有余矣。至东汉滨河员吏，秩不过千石，且隶于郡国，等于掾属，视今日两总督、八道员、数十厅营，相去悬绝，则其岁修工程之无多又可知。不独险工减于后世什九，其浮费亦必不及后世什一。险工减，故官可大裁；浮费核，则工归实用。故古河员之多寡，恒视河务为盛衰。员愈多，费愈冗者，河必愈坏；员愈少，费愈节者，其河必愈深。如曰不然，近请视国初，远请视前史。

或曰：国朝孙文定、裘文达，皆曾主北流之议。然孙公之议，则欲于漕舟抵临清后，即由大清河入海，转运天津，所经海道仅四百余里，皆平恬内海，而非大洋，并以乾隆三年运登、莱米三十万石，由利津至天津，一日即至为证；裘公则谓汉明帝时，德、棣之间，河播为八，王景因以成功。今八河湮塞难浚，不若改由六塘河之省力。然耶，否耶？

曰：自元、明以来，知北流之利者，如余阙、胡世宁，及近日胡渭、孙星衍不一其人，皆无如漕舟直达之无策。若言盘堤、言海运，终不能不两易其舟，即无以杜阻挠之口。由其时尚未有灌塘济运之法，故言改河北流，必至道光间行之，始万全无失。亦事穷则变，千载一时。至《后汉·王景传》，但言修渠筑堤千余里至海口，并无播河为八之说。《明帝纪》言汴渠决坏六十余岁，王景治之，河、汴分流，是其时河决为二，一由汴，一由济，王景塞汴归济，并不北经德州，亦无德、棣间先决为八之事，不知裘文达何自得此无稽之语。盖误认德州之老黄河九河故渎者，以为王景之河，且欲广其尾闾宽五六十里，恣河泛溢，与潘、靳之长堤束水议正相反。地理方向之未辨，更何暇与议方略！（德州之若黄河，乃所谓王莽河也。）

问曰：兖州大清河为王景故道，既可千年无患，何以禹河不专行漯川，而必兼行故渎，致殷都五迁之患，岂禹之智不及景耶？

曰：史言禹以河所从来者高，行平地，数为败，乃自冀州引河北行，载之高地。则是洚水方割之时，兖州一望汪洋，水中无可施功，故从大陆开凿北行，载之高地。既称高地，明非天然之壑。及兖州水退，降丘宅土之后，河槽涸出，始知济漯地势胜于冀州，故别疏二渠，兼行漯川，实则以漯川为正流，而姑留冀州故道为分派。其后冀州高地之九河日淤，正溜日趋卑地，故殷室有五迁之患。及周定王后，九河故道全塞，遂专趋济渎，后汉王景始因禹迹以成功，非景之智过于禹，所值之时，所因之时，过于禹也。是大禹初引河北载诸高地者，洪水时未竟之功，继又厮渠引河东趋漯川者，洪水后讲求尽善，而王景始成禹之志。师景即所以师禹，非一时之功，实百世之功也。

问：明人有沁水通运之议，以沁水由河南武陟入黄河，北与卫河相近，其水冬春清而夏秋浊，欲于木栾店修分水闸坝，冬春引清水入运河，夏秋放浊水入黄河，是沁水可兼通南北。今议改河北岸，曷不令漕舟溯黄而上，由沁入卫，通黄、运南北之枢，可免灌塘济运之功乎？

曰：沁水浊悍冲决，使北行入运，则卫辉必有昏垫之虞。无论七分入黄、三分济运之闸坝未必可成，即使可成，而漕艘既至张秋以后，乃不直赴临清，而令逆溯黄河数百里而上，迂道千余里，以觊不可必之功，视临清灌塘济运，劳逸迂直相百也。智恶其凿，非利导之所尚也。

问：两汉、晋、唐，河行东北；其时长安、洛阳，帝都皆在河南；金、元、明、本朝，河行东南，则燕都在河北。或谓冀北建都之形势，其河宜南不宜北，然乎，否乎？

曰：治莫盛于唐、虞，其时河北由冀州入海，而平阳、蒲坂、安邑之都，河南耶，河北耶？汴宋时，河北决而金源以兴，明昌间，河南徙而金室日蹙，河之宜南流者安在？元末，贾鲁复河南流，而明太祖兴凤阳，都金陵，其时元正都燕，其利于北都者安在？且以形势言之：河北流，则于燕都为环拱；南流，则于燕都为反弓。以符瑞言之：我朝国号大清，而河工奏疏，动以黄强清弱，清不敌黄为言，毫无忌讳。惟改归大清河，则黄流受大清之约束，以大清为会归朝宗之地，其祥不祥又孰胜？

总之，仰食河工之人，惧河北徙，由地中行，则南河东河数十百冗员，数百万冗费，数百年巢窟，一朝扫荡，故簧鼓箕张，恐喝挟制，使人口慑而不敢议。昔汉武时，河决瓠子，东南注巨野，通于淮、泗。丞相田蚡奉邑食鄃，在河北岸，河决而南，则鄃无水灾，邑收多，蚡乃言于上曰："河决皆天意，未易以人力强塞。"故决久不塞。乌乎！利国家之公，则妨臣下之私，固古今通患哉！（《古微堂外集》卷六）

畿辅河渠议

国朝旧设三河道总督，治东河、南河、北河。北河者，直隶境内之河也，其工役虽不若黄河之巨，然近日河北之漳河、永定河，横溃岁告，亦几与治黄同无善策。考之成案，诹之故老，则知漳流宜北不宜南，永定河宜南不宜北。南北之间，是为大壑。其性总归就下，其行必由地中。而近日治水者皆反之，逆水性，逆地势，何怪愈治愈决裂。说者曰：西北一望平旷，孰高孰下？西北之水，一泄纵横，孰趋孰避？不知以水势测之，而地势之高下见矣，而水之邕碍亦见矣。不然，漳河、永定，旧日无堤，何以不闻为患，为患皆在筑堤之后耶？故治北河者，以不筑堤为上策；顺其性，作遥堤者次之；强之就高，愈防愈溃，是为无策。请分究其得失：

宋、元以前，黄河北趋大名入海，漳水入河易泄，故从不为患。宋、元以后，黄河南徙，漳水不入河而入卫，下游已淤浅难容，然其时漳之故道犹深，亦不为患。近则溃决四出，尽失故道，魏县五城，皆在巨浸，于是始议堤塞。不知治水之法，各因其性。黄河湍悍，宜防而不宜泄；漳水淤淳，可资灌溉，宜泄而不宜防。史起、白圭，前车明鉴。今人多执漳河南徙以后之难治，抑知自明至雍正，由三台至馆陶东北之路，历数百年无恙者，即此漳也。乾隆五十九年，由三台南决，甫堵北行，次年仍南决，于是任其所之而后安。道光二年，由冯宿村北决，甫堵筑南行，次年仍北溃，于是任其所之而后安。岂其水性之拗执，欲北转南，欲南转北哉！

漳河两岸，沙土十之八九，胶泥十仅一二。以平旷沙松之土，当冲刷之锋，故安阳、内黄沿河数十村庄，灾潦岁告。而居民终不肯筑堤者，退淤之后，麦收必倍，报灾之岁，例免差徭，即史起引漳溉田之成效。若以沙土筑堤，不特旋成旋溃，即幸不溃决，亦愈淤愈高，遇盛涨必建瓴而下，其害十倍。故土人有漳河小治则小决，大治则大决之语。是知不治之治，斯为上策。

且漳河之地势水性，大抵东北行则安，东南行则病。不见滹沱河乎？挟泥冲悍，与漳何异？特以其东北入海，故虽左右击荡，有吞噬而无淤高，无浸漫。漳之利东北，不利东南，何独不然？近人患漳流之南侵卫河，有妨运道，亦从事北排。北排而漳不受制，遂谓性不宜北。抑知挽救于末流，而未治其上游南趋之路耶？试由上游即端其趋，何患下游不循其辙？治上游如何？曰：修复故道，自三台以迄馆陶，小费而大省，一劳而永逸。故曰：与治黄河小异而大同。敢以质司水衡之君子。

自漳河以南，地势南高而北下；自永定河以北，则地势又北高而南下。永定河故道，经固安至霸州入会同河。今南岸以西之金门闸减水引河，即其故道也。旧本无堤，虽西涨东坍，迁徙无定，而膏淤所及，以夏麦倍偿秋禾，民反为利。自康熙三十九年，抚臣于成龙改河东北，注之东淀，而淀受病。及乾隆二十年，开北堤放水东行，于是河日淤，堤日高，视平地一二丈以外，动辄溃决。然溃于北岸者一堵即合，溃于南岸，则建瓴患巨，堵合费倍。欲审地势水性，非顺其南下之旧，由固安、霸州而入玉带河不可。

或曰：纵河南下，将设堤乎，不设堤乎？曰：治北方浊流之法，以不治而治为上策。漳河、滹沱河、子牙河、白河、赵河、沙河之无堤是也；此外惟让地次之，黄河之遥堤是也。永定河旧行固安、霸州时，其故道本无堤岸，故散漫于二邑二百里之间。旬日水退，土人谓之铺金地。泥沙停于二邑者多，会于清河而入淀河者少，故三百余年无患。自筑堤束水以来，岸宽者一二里，近者半里，至十余丈。夫以千里来源，而束之两堵之堤，适足激其怒而益其害，又况两岸有沙无泥，遇风则堤随沙去，遇水则堤与沙化，是筑堤不能束水。今纵不敢言无堤，而河如南决，则莫如顺其所向，以旧河为北岸，而于新决之河，别筑遥堤，约宽十里，其村落可避者，绕诸堤外，必不可避者，量拨地价。即有固安、霸州一二愚民不愿迁徙者，亦不能以十余村愚民而妨十数州县之大利大害。如此则地广足以受水，地势足以畅水；力少则无冲决，水浅则无淹没；有淤地肥麦之功，无抢险岁修之费。从此永定河道员可改为地方巡道，此百年之利也。

总之，直隶界南之水，莫大于漳河，界中之水，莫大于永定、子牙二河（子牙河即滹沱河下游）。旧皆无堤，是以田水得有所归，而河水不致淤淀。自永定河筑堤束水，而胜芳淀、三角淀皆淤；自子牙河筑堤束水，而台头等淀亦淤。淀口既淤，河身日高，于是田水入河之路阻，而涨水漫田之患生，此直隶水患之大要。去其水患，即为水利，此又直隶治水之大要。故曰：与治黄河小异而大同。敢以质司水衡之君子。

道光甲辰、乙巳之春，两从固安渡永定河，详审南堤外如釜底，北堤外地与堤平，又质诸土人之习河事者，爰成是议。（《古微堂外集》卷六）

湖广水利论

历代以来，有河患无江患。河性悍于江，所经兖、豫、徐地多平衍，其横溢溃决无足怪。江之流澄于河，所经过两岸，其狭处则有山以夹之，其宽处则有湖以潴之，宜乎千年永无溃决。乃数十年中，告灾不辍，大湖南北，漂田舍、浸城市，请赈缓征无虚岁，几与河防同患，何哉？

当明之季世，张贼屠蜀民殆尽，楚次之，而江西少受其害。事定之后，江西人入楚，楚人入蜀，故当时有江西填湖广、湖广填四川之谣。今则承平二百载，土满人满，湖北、湖南、江南各省，沿江沿汉沿湖，向日受水之地，无不筑圩捍水，成阡陌治庐舍其中，于是平地无遗利；且湖广无业之民，多迁黔、粤、川、陕交界，刀耕火种，虽蚕丛峻岭，老林邃谷，无土不垦，无门不辟，于是山地无遗利。平地无遗利，则不受水，水必与人争地，而向日受水之区，十去五六矣；山无余利，则凡箐谷之中，浮沙壅泥，败叶陈根，历年壅积者，至是皆铲掘疏浮，随大雨倾泻而下，由山入溪，由溪达汉达江，由江、汉达湖，水去沙不去，遂为洲渚。洲渚日高，湖底日浅，近水居民，又从而圩之田之，而向日受水之区，十去其七八矣。江、汉上游，旧有九穴、十三口，为泄水之地，今则南岸九穴淤，而自江至澧数百里，公安、石首、华容诸县，尽占为湖田；北岸十三口淤而夏首不复受江，监利、沔阳县亦长堤亘七百余里，尽占为圩田。江、汉下游，则自黄梅、广济，下至望江、太湖诸县，向为寻阳九派者，今亦长堤亘数百里，而泽国尽化桑麻。下游之湖面江面日狭一日，而上游之沙涨日甚一日，夏涨安得不怒？堤垸安得不破？田亩安得不灾？

然则计将安出？曰：两害相形，则取其轻；两利相形，则取其重。为今日计，不去水之碍而免水之溃，必不能也。欲导水性，必掘水障。或曰：有官垸、民垸，大碍水道，而私垸反不碍水道者，将若之何？且有官垸、民垸，而借私垸以捍卫者，并有借私垸以护城堤者，将若之何？且私垸之多千百倍于官垸、民垸，私垸之筑高固，甚于官垸、民垸。私垸强而官垸弱，私垸大而官垸小，必欲掘而导之，则庐墓不能尽毁，且费将安出？人将安置？

应之曰：今昔情形不同，自有因时因地制宜之法。如汉口镇旧与鹦鹉洲相连，汉水由后湖出江，国初忽冲开自山下出江，而鹦鹉洲化为乌有。又如君山自昔孤浮水面，今则三面皆洲，水涸不通舟楫；岳州城外，昔横亘大沙滩，舟楫距城甚远，今则直泊城下。又如洞庭西湖之布袋口，今亦冬不通舟。此则乾隆至今已判然不同，皆西涨东坍之明验，水既不遵故道，故今日有官垸、民垸当水道，私垸反不当水道之事。今日救弊之法，惟不问其为官为私，而但问其垸之碍水不碍水。其当水已被决者，即官垸亦不必复修；其不当水冲而未决者，即私垸亦毋庸议毁，不惟不毁，且令其加修，升科，以补废垸之粮缺。并请遴委公敏大员，编勘上游，如龙阳、武陵、长沙、益阳、湘阴等地，其私垸孰碍水之来路；洞庭下游如南岸巴陵、华容之私垸，北岸监利、潜、沔之私垸及汀洲，孰碍水之去路。相其要害，而去其已甚；杜其将来，而宽其既往，毁一垸以保众垸，治一县以保众县。

且不但数县而已，湖南地势高于湖北，湖北高于江西；江南楚境之湖口，日壑日浅，则吴境之江堤，日高日险。数垸之流离，与沿江四省之流离，孰重孰轻？且不但以邻为壑而已。前年湖南、汉口大潦，诸县私垸之民人漂溺者，亦岂少乎？损人利己且不可，况损人并损己乎？乾隆间，湖南巡抚陈文恭公，劾玩视水利之官，治私筑豪民之罪，诏书嘉其不示小惠。苟徒听畏劳畏怨之州县，徇俗苟安之幕友，以姑息于行贿舞弊之胥役，垄断罔利之豪右，而望水利之行，无是理也。欲兴水利，先除水弊。除弊如何？曰：除其夺水夺利之人而已。（《古微堂外集》卷六）

筹漕篇上

道光五年夏，运舟陆处，南士北卿，匪漕莫语。先筹民力，乃及天庾。一壶中流，敢告幕府，作《筹漕篇》。

客曰：仆伏东海之堧，隶贡赋之乡。今者淮决湖涸，千里连樯〔檣〕，积如山冈。蓄清则无及，由陆则财伤，航海则非常。然东南之粟，终不可不登于太仓。窃耳当事之议，欲借引夫河黄，盖不得已用之，庶权宜济急之一方。或者其可行乎？

对曰：非下士敢议也。然窃闻之：利多害少，智者为之；害多利少，审时施之；有害靡利，无时而宜之。今者堰虽决矣，河未病也；清虽泄矣，可徐盛也；漕虽亟矣，策未罄也。智者因祸而为功，未闻加患而益甚。若之何用河而河病，助清而清病，济漕而漕病？夫黄宜合不宜分，分则力弱而沙沉；清宜壅不宜淤，淤则倒灌而患深。将姑为济运计乎？窃恐运河浅狭，岂容浊泥，数日而胶，旬日而夷，衔尾磨浅，有如曳龟。进退触藩，计当安施，幸孰图之，毋悔噬脐！

客曰：江、淮二渎，皆濒于海，淮为河夺，故道未改。赣榆沙船，运货吴淞，来往为恒，未尝失风，是沿海可行也。嘉庆中，开减坝，夺盐河，淮北之商，载盐海航，由福山入江，行千五百之内洋，是江口可通河北也。今者粮艘扼于清口，进退两难，盍令由江下海，入于云梯之关，逆溯而至中河，奚必濡滞乎湖干？

曰：是康熙中所曾议，而河臣张鹏翮格之未行者也。夫赣榆之浅船，无过二百石，故可载轻以涉沙，讵可行千余石之重艘乎？盐运自北而南，可进乎江口；粮艘自南而北，必上乎黄河。鸿流喷薄，百里为激荡，两岸绝纤道，岂能效逆上之鱼乎？改由海舟，费且无益，矧在漕舟，十无一济，如之何可行也！

客曰：古之漕运，皆用转般，沿水置仓，递输于官。江舟不入淮，淮舟不入汴，汴舟不入河，河舟不入渭，自宋崇宁中始改为直达纲。今清口龃龉，漕舟不能入黄，则盍仿建仓之意，截留滞粟于淮、扬？或仿转般之法，集河北、山东、河南之船于北岸，接运乎清江？二策居一，可否其行？

曰：兹所策者，将以暂行乎，抑永行乎？其以济全漕乎，抑半漕乎？南漕正耗四百万石，以一仓贮万石，必四百余仓。木必坚厚，地必高燥，费巨时旷。其未成以前，截留之粟无所贮。将粜卖以易新乎？则出入之间，贵贱两伤，折耗百出；将修以备将来不时之急乎？则不遗力以造仓，仓成而河运通，仍归无用；将不建仓而第接运乎？则河南、山东、直隶额设之官拨船二千百有五十艘，每船止受二百五十石，仅可运米五十余万。纵尽签商民之船勿顾怨咨，亦不过百余万石，尚不足济南漕之半。必更增造五百石之船数千艘，为费数百万。而清江过坝每日仅能过二万石，非二百日不能竣，必误抵通之期。

且唐、宋漕运，皆以民不以军也。今循明代之军运，而用唐、宋之转般，则自黄河以北，其仍用屯丁乎，不用屯丁乎？用屯丁则虽转般而依然直达，且本艘之回空莫顾，拨船之兼辖难周；如不用屯丁而至淮即还，则接运北上者，民乎官乎？沿途稽察谁司，通仓勒索谁给，米色耗坏谁任乎？夫唐代沿途置仓，递相灌注，已有"斗钱运斗米"之言。今不革数百年之运军与百余年之仓弊，而漫议永行者，左也；无素备之仓廒与一定之成宪，而仓卒暂试者，尤左也。子言师古，吾见其滞今也。

客曰：旧漕变价，新漕折价，可乎？

曰：太仓之储，非下士所测其数，可否停运，议俟庙堂。且以数百万米易银，银必贵；以数百万银易米，米必贵。出入皆耗，是变价之累在官。于秋成谷贱之时，而责以纳银，则贱愈贱；于浮收积弊之后，而责以敛银，则浮愈浮，是折色之累在民。况正供有定，河患无恒，停运其可常乎？是仓储之虞并在国，以此策之，又未见其可也。

客曰：救急之图，苟且之计，固皆踬矣。请舍一时之谋，商异日之画，亦有二议，或可久远乎？

曰：愿闻其说。

客曰：古言运道，必曰汴渠，托始鸿沟，大辟于隋。起荥泽，引河入汴达于淮，曰通济渠；又因沁水南连河，北通涿，开以济运，曰永济渠。唐、宋以来皆因之，是古运道本出于河、淮之上也。自元浚会通河而汴道遂废，然其东支入涡者，上流虽塞，而其南支合颍名贾鲁河者，仍上受京、索、须、郑诸水。由祥符之朱仙镇周家口至颍州以注于淮，商舟辐辏焉。若再施开浚，引漕舟由洪泽溯淮而上，入汴以抵于河，则祥符之对岸即为阳武，距卫河仅六十里。又上游之沁河，旧本入卫，近改由武陟入河，仍可分流入卫。使由此溯之，则其南由淮入汴者，即今日商舟通行之水；其北由沁、卫达天津者，即今日通漕之水。不大烦穿凿而运道出于河、淮之上游，不复与清口相犯。高堰之水，可以毋蓄，而淮、扬下河之水患可免矣。微山、蜀山诸湖可以毋蓄，而山东之涝旱可免矣。

曰：若子之说，是移清口于河南，以邻国为壑者也。病河病漕，以之直达固不行，以之转般亦不行者也。隋之去今，千有余载，河底深通，视今数倍。然且旋开旋闭，唐刘晏等即已改用转般，不能直达。宋都汴京，南漕本不入河，其北漕甚少，已岁虞河口之倒灌，故尝塞河引洛循广武以入汴，及河啮广武而运废。宋室南迁，金源河徙，诸渠淤废，是以元人改开会通河。岂不知汴、沁自然之利，甘凿空劳费之役哉！

况今又五百余载，河高地下，势同吸注，引贼入室，建瓴必溃。南决入汴，则必无开封；北决入卫，则必无卫辉。且南河有减水坝，而东河无之者，盖建坝必依石山而借胶泥。自东河以上，地坦土疏，即减坝尚虞其夺溜，况引河通运乎？若欲溯汴而上，由郑水以至河阴，与武陟对岸，以截河而入沁，则郑水涓浅不可以舟。且沁性浊悍，岁虞横决，而欲以人力操纵之，使七分入黄，三分入卫，沁必全势北趋，不必河蹑其后矣。若即于阳武元人陆运之道，车载六十里而至卫河，则昔人所运不过数万至十万石，今以数百万之漕而三易其舟，两般其堤，劳费尚可问乎？且两岸之仓，接运之船，不与前议同弊乎？是以卫运则中滦、淇县之挽，陈州、新乡之运，元、明偶试之而不恒也，汴、沁则胡世宁建议于嘉靖，范守己贡策于万历，而皆不用也。

客曰：然则黄河者，运河之贼乎？故漕与河不双行。舍河用海，事有元、明，易安以危，世复望洋。窃极愤悱之思，欲去两短集两长，则盍舍运河开胶莱河，辟外洋从内洋？愚者千虑，必有一当，请为子陈其详：

夫江南之与北直，接壤海堧，里距不远也，而山东之登、莱二州，斗出海中，长如箕舌，由南赴北，舟行必绕出其外。故元人海运三道，皆放黑水大洋趋成山绕至天津，远者万余里，近者四五千里。诚由胶至莱凿通故道三百里，则漕舟出射阳湖之庙湾入海三百八十里，至山东，入胶河，至莱州海仓口，复入海四百里至直沽，凡舟行千有四百余里，而沿海洋中不过六百里。内免黄流之隔，外辟黑洋之险，以海运之名，有漕河之实，计勿便此矣。

曰：元初之故迹，刘应节、崔旦之遗说，仆亦尝考之，马家峡之难开，分水岭之难凿，两海口之潮沙难去，潍、沽河之水势难引，吾子谅亦闻之，今不更端矣。且即使沙石天开，海潮神助，扬帆莫御，而抑知有不可行不必行者乎？

夫海舟不畏深而畏浅，不患风浪而患沙礁。江南沿海，横亘五大沙，舟行所最畏。元初沿海求屿，逾年始至，旋辟其险，径放大洋，而旬余即达。况今黄河云梯关外，复涨千里长沙，皆舟行必避之险，若由胶、莱故道，则舟当何出乎？将北出淮河口，则今已为黄河所夺，将南出射阳湖，则口若仰盂不可以通大艘，断不能不出商船所由之福山、吴淞二口矣。既出福山、吴淞，则由崇明十潵直放大洋，必绕逾大沙暗礁二千余里而至山东，但再行内洋千里，即天津矣。岂有已过险远之外洋，反辟平恬之内海，而折入胶、莱之小河，是不知地利。江舟不可以行海，海舟不可以入胶，而胶河拨舟，又不可以泛直沽，将必一米而三易其载，一运而三增其费，是不审人事。惩会通之穿凿，而复以穿凿易之；辟大洋之险远，而更以险远益之；舍径即迂，求奇反拙，尤未见其可行也。

客曰：然则海运其可行乎？

曰：天下，势而已矣。国朝都海，与前代都河、都汴异，江、浙滨海，与他省远海者异，是之谓地势。元、明海道官开之，本朝海道商开之，海人习海，犹河人习河，是之谓事势。河运通则漕以为常，河运梗则海以为变，是之谓时势。因势之法如何？道不待访也，舟不更造也，丁不再募、费不别筹也。因商道为运道，因商舟为运舟，因商估为运丁，因漕费为海运费，其道一出于因，语详贺方伯复魏制府书中。其大旨曰：海运之利有三：曰国计，曰民生，曰海商。所不利者亦有三：曰海关税侩，曰通州仓胥，曰屯丁水手。而此三者之人所挟海为难者亦有三：曰风涛，曰盗贼，曰黰湿。此三难者，但以商运为海运一言廓之而有余，故曰：为千金之裘，毋与狐谋其皮；筑数版之室，毋于道谋其疑。众人以讻讻败事，圣人以讻讻决机，苟非其人，法不虚创，功不虚施。时乎，时乎！智者争之。（《古微堂外集》卷七）

筹漕篇下

道光七年夏，减坝既筑，御坝仍不启，黄高于清，漕舟复舣。天子命相臣行河，群难复起。作《筹漕下篇》。

客曰：尔者海运则既行矣，顾所欲海运者，为河漕不能兼治，故欲停运以治河也。河通而漕复故，则海运何所用之？其将河、海并行乎？抑将以海易河乎？

曰：此河臣明于河不明于漕之言也；又但知治江西、湖广之漕，而不知治江、浙之漕之言也。河之患在国计，漕之患在民生。国家岁出数百万帑金以治河，官民岁出数百万帮费以办漕，河患即有时息，帮费终无时免，孰谓河治而漕即治乎？全漕即不由河，河未必因此而治，况江、浙之漕即由海运，而湖广、江西之漕，断不能不由河运，孰谓海运行而河即可无事乎？

江、楚赋轻而船重，抵淮迟，汛涨辄虞堵闭，故言漕事则易而运道则难；江苏赋重而船轻，抵淮蚤，汛前尚可筹渡，故言运道则易而漕事则难。海运者，所以救江苏漕务之穷，非徒以通河运之变也。且河运帮费既不可去，海运亦需雇舟，而谓帮费可尽去者何哉？屯艘行数千里之运河，过浅过闸有费，督运催儹有费，淮安通坝验米有费，丁不得不转索之官，官不得不取赢于民。合计公私所费，几数两而致一石，尚何暇去帮费！

海运则不由闸河，不经层饱，不馈仓胥。凡运苏、松、常、镇、太仓五州、郡百六十万石之粮，而南北支用经费止百有二十万，以苏藩司岁给屯丁银米折价给之而有余。是漕项正帑已足办漕，尚何取乎帮费？无帮费则可无浮勒，无浮勒则民与吏欢然一家，然后可筹恤吏之策。或将江、浙二省地丁钱粮向例收钱者，奏改收银，以免火耗申解之赔累，以济一切办公之需费，视收漕之浮勒不及其半，舍重就轻，民必乐从，吏无少绌。故海运于治河无毫发之裨，而于治漕有丘山之益，较河运则有霄壤之殊。舍是而徒斤斤补救，议八折，议恤丁，禁包户，禁浮收，皆不揣其本而齐其末也。即不然，名议海运，仅斤斤于河道之通塞，而不计东南民力之苏困，吏治之澄浊，亦见其轼不见其睫也。

客曰：海运为苏、松漕计则得矣，浙江、淮、扬仿此可识矣，湖广、江西之漕，其无可筹乎？

曰：内河之贡道，天庾之正供，其不能全归于海运明矣。越重湖大江千余里，而至淮安，则屯丁、屯船不可裁亦明矣。然江、楚赋轻，则输纳之困，差缓于江苏；江、楚船重，则闸河之累，亦甚于江苏。赋重者既于其赋救之，船重者亦于其船治之而已。

人知黄河横亘南北，使吴、楚一线之漕莫能达，而不知运河横亘东西，使山东、河北之水无所归；人知帮费之累极于本省，而不知运河之累则及邻封。蓄柜淹田则病潦，括泉济运则病旱，行旅壅塞则病商，起拨守冻则病丁，捞浚催儹则病官，私货私盐则病榷，恃众骚扰则病民：皆由于船大而载重。

夫大与重岂例应尔哉！《会典》所载各卫所运粮之船，名曰浅船，阔毋逾丈，深毋逾四尺，约受正耗米五百石，入水毋过三尺，过淮验烙，有不如式者罪之。必使船力胜米力，水力胜船力，虽河浅闸急，亦可衔尾遄进而无阻。曩惟江南、河南、山东之船，尚不逾制，其江西、湖广、浙江之船，则嵬然如山，隆然如楼，又船数不足，摊带票粮，入水多至五尺以外，于是每大艘复携二三拨船以随之。是以渡黄则碍黄，入运则胶运，遇闸则阻闸，一程之隔，积至数程，北卜之后，复滞回空。而迩日山东、江南之船，亦复仿效逾制，继长增高，日甚一日。其实所载额米仍不过六百石，余悉为揽盐、揽货之地，沿途贩售，所至辄留，稍加督催，辄称胶浅。夫既知大而窒碍，何不使小而便行？诚使严敕有漕各省，每遇更造之年，力申违式之令。凡粮艘至大以千石为度，以六百石受正供，百石受行月口粮，余三百石许其载货，不出数年，悉改小矣。

夫然而旗丁之困穷可以恤，帮费之浮甚可以轻。何则？丁之苦累者五，曰：遇浅拨载之费，过闸缴关之费，回空守冻之费，屯弁押运之费，委员催儹之费。今既改小则不胶不拨，遇闸提溜，通力合作，勒索无由，而费省十之一二矣。抵通不逾六月，回空不逾十月，而费省十之三矣。各帮惟迟重难行，故本帮千总领运而外，复委押重押空各一人，沿途文武催儹而外，复有漕委、河委、督抚委，其员数百，每船浮费，其金又数百。今既载轻行速，冗滥尽裁，而费省十之五六矣。所省各费，即足应通仓之胥规，而所余尚半，大益于本漕者以此。

夫然而泉河灌引之禁可以弛，诸湖淹田之害可以损。山东微山诸湖为济运水柜，例蓄水丈有一尺，后加至丈有四尺，河员惟恐误运，复例外蓄至丈有六七尺，于是环湖诸州县尽为泽国。而遇旱需水之年，则又尽括七十二泉源，涓滴不容灌溉。是以山东之水，惟许害民，不许利民，旱则益旱，涝则益涝，人事实然，天则何咎？今漕艘改小，入水仅三四尺，则湖可少蓄，而民田之涸出者无算；旱可分引，而运河之捞浚亦可纾；大益于邻封者以此。

客曰：会通之河，非第运粮，亦以通货。今漕艘不许多载，则京师百物踊贵，而水手工食不敷。且江、楚船数不足，每多洒带。今改小既不敷分载，增造又费将安出？越洞庭、彭蠡，涉长江，非重大其能御风而压浪乎？粮舟三载小修，五载大修，十载拆造。如必逐年渐改，则势不画一；一舟不前，千艘皆滞，安能望十年之迁效而救目前之急难乎？

曰：贱货必在通商，通商必在利行，未闻旅滞而物集，途通而货壅。船既遄行，则荆、扬、豫、兖之货循运河而上，江、浙之货附海漕而北，物价必贱于前。且船大则水手必多，多则不得不各贩私以裨工食。今则向用数十人者，止用十余人，利散见少，专则见多，赢绌较然矣。船大则造费亦大，故不能足数。若以二千石之船，改归千石，则即使二船造三，亦有赢无绌矣。四川、湖广贩米、贩货之船，穿巫峡、历洞庭而下者，或五六百石，至千石而止，往还无失，知船之胜风涛在完固，善操驾，不在距〔巨〕观矣。是三难者皆不足虑。

至逐年渐改之期，则以二船改三计之，江西十三帮，但改六百艘，已足九百艘之数，六年而始画一；湖广六帮，但改二百七十艘，已足四百余艘之数，三年而始画一。若求易简速效之方，尤有一举两利之策。考江苏一省，漕最大，船最多，而较浙、楚为制最小，江苏既全归海运，则所余空艘，即足以受浙、楚三省之粮。诚使江、广重运至瓜州，即卸粮于吴船，仍令原省屯丁、水手接运北上，易船而不易人；如浙江未归海运，则并将吴船移至杭、嘉、湖受载，亦易船而不易人。其浙、楚三省重船，售与大江运盐贩货之巨商，变价归官，以安置江苏水手；如浙漕亦归海运，则估变浙艘亦即以安置浙江水手。是一转移间而江、广重运为轻运，岂必求三年之艾，始救七年之病耶？

客曰：南漕固不可全归海运，而河患难必。万一江西、湖广之漕，灌塘亦不能济，庸遂无策以筹之？

曰：海运独除江、楚、安徽者，为经久计，非不可为权宜计也。且河运所难于江、广，非独船重，亦以途遥。夏汛启坝，恒虞倒灌。至海商豆麦之利，则在春、秋、冬三季，其时船价皆增，而夏季则北方缺货，船价亦减。此时江、广重运，正抵瓜州，顺风赴北，至平至速，是海运反以江、广为便。谚云："五月南风水接天，海船朝北是神仙。"如使河运中梗，漕艘不能飞渡，原可兼前策而暂行之。令海船春季则举江、浙之漕，一运而至津；夏季而举江、广、淮、扬之漕，接运而赴北。俟河运既鬯，则仍罢海运，归故道，权宜变通，夫奚不可！

　　且当事所难于江、广之海运者有二：一则漕费已给旗丁，而海舟雇价无从出也；二则瓜州至福山口二百里，粮船不熟水道，海船又不肯就兑也。不知重船既不北上，尽省闸河通仓之费，独收沿江售货回空迅速之利，且非江、浙永行海运，尽废漕丁者比，则但酌给帮费，已大欢忭。而其未给之漕项银米，移归海运，乘夏季海船价减之时，每石尚可酌省，当无不足。江、广漕项不及苏、松之宽裕，故必节省方足。至扬子江下汔福山口水道，则崇明买米之船，可至江宁、安庆，岂不可至瓜州？而其自上而下者，尚有焦湖之米船，镇江之红船，成熟于沙线。国初海寇张名振、郑成功皆以海艘直闯金、焦，往返如户阃，谁谓海艘不可入江者？但令沙船三月末齐集福山口，先雇米船数十，向导海船往反，试行一次，使沙礁洞然，即催各帮海船溯至京口受兑，计江、广百万之漕，但用海门、通州、崇明三帮已足，其沿江弹压则有通州、狼山镇，而京口南北两岸，可泊数千艘，天时地利，皆出十全。以海受江，可经可权，谁谓宜吴船而不宜楚船也？

　　虽然，此议暂行，则南货多由南通州附载，不尽由上海，于海关牙侩又有不利焉。显阻阴挠，势所必至，吾故总策运事而始终断之曰：苟非其人，法不虚行。（《古微堂外集》卷七）

海运全案序（代贺方伯）

　　道光四年冬，淮决高堰，竭运河，天子深维海与渎相消息，畴咨夹右故道。维时辅臣力赞，大府佥同，而臣长龄适藩南服，绾海国漕贡，乃襄议，乃筹费，乃遴员，乃集粟，乃召舟，僚属辑力，文武颛心。其明年遂航海，致米百五十万石京师。六年夏，既藏事，佥曰："是役也，国便民便，商便官便，河便漕便，于古未有。"

　　于是作而言曰：时之未至，虽圣人不能先天以开人，行海运必今日，其诸至创而至因者乎！古之帝者不尽负海而都，或负海都矣，而海道未通，海氛未靖，海商海舶未备，虽欲借海用海无自。故三代有贡道无漕运，汉、唐有漕运无海运，元、明海运矣，而有官运无商运。其以海代河，商代官，必待我道光五年乘天时人事至顺而行之，故无风涛、盗贼、飘湿之疑也，无募丁、造舟、访道之费且劳也。乘天时人事交迫而行之，渎告灾，非海无由也，官告竭，非商不为功也；乘百余年海禁之久开与台洋十万米之已试而行之，其事若无难，其理至易见也。然犹先迟之以借黄，重迟之以转般，不可谓不慎；然微宸断枢赞之，必不可已群议阴阳，犹将眩以关价之折实，劫以通仓之胥勒，难以屯丁之安置，不可谓不格。成事何易，任事何难！《易》曰："夫乾，天下之至健也，德行恒易以知险；夫坤，天下之至顺也，德行恒简以知阻。"又曰："穷则变，变则通。""神而化之，使民宜之。"故知法不易简者，不足以宜民；非夷艰险而勇变通者，亦不能以易简。以海运之逸济河运之劳，而谓治河必停漕，无是也；以海运之变通漕运之穷，而谓治漕必病河，无是也。有百年之计，有焦然不终日之计。今者官与民为难，丁与官为难，仓与丁为难，而人心习俗嚣于下；黄与淮为难，漕与河为难，而财力国计耗于上。凿枘沸溔，未知所届，中流一壶，夫岂无在！或者欲以苏、松二府之漕，岁由海达为常，而改小江、广之重艘以利漕，变通目前之河道以利黄。大圣人端拱穆清，揽群策，执参伍，探万物之本原而斟之，王路奚患不荡，王道奚患不平！老子曰："大道甚夷，而民好径。"非海难人而人难海，非漕难人而人难漕，本是推之，万物可知也；不难于祛百载之积患，而难于祛人心之积利，反是正之，百废可举也。敬〔儆〕不极不更，时不至不乘。正其原，顺而循，补其末，逆而梦，苟非其人，功不虚〔创，事不虚〕因，其以海运为之椎轮。（《古微堂外集》卷七）

海运全案跋（代）

今之谭海运者，咸谓以变通河道之穷，河道通则无所用之。此但为运道言，而未为漕事言也；抑但可为江西、湖广之漕言，而未可为江苏之漕言也。江、广赋轻而船重，抵淮迟，汛涨辄虞堵闭，故言漕事则易，而运道则难；江苏赋重而船轻，抵淮早，汛前尚可筹渡，故言运道则易，而漕事则难。然江、广之船，去河远，去海尤远，终不能不以运道之通塞为利弊；若江苏之船，去河近，去海尤近，并不以运道之通塞为利弊。臣守土官，所职司者漕耳，请专言漕事。

苏、松、常、镇、太仓四府一州之漕，赋额几半天下，而其每岁例给旗丁之运费，则为银三十六万九千九百两，为米四十一万一千八百九十三石，计米折价，直银九十三万六千七百五十九两，共计给丁银米二项，为银百二十九万五千七百五十八两。上之出于国帑者如此，而下之所以津贴帮船者，殆不啻再倍过之。通计公私所费，几数两而致一石。官非乐为给也，民非乐为出也，丁非尽饱厚利也。军船行数千里之运河，过浅过闸有费，督运催儧有费，淮安通坝验米又有费，亦知其所从出乎？出于彼者必取于此，而公私名实之不符，有所赢者必有所绌，而良莠强弱之不平，吏治何由而清，民气何由而靖？惟海运则粮百六十三万三千余石，而计费仅百四十万，抵漕项银米之数所溢无几，而帮船之浮费丝毫无有焉。诚使决而行之，永垂定制，不经闸河，不饱重壑，则但动漕项正帑，已足办公。举百余年丁费之重累，一旦释然如沉疴之去体，岂非东南一大快幸事哉！

彼谓变通济运者，所益固在国计；而调剂漕务，则所益尤在民生。圣人举事，无一不根柢于民依而善乘夫时势，故举一事而百顺从之。以是知儳然不终日之中，必无易简良法，而事之可久可大者，必出于行所无事也。

海运之利，非河运比；本朝之海运，又非前代比；江苏之海运，又非他省比；而苏、松等属之海运，又非他府比。诚欲事半而功倍，一劳而永逸，百全而无弊，人心风俗日益厚，吏治日益盛，国计日益裕，必由是也，无他术也。若夫谋议之始末，设施之纲目，《前序》《后纪》备矣，不复及云。（《古微堂外集》卷七）

道光丙戌海运记（代）

传曰："有始有卒者，其惟圣人乎！"又曰："凡民可与乐成，难与图始。"国家宅京西北，转漕东南，舍元袭明，以河易海。康熙、嘉庆中，以河患屡筹改运，议皆不决，岂非《春秋》大复古重改作之意哉！道光五年，海运之役，行之仓猝之余，试之百六十余万之粟，倏抵太仓而民不知役，国不知费。天下见其行之孔易矣，抑知其挠之甚众且艰？天下见其不疾而速，不行而至矣，抑知其谋之至周且确？不有所述，使后世仅见与元代招盗、造舟、募丁、访道劳费者比；即不然，亦仅谓一时权宜备缓急，罔关利国利民久远大计；则暂试于一时，犹将排阂于事后，奚以见明明穆穆，贯周万虑，一备百顺，至简易，可久大，永永与天地无极？用敢拜手而为之记。

初，四年冬，高堰决，运道梗，中外争言济漕之策，或主借黄，或主盘坝，发言盈廷，罔所适从。天牖帝心，有开必先，则有首咨海运之诏。群疑朋兴，蒸沓苟安，匪曰风飓，则曰盗贼；匪曰霉湿，则曰侵耗；造募则曰劳费，招雇则曰价巨；以暨屯军之闲散，通仓之勒索，争先为难，百议一喙，坐失事机，自春徂夏。

既而借黄、盘坝皆病，天子喟然念东南民力之不支，是用畴咨于左右辅弼之臣。于是协办大学士臣英和奏言：“治道久则穷，穷必变，小变之小益，大变之大益，未有数百年不敝且变者。国家承平日久，海不扬波，航东吴至辽海者，昼夜往反如内地。今以商运决海运，则风飓不足疑，盗贼不足虞，霉湿侵耗不足患也；以商运代官运，则舟不待造，丁不待募，价不更筹也。至于屯军之安置存乎人，仓胥之稽察存乎人，河务之张弛存乎人。矧借黄既病，盘坝又病，不变通将何策之出？臣以为无如海运便。”诏仍下有漕各省大吏议。于是臣琦善自山东移督两江，臣陶澍自安徽移抚江苏，咸奏请以苏、松、常、镇、太仓四府一州之粟全由海运，诏曰：“可。”是秋，臣陶澍暨江苏布政使臣贺长龄先后至上海招集商艘，宣上德意，许免税，许优价，许奖励，海商翕然，子来恐后。爰设海运总局于上海，以川沙厅同知臣李景峄、苏州府督粮同知臣俞德渊董之，与道府各臣共襄其事。又遣道、府、丞、倅先赉案册及经费十余万，由陆赴北，与直隶执事官各设局天津，而钦差理藩院尚书臣穆彰阿为验米大臣，会同仓场侍郎驻天津，与直隶督臣共筹收兑事宜。于是南北并举，纲挈目张。至于誓水师，壮声势，以联络其间者，则江南提督、苏松镇、狼山镇总兵自吴淞会哨至莺游门，山东登莱镇总兵自莺游门会哨至庙岛，直隶天津镇总兵自庙岛会哨至直沽口。

章程既定，明年正月，抚臣亲莅海上，部先后，申号令，各州县剥运之米，鱼贯而至，鳞次而兑，浃旬得百三十余万为首运，余三十余万归次运。告祭风神、海神、天后，集长年三老，犒酒食银牌而遣之。万艘欢呼，江澄海明，旌旗飙动，鼋龙踊跃。由崇明十滧而东，绕出千里长沙，逾旬毕至天津。回空再运，讫五月而两运皆竣，勺粒无损。视河运之粟莹洁过倍，津、通之人觐未曾有，先后诏奖任事各臣有差。

是役也，其优于元代海运者有三因：曰因海用海，因商用商，因舟用舟。盖承二百载海禁大开，水程之险易，风汛之迟速，驾驶之趋避，愈历愈熟，行所无事。知北洋不患深而患浅，故用平底沙船以适之；知海船不畏浪而畏礁，故直放大洋以避之；知风飓险于秋冬，平于春夏，故乘东南风令以行之。因利乘便，事半功百，而元代所未有也。

其优于河运者有四利：利国，利民，利官，利商。盖河运有剥浅费、过闸费、过淮费、屯官费、催儧费、仓胥费，故上既出百余万漕项以治其公，下复出百余万帮费以治其私。兹则不由内地，不经层饱，故运米百六十余万，而费止百四十万金，用公则私可大裁，用私则公可全省，实用实销，三省其二，而河运所未有也。

其行之也则有三要：曰招商雇舟，曰在南兑米，曰在北交米。其招商雇舟如之何？曰：沙船载米自五百石以上二千石以下，计四府一州之粟，需船千五百六十有二号，石给值银四钱，每船赛神银四两，犒赏三两，天津挖泥压空钱一千，每百石垫舱芦席银一两三四钱有差。每米一石，白粮给耗一斗，糙粮给耗八升，每船载货二分免其税。凡受雇之船，限十一月集上海候兑，过迟者罚。是为运之始要。其在南兑米如之何？曰：沙船齐泊黄浦江，按各县先至之粮，以次派之，某船即给某县之旗以为号。各县剥运至，则监兑官率船商以铁斛较其斛，验米官呈米粮道以验其米。仿河运之例，船各封样米一斗，令呈天津以验其符合，复截给三联执照：一存局，一给船户，一移天津收米官，以稽其真伪，随兑随放。至崇明十滧，候东南风齐进。是为运之中要。其在北交米如之何？曰：沙船至天津口，由直沽河溯流百八十里，纤挽而至天津东门停泊待验。如在洋遇风斫桅松舱者，依漕船失风例奏请豁免。其他故缺坏者以耗米补之，再不足者责其偿，其领运万石以上者赏以级。到津验米后，兑交剥船，即与沙船无涉。其余米收买，货物免税，仍给三联执照如上海之例。是为运之终要。此皆本年试行海运之已事也。

如将复行垂永制则如之何？曰：尚宜筹尽善者，亦有三焉：创行之始，商情观望，愿载货而不尽载米。及交卸速而受直厚，知载米利赢于载货，则宜一运以毕，无烦再运，而一要无余憾矣。止上海牙人赴北之行，定商艘到津停泊之界，稽山东各岛逗留以免滞，买天津挖泥官地以防争，纤令自雇以免勒索，旗缴再用以省糜费，则次要无遗憾矣。其由津运通之剥船二千，中途难免侵耗，宜令通仓各胥于天津收米具结后，即令押剥运通，再有损湿，惟各胥是问，则三要无遗憾矣。至于法久弊生，因时制变，则神而明之，存乎其人。（《古微堂外集》卷七）

复魏制府询海运书（代）

海运之事，其所利者有三：国计也，民生也，海商也。所不利之人有三：海关税侩也，天津仓胥也，屯弁运丁也。而此三者之人，所挟海为难使人不敢行者亦有三，曰：风涛也，盗贼也，霉湿也。所挟人为难使官不能行者亦有三，曰：商船雇价也，仓胥勒索也，漕丁安置也。必洞悉夫海之情形与人之情伪，且权衡时势之缓急，而后之难行者无不可行，且不得不行。某自二月中旬，蒙示廷寄，命筹海运以来，宵旦讨论，寝食筹度，征之属吏，质之滨洋人士，诹之海客畸民，众难解驳，愈推愈审，万举万全，更无疑义，敢以贡之大人执事。

元代创行海运，十年而道三变；明王宗沐力主海运，亦以海道不熟，失风莺游门而罢。今则海禁大开，百三十余年，辽海、东吴若咫尺，朝洋暮岛如内地，则道不待访也。元初造平底海船六十艘，运四万六千石，其后，船岁增造，费且无算。今上海沙船及浙江蛋船、三不像船，并天津卫船，自千石以至三千石者，不下二千号，皆坚完可用。通算每船载米千余石，一运即可二百余万石，两运而全漕可毕。若止运苏、松、常、镇之粮，更绰有余裕，则船不待造也。元初以开河卫军及水手数万供海运，并招海盗以长其群。若今江、浙船商，皆上海、崇明等处土著富民，出入重洋，无由侵漏，每岁关货往来，曾无估客监载，从未欺爽，何况漕粮？各效子来之忱，无烦监运之吏，则丁不别募也。本年二月，始议海漕〔运〕，其时公私津贴已给旗丁，不能不出于动帑。明年海运，即以旗丁领项移为沙船雇值，则费不别筹也。

或谓其不可行者，则曰"盗贼"。不知海盗皆闽、浙，南洋水深多岛，易以出没，船锐底深，谓之鸟船。北洋水浅多礁，非船平底熟沙线者不能行，故南洋之盗不敢越吴淞而北。今南洋尚无盗贼，何况北洋？此无可疑一矣。

或有谓其不可行，则曰"风涛"。不知大洋飓风，率在秋冬，若春夏东南风，有顺利，无暴险。商贾以财为命，既不难蹈不测，出万全，岂有海若效灵，独厚于商船而险于粮舶？且遭风搁浅，斫桅松舱，即秋冬亦仅千百之一二，何况春夏？其无可疑又一矣。

或又谓其不可行者，则曰"霉湿"。夫运河经数月抵通，积久蒸热，米或黯坏。而沙船抵津，则不过旬日。若谓海风易霉变，盐水易潮湿，则最畏风莫如茉莉、珠兰，最忌湿莫如豆、麦，皆岁由沙船载之而北，运之而南。海风盐水不坏花豆而独坏米，庸有是理？盖北洋风寒，非似南洋风暖，而海船舱底有夹板，舷旁有水槽，其下有水孔，水从槽入即从空出，舱中从无潮湿，此可无疑又一矣。

然使运道畅通，粮艘无阻，固可不行。今则运河淤塞，日甚一日，清口倒灌已甚，河身淤垫已高，舍海由河，万难飞渡，此不可不行者也。然使太仓充裕，陈陈相因，尚可不行。今则辇毂仰食孔亟，天庾正供有常，一岁停运，势所难支，此不可不行者也。然使别有他策，舍水可陆，亦可不行。今则驳运之弊，公私骚然，国病于费帑，漕病于耗粮，官病于督催，丁病于易舟卸载，民病于派车派船，舍逸即劳，利害相万，此不可不行者也。

国家建都西北，仰给东南，唯资咽喉一线，岂惟河梗可虑，抑亦人事难齐。苟廑未雨之绸缪，必需旁门之预辟。今机会适逢，发端自上，因熟乘便，天人佥同。夫集事固在于谋，而成事必在于断，此时关键请两言蔽之，曰：上海、天津两地，得其人则能行，不得其人则不能行。海船南载于吴淞，而北卸于天津，两地出口入口，实海运始终枢要。苟上海关不得其人，则船数可使多者少，商情可使乐者畏，雇值可使省者昂。天津收兑不得其人，则米之干者可潮湿，石之赢者可短缺，船之回空者可延滞。盖上海牙行以货税为庄佃，天津仓胥以运丁为奇货，海运行则关必免税，丁不交米，两处之利薮皆空，其肯甘心？故创议之始，出全力以显难之者，必上海关之人；既行之后，阴挠之使弃前功畏再试者，必天津通仓之人也。此外，尚有屯弁运军，亦以行海废漕为不利。然此时河道未复，弁丁即欲运而不能，而一年中尚有漕项银米可以安置，不致十分为难。即天津通仓既行以后之事，有钦差大臣驻津稽察，自可无虑。惟上海关则首议船价之地，诪幻最多。即如二月间委员查勘，据牙侩蒙词，以关石倍半于漕石者变为仅倍，以一两四钱之折实漕石银三钱六厘者，变为每石实银七钱，较民间时价不止加倍。嘉庆间议海运，前抚军章公奏每百石费银三百两，即同此蔽。故今议海运，不询之商船，而询之上海关，所谓欲为千金之裘而与狐谋其皮也。使当时照定时价，动辄无多，除〔际〕此南风司命，江、浙漕米业已抵津矣。故曰：众人以恟恟止善，圣人以恟恟立功。其中条件尚多胶轕，统俟议定，录状呈览，伏望随时训示。不宣。（《古微堂外集》卷七）

钱漕更弊议（上李石梧中丞）

江苏漕费之大，州县之累，日甚一日。其弊曰：明加，暗加，横加。

始也帮费用钱不用银，其时洋银每圆兑钱八百文，故州县先漕每喜舍钱用洋以图节省。其后洋银价日长，而兑费亦因之而长，其用洋银之费已不可挽回，此暗加之弊也。

自道光五年行海运，停河运一岁，旗丁以罢运为苦累。道光六年，河工大挑，空船截留河北，旗丁又以守冻为苦累。每苦累一次，则次年必求调剂一次，此明加之弊也。

又道光十九年间，四府粮道陶廷杰挑斥米色，骄纵旗丁，于是二三载间，各州县约加帮费三十万两，此横加之弊也。皆苏、松之情形也。

惟常州漕兑费至今用钱，故价无大长。而丹徒、丹阳、金坛、句容则又地瘠民刁，漕完本色，地丁钱粮亦不敷解费。且金坛、句容皆山邑，舟不抵城，须陆运至水次，宜照山邑折漕之例以恤其困，并将地丁钱粮改收折银，酌加火耗，以免地方官之赔垫，此又情形之小异也。今欲大剂苏、松、常、太仓各郡州县之累，惟有一大章程。

　　查明代江南州县旧制，常州有武进无阳湖，有无锡无金匮，有宜兴无金溪；苏州有吴县、长洲无元和，有昆山无新阳，有常熟无昭文，有吴江无震泽；松江有华亭、娄县，无奉贤、金山；太仓州有嘉定无宝山。其时漕未尝不运，事未尝不举，亦从未闻明代州县有收漕之弊。且其时沿张士诚庄田之额，赋更重于今日，而不觉其繁。

　　国朝减免苏、松浮粮至再至三，而官民不胜其困，何哉？愚以为银价之弊，已无如何，惟有裁缺并县之法，一复明代古县之旧。每并一缺，则省官规幕费丁役杂费及应酬之半，似救弊本原之一法。谨抒其愚，以待大吏之不守常规善复古制者。至宝山逼海，城池卑褊，不通舟潮，应内移于罗店饶富之地，或与嘉定同城，此则不必并而必当移者。谨议。（《古微堂外集》卷七）

淮北票盐志叙（代）

　　天下无兴利之法，除其弊则利自兴矣；鹾政无缉私之法，化私为官则官自鬻矣。欲敌私必先减价，减价必先轻本，轻本必先除弊。弊乎利乎，相倚伏乎？私乎官乎，如转圜乎？弊之难去，其难在仰食于弊之人乎？

　　淮北票盐创行数载，始而化洪湖以东之场私，继而化正关以西之芦私。且奏销数百万外，其余额犹足以融淮南悬引之不足。夫票盐售价，不及纲盐之半，而纲商岸悬课绌，票商云趋鹜赴者，何哉？纲利尽分于中饱蠹弊之人，坝工、捆夫去其二，湖枭、岸私去其二，场、岸官费去其二，厮伙、浮冒去其二，计利之入商者，什不能一。票盐特尽革中饱蠹弊之利，以归于纳课请运之商，故价减其半而利尚权其赢也。且向日仰食于弊之人，即今日仰食于利之人，昔之利私而今之利公，何谓淮北可行而异地不可行？

　　疑者或曰：减之又减，安能敌无课之私？不知场私无课而邻私有课。有课之私，减价敌之而有余；无课之私，岂尽价收之而不足乎？或又谓旧票充新，难免再运之虞。无论卡局截角重重稽察，且票可冒，课不可冒。苟票可转运，则请票十余万引外，即应无复请票之人，何以每年数十万引，从无票少于额、盐浮于课之事乎？或又谓湖私改贩，难革鸮音，北盐灌邻，保无藩决。然则枭化为良者，必不许其为良；北受芦侵者，必永为其所侵也？又有谓收税章程，年更岁易，良由以有定之盐，应无定之贩，不如签商认岸，一劳永逸者。不知指商索费，则成本立增，争畅舍滞，则规避竞起。且票盐有百世不易者，改道归局是也。有必与时变易者，钱粮出纳，贩不足则以不足之证治之，贩有余则以有余之证治之。弊不同，防弊亦不同。

总之，弊必出于烦难，而防弊必出于简易；裕课必由于轻本，而绌课必由于重税。此则两淮所同，亦天下盐利所同，亦漕赋关权一切度支之政所同。方今生齿日繁，生财日狭，司农常憬然盱衡山海，欲筹商课之有余，以裨农赋之不足。然则一隅之得失，固将为四方取则焉。

前于道光十七载，曾刊《票盐初志》，嗣因军饷奏销，斟酌损益，章程屡变，事则倍难于前，功则无改于昔。重加厘订，用垂法戒，以存创始守旧之规模，以明圣天子、贤牧伯制法宜民可久可大之精意。志淮北也，而不专志淮北也。

曾有《淮北票盐记》一篇，约二千言，最为明核。不料失稿于扬州，今欲补之，非得《淮北票盐志》不可，而亦无此心绪矣。自记。（《古微堂外集》卷七）

陶　澍

请端吏治之源折子

奏为州县之锢弊日深，州县之疲顽有自，请治其源以端吏治事。

伏见我皇上兢兢业业，无刻不以吏治民生为念，而尤以"因循怠玩"揭中外臣工之积弊。凡有人心，自应洗涤肺肠，仰承圣诲。乃近日风气，因循者尚复因循，怠玩者依然怠玩。即如亏空之案，甫经查办，而新款又有亏空。科派之案，屡经惩创，而外省犹多科派。此固由州县官之昧良，而亦其源未治也。夫所谓其源者何？督、抚、藩、臬各上司是也。上司不能正己率属，则不肖之州县既有所挟持以无恐，而循良之州县又有所牵掣而不能前。弊端不一，臣请摘其尤甚者为皇上陈之。

一、勒接交代也。一官才莅，岂能即搬库项？无如前任亏空已多，上司惧干失察之咎，必欲新官接受，少者数千，多者数万，桃僵李代，不接不能到任。其有禀揭前任亏空者，则必致上司之隐怒。或以才力不及而调简，或以办事迁拘而改教，甚至别假事端，劾而去之。是以甫登仕籍，即入债乡。始基不立．而望以清廉，难矣。

一、多摊捐款也。州县廉俸有数，乃无端借公科派。其名曰"筹补"，曰"帮助"，曰"贴赔"，曰"使费"，总名曰捐款。因其出之自公．故不甚爱惜。每由首府、首县垫出，然后摊派各州县，每岁数百、数千两不等。各州县力不能应，有时延缓，则上司即于其征解钱粮时准作某项捐款，而钱粮则批令另解。是以国家惟正之供抵私款也。亏空之积，由此深矣。

一、预备赏号也：凡上司有事，或练兵，或巡边，或公宴，则州县预备赏封及缎匹、银牌之类。上司随手挥霍，无非慷他人之慨。然当场进赏，犹可言也。有等上司，竟将赏项先收入己，临时自行发出。于是，家人、吏役节节又添规费。出数少，而入数多，而赏号之名适足为巧取之目矣。

一、派办供给也。凡上司入境、出境，送往迎来，则有夫马，有酒席，有站规，有门包。其同城居住者，则有轮月之供给，有包月之供给。甚至一窗、一扉、一厨、一厕，皆于附郭之州县是问，复派他处之州县协济焉。此等供给名目，近来颇知敛戢，然尚未能尽革也。

一、压荐幕友也。州县事务较繁，刑名钱谷原不能不借助为理。乃一官尚未到任，而幕友之举荐已多，其贤否无从辨也，但择其情面较大者而受焉。道府所荐者既受，则藩臬所荐者不能不受，督抚所荐者更不敢不受。且有并未见面，但送束脩者，谓之食坐俸。此所以人愈多、费愈繁，而事愈梦也。

一、滥送长随也。长随不必皆上司旧人，或夤缘上司之亲串，或钩结上司之门丁，邀求吹荐。在上司不过泛然一语，而州县则以上司所荐而不敢辞。长随又以荐自上司，而罔所忌。未离省会，早已百十成群，及至抵任，人浮于事。既难人人饱欲，必至事事生端。或外勾吏役，或内通劣幕，百弊自此丛生矣。

一、委员需索也。州县固多无良，委员岂皆可靠？假以耳目，易致需索。乃一纸文书可办之事，动辄派委数员。在上司不过为调剂闲官起见，不知一来一往盘费不赀。在委员所得无几，而州县之累已深。甚至因馈送不遂，而簸弄是非，则掣肘之事更多矣。

一、提省羁留也。州县各有职守，不容旷废。即使因公晋省，亦当饬令速归。乃或因细故而提省羁候，转委他人前往署事，迨一年半载之后始令回任。以致无累者生累，有累者增累。不思州县果不胜任，即应参劾，徒令往返奔波，是重其敝也。安能不亏空乎？

以上数条，督、抚、藩、臬中虽贤者，或亦不免。至于作福作威、不公不法、横索属员者，则又不待言矣。夫今之州县，疲精于奔走承应之中，救过于纸札文书之上。十人而聚，无语田桑者焉。百人而聚，无语教化者焉。其于百姓，则鱼肉也。百姓视之，亦几虎狼也。抑思果何由而致是哉！各省大吏受恩深重，若不正本清源，以身率属，而徒以不肖之州县为解，恐吏治终无起色也。

臣仰睹圣人宵旰焦劳，未敢缄默，谨据实缕陈，伏祈睿鉴训示。谨奏。

嘉庆十九年十二月初七日具奏。本日奉上谕："御史陶澍奏外省州县积习，请治其源以端吏治一折。各州县为亲民之官，惟在牧养有方，教化有法，斯吏治端而民生日裕。乃因循疲玩，相习成风，若不亟加整顿，何以革敝习而励官方？如该御史所称：州县交代亏空，上司惧干失察之咎，勒令新任接收；又借公科派，有筹补、帮贴、使费等款；及预备赏号、派办供给、压荐幕友、滥送长随，并委员需索、提省羁留。种种苦累，皆各省实在情形。总缘外省大吏不以吏治为事，其始稍开其端，久之扬波逐流，日甚一日，陋习相沿，遂至成为锢弊。虽有一二自好之士，亦不能卓然自拔，今欲清其源，责在大吏。着通谕直省督、抚、藩、臬等，务各洗心涤虑，饬纪整纲。伊等养廉优厚，一切赏需供顿，不可丝毫累及属员。其州县因摊捐、羁候，横被苦累之处，查明悉予裁革。俾贤能者得以自立，中材以下亦无所借口。庶几大法小廉，吏治日有起色，以厚民生，以兴民行，胥于此端其本焉。"钦此。（《陶云汀先生奏疏》卷一）

查看海口运道，并晓谕商船大概情形折子

奏为查看海口运道，并晓谕商船大概情形，恭折具奏，仰祈圣鉴事。

窃臣前于扬州途次，承准军机大臣字寄："六月初六日奉上谕：'魏元煜

奏筹议漕河全局一折。海运，原因运道浅阻，为一时权宜之计。朕周谘博访，志在择善而从。是以谕令诸臣，悉心妥议，计出万全，不为遥制。至折色一层，各省情形不同，着琦善、魏元煜、陶澍、程含章遵照前旨，悉心议奏，务须尽善无弊，期于公事有裨。'等因。钦此。"在案。

查海运、折色二事，臣于未经奉到廷寄之先，业已分别可行、不可行，恭折复奏。现在钦奉谕旨："海运一事既据该抚奏称目前筹运之策无逾于此，与琦善意见相同。着俟藩司贺长龄赴海口查勘情形筹画，到日即将一切章程会同妥议，具奏。"等因。钦此。又在案。

伏查漕米一项，关系天庾正供。数百年来，由内河行走，最为稳妥。惟现当淮黄阻滞，漕运维艰，仰劳圣主宵旰焦思。臣等敢不竭力图维，于不得已之中勉筹济运之道，以冀仰纾宸注。

惟海运事属创始，一切办理之法宜豫，而尤以雇觅海船为第一要务。盖必船定，而后一切章程始可得而详议也。臣因漕事重大，必须身亲查验，始能得其确实。兹以复勘苏、松等处水利工程，由华亭顺赴上海。勘得上海县东南门外黄浦江一道，阔五六里，距海口五十余里，为各商船聚泊之所。臣遍历江干，现有大小沙船一百余只。当即登船查看，见大、中沙船均系桅板坚固，舱底平整。大者约可装米一千四五百石，中号可装八九百石，小者可装四五百石。据船户、牙行金称：各船常年载货北行，辗转转运，至十、冬、腊三个月内，各号船只始能收帮归次。约计大中两号沙船，坚固可用者共有九百余只。若分作两次陆续赶运，共可运正耗米一百五六十万石。其小号沙船装米无多，不如大中两号之平稳。该船等年常往来北洋，沙线是所谙历，间有失事，不过百中之一二。由上海驶往天津，顺风旬日可到，至迟不过一月，等语。惟该船等向来受载商货，从未装运官米，交兑事宜，非所熟悉，恐有稽留掯勒，不无畏累之心。臣当即出示晓谕，复传集现到沙船商户、舵水人等，面加开谕，告以给价运粮，毫无苦累。一至天津，随到随卸，并无稽延。况圣恩宽大，上年台湾运米各商得邀奖叙。沙船果能妥速运津，亦当奏恳圣恩。向其剀切指示，一面饬令现到各船商出具承揽领运切结存案。此时仍听装货北行，但限冬初回南，毋许逗留他处。并饬上海道、县，查明此后续到各船，均即预写揽运切结，催令早去早回，不得封留滋累。该商船经此一番晓谕，咸知踊跃急公。

其余一切章程，臣因文闱届期，应赴江宁监临，仍饬藩司贺长龄即行驰往上海，将商船脚价，并带备耗米，及酌派将弁押运、委员交兑各事宜，妥筹具详。再由督臣与臣会核入奏。

所有臣查看海口，晓谕商船大概情形，理合恭折具奏，伏乞皇上圣鉴。谨奏。

道光五年七月二十三日具奏。八月二十九日奉到朱批："知道了。"钦此。（《陶云汀先生奏疏》卷十一）

敬陈海运图说折子

奏为敬陈海运图说。仰祈圣鉴事。

窃照苏、松、常、镇、太五府州额漕，因运河阻滞，改由上海沙船运赴天津。现已办有成局，依次开行。臣伏思，海运与河道，原相表里。《禹贡》载扬州贡赋沿海达淮，冀州夹右碣石入海，即海运之始。秦、唐虽亦偶行，其道难稽。明则由胶、莱内河，转搬登州，实为劳费。惟元代海运最久。然至元十九年初次运米，仅止四万三千石，明年始抵直沽。行之六七年，犹岁只运米三四十万不等。旋因其路险恶，另开生道，运米渐多。盖海船畏浅不畏深，畏礁不畏风，而畏浅尤甚于礁。明人沿嶼求道，非礁即浅，无怪其难，自不若元代所开生道，即今沙船所行为最善。查元明入海之道，或由刘河转廖角沙，或由灌河口至鹰游门。今俱壅塞。惟吴淞口至十澨一路为宜，而由此运米入海，实创自今年。

臣因初次试行，即须装米一百五六十万，倍蓰从前，不敢不倍加慎重。每遇熟习海洋之人，详加询问，证以纪载，得其径道。至于大洋浩瀚，本无畔岸，虽舟人定之以更香，验之以水色，格之以针盘，究难确指其道里数目。惟有就西岸对出之州县汛地，比照核计，不相径庭。其小岛微嶼，亦难尽载。谨摘叙大凡，略分段落，并绘图贴说，恭呈御览。

第一段，海船自上海县黄浦口岸东行五十里，出吴淞口入洋，绕行宝山县之复宝沙，迤至崇明县之新开河，计一百一十里。又七十里至十澨。是为内洋。十澨可泊船，为候风放洋之所，崇明县地。

第二段，自十澨开行，即属外洋。东迤一百八十里至佘山，一名蛇山，又名南槎山。系荒礁，上无居民，不可泊，但能寄碇，为东出大洋之标准，苏松镇所辖。

第三段，自佘山驶入大洋，向正北微偏东行．至通州吕泗场对出之洋面，约二百余里，水深十丈，可寄碇。从此以北，入黑水大洋，至大洋梢对出之洋面，约一百四十余里，系狼山镇右营所辖。又北，如皋县对出之洋面起，至黄沙洋港对出之洋面，约二百六十余里。又北，泰州对出之洋面起，至黄家港对出之洋面，约二百二十里，系狼山镇掘港营所辖。又北，至斗龙港对出之洋面，约二百里。又北，至射阳湖对出之洋面，约一百二十里，系盐城营所辖。又北，至黄河口对出之洋面，约一百二十里，系庙湾营所辖。黄河口稍南有沙埂五条，船行遇东风则虑浅搁，宜避之。又北，至安东县灌河口对出之洋面，约九十里，系佃湖营所辖。又北，至海州赣榆县鹰游门对出之洋面，约一百八十里，系东海营所辖。计自佘山大洋以北起，至鹰游门对出之洋面止，约计一千五六百里，统归狼山镇汛地。凡舟行过佘山，即四顾汪洋，无岛屿可依，行船用罗盘格定方向，转针向北略东行。如东南风，则针头偏东一个字。如西南风，则针用子午。查江南佘山与山东铁槎山，南北遥对，谓之"南槎""北槎"。行船应用子午正针。因江境云梯关迤东，有大沙一道，自西向东，接涨甚远，暗伏海中。恐东风过旺，船行落西，是以针头必须偏东一个字。避过暗沙，再换正针。此沙径东北积为沙埂，舟人呼为沙头山。若船行过于偏东，一直上北，便见高丽诸山。故将至大沙时，仍须偏西，始能对成山一带也。

第四段，行过鹰游门对出之洋面，往北即山东日照县界，山东水师南洋汛所辖。又北，至文登县之铁槎山，一名北槎山。自佘山至此，始见岛屿。又北，至文登县之马头嘴，入东洋汛界，经由苏山岛靖海卫及荣成县之石岛养鱼池。石岛居民稠密，可泊。惟岛门东南向，春时乘风，易入难出。自鹰游门至石岛，约六百余里。大泽中，虽舵工以针盘定方向，犹须常用水托。水托者，以铅为坠，用绳系之，探水取则也。每五尺为一托。查十洴开船试水，自十托至二十托上下。行过佘山试水，均在三十托上下。顺风二日余，均系黑水。再试至十托上下，即知船到大沙洋面。行过大沙，试水渐深，至五十托上下。视水绿色，则系山东洋面。顺风再一日试水，二十托上下，水仍绿色。遥望北槎及石岛一带，山头隐隐可见。再行半日，即至石岛洋面。此商船赴北一定针路也。

第五段，自石岛至俚岛洋面，约一百六十里。俚岛至成山洋面，约一百四十里。俱荣成县地，为南北扼要之所，可泊。水绿色，针盘仍用子午，略偏东。从成山转头改针，向西略北，入北洋汛界。至文登县之刘公岛，约一百余里。又西至威海卫，一百余里。又西至福山县之之罘岛，一百余里。又北至蓬莱县庙岛，二百余里。以上自石岛起，至庙岛止，约共九百余里。之罘岛西北一带有暗礁，船行偏东以避之。又庙岛之东，有长山头浅滩，宜避。试水在十五六托至二十托不等。船至庙岛，以东南风为大顺。计东省洋面，共一百零五岛，中有二十五岛最为海道要地，而庙岛尤大，可以停泊。

第六段，自庙岛过掖县小石岛，即入直隶天津海口，约九百里，针对大西偏北，沿途试水在十四五托。再试水至六托上下，水黄色，水底软泥，即可抛锚，候潮进口。约计天津海口逆流挽纤一百八十里，即抵天津东关外。

以上海运水程，自吴淞口出十滧东向大洋，至佘山北向铁槎山，历成山西转之罘岛，稍北抵天津，总计水程四千余里。

伏查我朝自康熙年间开海禁以来，商舶往还关东、天津等处，习以为常。凡驾驶之技，趋向之方，靡不渐推渐准，愈久愈精。是海运虽属试行，海船实所习惯。而春夏之时，东南风多，行走尤为顺利。

臣谨就见闻所及，胪陈大概，伏祈皇上圣鉴。谨奏。

道光六年二月初三日上海由驿具奏。二月二十一日奉到朱批："所奏均悉。图留览。"钦此。（《陶云汀先生奏疏》卷十三）

议覆海运事宜折子（江督、漕督会稿。附片一件）

奏为遵旨议覆海运未尽事宜，仰祈圣鉴事。

窃臣等承准军机大臣字寄："道光七年九月十一日钦奉上谕：'据穆彰阿奏海运章程八条，朕详加披阅。如各州县津贴既从减省，其征收民间漕粮不得借口增益，应由江督等随时参惩。米数既多雇用民船拨运，胥役等难保无勒掯需索情事，亦令江省按照市价，计日给费，严禁胥吏刁难克扣。此次雇募沙船水手人等，应由江省查明。或于运脚内拨出若干，或于到津收买余米内每石划出若干，作为水手赏项，或谕该商等加给身工，总令一律踊跃。其兑米时，按船全数给与耗米。咨明直省，将来天津收米时，除有事故以耗米抵补无存，查询属实外，如商船耗米无故短少，即严追惩办。其纤夫，应由江省按每米一石津贴纤费若干，给与沙船，自行雇募。若土棍把持抬价，访拿严惩。船到最多之时，剥运不及，酌分拨船载至北仓暂卸，轮转起运。俟沙船全数起竣，再将北仓暂贮之米陆续起运。总令一律运通完竣，方为毕事。民船既可少雇，囤费仍不多糜。所有米石，既于沙船起卸时，由经纪等眼〔跟〕同。斛兑剥船，应由仓场侍郎转饬坐粮厅，责令经纪等承运承交。如稍推诿，即行惩革。其剥船运脚，应由直督转饬地方官，全数核给水脚。如有掺和、盗卖、潮湿、短少，官剥将船户严惩，民剥亦一并治罪，仍令按数赔补。沙船挽至上园，起米完竣，必须挖土压载，方能出口。应由直督饬地方官预拨官地准挖。若地棍把持，严拿究办。所奏均属可行。着详查妥议办理。穆彰阿折并着抄寄阅看。'等因。钦此。"当经钦遵〔饬〕行，据各司道会议详覆前来。

臣等伏查，上年苏、松、常、镇、太仓四府一州漕粮，试行海运，仰荷宸谟指示，中外协心，得以悉臻平稳。兹因不得已复行海运，曷敢谓成效已著，稍存大意？诚如圣谕，必须在南不致以津贴病官，以征收扰民；在北不致以刁难累商，以剥运伤米。庶于去弊存利之道，有所裨益。前经臣等将上届章程有应变通之处，公同参酌，开列条款，具奏在案。尚书穆彰阿，上届曾蒙钦派验米大臣，会同仓场侍郎，经心调度，船商人等同声感激皇恩。故此次具揽受雇，倍形踊跃。今穆彰阿将身所涉历、确有见闻者，揭要具陈。所称："筹经费，则为民商留其有余；慎剥运，则为仓储杜其流弊。"准情酌理，纤悉咸周，洵属切中利弊之言，足补前议章程所未逮。

臣等公同查核，除原奏内"海运米石到津后，毋庸露囤"，以及"剥船运脚，毋庸预扣三成"二款，应由直隶督臣查办外，如各商船运米应给水脚等项及一切经费，除天津、通州两处用款按照上届章程应动漕项银两凑拨济用外，其余在南用款，若再全用漕项，实多不敷。且现挑吴淞江，已预将节省漕粮籴价动拨，为办理农田水利之用，则海运经费，势不能不仍由各州县将向来办漕贴费，照旧支用。然较之河运年分，节省已多。岂容浮取病民？况苏省征收漕粮，自上年奏奉谕旨，严行整顿，业已禁绝格外加收。臣等仍当随时查察，如有不肖官吏借端浮勒，定即严惩参办，决不稍事姑容。至州县运米前赴上海，雇用民间剥船，本系按照市价，计日给发，毋许胥役人等封捉克扣。现复饬行司、道，出示严禁，有犯必惩。

又，商船承运官粮，在船户，得有水脚余米，已属极优。而水手人等，雇价无多，远涉风涛，亦应一体调剂。臣陶澍业已饬行司道议覆，俟上海设立总局后，令委员传谕各董事，公同酌定章程，由各船自行分给津贴，俾船商与柁工、水手两情相安。似可毋庸另行筹款，官为限制。其船商得受耗米，原以备盘量折耗，及到津补偿短缺之用，自应严禁私行折价，以杜短交。应俟兑米时，委员押令将耗米全数上船，方准开行。

又，商船到津，由海口挽至上园，需雇纤夫。现经议定，各州县于上海兑米时，每米一石，随给船户制钱四文，作为该船到津自行雇夫拉挽工价之用。一面咨明直隶省，严饬地方官，禁止纤夫抬价把持。自可毋虞延误。

至商船卸米后挖泥压载，臣等先已咨明直隶，由官酌量买地，立定界址，准各商船在界内挖取，以杜争竞。其地价，即在解北经费内支销。今若饬令地方官预拨官地若干亩，准令挖土，无须购买，自觉更为便捷。应由直隶省照议办理。

所有漕白米石自津运通，前议章程令经纪亲押交纳。米色如有潮杂，即惟经纪是问。惟闻上年运通漕米，因蠹役需索，间有掺水、霉变之事。现经御史吴敬恒条奏，奉谕一并妥议，查该经纪，自津至通，既需盘费，或因人数不敷，另雇亲信帮伙代为押运，尤须贴给工食等项，未便令其借口滋弊。应由仓场侍郎、直隶总督就近查议，或即于随正解津余耗米石内酌量拨给若干，俾办公得资宽裕。

以上各条，有臣等已经议奏者，自宜复加详核，斟酌损益，饬令实力奉行。其未经议及者，遵即次第举办，务期在南、在北两无窒碍，以副圣主利运惠民至意。臣等往返酌议，意见相同。谨合词恭折覆奏，伏乞皇上圣鉴训示。谨奏。

道光七年十月初七日具奏。十一月初三日准督院咨会，于十月二十九日奉到朱批："另有旨。"钦此。

又，同日奉到道光七年十月十七日内阁奉上谕："蒋攸铦等奏遵旨议覆海运事宜一折。各商船运米，应给水脚等项及一切经费，除天津、通州用款按照上届章程，应动漕项银两凑拨济用外，其在南经费，仍由各州县将向来办漕贴费照旧支用。如有不肖官吏借端浮勒，着即严参惩办，毋稍姑容。州县运米前赴上海，雇用民间剥船，着按照市价计日给发，毋许胥役人等封捉克扣。并着出示严禁，有犯必惩。其水手人等，着各船自行分给津贴，俾船商与舵工、水手相安，毋庸官为限制。其船商得受耗米，原以备盘量折耗及到津补偿短绌之用，着严禁私行折价，以杜短交。兑米时，务令将耗米全数上船，方准开行。其商船到津，由海口挽至上园，需雇纤夫，现经该督等议定，各州县于兑米时每米一石给船户制钱四文，作为该船到津雇夫工价。并着直隶严饬地方官，禁止纤夫抬价把持，毋许延误。其商船卸米挖土压载，着直隶地方官预拨官地若干亩，准令挖土。如有地棍把持情事，立即严拿究办。其自津运通，令经纪亲押一节，前已降旨，仍由直隶派委员介，分拨押运，实力巡查，毋许经纪等讹索滋弊。总期在南不致以津贴病官，以征收扰民；在北不致以刁难累商，以剥运伤米。方为妥善。"钦此。（旋因河道渐通，经两江总督蒋奏明，停止海运。）

再，臣等承准军机大臣字寄钦奉上谕："据那彦成奏称，江苏白粮一项，米质鲜嫩，海洋风信靡常，若贮船时久，恐易发变，不若仍由河运，较为妥便，等语。此项白粮，能否仍由河运，着熟商妥议，据实具奏。"等因。钦此。当即钦遵饬据该司道会议详请核奏前来。

臣等伏思，直隶督臣所奏白粮河运，系为慎重起见。仰蒙谕令熟商妥议，自应详加筹酌，未敢稍有草率。

查苏、松、常、镇、太四府一州漕粮，既归海运，各州县剥赴上海交兑，应归一例。若将白粮改由河运，又须于本境水次交兑帮丁，恐难兼顾。且苏属漕船，来年均系停歇，若将白粮船只另行提出修造起运，自粮道以至卫帮一切造费及行月苫盖等项勾稽文册、支领银款，均须分别办理，而各州县于漕、白二粮一切文案，亦须划分，事极烦碎。又验米为粮道专责，苏松粮道必须亲驻上海。若白粮不亲加查验，殊不足以昭郑重。如令专管白粮，则一百五六十万之全漕俱在上海，该道又鞭长莫及。虽米数无多，原可派令江淮各帮船洒带，然漕船均在长江及江北一带停泊。苏、松各州县，既以剥船运送漕米，南赴上海，又剥送白粮，北出大江。彼时雨雪载途，南北各数百里，实恐照应难周，转致或有损伤。再四筹维，实多窒碍。

白粮为天庾正供，倍宜慎重。

臣等亦知远涉溟洋，风色原难预必。惟春间北运，究系东南风多，米贮海船为日不致过久。即或偶有阻延，在河运之时，亦所时有，又非止海船独形濡滞。溯查上届海运，系尽先装袋运至海口，选择坚固宽大沙船首先运送，及早抵津，尚无霉变伤损之事。明岁新漕本议一运完竣，现在具揽船数足敷装运，所有白粮于来年二月内尽先兑开，其时正值东南风，当令扬帆北上，可期迅速抵津，不致在途耽搁。即可无须改由河运，致多周折。

臣讷尔经额，职司漕运，盘验米色，慎重收藏，稽察督押河运，本系专责。未敢以海运事不涉手，诿卸仔肩。惟州县兑米，既难分交粮道，验米又不克兼顾，改由河运，难免窒碍。且江苏现定章程，白粮于来年二月内尽先兑开，不致在船久贮。则同归海运，似可无蒸变之虞。臣等往返筹商，意见相同。

所有苏省白粮请仍归海运缘由，谨合词附片覆奏，伏乞圣鉴。谨奏。

道光七年十月初七日附奏。十月二十九日奉到朱批："知道了。"钦此。
（《陶云汀先生奏疏》卷二十）

筹议盐务大概情形折子

奏为遵旨筹议，据实覆奏，仰祈圣鉴事。

窃臣于道光十年九月二十六日，承准军机大臣字寄九月十八日奉上谕："据蒋攸铦等奏，审明投首效力枭犯黄玉林，复图贩私，已明降谕旨，将该犯即行正法。并将蒋攸铦等，交部分别严加议处矣。盐枭黄玉林，前此因蒋攸铦等奏请，准令投首，原系权宜办法。屡经降旨询问蒋攸铦等，令查明该犯投首后是否安静。兹果不出朕所料，因无利可图，即复萌故智。该犯如此居心狡诈，反覆无常，若复量从末减，无以伸国法而惩刁顽，是以谕令将该犯即行正法。但两淮盐枭充斥，黄玉林占据老虎颈马头历有年所，声势已重，党羽必多。从前曾有人密奏，地方官恐查拿激变，相率容隐，不肯惩办。此时业将该犯明正典刑，其伍步云等八名，于黄玉林复图贩私是否知情同谋，现在曾否拿获收禁，应如何按律惩办，并此外陆续准令投首各犯是否安静，将来如何防范，不令滋生事端之处，着陶澍从长计议，妥为办理，据实具奏。该督于此事，务当计出万全，使奸徒知所儆畏，盐务日有起色。倘办理不善，或致激成事端，惟该督是问。将此谕令知之。"钦此。仰见圣主惩奸戢暴即寓杜渐防微之意，跪诵之下，钦服莫名。

伏查黄玉林反覆无常，自外生成。臣于接奉谕旨后，即派委因公来浦之萧南同知陆楷，驰赴徐州，会同该府潘榞，于九月二十八日遵旨将该犯即行正法讫。远近匪徒，莫不闻风儆惕。其随同投首之伍步云等八名，业经臣蒋攸铦委员由扬州提至江宁省城，全行收禁，委藩司督府审办。该犯等于黄玉林复图贩私是否知情同谋，现在札催严讯。仍俟臣回署亲提，督审明确，按律定拟，另行奏办。

至老虎颈，地隶仪征，本名老河影，俗讹今称。仪征为〔淮〕南监掣捆盐之场，兼系泊船马头。役夫猬集，舟航栉比，常时不下十数万众。肩摩踵接之下，难免纳污藏垢，私盐船只杂出其中．其代为雇觅、掩藏，抽分微利者，谓之"外代"，黄玉林其一种也。尚有回侉各匪，与之争占马头，其实皆无食之游民，聚则为枭，散则为良，比之盗贼，则有间矣。黄玉林私踞马头，与回侉为敌，商伙、商厮多与往还，故其名较著。伍步云等而外，党羽无多。自前六月内，该犯引缉私枭李玉良等十二名、大小船十一只之后，复将高宝等处私窝开单禀知运司拿获，多名盐枭已与之为仇。八月内，又经伍步云等侦获蒋本明等一起，其势益散。其前此黄玉林开报之四百余人，经县查明，多系往来小贸及水手、脚夫之类，希图得领缉私工食而来，本不尽贩私投首之人。既未收留，多已散去。其稍有生业者，编入保甲，较易稽查，实俱安静。即前办理黄玉林一案，经蒋攸铦将该犯解往徐州候旨，经过江北程站，正系仪征接壤，不但无中途夺犯之事，且并未见一人出而探望，是其党羽无多可知。

然臣之所虑，不在丁枭徒之冒法贩私，而在于小民之情迫食私。盐价太贵，则食私者众，而枭徒有不胜诛者矣。且贩私者，不尽在枭徒，商厮、商伙与运盐之江船夹带实甚。商力疲乏，彼方借夹带以补成本之不足，是官商亦私。私愈多，而引盐益滞而不行矣，数月以来，仪征运盐亦少。现交冬令，若再不称掣行运，则此捆盐之夫役数万人，何从得食？此尤可虑之最大者。寤寐思维，一时尚无善策。

至于缉捕之事，本系地方文武分所当然，功令森严，不难整饬。而经营布置，亦间须随时损益。现在黄玉林既经惩办，即回侉各匪，亦俱四散奔逃。而利之所在，已散者难保其不来。兼私枭多系以船为家，大江辽阔，稽察难周。老虎颈尤为扼要之区，必须设官带兵弹压。查有高资营都司，额设巡船，有兵数百名。本系内河水师，并无分防水陆汛地，可以移驻。其余丹徒、江都，亦有扼要之处，须兵弹缉。统容臣逐细筹议，另折具奏。

所有现办大概情形，谨先恭折覆奏，伏乞皇上圣鉴。谨奏。

道光十年十月初四日具奏。本年十月三十日奉到朱批："另有旨。"钦此。

道光十年十月二十四日准军机大臣字寄两江总督陶澍："道光十年十月十六日奉上谕：'陶澍奏遵旨将盐枭黄玉林正法，并筹办大概情形一折。黄玉林一犯，业经正法。其随同投首之伍步云等八名，于黄玉林复图贩私是否知情同谋，必应严行根究。该犯等现已提至江宁省城收禁，委员审办。着该督于回署后，亲提各犯，审讯明确，按律定拟具奏。至老虎颈，地隶仪征，为淮南监掣捆盐之场，兼系泊船马头。据该督奏，该处舟航栉比，时有私盐船只杂出其中。其代为雇觅、掩藏，抽分微利，谓之外代。黄玉林之外，尚有回侉各匪在彼争占。等语。此等匪徒，现在虽因惩办黄玉林后四散逃走，而利之所在，已散者难保其不来，不可不实力查拿，以净根株。该处情形，据奏不在枭徒之冒法贩私，而在小民之情迫食私。且贩私者不尽在枭徒，而商廝、商伙与运盐之江船夹带实甚。现交冬令，若再不称掣行运，则此捆盐之夫役数万人何从得食？尤应筹度善策，妥为经理。陶澍身任两江总督，兼辖盐务，责无旁贷。于该处私枭，应解散者即当设法解散，应缉拿者即当饬属缉拿，总使私枭敛戢，盐务日有起色，方为不负委任。至老虎颈及丹徒、江都扼要之区，应如何移驻官兵弹压之处，着该督酌量情形，详细筹议具奏。将此谕令知之。'钦此。"（《陶云汀先生奏疏》卷二十九）

会筹两淮盐务大概情形折子（钦差会稿）

奏为会筹两淮盐务大概情形，仰祈圣鉴事。

窃臣王鼎、臣宝兴，奉命前赴江南，会同臣陶澍，查办淮鹾课归场灶之法。临行时，仰蒙圣诲谆谆，谕以"坚持定见，细心筹议"。跪聆之下，曷胜钦感。当即带同司员，由天津而南。途次连奉廷寄，接到嵩孚、钟灵、恒榮，并臣陶澍缕陈盐务各折。又有人条陈淮盐疲敝，宜立章程，及部奏，并梁中靖各折。于十一月十一日行抵江宁省城，会同臣陶澍，连日筹议。

两淮鹾务凋敝败坏，至今日已成决裂之势。盖库贮垫占全空，欠解京外各饷为数甚巨。历年虚报奏销，总商假公济私，遮饰弥缝，商人纳课不前，日甚一日。现在，每卯竟无课饷上库，紧急应发之银，虽欲挪垫亦无款可挪。且口岸滞销，商运裹足。间有领运，无非借官行私，弊端百出。现届庚寅年终，尚未开纲。即己丑一纲，行销尚不及十分之七。约计两年销不足一纲之盐。灶户以盐为生，商不收盐，势不能禁灶户之透漏，而私贩由此益甚。透私既甚，则运销益滞，官引多被私占。而劣商与商伙、商斯，下至装盐之江船、捆盐之夫役，莫不耽耽咀嚼，节节把持。即有殷商，率多畏避，实亦无计招徕。通纲情形，全属涣散，已等于停运、停销。当此山穷水尽，不可收拾，实非补偏救弊所能转机。

臣陶澍有兼辖盐务之责，正在万难措手。臣王鼎、臣宝兴，衔命来江，访悉情形，倍深感悚。仰见我皇上聪明天亶，此等情形早已洞烛于数年之前，并蒙指示穷变通久之方，毋许畏难苟安。臣等敢不凛遵圣谕，虚心公酌，核实会办。惟事关改辙更张，章程未立，头绪繁多。各场灶地方，远在海州、通州、泰州，必须履勘情形，方能得有把握。臣王鼎、臣宝兴，已委令司员张澧中等，同臣陶澍所委各员，一同分往各处，周履查看，熟商妥筹，俾无格碍而期经久。俟酌定章程，再行详细会奏。至续奉廷寄各件，容臣等逐一分款确查，另行办理。

所有会办淮鹾大概情形，臣等谨先缮折具奏，伏乞皇上圣鉴。谨奏。

再，盐务议改章程，发端之始，必须得人而理。即如灶户，散在各场，煎盐草荡，公私交杂，清厘不严，即起争端。且水旱难齐，或以灾歉借词抗课。其淮南二十场，均系煎盐，有灶可查；淮北三场，盐以晒成，随地可扫。税重，则私扫必多；税轻，则侵灌淮南。而销盐路远之区，间虞缺乏，非建仓不可。向来捆盐、盘坝，夫役繁众，世代相沿，衣食于此。一旦失业，无赖必多，一切查勘弹压，非循分供职之员所能胜任。其余条目尚多，必须得人经理。容俟臣陶澍逐细遴委。

惟现议舍旧从新，正当前后交涉之际，得人尤亟。兼两淮库项弊端百出，非得熟悉底里之员，无从厘剔。查有降调道员王凤生，前蒙特旨署理两淮盐运使，旋因办理私贩失宜，奉旨降四级调用，例应赴部候选。现在新运使杨振麟到任需时，现署运司色卜星额甫经到任，一切套搭款目，遽难透澈。该员王凤生，在任八月，于稽查款目较为熟谙。仰恳天恩，将该员暂留江苏，委办场灶事件，以便就近传问核查。

臣等谨附片请旨，伏乞训示。谨奏。

道光十年十一月二十四日由驿具奏。十二月初十日奉到朱批："另有旨。"钦此。

同日奉到道光十年十二月初二日奉上谕："王鼎等奏请暂留降调道员，委办事件，等语。着照所请。王凤生准其暂留江苏，委办场灶事件，就近传问核查。将此谕令知之。"钦此。（《陶云汀先生奏疏》卷三）

覆奏条陈盐务请仍守成法折子

奏为遵旨核议盐务条陈各件，通盘筹画，恭折覆奏，仰祈圣鉴事。

窃臣节次承准军机大臣字寄，钦奉谕旨，将侍讲学士顾莼《奏请课归场灶》、光禄寺卿梁中靖《请就场收税》各一折，饬交臣悉心筹画，核议具奏。又前后递到，太仆寺少卿卓秉恬《请仿照王守仁赣关立厂抽税》一折，江西巡抚吴光悦《请撤商归灶，征其课税》一折，均奉旨交臣，与湖广、江苏、江西、湖北、安徽、河南各督、抚，悉心妥议具奏，各等因。

臣查，诸臣所请变通盐法，其说不一，皆主于化枭为良，无官无私，立意诚为甚善。惟臣再四筹画，通盘合计，仍有未敢遽议更张者。两淮盐课甚重，三倍于江苏全省之钱粮，非通、泰、海一隅之场地所能归入。若征之于灶，则沿海穷民，家无长物，即谓"盐归丁卖，不患其贫"，而一池一锸，获利几何？岂能以数百万之巨款，散而责以完纳。若欲就场收税，则又弊窦易滋。盖盐之为物，与布帛、菽粟同功，而不同用。布帛、菽粟，随处所有，成本重而课税轻，然且不免于透漏。若盐，在场灶，每斤仅值制钱一二文，一经收税，则价随课长，争其利者必多。海滨广斥，民灶杂处。池以扫盐，凡有箕帚者皆可扫；锸以煎盐，凡有锅灶者亦可煎。将比户皆私，课税且因之而更绌。至于设厂抽税，或可小试于一隅。若行之于各省，则与就场设官征税之法，地不同而流弊同。缘各省道路，四通八达。凡盐所从入之地，安必处处皆有隘可守？绕越漏私，转恐比场灶为更甚。总之，无官无私，必须无课无税而后可。业经有税有课，即属有官有私。如谓一归场灶，一设盐厂，即可上裕国帑，而化枭为良。窃恐有所未能。

且此数说者，皆本于唐臣刘晏"听其所之"之一语，故诸臣皆以为化枭之良策。其实刘晏榷盐，即今商运之法。所谓"亭户枭"，商人是也。晏建常平盐仓数千，商运不至，则减价以枭。置巡院十三，以捕私盐，奸盗为之衰息。是晏恐远省缺盐及商灶漏私，已于"听其所之"之先，大有布置，并非仅听其所之而遂能化枭为良也。且晏当日系总天下之盐而榷之，故能听其所之，今则某省食某处之盐，各有口岸。若淮盐任其所之，必至南侵浙、闽，北侵芦、潞。两淮未收其利，而他省已受其害矣。倘因此遂改天下之盐法，尽归于场灶，则纷更愈甚，关系愈大。利权不操于上，必移于下，恐豪强兼并之徒得据为利，其患有甚于私枭者。是以上年冬间，臣与尚书王鼎等通盘筹酌，业将"课归场灶"及"就场收税"种种窒碍之处，详细声明，会同具奏在案。

至分地销盐，课归商办，原系国家成法。第因日久弊生，浮费愈增而愈多，钱粮亦愈加而愈重。即如每年应解之帑利七十余万，其借本早罄于前人。彼时鹾务犹堪敷衍，又有此一千余万之借本供其挥霍，是以中枵而仍能粉饰于外。今则各项竭蹶，无本可借，而转须为前人岁偿其利息。此外节省之款，又有四十余万两，亦系沿袭于昔年而加征于此日，以致负重难胜，沉痼从此而甚。臣于万难措手之时，力求补救。自接印以来，疏通积引，惩办私枭，现据湖广督臣函称：汉岸旧盐销完，新盐业已开秤。即粮船水手，素称强悍，而本年回空亦未敢仍前夹带。倘再能多办新引，似可望渐有转机。无如自三月开纲以来，始而章程初定，商情不无观望；继而被水成灾，场灶又多漫淹；加以商本乏竭，力能办运者不过十数家，设法支持，勉图接济。此等情形，总缘从前之受病太深，故此日之复原非易也。臣自维愚昧，实不敢谓计出万全。惟有殚精竭虑，认真督办，并札催运司，谕饬各商，乘此旺销之时设法赶运。俟本纲限满之后，倘能得有起色，则本朝二百年来之成法，即无庸另议更张。万一无可挽回，再行据实奏明，另行筹办。总期于鹾务实有裨益，断不敢稍存成见，亦不敢推诿卸责，致负圣主委任之至意。

所有臣通盘筹画盐务，悉心计议缘由，理合恭折具奏，伏乞皇上圣鉴。谨奏。

道光十一年十二月初八日具奏。十二年正月初五日奉到朱批："另有旨。"钦此。（《陶云汀先生奏疏》卷三十七）

推广淮北票盐折子

奏为淮北票盐试行有效，请将湖运留商十一州、县，推广办理，复还旧则征收，并酌订章程，以裕课便民，仰祈圣鉴事。

窃照淮北商运疲敝多年，课、食两悬，几成虚设。备极调剂之方，总无挽回之益。前经臣奏请改行票盐，于安徽、河南之滞岸二十一州、县，并江苏之食岸八州、县，及例不销引之海州、安东二州、县，先行招贩试运，给予印票运行，照旧额科则酌减三分之一，征银七钱二分，又盐价银六钱四分，办公各项经费银五钱二分。议定设局、设卡章程，并声明如果有效，再行推广办理。钦奉谕旨允行在案。其畅销之江运八州、县，湖运十一州、县仍留商运，原以改滞留畅，俾累去利存，即可渐培商力。

兹查票盐，自上年七月开局起至冬底截数，已请运过二十万三千一百余引，较原额溢运过半。而所留商运畅岸开纲两年之久，商人仅请运过十万五千余引，加以官运六万六千余引，亦尚未足商岸应运之额。现在截数奏销，即系以票贩溢运之数拨补造报。而商运引内，仍有借欠底马钱粮未完。是商人之积疲莫振，虽专留畅岸，尚不能勉力转输，断难望其转机。

查票盐自试行以来，海属积滞之盐贩运一空，穷苦场民借资苏活，即游手闲民亦得以转移执事。是以，上年海州灾务极重，而地方尚称安帖，实得票盐之济。其皖、豫各省，尚多缺盐之患。官文上下，络绎督催，商运仍然不前，甚至闭门逃避。百姓淡食，不得已而买食私盐，地方官亦不得已而佯为不知，督销有同具文。且盐价腾贵，每斤需钱六七十文。自票盐到境，盐价顿减，取携甚便，民情安之。从前私枭充斥，每因地方乏盐，得以乘虚而入。而晒扫各场民，亦因商不收买，盐无出路，不得已而偷漏于枭。其实场民一与枭接，即受其胁制，得不偿失。私枭虽多亡命之徒，内中亦有身家，铤而走险，原非所性。兹既转运流通，彼此无须偷漏，即可化枭为良，迥异从前之私充课绌。现在票盐之课溢于原额，淮北通纲之引俱已请运全竣。是票盐之利实足以下便民生，上裕国课，业已试行有效，自应钦遵前奉谕旨，即行推广办理。

饬据升署盐运使俞德渊会同总办委员邹锡淳核议，具详前来。除例由江运之安徽省桐城、舒城、无为、合肥、庐江、巢县、滁州、来安八州县，及例由高邮湖运之天长一县，俱与淮南引地错杂，未便招贩行票，致启浸灌，其原额八万一千六百二十引照旧由商认办，并随时察看情形，济以官运，保固淮南藩篱外，所有湖运畅岸，安徽省之寿州、定远、六安、霍山、霍邱，河南省之信阳、罗山、光州、光山、固始、商城十一州县，额运九万六千三百九十三引，并食盐融纲一万三千三百五十五引，请一律推广，照淮北滞岸章程招商贩运，改行票盐。

查上年所议课则较原额酌减，系因试行伊始，轻本以利招徕。旋因经费有余，拨还原额。今既试行有准，更可复还旧制。应照淮北原定科则，每引征正银一两五分一厘，其另征经费五钱二分，为倾镕、解费、设局、设卡、巡缉、委员薪水、书役纸饭及公费等项之用。上年既有节省，拨补正课，应将经费酌减一钱二分，每引征银四钱。前定盐价六钱四分，亦酌减四分。统计每引盐四百斤为一票，共征银二两五分一厘。此外不许丝毫增加，俾票贩易于运行，课项无虞短绌。如有多运，即以融代江运之不足，及未请残纲各积引，以弥全局。

惟思票贩章程，原议指定请运州、县填注票内，越境即以私论，系属保固商岸之意。兹商运既不敷额，而票贩所行各岸，有请至数万引者，亦有仅请百十引者，盐多既虑其滞销，盐少又虑其乏食，难免窒碍，自应量为变通。如票盐业已出卡，经委员加印验戳运行之后，因所指州县盐壅销滞，准其就所在地方呈明，转运他岸，通融售卖，但不得越出票盐四十二州、县之界外。倘或南侵淮南与江运各岸，北越潞东、长芦各引地，仍照枭私例治罪。

至场盐自海州内河溯流入黄，总须俟漕竣，双金闸放水，方能运行。若双金闸未开，盐河即无水可通。查海属之鸢游门、灌河口，均系滨海民船往来之所。盐本海产，一经纳课请票，已有稽查，但须于黄河之八滩等处择要设卡，盘验加戳。遇盐河无水时，即由此路海滩转尖入黄行走，俾内外河均有水可运，各岸可无缺盐之患矣。

其余未尽事宜，容臣督同运司暨委员随时查办。并分饬地方文武，严查地棍、匪徒，毋许阻挠，禁止丁书、兵役，毋许骚扰。使票贩益就招徕，淮北可期大有起色。

所有推广票盐，试行湖运各畅岸，并复还课额，酌订章程各缘由，谨缮折具奏，伏乞皇上圣鉴训示。谨奏。

道光十三年二月十二日具奏，三月初九日奉到朱批："另有旨。"钦此。

同日奉到二月二十五日内阁奉上谕："陶澍奏淮北票盐试行有效，请推广办理，并复还旧则，酌订章程一折。着户部速议具奏。"钦此。

道光十三年三月二十三日，准户部咨开内载户部谨奏："为遵旨速议具奏事。内阁抄出两江总督陶澍奏，淮北票盐试行有效，请推广办理，并酌订章程一折。道光十三年二月二十五日奉上谕：'陶澍奏淮北票盐试行有效，请推广办理，并复还旧则，酌订章程一折。着户部速议具奏。'钦此。钦遵于本月二十六日抄出到部。据该督奏称云云。臣等伏查，淮北盐务，向称疲敝。上年五月经两江总督臣陶澍奏准，将该处湖运纲盐滞岸及食盐各岸，试行票盐，酌议设局收税章程。每盐四百斤为一引，合盐价银六钱四分。每引按商运科则酌减三分之一，计银七钱二分。又倾镕、解费、设局、设卡、缉私经费，及委员薪水、书役纸饭等项，计银五钱二分。通计一引征银一两八钱八分。于板浦、中正、临兴三场适中之地，设局招徕，听民纳税请票，指地贩运。其安徽省江运各口岸，暨安徽、河南两省湖运畅岸，仍令旧商认办，统俟察看半年后，约计盈绌，以定销数。等因。在案。

"兹据该督奏称，票盐自上年七月开局起至冬底截数，请运过二十万三千一百余引，较原额溢运过半。而所留商运畅岸，商人仅请运过十万五千余引，加以官运六万余引，尚未足商岸应运之额，仍有借欠底马钱粮未完。是商人积疲莫振，虽专留畅岸，尚不能勉力转输。现在票盐之课溢于原额，淮北通纲之引俱已请运完竣，业经试行有效，应请推广办理。等语。查淮北留商湖运畅岸，自辛卯开纲迄今，已届两年，该商等仅运过十余万引，较之滞岸试行票盐半年以来已运过二十余万引，多寡大相悬殊，自未便任其引滞课悬。应如该督所请，将安徽省之寿州、定远、六安、霍山、霍邱，河南省之信阳、罗山、光州、光山、固始、商城等十一州县，额运正引并食盐融纲各引，一律推广招贩纳税，改行票盐。仍令将安徽省向由江运之桐城等八州县，及由高邮湖运之天长一县，留商认办，以固淮南藩篱。至上年酌定科则，每引征正银七钱二分，原系减轻成本，以利招徕，今既试行有效，自应复还旧则。仍照商运原额征正银一两五分一厘，所有上年酌减三分之一短征正课银两，即照该督所议，于经费节省项下照数拨还原额，以重课项。其经费及盐价两项，既据该督核算，均可节省。亦应如所奏，于原定经费五钱二分内，酌减银一钱二分；盐价银六钱四分内，酌减银四分。统计每引连正课共征银二两五分一厘，一体按引征收。如有额外多运之引，即以融代江运之不足，并弥补未请残纲积引，统于奏销时分晰划清造报，毋任含混。再，票盐指地贩运，原以保固商岸，今商运既不足额，票贩各口岸自应量予变通。如所指之地，盐壅销滞，准其于出卡之后，就所在地方呈明，转运他岸售卖。惟该督原定章程，系于民贩纳税请票时，即按指销州、县，于票内注明道里远近，立限到岸，缴票行销。今既准其转运他岸，则道里程限不同，其应作何查验防范，以杜侵占偷漏之处，应令该督酌核妥办。倘有越界行销者，即以私枭例治罪。至海州引盐出场，向俟六七月间双金闸启放，趁水赶行，冬春闭闸，盐河即行停运。今该督请由莺游门、灌河口，转尖入黄行走，固系为票贩趱运起见。但该处俱系滨海地方，向来不通贩运，是否可以听票贩盐船出入，臣部难以悬议，应令该督妥为筹画办理。至现在变通票盐章程，必须毫无窒碍，方可行之久远。应仍令该督随时体察情形，不使稍滋流弊，庶于鹾务实有裨益。

"所有臣等遵旨速议缘由，理合恭折具奏。是否有当，伏乞皇上圣鉴。谨奏。道光十三年二月三十日奏，本日奉旨：'依议。'钦此。"（《陶云汀先生奏疏》卷四十六）

会奏查议银贵钱贱除弊便民事宜折子

奏为遵旨体察银钱贵贱情形，酌筹便民除弊事宜，恭折复奏，仰祈圣鉴事。

窃臣等承准军机大臣字寄，钦奉上谕："据给事中孙兰枝奏，江、浙两省钱贱银昂，商民交困，并胪陈受弊、除弊各款一折。着陶澍等悉心筹议，体察情形，务当力除积弊，平价便民，不得视为具文，致有名无实。原折着钞给阅看。"等因。钦此。当即恭录转行江苏藩、臬各司，分别移行确查妥议去后。兹据江宁藩司赵盛奎、苏州藩司陈銮、臬司额腾伊，体察情形，会议详覆前来。

臣等伏查，给事中孙兰枝所奏："地丁、漕粮、盐课、关税及民间买卖，皆因钱贱银昂，致商民交困。"自系确有所见。因而议及禁私铸，收小钱，定洋钱之价，期于扫除积弊，阜裕财源。惟是银钱贵在流通，而各处情形不同，时价亦非一定，若不详加体察，欲使银价骤平，诚恐法有难行，转滋窒碍。即如洋钱一项，江苏商贾辐辏，行使最多，民间每洋钱一枚大概可作漕平纹银七钱三分，当价昂之时，并有作至七钱六七分以上者。夫以色低平短之洋钱，而其价浮于足纹之上，诚为轻重倒置。该给事中奏称："以内地足色纹银，尽变为外洋低色银钱。"洵属见远之论。无如闾阎市肆久已通行，长落听其自然，恬不为怪。一旦勒令平价，则凡生意营运之人，先以贵价收入洋钱者，皆令以贱价出之，每洋钱一枚折耗百数十文，合计千枚即折耗百数十千文，恐民间生计因而日绌，非穷蹙停闭，即抗阻不行，仍属于公无裨。且有佣趁工人，积至累月经年，始将工资易得洋钱数枚，存贮待用，一旦价值亏折，贫民见小，尤恐情有难堪。臣等询诸年老商民，金谓："百年以前，洋钱尚未盛行，则抑价可也，即厉禁亦可也。自粤贩愈通愈广，民间用洋钱之处转比用银为多，其势断难骤遏。"盖民情图省图便，寻常交接，应用银一两者，易而用洋钱一枚，自觉节省，而且毋须弹兑，又便取携，是以不胫而走，价虽浮而人乐用。此系实在情形。

或云："欲抑洋钱，莫如官局先铸银钱，每一枚以纹银五钱为准，轮廓肉好，悉照制钱之式，一面用清文铸其局名，一面用汉文铸道光通宝四字，暂将官局铜钱停卯改铸此钱，其经费比铸铜钱省至十倍。先于兵饷搭放，使民间流通使用，即照纹银时价兑换，而藩库之耗羡杂款，亦准以此上兑。计银钱两枚即合纹银一两，与耗银倾成小锞者不甚参差，库中收放，并无失体。盖推广制钱之式以为银钱，期于便民利用，并非仿洋钱而为之也。且洋钱一枚，即抑价亦系六钱五分，如局铸银钱重只五钱，比之洋钱更为节省。初行之时洋钱并不必禁，俟试行数月，察看民间乐用此钱，再为斟酌定制。似此逐渐改移，不致遽形亏折。"等语。臣等察听此言，似属有理。然钱法攸关，理宜上出圣裁，非臣下所敢轻议。故商民虽有此论，臣等不敢据以请行。

惟自洋钱通用以来，内地之纹银日耗。此时抑价固多窒碍，究宜设法以截其流，只得于听从民便中稍示限制。嗣后商民日用洋钱，其易钱多寡之数，虽不必为官定价，致涉纷更，而成色之高低，戥平之轻重，应令悉照纹银为准，不得以色低平短之洋钱反浮于足银之上。如此，则洋钱与纹银价值尚不至过于轩轾，而其捶烂剪碎者尤不敢辗转流行，或亦截流之一道也。

至原奏称："鸦片烟由洋进口，潜易内地纹银。"此尤大弊之源，较之以洋钱易纹银，其害愈烈。盖洋钱虽有折耗，尚不至成色全亏，而鸦片以土易银，直可谓之谋财害命。如该给事中所奏，每年出洋银数百万两。积而计之，尚可问乎？臣等查江南地本繁华，贩卖买食鸦片烟之人原皆不少，节经严切查拿，随案惩办，近日并无私种罂粟花作浆熬膏之人。盖罂粟之产于地，非旦夕可成，因新例有私种罂粟即将田地入官之条，若奸民在地上种植，难瞒往来耳目。一经告发究办，财产两空。故此法一立，即可杜绝。且以两害相较，即使内地有人私种，其所卖之银仍在内地，究与出洋者有间。无如莠民之嗜好愈结愈深，以臣所闻，内地之所谓葵浆等种者，不甚行销，而必以来自外洋方为适口。故自鸦片盛行之后，外洋并不必以洋钱易纹银，而直以此物为奇货，甚为厉于国计民生，尤堪发指。臣等随时认真访查，力拿严惩。诚恐流毒既深，此拿彼窜，或于大海外洋即已勾串各处奸商，分路潜销，以致未能净尽，又密饬沿海关津营县，于洋船未经进口之前，严加巡逻，务绝其源；再于进口之时，实力稽查夹带，如有偷漏纵越，或经别处发觉，即将牟利之奸商、得规之兵役，一并追究，加倍重惩。以期令在必行，法无虚立，庶可杜根株而除大害。

至纹银出洋，自应申明例禁。查《户部则例》内载："洋商将银两私运夷船出洋者，照例治罪。"等语。而《刑部律例》内，只有黄金、铜、铁、铜钱出洋治罪之条，并无银两出洋作何治罪明文，恐无以儆奸商之志。近年以来，银价之贵，州县最受其亏，而银商因缘为奸，每于钱粮紧迫之时，倍抬高价。州县亏空之由，与盐商之积疲，关税之短绌，均未必不由于此。要皆偷漏出洋之弊，有以致之也。如蒙敕部明定例禁，颁发通行，有以纹银出洋者，执法严办。庶奸商亦知儆畏，不敢公然透越矣。

又该给事中原奏"私铸宜清其源"一条。查苏省宝苏局鼓铸钱文，道光六年至九年，因银贵钱贱，先后奏准停铸。嗣于道光十年起复行开炉，每年额铸七卯，照依部颁钱样如式鼓铸。开卯之时，俱经该局监督率同协理委员，常川驻局稽查。每届收卯，由藩、臬两司亲往查验，所铸钱文均属坚实纯净，并无克扣羼和及于正卯之外另铸小钱情弊。惟奸民私铸小钱，最为钱法之害，久经严行查禁，而私贩一层，尚难保其必无。臣等通饬各属，随时随处密访严查，一经拿获，即行从重究治。如有地保朋比，胥役分肥，并即按律惩办。第铺户留匿小钱，亦所不免。若委员挨户搜索，诚如该给事中所奏："非特势所不行，抑且遂其讹诈骚扰之习。"查苏省嘉庆十四、二十二等年，均经奉旨设局收缴小钱，官为给价，每小钱一斤给制钱六十文，铅钱一斤给制钱二十文，历经遵办在案。该给事中所奏："令各铺户将小钱缴局。"原系申明旧例。惟收缴必以斤计，则凡不及一斤者，未必不私自行使。伏查定例，各省铸钱，每一文重一钱二分，计每千文重七斤八两。今收小钱一斤例给价六十文，约计以小钱二文抵大钱一文。其收铅钱一斤例给价二十文，约计以铅钱三文抵大钱一文。如照此数宣诸令甲，令民间随时收买，仍俟收有成数，捶碎缴官，照例给价，则市上卖物之人必不许买物者以一小钱抵一大钱。彼私铸者原冀以小换大，以一抵一，方可牟利。迨见小钱与大钱价值迥殊，莫可羼混，则本利俱亏，虽至愚不肯犯法为之。加以查拿严密，自可渐期净尽。其宽永钱虽有羼使，尚不甚多，消除较易。自当随时查禁，不应稍有混淆。

臣等谨就见闻所及，斟酌筹议，是否有当，恭候圣裁。谨合词缮折覆奏，伏祈皇上圣鉴。谨奏。（《奏疏题本补遗》）

贺长龄

筹议海运巡防各事宜折

奏为筹议海运巡防事宜，恭折仰祈圣鉴事。

窃奉谕旨："江苏省来年新漕，除江宁、扬州、淮安、徐州、通州、海州等四府二州照旧各归本帮兑收转运外，其苏州、松江、常州、镇江、太仓等四府一州，仍雇用海船运赴天津，一切海运事宜，除成案可循外，此内如须量为变通，着漕运总督、直隶总督、山东巡抚、江苏巡抚通盘筹画定议，俟奏到再降谕旨。等因。钦此。"遵查上年南粮由海运行，经过东省洋面，巡防护送，具有成规，办理均无贻误。来午海运到东，其旧章之可循者，自应仍循其旧，有必须变通者，亦应参酌尽善，以期办理益臻周妥。除移行遵照外，所有现在查办及临时应行变通各条，敬为我皇上陈之。

一、在途商船应催令回南受兑也。查南漕十月开征，自必赶为一运赴津，而江浙商船多已于春夏之间，揽载放洋，归期莫必。现在筹办海运，在途船户无由得悉，若任到处逗遛，或再装运客货前往别省，设江苏存船不敷，即致有误运兑，自应预为筹画。臣已饬沿海州县，各于所辖口岸多贴告示，剀切晓谕，并令不时亲往稽查。如有南回船只，即令赶紧南驶。其自南省来者，应赴何处卸载，亦即饬令迅速前往，卸竣即回，俾免以米待船。

一、最要岛屿应令该管将官亲督弹压也。查南粮经由东省洋面，凡可寄锚收泊者二十五处，惟荣成之石岛、俚岛，文登之威海，福山之之罘，蓬莱之庙岛，大概总须收泊，而庙岛孤悬海外，距岸将及百里，巡防尤为紧要。江南之沙船，舵水尚属安静守分，其浙江之蜑船、三不像船，水手人等率皆强悍不驯，不受弁兵约束，每致登岸滋事，居民深受其累。臣前在江苏藩司任内，即所深悉。来年海运届期，应令各该管将官常川赴岛督查，借资弹压。仍先咨会江苏，预为晓谕，如敢在途生事，即由所在官员照例严惩，俾知警惧。

一、陆路委员应行酌减以免派扰也。查东省登州一带向无驲站，多派委员，即须多用夫马，难免不派之里下，致开索扰之端。查沿海炮台礅卡，均有该管文武督率兵役巡防，再派佐杂数员帮同稽查，即已周密，应毋庸另议总巡，徒烦供帐。其派出之佐杂，亦不得多取夫马，以免扰及闾阎。

一、收入津口船数日期应统归直省奏报也。查东省洋面，南自鹰游门为入境，北至直隶大沽河为出境。其实自天津南江沙以南二百四十里，已为天津镇水师所辖，而南船自吴淞江出口，须避五道大沙，均越过鹰游门交界，径由东大洋行驶，乘风破浪，昼夜不息，非如内河按站驻泊可比。其入出东境日期，势难逐船分晰，东省自应即就收岛船数稽查奏报。上届派员设拨于天津海口，查探船数，及至报到，总在天津镇，具奏之后，转涉虚文，此次应行裁减，以节糜费而归核实。

一、收岛船只应相风催令开行也。查江省原议相风开行，应听耆舵之便，固属慎重之意，但漕粮攸关正供，亦未便在洋久滞。经过沿海口岸，若竟漫不加察，舵水借口风信，任意逗遛，甚或娼赌滋事，均所不免。上年稽查虽密，不无耽延，来岁漕船收泊，应令巡岛员弁随到随即验明船号，察看风色顺利，即令开行，不得稍有留难，更不容舵水故意延宕附近海口。如有窝娼窝赌之徒，责成地方官预为查拿，随时严禁，以靖地方而速漕运。

以上各条，臣与署藩司钟祥悉心筹酌定议，是否有当，谨缕晰奏陈，伏祈皇上圣鉴训示。再，此外有无应行通变之处，现饬登莱道查议，容俟另行奏办，合并陈明。谨奏。

奉朱批："另有旨。钦此。"又于"陆路委员应行酌减"句奉朱批："甚是。"钦此。又承准军机大臣字寄，奉上谕："贺长龄奏筹议海运巡防事宜一折。前据蒋等奏，来年新漕请仍由海运，当经降旨，将江苏省苏州、松江、常州、镇江、太仓四府一州，新漕准其仍雇海船运赴天津，一切事宜如需量为变通，着各该督抚筹议具奏。兹据该护抚将现在查办及临时应行变通各章程逐条覆奏，所称在途商船应催令回南受兑一节，南漕十月开征应赶为一运赴津，商船于春夏间揽载放洋，归期莫必，若不先行晓示，恐致误运，着即饬沿海州县，各于所辖口岸多贴告示晓谕，并不时亲往稽查，如有南回船只，即令赶紧南驶。其自南省驶来者，即饬迅速前往，卸竣回南，以备兑运。其最要岛屿，应令该管将官亲督弹压一节，南粮经由东省洋面可寄锚收泊者二十五处，其庙岛孤悬海外，巡防尤为紧要，江南沙船舵水尚属安静。浙江蜑船、三不像船，水手人等率皆强悍不驯，每致登岸滋事，届时着饬各该管将官常川赴岛督查弹压，仍先咨会江苏预为晓谕，如敢在途生事，即由所在官员照例严行惩办。其陆路委员应行酌减一节，所奏甚是，沿海炮台墩卡，均有该管文武督率兵役巡防，再派佐杂数员帮同稽查，果能实力巡查，已属周密，若另设总巡，徒烦供帐，致扰闾阎。着即照议酌减，至派出之佐杂各员，亦毋许多取夫马，以免扰累。其收入津口船数日期，应归直隶奏报一节，南船自吴淞江出口，须避五道大沙，均越过鹰游门交界，径由东大洋行驶，其入出东境日期，势难逐船分晰，着即就收岛船数稽查奏报。若该省派员设拨于天津海口，查探船数具报，较天津镇奏报转迟，着即裁减以节糜费。其收岛船只应相风催令开行一节，漕粮正供攸关，未便在洋久滞，若听舵水借口风信任意逗遛，不免耽延，着饬巡岛员弁，随到随即验明船号，察看风色顺利，即令开行，毋得稍有留难，并毋许舵水故意延宕其附近口岸。如有窝赌滋事之徒，责成地方官查拿，随时严禁。该护抚惟当认真经理，严饬各员弁实力稽查，俾船行迅速，粮运无误，是为至要，将此谕令知之。"钦此。(《耐庵奏议存稿》卷二)

覆奏钱票有利无弊折

奏为钱票有利无弊，遵旨恭折缕陈，仰祈圣鉴事。

窃臣接阅邸钞，奉上谕："宝兴奏近年银价日昂，由于奸商所书钱票注写外兑字样，辗转磨兑，并无现钱，请严禁各钱铺不准支吾磨兑，总以现钱交易，以防流弊等语。着步军统领衙门、顺天府五城会议具奏，并直省各督抚妥议章程，奏明办理。"钦此。臣惟政在便民，道崇简易，钱之有票，犹银之有票，盖以运实于虚，方能流转无滞，而虚不废实，仍有现钱可资，非如楮币之即以纸为钱，不能课实也。原奏谓辗转磨兑，并无现钱，臣以为非无钱也，盖缘交易之时，不必即有用钱之事，遂以票兑换而去耳。如果需用甚切，即安能以空纸当实钱？小民虽愚，谋利则智，不待法令之程督也。且今日之银票，其每岁所会兑，盖数倍于钱票矣，而银乃日贵，更何得以钱贱之故，归咎钱票乎？

就臣愚见，钱票不独无弊也，兼有数利焉：钱质繁重，难以致远，有票而运载之费可省，并得交易远方，其便一也；钱有良恶之异，为数又易混淆，今但以票为凭，并可不必拣钱，不必过数，省去许多烦扰，其便二也；且也一票随身，既无宵小盗窃之虞，又免船水沉溺之失，其利殆不可胜计。臣尝考之前史，钱票盖亦便国，不仅便民也。唐宪宗时令商贾至京师，委钱诸路进奏院及诸军诸使富家，而以轻装趋四方，合券乃取之，号曰"飞钱"。宋太祖时令商旅投牒三司，乃输钱于左藏库，而以诸州钱给之，后因制为便钱，务所谓合券者，盖即今之会票，商既便于取携，官亦借省赍运，国民两利，莫善于此。明臣邱濬《大学衍义补》按语，谓今世亦可行之，但恐奉行者给受有停滞之弊，出入有减换之弊耳。臣以为唐宋上下通行，实有裨于国计，今若禁民兑会，何以顺乎人情？应请一仍其旧，于计为便。缘奉敕议，谨就管见所及，据实直陈，是否有当，伏祈皇上圣鉴训示。谨奏。

奉朱批："依议。"钦此。（《耐庵奏议存稿》卷四）

覆魏制府询海运书

海运之事，其所利者有三：国计也，民生也，海商也；所不利之人有三：海关税侩也，天津仓胥也，屯弁运丁也；而此三者之人，所挟海为难，使人不敢行者亦有三：曰风涛也，盗贼也，霉湿也；所离海为难，使人不能行者亦有三：曰商船雇价也，仓胥勒索也，漕丁安置也。必洞悉夫海之情形与人之情伪，且权衡时势之缓急，而后知无难行、无不可行且不得不行。某自二月中旬蒙示廷寄命筹海运以来，宵旦讨论，寝食筹度，征之属吏，质之滨洋人士，诹之海客畸民，众难解驳，愈推愈审，万举万全，更无疑义，敢以贡之大人执事。

元代创行海运，十年而道三变，明王宗沐亦以海道不熟，失风鸳游门而罢。今则海禁大开百三十余年，辽海东吴若咫尺，朝洋暮岛如内地，则道不待访也。元初造平底海船六十艘，运四万六十石，其后船岁增造，费且无算。今上海沙船及浙江蜑船、三不像船并天津卫船，自千石以至三千石者，不下二千号，皆坚完可用。通算每船载米千余石，一运即可二百余万石，两运而全漕可毕，若止运苏松常镇之粮，更绰有余裕，则船不待造也。元初以开河卫军及水手数万供海运，并招海盗以长其群，若今江浙船商，皆上海崇明等处土著富民，出入重洋无由侵漏，每岁关货往来，曾无估客监载，从未欺爽。何况漕粮各效子来之忱，无烦监运之吏，则丁不别募也。本年二月始议海运，其时公私津贴已给旗丁，不能不出于勤帑，明年海运，即以旗丁领项，移为沙船雇值，则费不别筹也。

　　或谓其不可行者，则曰盗贼。不知海盗皆闽浙南洋水深多岛易以出没，船锐底深谓之鸟船，北洋水浅多礁，非船平底熟沙线者不能行，故南洋之盗不敢越吴松而北，今南洋尚无盗贼，何况北洋？此无可疑一矣。或又谓其不可行，则曰风涛。不知大洋风飚率在秋冬，若春夏东南风，有顺利无暴险，商贾以财为命，既不难蹈不测出万全，岂有海若效灵，独厚于商船而险于粮舶？且遭风搁浅，斫桅松舱，即秋冬亦仅千百之一二，何况春夏？其无可疑又一矣。或又谓其不可行者，则曰霉湿。夫运河经数月抵通，积久蒸热米或黯坏，而沙船抵津则不过旬日，若谓盐风易霉变，盐水易潮湿，则最畏盐风宜莫如茉莉珠兰柔脆之花，见水立胀者宜莫如豆麦，皆岁由沙船载之而北，运之而南，盐风盐水不坏花豆而独坏米，庸有是理？盖北洋风寒，非似南洋风暖，而海船舱底有夹板，舷旁有水槽，其下有水孔，水从槽入即从孔出，舱中从无潮湿，此无可疑又一矣。

　　然使运道畅通，粮艘无阻，固可不行，今则运河淤塞日深，清口倒灌已甚，河身淤垫已高，舍海由河万难飞渡，此不可不行者也。然使太仓充裕，陈陈相因，尚可不行，今则辇毂仰食孔亟，天庾正供有常，一岁停运，势所难支，此不可不行者也。然使别有他策，舍水可陆，亦可不行，今则驳运之弊公私骚然，国病于费帑，漕病于耗粮，官病于督催，丁病于易舟卸载，民病于派车派船，舍逸即劳，利害相万，此不可不行者也。国家建都西北，仰给东南，唯资咽喉一线，岂惟河梗可虑，抑亦人事难齐。忠国者贵未雨绸缪之防，远识者存别开旁门之论，机会适逢，发端自上，因熟乘便，天人金同。

　　夫集事固在于谋，而成事必在于断。此时切要关键，以两言蔽之曰：上海、天津两地，得其人则能行，不得其人则不能行。海船南载于吴淞，而北卸于天津，两地为出口入口之总汇，实海运成始成终之枢要。苟上海关不得其人，则船数可以多报少，商情可使乐转畏，雇值可使省反昂。天津收兑不得其人，则米之干净者可潮湿，石之赢余者可不足，船之回空者可延滞。盖上海牙行以货税为庄佃，天津仓胥以运丁为奇货，海运行则关必免税、丁不交米，两处之利薮皆空，岂肯甘心？故创议之始出，全力以显难之者，必上海关之人。既行之后，阴挠之使弃前功畏再试者，必天津通仓之人也。此外尚有屯弁、运军，亦以行海废漕为不利。然此时弁丁即欲运而不能，将来河道通行，即漕运复旧，而暂停一年，尚有漕项银米可以安置，不致十分为难。即天津通仓亦属既行以后之事，虑尚可缓。且原奏有临时别简大臣驻津弹压稽察之议，自可无虑。

惟海关系总雇沙船之地，首宜核实，即如二月间委员查勘，据税牙朦混之，询以关石大于漕石一倍有半者，变为仅倍以一两四钱之为六三串，折实漕石银三钱六厘者，变为每石实银七钱，较民间时价不止加倍，故今议海运，不询之商船而询之上海关，所谓欲为千金之裘而与狐谋其皮也。使当时照定时价动帑无多，际此南风司令，江浙漕米业已抵津矣。辱承垂询，义无缄默。其中条件尚多輵辖，统俟议定录状呈览，伏望随时疏示，不宣。（《耐庵文存》卷六）

汤　鹏

尚变

浮邱子曰：事有积之已久则弊，而守之以固则枯；坏之已甚则匮，而处之以暗则愚。振之以大声疾呼则訾其激，而荒之以流心佚志则厚其羞；料之以深识早计则嫌其噪，而亟之以颓光倒景则郁其忧。无以，则尚变乎！

孔子曰："齐一变，至于鲁。鲁一变，至于道。"孟子曰："由今之道，无变今之俗，虽与之天下，不能一朝居也。"荀子曰："国乱而治之者，非案乱而治之之谓也，去乱而被之以治。人污而修之者，非案污而修之之谓也，去污而易之以修。"董子曰："琴瑟不调，甚者必改而更张之，乃可鼓也。为政而不行，甚者必变而更化之，乃可理也。"是故君子不能毋尚变。

尚变云何？尔乃君毋过尊而自比于天地之大，毋当其以天地为号焉，自一态。及其隐而自伤，乃不天地之规摹焉，又一态也。而降其礼数使不屙，遏其丰采使不露，融其意指使不猎，揉其心气使不突，是为变神圣其君、骄恣闪铄之概，而愔愔乎其和平之。

尔乃臣毋过庳而下同于犬马之贱，毋当其以犬马为使焉，自一情。及其起而相责，乃不犬马之功用焉，又一情也。而优其体统使不亵，耸其骨干使不刓，作其廉耻使不垢，恤其劳苦使不困，是为变徒隶其臣、指为咳唾之概，而觥觥乎其光大之。

尔乃大臣毋席尊荣以僈小臣，毋小其职掌，乃并其聪慧气力而一例小之也。而苟有疑难必以询，苟有愆尤必以补，苟有辨论必以察，苟有教迪必以受，是为变掩跨小臣、蹲夷踞肆之概，而抑抑乎其孙让之。

尔乃小臣毋畏谴何以媚大臣，毋大其爵秩，乃并其神理骨干而一例大之也。而苟有麾斥必以折，苟有欺饰必以发，苟有材虑必以告，苟有节目必以详，是为变从谀大臣、便嬛绰约之概，而岳岳乎其挺持之。

尔乃礼天地山川上下神祇〔祇〕，毋饰其恭而怀其侮也。而上有日星云物之变，则震动骇汗而生悔过之心；下有旱潦兵戈之惨，则痛哭流涕而降罪己之诏；言不贵苟讳，行不贵苟迁，我不贵苟胜，物不贵苟訾：是为变纵志罢体、偃蹇自得之概，而战战乎其夙夜祇懔之。

尔乃鉴上下古今善败得丧，毋涉其故而忘其新也。而上思尧、舜相传之圣，则怵惕中夜，而守危微之言；下思汉、唐自立之贤，则慷慨大廷，而破因循之习；事不贵苟袭，理不贵苟歧，效不贵苟得，力不贵苟休：是为变刿心塞虑、愦眊弗理之概，而扃扃乎其聪明警戒之。

尔乃金枝玉叶，毋安坐而享饱暖之福也。而教之稼穑以勤其男，教之纺绩以勤其女；勤然后有养，有养然后国以不贫。是为变不耕而食、不织而衣之概，而汲汲乎时其力作，以劳苦蓄积之。

尔乃印累绶若，毋非分而贻名器之辱也。而教之《诗》《书》以习其义，教之《礼》《乐》以习其文；习然后有觉，有觉然后人以不贱。是为变手不识编、目不识丁之概，而斌斌乎置之儒流以尔雅深厚之。

尔乃国故毋有所枝离禁忌，而不以告人也。而是则与天下臣民共其趣向，非则与天下臣民共其愧墨，功则与天下臣民共其欢忻，过则与天下臣民共其惩创。是为变上下相疑、大小相鬼之概，而章章乎其光明洞白之。

尔乃民情毋有所增饰隐闭，而不以上闻也。而良则使九重深拱生其豫说，莠则使九重深拱生其咨嗟，慕则使九重深拱生其冲和，怨则使九重深拱生其恐惶。是为变视听不详、血脉不属之概，而缀缀乎其切循把握之。

尔乃子爱黎元，毋口惠而实不至，毋实不至而自夸其口惠也。而唯仁心足以载其仁闻，勿以大君而干百姓之誉；唯仁政足以载其仁心，勿以末流而愧三代之行。是为变发言施政、短修曲倚之概，而款款乎其挚行之。

尔乃品第人物，毋貌取而心不与，毋心不与而自智其貌取也。而唯骨气足以树其躯干，勿以和同而钓一时之说；唯理道足以树其骨气，勿以错谬而受千秋之讥。是为变辨材授官、剽察捷得之概，而祗祗〔祗祗〕乎其固存之。

尔乃大道毋限以人，苟得其人，毋限以分也。而曹司末秩不走势焰，而能辨德、力、王、霸者，我则时其顾问以周详；山林小民不慕闻达，而能料天人阴阳者，我则时其搜采以储用。是为变所见不离左右侍从、所闻不离寻常琐屑之概，而恢恢乎其开广之。

尔乃公器毋假以人，苟非其人，毋假以事也。而韦布无称，不历数年而猥予以高官厚糈者，我则诚其积羞以败名；文莫差可，不核躬行而猥望以丰功骏烈者，我则诚其据危以偾事。是为变求材不量精粗美魗、求治不量浅深缓亟之概，而沉沉乎其从容之。

尔乃公辅毋自其岁月资格为之也。而练而后精者，群材也，非材桀也；迩而后信者，群彦也，非彦圣也。则曷不拔材桀于壮盛之年，血腴而有以密其思，力果而有以胜其事；识彦圣于风尘之外，时来而有以长其群，权重而有以济其世乎？是为变舍朝气、用暮气之概，而硙硙乎及其筋信骨强以鼓舞之。

尔乃将帅毋自其宗藩世胄为之也。而亲而后许者，弱植也，非骏雄也；贵而后显者，小具也，非宿望也。则曷不起骏雄于草庐之中，静观而有以踔其识，熟筹而有以妥其计；收韬略于宿望之士，呼众而有以倡其义，决胜而有以成其能乎？是为变挟私道、废公道之概，而狠狠乎本其心倾节折以豁达之。

尔乃枢密宜选老成忠謇，以厚其德、直其义也。而君有长也，必善居之而不以骄；君有短也，必曲责之而不以愎；君有喜也，必豫防之而不以溺；君有怒也，必折衷之而不以横。是为变从意唯谨、屏气唯喘之概，而凛凛乎其克树立之。

尔乃封圻宜兼文武干济，以鸿其体、实其用也。而国有疑也，必智断之而不以悬；国有骤也，必裁定之而不以惊；国有匮也，必补葺之而不以留；国有耻也，必昭雪之而不以伏。是为变受任唯苟、举事唯琐之概，而蠹蠹乎其独英峙之。

尔乃谏议毋自其薄伎细故为之也。而格君心之非以观其诚，折奸雄之焰以伸其直，植天地之经以守其正，杜门户之私以示其大。是为变捃拾琐屑、觊觎非分之概，而振振乎其激卬之。

尔乃守令毋自其下流小夫为之也。而裁州郡之繁以并其权，引英俊之誉以重其选，积岁年之久以考其绩，辟三公之路以拔其尤。是为变奔奏微末、震慑上官之概，而偲偲乎其苏援之。

尔乃是非爱憎之指，毋不相首尾而乱其常也。而君子有正直之言，则敬其是，而訾议不作；小人有奸邪之术，则绌其非，而桡滑不成；君子有荐举之人，则致其爱，而许与不休；小人有倾轧之状，则止其憎，而猜忌不入。是为变眩惑名实，支离摧错之概，而分分乎其主宰之。

尔乃刑赏予夺之柄，毋不相维系而窒其用也。而君子有杖节死难之忠，则优其赏，而善良皆劝；小人有辱国殃民之诈，则正其刑，而奸匿皆惩；君子有出奇济变之智，则厚其予，而英俊皆往；小人有蓄疑败谋之蠹，则邀其夺，而媢谩皆逃。是为变迁就功罪、姑息妪煦之概，而严严乎其比属之。

尔乃轻重贵贱之等，毋封己见以成倒置也。而词华之选治其末，勿宠之以其异数，勿冠之以其绝伦，勿章之以其广誉，勿属之以其良图，所以障其末而罔有靡然从风者；苟无有靡然从风者，则何患材实之不充乎？政事之选治其本，勿频之以其唾斥，勿奢之以其迁转，勿枯之以其贫穷，勿迫之以其迟暮，所以劝其本而罔有嗒然丧志者；苟无有嗒然丧志者，则何患膂力之不刚乎？是为变有善不必录、有录不必善、有劳不必获、有获不必劳之概，而秩秩乎其知明处当以钧调之。

尔乃治忽安危之机，毋庆众志以得惨报也。而《诗》《礼》之士识其大，勿难之以其迂阔，勿郁之以其销沉，勿逐之以其鲠直，勿陷之以其疑似，所以惇其大而罔有恤身忘国者。苟无有恤身忘国者，则何患节义之不昌乎？耰锄之民识其小，勿贻之以其灾害，勿蒙之以其垢污，勿开之以其携贰，勿封之以其怨毒，所以驯其小而罔有干纪作乱者。苟无有干纪作乱者，则何患太平之不终乎？是为变可亲而勿亲、勿亲将成离，可畏而勿畏、勿畏将成梗之概，而肫肫乎其德厚信矼以护持之。

尔乃毋以黜济其贪，訾廉介之不可为也。而握柄藉者守其礼，勿以恐偈而来远道之苞苴；趣时会者杖其材，勿以请寄而通私门之贿赂。是为变市井其行、嗜利无耻之概，而滴滴乎其洗刷之。

尔乃毋以浮济其奢，刺俭啬之不可堪也。而拥高爵者顾其名，勿以靡文而倡朝野之风气；居下流者安其分，勿以厚资而拟公卿之豢养。是为变妇寺其骨、怀安无状之概，而恤恤乎其针灸之。

尔乃愚心愚目，毋议智桀而持短长也。而唱导天下所不晓者，必有根据，而不可谓之奥情；排击天下所不敢者，必有忧虑，而不可谓之狂焰；指挥天下所不能者，必有条理，而不可谓之空谈；补救天下所不顾者，必有功效，而不可谓之多事。是为变哓哓訾讪、暗于大较之概，而辇辇乎条其体用本末以聋〔聋〕服之。

尔乃小慧小能，毋耗心神而伤行检也。而夸阴阳谶纬以为秘者，必有凶事，而不可谓之如神；编淫词孊说以为工者，必有坏俗，而不可谓之作达；好博弈饮酒以为乐者，必有旷职，而不可谓之偶然；与商贾居奇以为中者，必有贼心，而不可谓之无他。是为变琐琐居游、不可教训之概，而翊翊乎剖其敬怠义欲以箴儆之。

尔乃孔、孟尚在人间，毋剽其貌而断其脉也。而上焉者修其典以风世，勿降虚礼而欺圣贤之灵爽；下焉者修其道以成名，勿造肤词而耀群愚之瞻听。是为变君臣上下不辨圣狂，草茅士子不明体用之概，而卓卓乎奉其可宗以尊行之。

尔乃佛老横行天下，毋沿其说而作其焰也。而智者勿读其书以致思，孰援怪诞而乱经常之大闲？愚者勿礼其祀以致虔，孰牵福祸而酿风俗之隐忧？是为变峨冠博带、群师邪说，里巷无知、群煽妖术之概，而断断乎斥其非类以驱除之。

尔乃科目毋徇文字，登进毋涉苟且也。而考其本末于伏处之年，必也惇孝弟而洗渫恶，杖忠信而振险诐，志皋、夔而薄游说，法周、孔而排异端；

及乎标其姓氏于朝绅之列，必也先经术而后词艺，先材干而后仪容，先德性而后名誉，先操履而后福泽。是为变士习浮华肤浅之概，而勉勉乎其切磋琢磨以底实之。

尔乃军旅毋溺宴安，训练毋循故常也。而校其短长于无事之秋，必也即整齐而卜临阵，即和辑而卜协力，即伎勇而卜胜敌，即忠义而卜卫国；及乎捍其危急于两军之交，必也戒轻发以知所向，策先入以示不懦，熄谣诼以止群哗，僇遁逃以坚众志。是为变军容巽懦柔滑之概，而轸轸乎其发强刚毅以倚赖之。

尔乃府史胥徒毋作鬼蜮于官曹也。而平居所以模范之，必也植风骨以塞骞污，精鉴照以豁愚盲，抑法令以崇体要，简文案以疏节目；及乎不得已而左右呼召之，必也塞诡使以清径窦，摈巧构以挫羽毛，释繁称以断葛藤，禁苛比以销荼毒。是为变狐鼠纵横、群飞刺天之概，而瑟瑟乎其屏营延仰之。

尔乃草窃奸宄毋藏窟宅于闾里也。而平居所以教敕之，必也正衣冠以除异服，倡文学以辟左道，毁淫词以苏蛊惑，驱游民以肃群从；及乎不可化而与我颉颃之，必也联乡井以便稽察，简兵勇以快翦除，斩渠魁以赦胁从，锄强暴以安善良。是为变稂莠披纷、群秽成林之概，而截截乎其芟夷蕴崇之。

尔乃粟米之产，毋委以地气而不广生，毋限以农工而不众作也。而收东南之赋入以藏东南，则留有余，留有余则民无病；兴西北之屯垦以实西北，则补不足，补不足则国无急。是为变蜚刍挽粟、千摇万兀之概，而由由乎其便宜之。

尔乃盐策之利，毋蔽以官守而苦约束，毋画以疆界而苦迂躇也。而散天下之盐以归之场，则必流通，必流通则枭无柄；计场灶之数以入之课，则易钩稽，易钩稽则利无蠹。是为变持筹握算、左支右吾之概，而穰穰乎其丰裕之。

尔乃沙塞侥莽，毋隶我版图以为大也。而捐不毛之土，以塞辽廓；远不教之人，以删粗飙；裁不职之员，以黜淫非；省不根之费，以收靡滥。是为变好广务荒、远近无稽之概，而总总乎其钩摄之。

尔乃海壖隘害，毋寄我黎庶以为众也。而罢孤悬之地，以省驾驭；迁痛哭之民，以资生活；障窥伺之便，以止冲突；息攻战之劳，以期安集。是为变茹苦衔辛、存亡无着之概，而谆谆乎其拊循之。

尔乃江村丰歉无常，毋倍其征以剥元气也。而申名田之限，以黜兼并；减不均之赋，以苏贫困；建非常之议，以振冤蹐；洗前朝之弊，以示更新。是为变数百年流离沉痼、鸠形鹄状之概，而诉诉乎其润泽丰美之。

尔乃关市去来无常，毋杂其索以成苛政也。而去重复之关，以利遄行；宽偷漏之禁，以厌小察；罢无名之税，以说商旅；拔不情之蠹，以警贪墨。是为变数千端狂吞虐取、虎目狼心之概，而惓惓乎其沐浴消息之。

於乎！此四十变者得，而乱如不塞，治如不兴，无是理也。《诗》曰："苪厥丰草，种之黄茂。"《书》曰："若颠木之有蘖薛。"循乎《诗》之言，丰草不去而不可以穑也，犹之乎弊政不变而不可以国也。循乎《书》之言，颠木虽甚而可以蘖也，犹之乎弊政虽甚而可以变也。噫！变之时义大矣哉！

是故可以毋变而变者，新进而噪者也。不可以毋变而不变者，老成而怯者也。闻变则骇者，无识而陋者也。稍变而留其半者，有志而懈者也。可变则变者，智也。不变不止者，勇也。变然后宜，宜然后利，利然后普者，仁也，义也。是故君子之所谓尚变，与卫鞅、王安石之所谓尚变，同乎？异乎？鞅不法其故以钻孝公，而秦之祸胎于鞅。安石立异于人以耸神宗，而宋之祸胎于安石。兹二子者，无开物成务之材，骋自用自专之焰，本计功谋利之蠹，蠚有国有家之脉，是恶知君子之四十变，有智、勇、仁、义以实其中乎哉？鞅云乎哉？安石云乎哉？（《浮邱子》卷五）

训吏上

浮邱子曰：天下之政曷弊乎？曰：弊于因意而用法，因法而用例，因例而用案。

天下之权曷归乎？曰：不归于君，不归于相，不归于有司百执事，而归于吏胥。天下之吏胥曷为而权是归乎？曰：用法则吏胥擅周内，用例则吏胥擅苛比，用案则吏胥擅强记。于是君臣上下逊谢弗如，不得不挈大权以予之。虽然，君臣上下曷为而不吏胥是若乎？曰：不能开诚布公，任德而不任法；不能旁搜远绍，考古而不考例；不能疏节阔目，随事而不随案。于是以瞀乱拘苦之胸，听转移高下于吏胥之手，而迄不知其所之。语曰："山霤至柔，石为之穿；蝎虫至弱，木为之弊。"於乎！吏胥之于政，何以异焉？

且夫天有昼，必有夜；地有肥，必有硗；人有君子，必有小人。其生也并世，其为也并力。此君子之所拊膺太息而无如何也。古者，小人之种类、之气数不一；今也，咸并于吏胥之途。古者，君子能治小人之性行、之智断不一；今也，咸短于治吏胥之术。途并，则好醜不可剖判；术短，则治忽亡与仔肩。此君子之所攘臂称首而不能已也。夫君子之所无如何，固君子之所不能已也。君子之所不能已，固不君子者之所苟焉以枝吾者也。

是故与吏胥表里作奸者，巧而有败者也。即毋与吏胥作奸，而官如木偶，吏胥如鼠狐，俾得文其奸以懵视听者，愚面无察者也。不善用吏胥，反为吏胥用者，悔而无及者也。即善用吏胥，此亦操纵出入之奇，而不能俾小人渐仁劘义、咸为君子者，美而有憾者也。是故君子有以处之，有以化之。

处之维何？曰：莫若官皆自领其事。昔陆慧晓为吏部郎，未尝与都令史语。帝曰："都令史谙悉旧贯，可共参怀。"慧晓曰："六十之年，不能咨都令史为吏部郎。"寇莱公为相，议择一人为马步军指挥使，吏以文籍进，公问："何？"对曰："例簿也。"公曰："朝廷欲用一衔官，尚须检例耶？安用我辈？"夫慧晓非不详旧贯也，黜令史以尊体统也。莱公非滥用衔官也，黜例簿以尊名器也。苟得郎如慧晓也，则令史如虎者举可唾也。苟得相如莱公也，则例簿如山者举可火也。孔子曰："小人不威不惩，小惩而大诫，此小人之福也。"此言有以处之也夫！

化之维何？曰：莫若通经为吏。昔汉武帝许下至郡太守卒、史，皆用通一艺以上者。元顺帝命左右二司、六部吏属，于午后讲习经史。夫武帝非不创制逾节也，而录卒、史者，文学之雅怀也。顺帝非不纲维解弛也，而命吏属者，训典之高义也。故通经不必为吏也。要之于上达以致用也。而为吏不可以不通经也，委之于末流而不污垢也。孔子曰："君子学道则爱人，小人学道则易使也。"此言有以化之也夫！

夫君子而不处之、化之，则吏胥之毒焉有纪极乎？江河日下，繄谁障之？鸥枭塞天，繄谁揥斥之？蒺藜在田，嘉禾无所措焉。泥在钧，金在熔，唯甄者、冶者之所作焉。是故官皆自领其事，则吏无智慧，无智慧则无揣摩，无揣摩则无舞弄，无舞弄则无突盗，无突盗则无破坏，无破坏则天下之元气实而患气塞。通经为吏，则吏有本根，有本根则有名检，有名检则有戒惧，有戒惧则有修能，有修能则有干济，有干济则天下之出于吏胥者皆人材，出于人材者皆儒术。诗曰："不僭不贼，鲜不为则。"於乎！是道也，其孰信乎？而孰当务之为亟矣乎？

是故天下之弊，莫不积于文恬武熙也，起于上无礼、下无学也。文恬武熙，于是官不自领其事，而吏以勤济其悍，以机警济其诈，以娄试辄验济其败。上无礼，下无学，于是通经为吏之脉断，而吏以陋饰其愚，以浅易饰其无他，以摇尾乞怜饰其贪鄙嗜利、无耻。诗曰："为鬼为蜮，则不可得。"於乎！是弊也，其孰挽乎？而孰击断昌明之矣乎？（《浮邱子》卷十）

训吏下

浮邱子曰：今天下咸知吏胥之为毒矣。知吏胥之为毒，则亟亟乎思其所以惩艾之。惩艾之而毒不已，则躬操吏胥之事，以间执吏胥之奸。於乎！此吏胥之奸所以更奇毒，所以更奇横也。宫室有穴，而鼠凭之，乃欲与鼠并据穴中，曰："夫如是而鼠不我凭。"是以鼠治鼠也，不亦蠢乎？衣裳在笥，而虫敝之，乃欲与虫并据笥中，曰："夫如是而虫不我敝。"是以虫治虫也，不亦褊乎？传曰："上有好者，下必有甚焉者矣。"

是故天子之尊，公辅封疆之所禀命也。公辅之尊，卿尹、曹司之所禀命也。封疆之尊，监司、守令之所禀命也。今自上下下，以簿书为智，以期会为信，以唯诺为礼，以苛比为义，是帅斯代斯人而操吏胥之事。於乎！以天子而操吏胥之事，于是公辅承其流，乃以公辅而操吏胥之事矣；封疆效其力，乃以封疆而操吏胥之事矣；以公辅而操吏胥之事，于是卿尹承其流，乃以卿尹而操吏胥之事矣；曹司效其力，乃以曹司而操吏胥之事矣。以封疆而操吏胥之事，于是监司承其流，乃以监司而操吏胥之事矣；守令效其力，乃以守令而操吏胥之事矣。於乎！士各有志，不可强也。

金在沙，而玉在泥，不可慁也。以千百人之操吏胥，则必有一人之不操吏胥者，以孤行其意；以一人之不操吏胥，则必有千百人之操吏胥者，以短其不然。

昔渔父谓屈原曰："举世混浊，何不随其流而扬其波？众人皆醉，何不餔其糟而啜其醨？"然而戒其和同，振其英特，纳其险艰，去其健羡，毋为物牵，毋与时移，毋为巨降，毋与末齐。牢之以握，厚之以酝，恬之以情，秩之以分，绅书其辞，镜理其形，类伤其目，义痛其心。窃尝流涕太息以评骘之曰：是屑屑者而若此乎？此其铺陈而复、骈旁而杂者，吏胥之文字已尔。此其补苴而漏、标举而夸者，吏胥之经济已尔。此其调通而合、曲折而入者，吏胥之聪明已尔。此其强执而狠、倒持而债者，吏胥之断制已尔。此其旁皇而恐、磨耗而冤者，吏胥之繁劳已尔。此其奋飞而捷、连娟而喜者，吏胥之亨通已尔。此其濡染而及、蔓延而生者，吏胥之风尚已尔。此其奖借而起、朋比而至者，吏胥之人材已尔。其在《小绵〔旻〕》之诗曰："国虽靡止，或圣或否。民虽靡膴，或哲或谋，或肃或艾。如彼泉流，无沦胥以败。"其在《荡》之诗曰："如蜩如螗，如沸如羹。小大近丧，人尚乎由行。"是岂不为君臣上下立之炯戒矣乎？

且夫日不知夜，月不知昼，日月为明而弗能兼，无损于其大也。目能视，手能操，而目不能代手，手不能代目，无损于其各也。今有天下国家之责者，咸不自事其事，而操吏胥之事；然而吏胥常胜，君臣上下常不胜。吏胥之心机计能，常出于君臣上下所绳尺之外，所意料之外。所绳尺之外，则增其伪；所意料之外，则遁其非：此吏胥所以常胜也。君臣上下之情故事实，不能毋在吏胥所掌记之中，所拟议之中。所掌记之中，则我常弃而彼常取；所拟议之中，则我常顿而彼常利：此君臣上下所以常不胜也。积常不胜之势以至于匮，而君臣上下之理日以微矣；席常胜之势，以至于目中不复知有君臣上下，而吏胥之奸满腹、毒满世矣。其在《抑》之诗曰："於乎小子！未知臧否。匪手携之，言示之事。匪面命之，言提其耳。"孰谓吏胥而不可以胜之矣乎？

胜之维何？曰：以吏胥之事还之吏胥，以君臣上下之事还之君臣上下。以大体为规摹，以小体为不足杖，以公道为脉落，以私道为不可行。游乎六艺，畅乎百家，我知其弗为吏胥之文字也矣；树乎社稷，孕乎民物，我知其弗为吏胥之经济也矣。察而不剽，中而不奇，我知其弗为吏胥之聪明也矣。愤而不沸，钼而不惨，我知其弗为吏胥之断制也矣。简而不漏，壹而不枯，我知其弗为吏胥之繁劳也矣。耸而不随，劲而不萎，我知其弗为吏胥之亨通也矣。入守典则，出振丰裁，我知其弗为吏胥之风尚也矣；上窥圣贤，次自贵爱，我知其弗为吏胥之人材也矣。兹八端者，乃吏胥所以簸弄君臣上下，而破其所挟持而不有之，出其所可为典刑而整齐变化之，于是君臣上下常胜，而吏胥常不胜。

夫吏胥之所以不胜，为其胜之以不吏胥之人也；胜之以不吏胥之人，为其君臣上下咸相为炯戒，以毋操吏胥之事也。昔柳彧见隋主勤于听受百僚奏请，多有烦碎，谏曰："陛下留心治道，无惮疲劳，乃至营造细小之事，出给轻微之物，一日之内，酬答百司。愿察臣言，少减烦碎，唯经国大计，非臣下所能裁断者，奏请详决。"此为臣下者戒其君上以毋操吏胥之事也。唐太宗谓房玄龄、杜如晦曰："公为宰相，当大开耳目，求访贤哲。比闻听受词讼，日不暇给，安能助朕求贤哉？"此为君上者戒其臣下以毋操吏胥之事也。曹参代萧何为相国，举事无所变更，一遵何约束。择郡国吏木讷于文辞、重厚长者，即召除为丞相史；吏之言文刻深、欲务声名者，辄斥去。此在上位者戒其群僚以毋操吏胥之事也。诸葛亮躬校簿书，主簿杨颙谏曰："为治有体，上下不可相侵。古称坐而论道，谓之三公；作而行之，谓之士大夫。丙吉不问死人，陈平不知钱谷，彼诚达于位分之体也。今公躬校簿书，流汗终日，不亦劳乎？"此在下位者戒其长官以毋操吏胥之事也。

大底相为炯戒也，则相为匡救也；相为匡救也，则相为荡除也；相为荡除也，则相为整理也；相为整理也，则相为扶养也；相为扶养也，则相为雍容也；相为雍容也，则相为绵亘也。是故善医疾者审脉、审方，善医国者审政、审人。今欲政其政、人其人，则亡过戒其君臣上下以毋操吏胥云尔。

是故臣下戒其君上，而君上不吏胥矣；君上不吏胥，然后吏胥不援君上以束缚人；不援君上以束缚人，然后吏胥之根株去。君上戒其臣下，而臣下不吏胥矣；臣下不吏胥，然后吏胥不援臣下以驱使人；不援臣下以驱使人，然后吏胥之枝叶去。上位戒其群僚，而群僚不吏胥矣；群僚不吏胥，然后吏胥不援群僚以刺�人；不援群僚以刺撢人，然后吏胥之机括去。下位戒其长官，而长官不吏胥矣；长官不吏胥，然后吏胥不援长官以恐愒人；不援长官以恐愒人，然后吏胥之气炎去。去吏胥之气炎，然后险心溢眦、不可抵当者亡有也。去吏胥之机括，然后诡文造端、不可测识者亡有也。去吏胥之枝叶，然后骈旁侧出、不可收拾者亡有也。去吏胥之根株，然后隐忌壅蔽、不可揣剔者亡有也。四者亡有，然后纲常振而政教明，阴阳和而风雨时也。其在《角弓》之诗曰："毋教猱升木，如涂涂附。君子有徽猷，小人与属。"允若兹，则吏胥何奸之能奇，而何毒之能横矣乎？是故以奸钼奸者墆，以正理奸者融；以毒沸毒者噪，以良约毒者驯。（《浮邱子》卷十）

林则徐

会奏查议银昂钱贱除弊便民事宜折

奏为遵旨体察银钱贵贱情形，酌筹便民除弊事宜，恭折覆奏，仰祈圣鉴事：

窃臣等承准军机大臣字寄："钦奉上谕：'据给事中孙兰枝奏，江、浙两省钱贱银昂，商民交困，并胪陈受弊除弊各款一折。着陶澍等悉心筹议，体察情形，务当力除积弊，平价便民，不得视为具文，致有名无实。原折着钞给阅看。'等因。钦此。"当即恭录，转行江苏藩臬各司，分别移行确查妥议去后。兹据江宁藩司赵盛奎、苏州藩司陈銮、臬司额腾伊体察情形，会议详覆前来。

臣等伏查给事中孙兰枝所奏："地丁、漕粮、盐课、关税及民间买卖，皆因钱贱银昂，以致商民交困。"自系确有所见。因而议及禁私铸，收小钱，定洋钱之价，期于扫除积弊，阜裕财源。惟是银钱贵在流通，而各处情形不同，时价亦非一定，若不详加体察，欲使银价骤平，诚恐法有难行，转滋窒碍。即如洋钱一项，江苏商贾辐辏，行使最多，民间每洋钱一枚大概可作漕平纹银七钱三分，当价昂之时，并有作至七钱六七分以上者。夫以色低平短之洋钱，而其价浮于足纹之上，诚为轻重倒置。该给事中奏称："以内地足色纹银，尽变为外洋低色银钱。"洵属见远之论。无如间阎市肆久已通行，长落听其自然，恬不为怪。一旦勒令平价，则凡生意营运之人，先以贵价收入洋钱者，皆令以贱价出之，每洋钱一枚折耗百数十文，合计千枚即折耗百数十千文，恐民间生计因而日绌，非穷蹙停闭，即抗阻不行，仍属于公无裨。且有佣趁工人，积至累月经年，始将工资易得洋钱数枚，存贮待用，一旦价值亏折，贫民见小，尤恐情有难堪。臣等询诸年老商民，佥谓：百年以前，洋钱尚未盛行，则抑价可也，即厉禁亦可也。自粤贩愈通愈广，民间用洋钱之处转比用银为多，其势断难骤遏。盖民情图省图便，寻常交接，应用银一两者，易而用洋钱一枚，自觉节省，而且毋须弹兑，又便取携，是以不胫而走，价虽浮而人乐用。此系实在情形。

或云：欲抑洋钱，莫如官局先铸银钱，每一枚以纹银五钱为准，轮廓肉好，悉照制钱之式，一面用清文铸其局名，一面用汉文铸"道光通宝"四字，暂将官局铜钱停卯，改铸此钱，其经费比铸铜钱省至什倍。先于兵饷搭放，使民间流通使用，即照纹银时价兑换，而藩库之耗羡杂款，亦准以此上兑。计银钱两枚即合纹银一两，与耗银倾成小锞者不甚参差，库中收放，并无失体。盖推广制钱之式以为银钱，期于便民利用，并非仿洋钱而为之也。且洋钱一枚，即抑价亦系六钱五分，如局铸银钱重只五钱，比之洋钱更为节省。初行之时，洋钱并不必禁，俟试行数月，察看民间乐用此钱，再为斟酌定制。似此逐渐改移，不致遽形亏折等语。臣等察听此言，似属有理，然钱法攸关，理宜上出圣裁，非臣下所敢轻议，故商民虽有此论，臣等不敢据以请行。

惟自洋钱通用以来，内地之纹银日耗，此时抑价固多窒碍，究宜设法以截其流，只得于听从民便之中稍示限制。嗣后商民日用洋钱，其易钱多寡之数，虽不必官为定价，致涉纷更，而成色之高低，戥平之轻重，应令悉照纹银为准，不得以色低平短之洋钱反浮于足纹之上。如此则洋钱与纹银价值尚不致过于轩轾，而其捶烂翦碎者尤不敢辗转流行，或亦截流之一道也。

至原奏称："鸦片烟由洋进口，潜易内地纹银。"此尤大弊之源，较之以洋钱易纹银，其害愈烈。盖洋钱虽有折耗，尚不至成色全亏，而鸦片以土易银，直可谓之谋财害命。如该给事中所奏，每年出洋银数百万两，积而计之，尚可问乎？臣等查江南地本繁华，贬〔贩〕卖买食鸦片烟之人原皆不少，节经严切查拿，随案惩办，近日并无私种罂粟花作浆熬膏之人。盖罂粟之产于地，非旦夕可成，因新例有私种罂粟即将田地入官之条，若奸民在地上种植，难瞒往来耳目，一经告发究办，财产两空，故此法一立，即可杜绝。且以两害相较，即使内地有人私种，其所卖之银仍在内地，究与出洋者有间。无如莠民之嗜好愈结愈深，以臣所闻，内地之所谓葵浆等种者，不甚行销，而必以来自外洋方为适口。故自鸦片盛行之后，外洋并不必以洋钱易纹银，而直以此物为奇货，其为厉于国计民生，尤堪发指。臣等随时认真访察，力拿严惩。诚恐流毒既深，此拿彼窜，或于大海外洋即已勾串各处奸商，分路潜销，以致未能净尽，又密饬沿海关津营县，于洋船未经进口之前，严加巡逻，务绝其源；再于进口之时，实力稽查夹带。如有偷漏纵越，或经别处发觉，即将牟利之奸商、得规之兵役，一并追究，加倍重惩，以期令在必行，法无虚立，庶可杜根株而除大害。

至纹银出洋，自应申明例禁。查户部则例内载："洋商将银两私运夷船出洋者，照例治罪。"等语。而刑部律例内，只有黄金、铜铁、铜钱出洋治罪之条，并无银两出洋作何治罪明文，恐无以儆奸商之志。近年以来，银价之贵，州县最受其亏，而银商因缘为奸，每于钱粮紧迫之时倍抬高价，州县亏空之由，与盐务之积疲，关税之短绌，均未必不由于此，要皆偷漏出洋之弊有以致之也。如蒙敕部明定例禁，颁发通行，有以纹银出洋者，执法严办，庶奸商亦知儆畏，不敢公然透越矣。

又该给事中原奏"私铸宜清其源"一条。查苏省宝苏局鼓铸钱文，道光六年至九年，因银贵钱贱，先后奏准停铸。嗣于道光十年起复行开炉，每年额铸七卯，照依部颁钱样如式鼓铸。开卯之时，俱经该局监督率同协理委员，常川驻局稽查。每届收卯，由藩臬两司亲往查验，所铸钱文均属坚实纯净，并无克扣掺和及于正卯之外另铸小钱情弊。惟奸民私铸小钱，最为钱法之害，久经严行查禁，而私贩一层尚难保其必无。臣等通饬各属，随时随处密访严查，一经拿获，即行从重究治。如有地保朋比，胥役分肥，并即按律惩办。第铺户留匿小钱，亦所不免，若委员挨户搜索，诚如该给事中所奏，"非特势所不行，抑且遂其讹诈骚扰之习"。查苏省嘉庆十四、二十二等年，均经奉旨设局收缴小钱，官为给价，每小钱一斤给制钱六十文，铅钱一斤给制钱二十文，历经遵办在案。该给事中所奏，"令各铺户将小钱缴局"，原系申明旧例。惟收缴必以斤计，则凡不及一斤者，未必不私自行使。伏查定例，各省铸钱，每一文重一钱二分，计每千文重七斤八两。今收小钱一斤例给价六十文，约计以小钱二文抵大钱一文；其收铅钱一斤例给价二十文，约计以铅钱三文抵大钱一文。如照此数宣诸令甲，令民间随时收买，仍俟收有成数，捶碎缴官，照例给价，则市上卖物之人必不许买物者以一小钱抵一大钱。彼私铸者原冀以小混大，以一抵一，方可牟利，迨见小钱与大钱价值迥殊，莫可掺混，则本利俱亏，虽至愚不肯犯法为之。加以查拿严密，自可渐期净尽。其宽永钱，虽有掺使，尚不甚多，消除较易，自当随时查禁，不应稍有混淆。

臣等谨就见闻所及，斟酌筹议。是否有当，恭候圣裁。谨合词缮折覆奏，伏祈皇上圣鉴。谨奏。（《林文忠公政书·江苏奏稿》卷一）

整顿鹾务折

奏为敬陈楚省鹾务设法整顿情形，恭折奏祈圣鉴事：

窃臣质本庸愚，盐务尤非所习，仰蒙圣慈委任，先经署理两江总督，旋复擢授湖广总督，于鹾政皆责无旁贷，不敢不加意讲求。因讲求而愈知筹办之难，因难办而益矢转移之力，其中曲折繁重情形，有非循常蹈故所能收其实效者，故必倍加整顿，不敢稍避怨嫌。现虽积弊渐除，犹恐久而生玩，谨将一切办法为我圣主缕陈之。

伏查两淮引额，除淮北二十九万六千九百八十二引不在湖广行销外，其淮南年额应销盐一百三十九万五千五百十引，内江苏、安徽、江西三省额销之数仅居四分有零，而湖广销额几及十分之六，以每引四百斤计之，每一万引即合盐四百万斤，积而至于七十七万九千九百余引之多，其为盐殆不可以数计，此湖广所以为淮南最重之口岸也。然楚民并不尽食淮盐，如湖北施南一府六县及宜昌府属之鹤峰、长乐二州县，均属例食川盐。湖南郴、桂二州属并衡州府属之酃县共十一州县，例食粤盐。是楚省境内本有川、粤引地，则凡犬牙相错之处，皆不能无影射透漏，正不独湖南永兴一县熬煎粤盐以灌淮界，久为粤省之所必争也。至应食淮盐之地，亦有离淮较远，例准借食邻盐者，如宜昌府属巴东等四州县之借食川盐，永州府属道州等五州县之借食粤盐，镇筸等处苗疆之借食川盐，皆经宣诸令甲，虽定例不许过十斤以上，但一人可买十斤，合众人计之，即不知凡几矣。

论者谓行盐之额定自国初，近来生齿日繁，何至岁销盐斤转不能如原定之数？此言殆未深考耳。查《两淮盐法志》载，国初淮南岁行纲盐只九十六万六百八十四引，迨后纲食递有加增，至嘉庆七年始符现在引数，是淮南现行额引比之国初原额，实多四十三万四千八百引有零。又国初每引运盐二百斤，至雍正年间定为每引三百四十四斤，嗣后累次加增，至道光十一年始以每引四百斤为定额，较之三百四十四斤为一引者，每七引溢出一引。以此科算，是湖广所销之盐，比前又暗加十余万引而不觉也。窃思原定盐额，每以民数为衡。近数年来湖北、湖南两省报部民数细册，约共五千万人有零，除例食邻盐之处，至少亦去十分之一，其应食淮盐者约有四千五百万人，以每人日食三钱，照例科算，是每引四百斤之盐，足供六十人终年之食，即以所报民数与应销引数互相比较，已恐有绌无赢。

且生齿既繁，则食盐之人固多，而卖盐之人尤多。民间生计维艰，故凡有盐利可图之处，贫民无不百计挑运，四出售私。其近川近粤近潞地方，与两淮场灶相距皆远，淮盐挽运到岸，自千余里至二三千里不等，而邻盐一蹴即至，成本既轻，卖价自贱，欲令民间舍近食远，舍贱食贵，本系极难之事。且以盐课较之，则邻省皆轻而淮纲独重。即如川盐每包一百三十五斤，在大宁、云阳等厂仅纳六分八厘一毫，即最重之犍为厂，每包亦只一钱三分四厘，若淮盐一百三十五斤即该纳银一两三四钱，比川课加重十数倍。又查潞盐每一百二十引为一名，完正杂课银一百两，若淮盐一百二十引即该纳银四百八十两，亦不啻倍蓰。虽粤盐课则臣未深知，而考其总数不逮淮课十分之二，其轻可知。夫以重课之盐而与邻界之轻课争售，即彼此同一官盐，亦必彼赢此缩。况又加以无课之私贩纷纷浸灌，其势之不能相敌，更不待言。

且不特此也，潞盐之行于陕西，有应从湖北郧阳府经过者，川盐之行于贵州，有应从湖南辰、沅等府经过者，以淮纲地界而为邻盐必由之路，虽欲禁其私卖，势必不能。唯因引地既定于前，若不保卫藩篱，则浸灌更无底止，是以嘉庆年间，中外臣工屡有奏请以郧阳改食潞盐，衡、永改食粤盐，辰、沅改食黔盐者，均经驳饬不准。是楚省边境名为淮界，而实不销淮盐之处又去十之一二。所恃以行销者，惟在腹地数郡耳。然自黄州以至武昌、汉阳，凡盐船经由停泊之处，其为夹带脚私所占者，久已习为故常；又商民各船由江、浙来楚，每有船户水手带盐私售，且近来淮北票盐盛行，更由安徽之英山、霍山与河南之光山、商城、罗山等县灌入黄州、德安、汉阳各处，故虽腹地数郡，亦愈见其难销。

更有一种棘手情形，则以商人完课买盐发给运脚，皆须用银，而市上盐斤无非卖钱。从前银价贱时，以千作两，照奏案梁盐每包价银三钱科算，不过卖钱三百文，近因银贵钱贱，三钱库银即合钱四百二三十文。纵使市上盐价较前有增，而以钱合银，实已暗减，岸商、水贩皆惟利是图，岂甘亏本，则招徕愈难。今试将高低之盐一律牵计，每引只算银十四两，湖广每年食盐按额即须银一千余万两，以钱计之则须一千五六百万千文，其为繁重，甲于各省。是运盐纳课虽在两淮，而输纳营运之赀大都出诸两楚，此臣所以夙夜筹思，而兢兢然惟恐贻误也。

臣自上年三月到任，因正二两月售盐稀少，亟筹设法疏销，凡所陈奏督属缉获各路私盐，及严禁铜铅船买带川私，与夫襄阳等处撤退邻境三十里内盐店，并衡、永一带责成道员督缉各事宜，幸俱仰蒙训示，并谕令四川、河南各督抚一体稽查，俾臣得以严饬各属加倍禀遵，认真堵拿。如宜昌一带为川私丛集之薮，则委候补道刘肇绅前往，督同宜昌府知府程家颐查拿，究出弁兵纵私分肥情弊，从严惩创。又襄阳府属，久被潞私侵占，绝无水贩运盐，臣亲至其地，相度机宜，责成安襄郧道杨以增改立章程，并将施南府知府金石声奏蒙恩准调任襄阳，该道府一同出力筹办，潞枭渐见敛退，水贩即源源运行。又衡州一带，亦久不销引，自臣亲到该处，饬拿私盐多起，并将卡座奏改游巡，责令衡永道张晋熙会同湖南盐道李裕堂督办，近日粤私差少；惟距武昌甚远，尚须随时察看。又黄州武穴一带，为盐船入楚停泊要口，船户水手与岸上奸贩串通，卖私日甚一日，臣派委试用知府但明伦驻札该处，凡有盐船入境，亲行催儹，并将水痕风色察验报明，如有水迹不符及无故逗遛，立即究办，闻船户奸贩皆惮其严。凡此远近印委各员，分饬筹办，仍责令湖北盐道于克襄督同汉岸总卡委员武昌府同知陈天泽，综司其成。此外各府州县皆有缉私疏引之责，虽楚省向例准其融计销数，而臣惟恐各属互相观望，会同抚臣周之琦饬令盐道于克襄，按月按季核计各州县销数，分别功过，先将短销之黄安县知县刘坤琳撤任查办，于是州县始知儆惧，竞思设法督销。又经该道于克襄捐资密遣亲丁分路缉私，尤多起获，是以统计上年两省所获私盐竟至一百余万斤之多。且获一斤之盐即提一斤之课，不特有裨库项，并向来捏报邀功、朦混搪塞诸弊，举无所施。此皆仰赖圣主洞烛无遗，允臣获私提课之奏，始得钦遵督办，感懔尤深。

臣又思盬务事宜仍须恩威并用，若一味严缉，恐窒碍亦多，故又剀切示谕绅民，晓以利害大意。以为每人每日食盐仅止三钱，所费不过一文，即官盐不如私盐之贱，而按日分计，所争亦仅毫厘，民间日用饮食何在不可节省，而独于必不能已之食盐计较毫厘贵贱，公然犯法食私，在绅衿应革功名，在平民应受满杖，明于利害者当不至若是之愚。且湖广钱漕最轻，比之江苏仅及数分之一，圣恩高厚，赋额永不加增，若于盐课正供尚相率而背官食私，天良安在？除既往姑宽免究外，嗣后责令绅衿大户以及乡团牌保，互禁食私，犯者公同送究。小民见此示谕，俱尚听从。又挑卖私盐之穷民，许其改悔，投充肩贩，由各处官盐子店给票挑赴四乡，卖完缴价。如此则肩贩各有生路，庶可化莠为良，而偏僻村庄皆有官盐挑到，不得借口食私，于销引似有裨益。

查向来民间匪类，大半出于盐枭，即如襄阳之捻匪、红胡，为害最甚，总因逼近豫省，以越贩潞私为事，遂至无恶不作。今自整饬盐务之后，襄阳绝无抢劫之案，并将隔省盗犯拿获多名，是所办者盐务，而其效即不止于盐务也。

又各处水贩在汉岸买盐，向给水程一纸，运到后须由地方官汇缴。臣恐胥役借端勒索，致水贩裹足不前，是以变通办理，俾省浮费，以示招徕。因事属细微，不敢琐屑入告，乃准两江总督臣陶澍移咨："钦奉上谕：'林则徐曾署两江总督，其于盬务转运交关之处，熟悉情形，现经酌定道里远近限期，由水贩交付盐行送局赍道，不准由州县催缴，可免需索留难，办理甚为合宜。'等因。"臣跪诵之余，益当钦遵妥办，水贩因此稍沾微利，颇见踊跃买盐。惟此县之水程转运别县售卖者，恐致漫无稽考，仍应令其送县呈查，此又随后续立之章程，与前议两不相悖者也。

又宜昌府属例食川盐之鹤峰、长乐二州县，历由两淮委员驻札万户沱地方，代川办运，原为保护淮界起见，而两淮盐政相距甚遥，倘有借官行私，无凭稽察。经臣咨商两江督臣陶澍，改为由楚省委员驻办，以便约束。并只许就近购运四川巫山县之大宁厂盐，已足以敷民食，不准远赴数千里之犍为县装运花盐，以致下侵荆州等处。接准陶澍咨覆，意见亦极相同。

又从前楚省历因襄阳、宜昌、衡州三处额引不销，陆续奏明官运商盐前往减价售卖，以敌邻私。此意未尝不善，而于利弊未能洞澈，不免似是而非，是以历办并无成效。盖淮盐成本重大，即减之又减，总不能贱于无课之私盐。若不认真缉私而欲以官盐冲其锋，是商本徒亏而邻私仍不能敌。且商人本为牟利，必抑价以亏其本，则商运愈不前而私盐愈充斥矣。况又访有一种奸贩，转买减价之贱盐以灌旺售之引地，是为借寇资盗，无异剜肉补疮。臣将此三处之盐一概不令抑价，以杜流弊。现在襄阳水贩运盐已多，宜昌亦已通贩，衡州则官盐业经运往，水贩尚未前来。只须随时察看情形，如水贩销路大畅，则官运固可无需。即有必须官为倡导之处，亦照时价发售，务令盐色纯净，秤足味佳，不宜抑勒减价，以致亏本滋弊。其扬商向因减价赔垫，立有三盐名目，按引捐贴，兹由臣咨明两淮严行裁汰，不任借口赔累，致碍鹾政。现闻扬商输课倍形踊跃，而楚岸售得价银，臣复不时催解赴扬，不任花销糜费。本届所报销数，有一引即解一引之银，务使针孔相符，胥归实在，不准如前之漫无凭证。

要之，销盐之畅滞，上之视乎天时，下之视乎地利，而人力总不可尽。臣窃恐无可操之券，而断不敢有未尽之心，唯赖圣慈福庇，长使年岁丰登，堤防巩固，则民力宽裕，而肥腯之奉，旨蓄之供，售盐自当更旺。此时所属各员，虽有筹办出力之处，臣均不敢遽行保奏，致启易视之心，务令一力奉行，始终无怠，庶几畅益加畅。至私盐现获固多，然有私总不如无私之为妙，果使将来销引愈多而获私转少，更足以见化莠为良之实效。臣惟祷祠以求，不敢稍有懈忽，以期仰副圣主委任责成于万一。

谨将办理情形，缕晰缮折具奏，伏乞皇上圣鉴训示。谨奏。（《林文忠公政书·湖广奏稿》卷三）

姚　莹

再上陶制府北课融销南引议

再奉钧函，以丁酉纲淮南融北一事，据票盐总办谢令及童分司复称不便，应毋庸议。商课要在严催，库银必须谨守。又谕此时治标之法，严堵缉以催销，速疏销以提课，先充库贮，再议通融，始为当务之急。若欲另筹别法，将使库贮渐缩，旁观谓俞、刘二公苦积之功寻至渐少，大滋口实。伏读三四，惶悚殊深，既承指示，谨当恪遵办理。前月廿六日已开丁酉新纲，所拟本纲课则亦于本月初五日呈送，静候核定饬发，即可刊行。

惟寻绎明谕，深恐库贮不充，致烦垂廑。谨将本年三月初八日开征起至五月初六日止征收支解银数开具清折呈览。计前司存库银三百三万有奇，莹接征两月以来各商完纳正杂课银一百十五万八千八百五十两，内除领抵数外，各商实完现银七十六万九千一百余两。他如各场折价耗羡规费淮北票盐正税官运回课等款，收银三十七万余两。总共实收银一百十四万三千一百五十余两。连前存库，通共实收银四百十八万有奇。除报解京外甘肃诸处饷银七十六万三千八百余两外，支各款银三十万四千四百余两，实在现存库银三百一十一万三千九百余两。各商感荷宪仁，亦尚急公。莹仍当不遗余力严催完纳，一面移咨楚西盐道并饬汉岸委员严提回课，不敢松劲。至积欠河饷，今亦择要先拨六万一千七百余两，委候补大使张梓林于十二日起解矣。又承示，以陆运司有请假回籍之说，到任尚稽时日，谕令悉心筹画各务。伏查陆运司甫自本籍入都，无由请假。大约于去冬在京已蒙简放四川，迟至今年二月出都，其中或有请假之事，以此讹传，亦未可定。然莹深荷知遇，惟有竭力认真办理。断不敢因护理人员稍存观望。特素性耿直，待人如己，不免为公事认真之故，自取嫌怨。所恃仁明素鉴，不以自疑耳。前闻各处蝗蝻颇有萌动，深切殷忧，因奏销在即，不敢稍涉张皇，密札三分司查询，各场情形尚未复到，而兴化周令通禀境内蝻孽已净。惟东台县场邻近蝗蝻，颇多蠢动，现在委员分赴三分司，切实查询扑捕，务期净尽。日来颇得透雨，若再能溥遍，复有西北风，庶几蝗可无虞矣。

再有请者，本年新纲已开，淮南即当按商派运，惟各商原办之引可派，而无着之引加派殊难。昔淮南盛时，富商百数，辛卯、壬辰之际，仅存四十余家。维时初改章程，乍轻课则众情踊跃，投请欣然。及癸巳开纲，稍形疲退，俞前司始行派运之法，各准上纲运数，先派八成以应奏销，续派二成以完纲额。其时已有无着悬引加派通纲者，众商勉强应命，间或未遵。及至甲午，派数愈艰，原派多欠运，未清加派，亦有名无实。黠者巧于趋避，犹可揹撑，拙者勉力从公更形竭蹶。伏思辛卯以来，仰蒙奏请裁浮费、轻课则、准缓纳、减窝价，所以恤商至矣。而未能大裕者，外苦于岸销之积滞，而内困于派运之日增也。滞销之病，人皆知之。派运之病，容或有未知者。即如许宏远一商，初行二三万引颇见从容，及后累增至五六万，遂以不支，求减不能，卒至身亡业歇。今淮南总商、散商虽有九十余旗，实乃一人数旗，止三十余家耳。旗数愈分，资本愈薄，且时去时来，本尽则退，通计商资不及千万，承运一百三十余万之引，其势固常岌岌矣。黄、包二商，今日所称最巨者也。黄氏三旗附王颐泰一旗，癸巳以来，派运十七万引，迩来更形竭力。包氏七旗附十四旗，时有损益，名亦屡更，盖纠合众资为之，癸巳、甲午派运十八万引，实行亦未能足，丙申派运二十一万引，实行仅十四万。其次如和福盛，派运九万余引，实行不过八万。汪福茂，初派六万引，递手加至九万足矣。赵德和，派运五万三千余引。支允祥，派运六万二千引。陈祥盛，派运四万七千引。姚临泰、邹德兴，皆二万余引，仅能自保。此外各商，派运万引或数千引，皆难以加增矣。至于庄玉兴、谦泰二旗，初派五万九千引，实行止二万七千，后乃改派三万，本商已故，老友何佳琛抚孤代办，竭力经营，殊觉难支，每见次言之泪下，亦可悯矣。总计通纲自癸巳以来，每年派运未行已八九万引，今尉、许二商罢歇，新旧悬引无商认运者，盖二十余万。此莹所日夜深思，不能安于寝食者也。商盐一引用资本十三两有奇，全额运行需资本一千六七百万两。现在商资通计不及千万，其何能行？

夫事势将穷必当变。计前者乙未纲引未开，已蒙深鉴积引之多商力之困。切疏请命，仰荷圣恩俞允分带，不啻吹朽肉枯，商非木石，岂不感戴宏仁？丙申一纲，踊跃输将，本属完善之局，无如尉、许二商后先倾覆，逋欠数十百万。一时苏、扬贸铺相戒不与商人交易，银路不通，众乃束手。莹上年在郡为刘前司言，宜乘此丰年出库银三十万交商买谷，借此转输，使贾铺无所居奇，其机可转。刘前司始颇然之，中惑人言，谓库贮不宜轻动，事不果行。众商力绌，纳课不前。今岁正月，见刘前司，言深悔之而已无及，延至二月奏销坐误，遂以身殉，良可痛也。莹受事，查库贮现银犹三百三万余两，未尝不充，而事机竟误，则其故可思矣。方运司初亡，人情汹汹，讹言日闻，众商莫知所措，势将涣散，幸宪台驻节淮扬，接见众商，抚以温霁，众心稍安。然犹以绌课甚多，惧仓猝不能奏报。又蒙俯用莹策，给还应颁窝价，纳六销四，银不出库，以给还十六万之名，而坐收四十万之利。又值楚西课银回扬者二十余万，经莹晓以利害，众商悉数投完。三月初八日开征至十五日，凡收银七十余万，奏销遂足八分以上。十六日申送册揭，不致误期，此皆善权事变，是以舆情悦服，不假鞭扑，公事迅完。

由此观之，欲图库贮之充，固有以予为取，失少得多者矣。向使应还者不还，惟以诛求为事，则大局几不可问。今事已平定，局外之人或犹以不守库贮为讥，目睹前司覆辙，不求其故，是将使淮纲一误再误也。今日之所大惧再误者，则来岁奏销是矣。课出于运，运出于商，商出于资。今各商资力不足，招徕新商又非月日可计，若以二十余万无着之引，复加派于筋疲力竭之商，恐继尉、许二商倾覆者且将接踵矣。再四筹思，实无良策。适因淮北票盐畅行，有加给大票之请。查出上年溢请已销三十二万引，又本年准给四十万，通计七十二万。除淮北奏销三十七万外，请暂拨二十万溢销之盐，融代淮南二十万无着之引，仍余十五万，溢存淮北，以备来年票贩或有不足之需。至课则不符，亦已设法配合。窃谓于淮北并无窒碍。童运判亦以为先保淮北，再顾淮南。除留三十七万引外，所有溢数可尽融南方，冀事有可商。及连奉明谕，乃知为谢令之言所沮。谢令在北言北，无怪云。

然莹则职兼两淮，南北皆所当筹，不敢顾此失彼。且南纲事情重大，历年为淮北融销滞引二三十万，及今疲敝之余，犹每年代淮北纳完税课。今淮南引地现受北私侵灌之害而不许暂融淮北溢票之引，揆之情理，亦有未顺商情，已不免怨嗟，傥更加摊重派，诚恐有名无实，非追呼所能从事者。莹代庖数月，原不及办来岁奏销，然不及早图，维惧有后时之悔。且体察情形，实有必不能行之处，有益于公，浮言非所恤也。（《东溟文后集》卷二）

上陶制府请买补盐义仓谷议

前月二十八日奉谕，以莹详请买补盐义仓谷恐各商又蹈从前领银无谷之辙，饬俟来春察看，或委员会办。仰见宪台库贮仓储两期实裨之至意。惟其中尚有委曲情形为前详所未尽者，正拟缕晰胪陈，兹于初六日载奉谕教，以丁酉新纲截至八月初九日共收正杂银十四万余两，距明春奏销之期不过六月，商情困乏，亟须设法筹维，买补义仓，以南融北二事，未尝非商课出路，令将融北一节先叙妥详，以凭入告，买谷之事，可俟明春。大要在得尺得寸，总以严催商课为先。宪虑周密，无微不照。谨悉心斟酌现在商课情形及买谷融北二事举行次第机宜，为宪台陈之。

窃见商人完课在今日实已不遗余力矣，淮南运商虽九十余旗，行盐实止三十余家，通计资本不及千万，而运盐百余万引，又当岸销久滞，盐价减跌之时，其困可知。然本年莹自三月初八日开征至九月初九卯止，共征南商课银二百四十万二千七百余两，益以正二月刘前司所征六十五万五千四百余两，共已征银三百五万八千余两，较之丙申全年征银二百八十四万五千余两，已为过之。年内尚有三十三卯，约可征银一百余万。溯查历年以来，惟癸巳年征银四百三十万为最盛，而甲午年则止四百一万，乙未年则止四百九万，其时大商如尉济美、许宏远、庄玉兴犹未败也。若壬辰年则仅征三百四十五万矣，辛卯年则仅征一百八十三万矣。今许、尉二商既罢，庄玉兴又敝不可支，而本年征课犹如此，故以为不遗余力也。惟各商之课新旧并完，而奏销之期则新课尤亟，计明年二月丁酉新课及带乙奏销以八分计之，当征银一百八十余万，今截至九月初九止甫征银二十六万五千余两，距奏销之期不满六月，督责虽严，商纳未必逾二百万，此中尚须带运积残，则新赋或仅半之，是尚短数十万之奏销也。不为早计，临时恐费周章。

急之则元气愈伤，宽之又不免垫报，此莹所以不得已而为融北买谷二计之请也。融北之事，诚如宪示，所当虑者三端，令妥为筹议以免大部驳诘，谨更熟思。在调剂商力言之，虽为融课，以疏销积残言之，则实为融引。盖纲食各岸历年滞销，残引日积，四月间初议此事时，查明楚西食岸未运各纲盐一百三十余万引，纵使极力疏销，非一二年所能竣事。转瞬戊戌开纲，陈陈积压，商何能支？两淮本属一家，彼此通融历有成案。今以淮北溢销之盐融淮南滞销之引，于课无亏，于商有益。若虑南盐无路分销，恐致透私，则本年春夏场盐本多缺产，似可无虑者，一也。北盐正税每引一两五分一厘，合经费四钱，悉数拨补南课，尚属不敷，本须通纲改摊科，则今人奏只当以票盐正税为言，其余不敷，概令通筹洒带，务符南课正杂之数以应解支。经费一节，本不必琐细上陈，似可无虑者，二也。十五年部咨票盐溢请二十七万引，所有淮北前停积欠如何分带，当时咨复，请俟带完己庚正课后再行加带。今票税余存，恐部行令抵补淮北积欠，此固在所当筹。然此时入告，专为融销积引以纾淮南之商力，而带补淮北远年之积欠，事在可缓，倘经部驳，尚可复咨，似可无虑者，三也。惟此事若于五月为之，方在奏销多故之后，新纲甫开之时，恰当机宜。今凭空言之，费辞无谓。似宜俟新运司到任，查明积引，通盘筹画详办，则为新运司到淮条陈事宜。此所谓虽有镃基，不如待时者也。

至于仓谷一事，似觉转不可缓。盖民间谷价，惟新谷登场，闾阎出售，以为卒岁之资，价值最贱。一交正月，则人人待价而沽，谁肯贱价出售。况买谷二十二万石带补十一万石，非寻常万石千石之比，即分路而行，亦俟陆续买运，非经二三月之久，不能买齐。及今发价，而收仓竣事已在十二月间，犹及民间卒岁需银时也；若交春令，即使民间肯卖，计竣事当在三月价贵之时，非但商人不愿承领，即委员亦恐不敷。时际青黄不接，而买谷数十万石，米价必一时腾踊，即今飞蝗在野，后虑方深，故愚暗之见，窃谓事机当在此时也。

至于昔年虚领谷价，无谷上仓，其咎虽属商人，而弊源亦自有在。往时之买谷也，例价一两四钱，给商实领，其水脚关钞八钱，则为院司库官胥吏丁役陋规。而水脚关钞不过问也，置谷一石需银二两二钱。弊有其源，是以商无忌惮，或价发而谷不上仓，或上仓而谷不足数，官吏任听所为，莫能究诘。今力裁浮费，所有陋规全革，只给水脚关钞一钱五分，商人无所借口；复严定章程，官为查验，安敢无谷上仓？且现金之商，其行盐或十余万，少亦数万者，前此并无领买未到之谷，特因亏谷诸商皆死亡倒罢，衣食不周，诸人有监于江大铺，义切同袍，不忍坐视监追之苦，愿领一石之谷价，自买新谷一石带补旧亏谷五斗。此其意在急公尚义，初非贪利为之，亦岂肯自蹈覆辙乎？而由官课言之，则丁酉新纲完纳无几，借此谷价，令诸商全数抵课，自行备谷交仓，且收三十余万之谷，仓库两裨，并旧亏亦完，商力不劳而人情悦服，以此言利，利孰大焉！

委员会办，窒碍实多。盖库中谷价本捐自商人，名曰义仓，自当归商经理。委员能采买于一时，不能收管于久岁，设有霉坏，商岂甘赔？以暂时差委之穷员，与百万巨资之商较之，得失固不侔矣。故窃以买谷归商，则承管亦责有攸归，似为允洽也。二事既举，则来岁奏销自可督完，而商力未亏。即戊戌新纲，亦可从容部署矣。

莹目睹时事之艰与夫商力之困，日夕筹维，求所以安上全下者，有所见不敢不白。非惟职所当尽，亦义所难辞，并不敢以交替有期，稍存漠视。惟仁明决择施行。

至于运库，前按刘运司存银三百三万九千九十余两，今自三月初八日开征至九月初九卯止共收两淮课银三百一十九万七千三百九十两，除解支二百九十七万九百余两，现存库银实贮三百二十五万六千五百七十两。附呈辛卯以来逐年逐月征收商课册，本年正月至现在止运库每月出入四柱册，以备会计。（《东溟文后集》卷二）

覆陶制军言盐务书

日昨奉命至运司署检盐案诸卷，按年摘要，以备查考。连日逐款摘开清折十二件，于三十日戌刻呈都转阅定，驰送行次，计达钧览矣。伏思此次开呈各款，因为时仓卒，仅自嘉庆二十一年起至本年止凡二十年，纲盐之起运、岸销、统带、奏销、征存、报解，以及商借帑本、报效、外支、历年大数，可以一览了然。计丙子至庚寅十五年中，运盐之数仅丙子、丁丑、己卯、甲申、乙酉、戊子六纲全运，辛巳、壬午、癸未、丙戌四纲则折半行运，戊寅、己丑、庚寅三纲则分纲带销，丁亥一纲全统，庚辰盐虽全运而课仍分年带征，未有如辛卯、壬辰、癸巳、甲午四纲连年全运者也。奏销之数，计二十年为银四千四百余万，而辛卯、壬辰、癸巳、甲午四年乃九百余万，此皆以多为美者也。征收之数，正项今昔略同，惟杂项一款，昔年多者六七百万，今则年裁一百一十万耳。盖昔人以财为悦，先私交而后公义，进于内者惟恐不盈，朘削脂膏，搜剔骨髓，泛泛然有所不顾，是以商力竭而运库空虚。今则急公义而绝私交，取于下者必量其力，裁革浮费，减轻课本，亟亟焉培养不遑，是以商渐裕而运库充实，此则以少为贵者也。

自古善谋国者，必固其本，故保民而后有赋，保商而后有税。世安有民穷商困而赋税能长盈者乎？有嘉庆中年之极盛，斯有道光初年之极敝，相去不三十年，前人之所以得，正前人之所以失也。明明覆辙，而议者犹以为美，竞欲复彼旧规，此岂谋国之胜算哉？夫局中之事，外人不知，由不见故也。今吾倾筐倒箧，胪而出之，则道旁之人皆能举数矣。使彼洞然于今昔先后之数，与所以赢绌之故，则得失之理，人将自明，不事喋喋与辨。

莹之愚计，思作嘉道以来盐法表，编年于上，而以十二款者分十二层线注于下，使不晓盐务者，亦可展卷，洞然得失见，则是非白明，可以示天下，信后世。而都转意为不可，故不敢多请，而意则有未尽也。嘉庆中盐务最盛莫如乙丑以后，前盐政阿公在任之日。今独此十年，未得查开，而历年盐政运司之任卸及巨商之成败，皆大关系，亦未能备悉。虽由仓卒，亦缺憾也。商人资厚而运盐多，实乃国课之根本。昔岁运十万引以上者众，今则五万以上即为富饶矣。若查取历年某商行运五万以上几家，何年长消，何年倒罢，使人考之，亦见今昔司事之难易。傥以尊意，更索诸都转，发下俾莹得见之，可乎？（《东溟文后集》卷六）

3. 如何应对西北边疆西方的出现和鸦片问题

引 言

对于鸦片之害，经世思想家们有比较深刻的认识。早在 1820 年（嘉庆二十五年），包世臣就论述过鸦片问题，认为鸦片泛滥，造成本末并耗，白银外流，国困民穷，其害无异于鸩毒。故此，他主张严禁烟土。有鉴于以前清政府曾颁发过数次禁令，但屡禁不止，他提出了"撤关罢税"的建议。除包世臣外，其他一些具有经世思想的官僚和思想家也对鸦片的输入造成的社会危害进行过揭露，提出过各式各样的禁烟主张。其中以黄爵滋于 1838 年（道光十八年）上奏的《请严塞漏卮以培国本疏》最有名。黄氏认为鸦片"蔓延中国，槁人形骸，蛊人心志，丧人身家，实生民未有之大患，其祸烈于洪水猛兽，非雷厉风行，不足以振聋发聩，请仿周官重典之法，治以死罪"。黄爵滋严禁鸦片的主张得到林则徐、张际亮、龚自珍、魏源等人的支持。林则徐于黄爵滋上奏后不久，遵旨筹议《严禁鸦片章程》六条，支持黄爵滋的主张，并于是年底被道光皇帝任命为钦差大臣，节制广东水师，前往广州查禁鸦片，成为禁烟的代表人物。龚自珍于林则徐赴广州禁烟前夕，向林建议用绞刑、砍头等严厉手段打击食鸦片、贩鸦片和制鸦片者。中国是一个多民族的国家，边疆的稳定与安全历来为知识分子所关注。嘉道之际的经世思想家们也不例外。1820 年（嘉庆二十五年）龚自珍作《西域置行省议》一文，肯定清初以来清政府对边疆的经营和对西北塞防的加强，并主张在西域建省。道光初，龚自珍又撰《蒙古志》十二卷，并作《与人笺》一文，提出治蒙策略。这一时期关于边疆的著作，还有徐松的《锁定新疆识略》及《西域水道记》、沈垚的《新疆私议》、魏源的《答人问西北边域书》、张穆的《蒙古游牧记》、李兆洛的《大清一统舆地全图》、何秋涛的《朔方备乘》等。其中沈垚的《新疆私议》写于 1828 年，主要针对当时出现的"损西守东"之议而作。魏源的《答人问西北边域书》，作于 1826 年。和沈垚的《新疆私议》一样，魏源在文中也首先批驳了"损西守东"之议，然后探讨了坚守西域的办法，建议清政府采取措施，鼓励内地人民西迁，开发大西北，借以巩固边防。沈垚、魏源的这些主张，对后世产生过很大影响。鸦片战争之前，尽管朝野上下，官场士林，都还做着"天朝上国"的美梦，"徒知侈张中华，未睹瀛环之大"，但还是有极少数的经世思想家开始留心夷务，关注夷情。1826年（道光六年），包世臣写信给在粤海关做事的萧令裕，二人在书信中曾就英国在南洋的情况以及可能给中国造成的危害进行了讨论。两年后，他在《致广东按察姚中丞书》中，又明确指出新加坡已成为英国鸦片走私和侵略中国的据点，要警惕英国可能因中国严禁烟土而发动对华侵略战争，并对"粤中水师，皆食土规，一旦有事，情必外向"深感忧虑。他建议当局赶快采取措施，一面派人去新加坡了解情况，一面加紧水师建设，否则恐"十数年后，虽求如日前之苟安而不能，必至以忧患贻君父"。果然不出包世臣的所料，十年后，英国以中国禁烟为借口，发动了罪恶的鸦片战争。随着鸦片战争的爆发，中国人对"夷情"的了解也进入到一个新的时期。

龚自珍

西域置行省议

天下有大物，浑员曰海，四边见之曰四海。四海之国无算数，莫大于我大清。大清国，尧以来所谓中国也。其实居地之东，东南临海，西北不临海，书契所能言，无有言西北海状者。今西极徼，至爱乌罕而止；北极徼，至乌梁海总管治而止。若干路，若水路，若大山小山，大川小川，若平地，皆非盛京、山东、闽、粤。（一本"闽粤"作"福广"。）版图尽处即是海比。西域者，释典以为地中央，而古近谓之为西域矣。我大清肇祖以来，宅长白之山，天以东海界大清最先。世祖入关，尽有唐、尧以来南海，东南西北，设行省者十有八，方计二万里，积二百万里。古之有天下者，号称有天下，尚不能以有一海。博闻之士，言廓恢者摈勿信，于北则小隃，望见之；于西北正西则大隃，望而不见。今圣朝既全有东、南二海，又控制蒙古喀尔喀部落，于北不可谓隃。高宗皇帝又应天运而生，应天运而用武，则遂能以承祖宗之兵力，兼用东南北之众，开拓西边，远者距京师一万七千里，西藩属国尚不预，则是天遂将通西海乎？未可测矣。然而用帑数千万，不可谓费；然而积两朝西顾之焦劳，军书百尺，不可谓劳；八旗子弟，绿旗疏贱，感遇而捐躯，不可谓折。然而微夫天章圣训之示不得已，浅见愚儒，下里鄙生，几几以耗中事边，疑上之智；剪人之国，灭人之嗣，赤地千里（一本有"神武而杀"四字），疑上之仁。否否。有天下之道，则贵乎因之而已矣。假如鄙儒言，劳者不可复息，费者不可复收，灭者不可复续，绝者不可复苏，则亦莫如以（一本"以"作"遂"）因之以为功，况乎断非如鄙儒言。因功而加续之，所凭者益厚，所借者益大，所加者益密，则岂非天之志与高宗之志所必欲遂者哉？欲因功而续加之，则莫如酌损益之道。何谓损益之道？曰：人则损中益西，财则损西益中，两言而已矣。今中国生齿日益繁，气象日益隘，黄河日益为患，大官非不忧，主上（一本"主上"作"朝廷"）非不咨，而不外乎开捐例、加赋、加盐价之议。譬如割臀以肥脑，自啖自肉，无受代者。自乾隆末年以来，官吏士民，狼艰狈蹶，不士、不农、不工、不商之人，十将五六；又或飨烟草，习邪教，取诛戮，或冻馁以死；终不肯治一寸之丝、一粒之饭以益人。承乾隆六十载太平之盛，人心惯于泰侈，风俗习于游荡，京师其尤甚者。自京师始，概乎四方，大抵富户变贫户，贫户变饿者，四民之首，奔走下贱，各省大局，岌岌乎皆不可以支月日，奚暇问年岁？嘉峪关以外，镇将如此其相望也，戍卒如此其夥也，燧堡如此其密也。地纵数千里，部落数十支，除沙碛外，屯田总计，北才二十三万八千六百三十二亩，南才四万九千四百七十六亩，合计才二十八万八千一百零八亩；田丁，南北合计才十万三千九百零五名，加遣犯有名无实者，二百零四名。若云以西域治西域，则言之胡易易？今内地贵州一省，每岁广东、四川，皆解饷以给。贵州无重兵，官糈兵粮，入不偿出，每岁国家赔出五六万两至八九万两（一本无"两"字）不等，未尝食贵州之利。内地如此，新疆尚何论耶？应请大募京师游食非土著之民，及直隶、山东、河南之民，陕西、甘肃之民，令西徙。除大江而南，筋力柔弱，道路险远，易以生怨，毋庸议。云南、贵州、两湖、两广，相距亦远，四川地广人希，不宜再徙。山西号称海内最富，土著者不愿徙，毋庸议；虽毋庸议，而（一本无"虽毋庸议而"五字）愿往者皆往。（一本"皆往"作"不禁"。）其余若江南省凤、颍、淮、徐之民，及山西大同、朔平之民，亦皆性情强武，敢于行路，未骄惯于食稻衣蚕，地尚不绝远，募之往，必愿往。江西、福建两省（一本"江西福建两省"作"其他者"），种烟草之奸民最多，大为害中国，宜尽行之无遗类。与其为内地无产之民，孰若为西边有产之民，以耕以牧，得长其子孙哉！当行者，官给每户盘费若干，每丁盘费若干。议闻。（一本无"议闻"二字。）又各省驻防旗人，生齿日繁，南漕不给，大率买米而食，买缎而衣。若遣令回旗，京师内城不能容。若再生育数年，本省费又无所底。驻防者，所以卫天朝也。八旗子弟受恩久，忠义其所性成，苟有利于天朝者，必无异心，无异议也。各将军议酌，每人省行若干丁，中、下省行若干丁，盘费宜视民人加重，以示优厚。议闻。（一本无"议闻"二字。）其迁政，暂设大臣料理之，七年停止。议闻。（一本无"议闻"二字。）先期斩危崖，划仄岭，引淙泉，泻漫壑；到西，分插南北两路后，官给蒙古帐房一间，牛犁具，籽种备。先给大户如千丈，中户如千丈，下户如千丈，不得自占。旗民同例。除沙碛不报垦外，每年一奏开垦之数，十年，再奏总数，二十年，汇查大数。每年粟面稞蔬，皆入其十分之一，贮于本地仓，以给粮俸；其地丁钱赋，应暂行免纳，俟二十年后，再如内地交谷外，另有丁赋例。有丁赋后，再定解部额。现在交粟面，暂勿折收银钱，亦俟二十年后，再如内地折银钱例。设兵部尚书，右都御史，准、回等处地方总督一员，兵部侍郎，右副都御史，准、回等处地方巡抚一员（或如直隶、四川例，以督兼抚，不立抚，似亦可），布政使一员，按察使一员，巡道三员，提督一员，总兵官三员，知府十一员，知直隶州三员，知州二员，知县四十员。府州之目十有四：曰伊东府，曰伊西府，伊犁东（一本"曰伊东府，曰伊西府，伊犁东"作"请为府治一，伊犁东路也，为府治二，伊犁"）西路也；曰库州府（一本"曰库州府"作"为府治三"），库尔喀喇乌苏也；曰迪化府（一本"曰迪化府"作"为府治四"），乌鲁木齐也（原设州）；曰镇西府（一本"曰镇西府"作"为府治五"），巴尔库勒也（原设）；曰瓜州府（一本"曰瓜州府"作"为府治六"），哈密也；曰塔州（一本"曰塔州"作"请为"）直隶州（一本此下有"治一"两字），塔尔巴噶台也。以上北路。曰辟州府（一本"曰辟州府"作"请为府治七"），辟展也；曰沙州府（一本曰"沙州府"作"为府治八"），哈拉沙拉及库车、沙雅尔也；曰苏州府（一本"曰苏州府"作"为府治九"），阿克苏及赛喇木也；曰羌州府（一本"曰羌州府"作"为府治十"），叶尔羌也；曰和州府（一本"曰和州府"作"为府治十一"），和阗也；曰吐蕃直隶州（一本"曰吐蕃直隶州"作"为直隶州治二"），乌什也；曰砖房（一本"曰砖房"作"为"）直隶州（一本下有"治三"两字），喀什噶尔也。以上南路。伊（一本"伊"下有"犁"字）东府（一本无"府"字）设县四：以府城为伊东（一本无"伊东"二字）县；以乌哈尔里克为绥定（一本无"绥定"二字）县；以博罗塔拉为博（一本无"博"字）县；以幹珠罕为珠（一本无"珠"字）县。四至核议。伊（一本"伊"下有"犁"字）西府（一本无"府"字）设县四：以府城为伊西（一本无"伊西"二字）县；以库尔图为图（一本无"图"字）县；以古尔班萨里为絜（一本无"絜"字）县；以烘郭尔鄂笼为鄂（一本无"鄂"字）县。四至核议。库州府（一本"州府"作"尔喀剌乌苏"）设县三：以府为库（一本无"库"字）县；以乌里雅苏图为旧营（一本无"旧营"二字）县；以晶河为丰润（一本无"丰润"二字）县。四至核议。瓜州府（一本"瓜州府"作"哈密"）设县四：以府城为瓜（一本无"瓜"字）县；以苏木哈喇垓为旧堡（一本无"旧堡"二字）县；以赛巴什达里雅为湖（一本无"湖"字）县；以塔勒纳沁为土城（一本无"土城"二字）县。四至核议。塔州设县二：以州为塔县；以雅尔为肇丰县。四至核议。其镇西、迪化两府，现在章程已善，毋庸改议。南路辟州府（一本"州府"作"展"）设县六：以府城为辟（一本无"辟"字）县；以纳呼为东辟（一本无"东辟"二字）县；以洪城为洪（一本无"洪"字）县；以鲁克察克为柳中（一本无"柳中"二字）县；以哈喇和卓为高昌（一本无"高昌"二字）县；以吐尔番为安乐（一本无"安乐"二字）县。四至核议。沙州（一本"沙州"作"哈剌沙剌及库车、沙雅尔"）府设州一县四：以府为沙（一本无"沙"字）县；以库车为龟兹（一本无"龟兹"二字）县；以硕尔楚克为旧城（一本无"旧城"二字）县；以托和鼐为鼐（一本无"鼐"字）县；以沙雅而为沙城（一本无"沙城"二字）县。四至核议。苏州府（一本"苏州府"作"阿克苏"）设州一县五：以府为苏（一本无"苏"字）县；以赛喇木为毗罗（一本无"毗罗"二字）州；以帕尔满为帕（一本无"帕"字）县；以托克三为四村（一本无"四村"二字）县；以拜城为拜（一本无"拜"字）县；以库什塔木为小城（一本无"小城"二字）县。四至核议。羌州府（一本"羌州府"作"叶尔羌"）设县五：以府为羌（一本无"羌"字）县；以巴尔楚克为新迁（一本无"新迁"二字）县；以呼拉玛为玛平（一本无"玛平"二字）县；以哈喇古哲什为哲（一本无"哲"字）县；以裕勒里雅克为西夜（一本无"西夜"二字）县。四至核议。和州府（一本"州府"作"阗"）设县四：以府城为球（一本无"球"字）县；以皮什雅为琳（一本无"琳"字）县；以玉陇哈什为琅（一本无"琅"字）县；以博罗齐为玕（一本无"玕"字）县。四至核议。吐蕃州（一本"吐蕃州"作"乌什"）设县二：以州为明定（一本无"明定"二字）县；以森尼木为森（一本无"森"字）县。砖房州（一本"砖房州"作"喀什噶尔"）设县三：以州为砖房（一本无"砖房"二字）县；以塞尔门为塞门（一本无"塞门"二字）县；以英噶萨尔为依耐（一本无"依耐"二字）县。四至核议。武官副将以下，文官同知以下，应如干员，另议。总督驻扎伊东府，巡抚驻扎迪化府，提督驻扎迪化府。分巡安西北兵备道一员，分镇安西北镇总兵官一员，同驻扎镇西府。分巡天山北兵备道一员，驻扎伊东府；分镇天山北镇总兵官一员，驻扎塔州；分巡天山南兵备道一员，驻羌州府；分镇天山南镇总兵官一员，驻吐蕃州。（非辟州属之安乐县。）督抚必皆驻北路者，北可制南，南不可制北。昔者回部未隶天朝，无不甘心为准夷役者，亦国势然也。设采办红铜事务监督一员，用内务府人员，三年更调，驻扎吐蕃州。其甘肃省嘉峪关设监督一员，专司内地往准、回贩易之税。除稻米、盐茶、大黄、布绸外，一切中国奇淫之物，不许出关，以厚其俗；除皮货、西瓜外，不许入关，以丰其聚。铜务关务，皆所以剂官俸，给兵糈也。其哈密、辟展两郡王，皆尝给协办府事官名号，朔望祭祀及大礼排班，在道府之下，同知之上；各回城伯克中，皆遴选一员，赏给协办县事名号，朔望祭祀及大礼排班，在知县之下，县丞之上。甘肃省以安西南路为尽境，准、回省以安西北路为首境，立界石。新迁人等，及旗人回人等，未能知书，应请于三十年后，立学宫，设生员，举乡试，现在毋庸议；其镇西、迪化现已设立，姑仍旧交巡抚考试。戈壁无水草处，地方官踏看，有可簸采金屑之地，酌立条规奏闻。官缺在北路者，及临戈壁者，设风沙边缺，如内地烟瘴边缺之例，速其升调。凡近碛之郊，处处设立风神祠、泉神祠，岁时致祭，仰祝上帝。地出其泉，风息于天，以宣蔬宜稑，颁祝文焉。大郭勒之在祀典者应几处，核议；大达巴之在祀典者应几处，核议。文移官事，往来经戈壁，皆带泉水，应颁制西洋奇器，物小受多利行者；又宜（一本无"颁制西洋奇器物小受多利行者又宜"十五字）颁设高广护风之具，田中可用者（详萧山民人王锡议），令仿造。夫然而屯田可尽撤矣。屯田者，有屯之名，不尽田之力。三代既远，欲兵与农之合，欲以私力治公田，盖其难也。应将见在屯田二十八万亩零，即给与见在之屯丁十万余人，作为世业，公田变为私田，客丁变为编户，戍边变为土著；其遣犯毋庸释回，亦量予瘠地，一体耕种交纳。既撤绿旗之屯，当撤八旗之戍。中国驻防旗人，往者别立册籍，以别于民户、回户。既有旗户名目，与回民有田籍者同，故撤之而不患无所归也。应请将将军、副都统、办事大臣、领队大臣、印房章京等一概裁撤。其驻防之满洲、索伦、锡伯、蒙古弁丁等，戍安西北路者，作为安西北路旗户；在天山北路者，作为天山北路旗户；南路者，作为南路旗户。伊犁将军所领兵最多，伊东、伊西地亦最大，出之行陈，散之原野，势便令顺，无不给之患。应与自内地驻防旗人新移到者，一体归地方官管辖。但有事不得受知县以下杖责，交纳时，应比民户、回户酌减十分之二，以偿世仆之劳。如是，则又虑其单也，应请设立办事大臣一员，驻南路极边（一本"边"下有"叶尔"二字）羌、和二州（一本"二州"作"阗"）之地，统领满洲兵九百名，蒙古、索伦兵七百名，锡伯兵四十名，绿旗兵六百名，共计二千二百四十名，以控藩部之布鲁特、哈萨克、那木千、爱乌罕各国。掌各国之朝贡之务，铸总统西边办事大臣印一，敕文一，秩正二品，受准、回总督节制，与提督、巡抚互相节制。布政使以下，具申文，总兵官以下，带刀见，以昭威重。其驻（一本无"驻"字）防兵丁，于现在议裁徹（一本"徹"作"撒"）者，遴留至（一本"至"作"留"）锐者，其军装器械月饷，应照内地江宁、荆州例。岁一阅，三岁总督一阅，十岁请旨派威重大臣来西一大阅。布鲁特、哈萨克（一本"克"作"特"）之人咸侍，是为天朝中外大疆界处。以上各议，现在所费极厚，所建极繁，所更张极大，所收之效在二十年以后，利且万倍。夫二十年，非朝廷必不肯待之事，又非四海臣民望治者不及待之事，然则一损一益之道，一出一入之政，国运盛益盛，国基固益固，民生风俗厚益厚，官事办益办，必由是也，无其次也。其非顺天心，究祖烈，剂大造之力，以统利夫东、西、南、北四海之民，不在此议。谨议。

（此议自珍筹之两年而成，恐尚有小疏略及小窒碍处，刻之以呈教于当代大人长者，幸随句签驳为感。自记。）（《定庵文集》卷中）

蒙古水地志序

河西来，受者三部：曰乌喇忒，曰鄂尔多斯，曰归化城土默特；群水南来，受者七部：曰喀喇沁，曰土默特，曰敖汉，曰奈曼，曰翁牛特，曰巴林，曰喀尔喀左翼；水东行，入黑龙江，未至，经大川四：曰潢河，曰大辽河，曰诺尼江，曰混同江；水北行，入色楞格河，未至，经大川三：曰爱毕哈河，曰土喇河，曰鄂尔浑河。黑龙江入东海，色楞格河径俄罗斯入北海。东以黑龙江为主，其目四，又其目曰受某部某某水。北以色楞格河为主，其目三，又其目曰受某部某某水。具如志。以西塞小水，附黄河流入中国者，别为卷。（《定庵文集》卷中）

御试安边绥远疏

臣闻前史安边之略，不过羁縻之，控制之。虽有长驾远驭之君，乘兵力之盛，凿空开边，一旦不能有，则议者纷纷请弃地，或退保九边已耳。非真能疆其土，子其人也。国朝边情、边势，与前史异。拓地二万里，而不得以为凿空；台堡相望，而无九边之名；疆其土，子其民，以遂将千万年而无尺寸可议弃之地，所由中外一家，与前史回异也。安南路之策，与安北路异。天山北路者，杜尔伯特、土尔扈特、绰罗斯、厄鲁特、和硕特、辉特之故地，自准部平，而卫拉特之遗民尽矣。天山南路，则两和卓木之故地，其遗民统以伯克，有阿奇木伯克、商伯克分辖之，回民之信服吾将帅也，未必如其信服伯克也。将帅不得其心，则伯克率回民以怨吾将帅，得其心，而恩太胜，则伯克率回民以轻吾将帅，所由与北路异也。今欲合南路、北路而胥安之，果何如？曰：以边安边。以边安边何如？曰：

常则不仰饷于内地十七省，变则不仰兵于东三省。何以能之？曰：足食足兵。足之之道何如？曰：开垦则责成南路，训练则责成北路。夫南路至肥饶也，非北路但产青稞蔬麦者比也。河水之支流以十数，经各城流引而入田，可以稻，征而入仓，可以饷，可以糈；而特虑夫屯官、屯丁之有名无实也，是故改屯丁为土著，改戍卒为编户，出之行阵，散之原野，势便令顺。撤屯田为私田，又许上农自占地，以万人耕者授万夫长，以千人耕者受千夫长，回人之贫者役之为佃。富人之役佃也，权侔于官吏，回人怙恃此农夫矣；且可以夺伯克之权，而转其信服伯克之心。如是数年，则粮裕。阿克苏设红铜局，官司鼓铸，制普儿钱，其重六铢。禁红铜毋许入关，禁皮货毋许入关。如是数年，则钱裕，用物裕。又禁内地倡优淫巧不许出关，以厚其风俗，则官私一切裕。夫钱裕、粮裕、用物裕，官私一切裕，而犹仰给中国之解饷，必不然矣。如是十年，而犹不能兼顾北路，使北路仍仰给内地，又不然矣。北可制南，南不可制北，故汉世三十六城郭，皆辖于都护治；唐之北庭，亦辖西南；而国朝回疆办事、领队大臣，节制以伊犁将军，其理一也。臣愚以为南路有事，有调发，宜调发及于北路而止。客岁之事，调及东三省兵，甚非策也。夫三省居舆图极东北，回城居极西南，入中国，出中国，真二万里，又不肯使走草地，即走草地，走蒙古，走乌里雅苏台，亦万余里，其为老师糜饷，骚扰州县，伏考史册，未睹此用兵也。以为用其人乎？臣不敢以为其人不足用，而伊犁将军标下，固额设洗白兵五百名，索伦兵五百名，果其有名有实，一可当百，则此亦二劲旅矣，何不责成伊犁将军，使平日认真训练此二旅，使名实相核之为简捷乎哉？故大功虽告成，而兵差费至巨万，兵差所过，州县颇亏空。夫欲边之安，而使内地虚耗而不安，故曰甚非策也。夫常有常之经，变有变之经，武之善经也。回民见吾之常亦有经，变亦有经，乃真不敢经吾将帅，匪但卡内之各城安，而卡外之哈萨克、布鲁特、爱乌罕、那木干、安集延，以及巴克达山、温都斯坦之人，亦慑我之声灵，而环向以安，匪但万年有此新疆，虽再拓十数城可也。虽有重臣宿将，老于西事之人，为我皇上直陈得失，无以易此。臣谨疏。（《定庵文集补编》卷二）

送钦差大臣侯官林公序

钦差大臣兵部尚书都察院右都御史林公既陛（一本"陛"下有"辞"字），礼部主事仁和龚自珍则献三种决定义，三种旁义，三种答难义，一种归墟义。中国自禹、箕子以来，食货并重。自明初开矿，四百余载，未尝增银一厘。今银尽明初银也。地中实，地上虚，假使不漏于海，人事火患，岁岁约耗银三四千两，况漏于海如此乎？此决定义，更无疑义。汉世五行家，以食妖、服妖占天下之变。鸦片烟则食妖也，其人病魂魄，逆昼夜。其食者宜缳首诛！贩者、造者宜刭脰诛！兵丁食宜刭脰诛！此决定义，更无疑义。诛之不可胜诛，不可绝其源；绝其源，则夷不逞，奸民不逞。有二不逞，无武力何以胜也？公驻澳门，距广州城远，夷勒也（一本"也"下有"一"字），公以文臣孤入夷勒。其可乎？此行宜以重兵自随，此正皇上颁关防使节制水师意也。此决定义，更无疑义。食妖宜绝矣，宜并杜绝呢羽毛之至，杜之则蚕桑之利重，木棉之利重。蚕桑、木棉之利重，则中国实。又凡钟表、玻璃、燕窝之属，悦上都之少年，而夺其所重者，皆至不急之物也，宜皆杜之。此一旁义。宜勒限使夷人徙澳门，不许留一夷。留夷馆一所，为互市之栖止。此又一旁义。火器宜讲求，京师火器营，乾隆中攻种金川用之，不知施于海便否？广州有巧工能造火器否？胡宗宪《图编》，有可约略仿用者否？宜下群吏议，如带广州兵赴澳门，多带巧匠，以便修整军器。此又一旁义。于是有儒生送（一本"送"作"逆"）难者曰：中国食急于货，袭汉臣刘陶旧议论以相抵。固也，似也，抑我岂护惜货，而置食于不理也哉？此议施之于开矿之朝，谓之切病；施之于禁银出海之朝，谓之不切病。食固第一，货即第二，禹、箕子言如此矣。此一答难。于是有关吏送（一本"送"作"逆"）难者曰：不用呢羽、钟表、燕窝、玻璃，税将绌。夫中国与夷人互市，大利在利其米，此外皆末也。宜正告之曰：行将关税定额，陆续请减，未必不蒙恩允，国家断断不恃榷关所入，矧所损细所益大？此又一答难。乃有迂诞书生送（一本"送"作"逆"）难者，则不过曰为宽大而已，曰必毋用兵而已。告之曰：刑乱邦用重典，周公公之训也。至于用兵，不比陆路之用兵，此驱之，非剿之也；此守海口，防我境，不许其入，非与彼战于海，战于艅艎也。伏波将军则近水，非楼船将军，非横海将军也。况陆路可追，此无可追，取不逞夷人及奸民，就地正典刑，非有大兵阵之原野之事，岂古人于陆路开边衅之比也哉？此又一答难。以上三难，送（一本"送"作"逆"）难者皆天下黠猾游说，而貌为老成迂拙者也。粤省僚吏中有之，幕客中有之，游客中有之，商估中有之，恐绅士中未必无之，宜杀一儆百。公此行此心，为若辈所动，游移万一，此千载之一时，事机一跌，不敢言之矣！不敢言之矣！古奉使之诗曰："忧心悄悄，仆夫况瘁。"悄悄者何也？虑尝试也，虑窥伺也，虑泄言也。仆夫左右亲近之人，皆大敌也，仆夫且忧形于色，而有况瘁之容，无飞扬之意，则善于奉使之至也。阁下其绎此诗！何为一归墟义也。曰：我与公约，期公以两期期年，使中国十八行省银价平，物力实，人心定，而后归报我皇上。《书》曰："若射之有志。"我之言，公之鹄矣。

附：复札

定盦先生执事：月前述职在都，碌碌软尘，刻无暇晷，仅得一聆清诲，未罄积怀。惠赠鸿文，不及报谢。出都后，于舆中紬绎大作，责难陈义之高，非谋识宏远者不能言，而非关注深切者不肯言也。窃谓旁义之第三，与答难义之第三，均可入决定义。若旁义之第二，弟早已陈请，懵（一本"懵"作"惜"）未允行，不敢再渎；答难之第二义，则近日已略陈梗概矣；归墟一义，足坚我心，虽不才曷敢不勉？执事所解诗人悄悄之义，谓彼中游说多，恐为多口所动；弟则虑多口之不在彼也。如履如临，曷能已已！昨者附申菲意，濒行接诵手函，复经唾弃，甚滋颜厚。至阁下有南游之意，弟非敢沮止旌旆之南，而事势有难言者，曾嘱敝本家岵瞻主政代述一切，想蒙清听。专此布颂腊祺。统惟心鉴不宣。愚弟林则徐叩头。戊戌冬至后十日。（《定庵文集补编》卷四）

包世臣

庚辰杂著二

帝典曰："敬授民时。"周公曰："予其明农，知稼穑之艰难。"孟子曰：

"民事不可缓，五谷熟而民人育。"文王视民如伤，制其田里，教之树畜。圣人治天下，使菽粟如水火，而民无不仁。百亩之粪，上农食九人，下食五人，人事之不齐，则收成相悬如此。是故圣王治天下，至纤至悉，莫不出于以民食为本，生之务尽其道，而不敢使有或耗者也。黄帝始制币以通民财，《书》曰："惟金三品，懋迁有无，生民乃粒。"今法为币者，惟银与钱。小民计工受值皆以钱，而商贾转输百货则以银，其卖于市也又科银价以定钱数。是故银少则价高，银价高则物值昂。又民户完赋，亦以钱折，银价高则折钱多，小民重困。是故银币虽末富，而其权乃与五谷相轻重。本末皆富，则家给人足，猝遇水旱，不能为灾。此千古治法之宗，而子孙万世之计也。

国家休养生息百七十余年，东南之民，老死不见兵革，西北虽偶被兵燹，然亦不为大害。其受水患者不过偏隅，至于大旱，四十余年之中，惟乾隆五十年、嘉庆十九年两见而已，宜其丰年则人乐，旱干水溢，人无菜色。然而一遇凶荒，则流离载道，屡受丰年，而农事甫毕，穷民遂多，并日而食者，何也？说者谓生齿日繁，地之所产不敷口食，此小儒不达理势之言。夫天下之土，养天下之人，至给也，人多则生者愈众，庶为富基，岂有反以致贫者哉？今天下旷土虽不甚多，而力作率不如法。士人日事占毕声病，鄙弃农事，不加研究，及其出而为吏，牟侵所及，大略农民尤受其害。故农无所劝，相率为游惰。西北地广，则广种薄收。广种则粪力不给，薄收则无以偿本。东南地窄，则弃农业工商，业工商则人习淫巧，习淫巧则多浮费。且如兖州古称桑土，今至莫识蚕丝。青齐女红甲天下，今至莫能操针线。西北水利非不可修举，而数百年仰食东南，其利弊固皆历历可数，然未易更仆。况吏非素习，亦难猝办。请言近日本末并耗、所以致民穷而不能御灾之故：一曰烟耗谷于暗，二曰酒耗谷于明，三曰鸦片耗银于外夷。先分晰详指其弊，而后陈救弊之法。

烟出于淡巴菰国，前明中叶，内地始有其种。数十年前吃烟者十人而二三，今则山陬海澨，男女大小莫不吃烟。牵算每人每日所费，不下七八文，拾口之家终岁吃烟之费，不下数十金。以致各处膏腴皆种烟叶，占生谷之土已为不少。且种烟必须厚粪，计一亩烟叶之粪，可以粪水田六亩，旱田四亩。又烟叶除耕锄之外，摘头、捉虫、采叶、晒帘，每烟一亩，统计之须人五十工而后成。其水田种稻，合计播种、拔秧、莳禾、芸草、收割、晒打，每亩不过八九工，旱田种棉花、豆粟、膏粱，每亩亦不过十二三工，是烟叶一亩之人工，又可抵水田六亩、旱田四亩也。凡治田无论水旱，加粪一遍则溢谷二斗，加做一工亦溢谷二斗。以种烟之耗粪与耗工乘除之，则其耗谷殆不可计算，不仅占生谷之土已也。且驱南亩之民，为做烟打捆包烟者，其数又复不少。至各处开烟袋店铺，烟袋头尾大抵销青黄铜钱为之，制钱十文重一两，而好铜每两则值制钱二十余文，故虽严法不能禁，沮坏钱法，此宗最大。且做工之人莫不吃烟，耕芸未几，坐田畔开火闲谈，计十人做工止得八工之力，其耗工又复无算，减谷亦无算。所谓烟耗谷于暗者，其弊如此。

古之用酒有三：以成礼，以养老，以养病，非此而用酒，则谓之荒湎。《尚书·酒诰》言之最切，窃谓周公以忠厚立国，明德慎罚，而群饮者即执拘以归于周，似乎太苛。自往来吴、越、齐、豫之郊，见荒郊野巷莫非酒店，切倚悲歌莫非醉民，然后叹周公立法不为过当。尝以苏州一府推之而知酒之为害不可胜言。苏州共辖九县，为天下名郡，然合九县之境，南至平望，北至望亭，西至广福镇，东至福山，截长补短不过方百七十里。名城、大镇、山水所占，五分去二，得产谷之土方百三十里。每方一里为田五百三十亩，方百三十里，共计田九百十万亩。苏民精于农事，亩常收米三石，麦一石二斗。以中岁计之，亩米二石，麦七斗抵米五斗，当岁产米二千二三百万石。苏属地窄民稠，商贾云集，约计九属有人四五百万口，合女口小口牵算，每人岁食米三石，是每岁当食米一千四五百万石，加完粮七十万石，每岁仍可余米五六百万石。是五年耕而余二年之食，且何畏于凶荒？然苏州无论丰歉，江、广、安徽之客米来售者，岁不下数百万石，良由槽坊酤于市，士庶酿于家，本地所产耗于酒者大半故也。中人饭米半升，黄酒之佳者，酒一石用米七斗，一人饮黄酒五六斤者不为大量，是酒之耗米增于饭者常七八倍也。烧酒成于膏粱及大小麦，膏粱一石得酒三十五斤，大麦四十斤，小麦六十余斤，常人饮烧酒亦可斤余。是亦已耗一人两日之食也。以苏州之稠密甲于天下，若不受酒害，则其所产之谷且足养而有余，其他地广人稀之所可知。所谓酒耗谷于明者，其弊如此。

鸦片产于外夷，其害人不异鸩毒，故贩卖者死，买食者刑，例禁最严。

然近年转禁转盛，其始惟盛于闽、粤，近则无处不有。即以苏州一城计之，吃鸦片者不下十数万人，鸦片之价较银四倍牵算，每人每日至少需银一钱，则苏城每日即费银万余两，每岁即费银三四百万两。统各省名城大镇，每年所费不下万万。近来习尚奢靡，然奢靡所费，尚散于贫苦工作之家，所谓楚人亡弓，楚人得之。惟买食鸦片，则其银皆归外夷。每年国家正供并盐关各课，不过四千余万，而鸦片一项散银于外夷者，且倍差于正赋。夫银币周流，矿产不息，何以近来银价日高，市银日少，究厥漏卮，实由于此。况外夷以泥来，内地以银往，虚中实外，所关匪细。所谓鸦片耗银于外夷者，其弊如此。

烟酒耗本富，鸦片耗末富，既悉其弊，则救之不可无术。烟本非例禁，农民种之，商贾业之，若骤加禁绝，则商民并受其累，而胥吏讹索之后继以包庇，必至立法不行。惟有预饬大吏遍行恺示，假如甲年下令，则乙年禁种，丙年禁卖，其甲年农民所种之烟仍可收利，乙年遵令改种他谷，于农民毫无所损。甲年所产之烟不过足供乙年之卖，商贾渐收其本，改营他业，于商贾亦无所损。凡植物一年不种，其子即不能生，禁之之法不必科以重罪，但令犯禁种卖者，他人取之无罪，则自绝耳。禁绝之后，以种烟之土种谷，又分其粪与人工以治他亩，谷之增者无算矣。广设烧锅本在例禁，今但加严禁民间不得私酿，本系两汉、唐、宋相承之旧法，且专为民间惜谷而杜饮食之讼，出圣人爱民之诚，与天下其见，岂复有所格碍？然酿酒皆在深宅，非如种烟之于田野，若司事者奉行不善，诚恐徒多驿骚，于实事反属无济。必各直省院司大吏皆得人，率其所属，尽心民事，上下相孚之后，乃可议行此政也。

鸦片之禁已严，而愈禁愈盛，以中其毒者则难以自止，而司禁之人无不早中其毒，又复得受肥规，即再加严法，终成具文。此物内地无种（自嘉庆十年后，浙江台州、云南土司亦有种莺粟取膏者，然必转贩至澳门加以药料，方可吸食，是内土亦待成于夷药，仍不得谓为内物），但绝夷舶，即自拔本塞源。一切洋货皆非内地所必须，不过裁撤各海关，少收税银二百余万两而已。国课虽岁减二百万，而民财则岁增万万，藏富于民之政，莫大于是。说者或以为回市已久，而骤绝之，恐生他患。从来外患，必由内奸，通商各国以英夷为强，然其地其民，不足当中华百一，前此屡次骄蹇，皆洋商嗾之，而边镇文武和之。夫海防大政也，亦常政也，回市后，司防者上下据为利薮，废弛本职，而反张夷威以恫喝中外。现今东西两洋，皆与中华回市，西洋来市，东洋往市。西洋夷民所必须者，内地之茶叶、大黄，则照宝苏局采买洋铜之便，准商人携不禁货物，赴彼回市，彼货仍可通行，西夷更何词之有？且关撤则洋商罢，夷目无汉奸为谋主，自必驯贴。义与利常对待而交胜，征利自上行下，则大夫士庶皆争利而不事事，一旦撤关罢税，则薄海共仰贱货之至德，谁不争自濯磨，以求称上意者。设有逆命夷民，不过自外生成以求死耳，而何患乎？大圣断于中，与明智有远识之大臣，熟商而行之，天下臣民晓然于宸衷之眷念民天。天所助者顺，人所助者信，民皆力穑，士学为长，吏求知依，风雨时节，庶草繁芜，斗米三钱，行千里不赍粮之盛，可翘足而待也。（《安吴四种》卷二十六）

银荒小补说

天下之苦银荒久矣。本年五月，江西省城银价长至制钱一千兑库纹六钱一分，是银每两为钱一千六百三十余文。下邑不通商处，民间完粮皆以钱折。新喻现行事例，每钱粮一两，柜收花户钱一千八百八十五文，除归外纸饭辛劳钱五十八文，实归官钱一千八百二十七文。定例制钱一千准库纹一两，老幼通知，今花户完正银一两，连耗至用钱一千八百八十五文，不为不多。况两三年内，年谷顺成，刈获时谷一石仅值钱五百上下，现当青黄不接，而谷价仍不过七百数十文，是小民完银一两，非粜谷二三石不可，民何以堪？然有司征银一两，加一零三耗，又派捐款银一分，司银号三分六厘，外添平三厘，道款杂款，视司正款几于倍之。载钱上省，水脚人工、投批挂号、领库收乡征官吏薪饭钱、征各友修薪节礼，合需银一两一钱七分零，方敷解正银一两之用，是征正银一两，官实赔钱八十余文，即以新喻额征四万三千余两计之，岁须赔钱三千四五百千文，官何以堪？若必以赔累之故，勒增钱数，民力既不能胜，情势必生窒碍。

窃谓钱为国宝，自古公私皆以为币。自前明中叶，始以银为币，以便转输，因缘三四百年，公私之币，专属于银，宾主倒置。以钱从银，此非专重钱币；使银从钱，不能力挽颓波。仆于《答王亮生书》备细言之，然其事非心膂辅弼造膝输忠不能举行也。至疆吏所可为力者，则亦有说。查各省正供，年额四千万两，除去民欠、报拨之数，每年不过千七八百万两，是外省存留，与起运几相半也。部饷、甘饷、贵饷等项，万不能不解银。至如本省公项，坛庙祭品、文武廉俸、兵饷役食；私用，则延请幕友、捐摊纸饭、衙门陋规、漕务兑费，斯在受者仍皆以银易钱应用，故出入之利，皆归钱店，使市侩操利权，以上困官而下困民。若照旧章银数，按月依市价折钱给送，并不短克图便宜，谅无不可行者。先由司核明本省应支解之数，分别饬知各州县，每忙解银若干，解钱准银若干。查向来省城银价总以五月奏限，及岁底兑军之时为极高，以各州县皆运钱来省兑银故也。江、浙两省，故无省仓，与江西情形稍异，其余地方应用之项，大略无殊。若江、浙、两楚与江西六省疆吏，札商定稿，合词得请。唯各营去省远近不一，解送钱文，运脚较重，断不能责营员自备，又不可令州县外加。查银号例有火耗规费，以钱上库，则火耗一项，可提贮以备运解兵饷脚费，弁兵亦无可借口矣。如是，则六省所减用银之数，几及千万，岁计有余，银价不患其不减，钱价不患其不增，而谷价亦不嫌其太贱，于官于民不无小补。道光十九年六月六日，安吴包世臣说。(《安吴四种》卷二十六)

致广东按察姚中丞书

亮甫先生大公祖阁下：顷在吴门，晤朱虹舫学使，得悉阁下荣荷特简，陈臬广东，欣慰无已！阁下资深望重，久膺节钺，徒以公直难行，廉洁少与，弃置闲散者积累岁月。兹竟复起，仰见圣心，俯同舆论，天下幸甚！阁下枢廷老宿，天下事无不经练，岂复草茅下士所能以细流土壤备不辞之数哉？唯厚辱推许，相期以古人，不敢自外，敬陈所闻，以供采择。

窃闻广东多宝之乡，吏治至芜，舶市之所，人心至浇。是故广东有中外上下共知之大弊四。外知而中不知、下知而上不知之大患一，非阁下固无能起此沉疴而杜此乱萌者。从前节相吉公，不过中材，惟以上念国是，下恤民生，遂使敛薄刑省，官民相安。况阁下挺不挠之节，坚不润之守，威德信于寰宇，谣诼逮于刍荛者乎？省垣两县案件繁多，胥吏择肥，任意牵累，羁押班馆，人常数千，瘐毙者日有数辈。离省较远之高廉各郡，渡琼商旅，每有指为匪徒，飞禀省府委员扶同，遂成冤狱。上游知而不问，大弊一也。广东盗风最炽，需次佐贰，因缘入审案局，勾结蠹役，买盗报功，超擢相继而真盗并未伏辜。上游知而不问，大弊二也。惠、潮一带，大姓公堂至富，族匪垂涎，构衅械斗，买人顶凶，贿官定谳，首祸正凶，逍遥事外，以讼费开销公堂，坐致丰厚。上游知而不问，大弊三也。勒缉巨案，上游限紧，有司辄将平日羁系大炼之匪徒，逼供销案。上游知而不问，大弊四也。凡是四弊，皆臬司所可独断独行者，阁下断无不知、断不肯知而不问。唯痼疾已深，为之须以渐，党援至众，必得相助为理者数人，方可使小民实受其福耳。

至于大患，固亦臬司职应筹办者，然斯事体大，非与制府一德同心，则力不能举。故以所闻始末，为阁下详陈之。粤海通商夷国十数，以英吉利为最强。闻乾隆四十年间，粤东外洋有封禁地名新埔，距省垣千里而遥，粤之惠、潮，闽之漳、泉，无业贫民私逃开垦。英夷回帆过彼，欲占其地，为闽粤客民所败。数年后，英夷以兵船至，客民降服，英夷遂踞其地。每来粤市舶，返辄留人三分之一在彼建置城郭房室，迄今几五十年。并招嘉应州之贫士，至彼教其子弟。又召粤中书匠，刊刻汉文书籍。又闻鸦片毒烟，亦以其时始入，粤东并不行销。十数年后，省垣及惠、潮、漳、泉居人，渐染其毒。嘉庆纪年，吴越人亦吸食。比及其末，烟毒遂遍天下。此物向在例禁，各小国所产，不敢显售，必附英夷与匪徒为市。是以粤海夷商，亦以英夷为最饶。洋商但与英夷交好者，无不立致不赀。而沿海大户，皆以囤烟土为生，至以囤土之多寡，计家产厚薄。夷以土入，华以银出，以致银价踊贵，公私交病。于是议严纹银出洋之禁，而禁后银价益长，是禁之不行可知也。

夷舶通市，止粤海一关，而厦门、兰台、宁波、乍浦、上海各关，皆有闽广鸟船抵关，转输洋货。新埔客民虽降服英夷，并未改从服色，是到各关之鸟船，未必无新埔客民在其中，以分散烟土于各省，而交结其匪民。是英夷虽未至江浙，其党羽实已钩盘牢固。再阅数年，银长无已，公私更行困惫，不得不筹塞漏卮，漏卮之塞，必在厉禁烟土。烟禁真行，则粤、闽之富人失业，而洋商尤不便此，势必怂恿英夷，出头恫喝。又闻粤中水师，皆食土规，一旦有事，情必外向。然英夷去国五六万里，与中华争势难相及。而新埔则近在肘腋，易为进退。况内地既有谋主，沿海复多胁从，英夷亦难保其不生歹心。乾隆、嘉庆之末，英夷两次蓦至天津入贡，骄倨殊甚，是固有主之者。而乾隆中，饬由直隶、山东、江苏、浙江、福建内地至厦门放洋回国，嘉庆中，饬由安徽、江西、广东内地至虎门放洋回国，使之目验内地形势。又江浙各省市易，皆以洋钱起算，至压宝银加水。凡物之精好贵重者皆加洋称，江淮之间见祸事将起，辄云要闹西洋。凡此兆朕，大为可虑！

新埔地向封禁，客民私逃，本应重科。似宜选胆识俱优之员，密至新埔，查看得实。或宥各客民之前愆，悉徙之内地，仍前封禁。或驱逐英夷，而设重镇郡县如台湾，所可销逆萌以弭边衅也。说者必谓英夷占踞日久，聚众已多，与之理谕，势必不从；怵以兵威，或至构怨；目前无事，正可苟安。一官如传舍，安能远虑百年，轻犯祸始？是则非世臣所敢知也。举此诚非易事，然事之难者，必有人举之。君子为其难者，是不得不望之于阁下也。十数年后，虽求如目前之苟安而不能，必至以忧患贻君父，夫岂君子之所忍出哉？世臣游历未至粤东，所陈五事，皆访之粤人，其说一口，故属虹舫附递上渎。以虹舫行速，灯下草创，语无诠次，字杂行草，伏唯涵察。道光八年四月日，故民包世臣谨再拜状上。（《安吴四种》卷三十五）

魏　源

元史大理传序

顾祖禹《方舆纪要》，谓"历代行军地利皆有格式，惟蒙古之兵，任臆出奇，出没不测，为从古所未有"，盖指大理之役言也。元宪宗兵顿合州之钓鱼山，一载不下，乃思绕出西蜀上游，遂令皇弟忽必烈绕乌斯藏，穿蛮丛数千里而至大理，士马死者十余万。然皇弟两次皆由大理反，以未能遂夹攻之效，虽留乌良合台在后，绕至湖南，而已属强弩之末。此〔比〕其即位后，即遣国信使郝经渡江往聘者，亦诚见其难也。遇贾似道幽信使于仪征，经年不报，于是世祖怒，用刘整之谋，舍蜀而攻襄阳，图夺其咽喉。

吕文焕固守，力战三载，贾似道不遣一旅之援，文焕力竭始降。使似道亲赴襄阳，内外援应，不知世祖又将何以制之？

吾以为宪宗之攻蜀，东川、西川已皆为元有，区区一合州钓鱼山不下，何阻于大事？曷不敛内江、外江之船，乘春水直出巫峡，攻鄂攻金陵，直走吴、越？则不待师抵钱塘而杭州失矣，乌用合州之蚌鹬相持哉！襄阳之城不下，何不舍之而赴上游汉中，造船直下，过襄阳不攻，直出汉阳，顺长江而下？则亦破竹之势，胜襄阳之顿兵老师，其巧拙劳佚天渊矣。

更有奇于是者，日本、爪哇之役，均为孟浪，自取颠沛。至元兵攻襄阳时，宋人金履祥曾上书献海道图并策，请以重兵由四明出海，直抵天津，捣燕、云，则襄、樊之围自解，似道不报。及伯颜下临安，收图籍，得此图及策，乃奏筹海运，招海盗张清、朱瑄，封以二侯，专主其事，由海运历年益增益多，运漕至三百万。是天津之至吴、越，海道直捷，苟当其未破襄阳之前，闻执使之信，即以其征日本、爪哇之力，移海艘数十舰，由天津直抵江东，一由扬子江直取江陵，一由钱塘江直捣临安，岂非天降之师，事半而功百哉！此之谓奇师，视大理、日本之役何如耶？故顾祖禹所谓元人用兵之奇，不知皆拙谋下策也。（《古微堂外集》卷三）

军政篇

能以众正，我战必克，救时如救病，治军如治国。作《军政篇》。

闻之明大学士高拱曰："兵者，专门之事，非仓卒尝试可能也。国家军政，内寄木〔本〕兵尚书，外寄边方督抚，今欲储养枢材与边材，则必自兵部司员始。宜择干济之士，使为职方、武选二司，出为兵备道，使山川扼塞形势，兵之强弱，将之材驽，四夷之情伪，无不瞭于平日，外以待边方督抚之缺。又使边抚与侍郎互相出入，以待尚书、总督之缺。终身不改任他部之官。其习西北者不移于东南，长东南者不移于西北，则边材自出其中矣。"

或谓明时官制异本朝。其时无军机处，无满洲，似难以明之兵部例今日之兵部。然军机处，非即明之内阁乎？满洲总统、都统，非即明掌京营之勋臣乎？明时本兵之权，与总宪、冢宰并推三大重臣，其文武二选司，亦与科道、翰林并重。翰林，备阁臣也；科道，备总宪也；文武二选司，备吏、兵本部堂官也。今惟科道、翰林尚略同明制，部曹则吏、兵二部皆无重权，权尽归于军机。于是军机章京之选，远在部曹诸司之上。虽其考选皆不过以书艺之工敏，其迁擢则几同翰林、科道之超卓，而兵部则几同间曹矣。兵部果间曹乎？部曹又惟刑部秋审处之司员，出任按察司，入任侍郎、尚书，往往不迁他职。于以磨厉刑名之选，慎重文法之枋，与明代之储养枢材、边材相等。夫明代不闻以要职视刑部，今代不闻求将材于兵部，岂一代之兵、刑异尚，各成风气欤？诚使内重兵部之任，与刑部秋审处等，外重兵备道之职，与按察司等，严其保举，专其职掌，重其事权，乌在储养枢材、边材之效，不可见于今日哉？

问者曰：士必用而后见，才必练而后出。故国初海寇、闽寇长驱内犯，而后梁化凤、李之芳之将出；滇逆抗拒屡年，而后岳乐、穆占、赵良栋、王进宝之将出；准噶内闯屡年，而后超勇亲王策凌之将出；准、回犁庭屡年，而后兆惠、明瑞之将出；金川捣穴数年，而后阿桂、海兰察之将出；川、楚征剿数年，而后额勒登保、德楞泰、杨遇春之将出。皆非出师命将之初所有也。时久承平，变起仓卒，则若之何？曰：视其功罪，知其良驽。故三方震惊，而一方保障屹然，则守臣之能可知矣；诸军败衄，而一军镇定晏如，则其将臣之节制可知矣。章皇帝之拔梁化凤，纯皇帝之拔兆惠，拔阿桂，皆以其于他军败后整旅独完也。倘曰非斯人，岂遂不能平贼，则恐天地之生才不易，即拨乱之朝，爪牙心膂，亦不过一二人，未必户穰、吴而家颇、牧。

择将为上，练兵次之。征调数万，而无数千蹈凶入陷之死士，则不可以固军情，作军气，兵家所为贵选锋也。谭纶、戚继光不募练金华、义乌之兵，教以阵法、击刺、战船、火器，则不能入闽平倭。刘绽、李成梁父子非募练家丁，则不能立功辽左。其余杨洪、王越、沈布〔希〕仪、马永、马芳、梁震、满桂、侯世禄、侯良柱、赵率教、金国凤，亦皆蓄帐下亲兵健儿，著功《明史》。且四路出师之役，刘绽必得川兵。蓟门设镇之初，戚继光必用浙兵。盖非其心腹爪牙，则呼应不灵，摧陷不力。故知驱市人与之战，古今惟淮阴侯能之。若宋之韩、岳，则各有背嵬军。明之戚继光，则全恃鸳鸯阵矣。后汉之朱儁，三国之吕虔，晋之王浑，皆以家兵著名史册。今之将官，固无厚豢家兵之资力，惟有抽兵并饷而选练之，如宋之吴璘、吴玠与谭、戚遗法，庶犹可旋至立效乎？今不暇言尽整顿十七省之兵也，姑先言沿海。闽、粤、江、浙，皆沿海重兵之地。江苏河漕督、抚、提、镇，各标兵五万有奇，浙江四万有奇，福建六万有奇，广东几及七万，一有缓急，辄远调他省，则本省之兵何用？西夷之阑入，由习睹粤兵之驽也。粤兵之驽，由粮薄伍虚也。若每省汰去冗兵之饷额，并为精兵之饷额，姑以每省汰并六千为断，别募沿海骁锐，水陆各半，分布澳、厦、宁波、吴淞番舶云集之区，昼夜训练。水战则火器火艇，风涛出没；陆战则技击节制，营垒森严。使西夷觑之，如安南、日本守御之可畏，则必以闭关罢市为虞，而不敢生心矣。或以裁兵并饷，则兵制缺额为疑，不知各省虚伍，岂止十分之一？宁使暗缺十分之三，而不肯明裁十分之二，其若具文何？

　　或曰：南兵不如北兵，北兵不如口外之兵，安能使吴越之文弱，皆成西北之劲旅乎？曰：此将兵之恒言，而非将将之至言也。五代契丹兵无敌中夏，而天祚以数十万众，败于混同江之数千金人者，即前日辽兵也。"女真满万不可敌"，而兴定、元光中百战百挫于蒙古者，即前日金兵也。元起朔漠，灭国四十，以有中原，遂乃涉流沙，逾葱岭，西洋西竺，尽建藩封，为开辟以来版图所未有。及至正末年，蒙古四十万歼于中原，仅漏网六万归塞外者，即前之蒙古兵也。然金兵衄折于元代，而完颜陈和尚独以四百骑败蒙古八千之众。宋兵风靡于金源，而刘、岳、韩、吴屡以东南兵摧兀尤冯陵之师。同时同事，胜败悬殊。且征近事：青海厄鲁特横于国初，今则青海、蒙古畏黑番如虎狼，岁烦官兵为防戍。又喀尔喀为准噶尔蹂轹，如入无人之境。及超勇亲王喋血一战，斩贼数万，亦即喀尔喀之兵。红毛戈船火器，横行海外，及郑成功一战，逐红夷，夺台湾，而有其国，亦即闽厦之兵。是知兵无强弱，强弱在将。故曰：一夫善射，百夫决拾。又曰：一人学战，教成百人；百人学战，教成千人。

　　西夷之海艘，坚驶巧习，以其恃贸易为生计，即恃海舶为性命也。中国之师船，苟无海贼之警，即终年停泊，虽有出巡会哨之文，皆潜泊于近呑内岛无人之地，别遣小舟，携公文往邻界交易而还。其实两省哨船，相去数百里，从未谋面也。其船窳漏，断不可以涉大洋。故嘉庆中剿海盗，皆先雇同安商艘，继造米艇霆船，未有即用水师之船者。今即实估实造，而停泊不常驾驶，风浪无从练习，非若夷船之日涉重洋，则亦不过数年而舱朽柁敝矣。如欲练战艇，则必谋所以常用之法。常用如何？曰：以粮艘由海运，以师艘护海运而已。江苏战舰由吴淞出口，浙江战舰由镇海出口，皆护本省海运之粮以达于天津。钦派验米大臣莅津收兑后，并阅护运之水师，然后给咨回省，则师船无所巧遁而必涉大洋，师船有所练习而不致旷废。其造不敢不坚，其练不敢不熟。纵不足慑外夷，亦可备内盗矣。至福建战舰，则每年采买台湾米十万石，护至天津，验阅如前。广东战舰，或采买暹罗米数万石，护至天津，验阅如前。夫放洋以纡直分远近，粤东武举人会试，附商舶北上者，往往顺风七昼夜达天津。彼夷船远涉数万里如咫尺，况版舆之内乎？台米运津，本近年恒事，而暹米采买济粤，亦康熙以来岁行旧例。今但加运推广，久之并可酌减南漕，以纾江、浙民力之穷，岂非一举而备数善乎？总之，会哨必令收入内河，监验必由文吏，而不许会哨于海岛无人之地。承平则以虚文欺视听，有事则见轻于盗贼。

际海之国以万数，束之凡三大类：曰城郭，曰游牧，曰舟楫。游牧之国恃骑射，舟楫之国恃火攻、水战，城郭之国恃坚壁清野。土著纵不长水战，岂亦不长防堵乎？承平纵不习攻斗，亦可不筹守御乎？李光弼短野战而善凭城，即以守为战，以正出奇也。高垒深沟，间出奇兵，绝敌饷道，先为不可胜以待敌之可胜。古今遇剽悍之敌，如李牧之于匈奴，周亚夫之于吴、楚，李光弼之于安、史，戚继光之守蓟门，皆得此力。习战难而习守易，不但将帅宜习，即守土吏亦可习。先问所守之城建置得地势欤？城高厚、濠深阔欤？城中仓粟足欤？库中器械利欤？保甲行，奸宄息，人心固欤？薪刍、盐铁、木石、灰油、井泉无缺欤？此岂必临敌而后可议者！顺治八年，议政王大臣奏言："舟山乃本朝弃地，守亦无用，宜令副都统率驻防满兵回京。"其时提督田雄亦言舟山易克难守。盖城逼海滨，船抵城外，与台湾、琼州、崇明形势迥殊。以从古未尝置县之地，而徒贻外夷之挟制，此失地利者一矣。宝山城迫海塘，潮盛则浪溅雉堞。即承平之日，亦宜内移于江湾、罗店，或再内移，与嘉定、上海同城。今乃以重兵守绝地，此不得地利二矣。镇海、镇江本擅金汤之固，而或城外之招宝山先溃，或城内之满汉兵自哄，有险可守且如此，况无险乎？粤省旧城高厚无虞，新城低薄难保，见于上年之章奏。而夷船已退一载，亦曾取新城而崇厚之乎？御海寇但有守内河之法，无守海面之法。而吴淞、天津炮台不近扼内港，皆远置于口门之外，洋面之冲，树鹄以招敌，使敌得以活炮攻呆堞，而我反以呆炮击活船。故贼百攻百中，而我十发九虚。何如移诸港内岸狭之处，使夷船不得如外洋之横恣，而我得以呆炮击呆船乎？且夫御炮之法，莫善于凭城，尤莫善于外土中沙之城。往年官兵围滑县，炮攻不入，最后掘地道始破之。盖外砖石，中沙土，大炮遇沙即止。是说也，闻之杨果勇侯芳。炮台必筑炮城，砖石固易旬碎，即土台亦易震裂。尝以大炮试诸土台，竟彻底掀翻。惟沙心之台垣，炮不能透。是说也，闻之林尚书则徐。

红夷之入寇，与倭不同。《明史·兵志》言倭寇长于陆战，短于水战，以船不敌而火器不备也。红夷则专长战舰火器。此异倭者一。倭专剽掠沿海，亦同流贼。红夷则皆富商大贾，不屑剽掠，而借索埠头通互市为名，专以毒烟异教蛊华民，而耗银币。此异倭者二。红夷之水战与火攻强于倭，毒烟之害甚于倭。日本之深恶红夷不通与市者，防其毒烟与异教也。红夷之畏日本者，畏其岸上陆战也。日本三十六岛，港汊纷歧，其海口更多于中国，其水战、火攻尚不如中国。止以陆战之悍，守岸之严，遂足慑红夷，绝市舶，而不敢过问。又止以刑罚之断，号令之专，遂足禁异教，断毒烟，而莫敢轻犯。吾之水战、火攻不如红夷，犹可言也，守岸禁烟，并不如倭，可乎不可乎？不能以战为款，犹可言也，并不能以守为款，可乎不可乎？令不行于海外之天骄，犹可言也，令并不行于海内贩烟吸烟之莠民，可乎不可乎？

一郡之中非人人可兵，一省之中非郡郡可兵也。国家以提督主武，提学主文。提学使者按行各郡，例兼试武童生，而江南之苏、松、太仓，浙江之杭、嘉、湖，应试武童每不及额，文试则每邑千百。以贵文贱武之俗，而望其高气尚力乎？提、镇、抚、标，名食粮而身倚市，出应伍而归刺绣，尚望其披坚执锐乎？闻征调，则阖门啼泣，推饷求代，而望其长驱敌忾乎？至江北之徐州、寿春，浙东之处州，则文试寥寥，而武试骑射甲两省矣。征调则争先，召募则云集矣。以此推之，各省中有必不可为兵之地，苏、松、太仓、杭、嘉、湖是也；有选择可兵之地，吴之常、镇、淮、扬，越之温、台、宁波是也。有一省精兵之地，吴之徐州、寿春，浙之金华、处州是也。推之江西之赣州，广东之潮、惠，福建之漳、泉，皆一省劲旅，募兵者，当于彼乎？于此乎？地不武者强之使武，地不文者强之使文。以一定之额数，概不齐之风气，易地能为良乎？请饬督、抚会同提学使者，檄示各郡邑，愿裁武试、增文试者听，愿裁文试、增武试者听。于是则江南浙西之学校宽，而江北浙东之骑射奋矣。再饬督、抚会同提督、总兵，奏定营制，永免签兵于财赋文学之区，而以其额，广募边郡之骁锐，散布于腹内诸郡各标，并其缺，优其粮，则江南浙西无冗糜之饷，而江北浙东无额少之营矣。以江、浙推之闽、广，以沿海推之九边，推之十七省，不以邹、鲁之文学，强燕、赵之慨慷，不以丰、沛之剽悍，责吴、越之秀良。量地阴阳，量材柔刚，视执额例之一定，齐风气于五方，责羍翟以搏击，索鹰隼以文章者，孰难易，孰短长乎？（《古微堂外集》卷八）

答人问西北边域书

承询本朝西北边域之略，国家威棱震叠，际天稽颡，括地成图，东尽东海，南尽南海，西不尽西海，北不尽北海，而欲征图朔貊，飙轮弱水，厥制严武，至雄以博。窃钩档册之遗闻，诹都护之属吏，除盛京、吉林、黑龙江号东三省，为满洲根本重地，不属边防外，其西北藩服，疆以戎索，纲纪条列，可得而云。

一曰正北内蒙古（亦有偏东者），凡出口之路五：曰独石口、张家口、古北口、喜峰口、杀虎口。口外四十九旗，皆曰内藩蒙古。合归化城、土默特二旗计之，合五十一旗，分东西六盟。其东四盟，当东三省及直隶边外。西二盟，当山西、陕西、甘肃边外，皆在漠南，皆听天朝设札萨克。（札萨克每旗一人，或世爵，或简放，总理旗务。）其部凡二十四，并归化城则二十五。

一曰正北外蒙古（亦有偏四〔西〕者），分西路、北路、中路、东路四部，凡四汗（其汗以下，有亲王、郡王、贝勒、贝子、公、台吉等，与内蒙古同），共八十一旗。自设札萨克，俱在漠北。此漠北四部落，总称喀尔喀。由正北迤西曰准部，即天山北路，喀尔喀之西，与科布多接壤。科布多横亘于准部、喀尔喀之间，过此则伊犁东路界。准部本有四卫。拉特用兵后，以其地为大聚落，曰伊犁东路，曰伊犁西路，曰库尔喀喇乌苏，曰塔尔巴哈台。皆准之旧地也，今皆有重兵。稍东南近腹地，为镇西府迪化州，亦准旧地，而称安西北路，非天山路矣。

由西北迤西南，即天山南路，皆回子境。准部及蒙古，皆古称行国。回则《汉书》三十六城郭之裔，以哈密为北止境，以辟展为南首境。再东南则为安西南路，非天山路矣。由西南更西南，曰卫，曰藏，曰阿里，曰喀木，天朝设驻藏大臣司其事，而达赖喇嘛副之，藏王则虚存贝子爵而已，非有土之君也。卫、藏曰前藏，阿里、喀木曰后藏，正西曰青海，与藏与准皆接壤，界甘肃、四川边境。凡五部，有喀尔喀，有辉特，有土尔扈特，有和硕特，有绰啰斯，设青海办事大臣一。凡卫拉特之人，亦可称蒙古，犹喀尔喀之得称蒙古也。

其版图不隶中朝者，又有西属国。西属国亦分三路：北路为哈萨克，近准部故；南路为布路特，为安集延，为温都斯坦，为爱乌罕，为那木干，近回部故（温都斯坦，古中印度地）；西南路，为巴勒布，为作木郎，为落敏阳，为布鲁克巴，近西藏故。又有北属国，亦分三：曰乌梁海（此亦一名而三处，在极北而稍东），曰巴眼虎，曰科布多（在北而稍西）。科布多虽一国，而隶之者七种，仿佛西之有青海焉。大抵大清国之北境，东起鸭绿江、黑龙江、逾两蒙古，西迄准部，袤二万余里，皆接俄罗斯界。故俄罗斯为北徼极大之邦，从古不隶中国，其水皆流入北海矣，视北斗则在南矣。

以上束之八大类，惟蒙古最亲附。其五十一旗内蒙古，直古雍、冀、幽、并、营五州北境，所谓漠南也。其新藩蒙古喀尔喀，则古漠北地也。奏〔秦〕汉时匈奴所居。冒顿强，始并漠南，武帝时遁归漠北，后汉为北匈奴地，历代皆与漠南诸部为盛衰，至元太祖建都于此，曰和林。其后尽有漠南诸部，遂帝中国。顺治末年仍归漠北，后始号喀尔喀，共七部，有三汗。雍正中，以额驸策凌奋击噶尔丹功，封为四汗。我朝龙兴之初，内蒙古归附最先，每大征伐，帅师以从。而喀尔喀外蒙古，则康熙中为准噶尔破逐，款塞内附。圣祖亲巡塞外受其朝，复亲征噶尔丹，扫平漠北，而返之于故地，设定边左副将军一，参赞大臣一，以镇抚之。凡两蒙古之君长，皆隶理藩院，世其爵禄，通其婚姻，时其朝贡，制其等威，定其牧地，均其互市，内宿卫禁廷，外捍御要荒，纵横万余里，臣妾百余旗，盖旷古所未有。至准、回二部，则皆古西域地也，皆出嘉峪关外。国家平准噶尔之地，易其名曰伊犁（城三），曰乌鲁木齐（城三），曰巴里坤，曰哈密（城二）。及平西域诸回部，若辟展，若新疆，若哈拉沙拉，若库车，若沙雅尔，若赛里木，若拜城（以上各城），若阿克苏（城四），若乌什（城一），若喀什噶尔（城一），若叶尔羌（城一，此回部旧部），若和阗（城六），咸入版图，设将军、参赞、都统、提、镇，及办事领队诸大臣，及侍卫司官有差。其回部司事各官，则曰伯克。

或谓地广而无用，官糈兵饷，岁解赔数十万，耗中事边，有损无益。曾亦思西兵未罢时，勤三朝西顾忧，且沿克鲁伦河长驱南牧，蹂躏至大同、归化城，甘、陕大兵不解甲，费岂但倍蓰哉？且夫一消一息者，天之道；哀多益寡者，政之经。国家醲酽孳生，中国土满人满，独新疆人寡地旷，牛羊麦面蔬菰之贱，播植浇灌、毡裘贸易之利，金矿之旺，徭役赋税之轻且稠，又皆什倍内地。穷民服贾牵牛出关，至辄长子孙，百无一反。是天留未辟之鸿荒，以为盛世消息尾闾者也。是圣人损益经纶之义，所必因焉乘焉者也。奈何狃近安，忘昔祸，惜涓涘之费，昧溟渤之利，以甘里闬鄙儒眉睫之见？迩者逆回蠢动，思踞故都，喀什喀尔、叶尔羌、乌什三城，信息中断，而阿克苏扼其中道，则北五回城必安帖无事。乾隆初，犁叶尔羌巢穴，时大军会阿克苏，两路进攻，其前事矣。至西宁、西藏二处，先朝尚未大烦兵力，止各设总理事务大臣一人驻治，非蒙古准回诸部为国家边宇至大至要者比。某足迹所至，北仅古北口而止，西仅秦、蜀近界而止，未尝历九关，使绝域，只据图籍传闻，骡括梗略，以塞明问，其详则有待焉。尚博访之躬虎节老边塞之人，讲求方略。苟有未闻，悉以见教，幸甚。

（又承询部落地名，与史参差，何由得其要领。蒙谓边外本罕文字，牵以口音沿变，如土默特即土门土蛮也，默特即冒顿也，苏厄特即算端也，奈曼即乃满也，察哈尔即插汉也，乾竺即大竺，又即身毒也，唐兀即党项也，乌梁海即兀良哈也，举此可以隅反。若夫蒙古游牧所至异名，实有穷于稽诘。先识大纲，而地经之，人纬之，庶犹十得七八。并闻。）（《古微堂外集》卷八）

陶　澍

嗼咭唎夷船复来，严饬堵截情形折片

再，臣等先后接据苏松镇关天培、苏松太道吴其泰等，转据外洋总巡署游击刘桂林禀称，十月二十八日，瞭见佘山直东洋面有夷船一只行驶，前往查逐，等情。该镇即带同署吴淞营参将林明瑞赶往。至高家嘴洋面，见该夷船竖立三桅，船面载有炮械，桅上有旗一面，写天竺国商船字样。随向查询。该夷船有能说华语之人，据称："天竺国系嗼咭唎属国，船户名刘罗，在船舵水八十名，船内装载呢、羽等物，并称在直东大洋，见有江南遭风船只，经该夷救起水手十二名，现要送交。"等语。林明瑞见答话之人，认系前次胡夏米船内之夷伙甲利，即问其因何复来。又称："前船已经回南。现又跟随刘罗同来，求通贸易。"等语。并据该夷将难民徐胜、何耿扬、姚显章、张天贵、施正方、倪太和、宋振贵、姚大安、倪和上、藤大兴、徐五福、徐效全共十二名用脚船送出，讯明均系崇明县人，在周长发船上充当水手，一共十三人，因船只遭风沉溺，遇该夷搭救十二人，尚有刘连一人，见宁波船上救去。各难民供有住址。现饬确查崇明县有无周长发商船出口，交保分领。

查该夷甲利，本在胡夏米船上作伙之人，且船系自北而来，似即系胡夏米由奉天折回之船。据云前船已回，此另系刘罗船只，殊不可信。其所挂天竺国商船字样，亦未必非借此为更换面目之计。惟该夷因有搭救难民之事，仍恳求销货进口，其情词尚属恭顺。臣等仰体圣主柔远之至意，当饬苏松镇、道等量加奖赏，仍凯〔剀〕切谕以天朝定例，止准在于广东贸易，俾令恪遵功令，迅速回帆。第夷情狡诈，野性难驯，难保其不借端逗遛。业已分饬沿海文武员弁，于明白晓谕之中，一面整顿声威，妥为防范，不许沿海居民私相交接，使该夷无所希冀。现据该道吴其泰禀，连日雨雪交加，风色欠利，一遇顺风，即行押送出境。臣陶澍因远在清江浦，往返需时，即由臣林则徐会同提臣等，就近督饬妥办。

除俟押送交替，再行具奏外，合先附片以闻，伏乞圣鉴。谨奏。

道光十二年十一月十五日具奏，十二月十三日奉到朱批："另有旨。"钦

此。（《陶云汀先生奏疏》卷四十四）

十一月二十八日奉上谕："陶澍等奏称，十月二十八日佘山直东洋面有夷船一只，竖立三桅，船面载有炮械，桅上有旗一面，写天竺国商船字样，该船有说华语之人，据称天竺国系嗹咕唎属国，船内装载呢、羽等物，并称在直东大洋见有江南遭风船只，经该夷救起水手十二名，现要送交，等语。并称答话之人，系前次胡夏米船内之夷伙甲利，据云前船已回，此另系刘罗船只，殊不可信。该夷狡诈性成，难保其不借此为更换面目之计。且船系自北而来，甫由奉天折回，又驶至江苏洋面，诚恐其又阑入他省。着奕颢、琦善、陶澍、程祖洛、钟祥、林则徐、富呢扬阿、魏元烺等，分饬沿海文武员弁，于夷船到境时，立即驱逐，不许令其停泊登岸，将货物与民人交易。至该船所需水米，尤不许沿海居民私行卖给接济。只须严密防堵，断不准用炮轰击及上船搜查货物，以致滋生事端，是为切要。该夷船一抵广东，着卢坤、朱桂桢、中〔钟〕祥等，谕以天朝制度，只应在广东交易，务须遵守定例，不准私越各省。即饬该国大班管束，饬令迅速回国。至该夷船用脚船送出难民徐胜等十二名，讯均系崇明县人，在周长发船上充当水手，尚有刘连一人见宁波船上救去。着陶澍、林则徐确查崇明县有无周长发商船出口之事，据实具奏。将此各谕令知之。"钦此。（《陶云汀先生奏疏》卷四十四）

驱逐夷船开行，并严饬防范折子（苏抚会稿）

奏为夷船驱逐开行，现饬舟师押赴浙洋，并分别饬查防范缘由，恭折奏祈圣鉴事。

窃臣等前因嗹咕唎国夷船复至江省洋面，当将督饬晓谕缘由附片具奏在案。臣林则徐先于接准提镇咨会时，即委候补知府善庆、太湖协副将鲍起豹驰赴海口，随同镇、道，并会同上海、宝山两县，酌赏该夷人猪羊酒食，以奖其救护难民。仍剀切晓谕，不准违例销货，并将难民徐胜等十二名收回，讯取确供，交保分领回籍。

正在催令开行间，钦奉上谕："据国祥等奏，十月初二日，在隍城岛遥见西南海面有嗹咕唎国夷船一只，行驶甚速。着严饬沿海州县及水师营弁，管带兵丁，驾驶船只，于该夷船过境，立即驱逐。不许令其停泊登岸，将货物与民人交易，致令滋生事端。至米粮，尤不许沿海居民私行卖给接济。"等因。钦此。臣等恭录钦遵，复饬文武各员妥速驱逐，并严禁沿海居民不许以米粮私卖接济。

旋据禀覆，海口行商铺户，因奉严谕，公立议单，同诣天后神前焚香设誓，悉皆凛遵法度，概不与夷人交易。该夷人见货物不能销售，且官兵稽察森严，即粮食亦无从私买，心生畏惮。旋向营船声称："前在洋中搭救商船，致将梢篷折损，求赏木板铁钉，赶紧修舱，一俟雨雪稍止，即当开行。"等语。当经苏松镇关天培、苏松太道吴其泰酌赏木板铁钉，催令赶修。兹据禀报，该夷船于十一月十五日起碇挂帆，乘风开行。臣等责成该镇关天培，督率将弁兵船，押逐南行，凛遵前奉谕旨，务令与浙省舟师明白交替，不敢稍任含混。并飞咨浙江抚臣、提臣，一体押逐回粤。第夷情狡狯，或于押赴东南深水外洋之后，料知师船不能寄碇，仍复绕越过北，亦须预防。一面咨会山东抚臣，分饬沿海县营严行堵截，以防窜越。

至此次夷船内能懂华语之夷人甲利一名，即系前次胡夏米船内夷伙。臣等以胡夏米前船窜往高丽之后，尚未得实在下落，今既认有前次夷伙，且系自北而来，则该船自即系胡夏米之船，当经移行提、镇，并饬府县确切查覆。旋据金称，此次夷船比胡夏米之船小至二丈有余，樯桅亦少一道。细加察认，并非原船。因即诘询甲利从何又来，其胡夏米原船究往何处。据甲利声称："此次刘罗之船，于七月十八日自天竺国开行。原欲径赴广东，因南风甚大，吹到越南口岸。适胡夏米之船到彼相遇。胡夏米乘坐原船回去，伊即搬过刘罗船上，从直东深水大洋乘风向北。十月初间到关东盖州洋面，天寒冰冻，不能停留，随又乘风南行，复至江南。"等语。查该夷人一面之词，原难凭信，即使所言属实，其为包揽指引，已属显然。此次因有救护难民，希图借通贸易，今货物仍不准销，谅可杜其妄念。据称十月初间在关东盖州洋面，似即系隍城岛所见之船被逐折回。但既非胡夏米原船，则胡夏米究竟曾否回国尚未可知。臣等现饬水师将弁押送至浙省，明白交替之后，仍须在洋时加瞭探。倘复有夷船窜至，立即堵截回南。并饬沿海营县随时防范，不得以此次夷船业已开行即为了事。

一面咨会广东省，查明胡夏米前船并此次刘罗之船果否回粤，统饬该国大班管束外，所有夷船业已押逐开行，并饬查防范缘由。谨合词恭折具奏，伏乞皇上圣鉴。谨奏。

道光十二年十一月二十一日会奏，十二月二十日奉到朱批："另有旨。"钦此。

先于十二月初五日奉到上谕："陶澍等奏夷船驱逐开行，现饬舟师押赴浙洋，并分别饬查防范一折。此次嘆咭唎夷船向营船声称，前在洋中搭救商船，致将梢篷折损，求赏木板铁钉修舱。当经苏松镇总兵关天培等酌赏木板铁钉，已于十一月十五日起碇挂帆开行。仍着该督等责成该镇督率将弁兵船押逐南行，务令与浙省舟师明白交替，毋许含混，并着飞咨浙江省一体押逐回粤。第夷情狡狯，或于押赴东南深水外洋后，仍复绕越过北，并着飞咨山东，分饬沿海县营严行堵截，以防窜入。再，此次夷船比胡夏米船小至二丈有余，樯桅亦少一道。据甲利称胡夏米乘坐原船回去，伊即搬刘罗船上，其为包揽指引，已属显然。惟既非胡夏米原船，则胡夏米曾否回国尚未可定。该督等仍饬水师将弁押送浙省，明白交替后，在洋瞭探，倘复有夷船窜至，立即堵截回南，并着沿海县营随时防范。仍遵前旨，不许令其停泊登岸，将货物与民人交易，至米粮尤不许沿海居民私行卖给。并着咨会广东，查明胡夏米及刘罗船果否回粤，统饬该国大班管束。将此谕令知之。"钦此。（《陶云汀先生奏疏》卷四十四）

覆奏筹议严禁鸦片章程以塞漏卮折子

奏为遵旨筹议严禁鸦片章程，以塞漏卮，恭折覆奏，仰祈圣鉴事。

窃臣于本年五月初二日准刑部咨开，道光十八年闰四月初十日奉上谕："黄爵滋奏请严塞漏卮，以培国本一折。着盛京、吉林、黑龙江将军，直省各督、抚，各抒所见，妥议章程，迅速具奏。折并发。"钦此。当即遵照部咨，转行江苏巡抚、漕运总督、南河总督，一体钦遵，在案。

臣伏思，鸦片烟之害，起自粤洋，流毒内地。中其瘾者，殃身废务，如醉如迷。久且竭中国之资财，贻害及于国计。苟有人心，孰不切齿痛恨？

溯查鸦片，本名阿片，又名阿芙蓉。见于明人所著《本草纲目》及《医鉴》等书，初未言其为害也。

国朝康熙二十四年开禁，南洋鸦片列入药草项下，每斤征税银三分，其后吸食渐众。嘉庆十五年奉旨严禁，其时已知瘾毒之为害，而耗财犹未甚也。嗣复屡议科条，加重办理。然惟开馆者议绞，贩卖充军，吸食之人杖徒而已，不至于死也。而吸食成瘾者，顷刻无烟，即有性命之忧。是以甘心触犯，而购求愈切。奸贩乘其所急，得以抬价居奇。胥役之包庇，关津之卖放，皆从此起。迨至暗市移于荒岛，快蟹出于深宵，冲风破浪，冒九死以犯不蹇。而鸦片愈益矜贵，价值愈益抬高矣。价愈抬，而纹银之出洋遂愈多矣。是非不禁也，禁之而不严，适以驱之，转不若不禁之，犹可听其起落，而银出不若是之甚也。

惟鸦片之禁，久已垂为功令，既未便更张而弛其禁。如该鸿胪所陈，谓内地所熬烟土，食之不能过瘾，是虽开种罂粟之禁，亦未必能易其所嗜。而欲力挽颓波，俾免纹银透漏，则该鸿胪"重治吸食，罪以死论"之奏，实亦出于万不能已之苦心，而为救时之急务也。在朝廷，好生德洽，钦恤惟明，岂不知吸烟止于自害，未遽同于"杀人者死"？而举世波靡，非重典无由震慑。即如酒以成礼，而《周书》言"群饮者执拘尽杀"。何况吸食鸦片之人，鸩毒晏安，久成废物，予以自新，犹不知改。诚如该鸿胪所云："是不奉法之乱民，置之重刑，毫不足惜。"我皇上仁育义正，如蒙特赦重办，诚有合于"生道杀民""刑期无刑"之义。惟是拿办吸烟不难，而难于狱市不扰。若办理无次，而骚动及于闾阎，窒碍先于行旅，必致处处可生陷阱，而良懦皆惊。不但耗天下之财，且伤天下之元气。转非所以培国本也。

至吸食鸦片，既加重至死。则凡情重于吸食者，自应一律加重，以绝来源。臣筹思再四，苦无良策。谨据所见，条议于后，伏候圣裁。

一、劝戒烟瘾，宜刊方、施药并举也。查该鸿胪寺卿原折："请给一年限期戒烟断瘾，自今年某月日起，至来年某月日止。若一年后仍然吸食，即置重典。"等语。查鸦片烟，本即内地罂粟花所为。闻嘆咭唎夷人更取陈死人土和之，并有虫如蚂蝗者，烧灰杂入其中。一落肠胃，见水即生，化而为瘾，得烟始贴，转更爽健。黠者遂神其说，谓可以提摄精神，效在人参之上。其实虫生于烟，饥吞饱吐，无非本人之元气，瘾重则未有不死者。历来断除之方，如忌酸丸、南瓜藤露、四物汤、十全大补汤、和烟灰服之，皆有效验。惟沉溺于烟者，虽有方而不肯服。其贫无力者，又或有方而艰于配药。臣已饬首府刊刻各方，转行遍贴晓谕。各处闻风知儆，纷纷购药断烟。并有好善之士，选方配药，广为布施。于穷民无力购药者，尤为得济。现复通饬各府、州、县，一体照办，总期于本年内各处均知，俾资改悔。

一、烟具、烟土，宜分别毁、缴也。向来查办鸦片各案，总以烟具、烟土为凭。二者之中，微有分别。如售卖烟枪，有用金玉镶配者，奇巧精致，其为有心犯法无疑。亦有用泥土、竹木制造，杂入货摊售买者，多系小本营生，罔知律禁。一经查拿，此辈必先受其扰。应饬令自行销毁改业，仍限一月为期，逾限即办。至若烟土一项，若亦听其销毁，势必仍行藏匿，久之吸食自便，是本未拔而害无由弭也。勒限两月内，自行禀缴到官烧毁，毋许稍有存留，违者加重惩办。俾惩创之中，仍分别轻重，酌予自新之限，以断后患。

一、查办鸦片，宜分任各教官选同公正绅耆，广为劝导也。查原折所请，禁戒鸦片既定一年为限，各省地大人众，有司官难以家喻户晓。即遍贴告示，亦恐视为具文。其耽于吸食者，或谓一年限期尚早，未肯遽断。即自称禁绝者，亦无凭察考。若令到官自首，又恐徒益纷繁，趑趄弗前。是革面已难，何论革心耶？因思古人月旦之法，以乡评别人之善恶而等差之，月有升降，足示劝惩。现例，每逢朔望，宣讲圣谕。亦无非因势利导，化民成俗之意。今鸦片传染已深，各学教官咸有教化之责。应由州、县会同各该学，选派绅耆中明白公正、素行信服者，各限各境，查出食烟之人，谕令改悔。仍于宣讲之次，传集乡众，晓以大义，广为劝导。昔陆九渊于白鹿洞讲义利之辨，闻者至为流涕，朱子谓其切中晚近人心陷溺之病。如果剀切详明，敷宣木铎，必能开豁愚顽，较之出示晓谕，自更有益。

一、查办鸦片，宜责成保长，不必邻右互结也。该鸿胪请于一年后，"取具五家，邻右互结。仍有犯者，准令举发，给与优奖。倘有容隐，一经查出，互结之人，照例治罪"等语。查五家之中，良莠不齐。如系同吸鸦片之人，自必容隐出结，甚至勾通串庇，即永无举发之期。若稍知自爱者，不但不肯出结，而亦难于举发。何者？吸烟之人，父师之教所不能入，何况邻右？一经举发，不但深仇远憾，将种怨于子孙，而且传审质对，已牵连于官府。彼邻右者，岂不虑此？势必忍隐扶同，而又不免于出结之诛，彼邻右何辜而受此吸烟之累？非所以安良善也。至保长为城乡牌甲之首，果有吸食之人，无不周知。且稽察奸宄，是其专责，无可顾忌，自不难于举发。倘有容隐，或举发而不实不尽，亦不难于斥革惩办。所有邻右出结连坐之例，似可毋庸置议，以免波累。

一、审办烟案，宜确审速办，以免反覆也。该鸿胪奏称："吸食鸦片，是否有瘾，到官熬审，立刻可办。"等语。查鸦片有瘾，熬审立见，自不难于辨别。惟国家慎重人命，例须由府转司，招解过院，始成信谳。方其质讯取供，收监转解，有需时日。而此囹圄、道途之中，猝然瘾发，年老气衰者，或致倒毙；其壮年气血旺盛，瘾尚未深者，熬至数日，或已全愈。人情刁诈，或以为凌辱至死，或以为栽诬陷害，哓词翻案，势所不免。自应确切取供，迅速招转，俾不至迁延更变，借口图翻。其瘾发而死者，供证确凿，应毋庸议。其瘾浅全愈者，但能切实改悔，似可量宽一线，仍照枷杖本例，满日取具改悔切结，责释完案，俾其自新。倘再犯到官，加倍治罪。

一、查办烟案，必须本官亲自督拿，如有假冒巡查，即应从严究治也。各州、县查办案件，不能不假手吏役。而吏役率多无赖，不但包庇贿纵，甚至搬弄讹索，无所不为。是以吏役诈赃，定例綦严。各州、县不能钳束，必致转为所用，狐假虎威，动滋纷扰。此非章程所能悬定，惟在各州、县身先督率，其弊自除。否，即严参示儆。至各处匪棍，竟有借搜查鸦片为名，假充吏役，突行劫抢。陆则黑夜打门，水则聚众登舟，翻箱倒箧，搜取资财。如该鸿胪所称："借查烟为名，于往来客商肆意留难勒索者，又不仅在吏役，而假充吏役之害为尤烈也。"应请嗣后如有假充吏役官弁，借查烟抢物者，无论得贩〔赃〕轻重，均照强盗入室搜赃例问拟斩决，以安行旅。

一、兴贩鸦片，宜加重罪名也。定例："兴贩鸦片烟，照收买违禁货物例，枷号一个月，发近边充军；为从，杖徒。"等语。今买食之人议死，若兴贩仍止军徒，似非平允。此等棍徒，本大力大，到处勾通罔利，肆行播毒，罪尤祸首，情理难宽。应请比照"用药迷人，已经得财"之例，将为首兴贩者问拟斩决；其余为从，俱改发回城为奴。以杜传播。

一、纹银出洋，应分别加重严办也。定例："黄金、白银违例出洋，白银数在一百两以上者，发近边充军；百两以下，杖一百，徒三年；为从及知情不首之船户，各减一等；失察贿纵之汛口文武各官，俱照失察贿纵米谷例惩办。"等语。窃以为，海船出入，岂得毫无日用。百两以下，似可不究。若百两以上，与数万、数十万、百万同一科断，殊觉未安。此等鬼蜮，出没风涛，蠹国蠹民，专心向外，律以"通私外夷"，罪有浮焉。如该鸿胪所奏，每岁纹银出洋数至二三千万之多。若果属实，殊堪发指。该鸿胪请于吸烟拟死，亦因纹银出洋之故。岂于盗运出洋之本犯，转行宽典，不加分别。应请嗣后纹银出洋，数及万两者，一经查获，立即请令正法，枭示海口，以快人心而绝烟源。

以上各条，均按照该鸿胪寺卿原奏，参以微臣所见，分晰筹议。至于吸食，虽拟死罪，仍须分别等差，协中定制。应由刑部妥议，具奏颁行。

又，原折请将拿获鸦片，照拿获强盗例，送部引见，系为鼓励奋兴起见，亦应由吏、兵二部议奏办理。如果奉旨饬行，号令一新，远近同心，文武合力，先清内署之劣幕、歪奴，各微衙门之奸胥、猾吏，有犯必惩，不骚良善，行见疲厉全消，有司不犯，不独鸦片断绝，而民气蒸蒸，咸欣圣化，弥巩国本于无疆矣。

所有臣遵旨筹议，各抒愚见缘由，理合恭折覆陈，伏乞皇上圣鉴，训示施行。谨奏。

道光十八年六月十九日具奏。七月十五日差回，准军机处片开："此折存内备查。"（《陶云汀先生奏疏》卷七十三）

复查英船复行北上缘由折

两江总督臣陶澍、江苏巡抚臣林则徐跪奏，为遵旨详查暎咭唎国夷船复行北驶缘由，据实复奏，仰祈圣鉴事。

窃臣等承准军机大臣字寄："道光十二年七月初七日奉上谕：'据讷尔经额奏，登州镇总兵周志林咨称，六月十八日，刘公岛洋面有夷船一只，乘风驶至，询系前在江苏等省被逐之船等语。陶澍等既奏称将该夷船押护南行，不任北驶，何以复窜入山东境界？着陶澍详查，据实具奏。'等因。钦此。"臣等跪诵之下，兢惕实深。

伏查该夷船于六月十一日自江南羊山洋面开帆，当派苏松镇总兵关天培押出江境南行，一面飞咨浙江抚臣暨提镇一体饬押回南。旋据关天培具报，于十二日中刻押护出境，入浙江洋面，是以臣等据情具奏。

嗣因未得浙江接护之信，当又檄查苏松镇兵船究已押至浙江何处洋面，并该夷船作何下落去后。复于六月二十七八等日，接据该镇关天培转据游击林明瑞报称："押送夷船，于六月十三日黎明过浙江尽山洋面，已离江南二百余里，该夷船向东南深水大洋远去。查江南洋面东过马迹、陈钱，即属浙江洋汛，其深水大洋直达夷境，水深五六十托，江省兵船不能寄碇，即浙省兵船亦不能在彼守候，是以另换小船折回西南，差千总陈施华等寻至舟山，迎见定海镇陈步云，告知情形，该镇即饬兵船赶往驱逐。"等情。并准江南提督王应凤咨同前由。续又接准浙江抚臣富呢扬阿、提臣戴雄各咨称："准定海镇咨开：'六月十五日苏松镇差弁前来，称夷船向东南外洋而去，当饬兵船瞭望，未见踪迹。'查外夷之船押逐出境，未便饬由内洋行走，致令认识沙线；而一经放出外洋，即一望无际，四通八达，船由风转，倏而东南，倏而西北，不能自主，亦不能寄碇，两船同行，转瞬之间可以相去数十里，彼此各不相见。故该夷船一放外洋，兵船即无从押逐。"等语。

臣等查江南兵船押逐夷船已过浙江尽山洋面，因深水大洋，兵船不能两相接替，故换小船遣弁知会，业已迎见定海镇兵船，自非捏饰；而浙省咨称外洋不能寄碇，无从押逐，亦系实在情形。是六月十八日窜至山东刘公岛洋面之夷船，谅系由尽山东南之深水大洋乘风折回北驶。如谓该夷船由内洋北窜，则断不能飞越江南汛地。苏松镇即或回护匿报，而迤北之狼山镇及东南庙湾等营节经饬查，断无不见踪迹之理。且六月十三日甫过浙江尽山洋面，十八日已〔入〕东境，若由内洋，必不能如此之速，其为由外洋北窜无疑。惟该镇关天培等虽已押逐出境距江南洋面已有二百余里之遥，并经咨会定海镇一体押逐，但究未能将夷船明白交替，亦有应得之咎。相应请旨将苏松镇总兵关天培、奇营游击林明瑞，仍照疏防例交部议处。

至该夷船此逐彼窜，踪迹靡常。现准山东抚臣咨会，六月十九日该夷船复由刘公岛洋面开向正东大洋而去。难保不仍来江境。臣等已严饬水师巡船在于交界洋面认真哨探，如遇该夷船到境，即行挨次押回，毋任往来游弋。

所有查明该夷船北窜情形，谨合词据实复奏。

［道光十二年］七月二十日［谨奏］

道光十二年八月初五日奉朱批：钦此。（《奏疏题本补遗》）

英船复又驶抵江南，现已驱押出境折

两江总督臣陶澍、江苏巡抚臣林则徐跪奏，为嘆咭唎夷船在江境洋面寄碇，现已驱押出境，仰祈圣鉴事。

窃照本年夏间，浙江定海洋面有夹板夷船游奕，江境连接浙洋，堵截巡防不可稍懈，叠经臣等严饬沿海镇营慎密防堵，并经苏松镇道添调川沙、吴淞两营弁兵，在于海口两岸炮台，层层密布，不准一刻松劲，嗣闻该夷船已经浙江驱逐，而夷情狡诈，海面汪洋，饬令严密瞭探在案。

兹据苏松镇田松林、署松江府周岱龄各禀称，该镇驾舟在佘山洋面巡缉，按据外洋总巡游击汪士逮禀：八月十七日瞭见北首外洋有夷船一只乘风而来，驶近吴淞海口外洋寄碇，该镇即带领兵船跟追到彼，并不许沿海小船驶近夷船。署上海县黄冕与苏松太道阳金城、署松江府周岱龄闻信，先后赶到，会同参将林明瑞、署游击韩永彩、守备杨光祚，带同营弁兵役，查看该夷船约长十余丈，带有脚船二只，船内约有四五十人，黄睛卷发，面貌系属西夷。内有能通汉语者，传令过船，询其名字及来意。据称名麦发达，系嘆咭唎国人，船内装载洋米，来此售卖，并无别货，此外惟有劝世经书，欲分散劝戒，并需蔬菜数种等语。诘以既系嘆咭唎船，因何从北而来？据称七月初二日自广东开行，乘风驶入外洋到山东，并不从闽、浙、江南内洋寄碇，现由山东折回，迷路至此，是以从北而来。比即告以天朝定例，夷船只准在广东贸易，他处皆不许进口，并无需该国米石，且天朝圣经贤传充布宇内，又安用尔等无用之书？至蔬菜食物，念尔等属在远人，酌量给予，随饬丁役购给数担。该夷人俯首无语，口称既不能贸易，当即候风驶回。惟所带之书遗置岸滩，即经黄冕饬役于其回船时对众抛入洋内。千总王嘉谟等将该夷人押回本船，饬令开行。该夷颇知感畏，口称一俟风顺即行回国。随于二十一日天气晴霁，风转西北，复又催令起碇开行。该夷人即于是日午后放洋，向南而去。经苏松镇亲督巡洋弁兵一路驱押过浙等情。

臣等查该夷人自外洋乘风直抵山东，复又驶抵江境，显系图通贸易。今见沿海文武整齐严肃，自料难以进口，其放洋南回，谅不至去而复返。惟夷情究不可测，仍饬各文武认真防查，并咨会浙江抚臣转饬驱押闽省出境，一面咨会两广督臣，确查该夷严行禁办外。

所有嘆咭唎夷船在江洋寄碇、现在驱押出境缘由，臣等谨合词恭折具奏，伏乞皇上圣鉴。［道光十五年九月初一日］谨奏。

道光十五年九月初一日［奉朱批］：办理甚妥。仍须严饬沿海文武不时稽查，小心防范，断不准稍涉大意。尤当严禁内地无知图利之人，暗中接济勾通，是为至要。毋忽！（《奏疏题本补遗》）

贺长龄

覆奏严塞漏卮折

奏为遵旨议奏，敬抒愚忧，仰祈圣鉴事。

道光十八年五月初十日，准刑部咨开：内阁奉上谕："黄爵滋奏严塞漏卮以培国本一折，着盛京、吉林黑龙江将军、直省各督抚各抒所见，妥议章程，迅速具奏，折并发。"钦此。臣查阅原奏，该寺臣之意，盖以耗银由于洋烟之盛行，而洋烟难禁，其来不得不重吸食洋烟之罚，其虑患甚深，其持论甚劲，而惜其未审于事理也。

臣惟治国有经，安内必先攘外，未有不防其外而自扰其内者。我朝最重海防，平时宵小出没，犹须加谨巡查，况银出烟入，为害甚巨，即载烟趸船不进海口，而洋面皆有员弁游巡。现经闽浙督臣钟详奏定会哨章程，果能实力奉行，不但贩烟匪徒可期敛迹，即一切阑出禁物，均有稽查，全洋大局得所控制，讵可诿为难防，转启外夷以可乘之隙也。且内地之种烟者众矣，食之者亦夥矣，不尽资于洋也。若因食烟而置之死，非特于情未协，兼恐势有难行。

臣请得而备陈之：凡论罪必须衡情，食烟者非有凶暴害人之心，亦无狂妄悖理之事，不过如酒色过度之自戕躯命耳，而与杀人同科，毋乃过当。然使此法一行，即能慑食烟者之魄，而致之生，虽严刑亦所弗恤，为其所全者大耳。而臣决其必不能者，非意之也，开设烟馆，罪加缳首矣，而开馆者未减于前。夫以烟馆之昭然在人耳目、易于觉察者，人犯冒死为之，则夫食烟之在重门密室中者，更无论矣。且科条愈重则勾结愈密，摘发益难，讹诈愈多，滋扰益甚，即保结亦徒成文具耳。今之奸盗斗狠为害地方者，无不控官准理，而犯者累累，曾不知惩，食烟何害于人，而欲以一纸保结，责令首告，恐邻右不能如此奉公，则食烟者复何所畏？此种陋习沿海最多，几于十人而九，边防重地，静镇为先，岂可更增纷扰。臣观《隋史》，文帝以盗贼繁多，凡盗一钱以上者皆弃市，或三人共盗一瓜，事发即死，于是行旅皆晏起早宿，天下凛凛，卒因众怨沸腾而止。伏读高宗纯皇帝御批云："盗一钱一瓜皆抵死，而行旅之戒心如故，是峻法固不足以遏奸，徒见其滥刑耳。"圣谟洋洋，诚万世所当法守也。

夫重典既未可用，而食烟者固不尽资于洋，然则银何以贵，钱何以贱也？盖天下之平久矣，二百年来生齿日益繁，费用日益广，钱由官铸，岁岁而增之，银不能给也。兼之钱质繁重，难以致远，各处行用，良恶贵贱又不一致，故民间会兑只于近城，间有舟车运载，尚不及银百分之一，积而见多，安得不贱？银则轻便易赍，所值又多，各处行用大概相同，数千里外皆可会兑，兼能运致，散而见少，安得不贵？唐之飞钱亦能及远，则不用银故也。今则银日重而钱日轻矣，赢诎情形，较然可睹，然则何法以平之乎？

溯查上古以货交易，太公立九府圜法而钱始行，至周景王已患其轻而更铸矣，犹未以为赋也。汉初但出口算钱耳，唐行两税，始一律输钱，亦未以银为币也。宋仁宗时恒苦钱荒，乃诏福建、二广输钱者代以金银，其时银五十两直钱百贯。嗣是民间亦遂以银市易，盖货币流行，迭为衰旺，时移事异，理有固然。由宋溯前，以钱权物，而国不患贫；由宋迄今，以银权钱，而久乃积重。既成积重之势，宜思通变之方，时至事起而化裁出焉，殆天所以启我皇上乎？

昔者禹汤值水旱之厄，铸金作币以振民饥，《周官·司市》亦云：国凶荒则市无征而作布。布即钱也。周景王铸大钱，单子以为民患轻，则作重币以行之，于是以母权子而行，若不堪重，则多作轻币以行之，亦不废重。于是乎以子权母而行，史称其时劝农赡不足，百姓蒙利。盖帝王躬揽天下之利权，与时低昂，而天人交应，初非成法所能限也。然如汉武之皮币，宋之交子、会子，元明之钞，率皆质脆物轻，旋用旋废，以其失五金相济为用之意耳。是知利用厚生，全资六府，转输挹注，必借五金，除黄金为上币，及黄铜、黑白铅并用铸钱外，铁锡粗贱未可为国宝，惟白铜质良而品贵，实钟德产之精华，乃仅资玩好之娱，殊亵扶舆之美，当此银诎之际似宜相辅而行。

夫金为水母，故币若泉流。今以白铜而佐银，仍属相生于一气，权衡铢两，贵得其平。臣请以白铜一两当纹银五钱，以次递加，至当银十两而止，分别等差铸成圆锭，其止于当银十两者，取携轻则流通易也。并于锭面錾明准当纹银若干字样，如洋银之便民，不须戥秤，随手可用，自官俸、兵饷、盐关课税，以及一切民屯额赋，凡下之供于上，上之颁于下，并与纹银一律通行，且今之以铜济银，犹昔之以银济钱也，方银未用之先，亦如白铜之但供饰器耳。一经功令准行，遂为后世利赖，造物原无尽藏，而创始必待圣人，此臣所以妄有请也。

臣闻滇洋白铜器具华美，不亚于银，特未悉滇中岁产几何，洋铜每岁之入内地者又几何。川岳效灵，自当应时而发，度宋代用银之始，亦不甚多，当由逐渐增广耳。应请敕下滇省及粤、闽、苏、浙濒海之区，查明岁产岁入大概分数，是否足资鼓铸，并晓谕内外工匠人等，不准打造白铜器具，官吏军民之家概禁行用，其旧有者勒限交官，优给价值，毋令亏折。铸造之始，铜必精而工必良，则人知贵重，既行之后，法一定而不可易，则众皆信从。自来钱币轻重，虽由积渐使然，而剂之使平，则恒视君人之意旨为趋向。后世食用之物，无一不增于前，风会日开，虽圣人不能强之复古，因时制宜，亦惟便民而已矣。如刍荛可采，而铜不乏供，应请敕下部臣将分省设局委官督办一切事宜，悉心酌议，候旨施行。

臣又思钱贱之故，亦不尽由银少，我朝钱法最称得中，顺治、康熙、雍正之时尤极精美，后乃渐不逮前。法久弊生，事所恒有，今试持钱易银，雍正以前者得银必多，乾隆以后者得银必少，高下盖不可诬，似宜敕下部臣加工求精，以冀渐复其旧，亦抬高钱价之一法也。恭逢我皇上力行节俭，凡为民生国计先事预筹者，盖已无微不到。微臣但有一得之愚，敢不罄竭管蠡，冀裨高深于万一，而识虑短浅，苦无远猷长策，仰纾宵旰忧劳，率臆渎陈，无任惶悚，伏祈圣鉴训示。谨奏。（《耐庵奏议存稿》卷四）

宣示吸烟新例通饬查禁札

照得洋烟为害甚巨，现经鸿胪寺卿黄奏加死刑，实属罪所应得。本部院念尔等愚民受害已深，骤难改变，不忍遽置于死，姑宽一线，予限五个月，并刊发解烟各方，使得及时自新，各求生路。该地方官务不时下乡，面加晓谕，使乡愚百姓咸知利害，未染者勿入迷途，已染者及早改悔，并令邻右人等互相劝戒。傥逾五月之限，仍有违犯吸食者，必照新例重治其罪。其收浆熬膏、开设烟馆及兴贩烟土、制造烟具之人，并知情租给田地房屋之业主、受雇容留之船户，一概照例治罪，不准轻释。此事必须本管官亲自查办，不得假手家丁、书差、乡约，转滋扰累。惟卑幼私自吸食，不服尊长管教者，准该尊长禀官究治，他人概不准讦告，以杜挟嫌栽害、倾陷、讹诈等弊。

但欲杜吸食鸦片之弊，必先严栽种罂粟之禁。本部院已于上年明切示戒，现届栽种之时，深恐愚民积习相沿，不知新例之严，致干重究，为此特将鸿胪寺卿黄奏加死刑之处明白宣示，又将栽种罂粟之必罹重愆再申前禁。各地方官尤须亲历各乡，于未种之先预行禁止，即于所到乡村传集父老，告以利虽重于麦禾，害实切于性命。现复钦奉上谕，再三严禁，如敢栽种，定即拔毁治罪，是利未得而害已随之，何如安分种禾之有利无害也。并严谕族长邻右乡约保正，查有私种即行拦阻，拦阻不住，立即禀官究治。兵役地棍人等，敢有勾通族邻约保互相容隐及借端讹诈者，该地方官查明重惩。若至容隐滋弊，讹诈生事，则是该地方官平时既不能约束，临事又失于觉察，定以昏庸，立登白简。该地方官尤须先于本衙门官亲子弟、幕友、家丁、书役人等，严行禁绝吸食，以清其源，否则虽有法令，民亦不服。

此事新奉严旨必应实力查禁，却须各官因地制宜，不可拘定死法。其办理能否妥善，本部院即以是为各属之考成，丝毫不能假借。仰署臬司严切通饬，慎勿视为具文，并将作何查办禁止之处，即于月折内随时据实报闻，

以凭随事查考。（《耐庵公牍存稿》卷三）

禁贩卖鸦片栽种罂粟示

照得书称五福，一曰寿，二曰富，是富与寿乃人之所大欲，断无恶此而反欲贫且夭者也。惟有鸦片既能贫人，又能夭人，一人嗜之，须费平民数口之奉，一日迷之，遂为终身莫解之忧，百事尽废，生计全荒，此其为害，奚啻寄鸩毒。乃以数口之奉，供一人无益之需，又绝谋生之路，贫者固无以自存，即富者亦无不贫矣。其性又能使人淫佚无度，夫淫佚无度，必死之道也。人又喜其能提精神，预用顾用之，一旦则有余，计及将来，则必竭，此又必夭之道也。即不夭死，而形销骨立，面目可憎，与夭死何异？是物之毒害吾民，未有过于此者。乃嗜之者，好人所恶，自贼其身，专事邪淫，男女无别，其于人心风俗，为害实深。

查例载：贩卖鸦片烟，枷号发近边充军，为从满徒。私开烟馆、引诱良家子弟者，绞监候，为从满流，保邻人等杖徒。军民人等买食者，杖枷，如不将贩卖之人指出，杖徒。职官及在官人役买食者，俱加一等治罪。又，栽种罂粟花、葵花，收浆煎熬鸦片烟，及买土煎熬、售卖图利者，为首发边远充军，为从杖流。其知情租给田地、房屋之业主，受雇容留之船户，分别一年半年内外充军流徒，田地、房屋、船只一律入官。制造及贩买鸦片烟器具者，照造卖及贩卖赌具例，分别治罪。定例所以从严者，原欲保全尔等，使尔等不敢违犯，得以共乐升平耳。

夫士农工商，各有身家，各有生业，一入其中，则身家莫保，生业全隳。至官吏兵丁，皆食朝廷俸禄钱粮，尤当屏除嗜好，振刷精神，以尽厥职。乃访闻黔省诸色人等，竟有仍蹈前辙，执迷不悟者。并闻山僻愚民，竟有废其良田，栽种罂粟者。独不思一经查获，照例拟办，官则革职同罪，即兵民等亦无不家败人亡，以身试法，何其愚也。查罂粟种之田间，原显而易见，乃竟未闻府、厅、州、县查办一起，诸凡废弛，不问可知。除一面行司转饬，严密查拿究办外，为此示仰合省各色人等知悉：尔等非不知烟能夺算耗财，而嗜之不已者，皆由不明道理，不计利害，又不知国法之严以至此耳。今本部院剀切示谕尔等，如能回头细想，未有不凛然恐惧，以戒于前，惕然警省，以绝于后者也。尔官吏兵民人等，务宜各鉴前车，深思猛省，父诫其子，兄勉其弟。未食者切勿近之，已食者急宜断之，其贪利播种者，仍各随土宜改种粮食等项，获利虽微，积久自臻饶裕。现已将届栽种罂粟之时，该府厅州县务严查重办，以绝其源。明年二三月间，该府厅州县皆须亲自下乡，周历遍巡，见有罂粟花开者，即系违禁私种，照例治罪。其开设烟馆者，务各另图正业，勉为良善。有私开者，一律究办。至官吏兵丁，尤宜痛改前非，免致旷废职司，虚縻军饷。自示之后，如敢故违不遵，一经访闻，定即照例参处，决不姑宽。

再，查拿鸦片，必须本官亲到，方准查拿，傥有借端索诈者，虽实不究，仍惩兵役。若地方匪徒，借搜烟而抢夺者，无论烟之虚实，皆以盗论。或在乡途滋扰，许被害之家赴官禀究，该管官立拿重惩，毋稍徇纵，佐杂官恣意妄拿，一并从严究办。（《耐庵公牍存稿》卷四）

黄爵滋

纹银洋银应并禁出洋疏

奏为纹银洋银应并禁出洋，务绝仿铸之弊，并严科罪之条，以崇国法而裕民生事：

窃臣见钞发浙江巡抚富呢扬阿遵旨体察钱贱银贵情形筹议覆奏一折，内推银贵之弊，由纹银出洋，律无治罪专条，请旨饬部定例，通行晓谕，俾知遵循。旋据刑部奉旨酌定具奏，黄金白银出洋，均照私运米谷出洋例治罪。

臣详查该抚原奏称：嗣后内地人民与外夷市易，准以货易货或以洋银易货，不准以纹银易货。又刑部所定条例，只概言白银，并未指称洋银亦在禁例。是纹银出洋有禁，而洋银无禁，意以洋银本来自外洋，不妨转用出去，而不知内地实积有仿铸洋银之弊。盖自洋银流入中国，市民喜其计枚核值，便于运用，又价与纹银争昂，而成色可以稍低。遂有奸民射利，摹造洋板，消化纹银，仿铸洋银。其铸于广东者曰广板，铸于福建者曰福板，铸于杭州者曰杭板，铸于江苏者曰苏板、曰吴庄、曰锡板，铸于江西者曰土板，行庄种种名目，均系内地仿铸，作弊已非一日，流行更非一省。则今日内地之洋银，即内地之纹银也，既禁纹银出洋，又准以洋银易货，则商民知纹银有禁，而洋银无禁，将尽以纹银铸为洋银，不遇一炉火转旋之间，遂可置身法外，是一面禁之，一面纵之，臣恐内地纹银，且相率化为洋银，而纹银自是日益少而日贵也。

查纹银出洋，弊非一端，全在大吏仰体圣心，防微杜渐，筹画周详，使奸商黠吏，无从使其蒙蔽，方为尽善。臣愚以为纹银洋银，理合并禁，出洋洋银百枚，即照纹银百两科罪，并请饬各省督抚，实力稽查，凡有仿铸洋银之犯，即照私铸铜钱科罪，庶纹银可日积而渐多，洋银无绩铸而自少。至刑部新定黄金白银出洋治罪专条，仅仿照偷运米谷出洋例，拟〔疑〕未允协。查偷运米谷数至一百石以上，敛迹非易，若偷运金银数至百千万，敛迹不难。且鸦片烟等犯禁之物，其藐法潜买者，皆以银则便，不以银则不便。在奸商黠吏，只图贪利营私，觇法律之稍轻，即诡谋之百出。夫岂知匮内地有用之财，资外夷无穷之利，实有关国家万年之计。较之铜斤铁货，可造军器者，所系均干至重。应请饬下刑部，再行酌拟，比照从重科罪，使奸徒不敢轻蹈法网，斯国法崇而民生裕矣。臣管蠡所及，是否有常，伏乞圣鉴训示。谨奏。（《黄少司寇奏疏》卷三）

敬陈六事疏

奏为敬陈管见，仰祈圣鉴事：

臣幸生久安长治之世，仰荷皇上特达之知，前由谏垣，擢任卿寺，犹蒙特旨训示，仍得建言自尽。此固臣读书筮仕以来，愿竭愚诚之素志也。敢不益切悚惶，勉图报称？臣窃思衮衣虽无阙失之待补，而桑土却有绸缪之宜先。愚者千虑，或有一得。谨就管见所及，列为六事，敬为我皇上陈之：

一、谨天戒以迓洪庥也。臣维自古帝王之学，莫大于敬天，而敬天之学，莫大于谨天戒。天道无言，常视人事以为征应。唐、虞、三代盛时，未尝无灾异之事，而古圣帝王，初不以为讳，此《尚书》所以有克谨天戒之训，而我世宗宪皇帝尤谆谆于省愆修德以承眷佑之恩，圣谟洋洋，诚万世子孙之守法也。臣考《汉书·天文志》曰："阴阳之精，其本在地，而上发于天。政失于此，则变见于彼。是以明君睹之而寤，饬身正事则祸除而福至，自然之符也。"臣伏念皇上自即位以来，励精图治，澄叙官方，勤恤民隐，恭俭宽仁，虽尧、舜之圣，曷以加此？然比年之间，水旱昆虫，在所多有，岁功不登，民生屡困。顷复有星起自斗口，渐移过天市垣，见者咸以为异。虽阴阳之在天地，亦偶有乖舛之时，而修废之在人事，或不无感召之理。皇上愈廑顾諟之心，弥尽对越之实，内则杜渐防微，日慎一日，则圣躬之已修者益修矣。外则循名责实，安益求安，则圣政之已修者又益修矣。于以仰格天心，下慰民望，休征且为立应，更何灾祲之难弭哉？臣请皇上饬谕钦天监，嗣后将天象簿与晴雨录，一同进呈。又饬谕各省地方官，凡其地面所有灾异，无论大小，务宜据实奏报，毋得隐讳。皇上以时考察，取天文正义，按条核证，求诸内外之故，以斟酌而弛张之，则天麻滋至，而臣民共庆已。

一、广贤路以襄郅治也。臣闻人存则政举，故天下无难为之事，无难为之时，总在得有为之人。历观往史，当开创之时，削乱图功，人才竞出，而庶政亦修明可观。及夫继体之世，则安常守故，人才不出，而庶政亦疲玩不举。岂生才之多寡有独异欤？一则破资格以求之，而其途甚广；一则拘资格以求之，而其途稍隘也。我朝定鼎之后，开科取士，仍循明制，得人称盛。然乡、会两科之外，如康熙、雍正、乾隆年间，屡次诏举博学鸿词科，所得真才，如汤斌、刘纶等，皆为熙朝硕甫，一代伟人。煌煌盛举，照耀千古，凡以明为政在人而立贤无方也。且夫见贤能举，举而能先者，君子之所以日长也。见不善能退，退而能远者，小人之所以日消也。不善何以见？察之不厌其密。贤何以见？求之不厌其详。自古人才之弊有二：一在于学非所用，用非所学。夫学非所用，用非所学者，此科举之弊也。科举弊则科举中之人才已莫能见，况科举以外者乎？一在于名不副实，实不副名。夫名不副实，实不副名者，此保举之弊也；保举弊则保举所可及之人才已莫能见，况保举所不能及者乎？是故求之不严，则冒滥之人众，而患莫大焉；求之不广，则将就之人多，而患亦莫大焉。道在试之有用之学，非文士所得滥竽，录其有用之才，虽布衣犹当推毂。伏求皇上推广用人之法，以收得人之效，谕令中外大臣，各举所知，以备试用，但当绝其奔竞，去其夤缘，方为公忠体国，不负委任。至其求之之法，或特开一科，如从前诏举博学鸿词故事，第不试以诗赋，而试以策论，取其通经史而适于时务者，量才用之，或兼设数科，如汉之经任博士、文任御史、才任剧县等目，分别试之。总之，古法与今不同，臣愚以为用贤者皇上图治之大原，求贤者宰相佐治之急务。伏请饬下大学士、军机大臣等，共筹良法，以广贤路，斟酌议奏，仰候圣裁，聿成圣典。如此则贤才众多，政教修举，列圣鸿规，至今益振，岂独闲行之士足为美谈哉？

一、整戎政以收实用也。兵可百年不用，不可一日不备。然备之正所以为用之也。苟备之而不练，则临事而不可用，与不备同。练之而不精，则临用而不可恃，与不练同。而练之精与不精，则存乎其将之得人与不得人。苟其将之不明于韬略，不娴于技术，则虽日召兵而练之，而其兵且茫然不知所向，又况其偷惰苟安者之不足以作兵气也！又况其克吞粮饷者之不足以服兵心也！故欲求可用之兵，当先求可用之将。以臣近闻山西赵城一事，该处额兵武弁，人人畏缩，在途亦毫无纪律，而带兵武弁，亦逡巡而不敢前，姑息而不能制，是该省戎务之废弛已极，而他省亦大概可推。则是今日之兵，以为备非不备也，以为可用，则臣未敢信其尽可用也。夫他事尚可讳不可以为可，姑作徼幸之想，若兵则实试之于死生之地，非我歼彼，即彼歼我，苟必讳其不可用以为可用，则临事而贻误于国家岂浅鲜哉？皇上武勇迈于百王，明察周于万里，尝恐承平日久，天下有弛兵之虞，即位以来，屡饬各省水陆提镇，尽心操练，去岁又特命内臣向齐、鲁、晋、豫各省，亲为简阅，诚可谓不泄不忘，智深而虑远矣。臣愚窃以为整饬戎务，在练兵，尤在择将。现今杨遇春已蒙恩予退，罗思举、马济胜等亦年齿渐登，此外求老成练达、缓急可恃之员，恐不可多得。合请皇上饬谕中外大臣，无论文职武职，文科武科，倘有洞明韬略、娴习技艺者，即令据实保奏，俾得一体召见，皇上择其可用者，大以任大，小以任少，而于旷职恋栈之员，即汰令出缺，毋塞来者充补之路。如是人才奋兴，将皆良将，自兵皆胜兵矣。再者，臣观历代练兵之法，今古异宜，近惟明戚继光《纪效新书》《练兵实纪》二书所载训练各式，均与目前所用相合，且其法至明至简，为常人所易习，而古来言兵家，亦莫能过。并请旨饬谕各营弁，以后训练，一照戚继光《纪效新书》《练兵实纪》所载诸式，逐一操演，不惟可以练兵，并可以练将，而将才即出于兵中，不待他求，于以御侮敌忾，可坐制而有余矣。

一、立控制以靖匪民也。臣维国家承平既久，生齿日繁，而土不加辟，于是民多产少，天下不能无失业之民。夫此失业之民皆有身家，不能以无食，而其心智才力又不能废之于无所用也。民有正业，则心智才力，皆管于正业之中，而有所托以得食。无正业，则无所托以得食，遂去而为枭棍，为贼盗，为邪教。一倡而十和，十倡而百和，日积月多，并有业者亦且为所诱胁而从之；党与既众，事端易生。故天下多一失业之民，即天下多一生事之民，天下多一生事之民，即天下多一不治不安之民也。以臣所闻，直隶、山东、山西之教匪，河南之捻匪，四川之啯匪，江西之盐枭，江西、福建之担匪、刀匪，及随地所有不着色目之棍匪、窃匪，地方官虑其生事，未尝不查察，而终莫能使之改革者，无业以管其心智才力而使之得食，故仍狃于故辙也。夫既禁之不从，必且取而诛之，则又安可胜诛？诛其首恶一二人，而余党仍潜匿于地面，或窜伏于他境，而不可以尽，此地方官治之所以术穷也。然则遂果无术以治之哉？臣以为不在穷治，而在善为控制。今有牛马脱其辔勒，任其散放以自食于四野，势必且蹂人田亩，啖人禾稼，其害滋甚。吾取而络其头，穿其鼻，饲以刍秣，而使之引辕负犁，则必听人指使，帖然就驾，不惟不为人害，夫且大为人用。此臣所谓控制之术也。今之失业匪民，犹之脱去辔勒，害人之牛马也；诚能收之，饲之刍粟，施以鞍辔，又何难去其害获其用哉？臣请饬下督抚大吏，谕令地方官，于此等匪民，先宜实力查捕，除已犯重案论治如法外，余皆概予开释，而著其名于册，谕令迁改，取其智力可用者，补编营伍，可资其材勇；次充捕差，可借为耳目；次充城署散役，可备巡守，效奔走。名既隶官，则有所管摄；身既近官，则易为查察。除数项已用之外，仍有余人，或近水而有苇荡可田，近山而有竹木可植，近边而有沙卤可耕，官皆为随时设法，因人立计，务有以广其资生之路，而开其向善之心。如是而犹有不悛，则有严法以处其后，斯控制之道得，而治安在万世矣。

一、饬堆拨以清辇毂也。京城首善之区，京营为天下之表率，理宜严卫密防，加倍整肃。臣查向例，城垣之上则设有堆拨，骁骑营派兵为防守；城下则有马道栅栏，谨其锁钥，禁人出入，步军校领兵为防守。其内外城之街市小胡同，均按里设堆，堆有巡兵，据口立栅，栅有守卒，昼察夜警，集梆传筹。内城则领以翼尉，外城则领以参游。可谓缉暴诘奸，至周至密。无如日久偷懈，百弊丛生，城班旷玩，并不照例轮值，而马道栅栏，亦档木无存，锁钥尽弛。近见有三五成群，手提雀笼雀架，终日闲游，甚或相聚赌博。问其名色，则皆为巡城披甲，而实未曾当班，不过雇人领替，点缀了事。以致闲人亦得登城，窥人房屋，夜行偷窃，重或谋害人命。即如去岁太平仓从城掷落无名男子，虽经审明皆非城班之人，是城上之堆拨，马道之栅栏，无兵可知也。城内外之胡同栅栏，从不见有兵夜为锁闭。其街市之堆兵，则名数并不如额，其僻巷小堆，甚或无兵，夜则更柝不闻，昼则巡逻不见，而营汛官房，亦皆日间有官，夜间无官。所以盗贼得乘间偷窃。如阿禄一案，彼时虽经喊发，该盗尚敢行劫，是街市缉守之无兵可知也。至库班亦莫不废弛，仓堆则房皆倒塌，铅子库则被窃时闻，是仓库之无兵可知也。细访其故，皆由该管员弁，吞饷肥私，每旗吞侵数十名之钱粮，以供翼尉之私用，而翼尉之档房、海巡、总捕、总巡，亦无不有兼吞之弊。八旗步营皆然，外营之参游亦且相率效尤，以故有堆无兵。即大吏或有闻见，时派稽查，率皆移东补西，或一人领充数名，或暂雇贸易之人支应塞责，彼此包庇，狡狯百出，虽大吏亦无可如何。应请旨饬下步军统领，认真查办，翼尉以下有无吞饷、包班、玩巡、旷守等情，彻底清厘，严参治罪。所有各处之堆房栅栏，有无缺额，或坍塌倾圮，一例修理。再，臣曾任巡城御史，深知盗贼案多而缉获殊少，推原其故，并由兵役通同作奸，名为捕贼，潜且豢贼，而番子为尤甚。合并请旨饬下步军统领及五城御史，一并严查。如该营弁司坊徇隐故纵，立即严加参处。如此则辇毂之下一体肃清，奸宄无从混迹，官民皆得相安矣。

一、严剿御以肃夷禁也。臣维中国与外洋互市，原有地界，夷人寸步不得逾越。近来夷人互市既久，渐有玩法藐禁之处，往往好生事端。臣阅邸钞，见旧岁两广督臣卢坤奏，夷船擅入内地，辄敢放炮相拒。今年闽浙督臣程祖洛、山东抚臣钟祥又陆续奏，夷船飘入内地，情颇猖獗，何毫无畏惧若此？臣闻近日夷人与中国客商，往来狎习，潜募中国能画者，图绘中国山川、道里、城郭、驿站形势，又募能书者，录述中国各样情事，大小不遗。其接对中国客商，语言情态，十分骄肆。而历任督抚，又率多顾忌隐忍。此夷人所以得计而日骄也。臣窃谓夷人性情，本难恩感，当以威制。我示之弱则彼强，我示之强则彼弱；我畏其生事则彼益好事，我不畏其生事则彼且帖然无事。且如英吉利夷，远隔重洋四万余里，多寡之势，主客之形，彼何恃而不恐？我何为而不奋？然所以威制之道，不在临时之张皇，要在平日之振作。臣闻沿海水师，率皆老弱无用，军器率多残缺，并不修整；又战船率用薄板旧钉，遇击即破，并不计及夷器之凶利坚固，作何抵御。似此废弛，何以肃边威远？应请饬谕沿海督抚提镇大臣，认真操练水师，修理军器，战船费用，一归实落，方为有备无患。再，臣查粤海关之税，所入者不过百万，而鸦片烟之银，漏出外洋者，不下二三千万。以无用有害之物，毒中国之人而又竭中国之财，夷计之狡莫甚于此；而屡禁不绝者，则皆汉奸为之也。臣闻近来广东抢劫大案，大半以搜查鸦片为由，各关亦以搜查鸦片为名，实则需索客商。江西等处河面一带游民，亦以搜查鸦片为名，实则抢劫财物。是有禁不如无禁。臣愚谓欲截其流，但塞其源。应请皇上饬谕两广总督，责成水师提督，严查大屿山之屯船，及转运之快蟹，交易之窑口，悉籍其党，立置重典。一面檄知该夷国王，嗣后夷船不准装载此物，如违即照汉奸治罪。若不如此严禁，臣恐此患竟无底止矣。

以上六条，似皆当务之急。臣愚昧之见，是否有当，伏乞圣鉴别择施行。谨奏。（《黄少司寇奏疏》卷三）

请严塞漏卮以培国本疏

奏为请严塞漏卮以培国本事：

臣维皇上宵衣旰食，所以天下万世计者，至勤至切；而国用未充，民生罕裕，情势渐积，一岁非一岁之比，其故何哉？考诸纯庙之世，筹边之需几何？巡幸之费几何？修造之用又几何？而上下充盈，号称极富，至嘉庆以来，犹征丰裕，士夫之家以及巨商大贾，奢靡成习，较之目前，不啻霄壤。岂愈奢则愈丰，愈俭则愈啬耶？臣窃见近年银价递增，每银一两易制钱一千六百有零，非耗银于内地，实漏银于外夷。

盖自鸦片流入中国，我仁宗睿皇帝知其必有害也，故诰诫谆谆，例有明禁。然当时臣工，亦不料其流毒至于此极，使早知其若此，必有严刑重法，遏于将萌。查例载：凡夷船到广，必先取具洋商保结，保其必无夹带鸦片，然后准其入口。尔时虽有保结，视为具文，夹带断不能免。故道光三年以前，每岁漏银数百万两。其初不过纨裤〔绔〕子弟，习为浮靡，尚知敛戢。嗣后，上自官府缙绅，下至工商优吏，以及妇女、僧尼、道士，随在吸食，置买烟具，为市日中。盛京等处，为我朝根本重地，近亦渐染成风。外洋来烟渐多，另有趸船载烟，不进虎门海口，停泊零丁洋中之老万山、大屿山等处。粤省奸商勾通巡海兵弁，用扒龙、快蟹等船，运银出洋，运烟入口。故自道光三年至十一年，岁漏银一千七八百万两，自十一年至十四年，岁漏银二千余万两，自十四年至今，渐漏至三千万两之多。此外福建、江、浙、山东、天津各海口合之，亦数千万两。以中国有用之财，填海外无穷之壑，易此害人之物，渐成病国之忧，日复一日，年复一年，臣不知伊于胡底。

各省州县地丁漕粮，征钱为多，及为奏销，皆以钱易银，折耗太苦，故前此多有盈余，今则无不赔垫。各省盐商卖盐，俱系钱文，交课尽归银两，昔则争为利薮，今则视为畏途。若再三数年间，银价愈贵，奏销如何能办？税课如何能清？设有不测之用，又如何能支？臣每念及此，辗转不寐。

今天下皆知漏卮在鸦片，所以塞之之法，亦纷纷讲求，或谓严查海口，杜其出入之路。固也。无如稽查员弁，未必悉皆公正，每岁既有数千余万之交易，分润毫厘，亦不下数百万两，利之所在，谁肯认真查办？偶有所获，已属寥寥。况沿海万余里，随在皆可出入。此不能塞漏卮者一也。

或曰禁止通商，拔其贻害之本，似也。不知洋夷载入呢羽、钟表，与所载出茶叶、大黄、湖丝，通计交易，不足千万两，其中沾润利息，不过数百万两，尚系以货易货，较之鸦片之利，不敌数十分之一，故夷人之着意不在彼而在此。今虽割弃粤海关税，不准通商，而烟船本不进口，停泊大洋，居为奇货。内地食烟之人，刻不可缓，自有奸人搬运。故难防者，不在夷商而在奸民。此不能塞漏卮者二也。

或曰查拿兴贩，严治烟馆。虽不能清其源，亦庶可遏其流。不知自定例以来，兴贩鸦片者，发边远充军，开设烟馆者，照左道惑人引诱良家子弟例，罪至绞。今天下兴贩者不知几何，开设烟馆者不知几何，而各省办此案者绝少。盖原粤省总办鸦片之人，据设窑口，自广东以至各省，沿途关口，声势联络。各省贩烟之人，其资本重者，窑口沿途包送，关津胥吏容隐放行，转于往来客商，借查烟为名，恣意留难勒索。共各州府县开设烟馆者，类皆奸滑吏役、兵丁，勾结故家大族不肖子弟，素有声势，于重门深巷之中聚众吸食，地方官之幕友、家人，半溺于此，未有不庇其同好。此不能塞漏卮者三也。

或又曰开种罂粟之禁，听内地熬烟，庶可抵当外夷所入，积之渐久，不致纹银出洋。殊不知内地所熬之烟，食之不能过瘾，不过兴贩之人用以掺和洋烟，希图重利。此虽开种罂粟之禁，亦不能塞漏卮者四也。

然则鸦片之害，其终不能禁乎？臣谓非不能禁，实未知其所以禁也。夫耗银之多，由于贩烟之盛，贩烟之盛，由于食烟之众。无吸食，自无兴贩，无兴贩，则外夷之烟自不来矣。今欲加重罪名，必先重治吸食。臣请皇上严降谕旨，自今年某日起，至明年某月日止，准给一年期限戒烟，虽至大之瘾，未有不能断绝。若一年以后，仍然吸食，是不奉法之乱民，置之重刑，无不平允。查旧例，吸食鸦片者罪仅枷杖，其不指出兴贩者，罪杖一百，徒三年，然皆系活罪。断瘾之苦，甚于枷杖与徒，故甘犯明刑，不肯断绝。若罪以死论，是临刑之惨急，更苦于断瘾之苟延，臣知其情愿断瘾而死于家，必不愿受刑而死于市。惟皇上明慎用刑之至意，诚恐立法稍严，互相告讦，必至波及无辜。然吸食鸦片者，是否有瘾无瘾，到官熬审，立刻可辨。如非吸食之人，虽大怨深仇，涌诬枉良善，果系吸食，究亦无从掩饰，故虽用重刑，并无流弊。

臣查余文仪《台湾志》云："咬嚁吧本轻捷善斗，红毛制造鸦片，诱使食之，遂疲羸受制，其地竟为所据。红毛人有自食鸦片者，其法集众红毛人环视，系其人竿上，以炮击之入海，故红毛无敢食者。"今入中国之鸦片，来自英吉利等国，其国法有食鸦片者以死论。故各国只有造烟之人，无一食烟之人。臣又闻夷船到广，由孟迈经安南边境，初诱安南人食之，安南人觉其阴谋，立即严行示禁，凡有食鸦片者死不赦。夫以外夷为力，尚能令行禁止，况我皇上雷霆之威，赫然震怒，虽愚顽之人，沉溺既久，自足以发聩振聋。但天下大计，非常情所及，惟圣明乾刚独断，不必众言皆合，诚恐畏事之人，未肯为国任怨，明知非严刑不治，托言吸食人多，治之过骤，则有决裂之患。今宽限一年，是缓图也。在谕旨初降之时，总以严切为要。皇上之旨严，则奉法之吏肃；奉法之吏肃，则犯法之人畏。一年之内，尚未用刑，十已戒其八九。已食者竟借国法以保余生，未食者亦因炯戒以全身命。此皇上止辟之大权，即好生之盛德也。

伏请饬谕各省督抚，严切晓谕，广传戒烟药方，毋得逾限吸食。并一面严饬各府州县，清查保甲，预先晓谕居民，定于一年后，取具五家邻右互结，仍有犯者，准令举发，给与优奖，倘有容隐，一经查出，本犯照新例处死外，互结之人，照例治罪。至如通都大邑，五方杂处，往来客商，去留无定，邻右难于查察，责成铺店，如有容留食烟之人，照窝藏匪类治罪。现在文武大小各官，如有逾限吸食者，是以奉法之人甘为犯法之事，应照常人加等，除本犯官治罪外，其子孙不准考试。地方官于定例一年后，如有实心任事，拿获多起者，照获盗例，请恩议叙，以示鼓励。其地方官署内，官亲、幕友、家丁，仍有吸食被获者，除本犯治罪外，该本管官严加议处。各省满、汉营兵，每伍取结，照地方保甲办理；其管辖失察之人，照地方官衙门办理。庶几军民一体，上下肃清。无论穷乡僻壤，务必布告详明，使天下晓然于皇上爱惜民财，保全民命之至意。向之吸食鸦片者，自当畏刑感德，革面洗心。如是则漏卮可塞，银价不致再昂，然后讲求理财之方，诚天下万世臣民之福也。臣愚昧之见，是否有当，伏乞圣鉴。谨奏。（《黄少司寇奏疏》卷三）

林则徐

英船窜入羊山洋面业已押令出境折

两江总督臣陶澍、江苏巡抚臣林则徐跪奏，为查明嘆咭唎国夷船业已押送出境，并知会前途挨次押令南回，以符定例，恭折复奏，仰祈圣鉴事：

承准军机大臣字寄："道光十二年六月初九日奉上谕：'富呢扬阿奏，嘆咭唎国夷船由闽至浙，欲赴宁波海关销货，当饬驱逐开行等语。嘆咭唎国夷船向不准其赴闽、浙贸易，今值南风司令，竟敢乘便飘入内洋，希图获利，自不可稍任更张，致违定例。虽经该省驱逐出境，难保其不此逐彼窜。着琦善、陶澍、讷尔经额、林则徐严饬所属巡防将弁，认真稽查。倘该夷船阑入内洋，立即驱逐出境，断不可任其就地销货；并严禁内地奸民及不肖将弁等图利交接，务使弊绝风清，以肃洋政。'等因。钦此。"

查前项夷船，臣陶澍于清江回省途次，接据苏松镇总兵关天培、〔苏〕松太道吴其泰等禀称："该夷有大船一只约有七八十人，小船一只约二十余人，因被闽、浙两省驱逐，于五月二十二日乘风驶入江南羊山洋面停泊。"经前护抚臣梁章巨奏明在案。臣思夷情狡诈，贪图贸易，显违定例，兼恐内地奸民乘机勾串，别滋事端，不可不严为防范。现当南风司令，若竟任其放洋，不即设法截阻，一经驱逐，势必乘风而北，由山东径抵天津，又添往返。臣陶澍比即饬委常镇道王瑞征驰往吴淞海口，会同该管镇道，密派巡洋舟师，三面迎住，使之不得近岸，兼断其驶北之路。一面整顿兵威，严禁沿海小船毋许接近夷船，以防暗地销售夷货。并令海营多备巡船，押护至浙省交替，俾令挨次由闽折回粤省。臣林则徐赴任过镇会晤，商及驱逐，所见相同；初八日抵任江苏，复加札飞饬速办。即据该镇道等报称："晓谕该夷人等，以天朝禁令只准在广东贸易，其余各省皆不准买卖，令其作速回帆。该夷自闽、浙而至江南，未能抵岸，未免心存希冀。比见苏松镇船只排列海上，地方兵役严查小船，不准拢近，该夷性本多疑，时刻扒上桅杆瞭望，见沿海一带塘岸布列官兵，颇露惶惧。该船有胡夏米、甲利，略通汉语，即向巡船声称：伊等并非匪人，因想求交易而来，今蒙晓谕，伊等已经悔悟，不敢再求买卖；现值风狂雨大，实在不能开船，只求俟风色稍转，即速开船回去等语。迨六月十一日晚间，风色稍转西南，即促令开行，该夷船不敢逗遛，即起碇开帆向东南折戗而去。"苏松镇总兵关天培亲自督押，另饬游击林明瑞押赴浙江交界，以便交替护送，该镇现报于十二日申刻押护出境，入浙江洋面。该夷船前在江洋因风暂泊，甚属安静，并未进口滋事，内地民人亦无与夷船私相交易之事。臣等现已飞咨前途，一体派列巡船押护南行，俾令由浙至闽，回返粤东，以免此逐彼窜，上副圣主肃清洋政至意。

再，该夷船乘风寄泊羊山洋面，该营弁失于防范，旋即并力堵截，不准进口，此时押送出境，办押尚为妥速，应请免其开参。

除咨会浙江、福建接替押送外，臣等谨会同江南提督臣王应凤，恭折具奏，伏乞皇上圣鉴。谨奏。

六月二十日

道光十二年七月初七日奏朱批："另有旨。"钦此。（《林则徐全集》第一册"奏折卷"）

英船如夹带鸦片即饬令全数起除当众焚烧片

再，查该夷人胡夏米等，因在广东争占马头被逐，不敢回国，是以由粤而闽而浙而江，直至山东各沿海处所，往来游奕，无非希冀销售货物。经各省委员明白晓谕，伊等亦知例禁綦严，不准贸易。但恐该夷船尚有夹带违禁之鸦片烟土等物，在于海口勾串奸商，哄诱居民，私相授受，此则贻害非浅，不可不亟为查察，加以惩创。况该夷船从未到过江浙海口，即宁波、上海各洋行亦无与彼熟识之人，乃竟敢于到处停泊，投递禀词，恳求贸易，恐有汉奸从中指引，或代为主谋，皆所不免。现被东省驱逐之后，折回南行，若再入江境内洋，停泊海口，即当密派文武大员前至该夷船严行搜查。如有鸦片烟土等物，饬令尽数起除，传同夷众当面焚烧，毋许稍有留剩；一面密访船内汉奸，指名查拿，令其自行交出，以便讯明从重奏办。倘夷人胆敢抗违，即行多派水师弁兵，排列巡船，申明禁令，示以声威，靖其桀骜之气，庶外夷咸知儆惧，而洋政愈以肃清檄。

是否有当，谨将酌拟办法先行附片密陈，伏祈圣鉴。谨奏。

道光十二年八月初五日奉朱批："此事总以不准停泊销货为正办，再要明白交替，不可两省推卸。若因此别生枝节，致启衅端，则责有攸归矣。凛之。另有旨。"钦此。（《林则徐全集》第一册"奏折卷"）

筹议严禁鸦片章程折

湖广总督臣林则徐跪奏，为遵旨筹议章程，恭折复奏，仰祈圣鉴事：

本年五月初二日，准兵部火票递到刑部咨开："道光十八年闰四月初十日上谕：'黄爵滋奏请严塞漏卮以培国本一折，着盛京、吉林、黑龙江将军，直省各督抚，各抒所见，妥议章程，迅速具奏。折并发。'钦此。"臣查原奏内称："近来银价递增，每银一两易制钱一千六百有零，非耗银于内地，实漏银于外夷。自鸦片烟流入中国，其初不过纨绔子弟习为浮靡，嗣后上自官府缙绅，下至工商优隶，以及妇女、僧尼、道士，随在吸食。广东每年漏银渐至三千余万两，合之各省，又数千万两。耗银之多，由于贩烟之盛；贩烟之盛，由于食烟之众。今欲加重罪名，必先重治吸食。请皇上严降谕旨，自今年某月日起至明年某月日止，准给一年限期。若一年以后仍然吸食，是不奉法之乱民，罪以死论。"等语。

臣伏思鸦片流毒于中国，纹银潜耗于外洋，凡在臣工，谁不切齿？是以历年条奏，不啻发言盈廷，而独于吸食之人，未有请用大辟者。一则大清律例早有明条，近复将不供兴贩姓名者由杖加徒，已属从重，若径坐死罪，是与十恶无所区别，即于五刑，恐未协中；一则以犯者太多，有不可胜诛之势，若议刑过重，则弄法滋奸，恐讦告诬攀、贿纵索诈之风因而愈炽。所以论死之说，私相拟议者未尝乏人，而毅然上陈者独有此奏。然流毒至于已甚，断非常法之所能防，力挽颓波，非严蔑济。兹蒙谕旨敕议，虽以臣之愚昧，敢不竭虑筹维。

窃谓治狱者固宜准情罪以持其平，而体国者尤宜审时势而权所重。今鸦片之贻害于内地，如病人经络之间久为外邪缠扰，常药既不足以胜病，则攻破之峻剂，亦有时不能不用也。夫鸦片非难于革瘾而难于革心，欲革玩法之心，安得不立怵心之法。况行法在一年以后，而议法在一年以前，转移之机正系诸此。《书》所谓"旧染污俗，咸与惟新"，《传》所谓"火烈民畏，故鲜死焉"者，似皆有合于大圣人辟以止辟之义，断不至与苛法同日而语也。惟是吸烟之辈陷溺已深，志气无不惰昏，今日安知来日。当夫严刑初设，虽亦魄悚魂惊，而转思期限尚宽，姑俟临时再断，至期迫而又不能骤断，则罹法者仍多，故臣谓转移之机即在此一年中。必直省大小官员共矢一心，极力挽回，间不容发，期于必收成效，永绝浇风，而此法乃不为赘设。兹谨就臣管见所及，拟具章程六条，为我皇上敬陈之：

一、烟具先宜收缴净尽，以绝馋根也。查吸烟之竹杆谓之枪，其枪头装烟点火之具，又须细泥烧成，名曰烟斗。凡新枪新斗皆不适口，且难过瘾。必其素所习用之具，有烟油渍乎其中者，愈久而愈宝之，虽骨肉不轻以相让。此外零星器具，不一而足，然尚可以他具代之，惟枪斗均难替代，而斗比枪尤不可离。遇无枪时，以习用之斗配别样烟杆，犹或迁就一吸。若无斗即烟无装处，而自不得不断矣。今须责成州县，尽力收缴枪斗，视其距海疆之远近，与夫地方之冲僻，户口之繁约，民俗之华朴，由各大吏酌期定数，责以起获，示以劝惩。除新枪新斗听该州县自行毁碎不必核计外，凡渍油之枪斗，皆须包封，黏贴印花，汇册送省，该省大吏当堂公同启封毁碎。无论此具或由搜获，或由首缴，或由收觅，皆许核作州县功过之数。若地方繁庶而收缴寥寥者，立予撤参。如能格外多收，亦当分别奖励。

一、此议定后，各省应即出示劝令自新，仍将一年之期划分四限，递加罪名，以免因循观望也。查重典之设，原为断吸起见，果能人人断吸，亦又何求？所谓以人治人，改而止也。各省奉文之后，应由大吏发给告示，遍行剀切晓谕，自奉文之日起，扣至三个月为初限，如吸烟之人，于限内改悔断绝赴官投首者，请照"习教人首明出教"之例，准予免罪。然投首非空言也，必将家藏烟具几副，余烟若干，全行呈缴到官，出具改悔自新、毫无藏匿甘结，加具族邻保结，立案报查。如日后再犯，或被告发，或经访闻，拘讯得实，加倍重办。其二、三、四限之内投首者，虽不能概予免罪，似亦可酌量减轻。惟不投首者，一经发觉，即须加重。盖四时成岁，三月成时，气候不为不久，果知畏法，尽可改图；若仍悠忽迁延，再三自误，揆以诛心之律，已非徒杖所可蔽辜。除初限以内拿获者，仍照原例办理外，其初限以外四限以内未首之犯，拿获审实，似应按月递加一等，至军为止。其中详细条款，并先后投首如何减等，首后再犯如何惩办之处，均请敕部核议施行。似此由宽而严，由轻而重，不肖之徒如再不知悔惧，置诸死地，诚不足惜矣。

一、开馆兴贩以及制造烟具各罪名，均应一体加重，并分别勒限缴具自首，以截其流也。查开馆本系死罪，兴贩亦应远戍，近因吸食者多互相包庇，以致被获者转少。今吸烟既拟重刑，若辈岂宜末减！应请一体加重，方昭平允。但浇俗已深，亦宜予以自新之路。请自奉文之日起，开馆者勒限一月，将烟具烟土全缴到官，准将原罪量减。如系拿获，照原例办理。地方官于一月内办出者，无论或缴或拿，均免从前失察处分。倘逾限拿获，犯照新例加重，自获之员减等议处。其兴贩之徒，路有远近，或于新例尚未闻知，不能概限一月投首。应请酌限三个月内，不拘行至何处，准赴所在有司衙门缴烟免罪。若逾限发觉，亦应论死。其缴到之烟土烟膏，眼同在城文武，加用桐油立时烧化，投灰江河。匿者与犯同罪。至制造烟具之人，近日愈夥，如烟枪固多用竹，亦间有削木为之，大抵皆烟袋铺所制。其枪头则裹以金银铜锡，枪口亦饰以金玉角牙。闽、粤间又有一种甘蔗枪，漆而饰之，尤为若辈所重。其烟斗自广东来者，以洋磁为上；在内地制者，以宜兴为高。恐其屡烧易裂也，则亦包以银锡，而发蓝点翠，各极其工；恐其屡吸易塞也，则又通以铁条，而矛戟锥刀，不一其状。手艺之人喜其易售，奇技淫巧，竞相传习，虽照例惩办，而制造如故。应请概限奉文一月内，将所制大小烟具全行缴官毁化免罪。并谕烟袋作坊、瓦器窑户以及金银铜锡竹木牙漆各匠，互相稽查。如逾限不首及首后再制，俱照新例重办。其装成枪斗可用吸食者，即须论死。保甲知情不首，与犯同罪。

一、失察处分，宜先严于所近也。文武属员有犯，该管上司于奉文三个月内查明举发者，均予免议。逾限失察者，分别议处。其本署戚友家丁，近在耳目之前，断无不知，应勒限一个月查明。若不能早令革除，又不肯据实举发，即是有心庇匿，除犯者加重治罪外，应将庇匿之员即行革职。本署书差有犯，限三个月内查明惩办，逾限失察者，分别降调。

一、地保、牌头、甲长本有稽查奸宄之责，凡有烟土烟膏烟具，均应着令查起也。挟仇讦告之风固难保其必无，但能起获赃证，即有证据。且起一件即少一害。虽初行之时亦恐难免滋扰，然凡事不能全无一弊，若果吸烟者惧其滋扰而皆决意断绝，正不为无裨也。至开馆之房主及该地方保甲，断无不知之理，若不举发，显系包庇，应与正犯同罪，并将房屋入官。

一、审断之法宜预讲也。此议定后，除简僻州县犯者本少，即有一二，无难随时审办外，若海疆商贾马头及通衢繁会之区，吸食者不可胜数。告发既多，地方有司日不暇给，即终日承审，而片刻放松则瘾已过矣，委人代看则弊已作矣，是非问罪之难而定谳之难也。要知吸烟之虚实，原不在审而在熬，熬一人与熬数人数十人，其工夫一耳。且专熬一人，容或有弊，多人同熬，转无可欺。譬如省会地方，择一公所，汇提被控被拿之人，委正印以上候补者一员往审足矣，不必多员也。临审时恐其带药过瘾，则必先将身上按名严搜，即糕点亦须敲碎，然后点入封门，如考棚之坐号，各离尺许，不准往来。问官亦只准带一丁两役，随身伺候，不许擅离。自辰巳以至子丑，只须静对，不必问供，而有瘾之人情态已皆百出矣。其审系虚诬者，何员所审，即令何员出具切结；倘日后别经发觉，惟原审官是问。

以上六条，就臣愚昧之见，斟酌筹议。未知当否，理合缮折具奏，伏乞皇上圣鉴训示。

再，臣十余年来目击鸦片烟流毒无穷，心焉如捣，久经采访各种医方，配制药料，于禁戒吸烟之时，即施药以疗之。就中历试历验者，计有丸方两种，饮方两种。谨缮另单，恭呈御鉴。可否颁行各省，以资疗治之处，伏候圣裁。谨奏。

谨将戒鸦片烟经验数种良方，缮呈御览。

道光十八年五月十九日奉朱批：钦此。（《林文忠公政书·湖南奏稿》卷四）

楚省查拿烟贩收缴烟具情形折

湖广总督臣林则徐跪奏，为敬陈楚省近日查拿烟贩，收缴烟具各情形，恭折奏祈圣鉴事：

窃臣前奉谕旨，饬议吸食鸦片烟罪名，当经拟具条款，恭折复奏在案。臣思此事须待各省奏齐，上衷宸断，奉到谕旨，颁发祗遵，而各省远近不同，定议尚需时日，恐民间以为久无消息，或且不必查办。此心稍放，即不可以复收。是以臣与湖南抚臣钱宝琛、护湖北巡抚布政使臣张岳崧熟商，目下吸食罪名虽未定议，而查拿总不可稍懈，收缴亦不可稍迟。当即饬属先访开馆兴贩之人，严缉务获，一面会同出示，剀切禁戒，并捐廉配制断瘾药丸二千料。在于省城及汉口镇等处设局，派委妥员，收缴烟枪烟斗，及一切器具、余烟。果系真心改悔，查无不实不尽者，禀请暂免治罪，并酌给药料，俾其服食除瘾，以观后效。

旋据汉阳县知县郭观辰禀报：拿获兴贩鸦片之朱运升一犯，在其船上货箱内起获夹带烟土一千二百余两、烟膏八百余两。嗣又于汉镇邱第祥栈房内，拿获兴贩之何日升、傅桂芳两犯，起获何日升烟土三百五十两，傅桂芳烟土五百两。又邹阿三、冯奉金两犯，先期已回广东，在邹阿三皮箱内搜获烟土二千零七十两，冯奉金木箱内搜获烟土九百八十两。又在余万顺栈房内，拿获兴贩之范永濮、钟亚长两犯，起获范永濮烟土七百二十两，钟亚长烟土一千二百五十两。又于在逃之樊益濮夹层床内，搜获烟土八百五十两。随有兴贩之邵锦璋、谢长林、范中和等赴府县自行投首，邵锦璋呈出烟土二千余两，谢长林呈出烟土九百五十两，范中和呈出烟土三百六十两。以上拿获及首缴烟土烟膏，共计一万二千余两。又自设局至六月底止，已缴烟枪计一千二百六十四杆，皆系久用渍油之物，烟斗、杂具俱全。臣于未出省以前，即率同两司道府逐一验明，先用刀劈，继用火烧。就中精致华丽之枪斗，极巧尽饰之式样，不胜枚举。其有余膏残沥者，拌以桐油，再行烧透，将灰投入江心。自此次烧毁以后，两局续缴烟枪，又据报有七百余杆，省外各属所收亦已陆续禀报，尚未汇计，统俟臣回省时验明烧毁。并接湖南抚臣钱宝琛来信，南省收缴烟枪亦有二千三百余杆。

臣查近来鸦片烟流毒之深，几于口有同嗜。地方官以为滔滔皆是，不免畏难苟安，幸蒙谕旨特颁，敕议重罪，奸徒闻有论死之法，莫不魄悸魂惊，不特开馆兴贩之徒闻风远窜，并吸食者亦恐性命莫保，相率改图。臣等察看舆情，并非不可挽救，是以乘机谕戒，宽猛兼施，呈缴者姑许自新，隐匿者力加搜捕。不追既往，严儆将来，无非仰借圣主德威，务令力回污俗。

以目下楚北情形而论，除官制断瘾药丸外，凡省城、汉镇药店，所配戒烟之药，无家不有，无日不售，高丽参、洋参等药皆已长价数倍。并有耆民妇女在路旁叩头称谢，据云其夫男久患烟瘾，今幸服药断绝，身体渐强等语。是其父子家人平日所不能断者，皆恃国法有以断之。此时新例尚未颁行，而情形业已如是，总因死罪两字足以怵其心志，可见民情非不畏法，习俗大可转移，全赖功令之森严，始免众心之涣弛。臣惟当督属，随时加紧，极力涮除，俾皆革薄还淳，以期仰副圣主裕国保民之至意。

其迭经拿获兴贩鸦片人犯之汉阳县知县郭觐辰，起出烟膏烟土为数颇多，可否赏予鼓励之处，出自天恩。

谨将现办情形，会同护湖北巡抚布政使臣张岳崧，恭折具奏，伏乞皇上圣鉴。谨奏。

八月初二日

道光十八年八月十七日奉朱批：钦此。（《林文忠公政书·湖南奏稿》卷五）

钱票无甚关碍宜重禁吃烟以杜弊源片

再，臣接准部咨："钦奉上谕：'据宝兴奏，近年银价日昂，纹银一两易制钱一串六七百文之多，由于奸商所出钱票，注写外兑字样，辗转磨兑，并无现钱，请严禁各钱铺不准支吾磨兑，总以现钱交易，以防流弊等语。着步军统领衙门、顺天府、五城会议具奏，并着直省各督抚妥议章程，奏明办理。'钦此。"

臣查钱票之流弊，在于行空票而无现钱，盖兑银之人本恐钱重难携，每以用票为便，而奸商即因以为利。遇有不取钱而开票者，彼即唻以高价，希图以纸易银，愚民小利是贪，遂甘受其欺而不悟。迨其所开之票，积至盈千累百，并无实钱可支，则于暮夜关歇潜逃，兑银者持票控追，终成无着。此奸商以票骗银之积弊也。臣愚以为弊固有之，治亦不难，但须饬具五家钱铺连环保结，如有一家逋负，责令五家分赔，其小铺五家互结，复由年久之大铺及殷实之银号加结送官，无结者不准开铺，如违严究，并拘拿脱逃之铺户，照诬骗财物例计赃从重科罪，自可以遏其流。但此弊只系欺诈病民，而于国家度支大计殊无关碍。

盖钱票之通行，业已多年，并非始于今日，即从前纹银每两兑钱一串之时，各铺亦未尝无票，何以银不如是之贵？即谓近日奸商更为诡猾，专以高价骗人，亦只能每两多许制钱数文及十数文为止，岂能因用票之故，而将银之仅可兑钱一串者忽抬至一串六七百文之多？恐必无是理也。且市侩之牟利，无论银贵钱贵，出入皆可取赢，并非必待银价甚昂然后获利。设使此时定以限制，每两只许易钱一串，彼市侩何尝不更乐从，不过兑银之人吃亏更甚耳。若抑银价而使之贱，遂谓已无漏卮，其可信乎？

查近来纹银之绌，凡钱粮、盐课、关税一切支解，皆已极费经营，犹借民间钱票通行，稍可济民用之不足。若不许其用票，恐捉襟见肘之状更有立至者矣。

夫银之流通于天下，犹水之流行于地中，操舟者必较水之浅深，而陆行者未必过问；贸易者必探银之消息，而当官者未必尽知。臂如闸河之水，一遇天旱，重重套板，以防渗漏，犹恐不足济舟。若闭闸不严，任其外泄，而但责各船水手以挖浅，即使此段磨浅而过，尚能保前段之无阻乎？银之短绌，何以异是？臣历任所经，如苏州之南濠，湖北之汉口，皆阛阓聚集之地，叠向行商铺户暗访密查，金谓近来各种货物销路皆疲，凡二三十年以前某货约有万金交易者，今只剩得半之数。问其一半售于何货？则一言以蔽之，曰鸦片烟而已矣。此亦如行舟者验闸河之水志，而知闸外泄水之多，不得以现在行船尚未搁浅，而姑苟安于旦夕也。

臣窃思人生日用饮食所需，在富侈者，固不能定其准数，若以食贫之人，当中熟之岁，大约一人有银四五分，即可过一日，若一日有银一钱，则诸凡宽裕矣。吸鸦片者，每日除衣食外，至少亦需另费银一钱，是每人每年即另费银三十六两。以户部历年所奏，各直省民数计之，总不止于四万万人，若一百分之中仅有一分之人吸食鸦片，则一年之漏卮即不止于万万两，此可核数而见者。况目下吸食之人，又何止百分中之一分乎？鸿胪寺卿黄爵滋原奏所云岁漏银数千万两，尚系举其极少之数而言耳。内地膏脂年年如此剥丧，岂堪设想？而吸食者方且呼朋引类，以诱人上瘾为能，陷溺愈深，愈无忌惮。儆玩心而回颓俗，是不得不严其法于吸食之人也。

或谓重办开馆兴贩之徒，鸦片自绝，不妨于吸食者稍从末减，似亦持平之论。而臣前议条款，请将开馆兴贩一体加重，仍不敢宽吸食之条者，盖以衙门中吸食最多，如幕友、官亲、长随、书办、差役，嗜鸦片者十之八九，皆力能包庇贩卖之人，若不从此严起，彼正欲卖烟者为之源源接济，安肯破获以断来路？是以开馆应拟绞罪，律例早有明条，而历年未闻绞过一人，办过一案，几使例同虚设，其为包庇可知。即此时众议之难齐，亦恐未必不由乎此也。吸食者果论死，则开馆与兴贩即加至斩决枭示，亦不为过。若徒重于彼而轻于此，仍无益耳。譬之人家子弟在外游荡，靡恶不为，徒治引诱之人而不锢其子弟，彼有恃无恐，何在不敢复犯？故欲令行禁止，必以重治吸食为先。且吸食罪名，如未奉旨饬议，虽现在止科徒杖，尚恐将来忽罹重刑。若既议而终不行，或略有加增，无关生死，彼吸食者皆知从此永无重法，孰有戒心？恐嗣后吃食愈多，则卖贩之利愈厚，即冒死犯法，亦必有人为之。是专严开馆兴贩之议，意在持平而药不中病，依然未效之旧方已耳。谚云："刖足之市无业屦，僧寮之旁不鬻栉。"果无吸食，更何开馆兴贩之有哉？

或谓罪名重则讹诈多，此论亦似。殊不思轻罪亦可讹诈，惟无罪乃无可讹诈。与其用常法而有名无实，讹诈正无了期，何如执重法而雷厉风行，吸食可以立断，吸食既断，讹诈者又安所施乎？

若恐断不易断，则目前之缴具已是明征；若恐诛不胜诛，岂一年之限期犹难尽改，特视奉行者之果肯认真否耳。诚使中外一心，誓除此害，不惑于姑息，不视为具文，将见人人涤虑洗心，怀刑畏罪，先时虽有论死之法，届期并无处死之人。即使届期竟不能无处死之人，而此后所保全之人且不可胜计，以视养痈贻患，又孰得而孰失焉？夫《舜典》有怙终贼刑之令，《周书》有群饮拘杀之条，古圣王正惟不乐于用法，乃不能不严于立法。法之轻重，以弊之轻重为衡，故曰刑罚世轻世重，盖因时制宜，非得已也。当鸦片未盛行之时，吸食者不过害及其身，故杖徒已足蔽辜；迨流毒于天下，则为害甚巨，法当从严。若犹泄泄视之，是使数十年后，中原几无可以御敌之兵，且无可以充饷之银。兴思及此，能无股栗！

夫财者，亿兆养命之原，自当为亿兆惜之。果皆散在内地，何妨损上益下，藏富于民。无如漏向外洋，岂宜借寇资盗，不亟为计？

臣才识浅陋，惟自念受恩深重，备职封圻，睹此利害切要关头，窃恐筑室道谋，一纵即不可复挽。不揣冒昧，谨再沥忱附片密陈。伏乞圣鉴。谨奏。（《林文忠公政书·湖南奏稿》卷五）

英烟贩喳顿情形及请早颁严惩吸食鸦片律例片

再，查奸夷喳顿，系嘆咭唎国所属之港脚人，盘踞粤省夷馆，历二十年之久，混号"铁头老鼠"，与汉奸积惯串通，鸦片之到处流行，实以该夷人为祸首。伊仅系夷中之一奸贩，并非该国有职之人，只以狡黠性成，转恃天朝柔远之经，为伊护符之计。其因售私，以致巨富，人所共知。道光十六年冬间，即经督臣邓廷桢等遵奉谕旨，查明驱逐，而该夷借称清理帐目，又作两载逗留。去冬臣蒙皇上发交太仆寺少卿杨殿邦等条奏各折，带来广东查办，其折内所指，亦以该夷人为奸滑之尤。臣于未出京时，即先密遣捷足，飞信赴粤，查访其人，以观动静。闻十二月间，广东省城互相传播，以为钦差大臣一到，首拿喳顿究办，该夷人遂即请牌下澳，搭船回国。是其饱则扬去，固为鬼蜮常情，要在使之不敢再来，乃为善策。又伶仃洋面趸船，亦于臣将到之时，先后开动二十只。虽夷情叵测，难保不游奕往来，而其闻知谕旨森严，心怀畏惧，亦已明甚矣。此时查办机宜，惟有外树声威，内加慎重；阳示镇静，阴肃防维，使之生严惮之心，而发悔惧之念，然后晓谕禁止，皆非空言。

至广东兴贩吸食之人，固倍蓰于他省，然闻皇上特遣大臣查办，皆有惧心。屡经严拿之余，兴贩者不能不敛戢，吸食者亦不能不戒断。惟民情因见从前旋查旋止，以为官禁未必久长，不免有观望希冀之想。臣入境后，闻民间无不私探罪名轻重，与新例之曾否颁行。大抵惟生死关头，足以生其震恐。如果定论死之例，而宽一年之期，即吸食莫多于广东，而以臣察看情形，亦可保限外无人罹法。若宽而生玩，则不惟未戒者不戒，即已戒者亦必复食，稍纵即逝，恐不可挽。伏乞圣明乾断，严例早颁，庶办理得有把握。

臣愚昧之见，是否有当，谨附片沥陈，伏祈圣鉴。谨奏。（《林文忠公政书·使粤奏稿》卷一）

晓谕粤省士商军民人等速戒鸦片告示稿

为剀切晓谕速断鸦片以全生命以免刑诛事：

照得广东为声名文物之邦．自古迄今，名儒名宦，代有伟人，闻者莫不起敬。不料近年以来，多沉溺于鸦片烟，以致传遍海隅，毒流天下。推其源则为作俑之始，究其极几成众恶之归。凡各省之贩鸦片者，不曰买自广东，则曰广东人夹带而来也；吸鸦片者，不曰传自广东，则曰广东人引诱所致也。似此大邦，冒此不韪，岂不可惜！从前刑罚当不甚重，查拿亦不甚严，无耻之徒，恬不知怪。今则天威震怒，斧钺森严，法在必行，极诸大辟，盖必使之扫除净尽而后已也。本大臣由楚省奉召进京，面承训谕，指授机宜，给以钦差大臣关防来此查办，尔等皆已闻知。试问向来鸦片之禁，有如此之严紧否？如此严紧而尚可以观望否？且钦差大臣关防，非重大之事不用，今蒙特旨颁给，其尚能将就了事否？本大臣与督部堂、抚部院懔遵严旨，惟有指天誓日，极力驱除，凡攘外靖内之方，皆已密运深筹，万无中止之势。除再严拿窝积兴贩立置重典外，惟念尔等吸食之辈陷溺已深，不忍不教而诛，特先悉心开导。

夫人以己所不食之物而令人食之，即使不费一钱，亦为行道所不受，乞人所不屑。况鸦片在外夷人不肯食，而华人乃反甘心被诱，竭资冒禁，买毒物以自戕其生。吾民虽愚，何至如此！是比诸盗贼之用闷香，拐带之用迷药，妖邪之用蛊毒以攫人财而害人命者，殆有甚焉。且财为养命之源，尔等银钱，都非容易，将银换土，可笑孰甚？舍钱服毒，可哀孰甚？尔等独不思瘾作之时，纵有巨盗深仇、凶刀烈火来至尔前，尔能抵敌之乎？惟有听其所为而已。尔等生长海滨，非同腹地，不可不思患预防，奈何任人愚弄，不惜性命，不顾身家，一至于此！夫鱼贪饵而忘钩，蟹贪光而忘火，猩猩贪酒而忘人之欲其血，彼原自取，何足深尤。所患者，污俗不回，颓波日沸，则人人皆委顿，户户皆困穷，此邦之人将何恃以不恐乎？梓桑绅士宜有以训俗型方，讵忍安坐迁延，不一援手？而士为四民之首，品行为先，一溺其中，直成废物，若不痛改，朝廷岂用此等人？且泾以渭浊，薰因莸臭，万一上干圣怒，一概视为弃材，恐于全省仕路科名大有妨碍，不可不虑也。至闾阎虽众，而十室必有忠信，不能不寄耳目于地邻。向来文武衙门弁兵差役，破获原为不少，而民间惮于查禁，遂以裁害攫物、徇纵诈赃等弊纷纷借口。此固不能保其必无。然兵役作弊，例应加等惩办，官员徇庇，尤必立予严参。果有被诬被诈之人，申诉到官，必为昭雪。但不能因噎废食，使查拿者转为松劲。本大臣上年在湖广所拿各案烟犯，凡员弁带往兵役，临时先令自行搜检，迨查拿出门。又令本官一搜，不许带入物件。今亦通饬照办。

除另刊章程十条并各种断瘾药方，分别檄行严禁外，合亟出示晓谕。为此示仰合省士商军民人等知悉：凡从前误食鸦片者，速即力求断瘾，痛改前非。省城限于二月起至三月底止，各府州县以奉文之日起，勒限两月，务将家有烟枪烟斗几副，杂件烟具若干，余烟若干，一并检齐，赴所在有司呈缴。如惮于自缴，则或父兄及邻右、戚友亦准代缴。但期能改即止，并不查究来历，请问姓名。惟不许以新枪假土朦混搪塞，倍干重咎。尔等须知无不可断之瘾，而贵有必断之心。上年曾见湖广之人，有积瘾三十年、日吸一两而居然断去者，断后则颜面发胖，筋力复强，屡试屡验。岂有别省皆可断，而广东转不能断之理？即谓地有瘴气，尽可以槟榔、旱烟解之，省费适口，且不犯禁，何不以彼易此乎？自示之后，倘仍执迷不悟，匿具不缴，则是玩法抗违，惟有挨查牌甲，责令举首，一面严密搜拿。凡尔吸食鸦片者，处处皆死地，刻刻皆危机，其能藏匿幸全者，未之有也。

至窑口烟馆，经督部堂、抚部院节次严拿治罪，现在关闭者多。然第暂歇一时，以为官禁不能长久，孰知此次非往时之比，不净不休。其将烟土潜藏者，欲俟查拿稍松仍行偷卖，尤为可恶！现有妥线分报查访，一得确信，即往严搜。破获者尽法痛办，指拿者优加奖赏。其藏匿之房屋，一并入官。凡尔有些资本之人，何事不可图利，若前此误卖烟土，藏匿在家，速即自首到官，亦当分别量减。此固本大臣甫经入境，法外施仁，断不能迟迟以待。若不趁此刻猛省回头，以后虽欲改图，噬脐莫及。身家性命所系，生死祸福所关，各宜懔之、慎之，毋贻后悔。

特示。(《中国近代史资料丛刊·鸦片战争》第二册)

谕各国夷人呈缴烟土稿

谕各国夷人知悉：

照得夷船到广通商，获利甚厚，是以从前来船，每岁不及数十只，近年来至一百数十只之多。不论所带何货，无不全销；愿置何货，无不立办。试问天地间如此利市码头，尚有别处可觅否？我大皇帝一视同仁，准尔贸易，尔才沾得此利，倘一封港，尔各国何利可图？况茶叶、大黄，外夷若不得此，即无以为命，乃听尔年年贩运出洋，绝不靳惜，恩莫大焉。尔等感恩即须畏法，利己不可害人，何得将尔国不食之鸦片烟带来内地，骗人财而害人命乎！

查尔等以此物蛊惑华民，已历数十年，所得不义之财，不可胜计，此人心所共愤，亦天理所难容。从前天朝例禁尚宽，各口犹可偷漏。今大皇帝闻而震怒，必尽除之而后已，所有内地民人贩鸦片、开烟馆者立即正法，吸食者亦议死罪，尔等来至天朝地方，即应与内地民人同遵法度。本大臣家居闽海，于外夷一切伎俩，早皆深悉其详，是以特蒙大皇帝颁给平定外域、屡次立功之钦差大臣关防，前来查办。若追究该夷人积年贩卖之罪，即已不可姑容。惟念究系远人，从前尚未知有此严禁，今与明定约法，不忍不教而诛。查尔等现泊伶仃等洋之趸船，存有鸦片数万箱，意欲私行售卖。独不思海口如此严拿，岂复有人敢为护送，而各省亦皆严拿，更有何处敢与销售！此时鸦片禁止不行，人人知为鸩毒，何苦贮在夷趸，久碇大洋，不独枉费工资，恐风火更可不测也。

合行谕饬。谕到，该夷商等速即遵照将夷船鸦片尽数缴官。由洋商查明何人名下缴出若干箱，统共若干斤两，造具清册，呈官点验，收明毁化，以绝其害，不得丝毫藏匿。一面出具夷字汉字合同甘结，声明"嗣后来船永不敢夹带鸦片，如有带来，一经查出，货尽没官，人即正法，情甘服罪"字样。闻该夷平日重一信字，果如本大臣所谕，已来者尽数呈缴，未来者断绝不来，是能悔罪畏刑，尚可不追既往，本大臣即当会同督部堂、抚部院禀恳大皇帝格外施恩，不特宽免前愆，并请酌予赏犒，以奖其悔惧之心。此后照常贸易，既不失为良夷，且正经买卖尽可获利致富，岂不体面？倘执迷不悟，犹思捏禀售私，或托名水手带来与尔无涉，或诡称带回该国投入海中，或乘间而赴他省觅售，或搪塞而缴十之一二，是皆有心违抗，怙恶不悛，虽以天朝柔远绥怀，亦不能任其藐玩，应即遵照新例，一体从重惩创。

此次本大臣自京面承圣谕，法在必行，且既带此关防，得以便宜行事，非寻常查办他务可比。若鸦片一日未绝，本大臣一日不回，誓与此事相始终，断无中止之理。况察看内地民情，皆动公愤，倘该夷不知改悔，惟利是图，非但水陆官兵军威壮盛，即号召民间丁壮，已足制其命而有余。而且暂则封舱，久则封港，更何难绝其交通。我中原数万里版舆，百产丰盈，并不借资夷货，恐尔各国生计从此休矣。尔等远出经商，岂尚不知劳逸之殊形与众寡之异势哉。

至夷馆中惯贩鸦片之奸夷，本大臣早已备记其名，而不卖鸦片之良夷，亦不可不为剖白。有能指出奸夷，责令呈缴鸦片，并首先具结者，即是良夷，本大臣必先优加奖赏。祸福荣辱，惟其自取。

今令洋商伍绍荣等到馆开导，限三日内回禀，一面取具切实甘结，听候

会同督部堂、抚部院示期收缴，毋得观望逶延，后悔无及。特谕。(《中国近代史资料丛刊·鸦片战争》第二册)

英国等趸船鸦片尽数呈缴折

臣林则徐、臣邓廷桢、臣怡良跪奏，为嘆咭唎等国夷人震慑天威，将趸船鸦片尽数呈缴，现于虎门海口会同验收，恭折奏闻，仰祈圣鉴事：

窃照鸦片来自外洋，毒流中国，蔓延既久，几于莫可挽回。幸蒙我皇上涣号大宣，乾纲独断，力除锢弊，法在必行。且荷特颁钦差大臣关防，派臣林则徐来粤查办。顾兹重大之任，虑非暗陋所胜，仰赖谕旨严明，德威震叠，不独禁令行于内地，且使风声播及重洋。复蒙谕令臣邓廷桢等益矢奋勤，尽泯畛域，下怀钦感，倍思并力驱除。在臣林则徐未到之先，已将窑口烟馆兴贩吸食各犯拿获数百起，分别惩办。又派令各师船轮流守堵，水陆交严，并将东路夷船及住省奸夷先后驱逐，节经奏蒙圣鉴。臣林则徐于正月二十五日到省，亦将会商筹办大概情形先行具奏在案。

维时在洋趸船二十二只已陆续起碇开行，作为欲归之势，若但以逐回夷界即为了事，原属不难。惟臣等密计熟商，窃以此次特遣查办，务在永杜来源，不敢仅顾目前，因循塞责。查夷情本皆诡谲，而贩卖鸦片者更为奸猾之尤。此次闻有钦差到省，料知必将该夷趸船发令驱逐，故特先行开动，离却向来所泊之伶仃等洋，以明其不敢违抗。其实每船内贮存鸦片，闻俱不下千箱，因上年以来各海口处处严防，难于发卖，而其奸谋诡计，仍思乘间觅售，非特不肯抛弃大洋，亦必不肯带回本国。即使逐出老万山以外，不过暂避一时，而不久复来，终非了局。且内海匪船，亦难保不潜赴外洋，勾结售买，必须将其趸船鸦片销除净尽，乃为杜绝病源。但洪涛巨浪之中，未能确有把握。因思趸船之存贮虽在大洋，而贩卖之奸夷多在省馆，虽不必遽绳以法，要不可不喻以理而怵以威。臣林则徐当撰谕帖，责令众夷人将趸船所有烟土尽行缴官，许以奏恳大皇帝天恩，免治既往之罪，并酌请赏犒，以奖其悔惧之心。嗣后不许再将鸦片带来内地，犯者照天朝新例治罪，货物没官等语。与臣邓廷桢、怡良酌商定稿，即于二月初四日公同坐堂，传讯洋商，将谕帖发给，令其赍赴夷馆，带同通事，以夷语解释晓谕，立限禀复，一面密派兵役，暗设防维。

查各国买卖，以嘆咭唎为较大。该国自公司散局以后，于道光十六年派有四等职夷人义律，到澳门经管商梢，谓之领事。臣等发谕之后，各国则皆观望于嘆夷，而嘆夷又皆推诿于义律。其中有通晓汉语之夷人噢等四名，经司道暨广州府等传至公所，面加晓谕，因该夷噢等回禀之言尚为恭顺，当即赏给红绸二匹、黄酒二坛，着令开导众夷，速缴鸦片。未据即行禀复。

至二月初十日，义律由澳门进省，其时奸夷噢呲等希图乘夜脱逃，经臣等查知截回，谕责义律以不能约束之非，并照历届嘆夷违抗即行封舱之案，移咨粤海关监督臣豫堃，将各夷住泊黄埔之货船暂行封舱，停其贸易。又夷馆之买办工人每为夷人潜通信息，亦令暂行撤退。并将前派暗防之兵役酌量加添，凡远近要隘之区，俱令明为防守，不许夷人出入往来，仍密谕弁兵不得轻举肇衅。在臣等以静制动，意在不恶而严，而诸夷怀德畏威，均已不寒而栗。

自严密防守之后，省城夷馆与黄埔、澳门及洋面趸船，信息绝不相通，该夷等疑虑惊惶，自言愧悔。臣林则徐又复叠加示谕，劝戒兼施，即于二月十三日据该领事义律禀复，情愿呈缴鸦片。维时距撤退买办之期业已五日，夷馆食物渐形窘乏，臣等当即赏给牲畜等物二百数十件，复向查取鸦片确数。经义律向各夷人名下反复追究，旋据呈明共有二万二百八十三箱。查向来拿获鸦片，如系外夷原来之箱，每一箱计装整土四十个，每个约重三斤，每箱应重一百二十斤。即至日久收干，每箱亦约在百斤以外。以现在报缴箱数核之，总不下二百数十万斤。若经奸贩转售，则流毒何所不至。今设法令其全缴，不动兵刑，无非仰仗天威，自然畏服。臣等钦感之余，仍当倍加慎重。诚恐所报尚有不实不尽，访之在洋水师及商贾人等，佥称外夷高大趸船，每只所贮亦不越千箱之数。是趸船二十二只，核与所报箱数不甚相悬，当即谕令驶赴虎门，以凭收缴。

除商明留臣怡良在省弹压防范外，臣林则徐、臣邓廷桢均于二月二十七日自省乘舟，二十八日同抵虎门。水师提督臣关天培本在虎门驻扎，凡防范夷船，查拿售私之事，皆先与臣等随时商榷，务合机宜。自收缴之谕既颁，尤资严密防堵。兹趸船二十二只陆续驶至虎门口外，关天培当即督率将领，分带提标各营兵船，排列弹压。并先期调到碣石镇总兵黄贵、署阳江镇总兵杨登俊，各带该标兵船分排口门内外，声威极壮。粤海关监督臣豫堃亦驻虎门税口，照料稽查。臣等亲率候补知府、南雄直隶州知州余保纯，署广州府同知、佛冈同知刘开域，候补通判李敦业，乐昌县知县吴思树暨副将李贤，守备卢大钺，分派文武大小各委员，随收随验，随运随贮。惟为数甚多，一趸船所载之箱，即须数十只剥船始敷盘运，而自口外运至口内堆贮之处，又隔数十里，若日期过促，草率收缴，恐又别滋弊端。臣邓廷桢拟收至两三日后，先回省署办公，臣林则徐自当常驻海口，会同提臣关天培详细验收，经理一切。容俟收缴完竣，查明实在箱数，与该夷领事所禀有无参差，再行恭折奏报，并取具各夷人永不夹带切结存案，以断根株。

伏思夷人贩卖鸦片多年，木干天朝法纪，若照名例所载化外有犯并依律科断之语，即予以正法，亦属罪所应得。惟念从前该夷远隔重洋，未及遽知严禁，今既遵谕全缴趸船鸦片，即与自首无异，合无仰求皇上覆载宽宏，恩施法外，免追既往，严儆将来。并求俯念各夷人鸦片起空，无资置货，酌量加恩赏给茶叶，凡夷人名下缴出鸦片一箱者，酌赏茶叶五斤，以奖其恭顺畏法之心，而坚其改悔自新之念。如蒙恩准，所需茶叶十余万斤，应由臣等捐办，不敢开销。至夷人呈缴鸦片如此之多，事属创见，自应派委文武大员，将原箱解京验明，再行烧毁，以征实在。

是否有当，臣等谨会同水师提督臣关天培、粤海关监督臣豫堃，合词恭折具奏。并录谕夷原稿并夷禀二件恭呈御览，伏乞皇上圣鉴。

再，此次距臣林则徐到省拜折之后，已阅一月，先因筹办未即就绪，不敢遽行奏闻。惟事经多日，恐廑圣怀，兹谨由四百里驰奏。合并声明。谨奏。

二月二十九日

道光十九年三月十九日奉朱批："所办可嘉之至。另有旨。"钦此。（《林文忠公政书·使粤奏稿》卷一）

虎门销烟告示

为钦奉谕旨从趸船所缴鸦片在粤销毁，剀切晓谕事：

本大臣、本部堂、本部院缴获夷人鸦片二万零二百九十一箱，经即驰奏。旋于四月十七〔八〕日，承准军机处咨开："内阁奉上谕：'前据林则徐等驰奏，趸船鸦片尽数呈缴，请解京验明烧毁等情。此次查办粤洋烟土，甚属认真，朕断不疑其稍有欺饰，且长途转运，不无借资民力。着无庸解送来京，即交林则徐、邓廷桢、怡良，于收缴完竣后，即在该处督率文武员弁公同查核，目击烧毁，俾沿海居民及在粤夷人，共见共闻，咸知震慑。'钦此。"

本大臣、本部堂、本部院遵即于本月二十二日委派省城文武各官，会同虎门将弁，就地开挖石池，混以盐卤，烂以石灰，统俟戳化成渣，送出大海，涓滴不留。

本大臣、本部堂、本部院钦遵谕旨，晓谕尔等沿海居民、在粤夷人，目睹此事，并引以为诫。嗣后尔等应震慑天威，安份守法。应知此等毒物，有如粪土，不能吸用，决不许再行违禁购买，以致戕生荡产。各宜凛遵毋违。特谕。（《林则徐全集》第五册"文录卷"）

虎门销毁鸦片已一律完竣折

臣林则徐、臣邓廷桢、臣怡良跪奏，为虎门销化烟土，公同核实稽查，现已一律完竣，恭折奏祈圣鉴事：

窃臣等钦遵谕旨，将夷船缴到烟土二万余箱在粤销毁，所有核实杜弊，并会督文武大员公同目击情形，已于五月初三日销化及半之时，先行恭折会奏在案。嗣是仍照前法，劈箱过秤，将烟土切碎，抛入石池，泡以盐卤，烂以石灰，统俟戳化成渣，于退潮时送出大海。臣等会督文武员弁，逐日到厂看视稽查。其间非无人夫乘机图窃，而执事员弁多人留神侦察，是以当场拿获之犯，前后共有十余名，均即立予严行惩治。并有贼匪于贮烟处所，乘夜爬墙，凿箱偷土，亦经内外看守各员弁巡获破案，现在发司严审，尤当按律重办。

其远近民人来厂观看者，端节前后，愈见其多，无不肃然懔畏。并有咪唎坚国之夷商嘧与唎治哎、咻哾等，携带眷口，由澳门乘坐三板，向沙角守口之水师提标游击羊英科递禀，求许入栅瞻视。臣等先因钦奉谕旨，准令在粤夷人共见共闻，咸知震詟，曾经出示晓谕，是以该夷等遵谕前来。且查夷商嗹等平素系作正经买卖，不贩鸦片，人所共知，因准派员带赴池旁，使其看明切土捣烂及撒盐燃灰诸法。该夷人等咸知一一点头，且皆时时掩鼻。旋至臣等厂前，摘帽敛手，似以表其畏服之诚。当令通事传谕该夷等，以现在天朝禁绝鸦片，新例极严，不但尔等素不贩卖之人永远不可夹带，更须传谕各国夷人，从此专作正经贸易，获利无穷，万不可冒禁营私，自投法网。该夷人等倾耳敬听，俯首输诚，察其情形，颇知倾心向化，随即公同赏给食物，欢欣祗领而去。

至臣等前奏烟土名色，本有三种，曰公班，曰白土，曰金花。迨后复经劈出原箱，另有一种小公班，每箱贮八十个，其式样比常行之公班较小，而个数倍之，故每箱斤两不相上下，每个用洋布包裹，制造亦较精致，访闻此种在外国系最上之烟，价值极贵。是现在所化烟土，竟有四种。臣等近于邸钞伏读上谕："烟膏烟具多有假造，其弊不可胜言。"等因。钦此。仰见圣明务求真实，力戒欺朦之至意。臣等愚昧之见，欲辨其伪，必须先识其真，未知近时各处所拿获者皆系何种烟土。若以外夷原箱之物互相比较，则真伪似可立辨，不至混淆。谨将现在四种烟土，每种各留两箱，可否即将此八箱作为样土。如蒙准令解京，即委便员搭解，并不费事。倘亦无须解送，则此时粤东每月俱有各属拿获解省验毁之烟，亦可随同销化。

现除暂存此八箱外，计已化烟土，凑合前奏之数，共有一万九千一百七十九箱，二千一百一十九袋，其斤两除去箱袋，实共二百三十七万六千二百五十四斤，截至五月十五日，业已销化全完。斯时荡秽涤瑕，幸免毒流于四海，此后除奸拯溺，尤期法约于三章，庶几仰副我圣主除害保民之至意。

所有销化烟土完竣缘由，臣等谨会同水师提督臣关天培、粤海关监督臣豫堃，合词恭折具奏，伏乞皇上圣鉴训示。

再，虎门现在无事，臣林则徐亦暂回省城，商办一切，合并声明，谨奏。

五月二十五日

道光十九年六月十八日奉朱批："可称大快人心一事。知道了。"钦此。

（《林文忠公政书·使粤奏稿》卷三）

姚　莹

俄罗斯通市始末（乙）

《元史》所载西北藩有乌斯藏而不及俄罗斯。国朝喀尔喀内附之后，俄罗斯始通中国。其地环内外八旗之外，东界连黑龙江、索伦达呼尔；西界绕喀尔喀，直接准噶尔，遥通藏地，东西长而南北狭。人不甚众，服食房舍略似西洋。其地严寒，田禾少。惟额济勒河一带，夏颇暖，土堪种艺，而居人甚少。其莫斯克瓦地，气候亦暖，而水多田稀，故其人惟鱼是食。其部长，妇人居多，谓之哈屯汗。蒙古语：哈屯，夫人也。男为部长，则谓之察罕汗。蒙古语：察罕，白也。其汗所居地名莫斯克瓦，在恰克图西北约数千里。其大臣曰色费窝特，办事头目曰萨那托尔，又有雅固毕咭那，喇尔玛约尔、哩咭斯塔喇托尔等号，皆其官名也，多西洋人为之。

乾隆五十八年，西洋英吉利贡使玛噶尔言：今俄罗斯之哈屯汗，本西洋国女，乃前哈屯汗之外孙女也。其表兄袭汗，娶以为妻，生一子而汗没，子幼，其妻遂为哈屯汗，子今已三十余岁，将来传之，子没即传子妇，其旧俗然也。先是未通中国。黑龙江索伦土语呼俄罗斯为罗义。康熙二十九年有罗义犯界。副都统萨布素奉命进征，夺其雅克萨城。会西洋霍兰国贡使至，其地与俄罗斯近，询悉其故事。乃发檄谕交霍兰使臣回传谕之。俄罗斯谢曰：犯界之事，乃边人所为，去国中远，彼汗不知，业约束不令滋事矣。盖黑龙江外所居之俄罗斯，多彼国遣犯，每与索伦构衅者，皆争打貂皮所致耳。于是俄罗斯见喀尔喀之全部内归也，心颇动。霍兰使臣至，又述天朝威德，益惧。乃请遣人至京学国书，通晓后更代回国，即以清文兼俄罗斯及西洋文字，缮文驰递，庶有事关白无误，许之。

雍正五年，上以其地毗连喀尔喀，当定界以免侵越。俄罗斯亦请通市。乃命尚书察毕那、特古忒、图丽琛三大臣往会俄罗斯，勘定疆界，设卡伦五十九所。极东十二卡伦属黑龙江将军辖，索伦兵戍。西四十七卡伦，以喀尔喀四部属下蒙古。按游牧远近，每卡伦设章京一员，率兵携家戍之。俄罗斯对界亦一体设立。其中隙地，蒙古语曰萨布，语石堆曰鄂博，凡萨布处所皆立鄂博为界。间有丛林，无可堆石，则削大树镌记之。是时库伦尚未有大臣驻防，凡此卡伦，即令总理夷务喀尔喀王公丹津多尔济统之。定市易规条，凡喀尔喀、俄罗斯边人无相盗，不食逋逃，恰克图贸易两无榷税。恰克图者，两界适中之地。雍正七年，设立市集，理藩院司员驻督之，其东二十八卡伦为土谢图汗部所设，西十九卡伦为札萨克图汗三音诺彦两部所设。盖四部卡伦适中通衢，山势雄峻，林木森然，商民建立木城，中城阛阓。其对界则俄罗斯，市圈中立公廨，曰萨那忒。以其哈屯汗妇人，不便文檄，有事由萨那忒申文，径达理藩院，以为定制。

乾隆二十二年前喀尔喀丹王之孙桑齐多尔济总理夷务，修治卡伦最完善，乃驻钦差大臣，同治之。二十九年，两边互失马，俄罗斯闭关，既而悔惧。三十三年乃遣使谢罪乞市。命库伦办事大臣庆桂与喀喇沁贝子瑚图灵阿往察之。俄罗斯恭顺，乃开市。四十三年，恰克图夷人犯法当鞫，俄罗斯匿不送，办事大臣索琳遽闭关绝市，上闻切责之；别令尚书博清额驰往与土谢图汗彻登多尔济谕俄罗斯出其夷犯，治之。四十五年复开市。未几，有库伦商民近卡伦之乌梁海贸易，遇俄罗斯，劫掠以去。办事大臣勒保及喀尔喀副将军郡王蕴敦、多尔济盟长贝子逊都布多尔济访知盗名，檄俄罗斯驻额尔口城之固毕纳托尔拉木巴，令捕获之，遣其咭那喇尔送恰克图会鞫，仅罚赔货物，释去不诛。库伦大臣屡檄拉木巴，以已罚辞。上令理藩院檄萨那忒，令易其固毕纳托尔，不从。五十年遂撤恰克图贸易。俄罗斯悔，乃撤拉木巴回，更新固毕纳托尔驻额尔口，乞捕贼自赎。适卫勒于卡伦巡兵，齐巴克出卡，遇俄罗斯打牲，哈哩雅特前诘，哈哩雅特恐捕，枪伤齐巴克，死。时未得贼名，发檄谕捕。固毕纳托尔奉命至，五十四年获之，送恰克图抵罪。乞市易，将许之矣，有喇嘛萨麻林者，至京师，言俄罗斯有异志，上疑之，命檄询俄罗斯，萨那忒见檄大骇曰："夷素守法，且正求市易，乌得有此？"既乃知其妄。盖萨麻林本西路塔尔巴哈台之土尔扈特，因迷路至哈萨克，闻其讹言，复入俄罗斯界，乃至京上言，冀免其私出卡伦之罪耳。廉得服罪。乃允俄罗斯请，群夷大悦。固毕纳托尔、色勒裴特由额尔口城以马驾驰至听命。库伦大臣松筠及逊都布多尔济副都统普福往宣谕毕，色勒裴特以手加额，复以指扣眉曰："大皇帝，天也，敢不诚服！"既与宴，益感激，曰："向者有事，但于界所设毡庐，会议毕各返寓，今以大皇帝天恩，故酋亲来市圈，复蒙优礼，愿请大人下临，以申诚悃。"松公等许之，遂轻骑往。色勒裴特遣头人整队远迎。俄罗斯俗：见其汗时，皆脱帽去裘。是日春雪大盛色勒裴特以见汗礼，立候于门。室内，北悬哈屯汗图像，服饰一如西洋。松公等至，屏像设席，皆南面坐，色勒裴特陪随从官于下，觞馈皆亲奉，作乐歌舞以侑，尽欢而罢。（《识小录》卷四）

新疆两路形势（乙）

本朝既平准噶尔、厄鲁特，辟地数千里，谓之新疆。凡分西南两路，哈密、叶尔羌、吐鲁番等，为南路；伊犁、乌鲁木齐、巴里坤等为西路，中有昆都仑、穆苏尔、达坝罕等，冰山雪岭间隔。蒙古语"横"曰"昆都仑"，此山横亘伊犁、回疆之间，即古所谓昆仑也。蒙古语"冰"曰"穆苏岭"。曰达巴罕即所谓"天山"，葱岭是矣。山巅平陆，多产野葱，故谓葱岭也。新疆南路，西南极边与布鲁特界连之喀什噶尔回城，驻参赞大臣一人，协办大臣一人，总理南路，大小回城事，仍属伊犁将军统辖。喀什噶尔以内有英吉沙尔回城，驻办事大臣一人。喀什噶尔东南十数站，即叶尔羌回城，驻正、副办事大臣二人。北四五站和阗回城，亦驻正、副办事大臣二人。近和阗尚有伊立齐、哈喇哈什、玉珑哈什、齐拉塔克、克哩雅等五小城，皆有伯克分管回众。叶尔羌东北十数站乌什回城，东有阿克苏，又东库车，又东喀喇沙尔，又东吐鲁番，每城各驻办事大臣一人。又东哈密回城，驻办事大臣二人。喀喇沙尔有土尔扈特游牧吐鲁蕃城，外又有辟展回城。以上各部回众有近城住牧者，有去城稍远者，皆有大小伯克统之。由阿奇木伯克纳税输粮。其哈密郡王，及各城伯克，皆轮班入觐。统计道里，自哈密至喀什噶尔，共七十余站，由嘉峪关出口，至哈密十八站，此新疆南路大略也。

伊犁横隔天山雪岭之西北，故谓之西路。自伊犁赴南路，必经穆苏尔、达坝罕冰山，乃至阿克苏，路通台站。或东绕吐鲁番，亦通驿传。此外虽有近路，非地处岩险，即多戈壁，无水草。惟伊犁西南经布鲁特游牧，至喀什噶尔三千里中，有特穆尔图淖尔、巴尔浑山帖哩业克、达巴罕，入卡伦，道虽险，颇多水草。每一二年伊犁领队大臣率兵阅边，俱经此地。此新疆西南两路相通之略也。其西路以伊犁、乌鲁木齐为重镇。伊犁本准噶尔、厄鲁特游牧，大兵平定后，辟垦屯耕，遂成沃壤。伊犁将军统辖两路驻此。兵凡五队，满洲、索伦、锡溥、察哈尔、厄鲁特，各有领队大臣一人外，文武各官，屯田镇将弁兵，回子及废员、商民、遣犯，塔尔巴哈台官兵夫役，皆仰食于此。岁有赢余，猎场水草佳而飞走蕃。每岁秋较猎习劳，获禽分赏，斯为乐土矣。塔尔巴哈台为东北极边，距伊犁千五百里。有城驻参赞大臣一，领队大臣二，由伊犁遣兵轮戍，并有绿营屯田。伊犁之东，有库尔喀喇乌苏城，驻领队大臣一，又东则乌鲁木齐驻都统一，领队大臣一，提督一，分领满、汉官兵，所属道、府、州各一，县五。乌鲁木齐东有古城、巴里坤二城，各驻领队大臣一，巴里坤并驻总兵一。又东即至哈密。统计道里，伊犁至哈密亦七十余站。乌鲁木齐地土辟垦，丰收如伊犁，均有内地人民开荒升科如上著。布帛由官颁给，马、牛、羊只由哈萨克市易。此新疆西路之大略也。

伊犁西路所有屯田，回民无多；南路最众，耕织无异内地，纳赋无缺。卡伦外则布鲁特、安集延、拔达克、爱乌罕、沙莽苏尔各部，回众亦皆觐贡。拔达克山汗素尔坦沙以献逆回霍集占首级，全部归款。而爱乌罕伯克至以高七尺之马入贡，尤为恭谨云。

霍集占者，一名和卓木。先是准噶尔强，侵扰回部，回酋和卓木为准噶尔迫胁拘系，以回民分隶部下苦役之。大兵西征，和卓木纳款，因纵还，旋以叛受诛。西域乃定。（《识小录》卷四）

西藏（乙）

今西宁所属青海、蒙古王公，古所谓吐蕃是也。鱼海者，今之峨水，俗称泸江，即打箭炉之内河也。青海游牧有和硕蒙古固什汗之后裔，凡二十一旗札萨克，又有厄鲁特绰罗斯，旧土尔扈特及察罕诺们汗喇嘛共九旗札萨克，是为三十旗。固什汗者，即国朝崇德七年同达赖喇嘛、班禅额尔德尼，遣使来进丹书者是也。由青海至前藏，经两月程，固什汗因后藏之藏巴第巴不敬班禅，率兵来藏灭之，遂奄有藏地。后自回青海，属其子达彦在藏为汗，传孙达赖汗，曾孙拉藏汗。准噶尔策旺阿喇布坦与有衅，遣斋桑策凌敦多布伐之，杀拉藏汗。是时前六辈达赖喇嘛已死，呼毕勒罕出于裡塘，甫二岁，青海、蒙古迎之，居西宁塔尔寺。康熙五十九年，钦命抚远大将军王及平逆将军延信进征，西藏既定，以呼毕勒罕坐床于布达拉，于是蒙古番子大悦。唐古忒康济鼐者，号德亲巴图鲁，即拉藏汗之婿，奉敕封为贝勒，与噶布伦阿尔布巴同理藏务。雍正五年，阿尔布巴谋杀之，唐古忒台吉颇罗鼐自后藏以兵擒阿尔布巴，俟大兵至，诛之。因封颇罗鼐为郡王，卒，子朱尔墨特那木札勒袭封。乾隆十五年叛，伏诛，遂除西藏王爵。凡卫藏事，一由驻藏大臣与达赖、班禅裁决之。

　　西藏初平，各族番众尚属青海、蒙古统辖。雍正元年，固什罕后裔察罕丹津与厄鲁特罗布藏丹津不睦。罗布藏丹津诱青海属番众，掠其游牧，大兵平定，乃令各族番众不属蒙古。九年分其番众四十族属西宁大臣，三十九族属西藏大臣。又量设千户、百户，百长皆分给号纸，约束其众。前藏至打箭炉东路，由拉里、边坝、硕板多以北，即三十九族番众也。硕板多之东，地名落隆宗，为类乌齐喇嘛住牧之所。又东地名康，即喀木，又名察木多，乃帕克巴拉呼图克图住锡之地，有大庙番众，皆呼图克图所属，势与达赖、班禅等，盖三藏之一也。更东为乍雅番众，亦呼图克图所属。又东为江卡番众，则达赖喇嘛所属也。江卡西北有观角番众，西南有三安坝番众，皆隶前藏。由江卡南通云南，东接巴、裡二塘，各有正副土司。又东则打箭炉，有明正司，即前代之西鱼，通宁远军是也。北接木坪土司，西北通德尔格及郭罗克番子，皆隶四川郭罗克，亦领有号纸约束其众。其游牧界连青海王那罕达尔济，其人仅千余户，地产少，遇牲畜灾，即出抄掠，青海、蒙古颇患之。又有归德番众，亦西宁所属，甚强悍。

　　察木多南通云南，东北连德尔济部落，自正土司外，有大小头目百数人，户万余，亦强悍。其部有红教剌麻，曰色多呼图克图者，众所服也。而最敬者则为札什伦布以西之萨迦呼图克图。相传明永乐时，有宗喀巴者为黄教之祖，生自西宁，而学经于萨迦庙。庙内旧贮经卷最多，其经一如黄教。所有僧众亦如黄教，无家室，惟萨迦呼图克图有之，朔望一相见，为生子袭衣钵计，盖即元之帕斯巴剌麻也。其徒云：所有经典，皆始自甲噶尔，即大西天。大西天有巴特玛萨木巴瓦者，是为红教之祖，唐时来藏传教，其经与黄教无异。或云惟咒不同，兼尚法术。盖敬萨迦者，非独德尔格，即打箭炉、裡塘、巴塘、类乌齐诸部，虽崇奉达赖、班禅，而心信萨迦者多。至青海，蒙古亦敬之，如敬达赖也。乾隆五十四年，驻藏大臣舒公濂，尝奏言：萨迦本同黄教。松公云："余尝密访红教之实，初无法术，仅供奉巴特玛萨木巴瓦处，诵护法经咒而已。盖法术本属妄诞，圣人神道设教，不过因俗羁縻之耳。"（《识小录》卷四）

覆笛楼师言台湾兵事书

奉六月望后谕，以台营恶习，几有魏博牙兵之势，深虑之，集思广益，令博采舆论以闻。莹以为此不足为台地深忧，皆告者过耳。

自古治兵与治民异。盖兵者凶器，其人大率粗鲁横暴，驭之之道，惟在简、严。简者，不为苛细，责大端而已。严者，非为刻酷，信赏罚而已。夫虎、豹、犀、象，虽甚威猛，然而世有豢畜之者，驭得其道也。马、牛、犬、羊，虽甚驯扰，仆夫童子，可操鞭棰而驱之，壮夫卤莽，或受蹄角之伤且死者，驭之不得其道也。市井无赖，三五群殴，其势汹汹；妇人孺子，心胆欲碎；老儒学究，向判曲直，反受诟谇而归，摇手气愤，痛骂其无良而已；道傍之人袖手，窃议短长，纷纷未已；一武夫健者奋怒叱之，二比哄然而散。台营情势亦若是而已矣。今之走告于夫子者，非妇人、老儒，则道傍袖手者也，何足以烦明听哉。

请质言之。台湾一镇，水陆十六营，弁兵一万四千有奇，天下重镇也。兵皆调自内地督、抚、提、镇、协水陆五十八营，漳、泉兵数为多。上府各营兵弱，向皆无事；兴化一营稍黠，多不法。其最难治者，漳、泉之兵也。人素勇健，而俗好斗，自为百姓已然，何况为兵？水提、金门两标尤甚。昔人惧其桀骜，散处而犬牙之，立意最为深远。然如械斗、娼赌，私载违禁货物，皆所不免。甚且不受本管官钤束，不听地方官申理。盖康熙、雍正之间尤甚，乾隆、嘉庆以后，屡经严治，乃稍戢。此兵刑二律所以于台地独重也。岂惟今日哉。

重法如迅雷霹雳，不可常施，常施则人侧足不安；故曰一张、一弛，文武之道。然小者可弛，而大者不可弛。小者，宿娼、聚赌、揽载违禁货物、欺虐平民之类是也。若械斗人命，不受本管官钤束，不服有司审断，则纪纲所系，必不可宥。此轻重之别也。故治兵者不可不知简、严之道。不辨轻重者不可以简，不简者不可以严，不严者不可以用威；威不足则继之以恩，恩不足则守之以信。自古名将得士力者，皆由用此。今之用兵者，大抵既不知简，又不能严。有罪而不诛则无威。将不习弁，弁不习兵，劳苦之不恤而朘削之，是求则无恩。当罚者免，当赏者吝，则无信。此所以令之不从，禁之不止也。

然则以为不足虑者有说乎？曰，有。兵之可虑而难治者，叛变耳。自古骄兵乱卒，大抵在其本乡，形势利便，易于叛变。若客兵，则有溃而无叛，其形势不便故也。魏博之牙兵，皆魏博人也，故敢屡杀逐其大将而不受代。若台兵则皆拨自内地，上游与下南不相能也，兴化与漳、泉不相能也，漳与泉复不相能也。是其在营，常有彼此顾忌之心，必不敢与将为难明矣。况其父母妻子皆在内地，行者有加饷，居者有眷米，朝廷豢养之恩甚至。设有变，父母妻子先为戮矣，岂有他哉。虽台地之民，大半漳、泉，而兵与民素有相仇之势，故百余年来有叛民而无叛兵。乃治兵者每畏之而不敢治，则将之懦也。且漳、泉之人，其气易动，而不耐久，一夫倡而千百和，初不知何故，及稍知之，非有所大不愿则已懈，更盛气势以临之，鼠伏而兔脱矣。如吹猪脬然，初虽甚壮，但刺小孔即索然。此漳泉之人之情也。漳、泉之兵既治，则他可高枕而卧矣。

请以近事征之。嘉庆二十四年七月，安平兵斗，死数人矣，将备理谕之不止，情恳之不息，镇军怒，整队将自郡往剿，众兵闻声而解，竟执数人分别奏诛，无敢动者。二十五年正月，郡兵群博于市，莹为台湾令，经过弗避，呵之，众皆走矣。一兵诬县役掠钱相争，莹命之跪而问之，众散兵以为将责此兵，一时群呼持械而出者数十人，欲夺犯去；县役从者将与斗，莹约止之，下舆，手以铁索絷此兵，往迎之曰："汝敢拒捕，皆死矣！"众愕然不敢犯。乃手牵此兵，步行至镇署。众大惧，求免，不许；卒责革十数人而禁其博。自是所过，兵皆畏避。又是年九月，兴化、云霄二营兵斗，将谋夜起，诸将备仓卒戒严，莹亦夜出巡视。各营众兵，百十为群，见莹过，皆跪；好谕之曰："吾知斗非汝意，特恐为人所劫，故自防耳；毋释仗，毋妄出，出则不直在汝，彼乘虚入矣！"众兵大喜曰："县主爱我！"至他营，亦如之。竟夜寂然，天明罢散。音镇军切责诸将，众兵乃惧，皆叩头流血。察最狡桀者，营数人，贯耳以徇，诸军肃然。此三事，其始汹汹，几不可测，卒皆畏服不敢动。可见台之兵犹可为也。及再至台，则闻纷纷以兵横为言者，或虑有变。诘其事，大率如拿赌不服之类。将备懦弱畏事，又镇道营县不和，是以议者纷纷，张大其词，而非事实。观镇军每为莹言，未尝不扼腕，恨无指臂之助；此所以决意引疾也。既去，而营县中乃有思之者矣。

今年正月，凤山、淡水两营，皆有营兵铳毙小夫之事。营将规避处分，厅县始意将外结，方守护道与观镇军力持不许，然后得以凶兵解郡；而将备中或有以为怨者。五月，安平营兵与民人乘危抢米，将备又思不究，幸抚军巡台，值其事，严责之，斩三人，余以军流抵罪。方抚军之盛怒切究也，台中论者纷纷以为兵民习惯久矣，骤治之恐变；或言安平兵皆溃走下海矣，或言山斩之口将谋劫夺矣。方守入见抚军，力陈无虑之状，惟请勿多杀而已。案奏之日，兵民畏服。然则悠悠舆论，其可凭乎？善乎夫子之言曰："非得有如李临淮者，安可望其壁垒焕然一新？"斯言可谓得其要矣。夫李临淮固不可得，若以台营视魏博，则尚不至此。虽有不法，一健将能吏足以定之，保无他也。且夫聚兵一万四千余人之众，远涉重洋风涛之险，又有三年更换之烦，旧者未行，新者又至，此其势与长年本土者固殊，而营将能以恩、威、信待兵者百不得一，又时方太平无事，终日嬉游廛市，悍健之气无所泄，欲其无嚣叫纷争违例犯法之事，必不可得也。而懦懦无识者既不能治，徒相告以惊怪，是可喟矣！（《东槎纪略》卷四）

覆笛楼师言台湾兵事第二书

日前一书，备言台兵可无深忧，惟在镇将得人，能以简严为体，恩威信为用，即无难治。说已详矣，既又思之，此言为将之略，惟深明其意者能变通行之，非今日诸镇将所知也。不知此意，而偏执台兵不足虑之言以相诟病，非疑则骇矣。颖斋太守见莹稿，以闻于荃溪观察，索取阅之，谓太守曰："所言戍兵不敢叛，则有然矣，以为不足虑，则吾不信，吾即虑其溃耳！"莹在此落落，观察虽有世谊，而不数见，不能为道所以然者。惜乎观察有忧世之心，而不识兵情，此难以口舌争也。在台湾者，尚不能无疑，况吾师远隔重洋，兵事岂能遥度！赵充国老将深谋，犹必亲至塞上指画军势，可见古人不易言之也。请毕申其说，惟夫子毋惑焉！自古名将，非拔自行阵，则皆出身微贱，不矜细行，兵卒尤多无赖健儿，故能强悍勇敢，捐躯致敌。若皆循循规矩，则其气不扬，气不扬，则情中怯，虽众将焉用之！壮士如虎，懦夫如羊，牵羊千头，不能以当一虎之虓，何必费国家亿万金钱哉！明季边事之坏，正由书生不知兵，挠军情而失事机，虽有猛将劲卒而不能用。一切以法绳之，未见敌人，其气先沮，此壮士所以灰心，精锐所以销折也。近时武人，大都习为文貌，弃戈矛而讲应酬，以驯顺温柔取悦上官。文人学士尤喜之，以为雅歌投壶之风。嗟乎，行阵之不习，技艺之不讲，一闻炮声，惊惶无措，虽有壶矢百万，其能以投敌人哉！驯弱如此，无宁粗猛。粗猛之甚，不过强梁，强梁即勇敢之资，善驭之，犹可得力；一经驯弱，则鞭之不能走矣！且将卒者，国之爪牙，苟无威，岂设兵之意！昔李广以私憾杀霸陵尉谢罪，汉武报书曰："报忿除害，捐残去杀，朕之所图于将军也。若乃免冠徒跣，稽颡谢罪，岂朕之指哉！"武帝此言，可谓知将略矣。若夫差其过失，小大施刑，此乃军吏之职，非将略也。故郭汾阳、岳忠武，名将知礼者也，然皆尝犯有司法矣。科条繁细，武人粗疏，最易触犯，虽郭、岳之贤，犹且不免，而以绳今之悍卒，其能行乎！不求所以训练之方，而惟悍不守法是虑，吾故曰不识兵情也。今不虑其叛，更虑其溃，夫兵则何为而溃哉！古之溃兵者，或师老而罢则溃；或守险粮尽则溃，或强敌猝惊则溃，此皆非今之情势也。无故而溃，四面重洋之阻，溃将安往乎？且班兵可虑之说，不自今日始也，其议自叶健庵中丞倡之。中丞尝观察台湾，深以班兵为忧，建议改换班之制更为招募。未及行，而中丞罢去，犹以未行其志为憾。今吾师已洞知其说之不然矣。而闽中执事者不悉情形，往往耳食其论，且不独文官，近有一游击告人曰："台兵吾不能治，他日有急，惟自到耳。"将备犹作此言，故文员益惧而深恶之，每见兵丁不法，辄张大其辞以相告，于是兵之势愈张，此文武诸官皆不能无责耳矣！夫台兵本无难治，不咎己之无能，而曰兵悍可虑，至为自到之言，亦可哂矣！独惜台营巨万健儿，皆国家劲旅，坐误于三五庸懦之将官，兵事尚可问耶！有将则兵精，无将则兵悍；自古不易民而治，于今岂易兵而治乎！故为吏而曰民恶者，其人必非良吏；为将而曰兵恶者，其人必非良将。虽然，良将难矣，执法之不能，更何知将略！莹所力争于众人者，明戍兵可治，欲安众心，而释群疑，救其懦而壮其志，冀有振作耳，岂好为是喋喋哉！不得已而求其次，姑为救弊之法，有三事焉：一曰小事勿问，大事勿赦。二曰按期实操，每月亲考。三曰责成千、把，不得频易。夫军法最重，有事然后用之。时方太平，不能常用此律。然不可不使知之，若寻常易犯及兵民交涉，宜分别其事之大小，小事宜有以容之；大事有犯，则必以其罪罪之，而不可赦。盖小事常有，不容则繁密，而军心不安；大事不常有，若赦，则无所忌，而法令不行。一宽一严，恩威并著矣。中枢政考操演，本有常期，每三、八、五、十，皆应操之日。弓马器械，枪牌阵图，各有定法，今悉以为具文，无一营实在奉行者，条教虽明，而遵行不力，此方今之大病也。宜责诸镇，督饬各营，实力行之。每月出副、参、游亲考一次，分别等第，造册送省，以观优劣，有不遵者，特予纠参以惩。如此，营伍自能整肃，兵卒可收实效，并免惰游滋事矣。至于班兵到台，分营分汛，各有本管千、把。向以并无操演，兵士任意出营他往，而各汛千总、把总、外委，不时更易，非规避处分，则揣量肥瘠，营将不肖，至有以为利薮者。以此之故，往往千、把不识头目，更无论兵卒。前书所云"将不习弁，弁不习兵"者此也。今宜分定营汛，责成将备，不时抽查点验，使兵无妄出。千、把总各守汛地，不得任意更换，按季一报，由总兵不时抽查，使千、把、外委无常易。如此，责成既专，然后勤惰功过有所归矣。以上三事，至为浅易，而认真行之甚难。其严罚信赏，不足以示惩劝而挽颓风，故必赖有贤镇将也。废弛已久，必有力言不便多方阻挠者，即察出特参以警，然后令乃可行。谚曰："慈不掌兵。"故简严尤治兵之要，惟裁念之。（《东槎纪略》卷四）

许　球

请禁鸦片疏（节选）

弛鸦片之禁，既不禁其售卖，又岂能禁人之吸食？若只禁官与兵，而官与兵皆从士民中出，又何以预为之地？况明知为毒人之物，而听其流行，复征其税课，堂堂天朝，无此政体。臣愚以为与其纷更法制，尽撤藩篱，曷若谨守旧章，严行整顿？自古制夷之法，详内而略外，先治己而后治人，必先严定治罪条例，将贩卖之奸民，说合之行商，包买之窑口，护送之蟹艇，贿纵之兵役，严密查拿，尽法惩治，而后内地庶可肃清。若其坐地夷人，先择其分住各洋行，著名奸猾者（原奏皆有姓名，今节去），查拿拘守，告以定例，勒令具限，使寄泊零丁洋、金星门之趸船，尽行回国，并令寄信该国王，鸦片流毒内地，戕害民生，天朝已将内地贩卖奸民，従重究治，所有坐地各夷人，念系外洋，不忍加诛，如鸦片趸船不至再入中国，即行宽释，仍准照常互市，倘仍前私贩，潜来勾诱，定将坐地夷人正法，一面停止互市，以此理直气壮，该夷不敢存轻视之心，庶无所施其伎俩。（《中西纪事》卷四）

祁寯藻

蒙古游牧记序

海内博学异才之士，尝不乏矣。然其著述卓然不朽者，厥有二端：陈古义之书，则贵乎实事求是；论今事之书，则贵乎经世致用。二者不可得兼，而张氏石州《蒙古游牧记》独能兼之。始余校刊先大夫藩部要略，延石州覆加校核。石州因言："自来郡国之志与编年纪事之体，相为表里。昔司马子长作纪传，而班孟坚创修《地理志》，补龙门之阙，而相得益彰。今要略编年书也，穆请为地志，以错综而发明之。"余亟恧愳悝就其事，杀青未竟，而石州疾卒。以其稿属何愿船比部整理，愿船为补其未备，又十年始克成编。余详为披览，究其终始，见其结构，则详而有体也，征引则赡而不秽也，考订则精而不浮、确而有据也。拟诸古人地志，当与郦亭之笺《水经》，赞皇之志郡县，并驾齐驱。乐史、祝穆以下无论已。虽然石州之成此编，岂第矜博奥搜隐僻成舆地一家言哉？盖尝论之，蒙古舆地与中国边塞相接，其部族强弱关系中国盛衰，非若海外荒远之区，可以存而不论也。塞外漠南北之地，唐以前不入版图，史弗能纪，至辽金元皆尝郡县其地。乃三史地志虚存其名，而山川形势、都会厄塞阙焉无考，是则欲知古事，不外斯编矣。如科尔沁土默特之供卫边门，翁牛特乌珠穆沁之密迩禁地，四子部落环绕云中，鄂尔多斯奄有河套。至于喀尔喀、杜尔伯特、土尔扈特诸部，或跨大漠杭海诸山，或据金山南北，或外接俄罗斯、哈萨克诸国，所居皆天下精兵处，与我西北科布多塔尔、巴哈台诸镇重兵相为首尾，是皆讲经制者所当尽心也。承学之士，得此书而研究之，其于中枢典属之政务，思过半矣。然则是书之成，读史者得实事求是之资，临政者收经世致用之益，岂非不朽之盛业哉！因釀金付梓，而序其纲要，以谂观者。咸丰九年夏四月。寿阳祁寯藻。(《蒙古游牧记》)

沈　垚

新疆私议（戊子夏作）

自古制戎狄之道，无不以通西域为事。汉置西域都护，断匈奴右臂，而单于入朝。唐平高昌，灭焉耆，取龟兹，于阗、疏勒等属国于突厥，列为安西四镇，扼诸蕃走集，则北不患突厥，南不患吐蕃。建武时，西域请复内属，光武辞不许，意非不美也。而永平中，匈奴卒胁诸国，共寇河西，明帝命将讨匈奴，取伊吾卢地，卒通西域，而后寇息。武后时，吐蕃将论钦陵请罢四镇兵，后从郭元振言不许。逮上元后，河西陇右皆陷没，而李元忠守北庭，郭昕守安西，与沙陀、回鹘相依，吐蕃百计攻之不下。是时唐室多难，强臣方命，而吐蕃兵终不能逾陇而东，固由凤翔、泾原唐皆屯设重兵，亦未始非畏安西北庭之议其后，有所牵制而不敢逞也：元定西域，而后取中国如拉朽，宋堕夏州，不救灵州，于是西域为党项隔断，而契丹不能制矣。明不厄玉门、阳关而守嘉峪，于是中叶以后，蒙古诸部北扰延绥、宁夏者，遂逾甘凉，绝瓜沙，据青海，而东扰河洮岷矣。然则隔绝羌胡奸通之路，使不得并力东寇，西域诚要地哉！

而论者或谓竭内地以事外夷，散有用以资无用，不知外夷不守，防守将移在内地，而费益赘。西域地广，饶水草，其处温和田美，种五谷与中国同时熟，诚广行屯田积粟之法，即有军兴，可无须中国馈运。然则谓西域绝远，得之不为益，弃之不为损，真迂士之论，而不审于汉、唐之已事者矣。然汉之都护，虽统率南北二道，固非有其地也。唐所有者，仅车师前后国及焉耆地，而龟兹以西为国如故也。我国家皇灵远曁，威德遐宣，风行所及，日入以来皆慕化输诚，愿为臣妾。高宗皇帝平伊犁，定回疆，辟地二万余里，汉、唐所谓乌孙、西突厥及葱岭东城郭诸国，均编入内地，有重臣镇守，则昔之羌种塞种，今皆天子生全长育之民，昔之穷荒极远，界在区外之国，今皆国家出贡赋列亭障之地矣。夫汉不有西域地，然弃西域则河西受敌，唐不有龟兹以西地，然弃四镇则伊西庭三州单弱。故当时君臣深谋远虑，悉力与匈奴、吐蕃争而不肯弃也，况地皆王土，民皆王臣，隶版图已久，涵濡酝化已深者哉！

前年逆回张格尔叛，攻陷喀什噶尔等四城。西陲自荡平后，休养生息六十余年，一旦逆贼猖獗，调兵筹饷，羽书旁午，加以地界穷边，冰雪满山，戈壁匝地，挽粟飞刍，转运艰阻，大臣以其悬远难守，欲弃四城，皇上深仁覆覆，不忍置远方于域外，谓英吉沙尔，为外蕃各国入回疆之总道，弃之则朝贡路断。和阗南通后藏、叶尔羌等城，岁解伊犁铜、布、棉数万，弃之则伊犁经费有缺。夫回部诸城，北界雪山，西界葱岭，四城据葱岭之要，无四城是西面无门户也。由喀什噶尔而东，据乌什而北钞，则伊犁之兵，列城障而守，由和阗而东，渡河而北，则库车以东诸城危。渡河而东，经故曲先卫，历白龙堆而东钞，则安西、敦煌诸州县城尽守矣。四城不可不复，非一劳不能永逸，且祖宗开辟之地，尺寸不可失。赫然震怒，命将出师，扬威将军长龄等承圣旨，统劲旅，跃马昆山之西，投鞭计式之水，三战皆捷，遂复四城，曾未几时，逆首就获。安集延、布鲁特诸蕃益慑皇威，稽首恐后，葱邱以西至海曲，莫不震叠，咸修职贡，高宗皇帝开创新疆，远拓边塞于万里之外，皇上敬绳祖武，天戈所指，电扫尘清，诚所谓圣人之达孝，善继善述者矣。

然而元恶就擒，抚绥为急，善后事宜方劳圣虑。夫议者之所以欲弃四城，恐其空竭中国也。自军兴以来，所费诚不少矣。然汉不有其地，而都护校尉等官，擥诸国兵攻匈奴，未尝劳费内地。诸国未属汉时，匈奴置童仆都尉收赋税，取富给焉。及既属汉，则发畜食食汉军，负水儋粮，虽苦迎送，然未尝不给汉。所置田官，仅渠犁、北胥鞬数处，然未尝匮乏，即间有匮乏，亦不过发酒泉、敦煌驴橐佗负食出玉门而已，未尝扰及天下也。国家回疆诸城，东西六千余里，南北亦数千里，张格尔亡虏小丑，非汉鄯善、莎车王有国有民者比，一朝窃发，朝廷以军饷为虑。昔之西域，分为三十六国，国小地隘，然尚以自奉之余，奉匈奴、奉汉而无不足。今之回疆，以阿克苏以东数千里膏腴沃衍之地，而不能足军食以备一小丑，何古今悬绝若斯邪！则以回疆镇守诸臣，不讲求于屯田积谷之道故也。

西域经准噶尔、霍吉占之乱，人户死亡略尽，大兵平定后，招集流离，渐就完准。夫龟兹有东西川，焉耆有敦薨水，皆左右其国城，水流径通枝津布濩，桑宏羊言，轮台以东，水可溉田五千顷以上，诚谷食易给足，不可乏之国也。故匈奴赋税之使，长居焉耆、尉犁、危须间，而汉都护治乌垒与渠犁田官相近，昭帝用宏羊前议，复田轮台，亦与渠犁相连。今之库车，古之龟兹也，今之布古尔，古之乌垒、渠犁也，今之哈拉沙尔，古之焉耆、尉犁、危须也，今之渭干河。齐召南《水道提纲》所谓南源东流，经枯察北者，古之龟兹东川也，今之海多河，在哈拉沙尔西者，古之敦薨水也。哈拉沙尔等城有灌溉之利，蒲鱼芦雁之饶（详葱岭南北河考），而所安插之土尔扈特、霍硕特二部，不能力本农务耕作。唯以盗窃为事。新疆初定时，荆榛弥望，垦荒之人，聊无村落，故赋税鲜少，仅足支各官禄米，伊犁兵食须仰给内地。其后荒地日辟，生齿日增，则经制亦当渐备。镇守诸臣，诚以时度地形，益治沟洫，广田畜，务储积，则内地之转输可罢。蓄积益多，兵食益足，缓急有备，则虽犁大宛、蹋康居、斩郅支，亦非甚难事，何至以回疆奉回疆而不能制一小丑哉！

不知经久大计，令有以待卒然之变，但奉行成例，岁岁仰关内脂膏，以赡防守之卒，是守外徒以耗内，非卫内也。平时尚不免耗内，况有事乎？不欲耗内，则必弃外，此议者所以有四城悬远难守之说也，然则远终不可守乎？非也，不尽其守之之道，故不可得而守也，不守远，必守近，而守近之费，不减于远，或更甚焉；则何如尽守之之术以守远，不弃可耕之地于外夷之为得也。夫所谓守之之道，则屯田积谷而已矣。四城兵火之后，田庐芜没，邑郭空虚，宜及时量留官兵田要地，徙他处回户实四城，益垦荒废之土，不足则募民无田而壮健敢远徙者，诣田所就耕垦为本业，又令于闲暇时，习骑射战阵之法，使人皆可用，且耕且守，有变不至遥遥于万里外劳敝索伦兵，庶几威服西国。四城灌浸之水，有葱岭南北河，又有于阗河，膏壤数千里，诚皆开设屯堡，卒有外寇，蓄积足为战守之备，又何至开口望哺于关内有司，致虚耗中国也。汉徙渠犁，田官披莎车地，田北胥鞬仅一隅耳，然都护尚得以蓄聚之富，时出兵以威外夷，况今合疏勒、莎车、于阗诸国数千里地而尽田之乎？四城屯政既举，既当益治阿克苏以东之田，汉元帝置戊巳校尉，屯田车师前王庭，明帝置宜禾都尉，屯田伊吾卢。西域水甘泉肥，无地不可耕，即鄯善号为沙卤少田矣，而伊循城肥美，则汉置田官，《水经注》称敦煌索劢断注宾河，灌楼兰田，遂成沃壤，田三年积粟百万。今罗布淖尔即古蒲昌海，海西南故楼兰国也，其处回人以鱼为粮，不知稼穑，由班固、郦道元之言观之，则固亦可耕之土。（汉车师前王国治交河城。《元和郡县志》西州交河县：交河出县北天山，水分流于城下，因以为名。《水道提纲》所疑为古交河有三，一在吐鲁蕃城西三百里，一在城西百余里，一在城西二十里，在西二十里者近之。然其言曰：河自北而南，经吐鲁蕃城西，其南两源皆出巴巾图西南山，合而北与会，长二百里，旧疑为古交河。考古所谓交河，一水分流于城下，如齐说两水合流于城西，与古不合。《太平寰宇记》西州交河县：交河源出县东北天山，东南入高昌县。又曰：高昌县交河水，西北自交河县界流入。然则古之交河，自今吐鲁蕃城东南流经哈剌和卓界。高昌县，天宝元年改为前庭县，故《元和志》言交河在前庭县西。齐所指之三水皆非古交河，然其地水泉之多，田之良沃，可见矣。《元和郡县志》伊州伊吾县，本后汉伊吾屯。纳职县，东北至州百二十里，后汉明帝曾于此置宜禾都尉。柔远县，西北至州二百四十里。柳谷水有东西二源，出县东北天山，南流十五里合。《水道提纲》：哈密古伊吾地，沙地逢水泉为聚落，无大川泽，唯哈密有一河，在城东南，南北长百里许。按此疑即《元和志》之柳谷水。《唐书·地理志》：自沙州寿昌县西十里至阳关故城，又西至蒲昌海南岸千里。自蒲昌海南岸西经七屯城，汉伊修城也；又西八十里至石城镇，汉楼兰国也，亦名鄯善，在蒲昌海南三百里，康艳典为镇使以通西域者。又西二百里至新城，亦谓之弩支城，艳典所筑。又西经特勒井，渡且末河，五百里至播仙镇，故且末城也，高宗上元中更名。又西经悉利支井、祆井、勿遮水，五百里至于阗东兰城守捉。又西经移杜堡、彭怀堡、坎城守捉，三百里至于阗。又曰：于阗东三百九十里有建德力河，东七百里有精绝国。又：于阗东三百里有坎城镇，东六百里有兰城镇，西二百里有固城镇，西三百九十里有吉良镇。于阗东距且末镇千六百里。《元和郡县志》：沙州西至石城镇一千五百里。按伊修即伊循之讹。史书中循、修二字每相混，《汉书·地理志》武都郡循成道，《魏书·地形志》作修城。罗布淖尔亦曰贺卜诺尔，《水道提纲》谓之洛普鄂模，戴校《水经注》谓之罗布淖尔。）

夫回部者，安西关内之藩篱也，四城者，又回部之藩篱也。藩篱固，则腹心安，腹心实则藩篱益固，今当实阿克苏以东诸城，令皆有积聚，足待四城不虞之用，即当实安西以东诸府州，以待回疆不虞之用，必使回疆有警，但取给于回疆而不罢敝关内，而后关内安，不得已而征及关内，但如汉时取给于酒泉、敦煌等郡，而不扰及天下，而后天下安。酒泉有呼蚕水，敦煌有南籍端水、氐置水，皆可溉田，宜禾效谷，著于前史，故李暠以一隅地，而能自立于群雄窃据之时，使长吏皆如崔不意之力田积粟，富盛可指日待也。（《汉书·地理志》酒泉郡福禄县：呼蚕水出南羌中，东北至会水入羌谷。会水故城在故镇彝所城西北，镇彝城在高台县西北百二十里，呼蚕水今曰讨来河，所入之羌谷水，即至合黎之弱水也。《太平寰宇记》肃州酒泉县：呼蚕水一名潜水，俗又谓福禄河，西南自吐谷浑界流入。《水道提纲》：卯来河源出肃州西南边外青海西北境，有三源：东源西北流，中源北流，西源最大而远，东北流数百里始与二源水会东北流。又东合一水，又东北经重山，入肃州南边，经卯来堡，曰卯来河。又东北经州城南境，又东北，有水西南自嘉峪关东北流，经州西北境来注之。又东北至古城堡南，临水堡北，当西长城断处出边，东北流经金塔寺营西北，又东北折正北流，经卫鲁西、火烧屯东，又北折东北，流至卫公营北，又东北入删丹水。以下即弱水下流矣。《水道提纲》又曰：删丹水既合卯来水，东北经花墙镇驿北，又东北至毛母西，折西北流，经双城西，又折东北流，经平所驿、沙马营西，又西北，折东北而北流，经什庄西。又西北，有昆都伦水自东北来注之。又北为二巨泽：西北曰索廓克鄂模，周九十里；其东北曰索博鄂模，周六十余里，即古居延海也。计自滔来发源至此，北行二千一百五十里。按卯来水，经肃州东北潴为白亭海，在州东北四十里。《元和郡县志》：

居延海在甘州张掖县东北一千六百里，宁寇军在居延水两叉中。《汉书·地理志》敦煌郡冥安县：南籍端水出南羌中，西北入其泽，溉民田。龙勒县：氐置水出南羌中，东北入泽，溉民田。按冥安即唐瓜州晋昌县，在今安西州东。龙勒即唐沙州寿昌县，在今敦煌县西南。《太平寰宇记》：南籍端水，一名冥水。《元和郡县志》：冥水自吐谷浑界流入大泽，东西二百六十里，南北六十里，丰水草，宜畜牧。《水道提纲》曰：布隆凡勒河自靖逆厅西南境平地，两源合而北流七十里，有小水二自东来会。折而西流，有小水八，俱南自柳沟卫北流注之。又西数十里至双塔南，有小水，南自真拖来地北注之。又西三百余里，经安西府北，又西百里，至古沙州北境，有西拉葛金河，自南经州东而北来注之。西拉葛金河源出安西厅南边界大山，西北流，折而北百七十里，折而西百二十余里，有察罕乌苏水自西南来会，又北流八十里，经沙州东。又北五十里，与布隆几勒河会。又西北流，曲曲而西三百里，潴为巨泽，曰哈勒池，周六十余里，池东南多大山。按布隆几勒上源曰昌马河，至柳沟卫会南境北来之十道沟，曰苏赖河，即汉时南籍端水。西拉葛金即汉时氐置水也，亦曰党河。垚按：靖逆厅乾隆二十六年改置玉门县，安西府三十八年降为州，沙州卫二十五年改置敦煌县。玉门县西至州二百九十五里，敦煌县东北至州二百七十里。氐置水在汉龙勒县，则当在唐寿昌县地。寿昌东北至沙州百五十里，水不应反在沙州之东。又《汉志》言东北入泽，而此水自东南而西北，亦与《汉志》不合，疑党河非即古氐置水。《太平寰宇记》沙州敦煌县：悬泉水一名神泉，在县西一百三十里，出龙勒山腹。此水西与龙勒近，然《汉志》言出南羌中，而悬泉水近出龙勒山腹，则亦不合。今党河之西，又无他水可当氐置水。柳沟卫在安西州东二百三十里。《汉志》敦煌郡广至县：宜禾都尉治昆仑障。效谷县：故渔泽障也。桑钦说，孝武元封六年济南崔不意为渔泽尉，教力田，以勤效得谷，因立为县名。《太平寰宇记》：广至故城在瓜州常乐县西北，宜禾都尉城在晋昌县西北界。按常乐县东至瓜州一百十五里，今为安西州地。广至故城在州西，效谷故城在敦煌县西。）如是则何远之不可守，而守远又何有耗内之患哉！

然欲使回疆永靖，则在绥辑诸臣矣。回民虽不娴教训，然颇知敬官长，安全至乐也，人命至重也，舍保性命全身家之至计，而反乐于从逆，即极愚蠢当不至此。然卒至此者，盖有由矣。镇守诸臣不仰体皇上安边柔远之心，宣布朝廷威德，乃恣为贪酷，侵夺其财货，虏辱其妇女，以积其愁苦冤怨之气，然犹未遽叛也。一有桀黠凶悍之人，乘机鼓扇，而后向之穷志无聊者，皆揭竿起矣。不观后汉之多羌患乎？西羌之杂居内地者，多则万余人，少或不满千人，皆役属郡县豪右，不为寇也。豪右既奴虏使之，小吏黠人又侵掠之，郡县又淫毒之，于是东羌西羌，不胜其愤，相率皆叛，连及河首诸羌，东犯赵、魏，南寇梁、益，朝廷为之移徙郡县，以避其锋，民不乐徙，则刈禾稼，彻室屋、移垒壁以驱迫之，不战不守之守令，竟忍视民之捐老弱，沿道死亡而不恤也。民多死亡，羌寇转炽，延及桓帝，数征数叛，段颎转战连年，尽杀之乃止，而汉之府库已空竭矣，并、凉二州已虚耗矣。读范书《西羌传》，见邓骘、任尚诸人措置乖谬，屡为之废书叹也。使当日任虞诩以平羌之事，何至弃数千里险阻沃饶之地以资寇哉！使二千石令长，皆马不入厩，金不入怀之人，则羌亦一气所生，何至屡征屡叛，必诛尽而始息哉！明之失交趾也，以镇守中官之贪黩也，使得廉吏以抚之，交趾且至今为冠带之邦矣。故欲使西陲无事，必自镇守诸臣能仰体皇上安边柔远之心始。（《落帆楼文集》卷一）

松 筠

新疆疆域总叙

今之新疆，即古西域，《汉书》称西域南北有大山，东则扼以玉门阳关，西则限以葱岭，盖葱岭为南北大山之宗，而南北大山为新疆南北路所由分也。考大地之山，皆发脉于冈底斯山（在西宁西南五千五百九十余里），山有四干，其西北趋者为僧格喀巴布山（在和阗正南），僧格喀巴布山西北千八百余里，为齐齐克里克岭喀什塔什岭，又西为和斯鲁克岭，而北折为吉布察克山，又折而东为阿喇古山，复东为喀克善山，凡周环千八百余里，总名曰葱岭，其在叶尔羌之南分支东行者是为南山（《汉书》云南山东出金城，与汉南山属，谓属终南山也），至乌什阿克苏北分支东行者是为北山，第《汉书》云：傍南山北为南道，傍北山为北道，是二道皆在北山之南，今则南路在北山南，北路在北山北也。新疆全境，东界安西州，东北界阿拉善及喀尔喀蒙古，北界科布多，西北界哈萨克部，西南界布鲁特及克什米尔图伯特等部，南界西藏，东南界青海、蒙古，东西七千余里，南北三千余里。（《汉书》云东西六千余里，南北千余里。盖其时玉门、阳关皆在今敦煌之西，而天山以北不在界内，故较今为狭也。）周围二万余里。就其相距道里计之，自伊犁惠远城东北行一千九百五十里，至塔尔巴哈台城（此军台路程，其由卡伦行者惠远城二百五十里至干珠罕，又一百二十里至乌兰布喇，又九十里至沁达兰，又一百四十里至阿鲁沁达兰，又一百里至莫多巴尔鲁克，又九十里至巴尔鲁克，又九十里至额尔格图，又八十里至察罕托海，又一百二十里至玛呢图，又一百三十里至塔尔巴哈台，共一千四百三十里），其地在汉时为匈奴地，其东北与科布多以额尔齐斯河为界。（夏季则西北八百七十里为辉迈喇虎卡伦，在河西岸与科布多和呢迈喇虎卡伦接界；冬季则东北七百八十里为玛呢图噶图勒干卡伦，在河南岸与科布多玛呢图噶勒卡伦接界。）伊犁之北而西及塔尔巴哈台，东北皆哈萨克也。自惠远城东行六百五十里，经土尔扈特游牧至精河城，又东四百一十里，经土尔扈特游牧至库尔喀喇乌苏城。城西南有地名鄂垒扎拉图，即圣制诗补咏战图之一也。又东经绥来、昌吉二县，七百一十里至乌鲁木齐巩宁城，其地即古车师后王庭（谨按：《汉书·西域传》车师后王国治务涂谷。今巴里坤西二百五十里，有务涂水塘，或以为即古车师后王国所治。第汉时都护所治在今车尔楚，其地距吐鲁番近，距巴里坤远，而《汉书》云交河城西南至都护治所千八百七里，务涂谷西南至都护治所千二百三十七里，是务涂谷近于交河城，非今之务涂水明矣），其前王庭即今吐鲁番也。自乌鲁木齐东南，越齐克达巴罕五百三十里至吐鲁番。（《唐书·地理志》交河县北八十里至龙泉馆，又北入谷一百三十里经柳谷，度金岭，经石会汉戍，至北庭都护府城。又《宋史·高昌传》王延德使高昌，师子王邀延德至其北庭，历交河州。谨按：交河县即吐鲁番，北庭即乌鲁木齐，所云经柳谷、度金岭者，当即齐克达巴罕一带山也。）自乌鲁木齐东行，经阜康县凡四百九十里至古城，又东经奇台县八百四十里至巴里坤，镇西府宜禾县治焉，南为天山，即古祁连山，北为巴尔库淖尔，即古蒲类海，迤北即喀尔喀界，此北路疆域也。自巴里坤逾天山三百三十里为哈密城，即古伊吾卢，其山道险峻，盘道数十折，卫以栏楯。雍正十一年，大将军查郎阿命兵部员外郎阿炳安所辟也。（谨按：唐《元和郡县志》伊州治伊吾县，领柔远、纳职二县。今三县故址皆无可考，然以山川证之，《元和郡县志》云天山一名折罗漫山，在伊吾县北一百三十里，今哈密城北一百二十里为天山，是伊吾县治在今哈密城南。《元和郡县治〔志〕》又云拘密山在纳职县北一百四十里，又北二十里直抵蒲类海；又云柔远县柳谷水有东西二源，出县东北天山，南流十五里合流。是纳职县治在今橙槽沟南北，柔远县治在今塔勒纳沁城左右矣。）哈密西行，折而北，逾乌克克岭，行两山中，以避风戈壁之险（山之南即风戈壁，绵亘数千里，所谓噶顺沙碛，即古之白龙堆也），出山至盐池，经辟展城至吐鲁番，凡七百五十里，其地为唐安乐城（唐交河县治崖儿城城东二十里有安乐城，为交河县属城，今雅尔湖在吐鲁番城西二十里，雅尔即崖儿之讹），其东七十里为喀喇和卓，即明火州治。又东五十里为鲁克沁，即汉柳中地戊巳校尉所治。（鲁克沁即鲁克察克，《元史》作鲁古尘。）自吐鲁番西南行一百九十里至托克逊，又南行七十余里入苏巴什山口，曲折行山中一百八十余里而出山，复五十余里至库木什阿哈玛台。（台正南二百四十里有草湖，为官牧地，自吐鲁番至罗布淖尔者，傍草湖之东向南行四五日程。）又西行三百里至乌沙克塔尔台，博斯腾淖尔在其南。乌沙克塔尔西行六十里至曲惠，古危须国也。又西南一百六十里至喀喇沙尔城，距吐鲁番凡一千零二十里，古焉耆国也。自喀喇沙尔西南行五里，渡开都河，百余里入山，经哈尔阿满台，四十里出山，南行二十里至库尔勒。又西一百七十里至车尔楚，其地为汉乌垒城都护所治也。又西三百六十里至布古尔，其地为汉轮台，又西南二百四十里至托和鼐台。圣制诗有托和鼐行，即其地也。又西八十里至库车城，为古龟兹国，唐安西都护府治焉，距喀喇沙尔一千六十八里。库车北行六十里入山，山中行百余里出山，渡和色尔河，经赛里木城拜城六百四十里至哈拉玉尔滚，其地汉姑墨国也。（《汉书·西域传》：龟兹西距姑墨六百里。《唐书·西域传》：自龟兹逾小沙碛，有跋禄迦小国也，即汉姑墨国。以道里证之，盖在今哈拉玉尔滚台之东滴水崖铜厂之西，所谓小沙碛者，即察尔齐克沙梁也。）又一百六十里至阿克苏，是为汉温宿国。自阿克苏西北行，渡托什罕河，凡二百四十里至乌什，为汉尉头国，其西北皆布鲁特也。自阿克苏南行，渡楚克达尔河（即浑巴什河），三百里至都齐特台，渡乌兰乌苏河，沿河南岸西南行，三百五十里至巴尔楚克，自此分为二道：一则沿河西行，径达喀什噶尔，所谓树窝子道；一则西南行，以达叶尔羌。叶尔羌为古莎车国，距阿克苏一千四百一十里。叶尔羌南行，渡听杂布河（俗通名玉河），八百一十里至和阗（《唐书·地理志》于阗西五十里有苇关，又西北渡系馆河，六百二十里至郅满城，是于阗至系馆河六百七十里矣。又考《汉书·西域传》，于阗西至皮山三百八十里，皮山西北至莎车三百九十里，是于阗至莎车七百七十里。今自和阗六百余里，过听杂布河，又百余里至叶尔羌，则系馆河当即听杂布河也），和阗以南皆大山，沙碛路不复通，若由叶尔羌库库雅尔卡伦经和阗西南，月余程可达西藏。第山路险隘，瘴疠逼人，故无经行者，询之克什米尔及安集延喀齐商回，言由西藏西北喇达克之地贸易有至叶尔羌者，先年准噶尔大策零敦多卜扰藏，即由此路云。叶尔羌西行，折而北，三百六十里至英吉沙尔城，其地为汉依耐国。又北二百一十里至喀什噶尔，即汉疏勒国。汉唐以来皆为建庭之所，《汉书》所谓磐橐城、桢中城，《唐书》所谓迦师城，《北史》所谓都城五里，大城十二，小城数十者，应俱属此。自此西北，皆布鲁特界，此南路疆域也。

　　南北二路以哈密为门户，哈密东一千四百六十里为嘉峪关，关之南百余里有库克托罗垓（即青头山在旧赤金卫东南一百三十里），为通青海之道，关外赴藏熬茶之蒙古，经行此路焉。其南北相通之道，以自乌鲁木齐，逾齐克达巴罕而至吐鲁番者，为正道，可通车。自此而西，则由伊犁东南，经那喇特达巴罕、朱勒都斯山、察罕通格山而至喀喇沙尔城，可马行，无军台。（雍正年间遣使至策妄阿拉布坦游牧，及乾隆二十二年，将军成衮扎布、参赞大臣舒赫德率兵重入伊犁，皆由此路。）又西则自伊犁之南，渡伊犁河，逾索果尔达巴罕，渡特克斯河，六百五十余里，逾木苏尔达巴罕，凡一千二百二十里，至阿克苏，有军台，可马行。木苏尔达巴罕者，译言冰岭也。自噶克察哈尔海台行，二十里至冰岭，岭长百里，为坚冰结成，间以巨石，冰复坼裂，其下无底，登陟必有冰梯，其梯移徙无常，高卑不定，冬夏积雪，无鸟兽草木，每年回子运送布匹，皆由此路，险滑万状，遍山皆马骨焉。（谨按：冰岭不见于《汉书》，惟《唐书·西域传》云姑墨国西三百里，度石碛，至凌山，葱岭北原也；又云凌山冬夏积雪，春秋含冻，虽时消泮，寻复结冰。考《周礼》掌冰者谓之凌人，藏冰之室谓之凌阴，古人多谓冰为凌，是凌山即冰山矣。云葱岭北原者，冰岭为喀克善山支峰，喀克善山即葱岭也。又按：《汉书》元帝建昭三年，副校尉陈汤矫制发兵，引兵分行，别为六校，其三校从南道逾葱岭，径大宛，其三校都护自将，发温宿国，从北道入赤谷，过乌孙，涉康居。当时由温宿至乌孙，是即由阿克苏至伊犁或取道于此。）又西则自伊犁西南，出鄂尔果珠勒卡伦，一百三十里，经善塔斯岭，又五百五十里，逾巴尔珲岭，又一百八十里，渡纳林河，又四百五十里，至乌兰乌苏河，凡二千二百五十余里至喀什噶尔，可马行，皆在布鲁特界中，无军台。塔斯岭、巴尔珲岭，皆葱岭也。至葱岭分支之山见于各城者，喀什噶尔西北则有勒秦乌巴什山、呼依木山、克仔图山、康山铁列克山、伊克则克山、额依尔阿特山，东北则有阿奇克山、克依克山、扎依山、伯郭斯山、苏浑山、巴尔昌山、依提约里山，西南则有玛尔干山、哈喇特山、黑仔拉特山、乌鲁瓦特山、伪塔克山；叶尔羌西南则有密尔岱山（距城二百余里）、玛尔瑚鲁克山（距城四百余里，在密尔岱山南），皆葱岭南山之支峰也。乌什有库鲁克塔哈山、屯珠素山（皆在城南二百余里）、巴什雅哈玛山（城西南一百里）、贡古鲁克山（城北二百余里，自东而西，山冈连接其山口，曰乌鲁呼牙依拉克，曰乌玉布拉克，曰木兹鲁克，曰乌尔盖列克，曰珠丹，曰伊底克，曰科克巴什，曰蒙科素，曰英阿拉特，曰奇什罕布拉克，曰色勒克堪什，曰海奇，袤延数百里）；阿克苏有木苏尔达巴罕（在城北）、盐池沟山（在城东北）；库车有丁谷山（在城西）；喀喇沙尔有博尔图山、察罕通格山、朱勒都斯山（皆在城北），皆葱岭北山之支峰也。自此而东经乌鲁木齐，则为博克达山（在阜康县南）、松山（在古城南）、以迄于巴里坤，是为祁连山。又东经哈密城北，至塔勒纳沁，而北山终焉。（伊犁南界诸山亦葱岭北山之分支，其山名详见卷四伊犁舆图。至塔尔巴哈台城北一百余里有楚呼楚山，城西七十余里有巴克图山，城东北二百余里有珠尔呼珠山，城东六百余里有萨里山，城东南五百余里有达尔达木图山，城南二百余里有巴尔鲁克山，城西南三百余里有格德苏山，格德苏山迤东有绰诺库图勒山，城东北二百余里有毛海柯凌山，城东二百余里有鄂勒霍楚尔山，城南三百八十里有沁达兰山，城北

七十里有乌里雅苏图山，皆不与葱岭属。)(《钦定新疆识略》)

何秋涛

朔方备乘·凡例

一、我皇清圣圣相承，声教远讫北徼俄罗斯国，詟神武以定界，慕圣文而来宾，实为千古未有之盛。谨稽钦定西域图志及松筠奏进之新疆识略，皆详记外藩之事，而列圣训圣藻于卷首，诚以载籍浩繁必折衷于圣言也。兹臣秋涛纂辑是书，谨依前例，恭考列圣训旨及圣制诗文之论及北徼者，敬谨汇录卷首。圣谟洋洋，永垂典则，遐陬僻壤，并沐光华，洵自古地记之书所罕觏也。

一、是书备用之处有八：一曰宣圣德以服远人，二曰述武功以著韬略，三曰明曲直以示威信，四曰志险要以昭边禁，五曰列中国镇戍以固封圉，六曰详遐荒地理以备出奇，七曰征前事以具法戒，八曰集夷务以烛情伪。

一、是书取材之处有四：一曰本钦定之书以正传讹，二曰据历代正史以证古迹，三曰汇中外舆图以订山川，四曰搜稗官外纪以资考核。

一、是书卷首恭录圣训三卷，次恭录圣藻一卷，次恭录钦定诸书八卷，以上共十二卷。奎藻天章，炳曜万古，列为卷首，昭典制也。次复分门别类，详细编纂，凡圣武述略六卷，考二十四卷，传六卷，纪事始末二卷，记二卷，考订诸书十五卷，辨正诸书五卷，表七卷，图说一卷，以上共六十八卷。旁搜博采，务求详备，兼方志外纪之体，揽地利戎机之要，庶言北徼掌故者，有所征信云。

一、皇朝武功，回超前代，凡今日北方之镇戍，咸当年睿略所经营，如东海诸部今属吉林省，索伦诸部今属黑龙江省，喀部今为漠北，雄藩准部今为新疆全境，以及乌梁海之附于游牧哈萨克之关系边防，皆接壤俄国之要地也。谨纂圣武述略六卷，为简册光。

一、北徼星度，古者言天家所未详。史传载各国相距里数，亦多未能核实。惟定北极高度，及距京师偏东西度，斯为准确。是书编纂，皆本钦定各地图，高下远迩，次第详载。

一、我朝边境接壤俄罗斯几及万里，康熙年间设界碑于额尔古纳河、格尔必齐河诸地，此北徼界碑之始。钦命大臣至尼布楚会议定约七条，此北徼条例之始。雍正年间，设喀伦于呼伦贝尔及楚库河诸地，此北徼喀伦之始。皆宜详考，以备掌故。

一、自古言形势者，于朔漠多未详备。盖疆域狭，故纪载略也。钦惟我朝，天弧远震，版章式廓，北方镇戍，东起库叶岛，西至伊犁，皆入版图。表里山河，控扼边塞，允宜胪列形胜，以昭中国边备至俄罗斯国，情形古今不同，亦附论焉。

一、我朝设俄罗斯馆，以待朝贡互市之人，立俄罗斯学，以训慕义观光之士，自唐虞以来，幽都之地未有沾被声教若圣世之盛者，谨分门纪载，用备览观。至礼节文字，异于中邦，亦附载焉。

一、雅克萨城本属索伦，我朝崇德年间，始征克之，至康熙年间，为罗刹所踞，复经大兵挞伐恢复。纪载家以为罗刹于崇德年间，已据地筑城，非也。兹详考前后用兵之事，以订讹谬。

一、尼布楚城本中国属地，康熙二十八年定界时，割隶俄罗斯，诸书多未详其原委，至尼布潮泥扑处诸名，皆尼布楚之译异，或分为两地，尤滋疑惑。是书详悉考证，务期得实。

一、俄罗斯疆域分隶三州，今述波罗的等部为一卷，皆欧罗巴州属也；锡伯利等部为一卷，皆亚细亚州属也；亚美里加州属地在地球背面，别为一卷，以清章蔀。

一、俄罗斯地有和屯图喇等名，皆中国所谓城垣也；有拜商柏兴噶珊等名，皆中国所谓邑居也。是书考据图籍，详述方隅，分为城垣、邑居二考，庶便检阅。

一、险阻之地，莫如山岭，东三省所谓窝集，即深山老林也，地隶中国，而接壤俄罗斯，兹胪列之为艮维窝集考一卷。库叶附近诸岛，与俄国隔海相望，兹亦别为一卷。至山之脉络，发源昆仑，直抵北海，爰别之为北徼山脉考，自为一卷。

一、自古言水道者，未能详漠北诸川之源委，是书稽考图籍，订正讹阙，如黑龙江一水，乃发源中国，流出喀伦，经俄国境复入中国，归于东海者，别为艮维诸水考一卷。色楞格河额尔齐斯河，乃发源中国，流入俄国境，归于北海者，述其源流，分为二卷。其俄国境内各水，别为北徼水道考，亦自为一卷，庶足补水经之阙略云。

一、俄国崇希腊教，亦天主教之别派，而国中奉别教者，概不禁止。兹详考群籍，以征北徼教门之缘起云。

一、历代史家，皆志异域物产，区其品汇，传其珍异，至于衣服异宜，器械异制，亦不可略。爰述北徼方物考，以广见闻。

一、俄罗斯本乌孙之音转，地域虽异，部族则同，昔人未能详考，兹博引旁证，为乌孙部族考一卷，用资攷核。

一、俄罗斯地域在汉为康居、奄蔡、坚昆、丁零诸国，而服属于匈奴，嗣后代有沿革，非以诸史合纂参稽未易明也。是书详考正史，补以群书，为北徼诸国传三卷。

一、俄罗斯全境在元代悉列藩封嗣，后海都诸王尾大不掉，《元史》无专传以记事，遂令读史者无所考证，诸家或以为锡伯利部，元时未入版图，误之甚矣！兹纂元代北徼诸王传一卷，用补元史之阙。

一、历代用兵北徼，以汉之甘延寿、陈汤唐之李勣、苏定方为最著，嗣后元太祖起于朔漠，北向用兵，乘胜席卷，淘千古之雄杰也。兹纂历代将帅为传一卷，考其地利戎机，亦前事不忘之一助云。

一、康熙年间征讨罗刹，维时统兵将帅各著伟绩，谨详考事实为传一卷，庶可与《平定罗刹方略》诸书互相印证。

一、俄罗斯互市之事，诸书所载每多岐异，而三次闭关原委，官书均未详记，无怪稗官之讹误也。谨述其始末，杂而不越，总以纪实为归。

一、土尔扈特自明季西徙，居于里海之北，在俄罗斯所属之阿斯达拉罕境内，嗣是康熙间，假道俄国入贡，我朝使臣图理琛等亦假道俄国成礼而还，至乾隆间，土尔扈特汗乌巴锡遂率全部来归，今新疆游牧之土尔扈特部落是也。纪其始末，而俄国诸事亦因以附见云。

一、道光二十五年，俄罗斯国进呈书籍三百余种，乃从古未觏之盛事也。谨备录书目作记一卷，至俄国之琐觏汇而书之，是为丛记。

一、诸家纪载有涉俄罗斯事者，兹并录其原文，加以考订，自《职方外纪》至《康輶纪行》，凡十五卷，所记事迹，多有彼此互见，皆两存之，所以示传信也。

一、荒邈之域，文献无征，前人纪述每多谬误，兹亦录原文而辨正之，自《西域闻见录》至《瀛环志略》，凡四卷，此外诸书偶记俄罗斯事一二条，亦有舛误之处，皆备录而纠正焉，别为一卷目，为群书正误，大要以实事求是为主，庶免传讹之患。

一、表以记事，仿自《史记》，是书纂表凡六：一曰北徼事迹表，编次年月，用备参稽；一曰北徼沿革表，订考古今，足知损益；一曰北徼地名异同表，所以志异名而免淆混；一曰俄罗斯境内分部表，所以考疆域而辨形势；一曰北徼世次表；一曰北徼头目表，皆详记古今之事，资检阅焉。惟事迹表篇帙较繁，分为上下二卷，庶几按籍而考，朗若列眉。

一、左图右史，相须为用。他书绘图，多出画史之手，往往与全书所载不相符合，是编详载舆图，并缀论说，庶使疆域山川远近形势如指诸掌，凡为图二十有五，均系荟萃中西图籍，详细钩稽，手自摹画，按之全书，若合符节。

一、是书考证，皆以钦定之书及正史为据，其他收入四库之书，如艾儒略、南怀仁、图理琛、陈伦炯、方式济所著，及国朝诸人纂集，如张鹏翮、钱良择、杨宾〈七十一〉、赵翼、松筠、俞正燮、西清等，简册流传，世所共见，咸加采撷，勿使有遗。至若近人偶有论述，如张穆、魏源、姚莹、王寿同、周成、雅裨理、慕维廉、玛吉士等，或翻译夷书，或偶抒所见，择其尤雅者登载，兹编备录姓名于此，所以示不敢掠美也。他若上海广州各夷馆刊刻夷书甚多，兹仅即所见者采之，其中有荒诞之论，为荐绅儒流所难言者，则不具录云。（《朔方备乘》）

二、 鸦片战争后经世思潮的发展

导　论

经世思潮的一大特点是强调学以致用，倡导一种面向现实、讲求功利、研究和解决当下一些重大社会问题的新学风。如果说在此之前，中国社会所面临的主要是吏治腐败、武备松弛、土地兼并激烈等传统问题，因此，那时的经世思想家们也主要是在传统思想的资源中思考和寻找解决这些问题的方案的话，那么，鸦片战争的爆发，尤其是中国的战败，则使如何抵抗侵略、筹海防夷、回应西方资本主义列强的挑战成了中国社会所面临的主要问题。这些问题也是历史上的经世思想家们从未遇到过的新问题。对这些新问题的思考以及解决方案的提出，给嘉道之际复兴的经世思潮注入了新的内容，推动着以林则徐、魏源为代表的一些经世思想家和具有经世思想的官员们，在国难当头，西方列强入侵成为举国震动的第一件大事时，"率先把他们注意的重点，从国内问题转到中国和外国的关系问题上去，'创榛劈莽，前驱先路'，开创了研究'夷情'、研究洋务、研究西学为特色的时代新文化"。这主要表现在三个方面：一是抵抗英国侵略，二是开眼看世界，三是提出了"师夷之长技以制夷"的主张。而开眼看世界，特别是"师夷之长技以制夷"主张的提出，开启了了解西方、向西方学习的新潮流，这股新潮流曾支配晚清社会和思想界达几十年之久。兴起于 60 年代的洋务运动实际上是对魏源的"师夷之长技以制夷"主张的实践，作为洋务运动主要领导人之一的左宗棠就曾明确声明，他在"福建设局造轮船"，"陇中用华匠制枪炮"，就是实行"魏子所谓师其长技以制之"之说。康有为等萌发维新思想，也直接受到过《海国图志》和《瀛环志略》等书的启蒙。据其日记记载，1879 年前后，康有为曾多次阅读过《海国图志》和《瀛环志略》等书。即便到了 1924 年，梁启超在谈到《海国图志》一书，尤其是"师夷之长技以制夷"之主张的影响时还写道："其论实支配百年来之人心，直至今日犹未脱离净尽，则其在历史上关系，不得谓细也。"此为精当之论。

1. 抵抗英国侵略

引 言

　　1838 年（清道光十八年）冬，道光帝派湖广总督林则徐为钦差大臣，赴广东查禁鸦片。林则徐到任后，严行查缴鸦片 2 万余箱，并于虎门海口悉数销毁，打击了英国走私贩的嚣张气焰，同时也影响到了英国资产阶级的商业利益。为打开中国市场大门，英国政府以此为借口，决定派出远征军侵华，英国国会也通过了对华战争的拨款案。1840 年 6 月，英军舰船 47 艘、陆军 4000 人在海军少将懿律、驻华商务监督义律率领下，陆续抵达广东珠江口外，封锁海口，鸦片战争由此正式拉开序幕。鸦片战争爆发后，以林则徐、包世臣为代表的一些具有经世思想的官绅，坚决主张抵抗，并投身到反侵略战争的行列，或领导和组织军民英勇抗战（如林则徐、姚莹），或积极为抵抗英军的侵略出谋划策（如包世臣、魏源）。以包世臣为例。鸦片战争发生时，包世臣已年近七十，且体弱多病，但他仍然时刻关心着这场反侵略战争，尽一切可能收集前线情报，积极为当局出谋划策，他先后应邀与路经他住地——豫章（今南昌）的奕山、杨芳、奕经举行过晤谈，并多次写信给前线官员，贡献自己的应敌意见。他清醒地认识到英国发动的这场战争与前明的倭寇之乱"事略同而情迥异"，因此，其反侵略的措施也应不同于前明的平定倭寇之乱。首先，他认为与中国通商的各国中，英国最强，其他各国都不独与之为敌，而英国则依仗自己的富强欺凌其他国家，"邻国所产各货皆被该夷于要害处所设关收税"，其他国家皆敢怒而不敢言。中国应该利用其他国家对于英国的不满，联合各国力量，共同消灭英国。这种办法他称之为"以夷狄攻夷狄之策"。具体而言，他建议先封关绝市，然后由当局明告各国，中国之所以封关绝市，是因为英国不遵守中国法令，走私鸦片，复又"恃强怙恶"，坚不具结，如果各国能集众弱以为强，共同消灭英国于海中，叩关内请，自当论功行赏，仍准通商，并分别功能高下，减免各该国关税，"是谚所谓'羊吃麦叫猪去赶也'"。其次，他建议当局要"通筹全局"，不要仅仅注重广东一隅，"计出于头痛医头，脚痛医脚也"，而应于各海口都加强警戒，"备以重兵"，以防"一处空虚"，被英军乘机突破，特别是要加强台湾这一经济、军事要地的军事力量，"增防严守"，以安定人心。同时他又估计英军可能会溯江而上，切断瓜州粮道，威胁京师的粮食供应，因此建议加强长江防务，尤其要在长江入海口的咽喉要道图山"安设重兵，以备不虞，使重空粮艘来往无惊，以维国脉"。再次，鉴于"英夷之长技，一在船只之坚固，一在火器之精巧，二者绝非中华所能"的不利状况，他建议在加强水师建设的同时，招募曾在英夷学堂学习过"制炮之法"的嘉应一带"贫士"，开厂自己制造，从而使"天下物之利者"为我所用，以增强抵抗侵略的军事力量。他还建议当局不要听信英国人只善于水战，"一登岸则技穷"，因而不会登岸的谣传，要做好提防他们登岸的准备，准备与他们打一场"短兵相接"的恶仗。另外，他还建议当局开发矿源，筹备军饷，以便长期抗战。他尤其强调当局要"以拊循闾阎，苏民困，固民心为先务"，采取措施，切实减轻"民间疾苦"，以改变"官民相仇久矣"的局面。然而腐朽的清政府并没有采纳包世臣等一些具有经世思想的官绅提出的应敌建议，战争的结果以清政府战败并被迫签订丧权辱国的《南京条约》而结束。鸦片战争结束后，包世臣等一些具有经世思想的官绅以极其痛苦的心情对中国失败的原因进行了认真的反省。本节收录的便是鸦片战争时期以林则徐、包世臣为代表的一些具有经世思想的官绅提出的应敌奏折、文稿和书信，这些奏折、文稿和书信所反映的是抵抗英国侵略的爱国思想。

林则徐

英兵船阻拦商船具结并到处滋扰叠被击退折

臣林则徐、臣邓廷桢跪奏，为嘆国货船正在具结进口，被该国兵船二只拦阻滋扰，即经舟师击逐，逃回尖沙嘴，窥伺陆路营盘，复经我兵据险俯攻，叠次轰击，将尖沙嘴夷船尽行逐出，不使占为巢穴，现只散泊外洋，不敢近岸，臣等仍饬严行堵御，一面绥抚良夷，以示恩威而安贸易，恭折奏祈圣鉴事：

窃照嗼夷领事义律，前因抗违法度，当经示以兵威，旋据悔罪求诚，已将趸船奸夷尽驱回国，其甘结亦经议具，惟命案尚未交凶。臣等以夷情反复靡常，虽已具禀乞恩，仍将夷埠兵船暗招来粤，名为护货，恐有奸谋，业于前折奏明，静则严防，动则进剿，不敢稍示柔弱。旋于九月二十八日由驿递到回折，伏读朱批："朕不虑卿等孟浪，但诫卿等不可畏葸，先威后德，控制之良法也，相机悉心筹度。勉之慎之！"等因。钦此。又钦奉上谕："当此得势之后，断不可稍形畏葸，示以柔弱。虽据该夷领事义律浼西洋夷目恳求转圜，但该夷等诡诈性成，外示恐惧，内存叵测，不可不防。着林则徐等相度机宜，悉心筹画，如果该夷等畏罪输诚，不妨先威后德，倘仍形桀骜，或佯为畏惧，而暗布戈矛，是该夷自外生成，有心寻衅，既已大张挞伐，何难再示兵威。林则徐等经朕谆谕，谅必计出万全，一劳永逸，断不敢轻率偾事，亦不致畏葸无能也。"等因。钦此。臣等跪诵之下，仰见我皇上先幾洞烛，训示严明，数万里外夷情，毫发难逃圣鉴，臣等服膺铭佩，遵守弥虔。其特蒙恩赏呼尔察图巴图鲁名号并照例赏戴花翎、以副将即升先换顶带之参将赖恩爵等，感激天恩，益图报效，凡在将弁士卒，亦皆感奋倍常。

提臣关天培督率舟师，数月以来，常驻虎门二十里外之沙角炮台，巡防弹压，间赴三十里外之穿鼻洋面，来往稽查。近日各国货船，络绎具结，俱经验明，带进黄埔。嗼国货船中首先遵结者曰啴喇，亦已进埔贸易。其次遵结者曰唲嘟，于九月二十八日正报入口。讵有该国兵船二只，于午刻驶至穿鼻，其一即七月内向九龙滋扰之吐嘧，其一则近来新到之哗啮，硬将已具结之唲嘟货船，追令折回，不得进口。提臣关天培闻而诧异，正在查究间，吐嘧一船辄先开放大炮，前来攻击。关天培亟令本船弁兵开炮回击，并挥令后船协力进攻。该提督亲身挺立桅前，自拔腰刀，执持督阵，厉声喝称："敢退后者立斩！"适有夷船炮子飞过桅边，剥落桅木一片，由该提督手面擦过，皮破见红。关天培奋不顾身，仍复持刀屹立，又取银锭先置案上，有击中夷船一炮者，立刻赏银两锭。其本船所载三千斤铜炮，最称得力，首先打中吐嘧船头。查夷船制度与内地不同，其为全船主宰者，转不在船尾而在船头，粤人呼为头鼻，船身转动，得此乃灵，其风帆节节加高，帆索纷如蛛网，皆系结于头鼻之上。是日吐嚒船头拨鼻拉索者，约有数十夷人，关天培督令弁兵，对准连击数炮，将其头鼻打断，船头之人纷纷滚跌入海。又奏升水师提标左营游击麦廷章，督率弁兵，连击两炮，击破该船后楼，夷人亦随炮落海左右舱口间有打穿。哗唰船不甚向前，未致受创。接仗约有一时之久，吐嚒船上帆斜旗落，且御且逃，哗唰亦随同遁去。我军本欲追蹑，无如师船下旁灰路多被夷炮击开，内有三船渐见进水，势难远驶。而夷船受伤只在舱面，其船旁船底皆整株番木所为，且全用铜包，虽炮击亦不能遽透，是以不值追剿。收军之后，经附近渔艇捞获夷帽二十一顶，内两顶据通事认系夷官所戴，并获夷履等件，其随潮漂淌者，尚不可以数计。我师员弁虽有受伤，并无阵亡。惟各船兵丁，除中炮致毙儿名外，有提标左营二号米艇，适被炮火落在火药舱内，登时燃起，烧毙兵丁六名，继已扑灭。又有烧伤之额外黄凤腾，与受伤各弁兵，俱饬妥为医治。

此次吐嚒等前来寻衅，固因前在九龙被击意图报复，而实则由于义律与图卖鸦片之奸夷暗中指使。臣等访知义律于该国烟土卖出一箱，有抽分洋银数十元，私邀夷埠兵船前来，以张声势。每次送给劳金，数至巨万，到粤后，全船伙食皆从各货船凑银供给，无非恃其船坚炮利，以悍济贪。臣等并力坚持，总不受其恫喝，所定具结之令，虽据义律勉强遵依，但不肯缮写"人即正法"字样。而九月间复有该国夷商数人至澳门集议，又谓义律但虑人之正法，而各商尤虑货之没官，反复刁难，迄无定议。所喜该国犹有良夷，如嘜喇、唦啷两船，屡谕之余，颇知感悟，甫与他国夷商一体遵式具结，臣等加意优奖，冀为众夷之倡。而义律与该国奸夷，恐此结具后鸦片绝不能来，遂痛恨该二船之首先遵具。怂恿吐嚒等兵船与之寻衅生事。因嘜喇已进口内，无可如何，探知唦啷入口之时，赶来追捉，适我师在口外弹压，辄敢开炮来攻。是滋扰虽系夷兵，而播弄实由义律。诚如圣谕，佯为畏惧，暗布戈矛，自外生成，不得不大张挞伐。经提臣关关天培统师攻击，虽已逃窜不遑，究以师船木料不坚，未便穷追远蹑，则仍须扼其要害，务使可守可攻。

查该夷船所泊之尖沙嘴洋面，群山环抱，浪静风恬，奸夷久聚其间，不惟藏垢纳污，且等负嵎纵壑，若任其踞为巢穴，贻患曷可胜言。臣等自严断接济以来，已于尖沙嘴一带择要扎营，时加防范，本意只欲其畏威奉法，仍听贸易如常，原不忍遽行轰击。而乃抗不具结，匿不交凶，迨兵船由穿鼻被创逃回，仍在该处停梳修理，实难容其负固，又奚恤其覆巢。

节据派防各文武禀称，尖沙嘴迤北，有山梁一座，名曰官涌，恰当夷船脊背之上，俯攻最为得力。当即饬令固垒深沟，相机剿办。夷船见山上动作，不能安居，乃纠众屡放三板，持械上坡窥探。即经驻扎该处之增城营参将陈连陞、护理水师提标后营游击之守备伍通标等，派兵截拿，打伤夷人两名，夺枪一杆，余众滚崖逃走，遗落夷帽数顶。九月二十九日，夷船排列海面，齐向官涌营盘开炮，仰攻数次。我军扎营得势，炮子不能横穿，仅从高处坠下，计拾获大炮子十余个，重七八斤至十二斤不等。官兵放炮回击，即闻夷船齐声喊叫，究竟轰毙几人，因黑夜未能查数。十月初三日，该夷大船在正面开炮，而小船抄赴旁面，乘潮扑岸，有百余人抢上山冈，齐放鸟枪，仅伤两兵手足。被增城右营把总刘明辉等率兵迎截，砍伤打伤数十名，刀棍上均沾血迹，夷人披靡而散，帽履刀鞘遗落无数，次日望见沙滩地上掩埋夷尸多具。初四日，夷船又至官涌稍东之胡椒角，开炮探试。经驻守之陆路提标后营游击德连将大炮抬炮一齐回击，受伤而走。

臣等节据禀报，知该处叠被滋扰，势难歇手，当又添调官兵二百名，派原任游击马辰暨署守备周国英、把总黄者华，带往会剿。复思该处既占地利，必须添安大炮数位，方可致远攻坚，复与提臣挑拨得力大炮六门，委弁解往，以资轰击。并派熟悉情形之候补知府、南雄直隶州知州余保纯，带同候补县丞张起鹍驰往，会同新安县知县梁星源，相度山梁形势，妥为布置。复札驻守九龙之参将赖恩爵、都司洪名香、驻守宋王台之参将张斌，亦皆就近督带兵械，移至官涌，并力夹击。兹据会禀：十月初六日，该文武等均在官涌营盘会同商定，诸将领各认山梁，安设炮位，分为五路进攻；陈连陞、伍通标、张斌各为一路，赖恩爵及马辰、周国英、黄者华为一路，德连、洪名香为一路，该县梁星源管带乡勇前后策应。晡时，夷人在该船桅上窥见营盘安炮，即各赶装炮弹，至起更时连放数炮打来。我军五路大炮重叠发击，遥闻撞破船舱之声，不绝于耳。该夷初犹开炮抵拒，迨一两时后，只听咿哑叫喊，竟无回击之暇，各船灯火一齐灭息，弃碇潜逃。初七日天明瞭望，约已逃去其半，有双桅三板一只在洋面半沉半浮，余船十余只退远停泊，所有篷扇桅樯绳索杠具，大都狼藉不堪。该文武等因夷船尚未全去，正在查探间，即据引水等报称：查有原扮兵船，在九龙被炮打断手腕之嘟嗯喇吐，及访明林维喜命案系伊水手逞凶之哆唎两船，尚欲潜图报复。该将领等因相密约，故作虚寂之状，待其前来窥伺，正可痛剿。果于初八日晡时，哆唎并嘟嗯喇吐两船，潜移向内，渐近官涌，后船十余只相随行驶。我军一经瞭见，仍分起赶赴五路山梁。约计炮力可到，即齐放大炮，注定头船攻击。恰有两炮连打哆唎船舱，击倒数人，且多落海漂去者。其在旁探水之夷划一只，亦被击翻。后船惊见，即先折退，而哆唎一船尤极仓皇遁去，无暇回炮。

计官涌一处，旬日之内，大小接仗六次，俱系全胜。惟初八日晚间，有大鹏营一千斤大炮，放至第四出，铁热火猛，偶一炸裂，致毙顺德协兵丁二名。除与穿鼻洋面阵亡兵丁及受伤兵内，如有续故者，一体咨部请恤外。现据新安县营禀，据引水探报，吐嘧、哗嗢兵船，义律三板，暨唉夷未进口大小各船，自尖沙嘴逃出后，各于龙鼓、筲洲、赤沥角、长沙湾等处外洋四散寄泊。查粤省中路各洋，为汉夷通商总道，虽皆可许泊舟，亦须察看形势，随时制驭。即如道光十四五年间，夷船借称避风，辄泊金星门，该处地属内洋，不得任其逼处，经臣邓廷桢严行驱逐，至今不敢进窥。年来改泊尖沙嘴，只于入口之先，出口之后，暂作停留，尚无妨碍。今岁占泊日久，俨有负固之形，始则抗违，继且猖獗，是驱逐由其自取，并非衅自我开。此次剿办之余，于澳门既不能陆居，于尖沙又不能水处，苟知悔悟，尽许回头。若义律与吐嘧等尚以报复为心，则坚垒固军，静以待之，亦自确有把握，不敢轻率畏葸，致失机宜。

至贸易一事，该国之国计民生皆系于此，断不肯决然舍去。若果唉夷惮于具结，竟皆歇业不来，正咪唎咩等国之人所祷祀而求，冀得多收此利者。与其开门揖盗，何如去莠安良。而良莠之所以分，即以生死甘结为断。臣等现又传谕诸夷，以天朝法纪森严，奉法者来之，抗法者去之，实至公无私之义。凡外夷来粤者，无不以此为衡，并非独为唉咭唎而设。此时他国货船遵式具结者，固许进埔，即唉国货船，亦不因其违抗于前，而并阻其自新于后。又如唉国哗喇之船，已在口内，闻有穿鼻、官涌之役，难免自疑。臣等谕令地方印委各员，谆切开导，以伊独知遵式具结，查明并无鸦片，洵属良夷，不惟保护安全，且必倍加优待。复经海关监督臣豫堃亲至黄埔验货，特传哴喇，面加慰谕，该夷感激涕零。惟哟啷一船，被吐嘧吓唬之后，尚未知避往何处。臣等饬属查明下落，护带进埔。倘吐嘧兵船复敢阻挡，仍须示以兵威，总期悉就范围，仰副圣主绥靖华夷之至意。现在沿海闾阎，照常安贴，堪以上慰宸怀。

所有现办情形，谨会同广东巡抚臣怡良、水师提督臣关天培、粤海关监督臣豫堃，恭折具奏，伏乞皇上圣鉴。谨奏。

十月十六日

道光十九年十一月初八日奉朱批：钦此。（《林则徐全集》第三册"奏折卷"）

密陈禁烟不能歇手并请戴罪赴浙随营效力片

再，臣渥受厚恩，天良难昧，每念一身之获咎犹小，而国体之攸关甚大，不敢不以见闻所及，敬为圣主陈之。

查此次嗪逆所憾在粤省，而滋扰乃在浙省，虽变动若生于意外，而穷蹙正在于意中。盖逆夷所不肯灰心者，以鸦片获利之重，每岁易换纹银出洋，多至数千万两。若在粤得以复兴旧业，何必远赴浙洋。现闻其于定海一带，大张招帖，每鸦片一斤只卖洋钱一圆，是即在该国嗑啊啦等处出产之区，尚且不敷成本。其所以甘心亏折，急于觅销者，或云以给雇资，或云以充食用。并闻其在夷洋各埠赁船雇兵而来，费用之繁，日以数万金计，即炮子火药亦不能日久支持，穷蹙之形已可概见。又，夷人向来过冬以毡为暖，不着皮衣，盖其素性然也。浙省地寒，势必不能忍受。现有夷信到粤，已言定海阴湿之气，病死者甚多。大抵朔风戒严，自然舍去舟山，扬帆南窜。而各国夷商之在粤者，自六月以来，贸易为嗪夷所阻，亦各气愤不平，均欲由该国派来兵船，与之讲理，是该逆现有进退维谷之势，能不内怯于心？惟其虚骄性成，愈穷蹙时愈欲显其桀骜，试其恫喝，甚且别生秘计，冀得阴售其奸。如一切皆不得行，仍必帖然俯伏。臣前此屡经体验，故悉其情。即此时不值与之海上交锋，而第固守藩篱，亦足使之坐困也。

夫自古顽苗逆命，初无损于尧舜之朝。我皇上以尧舜之治治中外，知鸦片之为害甚于洪水猛兽，即尧舜在今日，亦不能不为驱除。圣人执法惩奸，实为天下万世计，而天下万世之人亦断无以鸦片为不必禁之理。若谓夷兵之来，系由禁烟而起，则彼之以鸦片入内地者，早已包藏祸心，发之于此时，与发之于异日，其轻重当必有辨。今臣愚以为鸦片之流毒于内地，犹痈疽之流毒于人心也。痈疽生则以渐而成脓，鸦片来则以渐而致寇，原属意计中事。若在数十年前查办，其时吸者尚少，禁令易行，犹如未经成脓之痈，内毒或可解散。今则毒流已久，譬诸痈疽作痛，不得不亟为拔脓，而逆夷滋扰浙洋，即与溃脓无异。然惟脓溃而后疾去，果其如法医治，托里扶元，待至浓尽之时，自然结痂收口。若因肿痛而别筹消散，万一毒邪内伏，诚恐患在养痈矣。

溯自查办鸦片以来，幸赖乾断严明，天威震叠，趸船二万余箱之缴，系唊夷领事义律自行递禀求收，现有汉夷字原禀可查，并有夷纸印封可验。继而在虎门毁化烟土，先期出示，准令夷人观看。维时来观之夷人，有撰为夷文数千言以纪其事者，大意谓天朝法令足服人心，今夷书中具载其文，谅外域尽能传诵。迨后各国来船遵具切结，写明"如有夹带鸦片，人即正法，船货没官"，亦以汉夷字合为一纸。自具结之后，查验他国夷船，皆已绝无鸦片。惟唊夷不遵法度，且肆鸱张，是以特奉谕旨断其贸易。然未有浙洋之事，或尚可以仰恳恩施，今既攻占城池，戕害文武，逆情显著，中外咸闻，非惟难许通商，自当以威服叛。第恐议者以为内地船炮非外夷之敌手，与其旷日持久，何如设法羁縻。抑知夷性无厌，得一步又进一步，若使威不能克，即恐患无已时，且他国效尤，更不可不虑。臣之愚昧，务思上崇国体，下慑夷情，实不敢稍存游移之见也。即以船炮而言，本为防海必需之物，虽一时难以猝办，而为长久计，亦不得不先事筹维。且广东利在通商，自道光元年至今。粤海关已征银三千余万两，收其利者必须预防其害，若前此以关税十分之一制炮造船，则制夷已可裕如，何至尚形棘手。臣节次伏读谕旨，以税银何足计较，仰见圣主内本外末，不言有无，诚足昭垂奕祀。但粤东关税既比他省丰饶，则以通夷之银量为防夷之用，从此制炮必求极利，造船必求极坚，似经费可以酌筹，即裨益实非浅鲜矣。

臣于夷务办理不善，正在奏请治罪，何敢更献刍荛。然苟有裨国家，虽顶踵捐糜，亦不敢自惜。倘蒙格外天恩，宽其一线，或令戴罪前赴浙省，随营效力，以赎前愆，臣必当殚竭血诚，以图克复。

至粤省各处口隘，防堵加严，察看现在情形，逆夷似无可乘之隙，借堪仰慰宸怀。

谨缮片密陈，伏祈圣鉴。谨奏。

道光二十年九月二十九日奉朱批："点出者，俱当据实查明具奏。另有旨。"（《林则徐全集》第三册"奏折卷"）

答奕将军防御粤省六条

一、水道要口宜堵塞严防也。此时夷船既破虎门，深入堂奥。查省河迤东二十余里，有要隘曰猎德，其附近二沙尾，两处皆有炮台。其河面宽约二百丈，水深二丈有零。又，省河西南十五里，有要隘曰大黄滘，亦有炮台。其河面宽一百七丈，水深三丈余尺。若前此果于该两处认真堵塞，驻以重兵，则逆夷兵船万难闯进，省垣高枕，何须戒严。乃既延误于前，追悔无及。今夷船正于此两处要隘横亘堵截，使我转不能自扼其要，几如骨鲠之在咽喉矣。惟有密饬近日往来说事之员，督同洋商，先用好言诱令夷船退离此两处。而在我则密速备运巨石，雇齐人夫，一见其船稍退，即须乘机多集夫兵累千，连夜填塞河道，一面就其两岸厚堆沙袋，每岸各驻精兵千余，先使省河得有外障，然后再图进剿。此事不可缓图，尤不可偏废。若仅驻重兵而不塞水道，则夷船直可闯过，虽有兵如无兵也。仅塞水道而不驻重兵，则逆夷仍可拨开，虽已塞犹不塞也。塞之驻之，而不堆沙袋，则以兵挡炮，立脚不住，相率而逃，仍犹之乎不塞不驻也。此两处办成后，应致力于内洋之长洲冈及蚝墩，最后则筹及虎门。彼处有南沙山巨石可采，如何堵塞，容再酌议。

一、洋面大小船只应查明备用也。查虎门所泊师船，除沙角失事时被焚十只外，闻尚有提中营二号、三号大米艇二只，五号小米艇一只；提右营二号大米艇一只，五号小米艇一只，现停镇口，自应由水师提督配齐弁兵炮械，以备调用。其虎门以外附近之水师营，分：东则提左营大鹏协、平海营竭石镇；西则香山协广海寨。现在各有师船若干，配驾弁兵炮械若干，亦应分饬配足报明候调。至省河有府厂、运厂两处，均系成造师船之所，现在各有造竣师船几只，另购堪以出洋大船几只，应饬据实开报，并将篷索杠具即日备齐，听候查验。再，上年府厂改造巡船，及新造安南三板，现在尚存几只，装配炮械若干，亦即开明听用。其招到快蟹船十九只，现泊何处，此内壮勇若干，炮械若干，亦即禀候核夺。

一、大小炮位，应演验拨用也。查此次虎门内外各炮台既被占夺，所失铜铁炮位，合各师船计之，不下五百余尊。其中近年所买夷炮约居三分之一，尽以借寇资盗，深堪愤恨！今若接仗，非先筹炮不可，而炮之得用与否，非先演放不可。查佛山新铸八千斤火炮十四尊，佥谓无处试放。殊不知演炮并不必极宽之地，只须水上备一坚固之船，安炮对山打去，其山上两头设栅栏截，必不至于伤人。并须堆贮大沙袋，每袋约长四五丈，宽二尺余，堆成横竖各一丈，高七八丈，以为炮靶。对靶演放，既有准头，而炮子之入沙囊深至多少尺寸，果否沙可挡炮，亦即见有确凭矣。此十四尊试过如皆可用，即日运省备防，其余即于佛山如式再铸。倘试后有须酌改铸法之处，亦即就近谕匠遵办，以臻周妥。又番禺县大堂现有五千斤夷炮四位，似可拨至离省十五里之雁塘墟向来演炮处所，亦照前式堆排沙袋演试。又广协箭道有夷炮六位，斤重较小，似可拨在北较场如式堆演。所有来粤客兵，即令该管官带领轮班演炮。如此，则炮力之远近，炮挡之坚松，与兵技之高下，无不毕见，一举而三善备焉。再，前据广州协赵副将开报，该协箭道并贤良祠，现存该〔堪〕用各炮约五百位，又红单船、拖风船卸下各炮，亦约有一百位，虽俱不大，然未尝不可备防，似应分别查验演放，以便分配各船及岸上营盘应用。至装配船兵，宜将船只驾到将近佛山之五乂口、茉莉沙、瓜埠口等处，分起装就听调，庶免疏虞。

一、火船水勇，宜整理挑用也。查夷船在内河，最宜火攻。前月，经杨参赞饬备柴草、油料、松香，装就火船约百余只，闻系署督标中军副将祺寿、候补知县钱燕诒等经理其事。兹隔多日，恐柴草等物霉湿短少，应饬查明重加整理。其装载之船，原只以备焚烧，固不必坚固新料，但亦不宜过于敝旧。且必须有篷，方能驶风，若专借一二人之力，尤恐推送迟缓，不能成功。其船约以数只为一排，驶近夷船，则环而攻之。能于各船头尾，系大铁钉，钉住夷船燃火，使之推不开、拔不去，当更得力。其未用之先，此船宜移上游，近佛山一带装载完妥，夤夜乘风，与有炮各船一同放下，随攻随毁，谅必有效。又，内河东路之菱塘司一带，另有捐办火船百余只，即某所捐办也，分段停泊，如需应用，亦可随时调集，以收夹击之效。至水勇一项，人人以为必须雇用，惟患其有名无实，前此虚糜雇资，已非一次，除淇澳之二百八十人系鲍鹏为前琦部堂雇用，闻已散去，可毋庸议外，若臬运两司访雇之水勇一百二十名，闻有董事管带，应可得用。第未知其船现泊何处，似应查点试验。又番禺县张令，原由揭阳带来壮勇三百名，皆系以鸟枪擅长，每人各有自带之枪，施放颇准。此一起虽系雇为陆路之用，而上年曾经谕明肯下船者多加雇资，彼即欣然下船。似宜将此壮勇三百名作为水战之用。此外再雇，务须考其技艺，查其底里，必使层层保结，不任滥竽。并谕明临阵争先者即予拔官；如敢潜逃，立斩示众。信赏必罚，自足以励士气而壮戎行矣。

一、外海战船，宜分别筹办也。查洋面水战，系英夷长技。如夷船逃出虎门外，自非单薄之船所能追剿。应另制坚厚战船，以资制胜。上年曾经商定式样，旋因局面更改，未及制办。其船样尚存虎门寨，如即取来斟酌，赶紧制造，分路购料，多集匠人，大约四个月之内可成二十船。以后仍陆续成造，总须有船一百只始可敷用。此系海疆长久之计，似宜及早筹办。若此船未成之前，即须在洋接仗，计惟雇觅本省潮州及福建漳、泉之草鸟船，亦以百只为率，将其人、船、器械一齐雇到，给予厚资，听其在洋自与夷船追击，不用营员带领，以免牵制。仍派员在高远山头瞭望探报，果得胜仗，分别优赏。其最得力者赏拔弁职，充入营伍。缘漳、泉、潮三郡，人性强悍，能出死力。既可兼得名利，自必踊跃争先。较之本地弁兵顾惜身家者，相去远甚。至于能在水里潜伏之人，查本省陆丰县之高良乡，饶平县之井洲及福建澎湖之人〔八〕罩乡，其人多能久伏水中，似亦可以募用。其火攻器具，如火箭、喷筒、火球、火罐之类，亦宜多为制备，以便临阵抛用。

一、夷情叵测，宜周密探报也。查逆夷兵船进虎门内者，在三月中旬探报有三桅船十四只、两桅船三只、火轮船一只、两桅大三板四只、单桅大三板一只。其各国货船在黄埔者现有四十只。自虎门以外，则香港地方现泊有夷兵船十七只、伙食船三只。此等情形，朝夕变迁，并非一致，似宜分遣妥干弁兵，轮流改装，分路确探，密封飞报，不得捕风捉影，徒乱人意。其澳门地方，华夷杂处，各国夷人所聚，闻见最多。尤须密派精干稳实之人，暗中坐探，则夷情虚实自可先得。又有夷人刊印之新闻纸，每七日一礼拜后即行刷出，系将广东事传至该国，并将该国事传至广东，彼此互相知照，即内地之塘报也。彼本不与华人阅看，而华人不识夷字，亦即不看。近年雇有翻译之人，因而辗转购得新闻纸，密为译出，其中所得夷情，实为不少，制驭准备之方，多由此出。虽近时间有伪托，然虚实可以印证，不妨兼听并观也。至汉奸随拿随招，自是剪其羽翼之良法。但汉奸中竟有数十等，其能为之画策招人、掉弄文墨、制办船械者，是为大奸。须将大者先除，则小者不过接济食物，即访拿亦易为力矣。（《林则徐全集》第五册"文录卷"）

包世臣

与果勇侯笔谈

侯佩参赞大臣印，驰赴广东，督办英夷。以道光廿一年正月廿四日，取道豫章，枉驾荒寓。侯两耳稍重，故与笔谈。

英夷国居极西，地不过千里，人嗜利而健狯，以其智勇，凭凌邻国。三十年来，造作鸦片以害中华，每岁取中华银不下四五千万，而该夷主收其租，岁亦千二三百万，以富益强。邻国所产各货，皆被该夷于要害处所，设关收税。今鸦片禁绝，则该夷岁入，什去五六，且邻国以畏其富强为之役属者，亦有以窥测浅深。此英夷之不得不以全力争此局者，固情势所必至，非仅前明倭患之比也。大海周环，西南自广东而东北至奉天七省通海口门，皆一帆所达。该夷又有火轮船，瞬息千里，以伺便利。通商已百余年，汉奸引为奸利，内地一举一动，彼无不知。若海口皆备以重兵，此兵法之所谓无所不备无所不寡，若有一处空虚，便恐被乘。是必宜通筹全局，不仅以广东现在情形，一隅着重，而计出于头痛医头、脚痛医脚也。

兵法曰："以夷狄攻夷狄，中国之势也。"英夷之长技，一在船只之坚固，一在火器之精巧，二者皆非中华所能。而通商之他国，则多与英夷同技，不过英夷强梁，各国不能独与为敌耳。以目下传闻之势而论，似宜俟靖逆到粤，会商请旨，先掣各海关以断汉奸通信往来之线索，且示各夷以永绝回市而激之。措辞略谓仁皇帝所为开海者，知各夷非大黄茶叶不生，西口陆路艰险，所通无多，故仰体昊天好生之德，设关通商，以全各夷民性命，并非为榷税起见。不意英夷造作毒烟，贻害我内民至此。又复恃强怙恶，坚不具结，是以绝其贸易。而各国恭顺无过者，自仍旧贯。及上年春间，英夷自海中封港，阻各国货船不得入口，固知非各国之意。然英夷悖逆如此，实有不得不封关绝市之势。如各夷国，效顺求生，集众弱以为强，共翦英夷于海中，叩关内请，自当论功行赏，仍准通商，并分别功能高下，减免各该国货税云云。查广东茶叶过三年者，夷人辄不肯买，是陈茶不能消瘴之明证。我但坚守以持之，经岁之后，各国必不能堪，是或以夷攻夷之策。若遣洋商谕意，是谚所谓"羊吃麦叫猪去赶"也。

再，广东十年内，添造快蟹船五十余号，专为运送烟土，其人与夷船交接熟悉，是当全数收取入官，抚而用之。又澳门一带，有游手习海浮没咸水数日者，四五千人，号"江边崽"。前林大臣过江西时，谆切与言。此项皆匪徒，收之即未必得力，且足以杜其外向，实所费少而所全大，不知采行与否？又英夷去国数万里，粮运断非易事，彼方与中华为难，亦不敢抄夺邻国。而台湾一郡，孤悬海外，产米至多，为福建省中仰食之区。似宜增防严守，以定众心。又潮州业土者多系大户，难保不为英夷奸细，其地逼近福建，若被汉奸引诱占夺，则茶叶为其家产，中华制夷之权失矣。且其地壮勇极多，器械皆备，比营伍精善，官收则从官，匪收则从匪。烂崽从官，则大户无人附从。又嘉应州贫士，多有就英夷之馆者，一请三年，习其地势人情。似宜明示，宥其既往，收为我用，或亦可得制炮之法。盖天下物之利者，无不有制也，再此役一开，藏事迟速不可预知。七省设防，经费浩繁，势必至于开例。然为数断不能多，无济于事，而示贫已甚，为英夷所轻，亦谋国者所不宜出也。

闻广东琼州府昌化县银苗甚旺，居民有偷爬银砂一百斤者，可煎银六十两，以八两给工本，外皆赢余。似宜与当事熟商，择有心计而廉能任事者，密查有迹，先行试采以济军需，果能旺产，再行酌办。或者天心悔祸，地不爱宝，能救银荒之病耶。唯得自传闻，确否则不可知耳。又论者皆谓英夷长于水战，一登岸则技穷，此言断不可信。英夷虽习船，其生长本在地上，何不可登岸之有？且彼舍舟登岸，则已自致死地，而我兵与之短兵相接，是又兵法所谓"自战其地为散地"者也，尤宜加意。至于制器练伍，设奇应变，此君侯独擅之奇，驰名宇内已四十余年，无所庸失职下士效曝背愚忧也。（《安吴四种》卷三十五）

答果勇侯书

诚村先生君侯钺下：

奉手书，并抵粤后章奏稿十事，发缄庄诵，踊跃无量。前闻林大臣十九年五月巡阅虎门，夷船怖以飞炮，而水师奉令开炮抵御，竟莫应声。迨改授粤督，又经年余，章疏数十上，迄未提水师一字。近闻虎门水师，将火药给英夷，而以砂七成掺药三成装炮，以致失事。窃疑传闻过甚，月前林大臣过豫章，谆询其实。据云粤营以水师为最优，其岁入，得自粮饷者百之一，得自土规者百之九十九。禁绝烟土，则去其得项百之九十九，仍欲其出力拒英夷，此事理之所必不得者。以林大臣之言推之，则传闻殊不虚也。

钺下初到粤，即借词英夷最长水战，诱入二三百里，方可决胜。请改水师为陆路，不动声色，默消大蠹，判祸福于转移，不愧古名将矣。日昨茶估急足携来山原里义民示谕二通，愤发如云，义形于色，虽当事苦为逆酋乞命，不无扼腕，然逆夷之掘冢淫掠，义民立歼其贵人颠地伯貊，交恶已成，鼓其气而用之，犹当有济。今闻虎门内外炮台，逆夷仍不准修，桀骜罔悛，何以善后？窃谓夷好不可恃，海防不可废。粤人素羡水师丰厚，且山原里奇功，碍难声叙，似宜选义民使充水师，以渠率为其汛弁，义民必皆乐从。逆夷惊魂未定，岂敢出头与较？仇深隙巨，旬月内断难撮合。相持数月，便可趁势兴工，将大角、沙角、三远、横挡、虎门各炮台，并力修复。吾圉既固，或可直收香港，既以振威雪耻，又以酬功得用，因势利导，是或一道也。唯书生遥度，未必有当，钺下存其说以商靖逆，幸甚望甚。道光二十一年，四月廿二日。（《安吴四种》卷三十五）

答傅卧云书

卧翁三兄阁下：苦雨弥旬，咫尺不能相过。顷奉手书云：扬威已抵江南，欲作手书，觅急递告知一切事宜，敬询吾子云云。阁下年将八十，犹念切民瘼如是，曷胜钦感！然闻扬威发六百里调陈福兹于湖南，不闻求钱少阳于豫章，是殆非可与言者也。今年夏初，豫章初开铜炮厂，仆偕阁下往看。途中有挑煤人偶语云："夷人以铜炮胜我，我必宜求制炮之术。今效之铸铜炮，即精善亦是其徒，徒岂能胜师乎？"阁下叹为至论。又九月初八日申刻，得裕大臣徇难之报，而西刻协署传班演堂戏，班头与之百钱云。江西不演堂戏已三年，况裕总督尽忠之信才到，闻者莫不惊悼，岂有演戏作乐之理？来差怒掷百钱于地而去。少顷，印票来发戏箱，次早，司道各营毕集，唯抚军不到耳。而司道各署继之，八日夜乃罢。是识机宜者在厮养，讲情理者在獶狙也。扬威果能与豫章踞床诸公异趣乎？唯以阁下既发大愿，仆亦不敢竟隐所知耳。

粤东集兵五万，一鼓而散，江西兵至逃回本营，后知不加追问，乃返粤归伍。今调集浙江者，半系粤中逃兵，焉能使之并命矢石间耶？为扬威计，必当出于募勇。江南之怀远，最精火器，其抬枪以一人负而放之，前装药，后夹火，左右俯仰，无不如志，约有二三百人。江浙之交地名黑风泾，附近水贼约有数百人，能以肚皮贴船腹，手持斧凿攻船底。咸水或非所习，夷船若入江河，则无不可制其死命者。仆前过杭州，见出温将军会，前行有大炉十数，重各千斤，一人负以行，百余步乃迭更之，约其俦亦可百余。杭州舆夫，扛小竹轿，舆内坐一人，后置大包箱一，行李一，复有搭轿人，坐包箱上，重以四百斤为度，行走如飞，士人呼为萧山牛，约可二千人。能招此三数千人，精授技仗而厚结之，则何求不成乎？怀远炮手，在洪湖打生，不闻有头目。黑风泾则小白龙与其子黑二为魁。小白龙久死，黑二年亦近六十，存亡不可知，然必有继为渠率者。吴江、嘉兴快手皆知之。抗炉人询之将军庙祝，自得主名。而仆所深忧者，夷人既唼血宁波，殆必垂涎乍浦、上海，以入狼山，至瓜洲截运道。长江唯丹徒之圌山为要害，仆前曾以切告裕大臣。阁下若必发书，以上数事，或可助高深之百一。但不可及仆一字，仆唯待结报到司，即归老白门，无意更为人擦鼻涕已。

蜀门在粤，近有家信来否？念念！稍晴即奉过面悉，不具。辛丑十月朔，世臣顿首。(《安吴四种》卷三十五)

致陈军门阶平书

雨峰尊兄军门钺下：

客冬奉手书，并《职思图》刻本，属为记。春初附驿奉答，未几见邸抄，以颜制军故休致回籍，是前书得达与否盖不可知。日昨奉特旨起用，协同奕扬威筹办浙军，仰测圣意，自以钺下驻厦门时，夷匪再犯皆失利，而颜制军一遇夷匪，遂至失守，是以褫颜职而起钺下。曲直既明，向用自专，钺下发摅忠智，自此可以上报知遇，下辉竹帛矣，庆幸无量！

英夷事诚不能遥度，然兵兴已二载，其情实伎俩并可见矣。所忧者汉奸胁从已多，海堧被蹂已甚，恐别生枝节耳。英夷久据宁波，渔船悉为所用，是大江之路，不可不防。况瓜州为漕运咽喉，若夷逆于来春，以巨舰横截瓜、仪之间，粮艘不能北达，相持数月，都下难免惶遽，此其可忧，较之直犯杭州，波及乍浦、上海，奚翅十倍？钺下生长河淮，历任江南北裨将廿年，遍署三镇，又驻节松江统辖全省者数载，江海情形，自最熟悉。江南海防，以狼山、福山对峙海口为天险，然水面宽逾百里，夷船行于中泓，两岸炮力所不及。虽近来沙涨滩多，而水泓深阔，岂有沮碍？且海船极熟沙线，能保不为之导引乎？兵法曰："无恃其不来，恃吾有以待之；无恃其不攻，恃吾有所不可攻。"狼山以上数百里，江面并无险隘。唯丹徒境内之圌山，四峰插云，横截江身六分之五，其小峰排过江心，距对岸沙滩不过二里，大炮火箭，力皆可及。又矶峻溜急，溯流而上，即乘风亦必迟缓，易为对准。宜于此移一重镇守之，其大峰之麓，土名大江，村落不下千户，足可设镇。唯其山系石崖，是否山足有沙脚可筑炮台不敢知。大都集巧匠，或凿石开山，或用南河木龙之法，扎栅安炮。环山嘴之三面，用大中小炮位，分三层以当其兵船、火轮船、三板船之高下，以败船为的日日演试，以期必中。栅外又以红船载小炮，上下巡绰数十艇，皆佐以火箭。而于对岸沙滩，近三江营署前，筑炮台以资夹击。有此声威，夷匪探知，自不敢内犯。设竟冒死而来，压而焚之易易耳。闻夷船之舷受吾炮子，不过摇摆再四，而窗篷断不能如此坚实，此兵法所谓"攻瑕则坚者瑕"之术也。

此举经费，岁需十万，一旦用之，则所保全者在国脉，岂有算数？即夷匪不至，正兵法所谓"不战而屈人之兵"，古名将所以重无智名无勇功者也。愿钺下与两江牛制军、奕扬威熟商采行，是即草莽臣所以输践食之报者矣。钺下于友朋间，一言之益，终身不忘，况于君国。他不及缕述。世臣事已毕，唯资斧未集，岁杪春初，必可归老白门。知在麈念，并以附闻。《职思图记》，恐前信或不达，再附一稿。唯为国为民，珍重千万！道光辛丑十月望，世臣顿首。（《安吴四种》卷三十五）

奸夷议

太上曰："福兮祸所依，祸兮福所伏。"斯言深也。英夷犯顺至抵江宁城下以逼和，其所诛求，前无比并。今以蕞尔之英夷，去国数万里，孤军悬天堑以恫喝全盛之中华，而所欲无不遂，所请无不得，英夷之福，中华之祸，盖俱极于此矣。英夷自粤而闽而浙而吴，皆恃习海。近竟鼓浪入江，越狼山，窥圌山。而大吏修书遣弁款之数百里外，江宁臣绅又大具牛酒随犒其师。洎抵城下，小吏末衿，又各为私馈，并献歌颂，或希酬答之利，或乞齿牙之余。岂真兵势屡弱，人情携贰，至于斯极耶？其远款也，殆欲诱之深入也；其近款也，殆欲诱之弛备也。而小民又担负米薪食用物，日数百辈上其船与为甫。英夷复出所掠箱笼，及带来烟土，减价招匪人。其藐中华而不备不虞也如是。始有和议，夷酋即饮大吏于其船，耀示兵威，招岸上士民上船，纵观其楼橹炮械，然犹遣其党累日掠城外，备极惨毒。登埤者多忿怒欲发，而奉令不得以一矢相加。是以日昨四大酋携仆从三十余人，入城赴宴，马上四顾，全无惕息之意，骄横至无可加。是殆天欲灭其丑类，故使之就死地而不自觉耳。是宜因其藐中华而益骄之，以尽隳其防。

明谕常川夷船之员弁，侦各小酋主名，与船只大小之确数，间日辄分别馈遗赏犒之。密求能者，精制火药，杂用飞炸钻粘各机器，错置养火桶内，每桶以重三十余斤为度。本城官绅兵民，率善漏言，是断不可与谋。而调集城内之河南、徐州各弁兵，多健鸷，尚气矜，不与本城兵民习。其将领谅不乏忠愤解事之人，可与激发众志者。夷船至坚，能御我炮，而火药得入其舱，则无不立焚。宜谕可与机密之客将，便各物色所辖，以重赏募死士，得二百人，足以集事。先使之杂担负小民，上船入舱，以悉曲折。乃订日复宴其大酋于城中，而使道府副参分宴其小酋于江滨之静海寺，寺去仪凤门才数十步，去夷船不二里，夷人所常至，既便此之入城，又绝彼之疑虑。各伏健者以伺便，约定时刻，死士藏药桶于薪菜担内，上船即发火，健者骤起缚其酋。船无主令，人莫自保，起碇逃避，装炮迸命，皆仓猝无可措手。临江埠上，各乘高开炮以助势。出劲卒于太平、神策二门，以兜剿蟠龙山、卖糕桥、白土山各陆寨之贼。先期飞咨扬威将军，率兵由无锡出孟河，参赞率兵由丹阳，出操瓢港，会于圌山。橄运司在仙女庙木棚，扎小筏数十，载生芦覆以沙，截圌山隘口，断其走路。咨安徽巡抚率兵由芜湖下压，杜其窜扰。必使万逆同歼，片帆不返矣！乃捞积尸以筑京观，俘累酋以献成功，此真转祸为福，振威雪耻，不可必得之大机会也！夷船悉焚，所掠银数千万沉江中者，召水手摸之，尚可得十七八，以偿三年军费，较之拨帑集捐，功效相百。军国安危，争此呼吸，唯望有心国是者，断而行之而已。道光廿二年七月廿四日，江东布衣谨议。

英夷内犯，沿海卖土，薪蔬淡水，势不能不资内地。至猖獗入江，则尤不能不与内民为市。此策乃百发而百中者。骄志隳防，为白门城中，一无防御之具，故须缓兵十日，方能募死士制奇器耳。若平日有备，不必更为此委曲也。自记。(《安吴四种》卷三十五)

致祁大臣书

春圃先生大司农枢密阁下：六月杪，白门定计和夷，急报到都下，独阁下伏青蒲哭排其议，天下传诵，伟矣！所知与有光荣已。夫夷匪滋扰海疆，疾比癣疥，而调兵亿计，率望风溃走，纵其猖獗。然广州之山原里义民，被毒不甘，集乡人歼其渠魁，有司反为逆夷乞命，致留遗孽。嵊县之沈山头义民，愤切同仇，再破其火轮兵船，夷匪不敢言复仇。即江宁人最荏弱，六月中夷船初到，汉奸结盐徒二千余，肆掠各乡，花山住持率两寮二百僧众，拒之山下，立毙四五百人，余匪逃窜，而四十八社村民，追杀之殆尽。是月杪，夷船大集，分遣陆路贼掠神策、太平两门外村庄，据卖糕桥为屯。

贼屯去嘉善寺不二里，避难妇孺千余匿寺中，夷匪踪迹至，而其住持只身持械迎敌于山门外，马步贼惊退。阅五十日，不敢再至寺前。是草泽中固太有人在。

五月初，吴淞接仗，陈军门授命。牛督统河南、徐州、江宁兵二千，不战而走。夷匪舍舟登海塘追牛督，河南游击陈平川率两外委三马兵断后，开放虎蹲百子小炮五门，击毙塘上贼百余，贼下塘避炮，牛督乃得脱。时各营军械皆弃，唯陈君所部无遗失。牛督跳回江宁，急调陈君入卫。陈君驻江宁城内月余，见夷船有机可乘，力请一战不可得，气忿成疾，调治痊复乃领众回营，是军官中亦未尝无人也。患在封圻节钺不知既不求，知者复不用，甚且扼塞其志意，沮遏其忠愤，以馁吾士气而张贼威耳。

夫节义本于民性，国家恩德在人，当轴诚能反其道而用之，拔擢英俊，申明法守，往者诚不可谏，来者亦何事不可为乎？唯是军兴三载，经费支绌已甚，虽各省水旱间作，民生迫蹙，司利权者，固无不知也。然持筹以策府库之盈虚，殆无暇更计及闾阎冻馁矣。然粤、闽、江、浙之已事，近贼者输心导引，远贼者聚党抢夺，是伏莽莠民，未必仅在并海也。从来官民相仇，皆斥掊克，此时若更薄保障而崇茧丝，窃恐驱良民以资莠，且迫智勇之困厄者，为之谋主选锋，可不为之寒心哉！夫有余不足，非天下之公患也，自古急国多矣，然有善者则变急为纾，是必能审察轻重缓急之故，固结民心以迓天和，而驯致此效也。

世臣归田之后，有公书告帖刻本二纸，专恃卖文为活，其不欲更与人世事明已。侧闻阁下赤心救世，又有一日之雅，故敢悉其狂愚，唯垂裁察！丰城傅夔字蜀门，客游粤东，为官绅练健勇三千，技艺纪律，冠绝营伍，是亦草泽中之一人，其末有见者也。为友人牵率入都，附奉此械，想有以拂拭之。诸唯为国为民珍重千万。道光壬寅十月十八日，江东布衣包世臣谨状。
（《安吴四种》卷三十五）

致徐侍御松书

星伯尊兄侍御阁下：

侧闻入台数日，即以封事谕夷情，虽道路莫能详所陈者，然以阁下研究阅历，自必胪在目中，竟入夷务包为可惜也。昨见董云舟给事八月初折稿，几有胡铨之风，足比金陵山川而一洒之。唯于"机会决不可失"一节，尚为疏略，想老成硕画，必当周密无此罅漏耳。

世臣六月初抵白门时，夷船尚未至京口，而城中文武官眷早空，绅富纷纷逃窜。世臣独洒扫庭内，课诸孙诵诗。作五言十韵曰："有辕行周道，幽草玄且黄。云何望重乔，不闻歌绣裳。陵苕叶青青，悠远信不皇。涉波白蹢豕，离毕知月行。雪消因见晛，傅天鸟高翔。薪柞析其叶，谁与陟高冈？新田可采苢，美地况中乡。右有后左宜，汉监岂无光？冽泉浸获薪，讵见坟首群？伊谁乐吾心？睠言顾隰桑。"是月下浣，夷船大至金陵城下，而官绅以牛酒迎犒者，交午江中。小民以薪蔬刍豢上船与市者，日以千百为辈。至七月廿二日，夷酋初次入城赴宴，世臣察其机有可乘，因为《歼夷议》一首。商之忠勇有识之河南统兵官，密白当轴而竟不行。如所议，不过费五六万金，必使之片帆不返，且可尽获其掳掠之资，以偿三年军费。说既不行，世臣念夷船近在肘腋，城中吏民多外向，此稿一泄，则祸必及身。及夷船退，又念夷船再入大江，事属必有，存此议可为后图，是以谨藏其稿，不以示人。阁下心乎国是，故以奉告，仍不敢录稿奉质也。

现虽防后尽撤，而厝薪烈火，有识共知，则莫急于训练；积贮告匮，夷欠限紧，又莫急于征敛。世臣窃谓二事固急，而尚非其至者，民情携贰，宜急所以维系之；兵气涣散，宜急所以镇一之。维系散民，在用良吏；镇一懦兵，在亲选锋。若以忧贫而勤茧丝，起弱而恣鞭挞，则委而去之，舟中皆敌国，孟、吴之言，未必不验于今日也。国家爱民重士，二百年无一虐政，而士民所以为报者乃至此极。是岂畏义畏法之良，尽汩后起？练心用众之术，竟绝前识乎？亦唯在上者，重气节，敦廉耻，以大示转移之机已耳。说者谓势迫载胥，而论侈上理，既迂阔而远事，更纾缓而无及。然阳格"天不旋日"之谓何？及今不为，仍前苟且，抑将伊于胡底乎？当京口初破，而桃北遂决。日前冬至之夕，自酉至亥，雷电风雨，五阵继作，有如炎暑。又物当乙丑，震动金库，真无敢戏豫、无敢驰驱之时也。

世臣自豫章返白门，有公书告帖二纸，附呈一览，知其无意人世事。而复为此言者，实欲阁下深察情势，与同志诸公，戮力不退转，世臣庶得托身农圃，以尽余年耳。伯昂、滇生二公皆贵而好学，心存世道之君子，不及另缄，晤时出此书同览可也。昨接卧云书，有与蜀门要缄，乞确致之。蜀门心力颇可用，其招同入都之李春台游击，亦有意兴，军官中不可多得者。诸唯为道为民，珍重千万。道光壬寅十一月望，世臣顿首。（《安吴四种》卷三十五）

姚　莹

夷船初犯台洋击退状（庚子六月二十三日）

六月十八日申刻，据鹿耳门汛口禀报，本日未刻，瞭见双桅夷船一只，由西驶至鹿耳门外马鬃隙深水外洋游奕。（本职职道）立即督同台湾府知府熊一本，面商出示封港，委候补府经历县丞庞裕昆，持令同水师所派署左营千总李瑞麟，督带兵役，坐驾渔船，赴鹿耳门以北国赛港沿海一带巡查防守。又委候补从九品潘振玉，持令同水师所派中营把总杨得器、外委沈春晖，坐驾渔船，督带兵役，赴鹿耳门以南四草湖喜树仔沿海一带巡查防守。鹿耳门正口虽已淤废，而小船尚可出入。且该处淡水所在，向为众船汲取，恐有偷漏，委前署兰厅阎令为总巡，持令会同水师所派左营千总梁鸿宝，督带兵役，专驻鹿耳门防守，策应南北两路，分头巡缉。（职道）督同台防厅、台湾县传集郊商船总，面谕毋许小船、竹筏出口，以断奸民接济水米、偷运鸦片。一面飞饬北路厅县营，一律防堵。由（本职）委署右营游击吕大陞，持令驰赴安平，会同护安平协副将江奕喜，相机轰击。该协调护中营游击事守备翁秀春、署右营都司事守备林得义，督带三营，原派在洋防堵夷船之大号哨船及出洋巡缉师船十只，分为左、右翼。该护协江奕喜，亲自坐驾安海艍兵船一只为中路。又雇派渔船二十只往来接应，兼防奸民出海。沿海多备旌旗，时放枪炮，以壮声威。该夷船在外洋游奕，不敢驶进内洋。各师船因风息全无，不能前进。十九日早微起东南风。该护协江奕喜，恐该夷船窜入北路嘉彰一带，洋面甚长，殊难措手，随督同各师船，自北而南，占其北窜之路，奋力前进，枪炮兼施。该夷船放炮回拒，一面转篷向西南大洋而逃。各师船追至菱丁仔洋面，时已昏黑，忽起大雾，东南风转盛，浪涌如山，不敢冒昧前追。至二十日寅刻，雾收，瞭望夷船，已无踪迹，随各收回。查点各船，惟守备翁秀春坐船舷边被夷炮，小有击损，余皆无恙，亦未伤人。伏查此次夷船之来，或因内地严逐，飘窜来台，或因乏水米，或图销鸦片，来台探取，均未可定。一见兵船攻击，随即逃窜，伎俩有限可知。惟夷性狡猾，难保其去而不来，或引类而至，不止一船，均不可不防。现通饬各属，整齐船炮，实力巡防，所有击走夷船缘由，谨肃禀报。（《东溟文集》卷四）

上督抚言防夷急务状（庚子七月二十日镇府会衔）

本年六月初一日，职道等会同查明台湾各口水势及水师船炮情形，具禀宪鉴在案。兹于七月十三日，行商传抄，逆夷竟敢驶至浙江，径攻定海，县城失守，不胜发指。查逆夷奸谋已久，因粤东、闽省防御甚严，出我不意，越犯浙东，以定海兵力稍单，猝致失事。现在大兵云集，指日自可殄平。惟闽、粤为逆夷往来之路，且有夹板船于本年六月十五、十九等日在澎湖及台郡外洋窥伺，虽均经当时击走，而防备更不可不严。现闻宪台亲驻泉州，调度一切，厦门有水师提督重兵驻守，复有金门、漳州两镇水陆声援，可期磐石之安。

独台湾一府，孤悬海外，民情本已浮动，自前年惩创后，去岁至今，甫得安谧，而元气久亏，正在加意抚循，讵闻定海警报，未免人心疑惧。况年来查办烟案甚严，沿海奸民不免嗟怨，一旦有警，恐其乘隙滋事，是台湾所患，不惟外御逆夷，尤须内防奸宄也。台协水师副将虽辖有三营弁兵二千二百七十名，然其右营洋汛则在凤山，左营洋汛则在嘉、彰、随驻安平防守郡城者，实止中营游击弁兵七百七十三名而已。南路港小水浅，尚非夷人之所垂涎。北路绵长，水师左营游击驻札鹿港，距鹿耳门洋面三百余里，中有五条港即树苓湖，口门较宽，无险可守，最为紧要。艋舺参将所辖沪尾水师一营弁兵仅七百名，其洋面上自噶玛兰，下至淡水之大甲，七百余里，口门数处，惟鸡笼、沪尾较大。而鸡笼尤为宽深，实通台最要之处，距郡辽远，殊苦鞭长莫及。至于澎湖，四面大洋，为台、厦中流锁钥。水师副将所辖两营弁兵一千八百三十八名，文员只通判一人，虽民风尚淳，不若台湾之浮动，而形势孤单，实为可虑。三路水师情形如此，现在整饬师船、炮械，仅可防御一、二夷船，倘遇大帮，即形单弱。本职训练精兵，未敢稍懈。惟台湾每居秋冬，尚须出巡；南北两路浮动之民，尤须镇压，未便舍根本而事外洋。台澎水师又各有洋汛，自行防守，更无堪以调拨之舟师。此职道等所日夕筹思、不无蹰躇者也。

兹督同卑府一本，再四熟商，惟宜严守口岸，断绝接济，察夷船之多寡，相机出击。倘夷船连综而至、尚须内地舟师迅速接应，是为要策。谨将现办急要事宜七条，为宪台陈之。

一曰募壮勇以贴兵防。防夷要口，一为安平大港，二为树苓湖，三为五汊港，四为沪尾，即八里坌，五为鸡笼。水师汛兵不敷巡守，自当酌调陆营弁兵贴防。惟腹内地方紧要，奸民伺隙即起，未便多拨，致令空虚，尚宜兼用民壮，以资防守。盖台地向来有事无不借义民助力者。不惟以壮官兵声势，且假此收用游民，免为贼用也。今拟每口酌雇壮勇二百名，派委文武，督同总理头人管带，驻札海口，以资防御。委员薪水、壮勇口粮，由地方官同管口之员捐给一半，由职道于公项内津贴一半。自九月后，西北风起，预备至年底止。察探逆夷情形，再行减撤。其陆营弁兵，则俟临时调拨，以免自老其师。

二曰派兵勇以卫炮墩台地。正口虽有炮台，而小口如东港、树苓湖、五汊港、鸡笼，或因地形偏僻，或因沙埔平远，无险可据，炮台并未建设。近奉宪台会同钦使奏建炮墩，诚为简便。但既设炮墩，必有炮墙，以藏兵勇。今悉用竹篓、麻袋，贮沙为之。每一炮墩，墙宽二十丈，用兵勇百人，架大炮二门、小炮三门，以十人放炮，二十人执鸟枪以卫炮，三十人执长枪以卫鸟枪，二十人持藤牌短刀以卫长枪。每一口岸，相度地形，酌用炮墩三座或两座，互为犄角。

三曰练水勇以凿夷船。募海边壮丁善泅水者，水师每营百名，使之学习水底行走用大铁钻凿逆夷船底，或彼有倒钩，则不可凿，从其艄后扒上夷船，杀其夷人，砍其艄舵。此项水勇，必须召募，除台湾额准召募名数外，其内地各营换班额内，现有班满事故未经换到补额者，不下数百十名，应请准于召募。水勇中挑其尤为精壮者，赏给补充，咨明内地，暂免换补，俟事平后，再复旧规，以符定制。

四曰习火器以焚贼艘。海洋舟师，远者用炮，近则利用火罐、喷筒，以焚敌舟。非练用精熟不可。本职现令水师如法制造，教习各兵，务使娴熟。惟火药现仅领到十七年分，尚欠十八、十九、二十等年未到。伏乞饬行藩司全数发交台营，请领员弁迅速解回应用，俟到日补具印领申送。

五曰造大舰以备攻战。台湾向无大号战船。缘台厂军料购自内地，大料不能配运，哨船至大号同安梭而止，傥备攻击夷船，必须添造大舰，如集成字号者二只或四只，分给台、澎两营配用。嘉庆年间，攻剿蔡、朱二逆，曾奏明特造大舰，今逆夷猖獗，似宜请动帑项，专派大员，在厦制造多只，为台厦水师之用，或例价不敷，由台内文武分年摊捐，实乃攻夷要务。但须选访善于制造之人，亲自督工，非寻常厂员所能晓办。

六曰雇快船以通文报。逆夷去来无定，洋面候息千里，侦探消息，必须内外相通，不容迟误。应饬澎湖、台防、鹿港、淡水有口四厅，各雇快小渔船二只，往来台厦、蚶江、澎湖，侦探逆夷动静，一有警信，立即飞报，并请宪台饬令厦防、蚶江二厅，一体雇备驰报台澎。

七曰添委员以资防守。地方有事，各口及地方该管官，皆有责成。惟台地如嘉、彰二县，民情浮动，事务殷繁；淡水一厅，又以地方而兼口务，澎湖则文员止通判一人，诚恐顾此失彼，必须添委干员，协同防御。现有玉庚、徐柱邦二丞，范学恒、裕禄、魏瀛三令，俱经卸事，尚未内渡。拟委玉庚往淡水，协同该丞刘继祖办理；范学恒往嘉义，协同署令魏彦仪办理；徐柱邦虽系丁忧人员，但新任孙署倅甫经到任，徐柱邦正在澎湖交代，且防夷军务可以援例奏留，应请即留在澎湖协同署倅孙化南办理。此三员皆曾任其地之员，情形熟悉。再于佐杂内挑选明干者，随之会同该地文武团练乡勇，查禁奸民接济，似为得力。裕、魏二令及素有胆略、熟悉军务之参员托克通阿暂留郡城，听候差遣。

以上七条，皆目前必不可缓之事。惟是事关重大，处处皆需经费筹备为先。道库虽有备贮之款，未敢遽行动拨。而在台文武廉俸无多，向为每年额捐及历次军需摊捐。又操练精兵船厂赔费各款，已数万金，尚有随时派捐，不在此数。是以，办公素形竭蹶。此次防夷需用甚多，不得不仰乞宪恩筹拨无碍闲款通融津贴。查有噶玛兰历年征存下则田园供耗未报升科之款洋银一万元，解存道库。道光十八年七月间，经职道报明前宪批准提出九千元，分贮凤山、嘉义、彰化，以备不虞。是年，南路张贡、北终赖三等匪徒滋事，各县赖有此款，先行拿办。中路胡布、游碰生逆匪之起，党羽无多，得以迅速扑灭。及后奏请帑项或销或摊，已归还封贮。昨准前任吴藩司来文，又将此款详请改发府库抵扣明年大饷。在吴藩司以为兰地未报下则田园，现办升科，所有历年征存，必须报部候拨，固为慎重钱粮起见。但事有轻重，时有缓急，不可无所权衡。台湾海外岩嶨，军旅数兴，府厅县库早已奏明匮竭。地方浮动，不定何时用兵。当事之初起，全赖办理应手，庶星星之火，不使燎原，而无费不行，徒手必然坐误。今防夷事大，所费甚巨，若责令在台文武尽出捐资，实有万难措备者。况此款并未报部，实不同于正项，即使升科案定，亦可据实奏明。惟有仰祈宪台俯鉴海外孤悬，防夷紧要，饬行藩司，准予兰厅征存未报部款内，由职道酌量动拨为防夷之用，事后核实报销，免抵明年大饷。如此，则地方办公有资，各属赔累稍轻，举事庶能应手，傥为日持久，再容另筹。抑更有请者，海外文报，往返稽迟，以上各条，若俟奉到宪批，恐不及事。职道等彼此熟商意见相同，不得不在地先行举办，合并呈明。（《东溟文后集》卷四）

覆邓制府筹勘防夷状（庚子九月）

八月十三、十四等日，奉六月二十一暨七月十二两次钧函，祗悉。逆夷犯顺，舟山失守。宪台现奉谕旨驻札泉州，筹办攻剿防堵事宜，深蒙廑念台湾，开示要略，颁发饷银。又奉檄文十数件，示以夷踪诡秘，教以备御之方。莹时在鹿港、彰化一带，勘办北路各口防御事宜，捧诵之下，钦佩实深。当即缄封宪函，驰寄达镇，一同阅看。饬行所属文武遵照。

伏思蠢尔丑夷，因天朝绝彼贸易，无计资生，竟敢肆其猖獗，扰我边陲，定海猝未及防，致为越占。指日天戈云集，不难迅奏荡平。而台厦、澎湖素为彼所垂涎之地，势必分趋骚扰。丙〔两〕地水提在假，陆提又赴援浙江。宪台总统文武，独抒经略。莹身受海外重寄，惴栗倍形。民情浮动之区，攘外先须靖内。逆夷船高、炮大，势难取胜外洋。我兵攻具未齐。目下要务，自当保固藩篱，守定而后议战。前经查明水师船炮，并筹议事宜，同经费要款，先后会禀，计日内当邀垂览。至防守要地，则郡城全台根本，鹿耳门虽已淤浅，商船不入，而安平大港外之四草洋及鹿耳门北去二十里之国赛港，均为迩来商船停泊之所。大港迤南之三鲲身，亦可小船出入。皆郡城门户。全赖安平一协，西障四草，北阻国赛港，南控三鲲身，实乃第一扼要。经会督护水师副将江奕喜、台湾府知府熊一本，台防同知全卜年及该营县，派雇战哨民船，多配弁兵水勇千二百名，罗布港门。复于红毛城原设炮台一座，新设大港内外炮台四座之中，横筑炮墩，绵亘百余丈，守以兵勇五百余名。达镇复于岸上深挖濠沟，密布钉板，多插旗帜，派委前台湾县托令督率乡勇每日三次登牌，严申号令。其四草、鹿耳门、国赛港、三鲲身，亦多筑炮墩。自十余丈至二十余丈不等。各守以兵勇屯丁或一百名，或二百名。所有大小炮位及新制火器，会同亲试演放，均能如法。是郡城防守尚为谨严。至北路各口，经莹于八月初七日启行，遍历嘉义之树苓湖、缠仔蓁、彰化之番仔挖（即鹿港正口）、王功港（即鹿港之内口）、五汊港（在淡、彰交界）及淡水南境之大垅、中港、香山、竹堑四口，北境之沪尾（即八里坌口）以至极北之大鸡笼要口，凡十七处，皆当设防。而尤以树苓湖、躂仔蓁、番仔挖、沪尾、鸡笼五处为最要，均会督营将厅县设立炮墩，派雇战船民船，分配弁兵壮勇，或巡守于港门，或驻守于岸上，多插旗帜，兵勇每日三次登牌，施放号炮，务使声威严壮。其各小口亦酌仿而行。每勘一处，皆相度地势，酌定章程，或八条或十数条，咨商达镇。九月初十日勘竣，仍沿海覆查。约本月下旬可以回部。再将办理章程逐一闲具清折，绘图贴说，另呈宪鉴。

惟澎湖一岛孤悬，鞭长莫及，詹副将同该厅在彼堵御亦尚谨严。现因徐署倅告病，已经藩司委云霄同知玉庚前往接署。莹饬令台湾府筹备银款发给，以补司扣饷银，当不误事。缘奉谕函，谨以现办情形，先行呈复。(《东溟文后集》卷四)

上督抚言全台大局书（庚子四月）

台湾孤悬海外，南北绵亘千数百里，地气本浮，人心好动，命盗案多，甲于通省，分类械斗，变生顷刻，布谣胁惑，谋逆造反，习以为常。治理弛张之道与内地回不相同。南北两路情形又与郡城大异。盖郡城有镇、道、府重兵镇守，奸民尚知所畏。嘉、彰一带毘连内山，为匪类渊薮，随捕随聚，诛不胜诛。且若辈视死如归，地方官驾驭稍失其宜，即激成大案。自康熙二十二年平台以来，迄今一百五十余年，奸民倡乱数十起，大半起于嘉、彰而南路响应，统计全台之势，嘉、彰两县既要且繁，最称难治。台、凤两邑稍次。淡水厅又次之。噶玛兰为山后新开之地，离郡城十三站，险阻崎岖，鞭长莫及。解犯提案，甚费周章。幸地止弹丸，尚称易治。澎湖厅孤悬海中，户口不及十万，地瘠民贫，命盗案皆归台邑承审。澎厅不过勘验捕犯而已。是兰、澎二厅皆要而不繁。至于海洋风汛靡常，文报解犯不能与内地一律稽程。有两船同时开驾，一船先到，一船迟至数月者。有数船同开，众船皆到，一船漂无下落者。即如现在委员王豫成，船漂粤东，王鼎成身遭淹没，淡水刘承四船赴任，两船遭风，淹毙幕友家丁舵水数十人。涉海之难。此其明证。

所尤虑者，台湾在昔颇有沃土之称，民多旷土可开，官亦宽大为政。是以地方遇警，官民趋事赴功，皆不致竭蹶。自嘉庆以来，地利尽辟，野无旷土，生齿日繁，民无余资，情形已不如昔。至十一年蔡逆扰乱，南北骚然，继以十五年漳、泉分类械斗，民日凋敝。幸自十六七年至道光二三年，地方无事，闾阎粗安。

及乎四年，凤山则有杨良斌之乱，六年有闽粤分类械斗之乱，十二年有张丙之乱，十三年有许戆成之乱，十六年有沈知之乱，十八年又有张贡、胡布之乱。大兵数动，官既仓库空虚，民亦疮痍满目。惟冀休养生息，闾阎或可稍安。而大乱之后，遗孽犹存，盗贼纷纭，民之困于劫夺者一。岁屡不登，民之困于口食者二。商船遭风，岁常十数，货物倾耗，民之困于财用者三。昔之富商大户存者十无二三。是以词讼日繁，赋多逋欠，元气益荡然矣。民困既甚，官即随之。不惟缺分疲瘠，回异曩时，而军需捐摊数加无已。近者台镇奏练精兵，文员岁捐盈万，每年出巡南北两路，地方不靖，势难少带弁兵，亦难拘定月日。夫马口粮，地方供顿不赀。逆案盗案，人犯岁常数百。解内地者亦百十余名，每获一犯，悬赏自数十金至数百金，而流罪以下例解内地，重洋远涉，每一犯需费番银四五六十不等。嘉、彰二邑最多，岁费巨万。今更查办鸦片烟案，人犯不可胜纪。而调台厅县，又时挟亏短而来。以内地之不足取偿海外，展转挪移，皆所不免。每至交代，无不棘手。揆厥所由非尽官之不肖也。

夫以浮动好乱之地，当官民交困之时，为政之道，似以抚绥为先，而缉捕更不可后。捕犯解犯非费不可。职道上年密陈前宪，欲照淡水厅拳和官庄之例，奏明兰厅未升科粮地留为全台缉捕经费，使各属办案有资，可免畏难苟安，收弭患未萌之效。此亦目前要务也。昔年台饷除抵扣外，司发常十七八万，少亦十二三万。近年扣款过多，拨亦愈少。及本年只发银六万余两，而兵丁逾万，官弁数百人，刻不容缓。府中无款可筹，则以各厅、县应解之款划抵，使就地支放，而各属应解之款非亏空军需案内尚未补足即民欠无征，支绌万状。民间亦生意日蹙，富室凋零，遇地方有事，裹足不前。海外情形，隐忧甚大。前者程督宪按临台地，奏拨银十万两贮道库以备急需，沈、胡两逆案皆动拨，临时幸免周章，而仍无补于全台元气。现在各属无事之时，已形竭蹶，一朝蠢动，势必束手无策。此职道所日夜隐忧也。

海外安危，关乎全省。职道才识短浅，惴栗实深，缘奉查询地方，不敢有所欺隐。伏惟宪台按切地方事势筹示机宜，抚凋敝之民生，咸安衽席，俾愚蒙之下吏，得有遵循；全台幸甚。（《东溟文后集》卷六）

吴嘉宾

海疆善后疏

为敬陈海疆事宜事：

窃见近日英夷滋扰海疆，我皇上悯念苍生，焦劳宵旰。凡百姓言事者，虽至愚极陋，皆不加责，冀有可取。谨竭愚诚，撰拟海疆事宜数条，以备采择。

窃闻患自外来，敌国是也；患自内起，寇盗是也。敌国必因于强逼，寇盗常聚于饥寒。未有以寄居之夷贾，敢肆鸱张，以趋利之奸徒，遽成乌合，如今日海疆之事者。禁令骤严，其始但求挠法；威柄偶绌，其继遂至兴戎。论者以为外敌内寇，兼而有之。臣谓此外不足谓之敌，内不足谓之寇。盖外特恃内奸为之窥伺，内特借外夷为之主张。故夷人不得汉奸不敢动，汉奸不得夷人亦不敢动，制其一而两服矣。朝廷命将出师，以攘外为重，献策者竞言兵事。臣谓外患易驱，内患难弭。顷沿海奸民以乱为利者甚众，皆有乐祸轻法之意，其为异日之患，有不可胜防者。海疆贸易，断难杜绝。外夷忽喜忽怒，内奸非盗非民，一切防范稽查，须为持久之计。夫兵久聚则饷竭，数调则民困。惟以靖内为主，则外患自息。谨条具以闻：

一、重沿海知府，以责吏治。谨按国家有事，将帅治其外，守令治其内。若守令得人，民情安堵，则乱起一方，必不至蔓延四出。盖将帅戡乱于已著，守令弭乱于未形。是守令之功，先于将帅，要在慎择其人，假以事权，俾得因地制宜，庶可先几为备。现在外患已著，内患方萌。已著者，将帅之责；方萌者，臣望皇上速加之意而已。臣考前明宣德间，以苏松等郡，逋赋积重，选知府况钟等十五人，皆假便宜敕书，其后诸臣，悉称办治。今海疆二十余郡，请敕督抚详察各知府才具，实能独当一面者，奏闻请旨，即以一府之事委之。并令中外大臣，酌保堪胜海疆知府十数员。现员不胜任者，简放更换。并假便宜，如前明况钟等故事。请领钱粮，上司勿轻阻挠，责令绥靖地方，久任以观其成，不使苟且趋避。现在闽、浙、江省，督臣亲驻海口，其事可暂而不可常。且稽查保甲，劝修城隍，团练壮勇，抚绥贫困，皆须亲民之官委曲料理。督臣威权尊重，一方之事，谘禀取决，虽久驻海口，名为专办，实则兼营。徒令守土之官伺候逢迎，不得尽心修职，有损无益，并于一省之事，亦多鞭长莫及之虞。臣以为各省知府，皆由皇上简放，有不数年至大吏者，是特用有先后，并非人有智愚。当偏隅多事之际，诚恐督抚耳目未周，心力未逮，似宜多选贤能，布之要地。民安则乱自戢，事豫则费自省。其于国家长治久安之图，所关非细。

一、沿海招募屯田，以省兵饷。顷沿海用兵，饷银数至千万，请领尚苦不足，而国帑已属难支。臣闻各省调兵，并不济事，惟恃乡勇得力。然调兵费且倍蓰，以倍蓰之费，赡不济之兵，糜饷莫甚于此。又客兵经过驿传，所在劳扰。古人所谓：一方有事，骚动天下。伏见近日谕旨，令各省招募土兵，勤加训练。若沿海训练有成，即可尽撤客兵，实国家之至计也。伏查各省滨海，皆有荒淤之地，为大户隐射，及客民搭棚私种，并无官粮。其隐射私种之徒，秋成互相攘夺，必豢拳勇以备械斗。偶有报呈到官，胥役得收规费，亦多成讼不结。往年尝历畿辅、滦、乐等处亲见。现在海岸，考诸志图，有离旧地至四五十里及百里者。海中沙洲，俗呼为坨，亦有周广至百里者，或荒或种，并无赋籍。又闻黄河尾闾，地尤肥淤。云梯关下北岸，自马港河起东下，至海口青红二沙，淤成堆阜。迤北云台山已成平陆，约方二百里。乾隆四十五年，因水漫豁粮之民灶地五千七百六十三顷，今亦淤成沃壤。各省沿海有"沙棍"名目，即系占种淤地之人，往往聚众至千百人不等。籍其人成兵，即可弭盗；籍其土充饷，即可息争。海防之策，莫要于此。但虑州县畏难姑息，不亲勘履；或被胥役朦蔽，率称并无荒田。请令各省择委贤员，专司其事。先令影射私种之户，立限自首升科，限外即许他人指买，均如数清丈，给与执照。私种费用倍蓰正供，今得免需索攘夺之患，各成永业，未有不愿从者。至沿海荒地，委官逐段清丈，分别已种未种，绘图编册。清丈之后，请简大臣前往查勘。其有田之户，各自按亩出雇壮丁，以代租粮，官为约束操演。其荒地可垦者，即予现募土兵开垦，立法限制，永为军籍屯田。是一举而国家益兵节饷，可久远行之者也。

一、明定海洋物价，以遏奸利。顷沿海公私凋敝，百姓逃亡，而商贾裨贩之徒，往来如故。夷人即以交易所得之利，为久住骚扰之资，借寇兵而赍盗粮，实属从来未有。现在粤洋已设夷税，是果孰为输将，厦门尚泊夷船，是果谁为接济。浙省被陷各城，姑不必论，即台郡、宁海等处，素以栽种罂粟为生，闻其百姓与夷交通，官府亦不能禁。夫夷人客主之势，本易使退，今内民如此，尚可问邪。所幸国家厚泽深仁，沦肌浃髓，愚民但有求富之意，并无从逆之心。故法令虽若不行，而地方尚能自守。夫商贾所趋者，利也；朝廷所恃者，权也。利在能使权夺；权在亦能使利移。今海疆贸易，势不能杜，法当以权移之。请令中外贸易之物，俱估定价。中国所产售于夷者，中国估值，除例税外，权抽军务费用，照税则加倍。军务事竣，即行停止。外洋货物，外夷自估，亦不得朝三暮四，忽贱忽贵。米谷、硝黄、铁器之属，违禁出洋，以通逆论。货有定价，垄断者奸无所施。然后，易趋末者使反本，易趋外者使向内。商夷无非分之贪，不待封港，而海患自息。

一、沿海实行保甲，以寓团练。谨按保甲之制，行之无事，即《周官》之比闾族党也；行之有事，即《管子》之轨里连乡也。昔明臣王守仁用治南赣，著有成效。是在勤能有司实力奉行而已。然使仅编十家牌，互相稽察，犹为事烦益鲜。窃谓国家当无事之时，其权宜专在上，一民之功罪，一事之举废，虽大吏不敢自主，必待上闻请决。当有事之时，其权宜分在下，皇上委任督抚司道，督抚司道委任府厅州县，府厅州县委任保甲。即如招募土兵，若专责州县，经费无出，必劝捐以给费。州县以一人之精神，除地方应办公事之外，令招募、令训练，令劝捐、令散饷，势不得不假募丁吏役之手。招募保无虚伍，训练保无具文，劝捐保无勒索，散饷保无克扣，徒滋事端，难期实效。惟一举保甲，则事事可行。请令有司选择殷实壮健晓事之人，使充保甲之长。保长或管一乡，或管数乡；甲长属保长，不必拘定五家十家数目。但通计户口，令贫民出丁，富民出钱，保长认真选练，公平敛散。官府随时调齐操演，训练如式者，保甲给与顶带；不如式者，另择。设有防守事宜，保甲即为领队，但守乡里，不外征调，立功一体保奏予官。有事即为兵，无事即为民，是为有招募之实，无招募之费。施于沿海内地州县，尤关紧要。

以上四条，皆专为靖内起见，似于夷务疏阔。然窃度夷众实不过四五千人，扰闽即不能扰粤，扰浙即不能扰闽。若使内民不与勾通，内地无可掳掠，其势断不能分，亦断不能久。至香港、定海等处，孤悬海外，收复稍难。然国家约束内民不与交通，即不外洋接仗。彼去其国数万里，守此僻岛，不知耕种，岂能自存。夫客兵利在速攻，主兵利在固守。不战屈人，斯为上策。但以老师糜饷为虑，故专任有司以一事权。清理屯田，以足兵食；严禁救济，以治商贾；举行保甲，以清闾阎。使费有所寄，而奸无所容。以夷务论之，我有可久之形，彼有必败之势。不揣冒昧，谨条具以闻。（《求自得之室文钞》卷四）

陈金城

平夷论

窃惟御寇之策，未至则防守为先。将至则瞭望为要，既至则策应为重。我国家地广治醇，海不扬波，岛屿之民久未觌兵。忽有逆夷于六月初七日从定海上岸滋事，望风奔溃，莫之谁何，皆由防守之不备，瞭望之不先，策应之无方也。

昨闻夷船于六月初五日驶近厦港，直扑炮台。夷船之入厦门，必由金门澳入大担、小担港，然后可抵厦门。各处皆设有会哨兵船，若能豫先瞭望，传报官兵，合舰截击于港外，何至深入腹里，贻害地方，致官兵交伤，居民逃窜，无所依归。幸某等能刺毙夷人，逆夷随即窜逸，渐次安息。然定海之事在初七日，厦门之事在初五日。此时逆夷以违禁鸦片无处销售，意在沿海骚扰，令官军顾此失彼。若非于沿海等处豫为防守，谨为瞭望，善为策应，恐肆意猖獗竟有不忍言者。

愚以为防守之道有二：一在固之于海岸，一在御之于洋面。海岸之守，可令兵民互相为守。凡夷艘可以停泊之处，其岸上皆宜设炮台，炮台内外皆宜置守兵。如兵宜再添，即登时募土民之知兵者守之。至居民殷实之户，亦可出示晓谕，令其雇募自守，彼此联络。兵以卫民，民以卫兵，庶居民不至空虚而洋面亦得援应，方可壮其胆而作其气。至于洋面之御，则惟专责在兵，备战舰，谨斥侯。夷船未进港，则当夹水而阵以遮击之；夷船既进港，则当就所泊之处而直捣之，海岸援应之兵亦即闻报合攻，庶退可守而进可战矣。

瞭望之谨，则在会哨之勤。会哨之船，须远出外洋，分班哨探，如有夷船声息先来，传报其附近各港。官兵一闻警报，随即合舰约令击之于外洋，庶先事有备，可获制胜之功，不至迫近海岸，仓皇失措矣。

若夫策应之急，则洋面之御以防守为策应，守兵之行以居民为策应，壤地之接以邻援为策应。会哨报至，非其守地而兵先至者，定有异赏；坐视胜负致夷船长驱深入者，定有严罚。且所谓策应者，非必尽撤居守之兵以救之也，须择其精者以救之。合少成多，绕击不意，使夷船腹背受攻，自惊溃而莫支矣。

愚又闻往年夷船停泊福建永宁各港，凡提镇之巡逻驱逐者，不过令其逸去，即可告无罪。今则攻陷定海，骚扰厦门，皆出其不意，攻其无备。似此元恶大憝，残害生灵，若非聚而歼旃，尽杀乃止，固不足以蔽其辜而褫其魄。昔戚继光之论水战，以犁船为上策，郑芝龙之御夹板，以烧船为妙计。然皆必据上风之地，择器械之精，募血战之士，入水不溺，有勇能谋，方可以操必胜。此时调兵会剿，如夷船多只泊在一处，即并力合攻。即有一二只泊在他港，亦即分兵夹击，先发制人，令彼亦顾此失彼。总使我军有必吞逆夷之心，毋使逆夷有轻视我军之意。翦灭鲸鲵，扫净欃枪，则又在行军者之随时运筹决胜者耳。（《怡怡堂文集》卷三）

张　穆

海疆善后宜重守令论

汉宣帝有言曰："与我共治天下者。其唯良吏二千石乎！"爰躬自引问，玺书奖劳有功，赐金封爵，遇公卿缺，辄得超任。光武初即大位，未遑他务，先封前密令卓茂为太傅、褒德侯。明、章承之，每下诏书，多嘉循吏。故西京之盛，盛于元康、神爵之间；东京之盛，推建武、永平焉。明宣宗命大臣各举所知，出典剧郡，各赐敕书，得便宜从事，是以得况钟、莫守愚诸人。明之治亦未有如宣德者也。由是观之，守令者国家之根本而培养元气者也，守令贤故民附，民附则知亲上；守令贤故民肃，民肃则知畏上。民亲且畏，则法立而令易行，赋税不期足而自充，奸宄不期绝而自远。于是乎民和而天降之福，则风雨时、草木茂、年丰人乐而嘉祥应。何则，民以君为心，君以民为体，而守令者中握之机枢也。人虽感患大病，胃气不伤则必愈；天下虽有大变，民心不散则不危。一方守令贤则一方安，天下守令贤而天下安矣。

今国家重熙累洽垂二百年，唉吉利一海外禽兽国耳，狂噬三年，而海寓为之驿骚，帑藏为之耗竭。今纵能如当事者所云，可以帖耳受抚，而虎狼在户，反复莫必。师屡挫辱，既无得气之兵，民困征输，并无可筹之饷。万一他日卒然有变，可不为深惧乎！今之计国是者，徒纤悉于微芒之利，粉饰乎训练之名，不知民财已竭，岂能供上之求，廪给不充，岂有可练之卒，至于征无可征，饷无可饷，而一切苟且之政，将行唐代宗、德宗，金宣宗，明神宗之弊，不深可惧乎！

　　方今良法美意，事事有名无实。譬之于人，五官犹是，手足犹是，而关窍不灵，运动皆滞，是以当极盛之时，而不及四期，已败坏至此。呜呼！岂非庸臣尸素当职，谬享太平之福，至于纪纲暗紊，万事暗隳，所贻之隐忧乎！今欲求韩、白之才，何能仓卒遇也；即有桑、孔之智，岂能旦夕奏效也。所恃者，自列圣以至今上皇帝，爱民如子之仁，元气深厚耳。

　　夫重士必食士之报，爱民必食民之报。自汉以来，民之安居乐业，蕃衍休养，未有盛于我朝者也。是以粤东屡遭逆夷之毒，而忠爱不衰，义檄义旗相继而起。闽省厦门逆夷畏民驱逐，遁不敢居。即江苏素称孱弱，而沿海沿江之民，亦间有杀贼自效者。此真祖宗积累之厚，皇天眷佑之深，所当乘其机而利用之也。

　　然则欲治今日之天下，则莫若固未散之人心；欲固未散之人心，则其要归于择守令；而海疆之善后，卒亦无以易此焉。何也？今之所患者汉奸，而汉奸皆内地之民也，守令贤则必善行保甲，民爱守令如父母，则纠察易而密，奸民何所容乎？其善一矣。今之所患者雅片，守令贤则民听其训诲，父戒子兄勉弟，以共远于鸩毒。而吸食之徒且不容于家庭，不齿于乡里，不待严刑峻法而习恶可消，其善二矣。今之所患者无兵，守令贤则各乡皆可团结，一旦有事，荷耰锄者皆兵也，不胜调发万万哉，共善三矣。民皆为兵，何忧于饷，其善四矣。熟其地利，悉其险易，则街衢之间，阡陌之地，皆可掘沟为险，设伏无形，其善五矣。抚其杰黠，使为商贾，犁其心，溃其腹，其善六矣。教化既行，则民效醇俭，而外洋淫巧之物将日渐不行。省民间金钱之耗，而风俗日美，其善七矣。商渔奸贩必有魁杰为之首，守令贤则能知其踪迹，广为招致，使为我用，大则将才，小则精卒也，如是而绿营钝弱之兵可以汰，其善八矣。化奸为良，盐税日益，可以裕国，其善九矣。潜驱默率，使民由之而不知，干城腹心，壮于无形，内地不扰，逆夷不疑，其善十矣。此与练兵勇、修炮台、空谈守御、卒为夷人所禁而不得施者，功相万也。愚故曰：治今之天下，莫要于择守令；而海疆之善后，尤莫要于此也。

　　难者曰："沿海七省，绵亘几七千里，安能尽得贤守令而任之。"应之曰："天生人才，惟生大才不数，今欲朝廷求贤，而曰必如管、乐、萧、韩、岳飞、王守仁诸人，诚知其难也。若守令，则凡实心为国为民者，即是良吏。以天下之大，而不能择数十人乎，特患不求之耳。"曰："求之而督抚不以实应奈何？"曰："今督抚保举，十九皆趋走便习之人。海疆则趋走便习者之畏途也，非忠心爱国之人决不愿往，非胸有把握而洞晓事体之人决亦不敢往。其愿往敢往者，则必汉章所称恓恓无华之吏矣。夫恓恓无华之吏，今之督抚所遗也，而海疆之令下，则趋走便习之人，必共举平日督抚所遗者以为己脱避之地矣。而恓恓无华者，有忠君爱国之心，又能通晓事体，亦无不乐于膺荐，以思一展布。"愚故曰：选守令于他地，则保者或不公；选守令于海疆，则保者必多实。又况内外臣工各有耳目，又何必专恃督抚哉？虽然，愚犹愿国家宽其处分，授之便宜，俾之真能展布，而勿掣其肘也。一不如条例焉而有罚，一事擅焉而有罚。督抚藩臬，一妇四姑，重重令压，时恐得罪，又况繁简不均，动辄更调，民情未习，瓜代已闻，虽有善心，终无表见。则汉、明二宣赐书敕久任超擢之意，其亦当取法乎！

　　呜呼，由海疆善后而慎择守令，由海疆守令而推之天下，朝廷复以诚意体之，上下交欣，欢若一体，百废并修，百利并举，则是国家何忧乎无财，何忧乎无将，奚耻而不恤，奚敌而不服乎哉！（《殷斋文集》卷二）

2. "开眼看世界"

引 言

中国最早"开眼看世界"的是林则徐。林则徐，字元抚，一字少穆，福建侯官（今福州市）人。1811 年中进士，曾先后任翰林院编修、盐运使、布政使、按察使、江苏巡抚、两江总督、湖广总督等职，以干练廉明名重于时，并与龚自珍、魏源、包世臣等人志趣相投，关系密切，是具有经世思想的封疆大吏。1839 年，林则徐以钦差大臣的身份到广州查禁鸦片。他到达广州不久，为了解"夷情"，以便"知己知彼，百战不殆"，即开始了"开眼看世界"的活动。最主要的一项活动是组织人翻译《四洲志》。《四洲志》的原书名叫《世界地理大全》，英国人慕瑞著，1836 年初版于伦敦，后又多次再版。全书有 1500 多页。《四洲志》是该书的摘译，共 87000 多字，述及的国家和地区有东南洋的暹罗（泰国）、缅甸，西南洋的五印度、南都鲁机（南土耳其），小西洋的东、北、南、西、中，阿利未加洲（非洲），大西洋的布路亚（葡萄牙）、大吕宋（西班牙）、荷兰、佛兰西（法兰西）、意大利亚（意大利）、耶马尼（德国）、奥地里加（奥地利）、波兰、瑞士、北都鲁机（北土耳其）、英吉利、斯葛兰（苏格兰）、爱伦（爱尔兰），北洋的俄罗斯、普鲁社（普鲁士），外大西洋的弥利坚（美利坚）。其中，述及英吉利和弥利坚的文字最多，内容也最为详细。特别是对英吉利的议会制度有较多介绍。《四洲志》是晚清中国人翻译的第一部世界地理著作。除《四洲志》外，林则徐组织人翻译的英文书还有《各国律例》和《华事夷言》。《各国律例》是《国际法，或运用在民族和主权的行为和事务上的自然法原则》一书的摘译。该书的作者是著名国际法学家、瑞士人滑达尔。原书用法文写成，后被译成英文。《各国律例》摘译的是英文本第 1 编第 8 章第 94 节、第 2 编第 8 章第 100—102 节、第 3 编第 1 章第 1—2 节，以及有关注释，内容主要讲的是国与国之间的战争、敌对措施，如封锁、禁运等。《华事夷言》原书名《中国人》，为东印度公司驻广州大班德庇时所著，1836 年在伦敦出版，书中涉及英国人对中国问题的看法。为了解更多的"夷情"，尤其是英国朝野的最新动向，林则徐还组织人将《广州周报》《广州记事报》《新加坡自由报》《孟买新闻报》等英文报纸中有关中国的时事报道和评论翻译出来，按时间顺序编订成册，以备参考。同时，他还利用各种机会，直接向旅居国外的归侨、到过南洋或欧洲的中国人以及来粤的外国人询问有关情况。由于清政府的腐败和妥协，鸦片战争最后以中国失败、被迫与英国签订割地赔款的《南京条约》而结束。泱泱中华帝国，竟被一个远道而来的"岛夷"打败，这不能不使以魏源、姚莹等为代表的经世思想家"扼腕切齿，引为大辱奇戚，思所以自湔拔"。他们认为，中国之所以会被打败，"正由中国书生狃于不勤远略，海外事势夷情平日置之不讲，故一旦海舶猝来，惊若鬼神，畏如雷霆，夫是以偾败至此耳"。用姚莹的话说："自古兵法，先审敌情，未有知己知彼而不胜，聩聩从事而不败者也。英吉利、佛兰西、米利坚皆在西洋之极，去中国五万里。中国地利人事，彼日夕探习者已数十年，无不知之。而吾中国曾无一人焉留心海外事者，不待兵革之交，而胜负之数已皎然矣。"于是，他们发愤著书，以介绍海外情事为己任，与林则徐一道，成了晚清第一批"开眼看世界"的先进中国人。据统计，从1840年起到1861年止，写成的有关介绍世界历史地理的书籍有22种之多。其中代表作有魏源的《海国图志》、徐继畬的《瀛环志略》，以及梁廷枏的《海国四说》和姚莹的《康輶纪行》。

林则徐

四洲志·英吉利国

英吉利，又曰英伦，又曰兰顿，先本荒岛，辟地居处，始自佛兰西之人。因戈伦瓦产锡最佳，遂有商舶往贸。于耶稣未纪年以前，蛮分大小三十种；居于西者曰墨士厄，居于北者曰木利庵斯，居于南者曰西鲁力斯，居于糯尔和者曰委力斯、曰矮西尼，居腹地者曰萨漫、曰埂底伊，尚有诸蛮，俱居于弥特色斯。旧皆茹血、衣毳、文身，惟脉士厄数种渐兴农事，创技艺，制器械，修兵车。各蛮效之。旋被意大里国征服，旋叛旋抚。至耶稣纪岁百五十年（汉孝桓帝和平元年），分英地为七大部落：曰景，曰疏色司，曰依掩那司，曰委屑司，曰落滕马兰，曰伊什，曰麻可腊，与邻部塞循各自治理。八百年间（唐德宗贞元十五年），委屑司之伊末遂并合七部为一国，始名英吉利，建都兰顿。从此不属意大里。又二百年（宋真宗咸平三年），为墨麦攻击，遂属领墨。其后叛服不常。公举壹货为王，传至显利二代王，先得爱伦，次得斯葛兰。显利四代王，即弃加特力教，而尊波罗特士教。至显利七代王，娶依来西白剌为国郡（案：英夷称其王妃曰郡），始革世袭之职，皆凭考取录用，开港通市，日渐富庶，遂为欧罗巴大国。

职官

律好司衙门，管理各衙门事务，审理大讼。额设罗压尔录司四人，阨治弥索司二人，爱伦阨治弥索司一人，录司二十一人，马诡色司十九人，耳弥司百有九人，委尔高文司十八人，弥索司二十四人，爱伦弥索司三人，马伦司百八十一人，斯葛兰比阿司十六人，即在斯葛兰部属选充，三年更易；爱伦比阿司二十八人，即在爱伦部属选充。统计四百二十六人。有事离任，许荐一人自代。凡律好司家人犯法，若非死罪，概免收禁。

巴厘满衙门，额设甘弥底阿付撒布来士一人，专辖水陆兵丁；甘弥底阿付委士庵棉士一人，专司赋税。凡遇国中有事，甘文好司至此会议。

甘文好司理各部落之事，并赴巴厘满衙门会议政事。由英吉利议举四百七十一名，内派管大部落者百四十三名，管小部落者三百二十四名，管教读并各技艺馆者四名；由委尔士议举五十三名，内派管大部落者三十名，管小部落者二十三名；由爱伦议举百有五名，内派管大部落者六十四名，管小部落者三十九名，管教读并各技艺馆者二名。统共六百五十八名。各由各部落议举殷实老成者充之。遇国中有事，即传集部民至国都巴厘满会议。嗣因各部民不能俱至，故每部落各举一二绅者至国会议事毕各回。后复议定公举之人，常住甘文好司衙门办事，国家亦给以薪水。

布来勿冈色尔衙门，掌理机密之事，供职者，先立誓，后治事。

加密列冈色尔衙门，额设十二名，各有执事。曰法士律阿付厘特利沙利（管库官）曰律古色拉（管□官），曰律布来阿付西尔（管印官），曰不列士顿阿付冈色尔（管□官司），曰色吉力达厘士迭火厘火伦厘拔盟（管□官），曰色吉利达厘阿付士迭火哥罗尼士奄窝（管□官），曰占色拉阿付厘士支厥（管□官），曰法士律阿付押弥拉尔底（管□官），曰马士达依尼罗付厘曷南士（管□官）曰布力士顿阿付离墨阿付观特罗尔（管□官），曰占色腊阿付离律治阿付兰加司达（管□官）。

占色利衙门，专管审理案件。额设律海占色腊一名，司掌印判事之职；委士占色腊一名，司判事之职；马士达阿付离罗士十一名，司判事之职。每判事，二人轮值，周而复始。扼冈顿依尼拉尔，司理算法之职。

经士冕治衙官，专司审理上控案件，额设知付质治一名，布依士尼质治三名。

甘文布列衙门，专审理职官争控之案，额设知付质治。溢士知加衙门，专审理田土、婚姻之案，额设知付马伦一名，布依士马伦三名。

阿西士庵尼西布来阿士衙门，额设撒久六，每撒久设质治二名，共十二名，专司审讯英吉利人犯。每年二次。依尼拉尔戈达些孙阿付厘比士衙门，每年审讯各部落人犯四次。

舍腊达文衙门（此官职掌原缺）。

历衙门，每年派马落百人，稽查各部落地方是否安静，归则具结一次。

额设律占麻连官，值宿宫卫；马士达阿付厘黔士，专司马政；色吉力达厘押窝，专司收发文书；特里舍厘阿付利尼微，管理水师船；勃列士顿阿付厘墨阿付特列，专司贸易；委士勃列士顿阿付厘墨阿付特列，副理贸易；比马士达阿付厘夥士，专司支放钱粮；陂率马士达依尼拉尔，专司驰递公文；流底南依尼拉尔阿付厘曷南士，协理火炮；法士甘靡孙拿阿付厘兰利委奴，管理田土钱粮；押多尼依尼拉尔，即总兵官；疏利西多依尼拉尔，即副总兵官。

爱伦，额设律流底南阿付爱伦一，律占色腊一，甘曼那阿付厘贺些士一，知付色吉力达厘一，委士士厘沙腊一，押多尼依腊尔一，疏利西达依尼腊尔一，皆驻札爱伦。

军伍

额设水师战舰百有五十，甘弥孙百六十人，管驾水师战舰；水师兵九万人，水手二万二千。英吉利陆路兵八万一千二百七十一名，阿悉亚洲内属国兵丁万有九千七百二十名。（此所述军伍之数毫无夸张，取可信。）

政事

凡国王将嗣位，则官民先集巴厘满衙门会议，必新王背加特力教，而尊波罗特士顿教始即位。国中有大事，王及官民俱至巴厘满衙门，公议乃行（民及甘文好司供职之人），大事则三年始一会议。设有用兵和战之事，虽国王裁夺，亦必由巴厘满议允。国王行事有失，将承行之人交巴厘满议罚。凡新改条例、新设职官、增减税饷及行楮币，皆王颁巴厘满转行甘文好司而分布之。惟除授大臣及刑官，则权在国王。各官承行之事，得失勤怠，每岁终会核于巴厘满，而行其黜陟。

王宫岁用

甘文好司岁输银二百五十五万员〔圆　下同〕。凡有金银矿所产金银与赃罚银，俱供王宫支发。称国王曰京，岁需银三十万员；称王妻曰郡，岁需银二十五万员；值宿官曰占麻连，管马官曰士底赫，管家官曰麻司达阿好司，岁需银七十七万员；护卫官曰班侍阿勒尔，岁需银三十七万五千员。此外尚有津贴罗压尔之宫〔官〕、嗌士达之官、吾官、里士号等官，岁需银八十五万员。综计每年王宫需银五百九万五千员。

杂记

兰顿国都银号一所，因昔与佛兰西战，亏欠商民本银四十二万四千一百四十一万有奇，息银万有六千九百二十七万有奇。书票付给，分年支取。

河道先不通于各港，嗣经疏浚陋兰特冷河，长九十里；疏浚历士河，长百二十里；又浚依尔力斯靡耶河、厄兰精孙河、陋兰王尼河，四通八达。舟由港口至各部落，任其所之，贸易大便。

兰顿建大书馆一所，博物馆一所。渥斯贺建大书馆一所，内贮古书十二万五千卷。在感弥利赤建书馆一所。有沙士比阿、弥尔顿、士达萨、特弥顿四人工诗文，富著述。俗贪而悍，尚奢嗜酒，惟技艺灵巧。土产麦、豆、稻，不敷民食，仰资邻国商贩。千八百年，各国封港，外粮不至，本国竭力耕作，粮价始略减。所产呢羽，皆不及佛兰西。纺织器具俱用水轮、火轮，亦或用马，毋烦人力。国不产丝，均由他国采买。

英吉利国，在欧罗巴极西之地，四面皆海。南距佛兰西仅一海港，东近荷兰、罗汶；东临大海，与士千里那威耶对峙；西抵兰的；北抵北极洋。

幅员五万七千九百六十方里，户口千四百一十八万有奇。国东平芜数百里，西则崇山峻岭。大部落五十有三，小部落四百八十有五。

弥特色司部（东界伊什，西界墨经含，南界舍利，北界赫治），领小部落三。

兰顿，国都，其首部也。都在甜河北岸，东西距八里，南北距五里。户口百四十七万四千有奇，兵四千四百名。产金、银、时辰表、珍宝、波达酒。

落滕马兰部（东界海，西、南皆界斯葛兰，北界特尔含），领小部落十有七。

艮马伦部（东界特尔含，西界海，南界兰加，北界斯葛兰），领小部落二十有三。产铅。

育社部（东界海，西界兰加社，南界郡弥，北界特尔含），领小部落四十有三。产粗呢、白矾、白呢、绵花、地毡、细呢。

委士摩含部（东界育杜，西、北皆界艮马伦，南界兰加社），领小部落七。

兰加社部（东界育社，西界海，南界支社，北界委士摩兰），领小部落十有七。有兰加士达炮台一所。产呢布、盐、煤、波达酒。

支社部（东界那弥，西界佛凌，南界佘勒社，北界兰加社），领小部落七。有士顿博炮台一所。土产盐。

那弥部（东界纳鼎含，西界士达贺，南界利洗达，北界育社），领小部落七。土产磁器、铁、铅、煤。

讷鼎含部（东界领戈吾社，西界那弥，南界利洗达，北界育社），领小部落八。

领戈吾社部（东界海，西界讷鼎含，南界感密利治，北界育社），领小部落二十二。土产呢、长羊毛。

勒伦部（东、北皆界领戈吾社，西界斯达，南界落含社），领小部落三。

利洗达部（东界勒伦，西界洼隘，南界落尔顿，北界讷鼎含），领小部落六。产毡袜。

斯达贺部（东界那弥，西界佘勒社，南界窝洗斯达，北界支社），领小部落七。产煤、铁、盐。

佘勒社部（东界斯达贺，西界闷俄脉里，南界希里贺，北界支社），领小部落九。产橡木。

佛凌部（东界支社，西界领糜，南界领弥，北界海），领小部落二。

领弥部（东界佛凌，西界格那完，南界闷俄脉里，北界海），领小部落五。

格那完部（东界领弥，西界敖额里西，南界麻里垣匿社，北界海），领小部落四。

敖厄里西岛部（南界格那完，东、西、北俱界海），领小部落四。产铜。

麻里垣匿社部（东界闷俄脉里，西界海，南界加里凝，北界格那完），领小部落四。

闷俄墨里部（东界佘勒社，西界麻里垣匿社，南界那落社，北界领弥），领小部落三。

加尔裡部（东界墨力诺，南界格尔马廷，西界海，北界麻里垣匿社），领小部落三。产铅。

拉落社部（东界希里贺，西界加里凝，南界墨力诺，北界闷俄脉里），领小部落四。

希里贺部（东界窝洗士达，西界墨力诺，南界满茅治，北界佘勒社），领小部落五。

洼洗士达部（东界洼隘，南界俄罗洗士达，西界希里贺，北界斯达贺），领小部落五。产磁器、细呢。

窝隘部（东界落尔含，西界窝洗斯达，南界恶斯贺，北界斯达贺），领小部落七。产铜、扣针。

落斯含顿部（东界韩鼎伦，西界洼隘。南界墨经含，北界利洗达），领小部落五。

韩鼎伦部（东界戈密力治，西、北皆界落含顿，南界脉贺），领小部落二。

感密力治部（东界萨濩，西界韩鼎伦，南界赫贺，北界领弋吾社），领小部落四。

落尔和部（东界海，西界感密力治，南界萨濩，北界海），领小部落一十五。产羽毛呢、哔叽、五采缎。

伊什部（东界海，西界赫贺，南界景，北界萨贺），领小部落三十。产麦、呢。

萨濩部（东界海，西界感密力治，南界伊什，北界落尔和），领小部落七。产短羊毛。

赫贺部（东界伊什，西、北皆界墨经含，南界敏特塞司），领小部落四。

脉贺部（东界感密力治，西界墨经含，南界赫贺，北界韩鼎伦），领小部落五。

墨经含部（东界赫贺，西界恶斯贺，南界脉社，北界落含顿），领小部落五。

恶斯贺部（东界脉经含，西界俄罗洗斯达，南界脉含，北界洼隘），领小部落五。

俄罗洗斯达部（东界恶斯贺，西界满茅治，南界稔社，北界窝洗斯达），领小部落八。产细呢、铅、布、煤。

墨力诺部（东界希厘贺，西界格马廷，南界厄拉磨凝，北界拉落），领小部落三。

格尔马廷部（东界墨力诺，西界宾目鹿，南界海，北界加里凝），领小部落三。

宾目鹿部（东界格马廷，西、南、北皆界海），领小部落四。

额腊磨凝部（东界满茅治，西界格马廷，南界海，北界墨力诺），领小部落七。产铁、锡、马口铁、煤。

满茅治部（东界俄罗洗斯达，西界厄腊磨凝，南界海，北界希里贺），领小部落三。产绵花、羊毛、铁、煤。

戈伦和尔部（东界里完，西、南、北皆界海），领小部落一十七，有戈伦和尔炮台一所。产铜、铁、锡。

里完部（东界疏马什，南界海，西界戈伦和尔，北界海），领小部落二十三。土产锡。

疏马什部（东界稔社，北界俄罗洗斯达，西界海，南界落尔什），领小部落十四。产羊毛。

落尔什部（东界含社，西界里完，南界海，北界疏马什），领小部落十。

稔社部（东界含社，北界俄罗洗斯达，南界落尔什，西界疏马什）领小部落十一。产大呢、小呢、铁、细地毡。

含社部（东界舍利，西界稔社，南界海，北界脉社），领小部落十六。其首部距兰顿甚近。产橡木。

疏色司部（东界景，西界含社，南界海，北界舍利），领小部落十六。产绵花、羊毛。

景部（东界海，西界舍利，南界疏色司，北界伊什），土旷而沃，物产丰盛。所属落洼之新圭博，在国之南，海舶出入要港。距兰顿甚近，对海即是佛兰西，实兰顿咽喉之所。设立落洼大炮台，水师巨舰多泊此及渣咸两地。所有军装、器械、火药、火炮，均贮渣咸库。领小部落十七。

舍利部（东界景，南界疏色司，西界含社，北界兰顿），领小部落七。

脉社部（东、北界皆恶斯贺，西界稔含，南界含社），领小部落五。

特尔含部（东界海，西界艮马伦，南界育社，北界落膝马兰），领小部落九。

萌岛部（四面界海），与艮伦对峙。领小部落四。（《林则徐全集》第十册"译编卷"）

弥利坚国即育奈士迭国总记

案：粤人称曰花旗国。其实弥利坚即墨利加，又作美理哥，乃洲名，非国名也。西洋称部落曰士迭。而弥利坚无国王，止设二十六部头目，别公举一大头目总理之，故名其国育奈士迭国，译曰兼摄邦国。

育奈士迭国，在北阿墨剌加洲中为最巨之区。其地自古不通各洲，土旷人稀，皆因底阿生番游猎其间。耶稣纪岁千二百九十二年（宋祥兴十五年），吕宋之戈揽麻士乘船西驶，始知此地，创立佛罗里达部落，开垦兴筑，将二百年，辟地未广。千五百八十四年（明万历十二年），英吉利女王衣里萨柏时，有英吉利人往弥利坚海岸开垦，大吕宋人拒战，英吉利人败走。英国女王衣里萨柏遂遣勇将精兵，往垦其地，无人敢阻，遂名其地曰洼治尼阿。续遣二臣协创部落，复垦罗阿录之地。英国占士王遂设甘巴尼二员分治之，一曰兰顿甘巴尼，一曰勃列茂甘巴尼。又于所属各部落增设冈色尔之官，而总辖于兰顿之冈色尔。又遣三巨舶，每舶载百有五人，濒河建筑部落，即以国王之名名之，曰占士部落。

千六百有七年（明万历三十五年），英人与土人争斗，英之首领士弥为土目包哈但所擒。自后英人不敢横行，惟与土人互相姻娅，生齿日炽。千六百二十一年（明天启元年），英国设总领于洼治尼阿。是年，严禁波罗特士顿教，斯教逃出百人，由荷兰驾舟至弥利坚开垦，创建城邑，曰纽英兰。千六百二十八年（明崇祯元年），复得沙廉地，即今马沙朱硕士部落。自设总领，自立律例。千六百三十二年（明崇祯五年）觅出纽含社。千六百三十五年（明崇祯八年）觅出勃罗威电。次年开出衮弱底格。千六百三十八年（明崇祯十一年），复开出纽含汾，并历年在海岸所垦之缅地，均建筑城邑，设官治理。尚有欧罗巴人续垦洲内各地。千六百四十二年（明崇祯十五年），英国女王马里阿敕加特力教之律官来治此地，亦以国王之名名之其地曰马里兰。千六百六十三年（康熙二年），英国查尔士王令数臣往垦弥利坚南隅，即今之戈罗里那，亦以国王之名名之其首部落曰查尔士顿。后又扩地开疆，遂分为南戈罗里、北戈罗里。明年，英国复夺取荷兰与绥林所垦之纽育、纽惹西、若地拉洼三部落。至是千六百八十年康熙十九年，英吉利水师官威廉边者，复开宾西尔洼尼阿部落。千七百三十二年（雍正十年），英人复垦若治阿之地，竭心力，历艰险，至千七百五十二年（乾隆十七年）始成部落，无异于戈罗里。计英吉利占士王至查尔士王二代所得阿弥利坚洲内之部落十有六区，悉将因底阿土番驱之遐陬。

千七百五十六年至六十三年（乾隆二十一年至二十八年），复兴兵夺据佛兰西国所垦之加那达、佛罗里达两大部落。除墨西科一国外，凡欧罗巴人所垦阿弥利坚洲部落，归英国者十有八区。盛极生骄，强征税饷，部众吁免，不听。千七百七十六年（乾隆四十一年），士众愤怒，次年遂约佛兰西、大吕宋、荷兰诸仇国助兵恢复，爰议以戈揽弥阿之洼申顿为首区，总统兵马，称为育奈士迭国。与英国血战七年，客不敌主，大破英军，国势遂定。千七百八十三年（乾隆四十八年），即有附近弥斯栖比各部落前来归之。千七百九十二年（乾隆五十七年），有根特机部落率众附之。千七百九十六年（嘉庆元年），地尼西部众咸背英吉利而附之。洼门部落在阿希阿地开垦，历十四年之久始成部落，于千八百有二年（嘉庆七年）即来归之。因底阿那、伊里内斯西隅之阿那麻马同弥斯西北极南近海之佛罗里达、缅地、马沙朱硕斯，以及弥斯西北东边各部落，米梭里诸部落，于千八百十六年至二十年（嘉庆二十一年至二十五年）先后归之。千八百三十六年（道光十五年）阿干萨斯、米治颜同时附之。此外，尚有弥斯栖北西隅之雷栖阿那一部落，亦以价赎诸佛兰西而归育奈士迭管辖。统计设立育奈士迭以后凡六十年，创建大部落二十有七，称大国，与英吉利为敌〔劲〕敌。

政事：自千七百八十九年（乾隆五十四年）议立育奈士迭国，以戈揽弥阿之洼申顿为首区，因无国王，遂设勃列西领一人，综理全国兵刑、赋税、官吏黜陟。然军国重事，关系外邦和战者，必与西业会议而后行。设所见不同，则三占从二。升调文武大吏，更定律例，必询谋金同。定例，勃列西领以四年为一任，期满更代。如综理允协，通国悦服，亦有再留一任者，总无世袭终身之事。至公举之例，先由各部落人民公举曰依力多，经各部落官府详定，送衮额里士衙门核定人数，与西业之西那多、里勃里先特底甫官额相若。各自保举一人，暗书弥封，存贮公所，俟齐发阅，以推荐最多者为入选。如有官举无民举，有民举无官举，彼此争执，即由里勃里先特底甫于众人所举中拣选推荐最多者二人，仍由各依力多就三择一，膺斯重任。其所举之人，首重生于育奈士迭国中，尤必居住首区历十四年之久，而年逾三十五岁方为合例，否则亦不入选。

设立副勃列西领一人，即衮额里士衙门西业之首领。若勃列西领遇有事故，或因事出国，即以副勃列西领暂理。其保举如前例。

设立衮额里士衙门一所，司国中法令之事，分列二等，一曰西业，一曰里勃里先好司（好司二字犹衙门也）。

在西业执事者，曰西那多，每部落公举二人承充，六年更代。所举之人必居首区九年，而年至三十岁者方为合例。专司法律审判词讼。如遇军国重事，其权固操之勃列西领，亦必由西那多议允施行。常坐治事者额二十人，曰士丹肯甘密底；无额数者曰甘密底。皆西那多公同拈阄，以六月、八月为一任，期满复拈阄易之。

在里勃里先好司执事者曰特底甫，由各部落核计四万七千七百人中公举一人承充，二年更易。所举之人须居首区七年，并年至二十五岁者方合例。以现在人数计之，特底甫约二百四十二人。立士碧加一人（士碧加，头目也）总司其事。凡国中征收钱粮、税饷，均由特底甫稽核。官府词讼，则特底甫亦可判断。常坐治事之士丹吝甘密底，每年于三月初四日，由士碧加于各特底甫中拣派二十九人，以六人专司会议，其余或理外国事宜，或设计谋，或理贸易，或理工作，或理耕种，或理武事，或理水师，或理公众田地，或理案件，或理驿站，或理因底阿人事件，各司其事。以一年期满，再由士碧加选代。

每岁十二月内第一礼拜日，则滚额里士衙门之西那多，里勃里先衙门之特底甫，齐集会议。或加减赋税，或国用不足，商议贷诸他国、贷诸本国，或议贸易如何兴旺、铸银轻重大小，或议海上盗贼如何惩治，或国中重狱有无冤抑，或搜阅士卒、增益兵额，或释回俘虏，或严立法律、惩服凶顽，或他国窥伺如何防御，一一定议。至岁中遇有仓猝事宜，随时应变，又不在此例。

其专司讼狱衙门，在洼申顿者一，曰苏勃林；在各部落者曰萨吉。凡七；曰底士特力，凡三十有三。各以本国法律判断。

苏勃林衙门一所，专司审讯，额设正官一员，副官六员。每一人分辖一萨吉。凡国内大官之讼，或案中有牵涉大官之讼，或本属萨吉所辖部落与别萨吉所辖部落不睦争执之讼，均归其审断。

萨吉衙门七所，每萨吉辖底士特力四五属不等。凡属下部落之狱，有罚赎银百员以上者，或所犯之事例应监禁六月者，俱归萨吉审判。

底士特力衙门三十有三所，每底士特力辖部落多寡不等。凡属下部落有犯轻罪与在洋不法者，俱归底士特力审断，按其情节轻重，拟议罪名。间有不能结案者，送萨吉审断，或与萨吉会讯。

每部落设底士特力阿多尼一员，麻沙尔一员。底士特力阿多尼专司缉捕，理所属官民讼狱；麻沙尔会同萨吉、底事特力等衙门审判部内之事。国中于衮额里士之外，又设立士迭西格里达里一人，仁尼腊尔二人。在国中治事，以士迭西格里达里为首。若行军，则以两仁尼腊尔为首，俱听勃列西领调遣。又三人会合副勃列西领为加弥业，掌国中印信、法律章程、官府文檄及他国来往文书、照票，兼理巴鼎荷非士存贮文案。凡加弥业，总理邻国相交之事，内分五等；曰勃罗麻的模里敖，曰衮苏拉模里敖，曰尳模里敖，曰阿支付士，曰巴鼎荷非士，各执其事。

其赋税，设立西格里达里荷非士、衮多罗拉二人，敖底多五人，里尼士达、特列沙那、疏里西多等官，专司征收支发，岁报其数于衮额里士衙门，以候稽核。

其武事，额设里贵西循模里敖官、芒地兰模里敖官、兵饷官、管理因底阿土人事务官、督理火器官、绘图丈量地亩官。其总兵曰仁尼腊尔因智甫官，统辖官兵，分东西二路；东路总兵统辖缅地、纽含社、马沙朱硕斯、洼门、衮特底格、律爱伦、纽育、纽惹西、地那洼、马里兰、洼治尼阿、南戈罗里、北戈罗里、佛罗里达、宾西尔洼尼阿、若治阿、根特机、地尼栖、阿希阿、弥治颜等二十部之兵；西路总兵统辖阿拉麻马、弥斯西比、雷西阿那、阿干萨士、因地阿那、伊里内士、弥梭里、威士衮申、达多里等十一部之兵。国中节啬，养兵甚少。设马约仁尼那尔官一员、墨里牙底阿士仁尼那尔官三员、戈罗尼尔官十九员、副戈罗尼尔官十五员、马约官二十八员、急顿官百有四十员，领马兵两队、炮兵四队、步兵七队，以及制造火器、兵器、绘图工匠，统计仅战兵七千有六百名，每年支发兵饷银九十八万八千三百十七员〔圆——下同〕，津贴兵丁银四十九万五千五百员。每兵岁饷银将二百员。兵少饷厚，故训练精强。又制造军装、器械银三十三万员，存贮军器库银二十三万一千五百员。瓜达麻士达底入门银三十三万二千员。国中防守地方汛兵银一百三十万员，各处防守炮台兵银二十万员。此守兵在战兵之外。共计战守兵饷及修理器械共需银三百八十七万七千三百一十七员。

千七百九十八年（嘉庆三年），设立管理水师书记衙门。千八百十五年（嘉庆二十年），始立管领水师官。兵船不甚多，而与英吉利交战三年，地险心齐，水战练习，其名遂著。原设大兵船十五只，中兵船二十五只，小兵船二十三只，火烟轮兵船一只。近年因船不敷用，增修兵船，复设船厂七，雕刻厂二所。历年支发水师银二百三十一万八千员，修船银百有六万五千员，津贴银七十八万二千员，修船厂银七十九万八千一百二十五员，水上费用银四十三万八千七百四十九员，巡察南极费用银三十万员，共需银五百九十万有奇。

波斯麻达仁尼腊尔衙门，掌理国中水陆邮程递报之事。计递报道路约十一万二千七百七十四里，每年往来路程约二千五百八十六万九千四百八十六里，各处信驿计万有七百七十所，历年往来驿费银二百七十五万七千三百五十员，历年约收信价银二百九十九万三千五百五十六员。综计出入，有盈无绌。

国中原在非腊特尔非阿设铸金银局一所。千八百三十五年（道光十五年），复在纽哈兰、北戈罗里、若治阿三部落各增设一所，派官监铸。其炉灶、器具、机窍皆以火烟激动，不烦人力。计每年倾铸金钱值银二百十八万六千一百七十五员，银钱三百四十四万四千零三员，铜钱值银三万九千四百八十九员，统值银五百六十七万员。

各部落自立小总领一人，管理部落之事。每部落一议事公所。其官亦分二等，一曰西业，一曰里勃里先特底甫。即由本部落各择一人，自理其本部之事。小事各设条例，因地制宜；大事则必遵国中律例。如增减税饷、招集兵马、建造战船、开设铸局、与他部落寻衅立约等事，均不得擅专。所举执事之人，数月一更代。如分管武事，设立章程，给发牌照，开设银店，贸易工作，教门，赈济贫穷，以及设立天文馆、地理馆、博物馆、义学馆，修整道路桥梁，疏浚河道，皆官司其事。其法律大都宗欧罗巴之律删改而成。征收钱粮税饷，通酌国中经费出入，公议定额，不得多取。

国中钱粮税饷惟创业开国，军旅时兴，入不敷出，遂致亏欠民项，为数不赀。千七百八十三年（乾隆四十八年），欠项仅四千二百万员。千七百九十三年，即多至八千有三十五万二千员。官府历年筹补，止余四千五百万员。千八百一十三年（嘉庆十八年），因与英吉利交兵，三年即欠至万二千七百三十三万四千九百三十三员。迨至千八百一十六年（嘉庆二十一年），兵戈寝定，二十年来统计所还子母共二万一千二百万员。当开国之初，轻税薄敛，原可足用。自与英国攻战，供亿浩繁，及向佛兰西赎回雷西阿那、佛罗里达两部落，所费亦不轻。于千七百九十八年（嘉庆三年）及千八百一十三四五等年，始加征户口、田地、房产、奴仆等项钱粮，每年或加一百七十五万，或二百万，或三百万，多少不等。千八百十六年（嘉庆二十一年），停止加征。惟征入口货物税饷，视贸易之盛衰为多寡。按千八百十六年所征税饷，多至三千六百三十万有奇。自此以后十年，即仅收千三百万以至二千万员不等。千八百二十五年至千八百三十四年（道光五年至道光十四年），自二千万至三千万员不等。近年日见减少。此外尚有出卖官地一项。其田地散在各部落，即先日价买佛兰西及因底阿土人田地，逐一丈量，画分当隩（当隩，村庄也）。每当隩计三十六色循，每色循计六十四埃加

（埃加，一亩也），除留出学校、道路、河道基址千六百有四万零二千四埃加外，余俱由勃列西领出示招买。初定每埃加价值二员，先交半价，余半期年交讫。嗣因欠价不缴者二千二百万员，旋议减价，每埃加定价一员零先士二十五枚，不得赊欠。自后每年卖出田土价值，少则百余万员，多则六百万员有奇。在千八百三十五年（道光十五年），所得卖价多至千二百万员。截至是年为止，计阿希阿丈出田土千四百七十万零三千一百六十三埃加，已卖者千有六十万二千六百七十一埃加，得田价千有九百四十八万九千九百三十二员；因底阿那丈出田土千有八百九十九万零四百四十七埃加，已卖者八百三十九万零八百三十九埃加，得田价千有八十一万零百七十二员；依里内士丈出田土二千一百五十七万四千四百五十九埃加，已卖者四百三十四万零四百八十　埃加，得田价五百五十五万五千四百八十七员；阿那麻马丈出田土二千九百九十一万五千零八十八埃加，已卖者七百三十二万九千零三十埃加，得田价一千三百零万七千一百一十五员；弥斯西比丈出田土千有七百五十二万五千八百二十埃加，已卖者五千六百万零一千五百一十七埃加，得田价七百八十二万二千九百八十七员；雷西阿那丈出田土六百四十五万零九百四十二埃加，已卖者七十六万七千四百一十五埃加，得田价百有十六万二千五百九十一员；弥治颜湖东丈出田土千有二百二十一万一千五百一十九埃加，已卖者三百二十万零七千八百二十二埃加，得田价四百零七万二千三百九十四员；弥治颜湖西丈出田土四百六十七万四千六百九十一埃加，已卖者十四万九千七百五十五埃加，得田价二十一万五千一百八十九员；阿干萨士丈出田土千有三百八十九万一千五百三十八埃加，已卖者六十六万八千三百六十二埃加，得田价八十六万一千八百一十六员；佛罗里达丈出田土六百八十六万七千一百三十埃加，已卖者四十九万二千九百零九埃加，得田价六十五万七千零九十二员。统计已卖田土四千五百四十九万九千六百二十一埃加，未卖者万有二千一百三十九万七千四百六十三埃加。别有旷野荒郊田土七万七千万埃加，已丈过万有二千二百三十万埃加。计卖出田价共六千七百八十二万零八十五员，除办理因底阿土人事务需银千有七百五十四万一千五百六十员，买雷西阿那部落需银二千三百五十二万九千三百五十三员，罗佛罗里达部落需银六百四十八万九千七百六十九员，还若治阿部落银一百二十五万员，赎弥斯西比部落银店需银一百八十三万二千三百七十五员，地方官需银三百三十六万七千九百五十一员，丈量地亩需银七十八万六千六百一十七员，总共需银五千八百四十三万八千八百二十四员。综计出入，有盈无绌。

弥利坚国历年出纳款项，自千七百九十一年（乾隆五十六年）开国起，至千八百三十二年（道光十二年），征收税饷银五万九千四百九十万零九千零六十七员，田土赋税银二千二百二十三万五千二百六十员，人丁钱粮千二百七十三万六千八百八十八员，递寄邮信银百有九万一千二百二十三员，公众田土价银四千零六十二万七千二百五十员，债银及库中所出银单等项银万有五千六百一十八万一千五百七十八员，银店股分利息及出银店股分银千有一百零五万二千五百零六员，杂项银六百四十二万八千八百九十二员。

历年支银，文事需银三千七百一十五万八千零四十七员，邻国往来相交事件需银二千四百十四万三千五百八十二员，杂款需银三千二百十九万四千七百零三员，修整炮台银万有九千零五十三万八千六百四十三员，历次兵饷需银千有七百二十九万八千二百八十二员，别款兵饷需银六百七十一万零三百零七员，办理因底阿土人事件需银千有三百四十一万三千一百八十八员，设立水师兵船等项需银万有一千二百七十万零三千九百三十三员，归还军需借项本利银四千八百零九万员。统计征收银八万四千五百二十六万二千六百六十八员。除支发银八万四千二百二十五万零八百九十员，仍存贮国库银三百零一万一千七百七十八员。

千八百三十三年（道光十三年），所征各款钱粮税饷，除支发兵丁银二百四十三万五千四百零三员，行营口粮银三百五十万零七千四百八十四员，修造军器、修补武备库共银五十三万零九百五十一员，修建炮台银九十六万一千四百八十员，修筑堤工银四十三万五千七百六十一员，浚河银二十四万员，建筑习武馆银十一万七千一百六十六员，办理因底阿土人事件银百有九十一万二千五百八十一员，水师兵船等项银三百九十万一千三百五十六员，还亏欠银百有五十四万三千五百四十三员，修道路桥梁银六十五万五千四百八十六员，立法各官公费银四十六万九千零七十四员，各路办事公费银六十五万八千六百零八员，审讯衙门支发三十三万八千七百五十八员，修造路灯银三十一万三千九百三十员，修造税馆栈房零银二十五万零四百一十五员，丈量海岸银万八千五百一十三员，洼治尼阿疏浚运河银二十八万九千五百七十六员，与他国交往、贸易事务银九十五万五千三百九十六员，共计千有九百五十三万五千六百八十一员，尚有盈余银八百六十九万一千一百员。连历年盈余贮库共银千有百七十万零二千九百零五员。

千八百三十四年（道光十四年），征收税饷银千有六百二十一万四千九百五十七员，地租银四百八十五万七千六百员，银店息银二十三万四千三百四十员，出卖银店银三十五万二千三百员，杂税银十三万二千七百二十八员；支发文事杂项银八百四十万零四千七百二十九员，武事需银三百九十五万六千二百六十员，还国家亏欠银六百一十七万六千二百六十员。共计征收银二千一百七十九万一千九百八十二员，核计本年亏欠银二百八十一万零四十七员，在于盈余库项支销外，尚有余银八百八十九万二千八百五十八员存贮国库。

千八百三十五年（道光十五年），征收各款钱粮税饷银千有八百四十三万零八百八十一员，除支发各项银千有九百二十七万六千一百四十一员，盈余银九百一十五万四千七百四十员，共历年盈余贮库银千有八百四万七千五百九十八员。

疆域，东界阿兰底海，西界卑西溢海、墨西果国，南界墨西果国之墨西根海，北界英吉利、俄罗斯所属地。幅员二百三十万方里。以周围边界程途计之，径一万里。内滨海岸者三千六百里，滨湖岸者一千二百里。自卑西溢海至阿兰底海，东西距二千五百里。除国中各部落之外，西隅尚有地百三十万方里未尽开辟。地势内辽阔，外险阻，故虽英吉利兵亦不能再窥伺。

山陵最著者，在洼申顿有阿巴腊止庵山，又名阿里牙尼山，高峰仅二百四十丈，而迤长袤延通数部落之远；在北哥罗里有墨力山，其最高峰亦不过五百一十四丈有奇；在国之西隅有落机山，峰高九百六十丈。此外山多，未能悉载。

川泽分歧，难以悉数。其最长者曰弥梭里河，自落机大山发源，至雷西阿那出海，长四千五百里；其次弥斯西比河，自威士衮申部落发源，至雷西阿那出海，长三千有百六十里。两河往来舟楫最盛。此外，苏比厘阿湖、休伦湖、安达里阿湖，均处边界。惟弥治颜湖居于腹地，南北距三百六十里，东西距八十里，水深七十二丈。有弥支里墨机纳港可通休伦湖。

国中地广人希，以近年生聚计之，自开国迄今仅数百载，蕃庶数倍。在千七百九十年间（乾隆五十五年）。户仅三百九十二万九千八百二十七口。及千八百三十年（道光十年），计白男五百三十五万三千零九十二人，九十岁以上至百岁者二千有四十一人，百岁以上三百有一人；白女五百十六万八千五百三十二人，九十岁以上至百岁者二千五百二十三人，百岁以上者二百三十八人；黑男十五万三千一百八十四人，百岁以上者二百六十九人；黑女十六万五千七百六十人，百岁以上者三百八十六人；奴仆百有万二千零七十五人，百岁以上者七百四十八人；奴婢九十九万五千五百四十四人，百岁以上者六百七十六人；白瞽人三千九百七十四名，黑瞽人千四百七十人；白聋哑人五千三百六十三名，黑聋哑人七百四十三名，统共千有二百八十六万六千九百十九人。即丁口之衍蕃，征国势之炽盛，果能永远僇力同心，益富且庶，虽欧罗巴强盛各邦，未之或先。国人多由外域迁至，如居宾西尔洼尼阿者，皆由耶麻尼，言语近始更变；居雷西阿那、梭里、依里内士、弥治颜等处者，皆佛兰西国之人；居阿希阿、因第阿那者，皆瑞国与耶麻尼之人；尼纽育者，皆荷兰国人。种类各别，品性自殊，因地制宜，教随人便，故能联合众志，自成一国。且各处其乡，气类尤易亲睦也。传闻大吕宋开垦南弥利坚之初，野则荒芜，弥望无人；山则深林，莫知旷处；攘则启辟，始破天荒。数百年来，育奈士迭遽成富强之国，足见国家之勃起，全由部民之勤奋。故虽不立国王，仅设总领，而国政操之舆论，所言必施行，有害必上闻，事简政速，令行禁止，与贤辟所治无异。此又变封建郡县官家之局，而自成世界者。

国中黑人居六分之一，其中亦有似黑非黑、似白非白者，种已夹杂，难辨泾渭。各部落中不准黑人预政事。有数部落准其一体公举。其律例内载：宾西尔洼尼阿、纽育部落之人皆得自主。惟黑奴子孙分属下等，凡事不得擅专。至千七百九十八年（嘉庆三年），禁止买卖奴仆，即逃走亦不准收回。嗣西北之洼治尼阿、弥斯西比各部，亦禁携奴仆进口，自此兴贩少息。惟南隅产棉之部落，尚有使用奴仆者。凡奴仆之例，重罪始经官治，小过家主自治；不得私置产业；学习文字，往庙拜神，必须白人带引。若因底阿之待仆人，则又不然。遇礼拜日，每奴散谷十八棒至二十四棒，薯六十四棒，并酌给鱼肉；冬夏布衣，下及奴之子女；又每二年人给洋毡，幼小者二人共得一毡；疾病设有医药。过其境，见其仆皆工作不辍，啸歌自得。如逢礼拜，概停力作。其工役三日一派，能并日完毕者，所余之日或得自作己业，游戏无禁。其恩恤奴仆，为诸部所未有。

风俗教门，各从所好，大抵波罗特士顿居多。设有济贫馆、育孤馆、医馆、疯颠馆等类。又各设义学馆，以教文学、地理、算法。除普鲁社一国外，恐无似其文教者。有官地亩以供经费，复有国人捐资津贴。千八百三十四年（道光十四年），在纽育所属各小部义馆读书者，共五十四万有千余人，岁支修脯七十三万二千员。如纽惹西、宾西尔洼尼阿、阿希阿、马里兰、洼治尼阿、南戈罗里、鼎尼西、根特机等处部落，亦皆捐设学馆，造就人材。又设授医馆二十二所，法律馆九所，经典馆三十七所，教人行医，通晓律法，博览经典，通各国音语。近计非腊特尔非阿藏书四万二千卷，甘墨力治藏书四万卷，摩士顿藏书三万卷，纽育藏书二万二千卷，衮额里士署内藏书二万卷。迩来又增学习智识、考察地里之馆，重刊欧罗巴书籍。人材辈出，往往奇异。

技艺工作，最精造火轮船。即纺织棉布，制造呢羽、器具，均用火烟激机运动，不资人力。他国虽有，皆不能及。写绘丹青，亦多精巧。如急里、委士、士都窎、纽顿、阿尔士顿、里士里诸人，皆以妙手名。

地膏腴，丰物产。千八百三十四年（道光十四年），海产之干鱼、醃鱼、鱼油、鳅鱼骨等物，约值银二百有七万零千四百九十三员。山产皮毛、洋参、木板、船桅木、树皮、木料、松香等物，约值银四百四十五万七千九百七十七员。田地家宅所出之牛、羊、马、猪、麦面、干饼、薯、谷、米、租麦、苹果、烟叶、棉花、豆、糖、洋靛等类，约值银六千七百三十八万零七百八十七员。工作所造香觖、蜡烛、皮鞋、洋蜡、酒、鼻烟、卷叶烟、铅锡器、绳索、桅缆、铁器、火药、糖、铜器、药材、布匹、棉纱、夏布、枱、雨伞、牛皮、麖皮、马车、马鞍、水车、乐器、书籍、图画、油漆、纸札、笔墨、钉瓦、玻璃、洋铁、石板、金器、银器、金叶、金钱、银钱、木箱、砖灰、盐等类，约值银六百六十四万八千三百九十三员。

国中进口货物：茶叶、架非豆、红糖、椰子、杏仁、干菩提子、无花果、胡椒、香料、桂皮、豆蔻、米酒、冰糖、灯油、丝发、匹头、金线等类。其各国所出棉布、夏布、皮毛、染料、颜色、铜铁、金银器皿、纸札、书籍，贩运进口者，交易之大，以英吉利为最，次佛兰西，再次即弥利坚本国及海南之姑麻岛（弥利坚西南之墨西果国），若中国，又其次也。此外通商之国，如俄罗斯、普鲁社、绥林、领墨、弥尔尼壬、荷兰、大吕宋、依达里、耶麻尼、散迖里、纽方兰（在弥利坚东北属英国所辖之一大海岛）、黑底（在弥利坚之南属佛兰西所辖之大海岛）、小吕宋、葡萄亚、阿非里加洲各海岛、都鲁机、果揽弥阿、墨腊西尔、芝利、庇鲁等处。其余小国来贸易者不计其数。以千八百三十四年（道光十四年）计之，英吉利进弥利坚口岸货物，约值四千五百五十六万六千有奇，出口货物约值四千一百六十四万八千四百二十员。中国茶叶进口者，约计六百二十一万三千八百三十五员，在国内销流者居六分之一；此外尚有丝发等项百六十七万八千四百九十二员，共计值银七百八十九万二千三百二十七员。由本国出口运赴中国货物，计值银不过百万零四百八十三员。其余各国进口货物，多寡不一。统计货值万四千九百八十九万五千七百四十二员。千八百三十五年（道光十五年），各国进口货物共计银万二千六百五十二万一千三百三十二员，出口运往各国货物共计银万有四百三十三万九千九百七十三员。千八百三十五年（道光十五年），通国银铺五百有三家，资本大小不等，其最巨者三千有五十万九千四百五十员，小者亦有十余万员。统计银铺资本共万有八千一百八十二万九千二百八十九员。

国中运河长三千五百里，疏浚二十年始竣。其不通河道者，即用火烟车陆运货物，一点钟可行二三十里。其车路皆穿凿山岭，砌成坦途，迄今尚未完竣。如值天寒河冻，亦用火烟车驶行冰面，虽不及舟楫，而究省人力。

因底阿土人种类蕃多，屡因争战，被戮大半，惟弥斯西比之东有因底阿土人八万，西有因底阿土人十八万，余俱散处各部中间，自成村落。下窟上巢，有同鸟兽。疾则倩师巫歌跳，刺血诵咒，间用草木作药饵。信鬼好斗，行阵则佩符咒。犷者食人，尤嗜犬肉。其头目服牛皮，饰以羽毛，颈悬熊爪，履白皮，握羽扇。受伤则头插红漆木签九枝，以彰劳绩。散处各部，不受约束。近渐导以教化，招徕其党，给以房屋、耕织器具，并设冈色尔官治之，各立界限，不得逾越。创书馆、庙宇，岁提库银万员，公捐银四万员，延师教课。千八百三十五年（道光十五年），在馆肄业之童蒙已千五百矣。弥斯西比、弥梭里平地中多有高陇，形似围墙，高自数忽以至三四十忽不等（每忽八寸），宽二三十埃加（埃加，亩也），内多土堆，参差不一，粗沙乱石，或方或圆，或作数角，诸史并无纪载。有谓因底阿人所造之坟茔。第土蛮何解造作？或谓洪水泛滥、波浪激成者近是。（《林则徐全集》第十册"译编卷"）

澳门月报·论中国

中国人民居天下三分之一，地广产丰，皆土著，少习驾舟之事，才艺工作甚多，我皆不奇，所最奇者，惟中国之法度，自数千年来皆遵行之。在天下诸国中，或人或小，无有一国能有如此长久之法度也。额力西国之梳伦与孔夫子同时，各立法度，然额力西国已经数易其主，法度亦多更变。罗问国亦在孔子之时，当日强盛，平服天下一半地方，然今所剩之地甚微少。阿细亚西边诸国前曾强盛过，迄今衰败，变为旷野，而今中国仍遵行其法度。现今西方诸国，皆立国不久，只欲以兵戈相胜，一国欺夺一国，皆因其法度规矩不定，不遵约束也。中国非无变乱，不过暂时受害，乃有一主即复统一如前，即平服中国之金朝、元朝，必用中国之风俗律例，此可谓胜中国以力，而中国反胜之以文也。中国法律与由斯教之法律相同，中国人与外国隔别，又不习以兵火剿灭邻国，以为自己系上等之人，由斯教亦自负上等人，而遵守摩西士之法律，严拒外国人，正与中国同，皆是保守自己，免杂风俗；正似罗问国加特力内之教师终身不娶，不作差事，努力扶持教法，至耶稣一千年时，遂令通欧罗巴俱行遵敬此教。罗问教内之规矩亦极严肃，其治罪之律例正与中国律例相等。故中国惟自谓王化之国，而视外国皆同赤身蛮夷。

若论人民之多，即无一国可与中国比较。即如俄罗斯，有一百四十一万四千四百四十六方里，城池亦宽大，人烟亦稠密，然户口不过一百九十二万五千名；而中国只湖广地方，宽不过十四万四百七十七方里，即已有户口四千五百零二万名。佛兰西地方，宽有二十一万三千八百三十八方里，户口三千二百零五万二千四百六十五名；而江南地方宽九万二千九百六十一方里，户口即有七千二百万名。欧色特厘国宽二十五万八千六百零三方里，户口三千二百一十名；中国河南、山西两省，宽十二万方里，户口即三千七百零六万名。英吉利国宽十二万七千七百八十八方里，户口一千二百二十九万七千六百名；广东一省，宽不过七万六千四百五十五方里，户口即有一千九百十四万七千名，是中国一省即可抵西洋三大国之人民。俄罗斯设立陆路兵丁六十万名，佛兰西陆路兵丁二十八万一千名，欧色特厘陆路兵丁二十七万一千名，英吉利国陆路兵丁九万名，在中国设立陆路兵丁七十六万四千名，在数国之中为最多，惟论及中国海上水师之船，较之西洋各国之兵船则不但不能比较，乃令人一见，即起增恨之心。

中国不肯与外国人在海面打仗，惟有关闭自己兵丁在炮台内，又断绝敌人之火食，此或者是最好之法，亦系将来必行之法。然此法实难行，盖因各处人烟布满，居民只欲卖火食，所以在尖沙嘴、铜鼓洋各处，火食亦甚易得。但要好待土地人方好，或者中国必用旧时待郑成功法子，将其沿海各岸人民驱入三十里内地，不遵命者杀。我思此法今亦难行，因遍处海岸皆系富厚城池，当日所以能行者，以开国得胜之兵威也。

中国之火枪系铸成之枪管，常有炸裂之虞，是以兵丁多畏施放。中国又铸有大炮，每一门可抵我等大炮四十八门，尚有许多大小不等炮火。惟中国只知铸成炮身，不知作炮镗〔膛〕，且炮身又多蜂眼，所以时常炸裂，又引门宽大，全无算学分寸，施放那能有准？又用石头、铁片各物为炮弹，并用群子、封门子，皆粗笨无力。兵丁或以五人十人为一排，百人为一队，不同我国分派之法。又中国兵丁行路，亦不同我等队伍，密密而行，皆任意行走，遇紧急时，谁人向前趋走极快者，即是极勇之人。中国兵丁，多用兵丁之子充之，以当兵为污辱，凡体面人不肯当兵。其钱粮甚少，遇征调，便乘机勒索虏掠，居民见兵过，无不惊惧。由行伍升至武官，只要善跳善射，并无学问，尤要有银钱，就可买差使，买缺推升，各省皆然。现在中国人买甘米力治船，又要扣留黄旗两船入官，此事不久可见一番新世界。今暹罗、安南，亦学别国制造兵船，故中国亦用此法，然有两种阻碍；一系中国水手愚蠢，难得明白精熟之人，必寻别国之人方会驾驶；一系工价太贱，若雇外国人，不敷养赡，不肯为中国用。安南国船，亦仍照旧制，只比中国师船稍好看，然亦不甚利便。暹罗国尚有西洋式样船数只，不过用以贸易，况其船舱制造不好。现在都鲁机人，曾有西洋人指点装造好船样，然总不及欧罗巴。若中国人欲学外国之式制造师船，必寻外国人指点如何驾驶。凡有外国人肯为中国人所用者，初时必定应许多少工价、各样恩典，迨后定必被骄傲官府骗其工价，并且凌辱，如荷兰人在日本国，务与西洋人相反，事事遵从日本法律，并助日本国捕陷西洋之人，毕竟得何好处？现在荷兰在日本之贸易，已减至两只船而已。

西洋人留心中国文字者，英吉利而外，耶马尼国为最，普鲁社次之。顺治十七年，则有普鲁社之麻领部一士人，著书谈中国，现贮在国库内。又有普鲁社之摩希弥阿部落教师，亦曾译出中国《四书》一部。又有普鲁社之般果罗尼部落，一名士曰阿旦士渣，著书论中国风土人情，但用其本国文字。嘉庆五年间，有人曰格那孛罗，熟谙中国文字，但恃才傲物。又有耶马尼国之纽曼，曾到广东，回国著一书论佛教，一书论中国风土，将带回许多书籍，与耶马尼诸国人考究，又翻出《诗经》一部。又有力达者，著《中国地理志》一本，说中国如极乐之国，令耶马尼人人惊异。又有耶马尼之包底阿，现在佛兰西国雕中国活字板，普鲁社人亦出财助成其事。又有欧色特厘阿一人曰庵里查，亦著一书论中国钱粮。

又曰：中国官府全不知外国之政事，又不询问考求，故至今中国仍不知西洋，犹如我等至今未知利未亚洲内地之事。东方各国，如日本、安南、缅甸、暹罗则不然，日本国每年有一抄报，考求天下各国诸事，皆甚留神。安南亦有记载，凡海上游过之峡路皆载之。暹罗国中亦有人奋力讲求，由何路可到天下各处地方，于政事大得利益。缅甸有头目曰弥加那者，造天地球、地里图，遇外国人即加询访，故今缅甸国王亦甚知外国情事。中国人果要求切实见闻亦甚易，凡老洋商之历练者及通事、引水人，皆可探问，无如骄傲自足，轻慢各种蛮夷，不加考究。惟林总督行事，全与相反，署中养有善译之人，又指点洋商、通事、引水二三十位，官府四处探听，按日呈递。亦有他国夷人，甘心讨好，将英古利书籍卖与中国。林系聪明好人，不辞辛苦，观其知会英吉利国王第二封信，即其学识长进之效验。

道光十七八年，澳门有《依湿杂说》，乃西洋人士罗所印，由英吉利字译出中国字，以中国木板，会合英吉利活字板，同印在一篇。序云：数百年前，英吉利有一掌教僧，将本国言语，同纳体那言语同印，今仿其法，所言皆用中国人之文字。此书初出时，中国人争购之。因其中多有讥刺官府之陋规，遂为官府禁止。中国居天下人中三分之一，其国又居阿细洲地方之半周围，东方各国皆用其文字，其古时法律、经典皆可长久，其勇敢亦可与高加萨人相等，性情和顺灵巧，孝亲敬老，皆与欧罗巴有王化国分相等。惟与我等隔一深渊，即是语言文字不通，马礼逊自言只略识中国之字，若深识其文学，即为甚远。在天下万国中，惟英吉利留心中国史记言语，然通国亦不满十二人，而此等人在礼拜庙中尚无坐位，故凡撰字典、撰杂说之人，无益名利，只可开文学之路，除两地之坑堑而已。（《林则徐全集》第十册"译编卷"）

魏　源

海国图志原叙

《海国图志》六十卷，何所据？一据前两广总督林尚书所译西夷之《四洲志》，再据历代史志及明以来岛志，及近日夷图、夷语，钩稽贯串，创榛辟莽，前驱先路。大都东南洋、西南洋增于原书者十之八，大小西洋、北洋、外大西洋增于原书者十之六。又图以经之，表以纬之，博参群议以发挥之。

何以异于昔人海图之书？曰：彼皆以中土人谭西洋，此则以西洋人谭西洋也。

是书何以作？曰：为以夷攻夷而作，为以夷款夷而作，为师夷长技以制夷而作。

《易》曰："爱恶相攻而吉凶生，远近相取而悔吝生；情伪相感而利害生。"故同一御敌，而知其形与不知共形，利害相百焉；同一款敌，而知其情与不知其情，利害相百焉，古之驭外夷者，诇以敌形，形同几席；诇以敌情，情同寝馈。

然则执此书即可驭外夷乎？曰：唯唯，否否！此兵机也，非兵本也；有形之兵也，非无形之兵也。明臣有言："欲平海上之倭患，先平人心之积患。"人心之积患如之何？非水，非火，非刃，非金，非沿海之奸民，非吸烟贩烟之莠民。故君子读《云汉》《车攻》，先于《常武》《江汉》，而知二《雅》诗人之所发愤；玩卦爻内外消息，而知大《易》作者之所忧患。愤与忧，天道所以倾否而之泰也，人心所以违寐而之觉也，人才所以革虚而之实也。

昔准噶尔跳踉于康熙、雍正之两朝，而电扫于乾隆之中叶。夷烟流毒，罪万准夷。吾皇仁勤，上符列祖。天时人事，倚伏相乘。何患攘剔之无期，何患奋武之无会？此凡有血气者所宜愤悱，凡有耳目心知者所宜讲画也。去伪、去饰、去畏难、去养痈、去营窟，则人心之寐患祛，其一；以实事程实功，以实功程实事，艾三年而蓄之，网临渊而结之，毋冯河，毋画饼，则人材之虚患祛，其二。寐患去而天日昌，虚患去而风雷行。《传》曰：孰荒于门，孰治于田；四海既均，越裳是臣。叙《海国图志》。

以守为攻，以守为款，用夷制夷，畴司厥楗。述"筹海篇"第一。

纵三千年，圜九万里。经之纬之，左图右史，述"各国沿革图"第二。

夷教夷烟，毋能入界，嗟我属藩，尚堪敌忾，志"东南洋海岸各国"第三。

吕宋爪哇，屿埒日本，或噬或駥，前车不远。志"东南洋各岛"第四。

教阅三更，地割五竺，鹊巢鸠居，为震旦毒。述"西南洋五印度"第五。

维皙与黔，地辽疆阔，役使前驱，畴诹海客。述"小西洋利未亚"第六。

大秦海西，诸戎所巢，维利维威，实怀泮鸮。述"大西洋欧罗巴各国"第七。

尾东首西，北尽冰溟。近交远攻，陆战之邻。述"北洋俄罗斯国"第八。

劲悍英寇，恪拱中原。远交近攻，水战之援。述"外大洋弥利坚"第九。

人各本天，教纲于圣。离合纷纭，有条不紊。述"西洋各国教门表"第十。

万里一朔，莫如中华。不联之联，大食欧巴。述"中国西洋纪年表"第十一。

中历资西，西历异中。民时所授．我握其宗。述"中国西历异同表"第十二。

兵先地利，岂间遐荒。聚米画沙，战胜庙堂。述"国地总论"第十三。

虽有地利，不如人和。奇正正奇，力少谋多。述"筹夷章条"第十四。

知己知彼，可款可战。匪证奚方，孰医瞑眩。述"夷情备采"第十五。

水国恃舟，犹陆恃堞。长技不师，风涛谁耆。述"战舰条议"第十六。

五行相克，金火斯烈。雷奋地中，攻守一辙。述"火器火攻条议"第十七。

轨文匪同，货币斯同。神奇利用，盍殚明聪。述"器艺货币"第十八。

道光二十有二载，岁在壬寅嘉平月，内阁中书邵阳魏源叙于扬州。（《海国图志》卷一）

海国图志后叙

谭西洋舆地者，始于明万历中泰西人利马窦之《坤舆图说》，艾儒略之《职方外纪》。初入中国，人多谓邹衍之谈天。及国朝而粤东互市大开，华梵通译，多以汉字刊成图说。其在京师钦天监供职者，则有南怀仁、蒋友仁之《地球全图》；在粤东译出者，则有钞本之《四洲志》《外国史略》，刊本之《万国［地理全］图〈书〉集》《平安通书》《每月统纪传》，灿若星罗，了如指掌。始知不披海图海志，不知宇宙之大，南北极上下之浑圆也。惟是诸志多出洋商，或详于岛岸土产之繁，埠市货船之数，天时寒暑之节。而各国沿革之始末、建置之永促，能以各国史书志富媪山川纵横九万里、上下数千年者，惜乎未之闻焉！

近惟得布路国人玛吉士之《地理备考》，与美里哥国人高理文之《合省国志》，皆以彼国文人留心丘索，纲举目张。而《地理备考》之《欧罗巴洲总记》上下二篇尤为雄伟，直可扩万古之心胸。至墨利加北洲之以部落代君长，其章程可垂奕世而无弊；以及南洲孛露国之金银富甲四海，皆旷代所未闻。既汇成百卷，故提其总要于前，俾观者得其纲而后详其目，庶不致以卷帙之繁，望洋生叹焉。

又旧图止有正面背面二总图，而未能各国皆有，无以惬左图右史之愿，今则用广东香港册页之图，每图一国，山水城邑，钩勒位置，开方里差，距极度数，不爽毫发。于是从古不通中国之地，披其山川，如阅《一统志》之图；览其风土，如读中国十七省之志。岂天地气运，自西北而东南，将中外一家欤。

夫悉其形势，则知其控驭，必有于《筹海》之篇，小用小效，大用大效，以震叠中国之声灵者焉，斯则夙夜所厚幸也。

夫至玛吉士之《天文地球合论》与夫近日水战火攻船械之图，均附于后，以资博识，备利用。

咸丰二年，邵阳魏源叙于高邮州。（《海国图志》卷一）

大西洋欧罗巴洲各国总叙

叙曰：恭读康熙五十有年十月壬子圣祖谕，曰：海外如西洋等国，千百年后，中国恐受其累。此朕逆料之言。夫康熙之世，荷兰效戈船，定贡期；意大里国备台官，佐历算，四海宾服。而大圣人已智周六合，虑深万世，何哉？地气自南而北，闻禽鸟者知之；天气自西而东，验海渡者知之。

大秦之名闻中国，自汉世始；大秦之通中国，自明万历中利马窦始。大秦者，西洋之意大里亚国也。凡佛郎机、葡萄亚之住澳门、入钦天监，皆意大里开之，为天主教之宗国，代有持世之教皇，代天宣化。至今西洋各国王即位，必得教皇册封，有大事咨决请命焉；又请其大弟子数十，分掌各国教事，号曰法王。教皇犹西藏佛教之达赖剌麻，而法王则犹住持蒙古各部之胡土克图（今澳门市埠属葡萄亚国，而其法王则亦意大里国人）。故自昔惟意大里亚足以纲纪西洋。

自意大里裂为数国，教虽存而富强不竞。于是佛郎机、英吉利代兴，而英吉利尤炽，不务行教而专行贾，且佐行贾以行兵，兵贾相资，遂雄岛夷。人知鸦烟流毒为中国三千年未有之祸，而不知水战、火器为沿海数万里必当师之技；而不知饷兵之厚、练兵之严、驭兵之纪律，为绿营水师对治之药。故今志于英夷特详。志西洋正所以志英吉利也。

塞其害、师其长，彼且为我富强；舍其长、甘其害，我乌制彼胜败？奋之！奋之！利兮害所随，祸兮福所基，吾闻由余之告秦缪矣。善师四夷者，能制四夷；不善师外夷者，外夷制之。

又案：明万历二十九年，意大里亚国人利玛窦始入中国，博辩多智，精天文，中国重之。自称大西洋之意大里亚人，未尝以大西洋名其国。时佛郎机筑城室于濠〔蚝〕镜，及明季亦旋弃澳而去，皆非今澳门大西洋。澳门大西洋者，明末布路亚人，以历法闻于中朝。礼部尚书徐光启奏用其法，并居其人于澳门。至今相沿，呼澳夷为大西洋国。《明史·外国传》自当专立布路亚国一传，以著中历用西法之始，及澳门有大西洋之始。乃仅一语附见意大里、佛郎机传中，遂至今如堕云雾。其实大西洋者，欧罗巴洲各国之通称。澳夷特其一隅，不得独擅也。以其洲言之，则各国皆曰欧罗巴；以其方隅言之，则皆可曰大西洋；以其人言之，则皆可曰红毛。至《澳门纪略》以今澳夷为意大里亚国，亦误。意大里但行教于澳，其市舶、兵舶、炮台、洋楼及岁输地租，则皆布路亚国主之，无与意大里。

欧罗巴与利未亚之分洲也，以地中海界之。而欧罗巴一洲，复中亘一海，其袤几与地中海相亚。海北为瑞丁、那耳威〈社〉等国，北界冰海，西史称别一天下。而是海独无专名，随国立称，难以举似。今以洲中海名之，犹朝鲜、辽东之与登、莱中隔渤海矣。（《海国图志》卷三十七）

大西洋各国总沿革

《后汉书》：大秦国一名犁靬，以在海西，亦云海西国。地方数千里，有四百余城。小国役属者数十。以石为城郭。列置邮亭，皆垩墍之。有松柏诸木百草，人俗力田作，多种树蚕桑。皆髡头而衣文绣，乘辎軿白盖小车，出入击鼓，建旌旗幡帜。

所居城邑，周圜百余里。城中有五宫，相去各十里，宫室皆以水精为柱，食器亦然。其王日游一宫，听事五日而后遍。常使一人持囊随王车，人有言事者即以书投囊中，王至宫发省，理其枉直。各有官曹文书，置三十六将，皆会议国事。其王无有常人，皆简立贤者。国中灾异及风雨不时，辄废而更立，受放者甘黜不怨。（今西洋荷兰、弥利坚等国尚用此俗。）其人民皆长大平正，有类中国，故谓之大秦。（观此知大秦乃中国人称彼之词，非彼国本号。）土多金银奇宝，珊瑚、琥珀、琉璃、琅玕、朱丹、青碧。刺

金缕绣，织成金缕罽、杂色绫。作黄金涂、火浣布。又有细布，或言水羊
毳，野蚕茧所作也。（即今之大呢。）合会诸香，煎其汁以为苏合。凡外国
诸珍异皆出焉。

以金银为钱，银钱十当金钱一。与安息、天竺交市于海中，利有十倍。
其人质直，市无二价。谷食常贱，国用富饶。邻国使到其界首，有乘驿诣
王都，至则给以金钱。其王常欲通使于汉，而安息欲以汉缯彩与之交市，
故遮阂不得自达。（观此语则知《安息传》中所言士人告汉使"赍三岁粮"
乃得渡海，及"海中［善］使人思，［土］恋慕［数有］死亡"之语，皆安
息人所以恫喝汉使，不欲其通大秦也。）至桓帝延熹九年，大秦王安敦遣使
自日南徼外献象牙、犀角、瑇瑁，始乃一通焉。其所表贡，并无珍异，疑
传者过焉。

或曰其国西有弱水、流沙，近西王母所居处，几于日所入也。《汉书》
云"从条支西行二百余日，近日所入"，则与今书异矣。前世汉使皆自乌弋
以还，莫有至条支者。又云："从安息陆道绕海北行，出海西至大秦（此即
今都鲁机及鄂罗斯相通之陆路），人庶连属，十里一亭，三十里一置，终无
盗贼寇警。而道多猛虎、狮子，遮害行旅，不百余人赍兵器，辄为所食。"
又言："有飞桥数百里，可渡海北。"诸国所生奇异玉石诸物，谲怪多不经，
故不记云。（《职方外纪》曰：百尔西亚西北诸国皆为度尔格所并。其地有
一海，长四百里，广百里，命曰死海。其西北有［安］那多理亚国，西界
欧罗巴处，中隔一海，宽五里许。昔有一名王曰失尔塞者，造一跨海石梁，
通连两地。今为风浪冲击，亦崩颓矣。源案：度尔格国在死海之西北，界
欧罗巴阿细亚尔〔两〕洲之间，今都鲁机国也。所云跨海石梁，正与此地
望相准，长止五里。盖塞外得水谓海之例，未为不经。而《后汉书》言飞
桥数百里，则传闻之过也。）

《晋书》：大秦国一名犁鞬，在西海之西，其地东西南北各数千里。有
城邑，其城周回百余里。屋宇皆以珊瑚为棁桷，琉璃为墙壁，水精为柱础。
其王有五宫，其宫相去各十里，每旦于一宫听事，终而复始。若国有灾异，
辄更立贤人，放其旧王，被放者亦不敢怨。有官曹簿领，而文字习胡；亦
有白盖小车、旌旗之属及邮驿制置，一如中州。其人长大，貌类中国人而
胡服。其土多出金玉宝物、明珠大贝，有夜光璧、骇鸡犀及火浣布，又能

刺金缕绣及织锦缕罽。以金银为钱，银钱十当金钱之一。安息、天竺人与之交市于海中，其利百倍。邻国使到者，辄廪以金钱。途经大海，海水咸苦不可食，商客往来皆赍三岁粮，是以至者稀少。

汉时都护班超遣掾甘英使其国，入海，船人曰："海中有思慕之物，往者莫不悲怀。若汉使不恋父母妻子者，可入。"（此皆彼土人夸诞之词，妄以地中海为大海）英不能渡。武帝太康中，其王遣使贡献。

《魏书》：大秦国，一名黎轩，［都］安都城。从条支西渡海曲一万里。（从条支渡海万里，非地中海乎？可证拂林〔菻〕为大秦矣。）其海傍出，犹渤海也，而东西与渤海相望，盖自然之理。地方六千里，居两海之间。（源案：自汉、晋以来，皆误以地中海为大西海，故有赍粮数岁始达大秦之诞说。独《魏书》始知其海傍出犹渤海，与中国渤海东西相望。自古言地中海者，莫先于此。所云渡海曲万里者，以其纵长言之，南北横渡实止三千余里。所云地居两海之间者，大秦之北又有洲中海，亦与地中海广长略半。皆渤海，非大西海也。故言西域莫精于《魏书》。）其地平正，人居星布。其王都城分为五城，各分五里，周六十里。王居中城。城置八臣以主四方，而王城亦置八臣，分主四城。若谋国事及四方有不决者，则四城之臣集议王所，王自听之，然后施行。王三年一出观风化，人有冤枉诣王诉讼者，当方之臣小则让责，大则黜退，令其举贤人以代之。其人端正长大，衣服车旗拟中国，故外域谓之大秦。其土宜五谷桑麻，人务蚕田，多璆琳、琅玕、神龟、白马、朱鬣、明珠、夜光璧。东南通交趾，又水道通益州永昌郡，多出异物。大秦西海水之西有河，河西南流。河西有南、北山，山西有赤水，西有白玉山。玉山西有西王母山，玉为堂云。从安息西界循海曲，亦至大秦，四〔回〕万余里。于彼国观日月星辰，无异中国，而前史云条支西行二百余日近日入处，失之远矣。（此皆能破旧史之妄。）

《职方外纪》：天下第二洲曰欧罗巴。南起地中海，北极出地三十五度；北至冰海，出地八十余度。南北相距四十五度，径一万一千二百五十里。西起西海福岛初度，东至阿比河九十二度，径二万三千里。共七十余国。其大者曰倚〔以〕西把尼国〔亚〕（吕宋），曰拂郎祭（即佛兰西也。祭，旧误作察，案祭音近机西，其作察，则形讹也），曰意大里（与今志同），曰亚勒马尼（耶玛尼），曰法兰得斯（荷兰），曰波罗尼（波兰），曰翁加里（今并入西都鲁机），曰大尼，曰雪际［亚］（瑞国），曰诺勿惹（即那威国与瑞丁合为一国），曰厄勒祭（即额力西），曰莫哥斯未（俄罗斯）。其地中海则有甘的亚诸岛，西海则有意而兰大、谙厄利诸岛云。（谙厄利即英吉利，其意而兰大，亦其属岛。）

凡欧罗巴洲内大小诸国，自国王以及庶民，皆奉天主耶稣之教，纤毫异学，不容窜入。国主互为婚姻，世相和好。财用百物，有无相通，不私封殖。其婚娶，男子大约三十，女子至二十外，临时议婚，不预聘。通国之中皆一夫一妇，无敢有二色者。土多肥饶，产五谷，米麦为重，果实更繁。出五金，以金、银、铜铸钱为币。

衣服：蚕丝者，有天鹅绒、织金段之属；羊绒者，有毯、罽、销〔锁〕、哈剌之属；又有苎麻之类，名利诸者为布，绝细坚而轻滑，大胜棉布，敝则可捣为纸，极坚韧。今西洋纸率此物。君臣冠服，各有差等，相见以免冠为礼。男子二十以上，概衣青色，兵士勿论。女人以金宝为饰，服御罗绮，佩带诸香。至四十及未四十而寡者，即屏去，衣素衣。酒悉以葡萄酿成，不杂他物。其酒可积至数十年，当生子之年酿酒，至儿年三十娶妇时用之，酒味愈美。诸种不同。无葡萄处，或用牟麦酿之。其膏油之类，味美而用多者，曰阿利袜，是树头之果，熟后即全为油。其生最繁，又易长，平地山冈，皆可栽种。国人以法制之，最饶风味，食之齿颊生津，在橄榄、马金囊之上。其核又可为炭，滓可为硷，叶可食牛羊。凡国人所称资产，蓄大小麦第一，葡萄酒次之，阿利袜油又次之，蓄牛羊者为下。其国俗虽多酒，但会客不以劝饮为礼。偶犯醉者，终身以为诟辱。饮食用金、银、玻璃及磁器。天下万国，坐皆席地，惟中国及欧罗巴诸国知用椅棹。其屋有三等：最上者纯以石砌；其次砖为墙柱，木为栋梁；其下土为墙，木为梁柱。石屋、砖屋，筑基最深，可上累六七层，高至十余丈。地中亦有一层，既可窖藏，亦可除湿。瓦或用铅，或轻石板，或陶瓦。凡砖石屋皆历千年不坏。墙厚而实，外气难通，冬不寒而夏不溽。其工作，如木工、石工、画工、塑工、绣工之类，皆颇知度数之学，制造备极精巧。凡为国工者，皆考选用之。其驾车，国王用八马，大臣六马，其次四马或二马。乘载、骡、马、驴互用。战马皆用牡骗，过则弱不堪战矣。又良马止饲大麦及秆，不杂他草及豆。食豆者足重不可行。此欧罗巴饮食、衣服、宫室制度之大略也。

又曰：欧罗巴诸国皆尚文学。国王广设学校，一国一郡有大学中学，一邑一乡有小学。小学选学行之士为师，中学、大学又选学行最优之士为师。生徒多者至数万人。其小学曰文科，有四种：一古贤名训，一各国史书，一各种诗文，一文章议论。学者自七八岁至十七八岁。学成而本学之师儒试之，优者进于中学，曰理科，有三家：初年学落日加，译言辩是非之法；二年学费西加，译言察性理之道；三年学默达费西加，译言察性理以上之学。总名裴〔斐〕录所费亚。学成而本学师儒又试之，优者进于大学，乃分为四科，而听人自择：一曰医科，主疗病疾；一曰治科，主习政事；一曰教科，主守教法；一曰道科，主兴教化。皆学数年而后成，学成而师儒又严考阅之。凡试士之法，师儒群集于上，生徒北面于下，一师问难毕又轮一师，果能对答如流。然后取中。其试一日止一二人，一人遍应诸师之问，如是取中，便许任事。学道者，专务化民，不与国事；治民者，秩满后，国王遣官察其政绩，详访于民间，凡所为听理词讼、劝课农桑、兴革利弊、育养人民之类，皆审其功罪之实，以告于王而黜陟之。凡四科官，禄入皆厚，养廉有余，尚能推惠贫乏，绝无交贿行赂等情。其诸国所读书籍，皆圣贤撰著，从古相传而一以天主经典为宗。即后贤有作，亦必合于大道，有益人心，乃许流传。国内亦专设检书官看详群书，经详定讫，方准书肆刊行。故书院积书至数十万卷，毋容一字蛊惑人心、败坏风俗者。其都会大地，皆有官设书院，聚书于中。日开门二次，听士子入内抄写诵读，但不许携出也。又四科大学之外，有度数之学，曰玛得玛第加，亦属斐录所科内。此专究物形之度与数度，其完者以为几何大数，其截者以为几何多。二者或脱物而空论之，则数者立算法家，度者立量法家。或体物而偕〔皆〕论之，则数者在音相济为和，立律吕家；度者在天选运为时，立历法家。此学亦设学立师，但不以取士耳。此欧罗巴建学设官之大略也。

又曰：欧罗巴国人奉天主正教，在遵持两端：其一，爱敬天主万物之上；其一，爱人如己。爱敬天主者，心坚信望仁三德，而身则勤行瞻礼工夫。其瞻礼殿堂，自国都以至乡井，随在建立。复有掌教者，专主教事，人皆称为神父。俱守童身，屏俗缘，纯全一心，敬事天主，化诱世人。其殿堂一切供亿，皆国王、大臣、民庶转输不绝。国人群往归焉。每七日则行公共瞻礼，名曰弥撒。此日百工悉罢，通国上下往焉。听掌教者讲论经典，劝善戒恶。妇女则另居一处而听，男女有别。其爱人如己，一是爱其灵魂，使之为善去恶，尽享生天之福；二是爱其形躯，如我不慈人，天主必不慈我。故欧罗巴人俱喜施舍，千余年来，未有因贫鬻子女者，未有饥饿转沟壑者。在处皆有贫院，专养一方鳏寡孤独。处其中者，又各有业，虽残废之人亦不废。如瞽者运手足，痹者运耳目，各有攸当，务使曲尽其才，而不为天壤之废物。又有幼院，专育小儿。为贫者生儿举之无力、杀之有罪，故特设此院，令人抚育，以全儿命。其族贵而家贫者，耻于送子入院，更有两全之法。其院穴墙以设转盘，内外隔绝不相见。送儿者乘人不见置儿盘中，扣墙则院中人转儿入矣。其曾领洗与否，皆明记儿胸。异时父母复欲收养，则按所入之年月，便得其子。又有病院，大城多至数十所。有中下院，处中下人；有大人院，处贵人。凡贵人若羁旅、若使客，偶患疾病，则入此院。院倍美于常屋，所需药物悉有主者掌之。预备名医，日与病者诊视。复有衣衾帷幔之属，调护看守之人，病愈而去。贫者量给资斧，此乃国王大家所立，或城中人并力而成。月轮一大贵人总领其事，凡药物饮食，皆亲自验视之。各城邑遇丰年，多积米麦，饥岁以常价粜之，如所谓常平仓者。人遇道中遗物或兽畜之类，多觅其主还之，弗得主则养之。国中每年数日定一公所，认识遗畜，失者与得者偕来会集。如遇原主，则听其领去；如终弗得主，则或宰肉，或卖价，以散贫人。若拾金银宝物，则书于天主堂门外，令人来识，先令预言其状，如一一符合，即以还之；不得主，亦散于贫乏。国中又有天理堂，选盛德宏才无求于世者主之。凡国家有大举动、大征伐，必先质之此堂，问合天理与否？拟以为可，然后行之。国人病危，悔过祈赦，则分析产业，遗一分为仁用，或以救贫乏，或以助病院，或以赎敌国所虏，或以修饰天主殿庭。一切仁事，悉从病人之意。遗于子孙，谓子孙之财；遗于仁用，谓己灵魂之财。其圣教中人，事〔更〕有慕道最深，抛弃世间福乐，或避居于山谷，或入圣人圣女所立之会，而毕世修持者。其入会须发三誓：一守贞以绝色，一安贫以绝财，一从命以绝意。凡欧罗巴诸国从十六七岁、愿入会中、矢守童身者，自国王、大臣、宗室以下，男女不可胜纪。其女子入会后，惟父母至戚得往见之，余绝不相交接。其会中居屋原极宏敞，亦自不碍游息也。其男子入会例有多端，有专自修不务化人者，有务化人不能远游者，又有化人而欲及天下者，此则离本国、捐朋友、弃亲戚，遍历遐方，其视天下犹一家，视天下人犹一体，不辞险阻艰辛，虽啖人炙人之地，亦身历焉，惟祈普天之下，皆识真主而救其灵魂升天，以毕素志。此欧罗巴敬天爱人之大略也。

又曰：欧罗巴诸国赋税不过十分之一，民皆自输，无征比催科之法。词讼极简，小事里中有德者自与和解，大事乃闻官府。官府听断不以己意裁决，所凭法律条例皆从前格物穷理之王所立，至详至当。官府必设三堂。词讼大者先诉第三堂；不服，告之第二堂；又不服，告之第一堂；终不服，则上之国堂。经此堂判后，人无不听于理矣。讼狱皆据实，诬告，则告者与证见即以所告之罪坐之。若告者与诉者指言证见是仇，或生平无行，或尝经酒醉〔醉〕，即不听为证者。凡官府判事，除实犯真赃外，亦不先事加刑；必俟事明罪定，招认允服，然后行之，官亦始终不加詈骂。即词色略有偏向，讼者亦得执言不服，改就他官听断焉。吏胥饩廪虽亦出于词讼，但因事大小以为多寡，立有定例，刊布署前，不能多取。故官府无恃势剥夺，吏胥无舞文诈害。此欧罗巴刑政之大略也。

封内虽无战斗，其有邪教异国，恃强侵侮，不可德驯，如靼而粗、度尔格等者，本国除常设兵政外，又有世族英贤智勇兼备者，尝以数千人结为义会，大抵一可当十，皆以保国护民为志。其初入会者，试果不惮诸艰，方始听入焉。会在地中海马儿达岛，长者主之，遇警则鸠集成师，而必能灭寇成功。他国亦有别会，俱仿佛乎此。即国王亦有与其会者。此又欧罗巴武备之大略也。

又曰：地中海有岛百千，大者曰甘的亚岛，曩有百城，周二千三百里。古王造一苑囿，路径交错，一入便不能出，游者须以物识地然后可入。生一草，名阿力满，少嚼便能疗饥。地中海风浪至冬极大，难行。有鸟作巢于水次，一岁一乳。但自卵至翼，不过半月。此半月内海必平静无风波，商舶待之以渡海。鸟名亚尔爵虐，此半月遂名为亚尔爵虐日云。

又曰：欧罗巴〔西海〕迤北一带，海岛极多。冬长暗数月，行路工作以灯。产貂类极多，人以为衣。又有人长大多力，遍体生毛，如猱猴。产牛、羊、鹿甚多。犬最猛烈，一犬可杀一虎，遇狮亦不避也。（源案：东北海黑龙江以下，有使犬、使鹿部，捕貂为生。此西北地亦然。盖地近北海，故貂、鹿、犬所产相同。）冬月海水〔冰〕为风所击，尝涌积如山。人善渔猎。山多鸟兽，水多鱼鳖。人以鱼肉为粮，或磨鱼为面，油为灯，骨造舟车屋室，亦可为薪。其鱼皮以为舟，遇风不沉不破，如陆走则负皮舟而行。（源案：黑龙江东，有鱼皮部，以鱼皮为衣。此亦西北海与东北海物产同一之证。）其海风甚猛，能拔树拆屋及摄人物于他处。（又曰：北海滨有小人国，高不二尺，须眉绝无，男女无辨，跨鹿而行。鹳鸟常欲食之，小人恒与鹳相战，或顶〔预〕破其卵以绝种类。又有小岛，其人性嗜酒。任饮不醉，年寿最长。）近谙厄利亚国，为格落兰得〈岛〉，其地多火，以砖石障之，仍可居处。或宛转作沟以通火，火焰所至，便置釜甑，熟物更不须薪。其火亦终古不灭。

《万国地理全图集》曰：欧罗巴列国，南至地中〈之〉海［之］义八搭峡海〔海峡〕，隔亚非利加地；东南至黑海，连亚齐亚；北及冰海，东接亚齐亚；西及大西洋海。广袤圆方九百七十五万方里，长一万零五百里，阔七千五百里。居民二万万丁。其半地归峨罗斯。北极出自三十六度至七十一度，自英都中线偏西十度、偏东三十六度。遍地江河支流灌溉田亩，中间高岗崎岖，千峰险峻，由此延曼南北。大湖在峨罗斯国，由海隅深入其地，交通往来，自有转圜之易。古时此地林树稠密，群蛮游猎。商朝盘庚年间，希腊族种到峨罗斯而开新地，渐进教化，在地中海岛各地，与亚齐亚列王战胜。于是罗马国在以他里大兴，攻服欧罗巴之大半，化民成俗，四夷共服。惟有北方之野蛮，与罗马交战屡获全胜。东汉献帝年间，匈奴侵欧罗巴东境，其土民迁移邻邦，一至罗马国之交界，尽力战斗，被罗马国荡覆君室，自创新鼎，异族者渐奉天主之教，勉为良善，但无见识。其僧乘机弄权，敢作敢为。唐朝年间，回回前进，与西国接战。宋朝年间，千万居民离其本地而往犹太国，百有余年与回回苦斗不息。自后欧罗巴内城邑大兴，并操自主之权，始知印书、知制火药、初造罗经。洎明嘉靖年间，舟楫无所不至，初寻出亚默利加大地，次到五印度国，后驶至中国。通商日增，见识日广。此时欧列国万民之慧智才能高大，纬武经文，故新地日开，遍于四海焉。

《瀛环志略》曰：欧罗［巴］（或作友罗巴）一土，在亚细亚极西北隅，以乌拉大岭为界。（详《峨罗斯图说》）中国之所谓大西洋也。绝长补短，约得亚细亚四分之一。西距大西洋海。海水由西北湾环注入大地，曰波罗的海（一作八得海，俗名黄海），转注东北分两汊，约三四千里。波罗的海之南，海水由正西注入大地，曰地中海（泰西名墨力特尔勒尼安，一作美的德拉虐），由西而东，约七十余里。再分小汊注东北成巨浸，曰黑海（泰西名勒必〔必勒〕西），周回二三千里。环波罗的海，南尽地中海，黑海之北岸，为欧罗巴全土。其地自夏以前，土人游猎为生，食肉寝皮，如北方蒙古之俗。有夏中叶，希腊各国初被东方之化，耕田造器，百务乃兴。汉初意大里亚之罗马国创业垂统，疆土四辟，成泰西一统之势，汉史所谓大秦国也。前五代之末，罗马衰乱，欧罗巴遂散为战国。唐、宋之间，西域回部方强，时侵扰欧罗巴。诸国苍黄自救，奔命不暇。先是火炮之法，创于中国，欧罗巴人不习也。元末有日耳曼人苏尔的斯始仿为之，犹未得运用之法。明洪武年间，元驸马帖木儿王撒马儿罕威行西域。欧罗巴人有投部下为兵弁者，携火药炮位以归。诸国讲求练习，尽得其妙。又变通其法，创为鸟枪，用以攻敌，百战百胜。以巨舰涉海巡行，西辟亚墨利加全土，东得印度、南洋诸岛国，声势遂纵横于四海。现大小共十余国。

　　波罗的海之东，有大城曰彼得罗堡（一作必特尔土木尔），峨罗斯之都城也。波罗的海之西岸，与大西洋海相表里也，形如葵扇下垂，曰瑞兰国。从南岸突出如臂，亘波罗的海之阈，与瑞国作凹凸之势，曰椗国。椗国之南曰日耳曼列国，为欧罗巴之中原。日耳曼之东北，临波罗的海，曰普鲁士。日耳曼东南曰奥地利亚。其东南临地中海曰土耳其。（土耳其有三土，此其西土，中、东两土在亚西亚界内。）土耳其之南，地形如人掌拊于地中海，曰希腊。日耳曼之南曰瑞士。再南，如人股之著展于地中海，曰意大里亚列国。日耳曼之西北临海，曰荷兰。荷兰之南曰比利时。比利时之南曰佛郎西。佛郎西之西南曰西班牙。西班牙之西，临大西洋海，曰葡萄亚。佛郎西之西北，有三岛雄峙海中，曰英吉利。

　　按：以上各国，惟峨罗斯与中国互市，在西北陆路，不由海道。其至粤东贸易者，英吉利船最多，居各国十分之六。西班亚之船，大半自吕宋来粤东，称大、小吕宋，不称西班亚，其船之多，几过于英吉利，而洋米之外少别货。此外则奥地利亚、普鲁士次之，椗国、荷兰又次之，瑞国又次之。佛郎西货船每岁来粤多不过三四只，少则一二只，所载皆呢、羽、钟表诸珍贵之物。葡萄亚即居澳门之大西洋，其本国商船来者甚稀。日耳曼之翰堡（一作昂不尔厄）、北闵（一作不来梅）两埠，间有货船来粤。比利时现求通商，船尚未来。意大里亚近分四国，商船无来者。土耳其系回回。希腊新造小国，向未通商。

按：诸书述各国地域之正方里，各各不同，与中国开方法不同，不知其如何折算？其所列进帑、兵额、师船之数，复各书多不相合，殊不足据。所谓欠项者，乃国所欠于民之数。西土之例，国有兵事，则聚乡绅于公会，令其筹辨〔办〕兵饷。皆贷于富商大贾，而岁偿其息，愈积愈多。或罄一岁之入，而不足以偿，则加税额以取盈焉。民之怨畔，国之衰弱，半由于此。

欧罗巴一土，以罗经视之，在乾戌方，独得金气。其地形则平土之中，容畜沧海数千里，回环吞吐，亦与他壤迥别。其土膏腴，物产丰阜。其人情性缜密，善于运思，长于制器。金木之工，精巧不可思议，运用水火尤为奇妙。火器创自中国，彼土仿而为之，益加精妙。铸造之工，施放之敏，殆所独擅。造舟尤极奥妙，篷索器具，无一不精。测量海道，处处志其浅深，不失尺寸。越七万里而通于中土，非偶然也。

欧罗巴诸国，迤南者在北黄道之北，寒暑略似中原；迤北者在北黑道之南，积雪至五六尺，坚冰至三四尺。俗传西洋人畏冷，误矣。冬月室皆炽炭，衣毡数重，无著裘者。所传畏冷者黑夷，皆印度或南洋各岛人，与赤道相近，亘古未见冰雪，其遇祈寒而瑟缩也宜矣。

欧罗巴诸国来粤东，皆从大西洋海开行，沿亚非利加之西岸南行，至尽头之好望海角，俗名大浪山，乃转而东北。舟行至此，风涛最恶，彼土人惯于浮海，亦罔不栗栗危惧，过此乃额手称庆。浮印度海东北行，入苏门答腊、葛留巴之巽他海峡，又东北而至粤东，计程约七万余里。俗称来三去五，盖由大西洋来中国约三月程，回国则须五月程。往返同途，而迟速不同者，非尽由风信之顺逆也；四海之水皆东趋，至尾闾而入大地，又从万派源泉分流而出，由欧罗巴至中国则为顺流，由中国西旋则为逆流，故迟速不同耳。

欧罗巴诸国，纪年皆称一千八百几十年，非其传国之年数也。各国皆奉耶稣教，以耶稣降生之年为元年，至今凡一千八百余年耳。至各国祚数，或修或短，惟佛郎西传世最久。其余多者亦不过数百年，且时立女主，族姓潜移。俗传西洋诸国自古未易姓者，妄也。

西洋诸国语言文字相同者，普鲁士、奥地利亚与峨罗斯同，地相接也。英吉利与米利坚同，西班亚与墨西哥以南诸部同，葡萄亚与巴西同。彼州本三国之所开辟也。余国皆不相同。

泰西人造屋，外无墙垣，中无院落，惟层楼叠架，绕以回廊，遍开牖户。贱者处下层，贵者居上层，虽王宫亦如此。所称俄罗斯新都，王廷长四十五丈、阔三十八丈；旧都王廷广七十七丈，长二百一十丈，非指一宫言之，总其宫墙四隅计之，而中则自分层数、间数也。

欧罗巴之大界限，自地中海以外，一为州中海，横贯瑞丁、那威、大尼、普鲁社之南，峨、日、奥、佛、槎、瑞、意大里各国之北，亦名黄海，亦名巴得海，亦名波的亚海，皆此州之异名也。一为乌垃岭，即葱岭之北干，起白尔摩，北抵冰海，长四千余里，分亚细亚、欧罗巴二洲之界，俄罗斯跨此岭东西焉。其岭所连诸山，皆葱岭西北之干，蜿蜒回环，千曲百折，以抵海滨。信乎！葱岭之大雪山为古昆仑，巍为群山之祖也。

《地理备考·欧罗巴各国总叙上》曰：欧罗巴洲各国建立始末，以额力西国为最。而额力西国之前，又系上古亚西黎亚与厄日度二国开创风气。当中国唐虞之世，亚西黎亚国政教昌隆。自夏后不降十三岁，嗣君尼〔尼〕亚斯不勤政事，国势渐衰。自后八百余载，朝政日非，古史无所记载。惟厄日度国代有明君，然古史但载兵革始末，而贤君善政，均未之述。自商王祖辛十二年，亚美奴非斯溺死红海后，西索斯的里嗣位，武备文事，极一时之盛。是时厄日度国人约二千七百万余口，传世七百十一载，每遣人民迁赴他方，开创教化。故亚德纳斯国渐为声名文物之邦，实赖厄日度国人前往其地变化之也。是时，额力西国王开〔闻〕而向风，遣其能臣游说各国，因得十二国会盟，彼此相卫。岁遣使臣再会于德尔摩比勒之地，议行善政。复思延国祚必须立教，遂将德尔佛斯堂〔并〕诸善士布施之资财，尽付十二国会议之人管理，缓急相关，并力御侮。是以伯尔西亚〈回〉国兵来侵，无不败北。偃武修文二百余载，航海四出，并至葛尔给斯等处创建新国焉。殷王廪辛六祀，亚德纳斯国王名德修者，武勇绝伦，自思十二部落事权不一，遂欲合而一之。先得庶民之心，次散其附和首领之众，又裁汰国内各衙署，惟建会议公堂一所，设礼制，轻税敛，招徕远人，弹丸之地，竟成通都大邑，较额力西各处更盛。国中大权尽归一人，尽革前此各部强霸衡行之习。其国人分三等：一则尊爵绅士，二则百工匠役，三则农夫庶民。因一等之人权重，故自德修王至哥德洛斯亚〔王〕两世，特加惠于二、三等之人，以分爵士之势。久之，民志日骄，畸重之势，权遂归下。当周康王时，哥德洛斯王薨，其民以此后必无如先君之贤者，遂扬言惟玉必德尔为君，方可推戴。玉必德尔者，乃其国供奉宗神之首，示不欲更立国王也。遂立会议官以执政事。从此额力西各国效尤，纷纷逐君革爵、设官擅政，风俗政治为大变易。惟亚德纳斯国人初虽除国王之名，尚立哥德洛斯王后裔为统领之官，曰阿尔干，势权与国君相等。越三百三十一载，当中国周平王时，国人复议：阿尔干官永执国政，与君何异？嗣后州〔每〕官三年一易。越五十五年，又议每岁分立九官，于任满卸退之时，必述职于民以定臧否？人皆视为畏途。自后亚德纳斯国人各自专擅，无复法度。国中诸才智士复议创造法律以约束其下，推达拉固主其议。其人性过严酷，纂修法制，罪无大小，尽定斩决，时人谓之血书。越数十载，有梭伦者，当周灵王年间，修改律例，归于平允。遂按一国资财之多寡，分尊卑贵贱四等。其四等至贫贱之人虽不得居官，至有通国会议公务，亦可参预。又恐人多语杂，因建议事厅、大理寺二署。其议事厅定额四百人，为庶民会议之所；其大理寺乃官府会议之所。其官必名望才德，由众推举。此梭伦所定政治章程，各国多[有]效之者。又有斯〈尔〉巴[尔]达国，其始亦如额力西，分列小国，而统于一君，历代相传四百余载。当周成王时，有兄弟二人者，同登君位。嗣后相传，皆系二君同治，至九百年之久，此事最为奇异。迨秦始皇时，葛黎厄美尼斯王践位，始复改为一君。其国政严禁奢侈，不用银钱，不丰饮食，皆练习武事，故富强善战。国中世守其教，视亚德纳斯国梭伦所立法度，更为悠久。当其时，伯尔西亚〈回〉国达黎约王兴兼并之意，又听阿德纳斯国人诉请报复，步骑十一万大举来攻。然伯尔西亚承平日久，士卒或习奢过度，或从役劳苦，不能如昔年之劲旅。于是亚德纳斯国中良将，简精锐万人迎敌，大破敌军。逾二十载，伯尔西亚国嗣王名舍尔时者志图报复，率马步舟三军数十万众，倾国大举，复攻额力西之亚德纳斯等国。各国齐心盟约，背城力战，破之，水陆全胜。然自后额力西各国恃胜而骄，所获敌财彼此侵夺，于是亚德纳斯与斯巴尔达二国首先背盟，号召各小国自相侵伐，干戈不休，日至衰微。越九十三载，当周显王时，遂为马斯多尼亚国王袭破，尽有额力西全国，开辟疆土，更广于额力西。其子阿勒山德里王嗣为盟主。当周显王时，复率步军三万、马军五千，攻服伯尔西亚国，远至天竺诸处，无不归附。屡战屡胜，兼有欧罗巴州、亚细亚州之半。迨殂后，其将帅等互相割据，事迹纷繁。建为东都，号君士但丁城，后为土尔其、希腊国所有焉。东汉时始为意大里国所并。额力西国自昔盛时，当周景王、显王时二百余载，文名显著之士不可胜计，百工技艺皆至精巧。玉必德尔与的亚〔亚的〕纳二庙堂，尤天下第一壮观。虽东方各国，尚不及。诗书文字，绘画工塑，无不奥妙，而军务尤所讲习。方行天下，至于海表。洵欧罗巴州开创之首国，在意大里之前者也。

欧罗巴洲古时国最盛者，自额力西外，嗣惟罗马国一统最久。其创建在成周中叶，其混一在西汉之中，分裂在东晋之末，其宗社全墟，在明景之世祚历二千余年，自古无其强大悠久。然自昔至今，一兴一衰，为欧罗巴二次大变，亦欧罗巴之大关系也。当周平王时，环意大里亚皆强勇之国，而国王罗毋洛者，与邻国战胜时，即收其精锐归入营伍，并择其军器号令之胜己者而效从之，每战胜一次，势力愈增，连年练战，上下皆善用兵，纪律严肃。且勤治国政，设立议事厅，选才智百人会议，法度无不尽善。其后四代贤君，国益富强。迨七世之君达尔癸伯〔虐〕者，残忍无道，败乱伦常，通国怒而逐之。嗣后遂不立君，惟推主师一人以领兵；别推官长二员代理国务，一年一易。此罗马国之大变局也。自后政事修明，国益富强。越数百年之久，环意大里亚诸部，尽归版图。惟隔海之加尔达额国，实为劲敌，其国在亚非里加州海滨，以舟楫为贸易事，海滨两岸〔边〕，皆归其掌握，延及欧罗巴之西班亚地方，遂雄据各岛。而罗马国人亦畏其水军强盛，不敢阻遏。自后二国常相抗敌。虽加尔达额风俗甚野，不如罗马国之法度，其兵多招募异乡乌合，亦不如罗马国士兵之纪律，然罗马止长陆战，而加尔达额国则舟舰娴习。迨交战二十余年，罗马国亦学习水战，取加尔达额国遭风漂入之船以为程式，造成舟师一队，选水师将官驾驶，水战而获大捷。两国仇忌日深。加尔达额国人有阿尼巴者，世为名将，父子祭神，誓灭罗马，讲习韬略，幼立战功，年三〔二〕十五岁即拜大师，引军渡厄伯洛河，逾峻岭，抵意大里亚国，进攻罗马都城，连败罗马之兵，收服各部。

奈罗马国有三杰士，竭力战守。一曰发比约马西摩，则坚垒不战，惟游兵
清野，佯败引诱，以老其师；暂为羁縻于前，而亟整御备于后。一曰马尔
塞罗，则率兵围困诺拉，收复余城，以分敌军之势。斯二人者，罗马通国
所倚重。至于西北〔比〕扬，则尤为超卓，不在本国拒敌，而反提军远出。
窥加尔达额国兵大半外出，乘虚深入，随攻随拔，势如破竹，直抵其都，
国人望风败溃。阿尼巴闻警，旋师自救，被罗马奇兵邀其归路，舟师迎击
海中，全军尽覆，阿尼巴乘渔舟逃归，不得已纳款送质，并立盟约，非奉
罗马国之命，永不得擅与别国交兵，时汉高祖六年也。斯时诸国分而为二：
一则为罗马与加尔达额二国之战场，一则额力西国土酋分据之属地互相争
斗。额力西分为三国：一名厄多里亚，一名亚加压，一名白阿西亚。会议
立官，而〈额力西〉〔马斯多尼亚〕国王仍为其地之长。其君暴虐失民心，
而厄多里亚国人更恨之，乃迎请罗马国之兵至本国，协逐暴君出国，罗马
逐〔遂〕胁额力西各处为藩属。厄多里亚各国自悔先计，复乞师于西里亚
国；以驱除罗马，而加尔达额国败将阿尼巴亦往西里亚国求援，皆因西里
亚新兼并犹太、波斯，为东方强大之国，故希腊诸部欲倚之以拒罗马。时
西里亚心畏罗马之强，而阿尼巴力言罗马师疲易败，于是出偏师前往额力
西，以助厄多里亚国。罗马军迎击败之，乘胜追北，围其都城。西里亚国
亦归臣服。于是希腊诸国皆献土，阿尼巴自杀，时汉孝惠帝五年也。汉景
帝十年，罗马大举伐加尔达额，围其都城，陷之。因毁其城，略定其部属。
复征服西班亚，置为部属。于是地中海南岸，仅余两强国未服：一曰宾多，
一曰玉古尔达。时宾多国恃有高哥斯山为屏障，兵亦强悍，故与罗马兵相
持二十〔六〕年之久，始为奇岳所破。而玉古尔达国尤险，遂于汉元封五年
始征服焉。由是地中海南亚非里加州各国尽入版图，犹太、麦西国亦俯首
归附。其地中海北欧罗巴境，亚马尼、佛兰西无不臣服。又渡海征英吉利
番，建为大部。西土数万里，无复抗颜行者。然罗马国人民自裁革王位以
后，其议事官原议一年一易，后因军事难更生手，渐有久于其位者。议事
官之后嗣，世沐荣宠，偏庇姑息。其庶民虽有例许为显职，得遇选举。然
其所选，仍皆议事官之后嗣，民间才杰皆不得进。以此上下人心不睦。且
征伐诸国之后，偏染繁华，骄奢日甚。富贵子孙，恃势凌人。诸将各拥强
兵，悍不驯服。故外患既平，内衅渐启。幸边圉皆有重兵镇压，互相钳制，

故国中变乱未作。若非〈东都〉西拉之兵，则罗马国早为大将马黎约军卒所擅据矣。先是西拉之兵与马黎约之兵积衅交讦，其黠民乘机倡乱，杀高爵子孙。民与绅斗，兵与兵哄。既而兵、民、绅分党相攻，同时并起，至相屠戮数万。时二大将出征东北夷族者，一曰潘沛，一曰塞萨尔。闻变旋师，共平内难，尽戮反侧十余万人，国事乃定。于是大权尽归两帅。潘沛曾定麦西、犹太各国，立功东北；塞萨尔曾收服佛兰西、英吉利，立功西北。二人威名相等，积不相下。而塞萨［尔］兼有文学，尤得民心。潘沛遂起〈东都〉兵攻之，为塞萨尔败诸希腊之地，潘沛走死。由是塞萨尔总大政，立法制，罗马大治。有议事官忌之，使刺客杀之。于是塞萨尔之兄子额达唯约起兵复仇，夺回其国，遂即尊位，是为罗马复立国王之始。时汉建始二年也。是时欧罗巴、利［未］亚二州及亚细亚西境，周回数万里，尽入版图，惟罗马国独立行政于天下。四国之使云集于罗马，皆纳款献赋焉。义地约比［亚］国使人求和，巴尔的亚国昔与罗马深仇，亦使人结盟和好，天竺国命使前赴会盟，其余各国畏威怀义，无不奉命，水陆无警，兵革休息。于是额达维约王亲闭仍讷庙门。仍讷者，乃其国之神也。凡有战斗之事，其庙门则启；若干戈宁静，则闭其庙门，以示偃武修文。从此四海升平，人物熙和，为西土极隆平之世。越三载，当汉孝哀帝建平二年，耶稣乃降诞于如德亚国。罗马国之创始如此。至其文学技艺，古时亦未开辟，惟以兵农是习。迨胜额力西后，尽获其珍奇；嗣服阿细亚各国，复得其积贮。各国文艺精华，尽入于罗马。外敌既谧，爰修文学。常取高才，置诸高位。文章诗赋、著作撰述，不乏出类拔萃之人。但除开国数君之外，余多骄暴败常，视国人如奴仆。且国君既以酷虐待民，而己身又为骄兵所制；既使天下闻名悚惧，而其君反自畏三军。此则罗马国之大势也。初罗马征服各国之后，其边外夷狄尚未收服。后嗣遂欲穷兵绝域，深入沙漠，穷追至北海，犁庭扫穴，伏尸百万，始能征服。然开地既广，鞭长莫及，国中既皆放辟邪侈之习，如〔加〕以北地降王，处之内地，生聚渐盛，报复不忘。各旋其本部，告以罗马人物之富丽，田土之膏腴，复述亲友死亡之惨，以耸土夷愤怒之心，遂倾国奋矛枕戈，并携妻子、奴仆、六畜、器皿，蜂拥四至，所过扫荡，遇室即焚，逢人即杀，肝脑涂地。及晋惠帝时，嗣王以御狄殒于阵，国大震。不得已，乃与之和。自罗马西都迁于伯拉东都；

以避其锋，并将西都守河之兵，调赴东方护卫。自彻藩离，以致故都守备单弱。东晋孝武帝二十〈二〉年，复分国为二王，以治东西二都。其后西都屡为莪时〔特〕族所侵。宋元徽三年，峨特围罗马西都，王出降，由是西都遂为罗马所据，惟东都仍称罗马国焉。夷酉科多亚塞者，遂据西都，即位称汗。宫室焚毁，府库倾荡。阅数百载，倾覆尽矣。唐初，回教之摩哈默兴于天方，兼并波斯，其势欲强罗马入回教，不从。由是，波斯回兵数侵罗马东境，犹太、麦西诸部皆陷，峡东地全归回教，仅余希腊片土。元末，峡东尽归土尔其，数渡海峡侵罗马，吞其旁邑殆尽。明景泰二〔四〕年攻陷君士但丁都城，罗马遂亡。罗马军旅最有纪律，至今犹传留为法，止因后不守先王之道，勤修政治，专以辟疆黩武为事，盛满必倾，外患骤至，辱国损威，千百年繁华富丽皆成化外，良可叹息焉。

《欧罗巴各国总序下》曰：自罗马西都陷于夷狄之后，迨当唐中宗嗣圣年间，英吉利南边膏腴之地，归于萨索尼亚夷国，奥卢地归于法郎古夷国，西班亚归于厄都夷国，意大里亚及各邻近之地归于龙巴尔多夷国。于是，罗马国之政治法度、技艺、文学等，扫荡仅存踪迹；政事、律例、风俗、衣冠、言语、人名、国号，尽变夷俗，自后数百年，欧罗巴风俗鄙陋，即显宦缙绅，亦不能读书识字。且因导引诸夷内攻之酋领等，以所得之地，与其大夫、将军按职分授。而大夫、将军等，亦所在效尤，与其麾下分授地方，迫夺民田，迫使佃耕。又各部互相攻击，动辄挟制君上，无复纲纪。于是各国君筹议，务结民心，以强己势，而分部酋之权。庶民始立会议公廨，选举官员，经理约束国政，渐变昔之荒蒙。惰慢者皆讲习以开其智，勤奋以励其身。且夷狄攻破西都时，独东都伯拉未遭倾覆，国中文学事业，仍存一二。迨数百年后，其地又为大市埠，而天竺国之珍奇货物、巧妙工作，多往聚售。意大里亚国始再与各国来往，复习文学之事，后又与欧罗巴各奉耶稣教之君会盟，共逐回回出如德亚国都。时各国三军，或赴如德亚，或归本国，无不会集于伯拉东都，而列西国之生意，实赖此创始。宋哲宗绍圣三年也。迨各国干戈休戢之后，有意大里亚国人曰日威亚者，当元成帝年间，始造罗盘，以便舟行。从此，意大里亚各国人始赴东方厄日度诸埠，收买天竺土产、奇巧各物归欧罗巴，甚获利益。时元大德年间至明建文帝年间也。至耶稣一千四百年间，欧罗巴北方之人，无不奋营贸易。

是时邻近洲中海之的纳马尔加、瑞典等国，海盗猖狂。及与意大里亚通商，结盟保护，而他方效之。于是，亚里曼及弗兰地二国之八十城，亦约盟互卫。邻近别部，亦皆求和好。始公立贸易章程，各埠财物，积贮于弗兰地国之布卢日城及其邻近各城，皆为欧罗巴至富庶之福土。再，奉耶稣教各君往救如德亚之后，因与旧蒙古达尔哥斯丹各王结约，以拒土耳基回国。其奉使赴蒙古者，皆耶稣教中僧人，素好云游四海，远方绝域，无不历遍。其首赴蒙古，记录沿途古迹者，乃若翰加尔宾也。宋理宗淳祐六年，复有数僧赍教主公牒，投蒙古国王，恳其关照保护。嗣后往蒙古、印度等处者益多。迨明太祖洪武年间，蒙古国王达美尔兰者，人甚英武，印度远域，无不攻克。彼时，欧罗巴人已于蒙古部落充当兵卒，后携其火药、炮位运用之法旋归本国，较阿里曼国人所造更精，至是始讲求益善焉。蒙古国王达美尔兰薨后，欧罗巴之奉教诸僧皆旋本国。遂以印度等东方之富丽丰饶，启发本国人，并言海面水路，直达各处。先此，西洋舟船不过游弈亚非里加近处海边，后渐向南驾驶，于明孝宗弘治十〔元〕年，驶越好望海角，始为赴东海及印度海之水路。彼时，西洋人有日讷瓦国人名哥隆波者，拟由西方而赴东方，国人皆谓孟浪之谈；复禀弗兰西、英吉利、布路亚三国王，亦皆不见用，最后得大吕宋国王赏发银币，备三大船，于明孝宗弘治五年开行西往，越三十三日，探得前途始有洲岛。及临近其地，并非印度；所遇人民，言形殊异，即今之亚美里加洲地也。语详后卷，兹不及赘。再，罗马国败废之后，欧罗巴余邦皆遭大幽暗，世衰道微，国人卤莽，文学攸敳。迄明永乐以后，复如田禾旱稿得雨还苏，渐再知教化。况新寻得各洲，浡然复兴，创造印撰书籍，百工技艺，交接贸易。故诸史推今世为极盛。

《地理备考》曰：欧罗巴虽为地球五州中之至小者，然各处文学、技艺，较之他处，大相悬殊。故自古迄今，常推之为首。其地纬度离赤道往北三十五度起至七十二度止，经度自巴黎斯第一午线西十二度起至东六十度止。东连亚细亚，西至亚德兰的海，南统黑海及地中海，北至冰海。东西长约一万五千六百里，南北宽约一万零八百里，地面积方约五百九十一万六千里。

欧罗巴内外共十四海，回环穿绕。其至大者三：一名冰海，为北方之界；一名大西洋海，为西方之界；一名地中海，为南方之界。其余小者十一：一名白海，乃冰海之分派；一名巴尔的哥海，一名北海，一名漫沙海，一名一尔兰大海，以上四者，皆系大西洋海之分派；一名若尼约海，一名亚尔给白拉科海，一名马尔马拉海，一名黑海，一名亚索弗海，以上五者，皆系地中海之分派；一名加斯比约海，此海原天下至大之湖，是以俗名为里海，在欧罗巴之东，与各海均不相通。

欧罗巴地大半在北温道，其居北寒道者，只十二分之一。至于地气，则分四等：第一，自纬三十五度起，北至四十五度，乃热；第二，自四十五度至五十五度，乃温；第三，自五十五度至六十五度，乃寒；第四，自六十五度至七十二度，乃极寒也。四等之内，或热，或温，或寒，或极寒，皆有损其太过，益其不及。其临德亚〔亚德〕兰的海一面之各国，冷则由南而北，渐渐加甚；热则有海风解散暑气也。其临地中海一面之各地，冷则乍寒乍暖，不时变易，由西而东，以渐加增；热则随风更变，全无定准；而东方各处，较西方微觉凉爽。其枕亚西亚一面之各处，虽属严凛，然由南而北，无甚参〔差〕别；热则因其冷之甚．反为炎酷。按四季而论，其第一、二、三等，虽各按时令，然皆有先后迟早之分。其第四等之地，只有二季。居北寒道各处，冰雪凝结，有越三月不夜之天，有数月尤长之夕，日只比晓悬于空中。故冬长而冽，乃因久无日光之故也。夏短而炎，乃因常有日照之由也。

欧罗巴所产金、银、宝玉，较之他州虽属微鲜，然其所有铜、铁、锡、铅、煤、水银等矿及盐田，则胜于别处。

欧罗巴一州，地临北方者多，近赤道者寡。故凡热域之草木，实为难得。然而濒地中海各边，凡他州所有卉、木、百谷，亦皆有之。且诸物中，草、木、五谷，皆以地道为限，莫能到处皆宜。即如何〔阿〕利袜树与葡萄、黍、稷之类，产〔于〕南方者，皆在赤道北三十六度以内，若四十九度外，则全无矣。欧〔罗〕巴〈离〉西方诸处，较之亚细亚东方北极出地同度者，颇为卑下，所产草木，甚为悬殊。除四海同生之草木外，其余皆止宜于二方极北之地。至于欧罗巴中央所产者，则凡高山，由巅至麓，树木最繁，花卉万种。然亦只宜此方，难移植他地。橡树在欧罗巴北方甚为高大，名曰树王。椵、松、柽、榆等树，乃北方所共有，黑杨、皂角等树，丛茂成林，亦在北方温道之末，惟松、柽二树最多。赤道往北六十八度外，殆无树木；至四十四度内，皆有。所产五谷，皆足以供欧罗巴一州之人。厄罗斯、伯罗尼、亚里曼等国五谷丰登，除本国食用外，尚可外运。佛兰西地莜麦甚丰。厄罗斯、伯罗尼、亚里曼皆有莜麦，意大里种粳稻，土耳基种黍稷，诺鲁威、苏益萨二国在北方，五谷甚鲜，只有油麦而已。又〔麦〕至六十二度外则无，莜麦还可至四十六〔六十四〕度，全无〔至于〕果菜杂处〔粮〕，欧罗巴各粮〔处〕皆有，而南方犹茂盛。柠檬、橘子、阿唎袜果、桑椹、甘蔗等，皆聚于南方。葡萄乃欧罗巴至美至繁之果，或至四十五度，或至五十度方无。黄麻、苎麻之类，欧罗巴中央用意栽种，桑树惟欧罗巴南方栽种。至于颜料、药材，在热道者较多于他处。其香料亦生于热道者多，种类不一，然通行常用者，各国山中皆有之。

　　欧罗巴州所在生齿日繁，种植日甚，禽兽充斥，然较少于他州，尤少恶毒之兽。盖人烟日稠，户口繁滋，是以此一州人，每于恶兽毒虫，务将除绝。所产野兽近日迹微，但高山尚有熊兽，毛色种类各异。其豺狼、狐狸、豪獾二猪等，皆生于深山幽谷、旷野丛林之地。其麋鹿、麖、兔、松貂、二鼠等，不缺于游畋狩猎之人。至于畜牲，日增月盛，且其种昔尚矮小，今则配合于他方所生，皆高大雄骏，其至多者，乃马、牛、羊、犬。至于野鸟，则鹰、鹫、鹞、鸢，遍林皆满。家禽则鸡、鸽、鸭、鹅，不可胜数。孔雀、白鸽、白鹤、乌燕，无不备具。外此或裸，或鳞，或介，或甲，种则繁盛，味则甘浓焉。

　　欧罗巴一州之人，共约二垓二京七兆七亿口。除回回国外，其余欧罗巴各国皆奉耶稣教，大同小异，各从其门。

　　欧罗巴中所有诸国，政治纷繁，各从其度。或国王自为专主者，或国主与群臣共议者，或无国君惟立冢宰执政者。

　　五州之内皆有文学，其技艺至备至精者，惟欧罗巴一州也。其外各州亦皆有之，但未能造至其极。如镌刻、地理、音乐等书，通行各国者，皆欧罗巴人所著作。其铸造、修制钟表、枪炮、风球、火船、阴晴表、寒暑针等有裨日用之器及织造各色匹头，大半皆创造于其地。

　　欧罗巴古为卤莽之州，后其地因近于厄日度，又连于亚西亚，故额力西国始得离暗就明，弃鄙归雅。且其民人才能敏慧，文艺、理学、政治彝伦，靡弗攻修，以臻其至。时有非尼西〔亚〕国人自亚细亚州至于本州南方，教以贸易事务，建立货局，招募商贾。其后加尔达厄国人始至焉。而额力西国人遂泛海于意大里地立新国，即罗马也。是时，不惟意大里诸地归其所有，抑且英国及亚里曼等国，皆为其所得。及罗马叛乱之后，为北方夷族夺据，彼时天主教既由亚细亚入于欧罗巴，又遍布于四方，〔其官士丹的诸伯拉于斯兴焉，〕传国数百余载。迨夷狄占据后，所建新国非一，其奥卢地归于法郎西〔古〕人，其义斯巴尼亚地归于维西哥多人，其英吉利地归〈克〉萨〔克〕索尼哑人，其俄罗斯地归于古斯干的纳维亚人。嗣后由大尼、那威而至之海寇，占据佛兰西国之一部。由亚非里加而至之回人，侵犯大吕宋国之数地。而罗马国则归于天主教王管辖。其昔有各地，大半为佛兰西国所有，更定新国，创业垂统。欧罗巴现在诸国，乃耶苏降生后数百年间始为建立。（《海国图志》卷三十七）

外大西洋弥利坚国总记上

《美里哥国志略》曰：环地周围三百六十度，以天测地，则美理哥地属七十余度，中国亦属七十余度。若以南北环地而计，周围亦三百六十度，内三十余度属美理哥国，三十余度属中国。中国之京城与北极相去不过五十度，而美理哥国之都城，与北极相去亦不过五十二度，所以美理哥国之北甚寒，而中国之北亦然。自赤道至中国之南相去不过二十度，而美理哥之南至赤道亦不过相去二十九度，中国之东有大洋，而美理哥之东亦然。可知二地东南北皆无异，惟中国之西皆列国为交界，而美理哥西则茫茫无际焉。美里哥北有英吉利附庸之国，南有墨息哥国（案：墨息〔哥〕即墨西〈西〉科，亦作墨是可），东有压澜的海，西有太平海。然以普天下分为二十一分，而兼摄邦国仅属一分矣。

原夫创国之始，即有伊大里、法兰西、西班雅、英吉利、荷兰等国人迢递而至贸易，至今不过三四百年。外国至者，亦年来年返。后见其无国主，民散俗朴，无不欲夺其土地。适值年荒，民多就食于别国，势益涣散，各国遂加之以师旅，新国不能自立。迨明万历年间，有英吉利人禀其女主，请开新国，遂创费治弥亚之地。及占士王，遂建城，令七人管治，内一人为首，六人助之，大小文武官吏任其选用，以王名名之曰占士城。其后泰昌年间，英吉利王严谕庶民，奉上帝者画一同归波罗士特教，不得任意奉额利教、加特力教，违者加刑。由是国人愿请徙居新国者二三百人，盖奉加特力教，欲随意事上帝也。初至北方玼理某之地，即以此名新洲，后又名之曰新英吉利。时有土人头目名马沙雪，厚待英吉利人，为之地主。其后分茅列土，有马沙诸些部，盖为此头目而名也。自泰昌、天启间，英人到新国者三千余人。因人众，始分居新韩赛、罗底岛、缅部等地，惟总名则曰新英吉利矣。前英吉利人至新方者，特欲得随意奉教，故一至后，即起殿堂以事上帝，设官职，立学校。万历年间，有荷兰人至新地之南方，名其地曰新荷兰，其后，康熙三年英吉利人逐荷兰，改其地名曰新约基。崇祯年间，新荷兰之南有瑞典人居此，名之曰新遮些，其南亦有瑞典人居其地，称曰底拉华，既而皆为荷兰人夺之，英吉利又逐新荷兰而尽有其地。康熙二十年间，有英吉利人卫廉边者，其父前为水师帅，禽贼极多，王赐以金，不受，求赐一新地，于是王授以印信而往，名其地曰边西耳文也。（边者姓也，西耳文者野地也，谓边姓之野地也。）崇祯五年，有英吉利人禀女王，欲居新国之极南，遂名其地曰马理兰。（马理者后也，兰者地也，谓王后所赐地也。）顺治五年，有英吉利人至新方费治弥亚之南，称其地曰驾罗连，内又分南北二都〔部〕。自万历年间始有费治弥亚部，及雍正十年始有磋治亚部，越百数十年后，渐次而有十三部也。（其一费治弥亚，其二马沙诸些，其三罗底岛，其四新韩赛，其五干尼底吉，其六新约基，其七新遮些，其八底拉华，其九边西耳文，十马理兰，十一南驾罗连，十二北驾罗连，十三磋治亚。）十三部人口共约百数十万，各部首领皆由英吉利国除授，而以英吉利国例治之。维时有法兰西国人，亦开垦新地之北，名为新法兰西，后亦名干那大。于是渐次自北而西而南皆有民居，建炮台，意以防虞新英吉利人也。由是英吉利镇守费治弥亚之总制修书于法兰西之将军，令毋庸多设炮台，法兰西将军不允。其往来传信者，则本地人华盛顿也。于是总制传檄邻部，并奏于王。于康熙二十年，王遣大将率兵船数十、军兵数千至费治弥亚，交战三载，胜负未分。迨二十四年，法兰西之大将曰满鉴，英吉利大将曰吴里富，对垒于贵壁，两将皆受炮伤，回营皆死，旋英吉利取胜。于是逐客民、毁炮台，夺其土为附庸，于康熙二十五年班师回国。此英吉利初据美理哥地之原始也。

自康熙二十五年干戈既息，又数十载，至乾隆间，齿日繁，田日辟，贸易日盛，英吉利王之心日侈，遂欲加重税饷，屡与人勒争。时英吉利有公司商船自中国贩茶回西，国例卖货者纳税，英吉利王改谕令买茶者纳之，土人不服，于是南驾罗连部则相约不买公司之茶，囤积二三年变为废物；费治弥亚与新约基之茶船皆被驱逐，不许进口；而波士顿之茶，夜为土人投诸海，于是新国人互相传约，英国若征买税者，我国一人亦不许买。英吉利王大怒，遣兵至新国，将别项饷税皆强勒倍收，民死不肯从。时乾隆三十九年，新国各部众袷耆至费治弥亚会议，欲客民与土民仍前和好，复其旧制，收回新令。于是禀王，请不加征税饷，并撤兵回国。英吉利王不听，反增兵艘入境，掠货船，焚垣壁，国人弗忍其虐。如是袷耆复议，密约各部落皆出壮丁，整战舰，立华盛顿为帅，于乾隆四十一年七月初四日檄告各国，曰：

上帝生民，万族同体，各畀性命，使安其分。又恐民之强凌弱、众虐寡，蠢顽之无教，故又立国主以范围之、扶植之，非使其朘削之也。我国旧无渠长，及英吉利来王我地、臣我民，我民亦欢然而奉之，曰庶覆帱我乎，庶不灾疠我乎？然其政非甚有害，则民尚可忍而不变。乃英利〔吉〕利王之凌虐我国，一而再，再而三，我众亦忍至经年屡月，而英吉利王终无悛悔，其势不可再坐视矣。故不得不议立首领，备兵甲，以自扶倾而救危。至英吉利王凌虐我国之事，各国或不尽知。今条列十二端，告白天下，知变动非我之罪。

一、旧例增改律例，须与国中袷耆合议，从民之愿，乃英吉利王径改新例，不与袷耆相议。及新例不便，再三禀改，不允所请。

一、每岁各部袷耆来集会城，欲至议事厅商酌一切，英吉利王乃驱逐之。既逐散后，不许复聚商议。

一、土旷人稀，原望欧罗巴各国人至，庶农商日盛。乃英吉利王禁止各国之人入境，不欲户口日繁，惟英人独擅其地。

一、旧例本处理刑官，或先由袷耆选举，或先由王择定，再采公议。兹英吉利王自专，不令袷耆预闻。

一、旧例各部文武官各有定额，俸禄皆出自民。乃英吉利王擅加官额，派民供给，不与袷耆同商。

一、旧例各省弁兵亦有定数，粮饷亦出自民。兹英吉利王擅自增设，调派粮饷，亦不商之袗耆。

一、旧例文武员弁，或本土，或外人不定，有事必文武同议。英吉利王不然，武员则必专用兰墩人，有事不与文员商议，惟武员擅权，任武而不任文。

一、英吉利王刻剥钱粮，多于前制；禁停贸易，大异常规；民之所欲必违之，民之所患必兴之；专以万下而奉上，刻他国之人以私己国之人。

一、英吉利王所调各水路巡兵，惟有劫掠货船及毁拆城池，纵焚房屋。奉此为王，与奉寇仇何异？

一、英吉利王使弁兵常居民舍，以便时行欺侮。

一、被劫之良民，勒令从其为贼，往劫别艘。如有不从，即行加害。

一、英吉利大官，谕唆各部，使自纷争，并唆土蛮，使害居民，使各不相安。

以上各事，我国袗耆屡谏，而英吉利王不听，国人无如之何，不得不自创立邦国。新国既立，英吉利王亦其如我何？

英吉利王见檄，知十三部合为一国，益怒，复增兵船入境。新国拒战经年，胜负未分，又得法兰西国人出兵相助，于是彼此鏖战六七年之久。时三国战舰百十艘，将士数十万，阵亡者固不胜数。乾隆四十九年，英吉利王知新国终不可胜，乃遣大臣来西讲和，结盟罢兵。国中袗耆议曰：我国之兵皆民也，今既相和，则众兵尽散，弃甲归农，法兰西兵船亦返，华盛顿亦归田里矣。倘英国再败盟兴师，何以备之？且国中有讼狱谁为处断？必立君长、定法制，乃可久安长治；立君而继嗣不贤，或至暴虐，国亦终乱，将何以善后？于是乾隆五十三年春，各省袗耆会议于费治弥亚，共推华盛顿为首，身后公举贤者，更代不世及，不久任。议四月毕，及散归，各执所议章程回告部内之人，再议一年，复至费治弥亚再议然后定，并公举文武各员。其战阵所费公项，尚缺二十余万，以每年所收之饷渐次偿补。乾隆五十九年，计新国之民不过三百九十二万一千三百二十五口，内为奴者六十九万五千六百五十五口，是年共征收饷银四百七十七万一千员。时尚无都城，袗耆共议，欲买费治弥亚与马理兰交界之颇多麦河周围三十五里以筑都城，其河口至城之地，约有百余里。由是国内规模律例已备，乃立与邻国相通之制，以绝后世边衅，令民视四海如一家，视异国同一体，遇列国纷争，劝和为尚。此与欧罗巴内法兰西、荷兰、瑞典、英吉利、葡萄牙、西班雅、鄂罗斯、大尼、阿理曼等国及亚非利加洲内麻哥、安遮耳、都尼士等国，亚细亚内都耳基（即都鲁机）、阿黎米（白头回国）、暹罗等国相通，各国皆有使至，独大清粤东则无，惟有贸易领事商人来往而已。此新国建立之本始也。

国制：首领之位以四年为限。华盛顿在位二次，始末八年，传与阿丹士。时欧罗巴内有法兰西国夺新国货船，新国遂设艟艨兵士，复请华盛顿为帅，二年然后事靖。嘉庆五年华盛顿卒，国人呼之曰国父，以其有大勋劳于国故也。（按：康熙二十年，英吉利与佛兰西争议时，已称华盛顿往来其间，彼时年至少亦必二十外，至乾隆四十年新国起兵拒英吉利时，华盛顿为帅，已相距百二十余岁矣。若嘉庆五年始卒，则百四十余岁矣，盖二人同名，非一人也。）嘉庆六年间，阿丹士在位四年，传与遮费逊。其时户口有五百三十一万九千七百六十二丁。遮费逊在位八年，遂传与马底逊。迨至嘉庆十七年，欧罗巴内列国干戈未息，时英吉利梢人不足用，乃捉新国船上梢人以补之，于是两国复相斗，二年后始靖。嘉庆二十二年，马底逊在位八年，传与满罗。满罗在位八年，传与阿丹士之子。阿丹士之子在位四年，传与查其逊，计至道光十七年春正月二十八日（彼国则三月初四日也），则在位八年，今又传位与泛标伦矣。立首领、设国法之时止有十三部（见第三章），至乾隆五十六年增华满部，五十七年建大基部，嘉庆元年增典尼西部，七年增阿嘻阿部，十九年增累斯安部，二十年增引底安部，二十一年增美士细比部，二十二年增伊理奈部，二十三年增亚喇罢麻部，二十四年增缅部，二十五年增美苏里部，道光十六年增美是干及阿干苏部，通计二十六部，户口约有千三百余万矣。（部落之名即本书中亦多不同，本无定字。）

新国中原无亚细亚内中华、日本、暹罗、越南各国人至，惟有欧罗巴内伊大理、法兰西、荷兰、英吉利、西班雅、瑞典等国之人而已，各国亦不过年来年返，其久同处者惟英吉利为多，故新国人物规模体制，皆不异于英吉利。其后法兰西、荷兰等国三五成群而居，由是新国户口日盛一日。康熙二十八年约有十二万丁，乾隆二十一年约百万丁，乾隆四十年约三百万丁，乾隆五十五年计三百九十二万一千三百二十八丁（前未设计户口之法，故举大数而言，至此而始立十年一计之法也），嘉庆五年五百三十一万六千五百七十七丁，嘉庆十五年七百二十三万九千九百零三丁，嘉庆二十五年九百六十三万八千一百八十一丁，道光十年一千二百八十六万六千九百二十丁。（内为奴者约二百万）生齿虽日繁，终未忧人稠地狭。中华已过三万万，况新国之未过一千三百万者乎？近见英吉利国著书，称美利哥国原是英吉利罪人充军至此所衍苗裔，其言荒谬无稽之甚，不过英吉利人迁于乔木矣。惟其风教技艺实赖欧罗巴人始开耳。（按：英吉利禁奉加特力教之人，故加特教中三百余人迁往新地，而英吉利因造为罪人流谪之说，以诋弥利坚人。其实弥利坚国岂尽此三百余人之裔？即此三百余人，亦因不肯改教而迁他国，并非谪戍罪人也。）

新国地势共列为三分：东离压涧〔澜〕的海数十里，有亚罢拉既俺山，由南而北，其景如画，自山抵海，是为一分；西离太平海数百里，又有治臂外岭，由北而南，其形如线，从岭抵亚罢拉山亦为一分；自治臂外岭至四之太平海，复又为一分，所谓三分也。由亚罢拉既俺山之东北转而往南，沿海而行，渐次广大，其东北角山海相连，毫无余地。东南则有平阳，山河相间，山顶有瀑布，由基泥伯小河下流为美里麦河、干尼底河、哈地逊河、底拉华河、苏贵合拿河、颇多麦河、罗晏屋河、奴细〔河〕、北底河、卸番亚河。其西之治臂外山，高约百丈，与太平海相隔，约千五百余里，凡流注于太平海者无不经过此山。中有一美斯细比大河，由北而贯至南，且有美苏里河、呵嘻呵河出墨息哥国海口。其北则有素比里耳湖、美是干湖、胡珑湖、伊里湖、安大里珂湖、磋治湖、汕玭琏湖。

南北寒暑不同，北方甚寒，愈南愈暑，由南而北，热亦渐减。田地亦然，北地可以依时而耕，南地近水，时患潦。由北边界与北极相去不过三十五度，若在北极至国之南界，则相去六十五度，在国之南界至南之中赤道，则相去二十五度，可知国内之地三十度无疑矣。以三十度列为三分，而近北极之一分，每岁中有四五月尽是冰雪；中央一分，每岁雪霜渐少；近南方之一分，阳和晴暖，时须纳凉。一年之四时不同，每月之寒暑亦异，故万物之生产自不齐，其大略也。欲知土地之美恶，必先知寒暑风雨之候，故设一寒暑针，用年月日较之，则可知其寒暑。欲知风信，必须以年月日纪之，方可知其大略。如马沙诸些部之波士顿城，每年有北风三十日，西风四十九日，西北风六十四日，东北风四十三日，东风三十二日，东南风十六日，南风三十七日，西南风八十八日。在华盛顿城，北风五十六日，西北风八十七日，东北风三十五日，东风十六日，东南风二十四日，南风四十日，西南风五十五日，西风五十六日。在累斯安部之巴顿而碌城，十一〔二〕月内北风则三十九日，西风七日，东北风十一日，东风五十九日，东南风十六日，南风七十一日，西南风十五日，西风一百四十六日，土地美恶，亦可知矣。欲知雨之多少，须在上年每月日纪天之星辰云雾，考验知之。在马沙诸些省波士顿城，每年约有二百二十四日天晴，八十四日兴云，三十五日下雨，二十二日降雪。在华盛顿城，每年天晴二百二十二日，兴云五十八日，下雨七十二日，降雪十三日。在累斯安之巴顿而碌城，十一月内天晴百六十二日，兴云七十六日，下雨九十七日，降雪则无。

世间日用之物无不从地产，而至要者莫如金、银、铅、铜、铁、锡之类。曩时金矿甚少，迩来始知亚罢拉既俺山之东，北驾罗连、南驾罗连、磋治亚、典尼西、亚刺罢麻等部皆有之。计道光四年所取之金估价银不过五千员，五年则一万七千员，六年二万员，七年二万一千员，八年四万六千员，九年十四万员，十年四十万六千员，十一年五十二万员，十二年六十七万八千员，十三年八十六万八百员，十四年八十九万八千员。银与铜及水银，则或有或无。铁则各处繁多，不胜用。惟锡及各项珍宝甚稀。煤炭则边西耳文等部良而且多。其始，地旷人稀，树木丛茂，人只取木而不敢煤，今则烟火日繁，树木不减于前，而煤炭愈旺于昔。盐则三面煮海，且有山中盐池及卤石，亦可为盐。更有一山，其水可作药，中有油气，竟可燃灯焚物，此乃土产物性之异者也。凡金、银、铅、铜、铁、煤、盐，中华例禁不许私开，惟西国人人准取。树木约有百三十余种，高者约三丈余，而至高者则莫如橡木，间有八九丈者，以之作船作柱甚美，其木则有四十四样；次则核桃，亦有十样；次则枫树，高茂，其汁甘可煎糖，每年约糖数千石，美苏里部内有一株最大，身围四丈六尺；次则桦树，尤壮观瞻，其皮可代瓦盖屋，作舫渡河，土人用作小舟，轻捷异常，出入背负，渡水既迅，携带又便。亦有蚕桑，以为绸缎。其余飞潜动植，他国所有者，新国皆有之。

开国之初，无知无识，不谙工作之事，或有人力而无物本，或有人力、物本而无知识，皆难成器，必三者兼备而物始成。即如中华之绸缎、磁器，既有人力、物本，又有知识，何怪其精美？如中华之匹头，已有人力、知识，独无物本，何怪其不成？至中华之时辰标，虽有人力、物本而无知识，亦何所用？新国则不然，如有物本而无知识，则延他国知识者以教习；或有知识而无物本，亦往别国运载；或有知识、物本而无人力，则以物力代之，如水力、火力、兽力皆是。昔新国之南方棉花稀少，且一车一机及一人纺织，成就不易，故棉价最高。迄嘉庆二十年间，国人知识日广，每地置车数十架，不用人力而以水力运行，纺数十车之花，以一女儿监之而已；织布每地置机数十张，不用人力而以水力旋绕，数十机之布，亦惟一小女督工而已。兹有一纺织所，内有纺花车万五千架，每日能织布四千丈，共计八百人，男一百、女七百。一女每月工银十二元至二十一元不等。内一总管，理所有出入之买卖，其工银每年三千元。别有一人总理八百人之事者，其工银每年二千元。至商主所赢之息，则十之一已，故近日棉价日贱。乾隆五十五年前，每年棉花从未有三万八千斤者，至道光五年间，每年多至二万七千万斤，估价银二千七百万圆，倒五分之一在本国自用，余皆贩卖别国。自道光六年间至今，棉花日增，比之二十年前之价，则已减三分之二，然今之为商者，得利反重于二十年前，是以织布日多。前此多用苎萝布，自棉花日增，苎萝日减。至大小呢则资羊毛，故牧羊者亦不少。此物始自英吉利，而国人效之，究不如英吉利之精，故土人不买本国之呢。至今则用水力为之，益巧益多，并流贩于别国。亦有用人力为之者，留以自用；其水力者，则卖与人也。若磁器，国内虽有其泥，惟不能制如中华之巧，今始略有焉。书板则极多，皆不用刊板而用铅字活板，故铸字、制纸、印书三等人甚多。

美理哥出商外国者，其始极少，今已蕃盛。乾隆五十五年共计外商本利银一千九百万员，至嘉庆元年则六千七百万员，其货物不过鱼油、兽皮、牛、羊、猪、马、烟、棉花、五谷等类，工作则有铁器、磁器、木器、玻璃器而已。国中关税甚少，无论入货出货皆无重敛。然在本国交易者，则不过南洲数国，在欧罗巴洲内，则有英吉利、法兰西、荷兰、葡萄雅、西班雅、破鲁斯、瑞典、鄂罗斯等国；在亚非利加洲内，则有埃岌多国；在亚细亚洲内，则有都耳基、回回、印度、葛剌巴、小吕宋、暹罗、大清等国。究其初至大清，则在乾隆四十八年始，由此日盛一日。道光十四年，本国入口船五千六百二十八只，外国入口船三千九百五十三只；本国出口船五千八百八十六只，外国出口船四千零三只，每年增减，皆有册报。道光十三年一千百八十八只，内大船六十五只。所载之货，道光十四年变价银约二百余万；山中之物，变价银约四百五十余万；屠宰牲口变价银约有三百余万；农圃之物，变价银约八百余万；棉花变价约五千余万；烟变价约六百五十余万；工作之器，变价约七百余万，共计变价银约一万万余。通计出口之货，惟棉花为最。道光十五年售出百三十六万六千五百九十九包，十六年百六十三万六千五百五十九包，每包约价银七十员，其银万有一千五百五十五万九千一百三十员。上年每包约六十五员，本年价稍昂，以二年相比，则十六年多于十五年二十七万包。俱〔其〕在外运回之货，约银万二千五百余万员。首领最喜贸易日繁，故有数款货物出入关口毋庸税饷者。

美理哥国有都城之官，有各部落之官。各部落内一首领、一副领，议拟人员无定数，公选议事者或十余人，或数十人无定。各省设一公堂，为首领、副领及土人议事之所。事无大小，必须各官合议然后准行；即不咸允，亦须十人中有六人合意然后可行。本省之官由本省之民选择公举。都城内有一统领为主，一副领为佐，正副统领亦由各人选择。每省择二人至都城，合为议事阁，又选几人合为选议处。统领每年收各省饷项，除支贮库不得滥用外，每年定例享禄二万五千圆。若非三十五岁以上及不在本地生者，皆不能任此职。例以四年为一任，期满别选。如无贤可代者，公举复任。若四年未满，或已身没，或自解任，则以副统领当之；副统领不愿，则推议事阁之首；若亦不愿，则以选议处之首护理，设终无人愿当此职，则吏政府移文于各部首领，遍示士民速举焉。统领三〔之〕职，文武官皆听其号令。若遣使于邻邦，或迎使别国，皆统领主之。副统领亦由民选举，亦四年一任，享禄每年五千圆，所司无事，不过议事居首而已。至议事阁与选议处，皆以每年十二月内之初礼拜一日，齐集都城公所会议。议事阁之职，每部有二人，计二十六部，共五十二人。选议处共二百四十三人。以议事阁五十二人，分为三等，以二年为期，轮退后复择新者，是以每等以六年为一任，不过或先或后而已。又定例年未及三十以上者不能当此职。议事处则以二十五岁以上为例，二年为一任，期满别选，以十二月初礼拜之一日齐集会议，凡国中农务、工作、兵丁、贸易、赏罚、刑法、来往宾使、修筑基桥之事，皆此时议之。吏政府首领每年俸六千员，亦有左右佐事者几人；户政府如之；兵政府之首，则有几百人以佐之，廉俸亦如之，别有水师兵部，惟专理兵船，亦有佐事数十人，每年廉俸亦如之；礼政府不过数人佐之，每年廉俸四千圆；驿政府总理各部落来往文书，设驿于各部冲要，如有书札寄某处，则以路之远近计程费之多寡，其银以每四季包封送驿，工食银亦由驿政府发给。政府廉俸每年亦六千圆。国之大政有三：一则会议制例，二则谕众恪遵，三则究问其不遵者。是以国都有一察院，院内共七人，以每年正月齐集，究人因何不遵法律之故。审毕，或二三月然后回家。其各部亦分设七院，每年以四季齐集，究问不守例者。但为审官则不能会议制例，会议制例官亦不能兼摄审问也。新国制例有五：一曰国例，为二十六部所通行；二曰部落例，各部不同；三曰府例，每府亦不同，惟生于斯者守之；四曰县例，各县自立其规，各民自遵其制；五曰司例，亦由司自立，惟所属者遵之。此五例中，又小不能犯大，如司则不得犯县例焉。国例乃都城议事阁会议，分发各部。今将各大典悉列于下：

一、岁征粮饷，所有动支各项，皆于饷内拨发。

一、国帑不敷，必会议预为筹办，免致临时拮据。

一、与各国贸易、各部交通，即本土蛮人，皆宜同一体。

一、流民准其寄居入籍，以免失所。

一、设局铸银，务权衡轻重多寡，以归画一，并严禁伪造番银。

一、设驿传递公文书信，以时修其桥路。

一、教人习学六艺，如六艺中有超众者，则别予奖赏；或能自创新制，开前人所未及、为今人所乐效者，亦奖赏之。

一、各部立察院，以审判民间之事。或三部立一，或二部立一，视部分之大小酌议。

一、宜防海贼剿劫，如有捕获，无论本国外邦，必照例治罪；或有谋反叛逆及在外国滋事，尤必照例严办。

一、如遭外国欺凌，统领必先晓谕万民，倘未便讲和，致动干戈，务必踊跃向前；若两相盟会，即可戢兵。

一、以钱粮招民为陆路、水路之兵，必严核其技勇。

一、水陆兵士，务遵约束，不得骚扰。

一、国有攻战，除国中官兵而外，凡民有肯同仇敌忾者，即议给口粮。

一、专设法以治都城，与治各外部不同。

前例十四条，如有不遵者，则设法以引导之。除此例外，首领亦不能任意自为。凡统领遇馈送当受者，亦必商之议事阁及选议处，使大小文武皆得仿行。国人以律例为重，不徒以统领为尊。此外则由各文武自立例款，以约束其民；但不得以部例犯国例。其各府文武各自立例以治，因地制宜，惟亦不能以府例犯部例耳。下至县司亦如之。

立一国之首曰统领，其权如国王；立各部之首口首领，其权如中国督抚；一部中复分中部落若干，如知府；再分小部落若干，如知县。其国都内立六政府，如六部尚书，惟无工部而有驿部。凡公选、公举之权，不由上而由下。通国水陆兵事，则推统领为主，兵有不遵者惩之。都中六政府之首，必听统领选择，副者则由正者择焉。设有升调革降，皆请命于统领，给文盖印，然后莅任。国内刑狱事，如察院审判不公，统领亦可更正之。设与外国相争，外邦求和，统领必会议而后定计。或外国使来，或本国使往，皆统领所理也。每年各部官会议之际，统领将一年收支各项、已行各事出示于众，并本年未行各事亦示之于各部官。若各部官散后复有要事，或与例不符，统领不能决者，则出示召各官复至议焉。所有条例，统领必先自遵行，如例所禁，统领亦断不敢犯之，无异于庶民，而后能为庶民所服。至各部落亦有例，其首领初立例时，亦如统领自誓，即都〔部〕内各事，亦如统领国内之事。府、州、县、司皆仿此。惟部、府、州道阻且长，居县者或艰于往返，故如有事会议，亦惟商之于县也。议事人例非二十一岁以上不得预。常例以三四月为期，如有要事，则无论何月。每年议事多少、几次，亦无定数。前期县官示谕某日某所公议何事，至期耆老通知于众，各将所欲公举之人书名纸上，置瓯内，后开瓯，以人多公举者为之。选官选人之时，领事人亦先质于众，或有人起对，请领事自行裁夺，则领事再语于众曰，如众中有欲吾选者，则举手为号。如举手过半者则可，如未过半则不可。又如都〔部〕中、府中、州中有要事会议，则各县各应选人赴会。领事则谓众云：今选人往城会议，当令何人往，众亦将保荐之人录名纸上，置瓯启瓯如前例。凡县官之职，一则以选人为首，所有县内一切诸事皆必尽知，即非其所管者亦必周知；二则在县内收饷，必悉知县内人丁多寡，何人有田若干？何人有地有屋若干？三则总理县主一年收支各数、言行各事，登录存档，不能苟且漏入漏出。其外则有总理揭借、抛〔拖〕欠、偷窃、捕盗、济贫等数人，如非常任事者，则别治生业；如常任事者，则各有俸禄。

国中察院有三：管理都城者曰京察院，管理二三部落者曰巡按察院，管理一部半部者曰分巡察院。在都城者，衙门共七人，一正六副，每年正月，齐集会审各案一次。如有因事不至者，四人亦可审，不及四人不能审。都城之内，若有不遵例者，亦京察院审之。若巡按察院审事不正，任其转告于京察院。巡按察院衙门有七：其一管缅、新韩赛、马沙诸些、罗底岛四部；其二管干尼底吉、华满二部及新约基之南半部；其三管新遮些部及边西耳文之东半部；其四管马理兰、底拉华二部；其五管北驾罗连及费治弥亚之东半部；其六管南驾罗连、磋治亚二部；其七管建大基、典尼西、阿嘻阿三部。惟亚剌罢麻、累斯安、美士细比、美苏理、伊理奈、引底安、美是干、新约基之北，边西耳文之西，费治弥亚之西等部人数无几，故以分巡察院兼理之。惟每巡按察院审事时，如无京察院在，则不能审；若有要事，则必有二巡按而后可。又每年齐集二次审判，如此数部内有人在他巡按察院所属地犯法，则即由巡按察院审之。至分巡察院衙门，共三十有三，每院内一分巡察院，每年审事四次。若有要事，则无定次；倘审不公，亦可转告于巡按察院。此皆国察院也。其外又有数部察院，部内犯法则部察院审之。府、州亦如是。凡察院内有各科房、各工役以听差遣。凡原告、被告有愚蠢者，则有人代为书状，并同上堂代诉。人犯既齐，察院兼择本地衿耆以助审。衿耆少则十二人，多则二十四人。除本犯之亲友兄弟外，即先知有此事者，亦不能预。既审后，出而会议，遂定曲直。众衿耆将情由写明，送呈察院而退。察院观其是非，照例定罪。每县中亦有地保几人，劝和小事。国内立一律例院，有室数十余间，每间有一师掌教。凡进院习读者，以三年为满，皆训告规条律例，使人知遵守。

国中犯法，大者为反叛、杀人、强劫、放火。立国以来，告反叛者，未之有也；杀人，则每年多少不定；强劫，每年终不能无；放火，则二十六部中每年不过五六次；其强奸，每年亦有二三次，情奸亦时有之。其余或冒名伪造，或窃盗为非，或相斗相争，或醉后逞凶。今以马沙诸些一部言之，其犯法监禁者，道光元年则有七十一人，二年则八十四人，三年则九十一人，四年则一百零七人，五年则八十六人，六年则九十六人，七年则八十一人，八年则八十人，九年则百零四人，十年则七十九人，十一年则百有十五人，十二年则七十一人，十三年则七十六人，十四年则百有十九人。是年内窃盗者八十八人，冒名伪造者十人，强劫者四人，放火者一人，争斗者五人，情奸者六人，强奸者二人，脱逃复捕获者一人，杀人者二人。以上各年监犯，以十四年截计，除审后放出监外，尚存一百七十七人。刑法则有三：一绞死，二则监禁，三则罚赎。并无枭首、充军、拷打等刑。凡反叛、海盗皆绞死，杀人、强奸、强劫、放火等如之，或永监禁焉。其余或监禁，或罚金，随情轻重。各省、各府皆有监狱，监内左右上下皆用大石为之，或数人一房，或一人一房，皆极洁净，亦有小窗通风；房外四围有栏杆，余地可以散步。管监官体恤其衣食，劝戒以善言，约束以事业。今计道光十五年马沙〔诸〕些监内犯人所作工银，除管监官、教师并看门兵丁等工食并各犯衣食所用外，尚存银七千二百九十六圆，尽拨充公。

新国之济贫也，未贫预防其贫，既贫则防其愈贫。如其防火毁则多以砖石叠筑，并设水车、水筒以备不虞；防电闪倾颓，则立一长铁杆于门以拒之，电见铁杆即自顶旋绕至杆下而去。贫人收作佣工，倘无人收用，则本县设济贫院以居之，各分以事业，所得之项，全数入官。倘生子女，则有塾师教。府、省亦然。至会城村族，不许有一丐食流离之人。然非先立一济贫之法，又安能禁人之乞食乎？凡有国者所宜留意。

每乡设学馆一所，乡中富者科银延师教一乡子弟。若乡中无富者，则在会城中官员处借助。其就学之童，每夕回家。男女皆可以为师。若女师束修银，每月不过六员至十员，教女童读书外，并教刺绣；男师则二三十员不等，亦有专教一家者。又有县中学馆，有无多少不定。惟乡学馆不拘贫富。县学馆无束修者不可入，因以此项延师故也。其馆本处人禀县官而后建，或县官公同建造者亦有之。其中所学，比之乡学又略大。更有会城中学馆，多少无定，城中富者建之，或设会而以会项建之，或官员助之。馆中条例，择几人议之并司其事，然后遍告同学。学者每年考试一场，取中者入馆内，如中国之秀才。习学以四年为例，不遵律戒，不待四年亦可以逐之。既习四年，则如中国之举人矣。散馆后，或为官、为士、为农、为工、为商，而各司其事。别有大学馆，惟许已中举者进焉。所学有三：一圣文，二医治，三律例规条。二者不可兼得，又以三年为期，期满则犹中国之进士矣。会城学馆每部一二所不等，三四所不等，惟进部者，通融计算约八九十所。每所延师五位至三十位不等，截长补短，每所约十位。其师每年束修银一千至三千余圆不等，受业者每年每位送束修银一二百圆不等。每馆之徒二三百不定，通融牵算，不过百四五十人。分析言之，圣文大学馆，国内约三四十所，每所师四五位，受业者约七八十人。又医治大学馆，约三四十所，每所为师者约七位，其徒数十人。习律例之馆，师徒多寡，亦与医馆大同小异。

新国器械与中华异，不但船只之桅帆桨橹，即筑屋建楼铺设以及兵器皆然。火炮能用弹子数十斤，手枪之口则有小剑，但无弓箭、长矛、藤牌而已。国人皆好音乐歌唱，故有吹弹敲戛各器，童蒙即有乐师教之。又有画地理、山水、人物、花卉、鸟兽之工，次则雕刻之工，又其次则建华屋、筑高桥等工。或有能创新出巧，如火轮船及水火织布之类，则地方官奖励之。

新国立仁会以济在监之犯。昔监内弊端甚众，由监出之犯，为恶甚于前，由是会中遂改各监之规模，分布二十六部监内，分善恶两途，善者居宽广之所，恶者居浅狭之所，俱不能相见。前收监者无事业，今则一日不能闲，并有善书，于礼拜日使诵。故今之犯法收监者，出监后即痛改前非，且前此监中所费极多，今犯人作工营生，故每年除支外，反有余资。（见十七章）又聋、盲、哑者，原属无用，今国内立仁会设馆训习，如聋哑者亦以手调音而教之；盲者即有凸字书，使他以手揣摩而读。至幼失怙恃者，亦有育婴之院。若醉酒乱性，难以强禁，乃设一节饮会馆，内藏一簿，登戒饮者姓名，愿戒不愿戒，各从其便。既进戒馆后，则不能再犯。共计各部，此馆约有四五千间，其登戒酒簿者约二百万人。其造酒之铺变为他项贸易者约四五千间，将酒铺卖人别寻生理者亦约七八千间。故酒费日少，戒饮之人日多。又城中设医生七十五人，访察酒之损益，今则皆知其无益而有损，故戒而不饮者大半。至于水手辈多是贫乏之人，故会内亦济之并及其妻儿也。凡无力延师训习者，亦设院延师以训之。国人于礼拜日皆不作工，故设一会所，逢礼拜日教人。内藏书极多，如不在者亦可借回家自习，至礼拜日复送回。又不至学馆诵习者，亦延师至家而教。亦有刊刷小书分赠，令人学善者。亦有一院，专刊圣书出售，如无力买者，亦可赠之。别有一会，名曰劝和会，如两人相争，或邻省相斗、两国不和者，劝之。每会中所用，多者每年不过二十万，少者不下数百圆。

开辟之始，未有人类。上帝既造一人为万物之主，又立一女子以配之，夫妇之礼自此始，历代相传无异，但无立妾及少年预聘之例。年十五以上者，访求淑女，若非亲谊，则踵府谒其父兄，结好往来三五载，彼此贤愚皆已知之，或面订住期，或各告父母，并无奠雁迓轮及聘定之礼。娶之日，男女升堂携手，有一官或族正等书二人名，盖之以钤记、印信，其后报丁册，内列夫妇姓名，自后必终身偕老。国中二十六部无君臣之名，惟有上下之分，国领、部领、府领、县领之不同。各首领起居、饮食、衣服亦无异平民，但事权属之，人人皆敬之而已。其兄弟、父子、朋友三伦，与中国略同。

新国衣服之制：帽高至七八寸不等，或以黑绒、灰色绒为之，其矮者或圆，或六角、八角，帽前有皮檐一片，以遮日光，常有帽带系之。冬寒则以法兰仁毡为内衣，短小无领，外加一汗衫，四围缠身，不甚宽大。其领高出至颔下，有一颈巾系之。其外盖一背心，前夹后单，高至颈。胯下则用法兰仁毡为短小之裤，外则盖大裤。汗衫在里，前后有两钮扣，以十字交加带过胯吊扣后。盖一长衫，四围缠身，光滑无纹，袖长至掌，领包至枕后，前长如背心，后长至臀。以羊毛毡为袜，长不过膝。鞋以牛皮为之，底面皆然，但底厚不过五层，薄则一层，面亦有带系之。靴亦长不过膝，底厚者多上下皆用牛皮，穿时以大裤脚盖之。所有衣服钮扣，皆开在正面，无左右开也。饮食则每日三餐：早膳或饭或面及肉，亦有牛奶、鸡蛋、牛油、茶、架菲（架菲者，将青豆炒焦，研末水煎，或白滚水冲，隔渣），自七点钟至十点，各随其便，惟不多食，名曰早餐；至一点钟及五点后所食，则鸡、豚、鱼、鸭、牛、羊，多用燔炙，自割而食，并有生果、糖果、牛奶、鸡蛋等物，或茶或酒，合家同一台，台面用布铺盖后置各物其上，男女各一便，每人以一碟盛物，不用箸，惟用刀叉、调羹等，随人畅饱，故名大餐；晚上六点钟至九点不等，所食者与早餐同，此日用饮食之常规也。至于出外则车马，或一车一马至四马不等。每年月中并无节气，每日亦无吉凶，惟七日一礼拜而已。余与中国无异。丧事：始死则有一人为之沐浴，止穿一汗衫，敛手合掌置棺内，逾三五日葬焉；山地内或以石、以铁、以锡围之，然后放棺；亲朋送葬，素服不用白而用黑，坟之上下皆有石碑，碑上录亡者之生辰、死忌，又围石栏杆以防牛羊践踏。（原志《序》曰：予生于美理哥国之马沙诸些部中，以地球格之，则与中华上下相对焉，可谓一天一渊也。今年三十有七，竟得渡海绕地而及中华。历见英吉利、法兰西、荷兰、西班亚、利末加、暹罗、日本、中华等国之士与各国之文艺，岂不奇哉？回忆少年在本国舍农业儒、登大学之堂者三年，始进会城书院而肄业，于各国古今文史、地理、天文、律例规条、四时土产悉欲博览研求，以应每岁掌院临场汇考，毋得逾等，在内四年，文凭给领。由是出而进于大院，习古圣经文，亦幸上等。三年别换文凭。时年二十有八，家无内顾，遂欲游览异乡之风俗，兼以予国所见闻传播异土。幸于葛留巴、新埠、麻六甲、新嘉坡得逢唐人，领略华书七八载，叹华人不好远游，至我西国之光采规模，杳无闻见，竟不知海外更有九州。或者上帝之启予心乎？将使宣而播之，联四海为一家也。不揣固陋，创为汉字地球图及美理哥合省国全图，又以事迹风俗分类略书。百年而后流入中土，或有不耻下观者，其将击节叹喜乎？抑拉杂摧烧之乎？虽然，驰观域外之士，必不方隅自封而笑我已。道光十八年，岁次戊戌孟夏，高理文题于新嘉坡之坚夏书院。）（《海国图志》卷五十九）

外大西洋弥利坚国总记中

案：粤人称曰花旗国。其实弥利坚即墨利加，又作美理哥，乃洲名，非国名也。西洋称部落曰士迷。而弥利坚无国王，止设二十六部头目，别公举一大头目总理之，故名其国育奈士迷国，译曰兼摄邦国。

育奈士迷国在北阿墨剌〔利〕加洲中为最巨之区，其地自古不通各洲，土旷人稀，皆因底阿生番游猎其间。耶稣纪岁千二〔四〕百九十二年宋祥兴十五年〔明弘治五年〕吕宋之戈揽麻士乘船西驶，始知此地，创立佛罗里达部落，开垦兴筑，将二百年，辟地未广。千五百八十四年（明万历十二年），英吉利女王衣里萨柏时，有英吉利人往弥利坚海岸开垦，大吕宋人拒战，英吉利人败走。英国女王依里萨柏遂遣勇将精兵往垦其地，无人敢阻，遂名其地曰洼治泥阿。续遣二臣协创部落，复垦罗阿录之地。英国占士王遂设甘巴尼二〈员〉分治之，一曰兰顿甘巴尼，一曰勃列茂甘巴尼。又于所属各部落增设冈色尔之官，而总辖于兰顿之冈色尔。又遣三巨舶，每舶载百有五人，濒河建筑部落，即以国王之名名之，曰占士部落。千六百有七年（明万历三十五年），英人与土人争斗，英之首领士弥为土目包哈但所擒。自后英人不敢横行，惟与土人互相姻娅，生齿日炽。千六百二十一年（明天启元年），英国设总领于洼治尼阿。是〔上〕年严禁波罗特士顿教，斯教逃出数百人，由荷兰驾舟至弥利坚开垦，创建城邑曰纽英兰。千六百二十八年（明崇祯元年），复得沙廉地，即今马沙朱硕士部落，自设总领，自立律例。千六百三〔二〕十二〔三〕年（明崇祯五〔天启三〕年）觅出纽含社。千六百三十五年（明崇祯八年）觅出勃罗威电，次年开出衮弱底格。千六百三十八年（明崇祯十一年），复开出纽含汾，并历年在海岸所垦之缅地，均建筑城邑，设官治理。尚有欧罗巴人续垦洲内各地。千六百四〔三〕十二年（明崇祯〈十〉五年），英国女王马里阿敕加特力教之律官来治此地，亦以国王之名名之，其地曰马里兰。千六百六十三年（康熙二年），英国查尔士王令数巨往垦弥利坚南隅，即今之戈罗里那，亦以国王之名名之，其首部落曰查尔士顿。后又扩地开疆，遂分为南戈罗里、北戈罗里。明年，英国复夺取荷兰与绥林所垦之纽育、纽惹西、若地〔地若〕拉洼三部落。至〈是〉千六百八十〔二〕年（康熙〔二〕十九〔一〕年），英吉利水师官威廉边者，复开宾西尔洼尼阿部落。千七百三十二年（雍正十年），英人复垦若治阿之地，竭心力，历艰险，至千七百五十二年（乾隆十七年），始成部落，无异于戈罗里。计英吉利占士王、〈至〉查尔士王二代所得阿弥利坚洲内之部落十有六区，悉将因底阿土番驱之退陬。千七百五十六年至六十三年（乾隆二十一年至二十八年），复兴兵夺据佛兰西国所垦之加那达、佛罗里达两大部落。除墨西科一国外，凡欧罗巴人所垦阿弥利坚洲部落归英国者十有八区。盛极生骄，强征税饷，部众吁免，不听。千七百七十六年（乾隆四十一年），士众愤怒，次年遂约佛兰西、大吕宋、荷兰诸仇国助兵恢复。爰议以戈揽弥阿之洼申顿为首区，总统兵马，称为育奈士迭国，与英国血战七年，客不敌主，大破英军，国势遂定。千七百八十三年（乾隆四十八年），即有附近弥斯栖比各部落前来归之，千七百九十二年（乾隆五十七年）有根特机部落率众附之，千七百九十六年（嘉庆元年）地尼西部众咸背英吉利而附之。洼门部落在阿希阿地，开垦历十四年之久始成部落，于千八百有二年（嘉庆七年）即来归之。因底阿那、伊里内斯、西隅之阿那麻马同弥斯西比、极南近海之佛罗里达、缅地、马沙朱硕斯以及弥斯西比东边各部落、米梭里诸部落，于千八百十六年至二十年（嘉庆二十一年至二十五年）先后归之。千八百三十六年（道光十五〔六〕年），阿干萨斯、米治颜同时附之。此外，尚有弥斯栖比西隅之雷栖阿那一部落，亦以价赎诸佛兰西而归育奈士迭管辖。统计设立育奈士迭以后凡六十年，创建大部落二十有七，称大国，与英吉利为劲敌。

政事：自千七百八十九年（乾隆五十四年）议立育奈士迭国，以戈揽弥阿之洼申顿为首区，因无国王，遂设勃列西领一人，综理全国兵刑赋税，官吏黜陟。然军国重事，关系外邦和战者，必与西业会议而后行，设所见不同，则三占从二。升调文武大吏，更定律例，必询谋金同。定例，勃列西领以四年为一任，期满更代，如综理允协，通国悦服，亦有再留一任者，总无世袭终身之事。至公举之例，先由各部落人民公举，曰依力多，经各部落官府详定，送衮额里士衙门核定人数，与西业之西那多，里勃里先特底甫，官额相若。各自保举一人，暗书弥封，存贮公所，俟齐发阅，以推荐最多者为入选。如有官举无民举，有民举无官举，彼此争执，即由里勃里先特底甫于众人所举中拣选推荐最多者三人，仍由各依力多就三择一，膺斯重任。其所举之人，首重生于育奈士迭国中，尤必居住〈首区〉历十四年之久，而年逾三十五岁方为合例，否则亦不入选。

设立副勃列西领一人，即衮额里士衙门西业之首领。若勃列西领遇有事故，或因事出国，即以副勃列西领暂理。其保举如前例。

设立衮额里士衙门一所，司国中法令之事，分列二等：一曰西业，一曰里勃里先好司。（好司二字，犹衙门也。）

在西业执事者曰西那多，每部落公举二人承充，六年更代。所举之人，必居首区〔国中〕九年，而年至三十岁者，方为合例。专司法律、审判、词讼，如遇军国重事，其权固操之勃列西领，亦必由西那多议允施行。常坐治事者额二十〔九〕人，曰士丹吝甘密底；无额数者，曰甘密底。皆西那多公同拈阄，以六月〔或〕八日〔月〕为一任，期满复拈阄易之。

在里勃里先好司执事者曰〔里勃里先〕特底甫，由各部落核计四万七千七百人中公举一人承充，二年更易。所举之人，须〈居首区〉〔为本国公民〕七年并年至二十五岁者，方合例。以现在人数计之，〔里勃里先〕特底甫约二百四十二人。立士碧加一人（士碧加，头目也），总司其事。凡国中征收钱粮、税饷，均由〔里勃里先〕特底甫稽核。官府词讼，则〔里勃里先〕特底甫亦可判断。常坐治事之〔二十九〕士丹吝甘密底，每年于三月初四日，由士碧加于各〔里勃里先〕特底甫中拣派。〈二十九人以六人专司会议其余或〉〔最重要之甘密底为〕理外国事宜，或〈设计〉谋〔理税收途径〕，或理贸易，或理工作〔业〕，或理耕种，或理武事，或理水师，或理公众田地，或理案件，或理驿站，或理因底阿人事件，各司其事。〈以〉〔除六甘密底任斯同该届衮额里士外，其余均〕一年期满，再由士碧加选代。

每岁十二月内第一礼拜日，则滚额里士衙门之西那多、里勃里先衙门之〔里勃里先〕特底甫，齐集会议。或加减赋税，或国用不足商议贷诸他国、贷诸本国，或议贸易如何兴旺、铸银轻重大小，或议海上盗贼如何惩治，或国中重狱有无冤抑，或搜阅士卒、增益兵额，或释回俘虏，或严立法律、惩服凶顽，或他国窥伺如何防御，一一定议。至岁中遇有仓猝事宜，随时应变，又不在此例。

其专司讼狱衙门，在洼申顿者一，曰苏勃林，在各部落者曰萨吉，凡七；曰底士特力，凡三十有三。各以本国法律判断。

苏勃林衙门一所，专司审讯，额设正官一员，副官六员。每一人分辖一萨吉，凡国内大官之讼，或案中有牵涉大官之讼，或本属萨吉所辖部落与别萨吉所辖部落不睦争执之讼，均归其审断。

萨吉衙门七所，每萨吉辖底士特力四五属不等。凡属下部落之狱有罚赎银百员以上者，或所犯之事例应监禁六月者，俱归萨吉审判。

底士特力衙门三十有三所，每底士特力辖部落多寡不等。凡属下部落有犯轻罪与在洋不法者，俱归底士特力审断，按其情节轻重，拟议罪名。间有不能结案者，送萨吉审断，或与萨吉会讯。

每部落设底士特力阿多尼一员，麻沙尔一员。底士特力阿多尼专司缉捕，理所属官民讼狱；麻沙尔会同萨吉、底事特力等衙门审判部内之事。国中于衮额里士之外，又设立士迭西格里达里一人，〈仁尼腊〉仁尼腊尔二人。在国中治事以士迭西格里达里为首，若行军则以两仁尼腊尔为首，俱听勃列西领调遣。又三人会合副勃列西领为加弥业，掌国中印信、法律章程、官府文檄及他国来往文书、照票，兼理巴鼎荷非士存贮文案。凡加弥业总理邻国相交之事，内分五等：曰［厘］勃罗麻的模里敖，曰衮苏拉模里敖，曰氅模里敖，曰阿支付士，曰巴鼎荷非士，各执其事。

其赋税，设立西格里达里荷非士、衮多罗拉二人，敖底多五人，里尼士达、特列沙那、疏里西多等官，专司征收支发，岁报其数于衮额里士衙门，以候稽核。

其武事，额设里贵西循模里敖〈官〉、芒地兰模里敖〈官〉、兵饷官〔局〕、管理因底阿土人事务官〔局〕、督理火器官〔局〕、绘图丈〔测〕量地亩官〔形局〕。其总兵曰仁尼腊尔因智甫〈官〉，统辖官兵，分东西二路：东路总兵统辖缅地、纽含社、马沙宋〔朱〕硕斯、洼门、衮特底格、律爱伦、纽育、纽惹西、地那洼、马里兰、洼治尼阿、南戈罗里、北戈罗里、佛罗里达、宾西尔洼尼阿、若治阿、根特机、地尼栖、阿希阿、弥治颜等二十部之兵；西路总兵统辖阿拉麻马、弥斯西比、雷西阿那、阿干萨士、因地阿那、伊里内士、弥梭里、威士衮申达多里等十一部之兵。国中节啬，养兵甚少。设马约仁尼那尔官一员、墨里牙底阿士仁尼那尔官三员、戈罗尼尔官十九员、副戈罗尼尔官十五员、马约官二十八员、急顿官百有四十员，领马兵两队、炮兵四队、步兵七队以及制造火器兵器绘图工匠，统计仅战兵七千有六百名，每年支发兵饷银九十八万八千三百十七员，津贴兵丁银四十九万五千五百员，每兵岁饷银将二百员。兵少饷厚，故训练精强。又制造军装器械银三十三万员，存贮军器库银二十三万一千五百员。瓜达麻士达底八门银三十三万二千员，［各处防守炮台兵银二十万员。］国中防守地方汛兵〈银〉一百三十万员，各处防守炮台兵银二十万员。此守兵在战兵之外。共计战守兵饷及修理器械共需银三百八〔七〕十七〔八〕万〈七千三〉［九］百一〔八〕十七〔三〕员。

千七百九十八年（嘉庆三年），设立管理水师书记衙门，千八百十五年（嘉庆二十年），始立管领水师官。兵船不甚多，而与英吉利交战三年，地险心齐，水战练习，其名遂著。原设大兵船十五只，中兵船二十五只，小兵船二十三只，火烟轮兵船一只。近年因船不敷用，增修兵船，复设船厂七，雕刻厂二所。历年支发水师银二百三十一万八千员，修船银百有六万五千员，津贴银七十八万二千员，修船厂银七十九万八千一百二十五员，水上费用银四十三万八千七百四十九员，巡查南极费用银三十万员，共需银五〔六〕百九〔三〕十万有奇。

〔仁尼腊尔〕波斯〈麻达仁尼腊尔〉衙门掌理国中水陆邮程递报之事。计递报道路约十一万二千七百七十四里，每年往来路程约二千五百八十六万九千四百八十六里，各处信驿计万有七百七十所，历年往来驿费银二百七十五万七千三百五十员，历年约收信价银二百九十九万三千五百五十六员，综计出入，有盈无绌。

国中原在非腊特尔非阿设铸金银局一所。千八百三十五年（道光十五年），复在纽哈兰、北戈罗里、若治阿三部落各增设一所，派官监铸。其炉灶器具机窍皆以火烟激动，不烦人力。计每年倾铸金钱值银二百十八万六千一百七十五员，银钱三百四十四万四千零三员，铜钱值银三万九千四百八十九员，统值银五百六十七万员。

各部落自立小总领一人管理部落之事，每部落一议事公所。其官亦分二等：一曰西业，一曰里勃里先特底甫。即由本部落各择一人自理其本部之事，小事各设条例，因地制宜；大事则必遵国中律例，如增减税饷、招集兵马、建造战船、开设铸局、与他部落寻衅立约等事，均不得擅专。所举执事之人，数月一更代，如分管武事、设立章程、给发牌照、开设银店、贸易工作、教门赈济贫穷以及设立天文馆、地理馆、博物馆、义学馆、修整道路桥梁、疏浚河道，皆官司其事。其法律大都宗欧罗巴之律删改而成。征收钱粮税饷，通酌国中经费出入，公议定额，不得多取。

国中钱粮税饷，惟创业开国、军旅时兴，入不敷出，遂致亏欠民项，为数不赀。千七百八十三年（乾隆四十八年），欠项仅四千二百万员，千七百九十三年，即多至八千有三十五万二千员。官府历年筹补，止余四千五百万员。千八百一十三年（嘉庆十八年），因与英吉利交兵三年，即欠至万二千七百三十三万四千九百三十三员。迨至千八百一十六年（嘉庆二十一年），兵戈寝定，二十年来统计所还子母共二万一千二百万员。当开国之初，轻税薄敛，原可足用。自与英国攻战，供亿浩繁，及向佛兰西赎回雷西阿那、佛罗里达两部落，所费亦不轻。于千七百九十八年（嘉庆三年）及千八百一十三四五等年，始加征户口、田地、房产、奴仆等项钱粮，每年或加一百七十五万或二百万，或三百万，多少不等。千八百十六年（嘉庆二十一年）停止加征，惟征收入口货物税饷，视贸易之盛衰为多寡。按千八百十六年所征税饷多至三千六百三十万有奇。自此以后十年，即仅收千三百万以至二千万员不等。千八百二十五年至千八百三十四年（道光五年至道光十四年），自二千万至三千万员不等，近年日见减少。此外，尚有出卖官地一项。其田地散在各部落，即先日价买佛兰西及因底阿土人田地，逐一丈量，划分当隰（当隰，村庄也）。每当隰计三十六色循，每色循计六十〔百〕四〔十〕埃加（埃加，一亩也）。除留出学校、道路、河道基址千六百有四万零二千四埃加外，余俱由勃列西领出示招买，初定每埃加价值二员，先交半价，余半期年交讫。嗣因欠价不缴者二千二百万员，旋议减价，每埃加定价一员零先士二十五枚，不得赊欠。自后每年卖出田土价值，少则百余万员，多则六百万员有奇。在千八百三十五年（道光十五年）所得卖价多至千二百万员。截至是年为止，计阿希阿丈出田土千四百七十万零三千一百六十三埃加，已卖者千有六十万二千六百七十一埃加，得田价千有九百四十八万九千九百三十二员；因底阿那丈出四〔田〕土千有八百九〔六〕十九万零四百四十七埃加，已卖者八百三十九万零八百三十九埃加，得田价千有八十一万零百七十二员；依里内士丈出田土二千一百五十七万四千四百五十九埃加，已卖者四百三十四万零四百八十一埃加，得田价五百五十五万五千四百八十七员；阿那麻马丈出田土二千九百九十一万五千零八十八埃加，已卖者七百三十二万九千零三十埃加，得田价一千三百零万七千一百一十五员；弥斯西比丈出田土千有七百五十二万五千八百二十埃加，已卖者五千六百万零一千五百一十七埃加，得田价七百八十二万二千九百八十七员；雷西阿那丈出田土六百四十五万零九百四十二埃加，已卖者七十六万七千四百一十五埃加，得田价百有十六万二千五百九十一员；弥治颜湖东丈出田土千有二百二十一万一千五百一十九埃加，已卖者三百二十万零七千八百二十二埃加，得田价四百零七万二千三百九十四员；弥治颜湖西丈出田土四百六十七万四千六百九十一埃加，已卖者十四万九千七百五十五埃加，得田价二十一万五千一百八十九员；阿干萨士丈出田土千有三百八十九万一千五百三十八埃加，已卖者六十六万八千三百六十二埃加，得田价八十六万一千八百一十六员；佛罗里达丈出田土六百八十六万七千一百三十埃加，已卖者四十九万二千九百零九埃加，得田价六十五万七千零九十二员。统计已卖田土四千五〔四〕百四十九万九千六百二十一埃加，未卖者万有二千一〔二〕百三十九万七千四百六十三埃加。别有旷野荒郊旧土七万七千万埃加，已丈过万有二千二百三十万埃加。计卖出田价共六千七百八十二万零八十五员，除办理因底阿土人事务需银千有七百五十四万一千五百六十员，买雷西阿那部落需银二丁三百五十二万九千三百五十三员，罗〔买〕佛罗里达部落需银六百四十八万九千七百六十九员，还若治阿部落银一百二十五万员，赎弥斯西比部落银店需银一百八十三万二千三百七十五员，地方官需银三百三十六万七千九百五十一员，丈量地亩需银七十八万六千六百一十七员，总共需银五千八百四十三万八千八百二十四员，综计出入，有盈无绌。

弥利坚国历年出纳款项，自千七百九十一年（乾隆五十六年）开国起至千八百三十二年（道光十二年），征收税饷银五万九千四百九十万零九千零六十七员，田土赋税银二千二百二十三万五千二百六十员，人丁钱粮千二百七十三万六千八百八十八员，递寄邮信银百有九万一千二百二十三员，公众田土价银四千零六十二万七千二百五十员，债银及库中所出银单等项银万有五千六百一十八万一千五百七十八员，银店股分利息及出银店股分银千有一百零五万二千五百零六员，杂项银六百四十二万八千八百九十二员。历年支银，文事需银三千七百一十五万八千零四十七员，邻国往来相交事件需银二千四百十四万三千五百八十二员，杂款需银三千二百二十九万四千七百零三员，修整炮台银万有九千零五十三万八千六百四十三员，历次兵饷需银千有七百二十九万八千二百八十二员，别款兵饷需银六百七十一万零三百零七员，办理因底阿土人事件需银千有三百四十一万三千一百八十八员，设立水师兵船等项需银万有一千二百七十万零三千九百三十三员，归还军需借项本利银四千八百九万员。统计征收银八万四千五〔四〕百二十六万二千六百六十八员，除支发银八万四千二百二十五万零八百九十员，仍存贮国库银三〔二〕百零一万一千七百七〔九〕十八〔七〕员。

千八百三十三年（道光十三年），所征各款钱粮税饷，除支发兵丁银二百四十三万五千四百零三员，行营口粮银三百五十万零七千四百八十四员，修造军器、修补武备库共银五十三万零九百五十一员，修建炮台银九十六万一千四百八十员，修筑堤工银四十三万五千七百六十一员，浚河银二十四万员，建筑习武馆银十一万七千一百六十六员，办理因底阿土人事件银百有九十一万二千五百八十一员，水师兵船等项银三百九十万一千三百五十六员，还亏欠银百有五十四万三千五百四十三员，修道路桥梁银六十五万五千四百八十六员，立法各官公费银四十六万九千零七十四员，各路办事公费银六十五万八千六百零八员，审讯衙门支发银三十三万八千七百五十八员，修造路灯银三十一万三千九百三十员，修造税馆栈房〈零〉银二十五万零四百一十五员，丈量海岸银万八千五百一十三员，洼治尼阿疏浚运河银二十八万九千五百七十六员，与他国交往、贸易事务银九十五万五千三百九十六员，共计千有九百五十三万五千六百八十一员，尚有盈余银八百六十九万一千一百员。连历年盈余贮库共银千有百七十万零二千九百零五员。

千八百三十四年（道光十四年），征收税饷银千有六百二十一万四千九百五十七员，地租银四百八十五万七千六百员，银店息银二十三万四千三百四十员，出卖银店银三十五万二千三百员，杂税银十三万二千七百二十八员，支发文事杂项银八百四十万零四千七百二十九员，武事需银三百九十五万六千二百六十员，还国家亏欠银六百一十七万六千二百六十员，共计征收银二千一百七十九万一千九百八十二员，核计本年亏欠银二百八十一万零四十七员。在于盈余库项支销外，尚有余银八百八十九万二千八百五十八员，存贮国库。

千八百三十五年（道光十五年），征收各款钱粮税饷银〔二〕千有八百四十三万零八百八十一员，除支发各项银千有九百二十七万六千一百四十一员，盈余银九百一十五万四千七百四十员。共历年盈余贮库银千有八百四万七千五百九十八员。

疆域：东界阿兰底海，西界卑西溢海、墨西果国，南界墨西果国之墨西根海，北界英吉利、俄罗斯所属地，幅员二百三十万方里。以周围边界程途计之，径一万里，内滨海岸者三千六百里，滨湖岸者一千二百里；自卑西溢海至阿兰底海，东西距二千五百里。除国中各部落之外，西隅尚有地百三十万方里未尽开辟。地势内辽阔，外险阻，故虽英吉利兵亦不能再窥伺。

山陵最著者，在洼申顿有阿巴腊止庵山，又名阿里牙尼山，高峰仅二百四十丈，而迤长衺延，通数部落之远。在北哥罗里有墨力山，其最高峰亦不过五百一十四丈有奇，在国之西隅有落机山，峰高九百六十丈。此外山多，未能悉载。

川泽分岐，难以悉数。其最长者曰弥校〔梭〕里河，自落机大山发源，至雷西阿那出海，长四千五百里。其次弥斯西比河，自威上衷申部落发源，至雷西阿那出海，长三千有百六十里。两河往来舟楫最盛。此外，苏比厘阿湖、休伦湖、安达里阿湖，均处边界。惟弥治颜湖居于腹地，南北距三百六十里，东西距八十里，水深七十二丈，有弥支里墨机纳港可通休伦湖。

国中地广人稀，以近年生聚计之，〈自开国迄今〉仅〈数〉百载，蕃庶数倍。在千七百九十年间（乾隆五十五年），户仅三百九十二万九千八百二十七口，及千八百三十年（道光十年），计白男五百三十五万三千零九〔百二〕十二〔三〕人，九十岁以上至百岁者二千有四十一人，百岁以上三百有一人；白女五百十六〔七〕万八〔一〕千五〔一〕百三〔一〕十二〔五〕人，九十岁以上至百岁者二千五百二十三人，百岁以上者二百三十八人；黑男十五万三千一〔四〕百八〔五〕十四〔三〕人，百岁以上者二百六十九人；黑女十六万五〔六〕千七〔一〕百［四］十［六］人，百岁以上者三百八十六人；奴仆百有万二千〈零七〉［八百二］十五〔三〕人，百岁以上者七百四十八人；奴婢九十九万五〔六〕千五〔二〕百四〔二〕十〈四〉人，百岁以上者六百七十六人；白瞎人三千九百七十四名，黑瞎人千四百七十人；白聋哑人五千三百六十三名，黑聋哑人七百四十三名，统共千有二百八十六万六千九百十九人。即丁口之衍蕃，征国势之炽盛，果能永远僇力同心，益富且庶。虽欧罗巴强盛各邦，未之或先。

国人多由外域迁至，如居宾西尔洼尼阿者，皆由耶麻尼，言语近始更变；居雷西阿那、〈校〉［弥梭］里、依里内士、弥治颜等处者，皆佛兰西国之人；居阿希阿、因第阿那者，皆瑞国与耶麻尼之人；尼〔居〕纽育者，皆荷兰国人。种类各别，品性自殊，因地制宜，教随人便。故能联合众志，自成一国，且各处其乡，气类尤易亲睦也。〈传闻〉〔育奈士迭之拓殖晚于〕大吕宋开垦南弥利坚〈之〉〔百年。其〕初，野则荒芜，弥望无人；山则深林，莫知旷处；攘剔〔壤则〕启辟，始破天荒。数百年来，育奈士迭遽成富强之国，足见国家之勃起，全由部民之勤奋。故虽不立国王，仅设总领，而国政操之舆论，所言必施行，有害必上闻，事简政速，令行禁止，与贤辟所治无异。此又变封建郡县官家之局，而自成世界者。

国中黑人居六分之一，其中亦有似黑非黑，似白非白者，种已夹杂，难辨泾渭。各部落中不准黑人预政事，有数部落准其一体公举。其律例内载宾西尔洼尼阿、纽育部落之人皆得自主，惟黑奴子孙分属下等，凡事不得擅专。至千七百九十八年（嘉庆三年），禁止买卖奴仆，即逃走亦不准收回，嗣西北之洼治尼阿、弥斯西比各部亦禁携奴仆进口，自此兴贩少息。惟南隅产棉之部落尚有便〔使〕用奴仆者。凡奴仆之例，重罪始经官治，小过家主自治，不得私置产业，学习文字、往庙拜神，必须白人带引。若因底阿之待仆人，则又不然，遇礼拜日，每奴散谷十八棒至二十四棒、薯六十四棒，并酌给鱼肉；冬夏布衣，下及奴之子女；又每二年人给洋毡，幼小者二人共得一毡，疾病设有医药。过其境，见其仆皆工作不辍，啸歌自得。如逢礼拜，概停力作。其工役三日一派，能并日完毕者，所余之日或得自作己业，游戏无禁。其恩恤奴仆，为诸部所未有。

风俗教门，各从所好，大抵波罗特士顿居多。设有济贫馆、育孤馆、医馆、疯颠馆等类。又各设义学馆，以教文学、地理、算法。除普鲁社一国外，恐无似其文教者。其〔有〕官地亩以供经费，复有国人捐资津贴。千八百三十四年（道光十四年），在纽育所属各小部义馆读书者，共五十四万有千余人，岁支修脯七十三万二千员。如纽惹西、宾西尔洼尼阿、阿希阿、马里兰、洼治尼阿、南戈罗里、鼎尼西、根特机等处部落，亦皆捐设学馆，造就人材。又设授医馆二十三所、法律馆九所、经典馆三十七所，教人行医、通晓律法、博览经典、通各国音语，近计非腊特尔非阿藏书四万二千卷，甘墨力治藏书四万卷，摩士顿藏书三万卷，纽育藏书二万二千卷，衮额里士署内藏书二万卷。迩来又增学习智识考察地里之馆，重刊欧罗巴书籍，人材辈出，往往奇异。

技艺工作，最精造火轮船。即纺织棉布，制造呢羽、器具，均用火烟激机运动，不资人力。他国虽有，皆不能及。写绘丹青，亦多精巧，如急里、委士、士都艺、纽顿、阿尔士顿、里士里诸人，皆以妙手名。

地膏腴，丰物产。千八百三十四年（道光十四年），海产之干鱼、腌鱼、鱼油、鳅鱼骨等物，约值银二百有七万零千四百九十三员。山产皮毛、洋参、木板、船桅木、树皮、木料、松香等物，约值银四百四十五万七千九百七十七员。田地家宅所出之牛、羊、马、猪、麦、面、干饼、薯、谷、米、租麦、苹果、烟叶、棉花、豆、糖、洋靛等类，约值银六千七百三十八万零七百八十七员。工作所造香靓、蜡烛、皮鞋、洋蜡、酒、鼻烟、卷叶烟、铅锡器、绳索、桅缆、铁器、火药、糖、铜器、药材、布匹、棉纱、夏布、〔弹子〕台、雨伞、牛皮、麋皮、马车、马鞍、水车、乐器、书籍、图画、油漆、纸札、笔墨、钉〔缸〕瓦、玻璃、洋铁、石板、金器、银器、金叶、金钱、银钱、木箱、砖〔石〕灰、盐等类，约值银六百六十四万八千三百九十三员。

国中进口货物：茶叶、架非豆、红糖、椰子、杏仁、干菩提子、无花果、胡椒、香料、桂皮、豆蔻、米、酒、冰糖、灯油、丝发、匹头、金线等类。其各国所出棉布、夏布、皮毛、染料颜色、铜铁金银器皿、纸札、书籍，贩运进口者，交易之大，以英吉利为最，次佛兰西，再次即弥利坚本国及海南之姑麻岛（弥利坚西南之墨西果国），若中国又其次也。此外通商之国，如俄罗斯、普鲁社、绥林、领墨、弥尔尼壬、荷兰、大吕宋、依达里、耶麻尼、散迭里、纽方兰（在弥利坚东北，属英国所辖之一大海岛）、黑底（在弥利坚之南，属佛兰西所辖之大海岛）、小吕宋、葡萄亚、阿非里加洲各海岛、都鲁机、果揽弥阿、墨腊西尔、芝利、庇鲁等处。其余小国来贸易者不计其数。以千八百三十四年（道光十四年）计之，英吉利进弥利坚口岸货物约值四千五百五十六万六千有奇，出口货物约值四千一百六十四万八千四百二十员。中国茶叶进口者约计六百二十一万三千八百三十五员，在国内销流者居六分之一，此外尚有丝发等项百六十七万八千四百九十二员，共计值银七百八十九万二千三百二十七员。由本国出口运赴中国货物，计值银不过百〔有一〕万零四百八〔二〕十三员。其余各国进口货物，多寡不一。统计货值万〈四千九百八十九万五千七百四十二〉［二千六百五十二万五千三百三十二］员。千八百三十五年（道光十五年），各国进口货物共计银万〈二千六百五十二万一千三百三十二〉［四千九百八十九万五千七百四十二］员，出口运往各国货物共计银万有四百三〔二〕十三〔二〕万九〔四〕千九〔二〕百七〔一〕十三员。千八百三十五年（道光十五年），通国银铺五百有三家，资本大小不等，其最巨者三千有五十万九千四百五十员，小者亦有十余万员，统计银铺资本共万有八千一百八十二万九千二百八十九员。

国中运河长三千五百里，疏浚二十年始竣。其不通河道者，即用火烟车陆运货物，一点钟可行二三十里。其车路皆穿凿山岭，砌成坦途，迄今尚未完竣。如值天寒河冻，亦用火烟车驶行冰面，虽不及舟楫，而究省人力。

因底阿土人种类蕃多，屡因争战，被戮大半，惟弥斯西比之东有因底阿土人八万，西有因底阿土人十八万，余俱散处各部中间，自成村落。下窟上巢，有同鸟兽。疾则倩师巫歌跳，刺血诵咒，间用草木作药饵。信鬼好斗，行阵则佩符咒。犷者食人，尤嗜犬肉。其头目服牛皮，饰以羽毛，颈悬熊爪，履白皮，握羽扇。受伤则头插红漆木签九枝，以彰劳绩。散处各部，不受约束。近渐导以教化，招徕其党，给以房屋、耕织器具，并设冈色尔官治之，各立界限，不得逾越。创书馆庙宇，岁提库银万员、公捐银四万员，延师教课。千八百三十五年（道光十五年），在馆肄业之童蒙已千五百矣。弥斯西比、弥梭里平地中多有高陇，形似围墙，高自数忽以至三四十忽不等（每忽八寸），宽二三十埃加（埃加，亩也），内多土堆，参差不一，粗沙乱石，或方或圆，或作数角，诸史并无纪载。有谓因底阿人所造之坟茔。第土蛮何解造作？或谓洪水泛滥，波浪激成者近是。

◎ **补辑**

《万国地理全图集》曰：花旗国，一曰兼摄邦国，因船插星旗，广东人谓之花旗，亦称之曰米利坚，皆指一国也。南及默西可海隅，北连英藩属，东及大西洋，西至大洋海。北极出自二十五度至四十度，偏西自七十度至百有余度，袤延圆方三百万方里。其山在西方一带峰岭，余地大半平坦。其最长之江名曰米西悉江，北〔南〕流九千九百里者，而接米诉利大河，两水合而南流入海也。通舟之长河，如瓦八〔河〕、地尼士河、干撒河、亚加那河、红河等。又造铁轣辘之路、火轮之车，以便陆地转运，每一时行百八十里。水路则火轮船前后梭织，故其江河帆楫奔驰不绝，如街衢无异。山出石炭、盐、铁、白铅、金、银，其林内有野牛及熊，其西方有海骡、狐狸等兽，又出五谷蔬菜，可谓隆盛之邦。惟其东方耕种大辟，而西方尚土旷人稀，每年土民自西移东者，千百计也。明万历年间，英国船初到时，荒芜稠林，天气冻冷，兼以土人暴行，遍处剽杀，而英民历艰难，披荆棘，百苦备尝，坚据其地而攻其敌。于明万历三十六年，英国主驱逐加特力教，其民寻地涉海而抵亚默利加。赖上帝之恩庥，始困终亨，土民让地相给，人户日增，遂分其国为列邦。二百余年，英国欲加收税饷，其国公会之绅士不从，两国相争，较论长短，遇有商船载茶叶进口，居民并起投其茶箱于海，彼此怒愤结仇，与英兵交战，并结援佛兰西、是班牙、荷兰等国为助，齐心攻英。乾隆四十七年，英国议和，于是花旗自立新国，不立国王，公择元首，凡事会议而后行，四年后则退职。又公择忠臣良士二位，以为都城公会之官，供职六年而退。设律例规矩，募勇征饷，与列郡邦结为唇齿，缘此称曰兼摄邦国。国库每年所收银四千万员以下。于道光十七年，其国补还军费，毫无欠项。文官俸禄四百七十六万员，水师四百五十七万员，三军四百三十万员，杂费三百八十万员，土〔工〕费千三百万员。其三军上下一万丁，其水师武备甚善，屡与英国交锋获胜。其乡勇十万有余，各地举壮丁当差。国民经营希利，算悉锱铢，亦多怀普济之意。崇奉世主耶稣之教，舍身捐财，以招教师，颁文劝世。虽别国各开新地，而英民居其大半。是以语音、文字、规矩与英无异。出棉花、五谷，造杂项、布匹，通商最广。道光十七年，所运进之货共计银万四千万员，所运出者万一千七百万员。居民千四百万丁。二十年前尚止九百六十万，迅速增益。而各西列国之人，尚云集不已。所有土民，分给田土，安居乐业。最好进学，遍开序庠以习法术、武艺、文学。其列邦共计二十四部，所有最大之城邑，一曰破士敦城，在马撒主悉邦之都会，此地虽瘠，而居民营造勤奋，共计〈千七百〉[十]万丁，通商万国。此城系大马头，四方所萃，文风甚盛，为全国之冠。一曰新约城，乃国中最广大之美邑，居民二十七万丁，每年进船千五百只，进货价银三千八百万员，出价银二千三百万员，居民灵利温和。二〔一〕曰兄弟爱城，在品林邦，昔时土人让给英国而收租值，因始终忠信守约，是以土人终不侵伐，待如远客。其城亦系马头，街市正直，其居民勤劳积财，运出之石炭、铁皿、布匹，共计三百八十四万员，运进货物一千一百六十八万员。一曰巴里特摩城，在南地马头，居民不辞险阻，多出麦粉，造建快船，驶航如飞。一曰威额耳〔耳额〕那城，乃初时开垦之地，人最聪明，国内忠臣襄政事者皆出是邦，产烟及粟米。洼申顿国都，以其始创国之人得名也。其南方之三邦，即南、北甲罗里那以及热可加，乃出棉花之地，此地惟黑奴务农。其白面之人，废时游荡，食烟饮酒，恋声色而已焉。其西〔东〕南之半地，曰缚利他，〈城〉内地尚有土人据之，与白族交战，连年未息。西南方马头，曰新阿耳兰，在大江口，居民七万，通商最大，运进之货每年价银千四百万员，运出者三千五百万员。此城周绕泽潴，气瘴晦冥，夏时民多染病。其西方之邦，尚新开地，乃最先游猎之人至此招集农夫垦种旷野，数十年而城邑、乡里、田畴并同内地，但有四万土人居此，为自主之邦，国家买其田而按例收其价，土人遂让之，而白面之类为其地主也。此外，西北各地皆英吉利、俄罗斯各商占据，捕野兽，用其皮。其中海虎等皮最贵，大半销卖于广东。土民身短而贫，人户甚罕。

《每月统纪传》曰：北亚米利加兼摄列邦辽阔，共有二十六部，又别有边地四部，共广二百四十万正方里。大清国共三百八十六万正方里。乾隆五十四年米利加国三百九十二万丁，嘉庆四年五百三十万丁，嘉庆十四年七百二十三万丁，嘉庆二十四年九百六十三万丁，道光十年一千二百八十五万丁。由是观之，其人烟稠密，户口繁滋，年增月累。设连年如此加益，数百年后其民繁多过今大国也。其国城共二百八十九。康熙四十年所产之物卖与外国共价银一百五十万圆，乾隆五十四年二千万圆，嘉庆四年七千九十万圆，嘉庆二十二年九千三百二十八万圆，道光五年九千九百五十三万圆，道光十年七千三百八十四万圆，道光十一年八千一百三十一万圆。进口货价自康熙四十年共银一百七十万圆，乾隆三十四年九百四十万圆，道光元年六千二百五十八万圆，道光七年七千四百四十九万圆，道光十一年一万三百一十九万圆。每年产物及制造货件共银一万五千万圆，可观其国丰盛矣。其国帑出入，乾隆五十五年入一千二十一万圆，出银七百二十万圆；嘉庆十四年入一千四百四十三万圆，出一千三百六十万圆；道光九年入二千四百七十六万圆，出银二千五百七万圆；道光十年入二千四百八十四万圆，出银二千四百五十八万圆。故此输用出入，皆制有余。道光九年，国帑项内尚存银五百六十六万。乾隆五十四年，拖欠银七千五百一十六万九千九百七十四圆，今已偿清。可用其余垦荒地，开运河，保障封疆。计国中弁兵共万二千丁，壮民百二十六万丁，巨战舰十二只，中兵船十七只，小兵船十六只，小舟七只。

《海录》：咩里干国在英吉利西，由散爹里西少北行约二月，由英吉利西行约旬日可到，亦海中孤岛也。疆域稍狭，原为英吉利所分封，今自为一国，风俗与英吉利同，即来广东之花旗也。（案：咩里干即弥利坚之音转，故言即〔来〕广东之花旗。然以洲言，则其地数万里，岂得谓之孤岛？以国言，则二十七部落，富强为英夷劲敌，岂得谓之疆域稍狭？盖谢清高但至欧罗巴洲，未至弥利坚洲，故传闻不确不详。）土产金、银、铜、铁、铅、锡、白铁、玻璃、沙藤、洋参、鼻烟、牙兰米洋酒、哆啰绒、羽纱、哔叽。其国出入，多用火船。船内外俱用轮轴，中置火盆，火盛冲轮，轮转拨水，无烦人力，而船行自驶。其制巧妙，莫可得窥。小西洋诸国近多效之。（《海国图志》卷六十）

外大西洋弥利坚国总记下

育奈士迭者，华言总理部落，非地名也。夷图及《茂〔贸〕易通志》谓之兼摄邦国，又曰联邦国。其船旗方幅，红白相间，右角别作一小方黑色，上以白点绘北斗形，故名之曰花旗。南怀仁所云大铜人，即此之落哀伦岛也。盖其地工作有高千余丈者云。

《地球图说》：合众国，又名弥利坚，又名花旗国，东界大西洋，南界麦西可海，西界麦西可国并大东洋，北界英属国，百姓约有二千万之数。都城地名瓦升敦，部分三十。每部各立一贤士以为总统，各总统公举一极正至公之贤士总摄三十部之全政，名伯理师天德。又各部总统或一年，或二年为一任，惟总摄国政者四年为一任，按期退职，公举迭更，每岁俸银二万五千员。七分耶稣教，三分天主教。国内遍设大小书院，不计其数。国之男女无不能书算者。其衣服制度、言语礼款，与英吉利国无异。所习之业，士农工商，又有捕鲸鱼等艺，多在西北等处。国内运载货物，陆则有大车小车借马力以行走，又有火轮车，中可住千人，一时能行百八十里，故国内多造铁轆轳之路；在水则有火轮船，往来纷纭，较他国更繁盛，又有多船不用火轮而用马牵，亦稳而且利，则内地小河所用也。

　　国内有至大之城三，即牛亚尔葛城、扑斯登城、非拉达亚城是也。至大之江三，即米西悉比江、米苏利江、可伦比江是也。江虽列三处，而其内支分不少。西方有高山相联不间，土地大半平坦。道光二十七年，与麦西可国两相决战，至二十八年盟约和好矣。土产棉花、布、呢、麦、米、烟、白糖、菜、谷、金、银、铅、铁、煤炭、油、木料并一切造作之器，熊、狼、虎、野猫、鹿、狐狸、水獭、海虎、海獭、皮物，至于野马、野牛，不胜其数。

　　《地理备考》曰：育奈士迭国，华言合众国也，即所称花旗，又曰弥利坚，在亚美里加州北区之中。北极出地二十五度起至五十二度止，经线自西七十度起至一百二十七度止。东枕亚德兰的海，西界大海暨美诗哥国，南连美诗哥国海湾，北接新北勒达尼［亚］。长约一万里，宽约四千八百五十里，地面积方三百一十六万里，烟户一京七兆余口。平原广阔，冈陵延袤，山势峻峭。其亚巴拉士山为东山之首，在亚德兰的海滨，跨越诸地。罗说索山为西方之〈冠兆〉［魁，北］江源大半出此。河之长者曰米西西比，曰米苏利，曰哥隆比亚，曰亚巴拉济哥剌，曰么比勒，曰德拉瓦勒。湖之大者曰苏卑里约尔，曰呼伦，曰米济安，曰厄列，曰安达里约，曰章巴拉音。地气互异，各有不同冷热，西南为甚。田土参差不一，物产西南为最。谷果繁衍，人多务农。土产五金、煤、矾、磺、烟、麻、棉花、香料、药材。不设君位，国人各立官长理事，班次首领正副，权理国政，四载一举，周而复转。所奉之教乃修教也。其余各教，任人尊奉，概不禁止。技艺精良，商贾辐辏。原本国昔为英吉利国兼摄之地，乾隆四十［一］年国人自立，驱逐英吉利官，别为一国。英吉利国与战，越八载不克，乃听其自立，不复统属。嘉庆十七年，本国复与英吉利国交兵，越三载始息。通国分二十六部：曰卖内，曰新杭晒勒，曰委尔蒙，曰马萨朱塞，曰罗德岛，曰哥内的古，曰新约尔克，曰新日尔塞，曰奔西［尔］瓦尼，曰德拉〈桑〉［委尔］，曰马黎郎，曰委尔济尼［亚］，曰北加洛舞，曰南加洛舞，曰惹尔里

〔日〕亚，曰阿拉巴麻，曰米西〔西〕比，曰卢宜西安，曰音的亚那，曰意黎乃，曰迷苏利，曰德内西，曰根都基，曰可宜约，曰迷诗安，曰阿尔干萨。都城名瓦盛敦，建于波多麻哥河岸，街衢宽阔，其直如矢，园亭花榭，景色幽佳，匠肆林立，远方辐辏，为本州富丽第一。其国通商冲繁之地，一名新约尔克，一名非拉德〔非〕亚，一名波斯敦，一名巴尔〔的〕么〔尔〕，一名新尔良，一名札尔勒斯敦，皆沿海大埠也。

《外国史略》曰：弥利坚国南及麦西哥海隅，北连英藩属地，东及大西洋海，〔西〕及大东海，广袤方员〔圆〕四万二千三十里，滨海地一千二百里，滨湖地四百里。北极出地自三十二度及五十四度四十分。明朝中间地尚荒芜，居民亦罕，住林内，以猎为生，不知开垦。然今日掘出坟墓，似是占时广大之城邑，或系日本、高丽曾到之地，无从考究。今则为西国之大市。民数少而种类多，语音不一，风俗回异，时结仇交战。自明朝时是班亚开创此州之后，英国亦到此地，欲开埠未果。万历十二年后，英民复至，不得食物，又遭土民之难，或受是班亚之害，或染烟瘴以毙，皆怨而反。会英国有奉天主教之民，为国中官吏所迫，航海西驶，逃于此地，自设公班衙，招氓开垦获利，英国亦以其地封五爵各据荒地。荷兰、瑞丁等国亦时调其民在海边开港，皆不久而服英吉利。别有佛兰西氓所据之地，久亦归英。于是英人日繁增，土人远避山林，其良善者渐向教化。复立议事之公会，有事则调遣其丁壮，日久其民益操自主，敢作敢为，不听英国之命。英人欲增饷税，民拒不纳，由此肇衅。乾隆三十一〔八〕年，英官在各港口征饷，居民宁将茶叶尽投于海，不愿纳税，英国亦封港口，且调兵前往。其氓复公议，宁死不受苛束，遂纠合部众，立才能之瓦升屯为将军，与英兵拒战，兼赴诉于各国，于是佛兰西、是班亚、荷兰等国合盟助之，英人不能敌，于乾隆四十六年议听其自为一国，不受英人节制，遂号为育奈士造〔迷〕国，自是与英人彼此相安。花旗军深入麦西哥地，麦民力守，终不肯降，后事尚未定也。

国内山岭分三段：一系东方，一系山外之西方，一系米西悉北〔比〕等谷。地本荒芜，广袤十一万三千八百方里。其东方地约三千里，沿河多港口，地方蕃盛。沿河各谷，可开六万四千万亩，居民五百五十万口。其西地多硗，濒海地愈肥，民愈罕。西南牧场远阔。其湖在英吉利、花旗交界，称为上湖。

有热阿耳义湖，胡伦湖，以利〔湖〕，云他利湖，皆广如海。入大西洋海之江：日本〔禾〕孙江，长七十一里；破他马江，一百三十六里；撒瓦〔凡〕那江；一百五十里；亚拉马他〔他马〕哈江，一百里；熟贵汉那江，一百里。入麦西海隅之河：曰米西悉比河，六百六十里；米苏利河，六百二十里；阿希阿河，三百里；押子〔干〕萨河，四百七十里；红河，三百三十里；地匿士河，百四十里。可伦比河，长二百三十里。〈俱〉入大东海，江河甚多，通商甚便，火轮船往来不绝。北方出棉花、烟、谷、薯等物，各国产物并制造者，铁条价银约二千零四万员，铅石价银约五十二万九千员，石炭价银一百八十六万员，石盐价银六百六十九万员，各项玉石价三百六十九万员；所畜牲马四百三十三万只，牛千四百九十七万只，绵羊千九百三十一万只，豕二千六百三十万只；鸡鸭鹅价值九百三十四万员，五谷、烟、薯、麻、棉花、羊毛、蜡、白糖、蚕丝、乳奶、饼油等价三千三百七十八万员，果子价七百二十五万员；每年所制造物值二千九百万员，园蔬菜花等二百九十四万员，干鱼、腌鱼、鱼油、鲸骨等货一百二十五万员，捕鱼银一千六百四十二万员，木料价一千二百万员，巴马油等货六十一万员，皮货一百零六万员，人参等货价五十二万员，刀剑各铁器价六百四十五万员，金、银、宝物四百七十三万员，铅、锡、铁等各项九百七十一万员，羽毛、呢二千六十九万员，布匹四千六百三十五万员，杂物六百五十四万员。插花旗进本地之船共七千七百三十五只，外国载货入港口四千五百四十八只，花旗所运进之货值一万一千三百万员，外国船所运进一千四百七十二万员，是年所出之船七千七百九十只，外国船出口四千五百五十四只，花旗船运出之货价八千零二十五万员，外国船运出价二千三百万员，本国纳税一千四百四十八万员，各湖往来之花旗船与英人公共船只值一百六十六万员，可见其勤奋兴旺。惟其商人银局失信，故外国人无敢赊卖之也。

　　居民一千七百零八万六十六口，白面男人七百二十四万九千，女六百九十三万九千口，黑面人三十八万六千口，黑面奴二百四十八万七千口。白面人务农三百七十一万七千口，贸易者十一万七千口，制造匠七十九万一千口，航海水手五万六千人，运内河之人三万三千人，医生教师等六万五千人，术艺之士共一万六千二百三十三人，男女学生一百八十四万五千人。

康熙三十九年，所有居民共计二十六万口，道光十年即至千二百八十六万口，大半系英国、日耳曼人。其国爵无尊贱定分，但人有才能、善积财则贵耳。其民崇拜上帝，多立礼拜堂，善经营。道光十五年，掘运河费九千九百万员，以铁造平路亦费四千六百万员。多识字读书，亦广印书。居民善开垦。凡欧罗巴各国民有缺乏，即迁居花旗国，如有受害者亦迁此地，故开辟愈广。其国律例合民意则设，否则废之。每三〔四〕年庶民择一长领统管各部，每年俸二万五千员。长领外复设户、兵、刑、水师、驿务诸部大官，俸各六千员。立两会：一曰尊会，即长领并大官办重务；一曰民会，论民人所献之议，所禀求之事，每四万人择一人，各国皆同。其水师大战舰十二只，载炮七八十及一百二十门，其次载四十四炮、三十六炮，又其次或载十六炮至十炮以下。又火轮船五只，趸船五只，牟士六千丁防御各境。各部自募民壮，岁收饷五千六百万员，公费约五千三百万员。银局未清理，陆续破败者一百六十一家，所失本钱一万三千二百万员。通行银票四千三百三十万员，现银一千零二十八万员；通国银票六千三百八十四万员，现银二千六百八十四万员。通国银局十余年共失银不下七万八千二百万员。其失信损重，天下未有也。

东北贾尼邦部，天气甚冷，地产不丰，出木料等物，运出者每年约值二百万。居民五十万余，皆崇正教，多学馆。城邑不广。海多支港，木贱便于建船。公饷约六十一万员。居民多以捕鱼为务。

新含部，在买尼西，居民二十八万二千余口，北界一带白山有峰六百丈，出五谷、布匹，纳饷三万六千员。

弗门部居民二十九万一千，出五谷。

在南之马撒舒设地，居民七十三万七千余口，造布匹、铁器，贸易通商，其都会曰破土屯，系大市，居民数万，船往来不绝。因新教旧教不合，故别开埠。公欠项六百七十二万员，每年货价银计四千二百万员。

罗地岛，居民十万八千，务农织布。都会曰天网，系大通市，居民三万名。

君匿地谷部，居民三十万，在海边新港。居民勤劳向化，制造积财。饷税约十万零七千员，公费八万六千员，银局内积三十九万九千员。百姓甚聪明，有学馆。

新约部，人户稠密，居民二百四十二万口，其会城居民二十万有余，为花旗国最大之邑，各货由此出口。街衢广大，居民从正教，为各邦之宗。公欠项二千二百七十九万员，岁收饷约二千七百六十二万员。

新执西，海边之褊邑也。居民三十七万人，颇安分。公费八万八千员，公帑收四万七千员。

宾林部，旧日开埠与土人往来，秉公贸易，居民富裕。共一百七十二万四千口，多由日耳曼国来者。制造繁盛过他邦，每年约七千万员，内地开河、平铁路，以便贸易。农夫旺相，庶民受福。因失信，故所损者重。公欠项三千六百八十五员，公帑收九十二万四千员。其都城曰爱〈戎地〉[城]，居民十六万六千，亦大通市，花旗美地也。有大学馆，广布文学术艺。

地瓦亚小邦，七万八千口，居民务农，公帑积五十万员。

马利地部，居民四十六万九千口，多五谷、麦粉，每年约价七十六万员，公项一千五百万员，公费约百万员，公收三十五万员，入不敷出。港口八地米城，居民八万口，系通商大市，最旺相。

威厄〔巳〕尼部，地初开垦，居民百二十三万口，多出烟、棉花等货。其都会曰勒门，居民一万六千口，百姓聪明，颇图私利。公欠项六百九十九万员。

可伦比部，为其国都，居民四万三千口，统领所驻议事之地也。其都曰瓦升屯城，居民二万口，以开创之统领得名。有公会所聚之殿，甚壮丽，如罗马国之古式。

北加罗林部、南加罗林部、热阿义部，皆出棉花。弗利他部多密林，昔属是班牙国。路义撒那部在麦西哥河〔海〕北岸，其会城中居民数万。

阿希阿部，居民百五十一万，地极兴旺，公欠项一千五百万员，公收三十一万员。

新开之地曰印地亚那，曰金突其，曰停尼士，曰亚拉巴马，曰米西悉〔比〕，曰〈北〉米苏利，曰以利乃，曰米治安，曰约瓦，曰威君新，居人甚罕。

在东〔红〕泽边有亚利云地，道光二十六年始与英国平分，甫迁之氓，渐垦务农。特察南地，本属麦西哥，近为花旗人所居，地广而丰，但港浅有碍驶船。其始不服花旗管辖，拒战甚力。因麦西哥无战船军士，花旗有兵有舰，直侵其地，卒为花旗所踞。

《瀛环志略》曰：米利坚二十六部，其内地各部大小不甚悬殊，惟东北滨海数部壤地甚褊，如纽罕什尔、洼满地、麻沙朱色士、干捏底吉、纽折尔西、马理兰，已不及诸大部三分之一；而洛哀伦、特尔拉华二部，周回皆不过百余里，乃不及诸大部十分之一。此非分地之不均也。当欧人之初辟此土也，人户先栖托于海堧，各成聚落，后乃渐拓而西，日益垦辟。其国之三大埔头（摩士敦、纽约尔、非勤〔勒〕特耳），又皆萃于东北，富商大贾之所聚，地虽褊小，气象固殊。内地各部，皆资耕作，幅员易广，而财力不如海滨之盛，其势然也。迨华盛顿倡义拒英（华盛顿生于雍正九年，十岁丧父，母教成之，少有大志，兼资文武），部豪起兵相应，举事者十余部，因即分为十余国。其后续附、新分，遂成二十六部，皆仍其旧而安之，非裂地而定封也。洛哀伦人户止十余万，特尔拉华止八万余，不能因其弹丸黑子，并归大部。东方通商诸部，纽约尔最富厚，麻沙朱色士、宾夕尔勒尼安次之，缅与勿尔吉尼阿又次之。倭海阿土沃人殷，阡的伊、田纳西地处中原，沃野千里。南方诸国滨海，西方诸国傍河，地利之产运行较便，故国多富饶。计两湖之南，密士失必大河之东，已无不辟之土，河西止鲁西安纳、阿甘色、密苏尔厘三部，近益以威士干逊、衣阿华二部。其迤西数千里，密林奥草，野番所宅，开垦不易。然生齿日繁，数百年后，当亦阡陌云连，直抵西海之滨矣。

米利坚各国天时和正，迤北似燕晋，迤南似江浙，水土平良，无沙碛，鲜瘴疠。（南方微有瘴气，亦不甚毒。）其土平衍膏腴，宜五谷、棉花，英、佛诸国取给焉。蔬菜、果实、烟叶皆备，所〔山〕出石炭、盐铁、白铅。境内小河甚多，米人处处疏凿，以通运道。又造火轮车，以石铺路，熔铁汁灌之，以利火轮车之行，一日可三百余里。火轮船尤多，往来江海如梭织，因地产石炭故也。（火轮船必须燃石炭，木柴力弱，不能用也。英吉利火轮石炭。皆自苏各兰带来。）

米利坚政简易，榷税亦轻，户口十年一编。每二年于四万七千七百人之中，选才识出众者一人居于京城，参议国政。总统领所居京城，众国设有公会，各选贤士二人，参决大政，如会盟、战守、通商、税饷之类，六年秩满。每国设刑官六人，主谳狱，亦以推选充补。有偏私不公者，群议废之。合众国税入约四千万圆，文职俸禄四百七十六万圆，陆路官兵俸饷四百三十万圆，水师官兵俸饷四百五十七万圆，杂费三百八十万圆，开垦土费一千三百万圆。统领虽总财赋，而额俸万圆之外，不得私用分毫。众国旧亦有欠项，道光十七年一概清还，不复丐贷于民。然缘此公私银号多歇业，而国家或有不虞之费，无从取给云。

米利坚合众国额兵不过一万，分隶各炮台关隘，其余除儒士、医士、天文生外，农工商贾自二十岁以上、四十岁以下，一概听官征选，给牌效用为民兵，糇粮器械概由自备，无事各操本业，有事同入行伍。又设队长、领军等官，皆有职无俸。每岁农隙，集聚操演。其民兵约一百七十余万丁，与古人寓兵于农之法盖暗合焉。

危地马拉之东南，为南、北亚墨利加连界之地，名巴拿马（地属可仑比亚），以一线界隔两海，阔仅六十里。泰西人谓能将此土开为海道，则东、西两洋，一水相通，挂帆而西，直抵中国之东界，便捷甚矣。然石梗山脊，疏凿不易。

按：欧罗巴至中国，道途之纡远，阻于红海、地中海之间，隔苏尔士旱路一百七十里，若疏以通舟，则水程减二万里。米利坚至中国，道途之纡远，阻于巴拿马片土数十里，若疏以通舟，则西行而抵中国之东，水程当减三万余里。然两大洲中，束成至细之处，于形家为过峡，乃地气所联贯，如人之有咽吭，关两洲之脉络，天地之所以界东西也。今欲以人力凿通之，不亦慎乎？

按：孛露（即秘鲁）为南亚墨利加著名之国，泰西人目为金穴，其民恃地中有宝，不屑耕稼，故土壤鞠为茂草，有怀金而啼饥者。米利坚产谷、绵，而以富称；秘鲁诸国产金银，而以贫闻。金玉非宝，稼穑为宝，古训昭然，荒裔其能或异哉？

按：泰西人所记四大土人民，惟巴他峨拿土番肢体长大，高于常人一身之半。此外黝黑如阿非利加，丑怪如东南洋各岛野番，亦不过白黑妍媸之别，而五官四体，要无大异。乃知长耳比肩之民、飞头贯胸之国，古人故为恢奇之说尔。（《海国图志》卷六十一）

姚　莹

与余小坡言西事书

久不奉书通问，而雅度萦怀未尝时释也。荣篆一年，按部广远，纠察属吏，绥抚民彝，必有切时宜而振聋聩者，嘉猷可得闻乎？

莹待罪山城，循分戢影，幸僻陋之区，人近质朴，尚易为理，得以其暇，稍事笔墨。《康輶纪行》一书，大为修整，去其烦芜，而增订后藏外五印度诸国及西洋英吉利、弥利坚、佛兰西诸夷地制情形与英、廓二夷通接后藏之要隘，凡诸国佛教、回教、天主教源流支派，群考而辨论之，复绘图于卷术。盖自古名贤皆恐世主侈情务远，骚中国而事外夷，故深扗夷事不讲。明成祖、宣宗屡使通洋，取其图说藏在职方，而世未之见。虽有学士通识，亦第讲求塞下形势而已。今昔不同，岂可置之？无怪外夷交侵，群相惊畏而莫知所措也。此岂深心世务所以抚御遐荒者哉？夫今日时势，虽庸人亦知不可有事戎兵矣。莹为此书，盖惜前人之误，欲吾中国稍习夷事，以求抚驭之方耳，非侈新异，欲贪四夷之功也。英夷及西洋人士每笑中国无人留心海外事者，其笑固宜，有志之士，乌可不一雪此言哉？然而举世讳言之。一魏默深独能著书详求其说，已犯诸公之忌。莹以获咎之人，顾不知忌讳耶，特不忍自负其心，冀中国有人一雪所耻耳。阁下其谓之何？

乍雅梗道，有旨川藏会议，大府欲莹与胡观察往终其事，然藏中来议固谓内地勿再委员，但调诸部夷兵恫喝之，复厚备赏物而专以夷目往办矣，以此免行。

近闻英夷求通藏市，而廓尔喀复求助饷以击英夷。否则降英。盖二夷已和。英夷之披楞与后藏仅隔哲孟雄一小部落；哲孟雄者，廓夷之属也。英夷窥藏，蓄心已久，昔吾以廓夷为藩篱，今廓夷既有二心，而哲孟雄介隔披楞之险阻近又为英夷所据，势可长驱入藏，廓夷自知不敌而与连和，其为患于藏者不已迫乎！腹内亦自不安，奈何！道路传闻可骇。僻处山城，不知近日情事，阁下能以所闻见示一二否耶？（《中国近代史资料丛刊·鸦片战争》第四册）

康輶纪行·自叙

《康輶纪行》者，道光甲辰、乙巳、丙午间，莹至蜀中，一再奉使乍雅及察木多抚谕蕃僧而作也。乾隆中考定，察木多又名喀木，其地曰康，非《新唐书》南依葱岭，九姓分王之康国也。使车止此，故名吾书，纪其实焉。外蕃异域之事，学者罕习，心窃疑之。虽历代外夷，史皆有志，而今昔不同，要当随时咨访，以求抚驭之宜，非徒广见闻而已。今理藩院职掌者，特臣属朝贡之国耳。天下有道，守在四夷，岂可茫然存而不论乎？莹自嘉庆中每闻外夷桀骜，窃深忧愤，颇留心兹事，尝考其大略，著论于《识小录》矣。然仅详西北陆路，其西南海外，有未详也。及乎备兵台湾，有事英夷，钦奉上询英地情事，当时第据夷酋颠林所言，绘陈图说，而俄罗斯距英地远近，莫能明焉，深以为恨，乃更勤求访问。适友人魏默深贻以所著《海国图志》，大获我心。故乍雅之役，欣然奉使，就藏人访西事，既得闻所未闻，且于英人近我西藏之地，与夫五印度、俄罗斯之详，益有征焉。顾行笥少书，惟携图说数种，未能博证。然所见闻略近实矣。大约所纪六端：一、乍雅使事始末；二、剌麻及诸异教源流；三、外夷山川形势风土；四、入藏诸路道里远近；五、泛论古今学术事实；六、沿途感触杂撰诗文。或得之佛寺禂楼，或得之雪桥冰岭，晚岁健忘，不能无纪也。然皆逐日杂记，本非著书，故卷帙粗分，更不区其门类。既以日久，所积遂多，有一事前后互见者，有一类前后纪载不同者，殊不便检寻，乃列其条目于卷首，复于本条各注其目，俾易考焉。昔苏子瞻在海南，杨升庵在滇，皆多所论著。莹何敢望前贤，庶贻同志明所用心而已。博雅君子，尚其审之。姚莹述。（《康輶纪行》）

今订中外四海舆地总图

前载诸图，方位大略仿佛，而国名、地名互有异同，或此有彼无。余更取魏默深书，以今时地名参互考订之，作此图。其不备者，可按原书。明乎此，然后四海万国，具在目中，足破数千年茫昧。异时经略中外者，庶有所裁焉。余尚有英夷诸国图册，俟得通夷文者译之，详加厘正，俾无舛误，其所裨益当何如耶！

南怀仁《图》，有地中海，东自如德亚，西至布路亚，横亘几及万里。欧罗巴洲在其北岸，利未亚洲在其南岸；盖大西洋海水之横入地中者也。西洋入地中海，其口外有巴尔德大峡，海舟至地中海，出入皆经此峡。惟如德亚在其东尽，联贯二洲陆地，东西约二千里。如德之东即西红海，则南洋海水之汉也。大西洋诸国海舟，至东南二洋诸国，须绕利未亚一大洲，道远二万余里；故每以如德亚之间隔为恨。又有洲中海者，在欧罗巴洲西北境内，小于地中海，寒牙里、耶马尼、领墨、荷兰、佛兰西诸国在其南岸；绥林、那威、瑞国跨海地、领墨国跨海地、琏国皆在其北岸。此洲中海更东尽于南都鲁机，为泰海，欧寒特里国在其北岸；翁加里国、南都鲁机在其南岸。又有里海者，在亚细亚洲境内，四面不通外海，俄罗斯在其北，放罕在其东，巴社回国在其南，南都鲁机在其西。明乎二洲境内有此三海，然后沿海诸国可得而求矣，亦犹中国言地理者，当明四渎也。（《康輶纪行》卷十六）

徐继畬

瀛环志略·识

地理非图不明，图非履览不悉，大块有形，非可以意为伸缩也。泰西人善于行远，帆樯周四海，所至辄抽笔绘图，故其图独为可据。道光癸卯因公驻厦门，晤米利坚人雅裨理，西国多闻之士也，能作闽语，携有地图册子，绘刻极细，苦不识其字，因钩摹十余幅，就雅裨理询释之，粗知各国之名，然匆卒不能详也。明年再至厦门，郡司马霍君蓉生购得地图二册，一大二尺余，一尺许，较雅裨理册子尤为详密，并觅得泰西人汉字杂书数种，余复搜求得若干种，其书俚不文，淹雅者不能入目。余则荟萃采择，得片纸亦存录勿弃，每晤泰西人，辄披册子考证之，于域外诸国地形时势，稍稍得其涯略，乃依图立说，采诸书之可信者，衍之为篇，久之积成卷帙。每得一书，或有新闻，辄窜改增补，稿凡数十易。自癸卯至今，五阅寒暑，公事之余，惟以此为消遣，未尝一日辍也。陈慈圃方伯、鹿春如观察见之

以为可存，为之删订其舛误，分为十卷。同人索观者多怂恿付梓，乃名之曰《瀛环志略》，而记其缘起如此。（《瀛环志略》）

瀛环志略·凡例

一、此书以图为纲领，图从泰西人原本钩摹，其原图河道脉络细如毛发，山岭、城邑大小毕备。既不能尽译其名，而汉字笔画繁多，亦非分寸之地所能注写，故河道仅画其最著者，山岭仅画其大势，城邑仅标其国都，其余一概从略。

一、此书专详域外。葱岭之东，外兴安岭之南，五印度之北，一切回蒙各部皆我国家候〔侯〕尉所治，朝鲜虽斗入东海，亦无异亲藩，胥神州之扶翊，不应阑入此书，谨绘一图于卷首，明拱极朝宗之义，而不敢赘一辞。

一、南洋诸岛国苇杭闽粤，五印度近连两藏，汉以后、明以前皆弱小番部，朝贡时通，今则胥变为欧罗巴诸国埔头，此古今一大变局。故于此两地言之较详。至诸岛国，自两汉时即通中国，历代史籍不无纪载，然地名、国号展转淆讹，方向远近亦言人人殊，莫可究诘，转不如近时闽粤人游南洋者所纪录为可据。此书于南洋诸岛国皆依据近人杂书，而略附其沿革于后。五印度现为英吉利属部，皆依据泰西人书，其历代沿革过于烦琐，且半涉释典，仅于篇中略叙数语，以归简净。

一、西域诸部，迤南之波斯、天方诸国，泰西人绘有分图，其葱岭之西，里海之东，波斯爱乌罕之北，峨罗斯之南，泰西人绘为一图，总名为达尔给斯丹（斯丹一作士丹，西域言国主也，《元史》讹为算端，又作算滩），乃古时康居、大夏、大宛、大月氏、奄蔡诸国。历代变更沿革乱如梦丝，近世士大夫从军西域者亦多所撰述，今止就见于官书者约略言之，不敢涉考据之藩篱，亦聊以藏拙云尔。

一、日本、越南、暹罗、缅甸诸国，历代史籍言之綦详，今止就其现在国势、土俗立传，而略附其沿革于后。至欧罗巴、阿非利加、亚墨利加诸国，从前不见史籍，今皆溯其立国之始，以至今日。其古时名国，如巴庇伦（今土耳其东土）、波斯（即今皮斯）、希腊（今土耳其西土）、犹太（即拂箖，今土耳其东土）、罗马（即大秦，今意大里亚列国）、厄日多（即麦西，在阿非利加北境）、非尼西亚（即加尔达额，在阿非利加北境）之类，皆别为一传，附于今本国之后。庶几界画分明，不涉牵混。

一、泰西诸国疆域、形势、沿革、物产、时事，皆取之泰西人杂书，有刻本有钞本，并月报、新闻纸之类，约数十种，其文理大半俚俗不通，而事实则多有可据，诸说间有不同，择其近是者从之，亦有晤泰西人时得之口述者，凑合而敷衍成文，期于成片段而已。取材既杂，不复注其出于某书也。

一、泰西人如利玛窦、艾儒略、南怀仁之属，皆久居京师，通习汉文，故其所著之书文理颇为明顺，然夸诞诡谲之说亦已不少。近泰西人无深于汉文者，故其书多俚俗不文，而其叙各国兴衰事迹则确凿可据，乃知彼之文转不如此之朴也。

一、外国地名最难辨识，十人译之而十异，一人译之而前后或异。盖外国同音者无两字，而中国则同音者或数十字；外国有两字合音、三字合音，而中国无此种字。故以汉字书番语，其不能吻合者本居十之七八，而泰西人学汉文者皆居粤东，粤东土语本非汉文正音，展转淆讹，遂至不可辨识。一波斯也，而或译为白西，转而为包社巴社，讹而为高奢，余尝令泰西人口述之则曰百尔设，又令其笔书之则曰比耳西。今将译音异名注于各国之下，庶阅者易于辨认，然亦不能遍及也。

一、泰西人于汉字正音不能细分，斯也、士也、是也、实也、西也、苏也混为一音，而刺与拉无论矣；土也、都也、度也、杜也、多也、突也混为一音，而撒与萨无论矣。故所译地名、人名，言人人殊。

一、泰西各国语音本不相同，此书地名有英吉利所译者，有葡萄牙所译者。英人所译，字数简而语音不全；葡人所译，语音虽备，而一地名至八九字，诘屈不能合吻。如花旗之首国，英人译之曰缅，葡人译之曰卖内。（卖读如美，内读如呢。）今姑用以纪事，无由知其孰为是非也。

一、地名中，亚字在首者皆读为阿，在尾者多读为讶。加字多读为嘎（平声），亦有读为家者。内字皆读平声，音近尼。痕字读如诃。

一、各国正名，如瑞国当作瑞典，嗹国当作嗹马，西班牙当作以西把尼亚，葡萄牙当作波尔都噶亚。然一经更改，阅者猝不知为何国，故一切仍其旧称。

一、外国地名、人名，少者一字，多者至八九字，绝无文义可循，数名连写，阅者无由读断。今将地名、人名悉行钩出，间加圈点，以醒眉目。明知非著书之体，姑取其便于披阅耳。(《瀛环志略》)

北亚墨利加米利坚合众国

米利坚（米一作弥，即亚墨利加之转音，或作美利哥，一称亚墨理驾合众国，又称兼摄邦国，又称联邦国，西语名奈育士迭），亚墨利加大国也，因其船挂花旗，故粤东呼为花旗国（其旗方幅，红白相间，右角另一小方黑色，上以白点绘北斗形）。北界英土，南界墨西哥、得撒，东距大西洋海，西距大洋海。东西约万里，南北阔处五六千里，狭处三四千里。押罢拉既俺大山环其东，落机大山绕其西，中间数千里大势砥平。江河以密士失必为纲领，来源甚远，曲折万余里，会密苏尔厘大河南流入海。此外名水，曰哥隆比亚、曰阿巴拉济哥剌、曰么比勒、曰德拉瓦勒。北境迤西有大湖，分四汊，曰衣罗乖（一作翕大罗）、曰休仑（一作胡仑）、曰苏必力尔、曰密执安。迤东又有两湖相属，曰伊尔厘（一作以利）、曰安剔衣厘阿。诸湖为分界之地，北为英土，南则米利坚地也。初，英吉利探得北亚墨利加之地，驱逐土番，据其膏腴之土，徙三岛之人实其地，英人趋之如水赴壑，佛郎西、荷兰、嗹国、瑞国无业之民亦航海归之，日渐垦辟，遂成沃壤。英以大臣居守，沿海遍置城邑，榷税以益国用，贸易日益繁盛，以此骤致富强。乾隆中，英与佛郎西构兵，连年不解，百方括饷，税额倍加，旧例茶叶卖者纳税，英人下令买者亦纳税，米利坚人不能堪。乾隆四十年，绅耆聚公局，欲与居守大酋酌议，酋逐议者，督征愈急，众皆怒，投船中茶叶于海，谋举兵拒英。有华盛顿者（一作兀兴腾，又作瓦乘敦），米利坚别部人，生于雍正九年，十岁丧父，母教成之，少有大志，兼资文武，雄烈过人，尝为英吉利武职，时方与佛郎西构兵，土蛮寇钞南境，顿率兵御之，所向克捷，英帅没其功不录，乡人欲推顿为酋长，顿谢病归，杜门不出。至是众既畔英，强推顿为帅，时事起仓卒，军械、火药、粮草皆无，顿以义气激厉之，部署既定，薄其大城。时英将屯水师于城外，忽大风起，船悉吹散，顿乘势攻之，取其城。后英师大集，转战而前，顿军败，众悒怯欲散去，顿意气自如，收合成军，再战而克。由是血战八年，屡蹶屡奋，顿志气不衰，而英师老矣。佛郎西举倾国之师渡海，与顿夹攻英军，西班牙、荷兰亦勒兵劝和，英不能支，乃与顿盟，画界址为邻国，其北境荒寒之土仍属英人，南界膏腴之土悉以归顿，时乾隆四十七年也。顿既定国，谢兵柄，欲归田，众不肯舍，坚推立为国主，顿乃与众议曰："得国而传子孙，是私也。牧民之任，宜择有德者为之。"仍各部之旧，分建为国，每国正统领一，副统领佐之（副统领有一员者，有数员者），以四年为任满（亦有一年、二年一易者），集部众议之，众皆曰贤，则再留四年（八年之后不准再留），否则推其副者为正，副或不协人望，则别行推择乡邑之长，各以所推书姓名投匦中，毕则启匦，视所推独多者立之，或官吏或庶民，不拘资格。退位之统领依然与齐民齿，无所异也。各国正统领之中，又推一总统领专主会盟、战伐之事，各国皆听命，其推择之法与推择各国统领同，亦以四年为任满，再任则八年。自华盛顿至今（顿以嘉庆三年病卒），开国六十余年，总统领凡九人，今在位之总统领，勿尔吉尼阿国所推也。初，华盛顿既与英人平，销兵罢战，专务农商，下令曰："自今以往，各统领有贪图别国埠头，朘削民膏，兴兵构怨者，众共诛之。"留战舰二十，额兵万人而已。然疆土恢阔，储偫丰饶，各部同心，号令齐一，故诸大国与之辑睦，无敢凌侮之者。自与英人定盟至今，已六十余年，无兵革之事，其商船每岁来粤东数亚于英吉利。

　　按：华盛顿，异人也。起事勇于胜、广，割据雄于曹、刘，既已提三尺剑，开疆万里，乃不僭位号，不传子孙，而创为推举之法，几于天下为公，骎骎乎三代之遗意。其治国崇让善俗，不尚武功，亦迥与诸国异。余尝见其画像，气貌雄毅绝伦。呜呼！可不谓人杰矣哉。

　　米利坚全土，东距大西洋海，西距大洋海，合众国皆在东境。华盛顿初建国时止十余国，后附近诸国陆续归附，又有分析者，共成二十六国。西境未辟之地皆土番，凡辟新土，先以猎夫杀其熊、鹿、野牛，无业之民任其开垦荒地，生聚至四万人则建立城邑，称为一部，附于众国之后。今众国之外已益三部，总统领所居华盛顿都城不在诸国诸部数内，计国二十六、部三。其丁口至道光二十年，计一千七百一十六万九千余。

　　哥伦米阿（一作弋〔戈〕揽弥阿，又作力士勒果勒弥阿），在马理兰内港西汉之尾，勿尔吉尼阿之西北，地跨两国，周四十里，合众国之都城也。初，华盛顿既胜英，居于哥伦米阿，定为总统领治所。合众国之绅耆皆会集于此议国政。城为华盛顿所建，乃合众国创业之祖，故即名其城曰华盛顿，有总统领府、议事堂、文武衙署。迤西别一城曰查治当，有书院、铸炮局。对岸别一城曰阿力山特厘阿，有铸炮局、育婴馆。三城贸易极盛，居民四万三千。（米利坚各国皆无城，都会聚落即谓之城，其实并无垣堞也。）

缅国（一作洺，又作卖内），在合众国极东北隅。与英吉利属部接壤，西界纽罕什尔，南界海，幅员如中国之浙江省。山水环匝，林木丛茂。北境极寒，冬月雪深数尺，坚冰可胜车马。南境夏令颇热。明天启六年，英吉利有数人，始至基尼河畔创立一乡。后渐繁衍，与麻沙朱色士合。嘉庆二十五年归合众国，道光元年别立为缅国。地产五谷、棉花、纸、熟皮、蜡烛、铁，以材木为最多，船料皆取办于此。每岁出口货价约八百余万。合众国贸易缅居十之三。以奥古士大为会城，有大书院二所。正统领一人，副七人，巡察官十二人，赞议官数十人。居民五十万余，所务惟农、渔、商，无巨富，无极贫。

纽罕什尔国（一作纽韩诗尔，又作纽含社，又作新韩赛，又作新杭西勒，纽即译言新也），在缅国之西。北界英土，西界洼满的，南界麻沙朱色士，幅员如缅三之一。境内峰峦叠耸，最高者曰白山，积雪不消，终岁皓然。有尼比西阿尼湖，周数十里，风景幽绝，土气清和，其人多寿。明天启三年，英人麻臣俄尼士始垦此土，旋与麻沙朱色士合。乾隆六年，别立为纽罕什尔部，后归于合众国。地产大木，有高二十丈者，又产洋参、冰糖、铜、铁、铅。会城曰公哥突，有大书院。官制与缅略同，员数差少。居民二十八万零。东南隅有波子某城，港口深稳，合众国兵船皆泊于此。

洼满的国（一作屋满的，一作洼门，又作华满，又作法尔满，又作委尔蒙），在纽罕什尔之西，北界英土，西界纽约尔，南界麻沙朱色士，幅员与纽罕什尔相埒。境内有曼士非尔大山，高四百余丈。山多杉木，冬夏尝〔常〕青，故名其地曰洼满，译言绿山也。又有大湖曰占勒连。万历元年，佛郎西人由加拿他转徙至此。雍正二年，英吉利人由麻沙朱色士渐拓其地。乾隆年间别立为一部。乾隆五十六年归合众国。产布匹、绵纱、粗呢、牲畜，兼产铅、铜、铁、锡，而铁尤王，又产皂矾极多。会城曰满比厘阿，有书院。官制与纽罕什尔同。居民二十九万零。

麻沙朱色士国（一作马萨诸色士，又作马沙朱硕斯，又作马沙诸些，又作马撒主悉，又作马萨诸塞），在纽罕什尔洼满的之南，西界纽约尔，南界干捏底吉、洛哀伦，东距大西洋海，幅员与洼满的相埒。近海地势稍平，迤西山岭重叠，干捏底吉河由北〔此〕发源，横贯国中，气候温和，似中国之江北。明正德年间，英吉利尚天主教，国人尚耶苏教者，航海逃至此地，名曰新英吉利，开垦生聚，户口渐繁。康熙三十一年，复归英辖，乾隆年间归合众国。土产铅、锡、白矾、煤炭、大呢、布匹、鱼油。会城在东界曰摩士敦，为合众国大都会。城内万室云连，市廛盘匝，百货阗溢，仍留隙地相间。隙地每方百亩围以栏干，外环树木，为居人游憩之地，牛马不容践踏，故地气疏通，人少疾疫。有大书院六所，藏书楼数处。一楼藏书二万五千册，官吏、士子皆许就读，惟不准携归。城外近临海港，在合众国埔头为第二，其商船、火轮船无所不到。陆地有铁路，马车与火轮车并用。火轮车行甚速，每日可三四百里。设正统领一，副二。居民八十三万零。

洛哀伦国（一作律爱伦，又作尔罗嗳伦，又作罗德岛，又作罗底岛），在麻沙朱色士之南，西界干捏底吉，东南距大西洋海，幅员如中国之一中县，在合众国为最小。明崇祯九年，麻沙朱色士人罗查威廉谪居于此，鸠众开垦，遂成小部。康熙二年归英吉利，后归合众国。土产铁、煤。会城曰波罗威士顿。城外有海港曰新湾港，内有小岛，其国以此岛为名。哀伦译言岛，洛哀伦译言岛部也。岛上建楼高十余丈，楼顶作小屋，围以玻璃，每夜燃灯数十，以导海舶避礁石，合众国港口皆效之。户口不繁，而贸易工作与麻沙朱色士相埒，棉花尤良，地平坦无水磨，海滨多建楼高六七丈，借风激轮为磨，以屑谷麦。设正、副统领各一，居民十万八千零。（南怀仁《宇内七大宏工记》有乐德岛铜人，高三十余丈，一手持灯，两足踏两山脚，海舶出其裆间，铜人内有旋梯，人由旋梯至其右手，燃灯以引海舶，即此岛也。建楼燃灯，事本寻常，乃怀仁造为铜人之诞说，而云三十余丈，不知此铜人何由而铸，亦何由而立也，亦可谓荒唐之极矣。）

干捏底吉国（一作干尼底吉，又作哥内的古，又作衮特底格，又作捏

的格尔），在洛哀伦之西，北界麻沙朱色士，西界纽约尔，南距海港，幅员
三倍洛哀伦。有大河曰干捏底吉，发源缅国，由此入海，故以水名为国名。
土壤中平，沿河腴沃，气候温和，近年已兴蚕桑之利。明崇祯六年，麻沙
朱色士人始垦其地，曰赤活。后有英吉利人垦出港口之地，曰纽伦敦。康
熙元年合为干捏底吉部，归英辖，嘉庆二十三年归合众国。土产牛、马、
骡、羊、铜、铁、棉、麻、布匹、大小呢、纸、铁器。又造木时辰钟，每
岁得三万件。会城有二，一曰哈得富耳，在河滨，有大书院一；一曰纽伦
敦，在海口，有大书院四。其学馆为二十六国之最，又有别院，教哑与聋
者，以手指代语言，诸国皆效之。设正、副统领各一，居民三十万九百零。

　　纽约尔国（一作纽约克，又作纽育，又作新约，又作新约基），米利坚
大国也。东界洼满的、麻沙朱色士、干捏底吉，东南一隅临海港，南界纽
折尔西、宾夕尔勒尼安，西北距安剔衣厘阿、伊尔厘两湖，东北界英土，
地形三角，幅员如中国之福建省。东境多山，大者曰押罢拉既俺，余多平
土。有大河曰活得逊，由北而南，长千余里，阔三四里。洋舶溯流而上，
可数百里。迤北甚寒，冰坚可任车马，中间有湖曰畜治。其地富庶繁华，
为二十六国之最。前明中叶，荷兰人寻新地初辟此土，名曰新荷兰。嘉靖
年间，意大里游民麕至，为荷兰佣。万历间，英吉利人亦至其地，经营开
垦，日益富盛。顺治年间，英吉利王命其昆弟名约者主之，以兵力逐荷兰，
尽有其地，名曰纽约尔。乾隆四十年，华盛顿举兵畔英，纽约尔首附之。
英人惜其殷富，屡以大兵攻取，故被兵为最甚。会城亦名纽约尔，外通海
港，为合众国第一埠头。产铜、铁、铅、盐、牛、马、羊、豕、棉布、哔
叽、熟皮、白纸、玻璃。每岁货船入港者一千五百艘，运入之货值三千八
百万圆，运出之货值二千三百万圆。内地通衢，多用铁汁冶成以利火轮车
之行。有大市镇二，曰阿尔巴尼，曰推来。通国书院、学馆甚多，其费岁
一二百万圆。有演武馆，教习枪炮军械。官制略同缅国，员数较多。居民
二百四十二万八千，居会城者二十七万。

　　纽折尔西国（一作纽约尔些，又作纽惹西，又作新遮些，又作新日尔
塞），北界纽约尔，西界宾夕尔勒尼安，南界特尔拉华，东面大西洋海。幅
员与麻沙朱色士相仿。北境有大山，平原多衍沃。有巴沙益河受诸水汇为
深潭，澄泓涵演，怡人游眺。明天启四年，嗹国人初寓其地。后有瑞典人

垦其南隅，荷兰人垦其东北。康熙四十一年，始归英吉利，后归合众国。产铁、铅、布匹。会城曰特连顿，设正、副统领，居民三十八万零。

宾夕尔勒尼安国（一作边西尔威尼阿，又作宾西洼尼阿，又作边西耳文，又作奔西尔瓦尼，又作品林），在纽折尔西之西，北界纽约尔，西北隅连伊尔厘湖，西界倭海阿，南界勿尔吉尼阿、马理兰、特尔拉华，幅员与纽约尔相埒。境内有押罢拉既俺大山，有湿布下苏贵哈那等河。地气寒暑适均，土壤东胜于西。初开其地者为瑞典人。康熙二十一年，英吉利将领威廉宾据之，又买土番旷土，拓为大部，故以姓名其地，曰宾夕尔勒尼安，译言宾之林野也。乾隆年间归合众国。土产煤、铁、盐、呢、布、苎麻、磁器、玻璃。会城曰非勒特尔非尔（一作费拉地费，又作兄弟爱）。在东南隅，建于特尔拉华河口，街直如矢，万厦整洁，外通海港，洋船可直抵城下，为合众国第三埠头，每岁运入之货值一千一百余万圆。境内有铁路可达邻封，火轮车、船之烟柜多造于此。官制与纽约尔略同。居民一百八十二万零。

特尔拉华国（一作底拉华，又作地那洼，又作德拉委尔，又作列勒威尔），在宾夕尔勒尼安之东南。西南界马理兰，东面临海港，为特尔拉华河下游，故以水名为国名。幅员与洛哀伦相仿，在二十六国中为最小。地亦瑞典人所开。荷兰夺之。康熙三年，归英吉利，初附于宾夕尔勒尼安，后析为小部，道光十年始归合众国。土田卑湿，贸易无多。会城曰多发。设统领一，居民八万八千零。

马理兰国（一作马里兰，又作马黎郎，又作麦尔厘兰），东界特尔拉华，北界宾夕尔勒尼安，西南界勿尔吉尼阿，中贯遮士毕海港，分境土为两畔，幅员与纽折尔西相埒。西北有峻岭，余多平土，五谷、百果皆宜。明嘉靖间，英吉利有律官曰麻尔底磨，率二百人来垦此土，父子相继，至崇祯六年告成。其初开时，值英吉利女主马理在位，故名之曰马理兰。马理译言王后，兰译言地也。后归合众国。产呢、布、铁器、牙器、玻璃、纸料。会城曰阿那波里，有书院。官制与诸国同，居民四十八万。华盛顿都城在国之西南界。

勿尔吉尼阿国（一作费尔治尼阿，又作委尔济尼阿，又作洼治尼阿，又作费治弥亚，又作威额尔拿），在马理兰之西南，西北界宾夕尔勒尼安、倭海阿，西界阡的伊，西南界田纳西，南界北喀尔勒那，东距海港，幅员之广，为二十六国之最。境内多山，最大者曰波威尔士。河渠交络，最长者曰波多墨，有天生石桥，离水二十丈，阔数丈。又有石洞，深一里许，内有生成数石人，名曰龙洞。土壤中平，沿河者较腴沃。明中叶，英吉利王占士时（未知是显〔查〕理第几），英人初垦此土，因名其地曰占士。后于万历初告成，值女主以利撒毕在位，更名曰勿尔吉尼阿，译言贞女，用以赞扬女主也。乾隆四十一年，归合众国。产五谷、果实，贸易繁盛。会城在东界海滨，曰里是满，有大书院。官制略同诸大国，居民一百二十三万零，合众国聪明英杰之士多萃于此。

北喀尔勒那国（一作那弗喀尔勒那，那弗译言北也，又作北格罗来纳，又作北甲罗里那，又作北戈罗里，又作北驾罗连，又作北加洛粦），在勿尔吉尼阿之南，西界田纳西，南界南喀尔勒那，东距海，幅员与勿尔吉尼阿相埒。境内西北多山，以墨鲁山为最高。东南皆平土，河道纷歧，最长者曰罗阿菉，东界有瘴气，迤西平善。初，英吉利律官格拉领顿与依尔额兰、威尔里等来垦此土，因以国王之名名之，曰查尔士顿（未详是查理第几），后又有腊里者亦来垦，两土毗连，告成之后总名曰喀尔勒那。雍正七年，分为南、北两部，北部乃腊里所垦也。乾隆五十五年归合众国。地产金，开矿淘沙者常二万余人。木多松，以松脂代烛。谷以粟米为主，小麦次之，产棉花、烟叶。会城曰喇里，设正统领一，参办七人，僚佐数十。居民八十万三千零，耕作买阿非黑奴为之。俗侈靡好宴饮。

南喀尔勒那国（一作搜士喀尔勒那，搜士译言南也，余与北国同），在北喀尔勒那之南，西南界若耳治，东南距海，幅员如北喀尔勒那三之二。境内墨鲁山高四百余丈，余皆部嵝。有沘底大河，由西北而贯东南。海滨炎热有瘴气，迤西适中。初，与北喀尔勒那为一部，后分两部，与北部同时归合众国。土宜粟、稻，木多松、橙，产棉花、苎麻、金、铁，有铁路通邻封。会城曰个伦比亚，有大书院二。官制同北部，惟北部无副统领，南部有之。居民五十五万三千零。

若耳治国（一作若尔热，又作若治阿，又作热尔治阿，又作热可加，又作磋治阿，又作惹尔日亚），在南喀尔勒那之西，北界北喀尔勒那、田纳西，西界阿拉巴麻，南界佛勒尔勒厘，幅员如中国之直隶省。押罢拉既俺大山在北境，东北有卸番亚河，又有阿结治、亚拉达麻哈等河，皆注南洋。北界有石洞，高数丈，小河从此流出。驾小舟入洞，可十五里。过此瀑布飞下不能进矣。雍正十年，始有英吉利百余人居此，立城于卸番亚河畔，无业贫民竞负耒来耕。后荷兰、瑞典之人亦来垦荒地，渐成聚落。时南境之佛勒尔勒厘为西班牙所据，以兵争此土，数年乃定。乾隆十八年，英吉利始建为一部。时英王为若耳治第二，遂名之曰若耳治。嘉庆三年归合众国。地气、土俗、物产，与南喀尔勒那同，以棉花为大利。会城曰靡理治，有大书院。官制与诸部略同，居民六十五万一千零。

倭海阿国（一作呵海呵，又作呵希呵，又作阿喜呵，又作呵宜约），在宾夕尔勒尼安之西。北距伊尔厘湖，西北界密执安，西界英厘安纳，南界阡的伊、勿尔吉尼阿，幅员与宾夕尔勒尼安相埒。地多冈阜，无大山，河渠交络，土壤膏腴。乾隆三十五年，欧罗巴人从西北方来（密执安诸部），始开荒地。嘉庆五年告成，英人始设官，七年即归合众国。产铁、煤、盐、粟、稻、烟叶、苎麻、棉花、玻璃。有河道可达港口，有铁路通邻封。会城曰戈揽模士。设官如诸国。居民一百五十六万零。

密执安国（一作米诗干，又作弥治颜，又作迷诗安），东北距休仑湖，东南距伊尔厘湖，西距密执安湖，南界倭海阿、英厘安纳。幅员略逊于倭海阿。三面包湖，沙土疏衍，随处可耕。康熙三十九年佛郎西人始垦其地，乾隆二十八年为英吉利所夺，道光十五年始归合众国。物产未详，有铁路通邻封。会城曰底特律。设官如诸国。居民二十一万二千零。

阡的伊国（一作建德基，又作建大基，又作根特机，又作根都基），在勿尔吉尼阿之西。北界倭海阿、英厘安纳，西界奕伦诺尔，南界田纳西。幅员如中国之浙江省。地居二十六国之中。寒暑均平，河道纵横穿贯，田土膏腴，五谷、百果不可胜食。东境连押罢拉既俺大山，有风穴，上半年风从外入，下半年风从内出。尝有土人于上半年用窗掩穴口，秉炬而入，行五十里不能尽，惧而返，次日乃出穴，竟莫知其浅深。其地旧属勿尔吉尼阿。乾隆三十三年，有单耶利蓬者徙居于此，至三十八年，来者渐众，立一邑曰暇律士。四十四年，别立为一部。四十六年归合众国。土产禾、麻、菽、麦、烟叶，麦之多甲于诸国，兼产铁、铅、煤。水道不通，海货难出运，惟用火轮船贸迁于本国。会城曰法兰富耳，有大学堂。官制略同诸国，员数颇多。居民七十八万九千零。别有大市镇二，曰累士、曰历星顿，兵最强，推为诸国劲旅。

佛勒尔勒厘部（一作佛啰理得，又作佛罗里达，又作缚利他，又作费罗里大），合众国之极东南境。地形如拇指斜伸入海，北界若耳治、阿拉巴麻，余皆距海，幅员与密执安相埒。地形平坦，壤土与沙石相间，卑湿殊甚。明正德七年，西班牙人般士底里晏始垦此土，嘉靖四十三年为英吉利所夺，越二十年西班牙复夺回。嘉庆年间，西班牙与别国交兵，有米利坚货船为西班牙军所劫，米利坚起兵索偿，西班牙知曲在己，而米船之货已散失，乃以佛勒尔勒厘地偿之，时嘉庆二十五年也。西班牙人皆他徙，惟留渔户、农夫，近年招集流徙，生聚渐繁。海滨土番尚未全服，时与居民格斗。产玳瑁、蜜蜡、枣、橙、榴、无花果、甘蔗、棉花、洋蓝。以达那哈为会城。止设议事处一所，未立统领等官，故不列于诸国。居民五万三千零。（以上一都十八国一部为米利坚东路）

田纳西国（一作典捏西，又作地尼西，又作德内西），在阡的伊之南。东北界勿尔吉尼阿，东界北喀尔勒那，南界若耳治、阿拉巴麻、密士失必，西与阿甘色隔河为界，幅员如中国之浙江省。东界有峻岭，自北而南，绵亘数百里，与押罢拉既俺大山相连。节序和平，土脉膏腴，河渠交贯，五谷、百果皆宜。合阡的伊为米利坚中原，如中华之河雒。其地初为勿尔吉尼阿、北喀尔勒那人所垦，嘉庆元年立为国，归合众国。产铁器、棉布、夏布。会城曰那实，官制同诸国，居民八十二万九千零，工农并力，家给人足。

阿拉巴麻国（一作阿喇巴麻，又作巴里特摩，又作阿那麻马，又作亚喇罢麻），在若耳治之西。北界田纳西，西界密士失必，西南隅距海，南界佛勒尔勒厘，幅员差逊于若耳治。押罢拉既俺山在东北境，高百余丈。境内之水，以阿拉巴麻为最大，因以为国名。南方夏苦热，土人多入山避暑。北方稍见霜雪，亦不甚寒。近山、近海之土多腴沃，地旷人稀，兽蹄鸟迹交于野。其地旧半属若耳治，半属佛勒尔勒厘。道光元年别立为一部，归合众国。产金、铁、稻、谷、果实、甘蔗、烟叶、棉花、洋蓝，以棉花为最盛。会城曰磨庇理湾，建于海口，为南方大埠头，出运棉花、麦粉，贸易极盛，有大书院。设正、副统领各一，议处官数十人。居民五十九万零，经商者多能穷险远，所造快船行驶极速，内地铁路亦四达。

密士失必国（一作米西细比，又作弥斯栖北，又作美士细比，又作米西西比），在阿拉巴麻之西。北界田纳西，西北隔河界阿甘色，西南隔河界鲁西安纳，东南隅距海，幅员与阿拉巴麻相埒。密士失必者，米利坚大河，来源甚远，大如中国之黄河。其河由此土西界入海，故以为国名。押罢拉既俺大山至此而尽，地气与阿拉巴麻同，有瘴气，夏令人多染疫。土田腴沃，推南邦上壤。惟西界未立堤防，颇受水患。康熙五十四年，佛朗西人初至寄居，西班牙人续至争之，以为公地。乾隆二十七年英吉利取之，嘉庆二年归合众国，二十二年立为一国。旧产烟叶、洋蓝，近年以棉花为盛。会城曰查基逊，官制与诸国同，居民十三万六千八百零。密士失必河口外通海港，有城曰那古士，又名新阿尔兰，洋艘所聚，为西南大埔头。

鲁西安纳国（一作累西安纳，又作雷栖阿那，又作卢宜西安，又作累斯安），在密士失必之西南，隔河为界，北界阿甘色，西界得撒，南距海，幅员如中国之直隶省。西北有小山，东南平坦。地气炎热，多疫疠。土膏腴，有水患。地为佛郎西人所垦。乾隆二十八年，西班牙夺之，嘉庆五年佛郎西复夺回。八年，合众国以番银千五百万圆买之。二十三年立为一国。土产甘蔗、棉花，甲于诸国。种蔗十五亩，得糖五千斤。有风柜弹棉花，一柜可敌数百人之工。会城曰纽哈连。官制同诸国。居民二十一万五千五百零。贸易之盛，在密士失必河口，上游诸国之货皆萃于此，内地亦有铁路。

英厘安纳国（一作引底安纳，又作因地阿那，又作音的亚那），北界密执安，西北距密执安湖，西界奕伦诺尔，南界阡的伊，东界倭海阿，幅员与密执安相埒。土壤膏沃，山巅亦堪播种，树木尤丛茂。康熙三十九年，佛郎西人始开其地。乾隆二十八年，为英吉利所夺，后归合众国。产煤、盐、铁、粟米、苎麻、烟叶、洋参、蜜蜡。有铁路通邻封。会城曰英厘安纳波里。官制同诸国，居民六十七万五千零。

奕伦诺尔国（一作伊理奈士，又作依里内士，又作意黎乃），在英厘安纳之西，北界衣呵华新部，西界密苏尔厘，南界田纳西，幅员与鲁西安纳相埒。地平坦，多茂林丰草，宜牧畜。初，与英厘安纳为一部，皆佛郎西所垦。后为英吉利所夺。嘉庆十四年，分为奕伦诺尔部，后归合众国。土产与英厘安纳同。会城曰湾达里阿。居民四十七万六千零。

阿甘色国（一作阿干萨士，又作阿尔干萨），在鲁西安纳之北，东距密士失必大河，与密士失必、田纳西隔河为界，西界因底阿土番，北界密苏尔厘，幅员大于鲁西安纳。西界有阿萨麻萨尼大山，余皆平土。旧本与密苏尔厘为一部，皆佛郎西人所垦，嘉庆二十四年始别为一部，道光十六年归合众国。土俗、物产与鲁西安纳略同。会城曰力特尔洛。官制同诸国，居民九万七千零。

密苏尔厘国（一作密苏理，又作弥梭里，又作迷苏利），在阿甘色之北。东与奕伦诺尔隔密士失必河为界，西北界土番，幅员与阿甘色相埒。境内无大山，多茂林，土宜粟、麦、稻，有大河曰密苏尔厘，因以为国名。康熙三十九年，佛郎西人初垦此土，与阿甘色为一部。嘉庆二十四年始分两部，道光二年归合众国。产白黑铅、砒石、煤、铁、盐、棉花、牛皮。会城曰渣法旬。官制略同诸国。居民二十三万三千零，分两种，一曰格腊色士，即佛郎西人后裔；一曰牙模士，乃佛郎西人与因底阿土番婚配所生，介乎紫白之间（土番紫色）。

威士干逊部（一作威斯滚申达多里）、衣呵华部（一作依阿威士），在苏必力湖之南，密执安湖之西，奕伦诺尔之北，跨密士失必大河左右，地界辽阔，约如诸大国之四倍。多冈阜，无大山，土沃易于垦种。本因底阿土番所居，道光十年始有密执安白人迁居，渐成聚落，错杂于土番之中，皆建炮台，以资保卫。近年人户渐多，分为两部，北曰威士干逊，居民三万零；南曰衣呵华，居民四万三千零。经营方始，未设统领等官，故不成为国。（以上八国二部为米利坚西路）

合众国之西抵大洋海，尚有荒地数千里，北界英吉利属地，南界墨西哥，中有落机大山，诸大河多从此发源。其土番总称因底阿，种类甚多，长大多力，五官停正似中华，面色紫赤，发与睛皆黑色。不解耕织、炊汲，茹毛饮血或啖果菜瓜，以草木为棚寮蔽风雨。夏月裸上体，腰围兽皮，冬寒则上体亦披皮。又有面涂五色，头插鸟翎以示武者。业惟渔猎，不知文字。病无方药，惟求持咒者叱解之。其人明信，知敬老，受侮必报，汤火不辞。无钱币，以树皮、珠、石相交易。有头目以约番众。方英吉利与米利坚兵争，欲诱土番扰西边以分米势，言语不通，土番不为用，面米利坚西鄙之民多与土番狎熟，因募为一军，授以兵械，教成队伍。土番踊跃用命，屡破英军，故合众国之胜英，土番与有力焉。近年米人日渐西徙，与土番杂居，教以耕作，风气渐开。密执安湖之西，已立威士干逊、衣呵华两部。两部之西仍系土番，米人约其地形分为三部，曰威斯顿达多里、曰威斯顿底特力、曰阿里颜达多里。

威斯顿达多里，在阿甘色、密苏尔厘之西。南界得撒、墨西哥，西抵落机大山，北界威斯顿底特力。地界辽阔，土肥硗不齐，肥者可耕可牧，瘠者多不毛。米人以其地与因底阿番为牧猎之场，又立书馆，给工作器具，冀日渐化导之。土番种类甚多，有土著者，有外来者。道光十六年，米人查其户口，分十九种，曰作岛斯、曰格力士、曰支罗机士、曰阿些治士、曰瓜包士、曰沙洼尼士、曰干萨士、曰地那洼士、曰机加布士、曰包尼士、曰呵麻哈、曰呵多士、曰西尼加士、曰委士、曰比晏机搔士、曰比呵里阿士、曰加士机阿士、曰阿岛士、曰波达洼弥士。以上各种俱已解耕牧，居庐舍，学商贾，间有通文字者，其余种类尚多榛狉如故。

威斯顿底特力，在威斯顿达多里之北，东界威士干逊、衣呵华两新部，北界英吉利属地，西抵落机大山。地界辽阔，山路崎岖，米人罕至其地，故未得其详。其种人有曼丹士、敏尼达里士、墨腊弗底顿士、然顿士西阿士等名。道光十五年，尝与米人战斗。地产山羊、鹿皮。

阿里颜达多里，又名戈揽弥阿达多里，在落机大山之西，北界英吉利属地，南界墨西哥，西距大洋海（即中国之东洋大海，又名太平海）。地界辽邈，里数未详。西界近海有山岭数叠，而东境之落机山为大。产木料、皮毛。有木曰摆树，高二三十丈，围四五丈，亭直无枝，至杪始分枝叶，遥望如伞。又有一种树，其脂如糖，秋收其子作饼甚美。土番不解耕作，非渔即猎，凿木为舟，可载四五十人，运兽皮至戈揽弥阿河口，易白人坏炮、铁锅、白珠、蓝珠、烟叶、铁刀等物。其俗生男女，即以物束头，俾其顶鼻挺直，并涂脂腻为美观，间有佩熊爪、铜镯、蓝珠、白珠者。交易多以女，任人调姗，不以为意。又一种番，生子即以物压头，欲其匾，经年始除去之，故亦称匾头人。戈揽弥阿河之北岸即弯戈洼岛，土番食海鱼，衣兽皮。欧罗巴人有弥里士者曾至其地，见其头目之屋可容八百人，有饮食者，有坐卧者，仪躯粗莽，以人骨为饰，五官亦平正，惟以赤土和黑沙涂面，令人望而骇恶，食惟鱼，亦有以人为食者，故市上有人手足。

按：米利坚二十六国，内地各国大小不甚悬殊，惟东北滨海数国壤地甚褊，如纽罕什尔、洼满的、麻沙朱色士、干捏底吉、纽折尔西、马理兰，已不及诸大国三分之一，而洛哀伦、特尔拉华二国，周回皆不过百余里，乃不及诸大国十分之一。此非其分地之不均也，当欧人之初辟此土也，人户先栖托于海壖，各成聚落，后乃渐拓而西，日益垦辟，其国之三大埠头（摩士敦、纽约尔、非勒特尔非尔）又皆萃于东北，富商大贾之所聚，地虽褊小，气象固殊。内地各国皆资耕作，幅员易广，而财力不如海滨之盛，其势然也。迨华盛顿倡义拒英，各部之豪皆起兵相应，功成之后，举事者凡十余部，因即分为十余国，其后有续附者、有新分者，遂成二十六国，皆仍其旧而安之，非裂地而定封也。洛哀伦人户止十余万，特尔拉华止八万余，不能因其弹丸黑子并归大国。齐、鲁之不兼邾、莒，亦初制则然耳。东方通商诸国，纽约尔最富厚，麻沙朱色士、宾夕尔勒尼安次之，缅与勿尔吉尼阿又次之。倭海阿土沃人殷，阡的伊、田纳西地处中原，沃野千里，南方诸国滨海，西方诸国傍河，地利之产，运行较便，故国多富饶。计两湖之南，密士失必大河之东，已无不辟之土。河西止鲁西安纳、阿甘色、密苏尔厘三国，近益以威士干逊，衣呵华二部，其迤西数千里密林奥草，野番所宅，开垦不易，然生齿日繁，何虞土满？数百年后，当亦阡陌云连，直抵西海之滨矣。数千万里稼穑之土，剖判历数千万年，闷而不发，地不爱宝，固如是乎？然至今日而筚路启疆，固亦莫能终秘矣。

米利坚各国天时和正，迤北似燕、晋，迤南似江、浙，水土平良，无沙碛，鲜瘴疠。（南方微有瘴气，亦不甚毒。）其土平衍膏腴，五谷皆宜，棉花最良亦最多，英、佛诸国咸取给焉。蔬菜、果实皆备，烟叶极佳，通行甚远。山内所出者，石炭、盐铁、白铅。境内小河甚多，米人处处疏凿，以通运道。又造火轮车，以石铺路，镕铁汁灌之，以利火轮车之行，一日可三百余里。火轮船尤多，往来江海如梭织，因地产石炭故也。（火轮船必须燃石炭，木柴力弱，不能用也。英吉利火轮石炭皆自苏各兰带来。）

米利坚政最简易，榷税亦轻，户口十年一编。每二年于四万七千七百人之中，选才识出众者一人居于京城，参议国政。总统领所居京城，众国设有公会，各选贤士二人居于公会，参决大政。如会盟、战守、通商、税饷之类，以六年为秩满。每国设刑官六人主谳狱，亦以推选充补，有偏私不公者，群议废之。合众国税入约四千万圆、文职俸禄四百七十六万圆，陆路官兵俸饷四百三十万圆，水师官兵俸饷四百五十七万圆，杂费三百八十万圆，开垦土费一千三百万圆。统领虽总财赋，而额俸万圆之外不得私用分毫。众国旧亦有欠项，道光十七年一概清还，不复亏贷于民。然缘此公私银号多歇业，而国家或有不虞之费，无从取给，亦颇受其累云。

米利坚合众国额兵不过一万，分隶各炮台关隘。其余除儒士、医士、天文生外，农工商贾自二十岁以上、四十岁以下一概听官征选，给牌效用，为民兵，糇粮器械概由自备，无事各操本业，有事同入行伍。又设队长、领军等官，皆有职无俸。每岁农隙集聚操演。其民兵约一百七十余万丁，与古人寓兵于农之法盖暗合焉。

米利坚合众国白人皆流寓，欧罗巴各国之人皆有之，而英吉利、荷兰、佛郎西为多，三国之中英吉利又居大半，故语言文字与英同其制。土番各画地授田不准遭徙，贸迁工作皆白人，其人驯良温厚，无鸷悍之气，谋生最笃。商舶通行四海，众国皆奉耶稣教，好讲学业，处处设书院。其士类分三等，曰学问，研究天文、地理暨耶稣教旨；曰医药，主治病；曰刑名，主讼狱。

按：南、北亚墨利加衺延数万里，精华在米利坚一土，天时之正，土脉之腴，几与中国无异。英吉利航海万里，跨而有之，可谓探骊得珠。生聚二百余年，骎骎乎富溢四海，乃以掊克之故，一决不可复收。长国家而务财用，即荒裔其有幸乎？米利坚合众国以为国，幅员万里，不设王侯之号，不循世及之规，公器付之公论，创古今未有之局，一何奇也，泰西古今人物能不以华盛顿为称首哉。（《瀛环志略》卷九）

梁廷枏

海国四说序

三代后，惟汉、元声威所至，视周、秦、唐、宋为远。然亦止西北关塞而外，未闻越葱岭而讫西墺。即历代市舶骈集广、闽，大率来自东南洲岛。

故自元以前，尚不知有西洋诸国。

明初，郑和返命，内臣接踵而往。费氏《天心纪行》、吴氏《朝贡》两录出，张氏《东西洋考》继之。而后，海西岛屿略有称名。其时，舟航梭织，所经复有亚非利驾（亦云利未亚）地，即今之所称曰第三洲，合大浪山迤西，别为一区者也。万历以后，西人遵海远求荒僻，又得亚墨利加之北，移人实之；既又沿溯而得其南，终更冒险以抵极南生火之地。虽不可居，而墨瓦腊泥加之名，缘是起焉。然当利玛窦之来，礼臣据《会典》，但知有西洋琐里，尚未知有大西洋。陈氏之《录海国闻见》，在我朝定鼎之初，图绘大地全形，犹不越前三方者，盖明末纪纲失驭，无以柔远，贡国日少，声教不通。陈氏采掇之疏，厥端有在。

逮奉圣化覃敷，南洋开禁，重译旅来，敏关受廛，如游阓户。入市之有合省国，即新辟亚墨利加之旷野。而若荷兰、若啡噢兰西、若嘆咭唎、若嘽、若嗹，则统逮于西洋。其始皆因贡得市，后则凡其种类与其属国，并得以有易无。二百年来，所以沾濡美利，涵泳皇仁者，可谓极深，诚渥浃髓沦肌矣。

诸国之始至也，荷兰以助剿海逆，贡市最先，而意大理亚次之，博尔都噶尔雅又次之，嘆咭唎又次之。嘆咭唎虽奉冠带稍后，而贡献频数，一时恭顺，实出忱诚，未尝以其使臣之失仪辱命而尽绝之也。

夫西国之风气，惟利是图，君民每聚资合财，计较锱铢之末，跋涉数万里，累月经年，曾不惮其险远。来市虽众，率贸易工技者流，习狃夷风，方自以税重货多，日持市道之见，与为窥测。大体所在，开喻原难。故从来驭夷之方，惟事羁縻，养欲给求，开诚相与，毋启以隙而挑以衅，是即千古怀柔之善术。盖其人生长荒裔，去中国远，不睹圣帝明王修齐治平之道，不闻诗书礼乐淑身范世之理，所得内地书籍，出于市商之手，徒求值贱，罔裨贯通；更畏例严，购求忙杂；又飘栖异域，必无淹博绅贤，古义邃精，岂通解证。彼纵坚心求学，而择师乏术，从入迷途，薄涉浅尝，罣一漏万，无足以生其悦服，启其机缄。夫是以始终墨守旧行之教，递相传述，辗转附益。不知所考，则信奉愈坚；不知所疑，则触发无自意。

五口通商之后，固专于牟利，亦乐于行教。信教之心愈笃，斯传教之意愈殷。传欲其广，信欲其速，于是动以语言，劝以文字，诱以祸福。凡可以耸人闻听者，将无乎不至。议者极其事之所底，有虑其中于风俗人心而无如何，相与喟然太息者矣。

虽然，无足虑也。其为言也浅，浅则不耐人思索，虽质至庸常者，亦将异说存之，况聪颖之士乎？其为事也虚，虚则徒令人疑惑，虽素讲因果者，犹必空文视之，况礼义之俗乎？且其教主之种种奇能异迹，姑无论仅从千百年后得诸传闻，就令事事不诬，不过中国道流之戏幻。彼生长穷荒，圣教所不及之地，耳濡目染，沿递征说，凡应考筮仕，并出于斯，里巷常谈，殆同读法，牢不可破，曷怪其然。诚使明性道之大原，圣贤之彝训，与夫古今治乱兴亡之迹，日用伦常之道，不啻居漆室而睹日星，濯泥涂而升轩冕。其不思而悔，悔而转，转而弃者，无是人，更无是理也。

夫周孔之道洋溢，本速于传邮。特前此西海之外，舟车阻之，俟其从容向化，势已缓矣。今则招徕既广，望光而踵至者，未尝限以工贾之辈。迩者皇上扩天地之仁，恩施格外，听其购求典籍，延致中土儒生，大地同文，兆端于此。他日者，设能尽得圣君、贤臣、孝子、悌弟、义夫、节妇之见于纪载者，有以次第讲习，牖其愚蒙，引其向往，将所谓思悔转弃者，直旦暮闲事。是盖圣教普施之渐之，有以发其机而操之券，又安有人心风俗之足害也哉？

予以读礼家居，取旧所闻，编成《四说》，先详彼教之委曲，而折衷之以圣道，并其所习闻之说考证焉，而明其所出，而后其教可听与方外并存，曰《耶稣教难入中国说》。次举入市之国之所称货多税重者，为之各胪其风土起灭之由，一冠以中国年号，自案牍以逮时贤撰著，参以彼所自说，诞异者仍而正之，而后始末燎如，用资闻见，曰《合省国说》，曰《兰仑偶说》，而终之《粤道贡国》。凡贡道之由广东者，纪其年月、品物、锡赉、筵燕，而厚往薄来之义见焉。贡道不止粤东，谨就耳目所及，不敢滥也。粤道不止西洋，附以暹罗诸国，从其同也。即称臣纳贽之故，可共晓然于天朝厚泽，煦育已深。不特思义顾名，群安无事，抑更沾濡圣学，勉作异域循良之民，则圣代声教，夫岂汉、唐以下比哉？区区之怀，如是而已。不曰"记"而曰"说"者，以中国人述外国事，称名自有体制，且非足迹之所及，安知其信？固不敢援李思聪之《百夷传》、候〔侯〕继高之《日本风土

记》为例也。编成，辄序其大凡于简端。道光丙午年正月梁廷枏自序。（《海国四说》）

合省国说序

六合内外，自中华以迄夫海隅出日之乡，使鹿、使犬之地，无虑居国行国，穷涯僻岛，毡帐部落，凡有血气者，莫不奉一君主，柄其赏罚禁令，而齐之其间。虽禅、继、举、夺之不同，而君治于上，民听于下则一也。予盖观于米利坚之合众为国，行之久而不变，然后知古者"可畏非民"之未为虚语也。彼自立国以来，凡一国之赏罚、禁令，咸于民定其议，而后择人以守之。未有统领，先有国法。法也者，民心之公也。统领限年而易，殆如中国之命吏，虽有善者，终未尝以人变法。既不能据而不退，又不能举以自代。其举其退，一公之民。持乡举里选之意，择无可争夺、无可拥戴之人，置之不能作威、不能久据之地，而群听命焉。盖取所谓视听自民之茫无可据者，至是乃彰明较著而行之，实事求是而证之。为统领者，既知党非我树，私非我济，则亦惟有力守其法，于瞬息四年中，殚精竭神，求足以生去后之思，而无使覆当前之悚斯已耳。又安有贪侈凶暴，以必不可固之位，必不可再之时，而徒贻其民以口实者哉？

虽然，是必米利坚之地、之时、之人而后可。何也？地处荒窎，非英吉利所固有，皆民力之自为辟除，曾无栉风沐雨缔造艰难之实之少足动其念虑。而去国既远，鞭长不及，惟恃夷目为之驾驭，一旦有事，其志易离，其众易合。今统领之立，不过如向者之禀命夷目，习为故常，一也。

其始必得请，乃敢至谓酋尊也。数传而后，恩不知怀矣，威不知畏矣，乃力耕则税之，市物则税之，祖父手开之地则又税之，已几几乎莫识所从来。况忽焉而加以横征，劫以兵力，则相待不啻敌国矣。民一动而不可复止者，势为之也，二也。

其人喜谋利，往往耗智巧于制器成物，心无所用，获拥厚资以自奉，所愿已足。又不读书，闻于近时者，大率酋与酋争，实不知有拥立割据之事。故虽有豪富，不敢窥伺衅隙，揭竿而起。苟可以卫其身家，无使侵盗，辄相安焉，三也。

以是观之，地既有所凭恃以自立，时又迫之不遑他计，而人人复安愚贱，泯争端，三者相乘，夫是以创一开辟未有之局，而俨然无恙以迄于今也。其来市于中国也。适当其国有故之日。驯至数十年来，不设市官，不为桀骛，毋亦以主君未立，禀承无自，而统领方自以柄轻期促，不欲身露瑕隙，其商人因能共体其意，故市利外无他求钦？然要非我朝扩柔远之仁，为之防盗贼，减课税，有足以惬其来者之窹寐，而树其居者之风声，不及此矣。

予奉纂《粤海关志》，分载贡市诸国。而在广东海防书局，亦曾采集海外旧闻，凡岛屿强弱，古今分合之由，详著于篇。独米利坚立国未久，前贤实缺纪载，案牍所存，又多系市易禁令，间有得于通事行商所口述者，亦苦纷杂，难为条绪，欲专著一篇不可得，则仍置之。两年忧居，耳不复闻夷事。有以其国人新编《合省志略》册子见示者，盖初习汉文而未悉著述体例者之所为。因合以前日书局旧所采记，稍加考订，荟萃成帙，略如《五国故事》《吴越备史》，而详核有加焉。仍其今称，题曰《合省国说》，用广异闻而备外纪。顾或者谓西洋远隔中夏，文制回殊，今所称省、称府、州、县，皆仿中国。彼十三省之肇次，其目也尚在入市受廛之先，于前代改道称省之故，未有前闻，凭何循仿？缘是疑国人所自志者，不尽足征。然而热尔玛尼亚国之以合勒未祭亚为省，《皇朝职贡》已载入焉。他若细亚州之有嘉略省，有弗俗府，欧罗巴州之有嘉亚省，利未亚洲厄日多国之有孟斐府，并见南怀仁《坤舆外纪》。然则所称固不自其国始矣，又何不可信之有哉？道光二十有四年秋八月晦日，广东澄海县训导梁廷枏识。(《海国四说》)

粤道贡国说·西洋诸国

谨案：西洋在西南海，去中国极远，于古无可称。明初，使中官郑和远使西洋。其时，始知有西洋各国而未尽详。至万历九年，西洋有利玛窦者，至广州之香山澳。二十九年，以其方物进献。其徒继来者益众，士庶多与游者。崇祯初，历法疏舛，礼部尚书徐光启，请令西洋人罗雅谷、汤若望等，以其国新法相参校，开局纂修。书成未上，旋遭鼎革。本朝建元，采用其说，命若望等理钦天监事。医学亦间用之。据利玛窦及南怀仁等称：

所经欧逻巴洲地七十余国。其大者曰以西把尼亚，拂郎察，意大里亚，热尔玛尼亚，拂兰地亚，波罗泥亚，翁加里亚，大泥亚，厄勒察亚，莫斯哥未。风俗尚天主教，通历数，善制造。欧罗巴洲大、小诸国，皆奉行其教。其婚娶，男子三十，女子二十。通国之中，一夫一妇居室，无买妾生子者。产五谷，以麦为重。出五金，以金、银、铜铸钱为币。衣服：蚕丝者有天鹅绒、织金缎之属。羊绒有毯罽、锁哈剌之属。又有苎麻之类名利诺者，为布绝细而坚，轻而滑，敝则捣为纸，极坚韧。相见以免冠为礼。概衣青色，兵士勿论。女人以金宝为饰服，御罗绮佩带诸香。酒以葡萄酿成，可积至数十年。膏油之类，味美者阿利袜，是树头果，熟后即全为油，其生最繁，以法制之最饶风味，其核又可为炭，滓可为硷，叶可食牛羊。饮食用金、银、玻璃及磁器。天下万国坐皆席地，惟欧罗巴诸国用椅桌。其屋三等，最上纯以石砌，其次砖为墙，其下土为墙。石屋、砖屋筑基最深，上可累六七层，高至十余丈。地中亦有一层，既可容藏，亦可除湿。瓦或用铅或石板或陶瓦。凡砖、石壁皆千年不坏。墙厚而实，外气难通，冬不寒而夏不溽。其工作如木工、石工、画工、塑工、绣工之类，皆知度数之学，制造精巧。其驾车，国王八马，大臣六马，其次四马，或二马。乘载骡马互用，战马皆用牡，骟过则弱不堪战矣。良马止饲大麦及秆，不杂他草及豆，食豆足重不可行。此欧罗巴饮食宫室之大略也。诸国皆尚文学，广设学校，分为四科：一曰道科，主兴教化。一曰教科，主守教法。一曰治科，主习政事。一曰医科，主疗疾病。官禄皆厚。在处皆有贫院，养鳏寡孤独，又有幼院以育小儿，有病院养疾病。各城邑遇丰年多积米麦，饥岁以常价粜之。又小西洋，去中土万里，属于大西洋。遣夷目守之，衣冠状貌与大西洋略同。夷妇青帕蒙首，著长衣，围锦幅于前，折袖、革履，习针黹。

又案：西洋诸国，前有治世王，有教化王，诸小国皆听命焉。就中尤重教化。凡贸迁者，皆治世类也。康熙间来贡，尚称教化王。

康熙六年，广东巡抚奏称："西洋国遣官入贡，正贡船一只，护贡船三只。"

又，议准："西洋贡道由广东。"

七年，题准："西洋进贡，以后船不许过三只，每船不许过百人。"

八年，题准："令正、副使及从人二十二名来京。其留边人役，该地方官给与食物，仍加防守。"

九年六月，西洋国王阿丰肃，遣陪臣奉表入贡方物：国王画像、金刚石、饰金剑、金珀书箱、珊瑚树、珊瑚珠、琥珀珠、伽楠香、哆啰绒、象牙、犀角、乳香、苏合油、丁香、金银乳香、花露、花幔、花毡、大玻璃镜等物。奉旨："西洋地居极边，初次进贡，具见慕义之诚。可从优赏赍。钦此。"

又，西洋国贡使吗嗵吻萨咧哒噫到京具表进贡。赏赐筵宴毕，差司宾序班一员，伴送至广东，交该督差官护送出境。赐国王大蟒缎、妆缎、倭缎各三，闪缎五，片金缎一，花缎十，帽缎、蓝缎、青缎各五，绫、纺丝各十有四，罗十，绢二，银三百两；使臣大蟒缎一，妆缎一，倭缎二，帽缎一、花缎六、蓝缎二，绫、纺丝各四，绢二，银百两；护贡官、从人缎、绸、绫、绢、银各有差。

又，贡使吗嗵吻萨喇哒噫行至江南山阳地方病故。礼部题准："内院撰祭文，所在布政司备祭品，遣本司堂官致祭一次。仍置地营葬，立石封识。若同来使臣愿带回骸骨，听从其便。"

十七年八月，西洋国王阿丰肃遣陪臣本多白垒拉，奉表贡狮子，并奏言"凡在所属，瞻仰巍巍。大清国咸怀尊敬，愿率诸国永远沾恩，等日月之无穷"云云。圣祖仁皇帝召见于太和殿，宴赍遣归。

御前贡物：国王像一幅，金刚石饰金剑一柄，金珀书箱一座，珊瑚树一枝，琥珀珠六串，伽楠香二段、哆啰绒三匹，象牙一枝，犀角四只，乳香六桶，苏合油一桶，丁香一笼，金银乳香二笼，花露一箱，花幔四端，花毡一铺。皇后前贡物：大玻璃镜一面，珊瑚珠一串，琥珀珠十串，花露一笼，丁香一笼，金银乳香一笼，花幔四端，花毡一铺。

又，西洋国入贡，赏例照九年，外加赐国王大蟒缎、妆缎、倭缎、片金缎、闪缎、帽缎、蓝缎、青缎各一，花缎二，绫、纺丝各四，绸二，共百；加赏贡使绫、纺丝、罗各二，绢一，共三十；护送官、从人各加赏有差。

又，西洋国贡使回国，兵部给口粮、驿递夫船，部仍差官伴送至广东，交该督、抚差官护送出境。

二十四年，监督宜尔格图奏言："粤东向有东、西二洋诸国来往交易，系市舶提举司征收货税。明隆庆五年，以夷人报货奸欺，难于查验，改定丈抽之例，按船大小以为额税，西洋船定为九等。后因夷人屡请，量减抽三分，东洋船定为四等。国朝未禁海以前，洋船诣澳，照例丈抽。但往日多载珍奇，今系杂货，今昔殊异，十船不及一船。请于议减之外，再减二分。东洋亦照例行。"奉旨俞允。

谨案：海禁之开，在是年之前一年。沿海民人，得以五百石以下船出洋贸易。其海口内桥津舟车等物，停止征收。据此，则是旧例丈抽已行议减，是年，因再酌减也。

五十九年，西洋国王遣陪臣斐拉里奉表来贡。是日，设表案于畅春园九经三事殿阶下正中，圣祖仁皇帝御殿升座，礼部、鸿胪寺官，引贡使奉表陈案上，退行三跪九叩礼。仍诣案前奉表进殿左门，升左陛，膝行至宝座旁恭进。圣祖仁皇帝受表，转授接表大臣。贡使兴，仍由左陛降，出左门，于阶下复行三跪九叩礼。入殿，赐坐、赐茶毕，谢恩退。

乾隆十八年，西洋国王遣陪臣巴哲格等，奉表来京。令来使候于后左门，恭候高宗纯皇帝御乾清宫，升宝座，礼部堂官一人，率领在京居住西洋人一人，引来使进见。进表仪同雍正五年。是日，会集之大臣咸补服，议政大臣入内大臣班，不赐茶，豹尾班侍卫照常随进，扈卫如仪。

谨案：雍正五年，西洋意达里亚、博尔都噶尔雅两国并入贡，分载于后。

赐国王及正使，均照雍正五年例。其副使总理官，每人蟒缎、帽缎各一，妆缎、采缎、蓝花缎、青花缎、蓝缎各二，绫、纺丝各四，绢二；护送官，每人潞绸、纺丝各四，绢二，银五十两；从人每名潞绸、纺丝、绢各二，银五十两。又，加赐国王龙缎四，妆缎十二，妆花缎、线缎各八，绫、纺丝各二十二，罗十三，绢七，册页一，玛瑙玉器六件，珐琅器二种十二件，漆器十九种四十八件，瓷器三十三种共一百八十八件，及紫檀木器、画绢、香袋、香饼、纸墨扇、茶等物；正使妆缎二、花缎、线缎四，玉器二，珐琅器二，漆器三种五件，瓷器八种共三十三件，及画绢、纸墨扇、茶等物。又，随敕书赐国王龙缎、片金缎各二，蟒缎、倭缎各三，妆缎七，花缎六，闪缎、花缎、蓝花缎、青花缎、蓝缎、青缎、帽缎、线缎各四，绫、纺丝各二十二，罗十有三，绢七。又五月初一日，于圆明园，赐国王纱四十、葛百，及香囊、香串、宫扇、药锭等物；正使纱三十、葛四十；副使、总理官纱十有二、葛十，及香囊、香串、宫扇、药锭等物各有差；从人纱五十、葛百。

　　三十一年，覆准："嗣后西洋人来广，遇有原进土物及习天文、医科、丹青、钟表等技，情愿赴京效力者，在澳门令告知夷目，呈明海防同知，在省令告知行商，呈明南海县，随时详报总督具奏请旨，护送进京。仅带书信物件，由海防同知、南海县交提塘转递。"（《海国四说》）

3. "师夷之长技以制夷"

引 言

所谓"师夷长技以制夷"，用今天的话说，就是学习西方列强的长处，用来抵御西方列强的侵略。这一思想的最初表述者是林则徐。林则徐在领导广州禁烟和抵抗英军侵略的实践中，对英军的"船坚炮利"有一定的认识，因而提出了"师敌长技以制敌"的口号，并在一定范围内付诸实行过。继林则徐之后，包世臣也表达过类似的思想。1841年时任参赞大臣杨芳率军增援广州，路经包世臣居住地豫章时专程到包世臣的家中征询他的意见。包世臣认为与中国通商的各国中，英国最强，其他各国都不独与之为敌，而英国则依仗自己的富强欺凌其他国家，"邻国所产各货皆被该夷于要害处所设关收税"，其他国家皆敢怒而不敢言。中国应该利用其他国家对于英国的不满，联合各国力量，共同消灭英国。这种办法他称之为"以夷狄攻夷狄之策"。具体而言，他建议先封关绝市，然后由当局明告各国，中国之所以封关绝市，是因为英国不遵守中国法令，走私鸦片，复又"恃强怙恶"，坚不具结，如果各国能集众弱以为强，共同于海中消灭英国，叩关内请，自当论功行赏，仍准通商，并分别功能高下，减免各该国关税，"是谚所谓'羊吃麦叫猪去赶也'"。他还告诉杨芳，"英夷之长技，一在船只之坚固，一在火器之精巧，二者皆非中华所能"，因此应招募在英夷馆学习过"制炮之法"的嘉应一带"贫士"，设厂制造，从而使"天下之物之利者"为我所用，以增强与英军作战的能力。除林则徐和包世臣外，一些到过前线或关注战事的清朝官吏也对英军的"船坚炮利"有一定认识，进行过一些"师夷长技"的活动。如浙江方面伊里布曾主持过试造西式船炮，但不成功，厦门方面也曾进行过按西式船炮改造中国船炮的试验。耆英在部署两江防务时，听说广东"有熟谙西法、专门铸炮之人"，特知会两广总督祁𡎴挑选前来帮助江苏铸造能与西洋大炮一敌高下的新式大炮。虽然林则徐、包世臣等表达过类似于"师夷之长技以制夷"的思想，而且有过一些实践活动，但他们并没有对这一思想进行任何理论阐述，借用研究者的话说，他们的思想还只是一种"朴素形态"。对这一思想进行比较全面的阐述，从而使其从"朴素形态"升华为一种"自觉理论"的是魏源。魏源参加过浙东的抗英斗争。在抗英斗争的实践中，他发现西方"船坚炮利"的"长技"是英军取胜的一个重要原因，如果中国能将西方"船坚炮利"的"长技"学到手，英军便失去了取胜的可能。所以，不久他便在《圣武记》中提出了"以彼长技，御彼长技"的主张。接着，他在撰写专门记述鸦片战争始末的《道光洋艘征抚记》中又提出，要"尽收外国之羽翼为中国之羽翼，尽转外国之长技为中国之长技"。到编写《海国图志》时，他更明确提出了"师夷之长技以制夷"的完整主张，并对这一主张作了比较全面的理论阐述。

林则徐

致吴嘉宾

　　子序先生馆丈史席：曩闻潘四农、张亨甫二君咸称执事品学之茂，心仪久之。泊舟儿乡、会科两附谱末，喜其得以濡染丹青，薰炙醇粹，益幸有香火缘。而謦咳鲜亲，慰问间阔，则以职分中外，判若霄尘，不能无玉堂天上之感矣。

　　去冬辱惠手教，存注勤拳，重以奖借过情，读之但有汗下。河干鹿鹿，二竖频侵，裁报有稽，尤滋惭歉，亮之为幸。来书所论粤事，稍摘病根，诚洞彻隐微之论。又从令叔补之先生见所上扬威将军书八事，筹机运智，胸有阴符。以簪豪侍从之臣，而有揽辔澄清之志，且具此料敌攻瑕之识，量沙聚米之才，彼行间将领闻之，能无颜汗耶？

　　八事中奇正分用一条，尤得兵家规转环先、变化从心之妙。迩来用兵者多未明此法，徒将各队聚集一处，无所谓明诱暗袭诸法，犹之拙手作文，绝无开合顿挫，则一览而尽耳。兵气既挫之后，若不求出奇制胜之方，恐难得手。尊议此条，军中果善用之，其庶几乎！

　　至如封海一条，前人虽有行之者，而时势互异，鄙意尚不能无疑。如所谓塞旁海小口，只许渔户出入大口，早去晚归，果皆遵行，岂不甚善。奈沿海小口以累万计，塞之云者，将皆下桩沉石乎？抑仅空言禁止乎？空言则虽令不从，沉石则所费无算。且即处处堵塞，并派员弁看守，不许过船，彼奸民独不能以内外两船盘运乎？又能保看守者之不通同卖放乎？至渔船朝出暮归，亦只恒言如是，实则安能画一？其不与夷通者，不责自归，其与夷通者，累月不归，亦孰能押之使返？若俟其归而罪之，彼且以遭风漂淌为解，其能问诸水滨耶？闽、粤濒海小民，向有耕三渔七之说。仆在粤曾欲编查渔疍各船保甲，而势格不行。不得已，只令于帆面船旁大书籍贯姓名，期于一望而知，或贩烟，或济夷，或盗劫，指拿较便，使此辈生忌惮心耳。设口稽查云云，在无事时，大商或不敢玩法，此外商渔偷渡，终日间不知凡几，海中无铁门限，而浪大如山，又安能如内河诸关之拦船截验哉？往在戊戌年，以天津查出粤船卖烟，奉旨切责，粤东大吏遂奏定出海商船逐汛查验章程，竟无一船遵照者，甚至将赴船查问之弁由粤洋带至上海，以为风利不得泊也。禁货出洋，无异因噎废食，凡业此者安肯坐待？况夷氛方炽，若为此禁，则转成鱼爵之殴。鄙意似宜将此一条再为斟酌，则尽善矣。

至逆船在海上来去自如，倏南倏北，朝夕屡变。若在在而为之防，不惟劳费无所底止，且兵勇炮械安能调募如此之多、应援如许之速？徒守于陆，不与水战，此常不给之势。在前岁粤东藩维未破，原只须于要口严断接济，彼即有坐困之形，冀其就我范围斯止耳。今所向无不披靡，彼已目无中华，若海面更无船炮水军，是逆夷到一城邑，可取则取，即不可取，亦不过扬帆舍去，又顾之他。在彼无有得失，何所忌惮？而我则千疮百孔，何处可以解严？比见征调频仍，鄙意以为非徒无益，盖远调则筋力已疲，久戍则情志愈惰，加以传闻恐吓，均已魂不附身，不过因在营食粮，难辞调遣，以出师为搪塞差事，安有斗心？恐人人皆已熟读《孟子》"填然鼓之"一章，彼此各不相笑，是即再调数万之客兵，亦不过仅供临敌之一哄。而朝廷例费之多，各营津贴之苦，沿途供应之疲，里下车马之累，言之可胜太息乎？仆任两粤时，曾筹计船炮水军事宜，恐造船不及，则先雇船，恐铸炮不及且不如法，则先购买夷炮。最可痛者，虎门一破，多少好炮尽为逆夷所有矣。忆前年获咎之后，犹以船、炮二事冒昧上陈。倘彼时得以制办，去秋浙中尚可资以为用。今燎原之势，向迩愈难。要之船、炮、水军断非可已之事，即使逆夷逃归海外，此事亦不可不亟为筹画，以为海疆久远之谋，况目前驱鳄屏鲸，舍此曷济？

深知阁下耿耿丹忱，同仇敌忾，本拟于合龙后稍可抽暇，将兹事逐一以胪陈，以供酌采。顷者仍踵荷戈之役，亟须束装，不及条陈，谨率摅胸臆如右。附录去冬复牛雪樵制军书及前岁训练水勇数条，乞斧削之。惟仆此时宜亟守如瓶之戒，而于志趣相合者忽又倾吐于不自禁，极自悔其愚妄。然转思爱注之深，究不可以自匿，惟祈密之，切勿为外人道也。近日切中条议，仆所得见者，惟苏君鳌石所论洞中症结，第详船而尚略于炮耳。次则汪少海（仲洋）所论，亦于情事颇切，余未得尽见也。兹乘补之先生公旋之便，手泐奉复，希恕拉杂不庄。（《历代名人书札》卷二）

致苏廷玉

退叟四兄大人阁下：去秋别后，在邗上接手书，冬间叶芥舟到豫，复奉手翰，爱注之切，溢于毫间。弟极欲即泐手笺，以慰眷注。无如工次既不能须臾离，即或勉强作答，亦断不能详，因是日延一日，拟于藏事时畅述胸臆。适于二月复叨惠札，滋切感惭。借谂福履绥宜，潭寓均吉为慰。回闽原毋容亟亟，吴门寓公不少，甘棠之爱，人有同情，固不妨且住为佳也。

中州河事，旧腊本可合龙，所以迟回反复者，只由于在工文武心力难齐。譬如外科之沾疡疽，未必肯令一药而愈，迨局势屡变，几成大险之症，而向之明知易愈而不愿其遽愈者，至此亦坐视而莫知所措，言之可为寒心。幸而天悯民穷，不使久为鱼鳖，此次之得以堵合，大抵神力为之耳。弟朝夕在工，不过追随星使朝夕驻坝而已，曷尝有所建白？而苛刻催促之名，已纷然传，谅阁下亦自有所闻。今事竣仍作倚戈之待，却是心安理得。昨奉文后，即由工次成行。路过洛阳，承叶小庚太守肫切相留，在其署中作数日住，早晚亦即前往矣。目前时事不堪设想，穷荒绝域，付诸不见不闻，较之恶言入耳、悲愤填胸不犹愈乎？

去冬与雪樵制军书，曾力陈船、炮、水军之不可已。嗣接其复书，谓阁下即主此说。彼时犹未得其详，昨有人持《平夷说》见示，虽不著撰人名氏，我知必非异人所能也。当局果能师其意，同心协力而为之，虽一时造船缓不济事，而泉、漳、潮三处，尚未尝无可雇之船，其枪炮手亦皆不乏。果以厚资雇募，确查其底里，维絷其家属，结以恩义，勤其练习，作其志气，无不一可当百者。惟大炮须由官造，必一一如法乃可得用。弟有抄本《炮书》，上年带至江、浙，经陈登之通守刻于扬州，未知曾入览否？惟闻所刊多鲁鱼，亟宜校正，今弟远去，亦不及问之矣。有船有炮，水军主之，往来海中，追奔逐北，彼所能往者，我亦能往，岸上军尽可十撤其九。以视此时之枝枝节节，防不胜防，远省征兵，徒累无益者，其所得失固已较然，即军储亦彼费而此省。果有大船百只，中小船半之，大小炮千位，水军五千，舵工水手一千，南北洋无不可以径驶者。逆夷以舟为巢穴，有大帮水军追逐于巨浸之中，彼敢舍舟而扰陆路，占据城垣，吾不信也。水军总统甚难其人，李壮烈、杨忠武不可复作，陈提军化成忠勇绝伦，与士卒同甘苦，似可以当一半之任，尚须有善于将将筹策周详者为之指挥调度。然不独武员中无其人，即中外文职大僚，亦未知肝胆向谁是也。

南风盛发时，津、沽不知何似？弈者举棋不定，不胜其偶，念此可三太息耳。

弟西出玉门，惟途中行程不无况瘁，若能得到伊江，即无异中土也。舟儿由金陵赶来，随侍出关，可免岑寂。惟病妻与少子侨寓金陵，殊非久计，此时回里，亦极费事。昨小庚太守意欲令其移居东洛，以便照应，甚为可感，然程途未免遥遥，故未定议也。

工次起身，不敢受一人之赠，缘处危疑之境，不能无戒心耳。回忆去年握别吴门，高义云天，能不令人增感！此后关山万里，鱼雁沉沉，幸勿远劳惠问，惟望为道爱身，以图他日相见耳。言不尽意，鉴之为幸。（《林则徐全集》第七册"信札卷"）

致姚椿王柏心

春木、冬寿两先生师席：别已四载，思何可言。去年仲冬及岁暮在祥符河干先后奉到春翁三书、冬兄二札，并各赠谪戍一诗及附录数首，所以爱惜而诲注之者，皆从胸膈中推诚而出，岂寻常慰藉语所能仿佛一二哉！

三复紬绎，背汗心铭，恨不能作累日面谭，以倾衷臆。又值河事孔艰之际，昕夕在畚锸间，未遑裁答。迨河上蒇工，则仍有荷戈之役矣。行至西安，痁作而伏，几濒于殆，因是迟迟无以奉报，万罪万罪。夏杪疟始渐止，秋初由长安西行。比于兰州晤唐观察，询知两先生仍馆荆州，吟著如旧。虽皆不免依人，而韩、孟云龙合并之缘为可羡也。

近者时事至此，令人焦愤填胸，贱子一身休咎，又奚足道？第爱我者既以累纸长言反复慰谕，亦姑陈其崖略，不敢贻贤者以失听也。

徐自亥年赴粤，早知身蹈危机。所以不敢稍避者，当造膝时，训诲之切，委任之重，皆臣下所垂泣而承者，岂复有所观望？及至羊城，以一纸谕夷，宣布德威，不数日即得其缴烟之禀。禀中既缮汉文，复加夷字，画夷押，盖夷印，慎重如彼，似可谓诚心恭顺矣。（原禀进呈，现存枢省。）遂于虎门海口收烟，徐与夷舶连樯相对者再阅月。其时犬羊之性，一有不愿，第以半段枪加我足矣，何以后来猖獗诸状独不施诸当日？且毁烟之时，遵旨出示，令诸夷观看，彼来观者，归而勒成一书，备记其事，是明知此物之当毁，亦彰彰矣。收缴以后，并未罪其一人，惟谕以宽既往、儆将来，取其切结，以为久远通市之法度。它国皆已遵具，即咦国人亦已取具数结。惟义律与积惯卖烟者十余人屡形反复，致与舟师接仗，我师迭挫其衄，彼即禀恳转圜。是冬明奉上谕，禁其贸易，且迭荷密旨："区区税银，不足计较。"徐曾奏请彼国已具结者仍准通商，奉谕："究系该国之人，不应允准。"钦此。此办理禁烟之原委也。

咦夷兵船之来，本在意中。徐在都时所面陈者，姑置勿论，即到粤后，奏请敕下沿海严防者，亦已五次。各省奉到廷寄，率皆复奏，若浙中前抚军，则并胪列六条入告矣。定海之攻，天津之诉，皆徐所先期奏闻者。庚子春夏间，逆夷添集兵船来粤，徐已移督两广，只有添船雇勇，日在虎门操练，以资剿堵。而逆艘之赴浙，有由粤折去者，亦有未至粤而径赴浙者。是秋知有变局，徐犹自陈赴浙收复定海，而未得行。于是在羊城杜门省愆，不敢过问。迨和议不成，沙角、虎门先后失守，不得已仍自雇水勇千人，拟别为一队。未几奉有赴浙之命，遂以离粤，彼四月间事，固徐所未与闻也。到浙兼旬，奉文遣戍，行至淮扬，蒙恩改发河工效力。自八月至今年三月，乃复西行。此三年来踪迹之大略也。

自念祸福死生，早已度外置之，惟逆焰已若燎原，身虽放逐，安能遂诸不闻不见？润州失后，未得续耗，不知近日又复何似？愈行愈远，徒觉忧心如焚耳。窃谓剿夷而不谋船、炮、水军，是自取败也。沿海口岸防之已不胜防，况又入长江与内河乎？逆夷以舟为窟宅，本不能离水，所以狼奔豕突、频陷郡邑城垣者，以水中无剿御之人、战胜之具，故无所用其却顾耳。侧闻议军务者，皆曰不可攻其所长，故不与水战，而专于陆守。此说在前一二年犹可，今则岸兵之溃更甚于水，又安所得其短而攻之？况岸上之城郭庐庐、弁兵营垒皆有定位者也，水中之船无定位者也。彼以无定攻有定，便无一炮虚发。我以有定攻无定，舟一躲闪，则炮子落水矣。彼之大炮远及十里内外，若我炮不能及彼，彼炮先已及我，是器不良也。彼之放炮，如内地之放排枪，连声不断，我放一炮后，须辗转移时，再放一炮，是技不熟也。求其良且熟焉，亦无它深巧耳。不此之务，即远调百万貔貅，恐只供临敌之一哄。况逆船朝南暮北，惟水军始能尾追，岸兵能顷刻移动否？盖内地将弁兵丁，虽不乏久历戎行之人，而皆觌面接仗，似此之相距十里八里，彼此不见面而接仗者，未之前闻，故所谋往往相左。

徐尝谓剿夷有八字要言，器良、技熟、胆壮、心齐是已。第一要大炮得用，今此一物置之不讲，真令岳、韩束手，奈何，奈何！前曾觅一炮书，铸法练法，皆与外洋相同，精之则不患无以制敌，扬州有刊本，惜鱼豕尚多，未知两君曾见之否？徐前年获谴之后，尚力陈船、炮事，若彼时专务此具，今日亦不至如是棘手。为今之计，战舡制造不及，惟漳、泉、潮三郡民商之舡，尚可雇用。其水军亦须于彼募敢死之士，缘其平日顶凶舍命，有死无生，今以重资募其赴敌，尚有生死两途，必能效命。次则老虎颈之盐船与人，亦尚可以酌用，但须善于驾驭耳。逆艘深入险地，是谓我中原无人也。若得计得法，正可殄灭无遗，不然咽喉被梗，岂堪设想耶？两先生非亲军旅者，徐之觏缕此事，亦正为局外人，乃不妨言之，幸勿以示他人，祷切，祷切。

大作未及尽知，惟谪戍五律专为徐而作，谨次韵各一章，附请削正。孝长先生作亦所深佩。张蔗泉孝廉向所未识，承摘示名句，实堪心写。龚木民已调上元令，不知履任否？渠上年在丹徒相晤，尚有到兴化后再约春翁之语，今非其时，只可事定再说。建木兄事因上年祥符工员皆不出东、南河之人，故无可图，曾与诗舲兄商明，由渠奉复，谅早鉴及矣。子寿仁兄抱道藏器，不患不传，寻常科名，奚足为君重，亦为其可传者而已。三、四两儿年已渐长，而连岁奔波，学俱不进。三儿于己亥岁乘便在里中小试，谬掇一衿。现在却携此两儿出关，缘大儿汝舟不能擅自随去，须奏明请旨，而大府均惮于代奏，是以随至关中，仍不能赴关外耳。诸叨注问，故以附陈。

此时江左军情，果能大得捷音，则如天之福。倘被久踞，则恢复之策，扼要首在荆、襄，须连结秦、蜀以为之。不识局中筹及否？龙沙万里，鳞羽难通，但有相思，勿劳惠答也。子方观察诚意恳挚，心甚感之，此函托其代寄，谅不浮沉。余惟为道自重，不宣。

　　愚弟林则徐手顿首

壬寅仲秋上浣兰州旅次

谦称心璧。顷闻荆州又被大水，万城堤有漫口，不知视前年何如？念甚，念甚。（《林则徐全集》第七册"信札卷"）

魏　源

道光洋艘征抚记上

道光十八年四月，鸿胪寺卿黄爵滋奏言："敬筹国计，宜防漏卮。近年来各省漕赋之疲累，官吏之亏空，商民之交困，皆由银价昂，钱价贱。向时纹银每两兑钱千，今则每两兑至千有六百，其洋钱价亦因之遽长。而银少价昂之由，由于粤东洋船鸦片烟盛行，致绞银透漏出洋，日甚一日，有去无返。此烟来自英吉利，洋人严禁其国人勿食，有犯者以炮击沉海中，而专诱他国，以耗其财，弱其人。既以此取葛留巴，又欲以此诱安南。安南严令诛绝，始不入境。今则蔓延中国，横被海内，槁人形骸，蛊人心志，丧人身家，实生民以来未有之大患，其祸烈于洪水猛兽。积重难返，非雷厉风行，不足振聋发聩，请仿《周官》用重典，治以死罪。"诏各省将军督抚会议速奏。时中外覆奏，皆主严禁，惟湖广总督林则徐所奏尤剀切。言：

"烟不禁绝，国日贫，民日弱，十余年后，岂惟无可筹之饷，抑且无可用之兵。"上谓为深虑远识之言，诏林则徐来京面受方略，以兵部尚书佩钦差大臣关防，驰赴广东查办海口，节制水师。

初，鸦片烟在康熙初，以药材纳税，乾隆三十年以前，每年多不过二百箱。及嘉庆元年，因嗜者日众，始禁其入口。嘉庆末，每年私鬻至三四千箱。始积澳门，继移黄浦。道光初严禁，复移于零丁洋之趸船。零丁洋者，在老万山内，水路四达，为中外商船出入所必由。洋艘至，皆先以鸦片寄趸船，而后以货入口。凡闽、浙、江苏商船，即从外洋贩运，其粤商则皆在口内议价，而从口外运入。始趸船尚不过五艘，其烟至多不过四五千箱，可筹火攻，而总督阮元密奏，请暂事羁縻，徐图驱逐，于是因循日甚。其突增至二十五艘，烟二万箱者，则在道光六年两广总督李鸿宾设巡船之后，巡船每月受规银三万六千两，放私入口。前此定例，互市以货易货，不准纹银出洋，洋商岁补内地货价银四五百万圆。逮后则但有外补洋烟之价，绝无内补货价。于是援例影射，藩篱溃决。

及道光十二年，总督卢坤始裁巡船，而水师积习已不可挽。道光十七年，总督邓廷桢复设［巡］船，而水师副将韩肇庆，专以护私渔利，与洋船约，每万箱许送数百箱与水师报功，甚或以师船代运进口。于是，韩肇庆反以获烟功保擢总兵，赏戴孔雀翎。水师兵人人充橐，而鸦片烟遂［岁］至四五万箱矣。京卿中有奏请将鸦片烟照药材收税者，不报。十九年正月二十五日，林则徐驰驿抵粤，传洋商伍怡和，索历年贩烟之洋商查顿、颠地，时查顿已闻风先窜，惟颠地随英吉利公司领事义律由澳门至省城洋馆。林则徐派兵役监守之，并于省河之猎得炮台，筏断来往，谕令将零丁洋二十五艘之烟土，勒限呈缴，免其治罪，否即断薪水，停贸易。又以禁烟事宜策问书院士子，皆以水师包庇贩私对。于是奏革水师总兵韩肇庆之职，终以邓廷桢所保，不能尽正其罪。

公司领事者，英吉利国王所派洋官司贸易者也。他国皆洋商各自贸易，惟英吉利别有公司，皆通国富商，合资银三千万圆，而国王派领事一员总管之，凡与中国官吏抗衡枝鹜，皆领事所为，故他国如中国碛务之散商散轮，而公司则犹碛务之总商整轮也。初议三十年为一局，继展限六十年。道光十三年，公司局散，粤中已无领事，此洋务第一转机。

而总督卢坤初至广东，未悉利害，听洋商言，反行文英吉利国，令仍派领事来粤。初至者曰劳律卑，即以兵船闯入虎门构衅，勒令归国。再至者即义律，在粤三载。至是既被围省馆，不能回澳，始于二月十二日具印票遵缴，并将驶往东洋之烟船尽驶回粤，共缴鸦片烟二万二百八十三箱，计每船大者千箱，次者数百箱，每箱百有二十斤，共二百三十七万六千余斤。林则徐会两广总督邓廷桢，亲驻虎门验收，以四月六日收毕，每箱约赏茶叶三斤，其烟土请解京师，诏即在海口销毁，毋庸解京，俾沿海民人共见共闻，咸知震詟。林则徐会同督抚，于虎门监视销毁，就海滩高处，周围树栅，开池浸卤，投以石灰，顷刻汤沸，不爨自然，夕启涵洞，随潮出海。

其鸦片共四种：最上曰公斑土，白土次之，金花土又次之，每箱四十枚；又有小公斑土，尤贵。皆产于东印度之孟阿腊，南印度之孟迈及曼达刺〔剌〕萨。其印度洋埠发票，有每月发至万有二千余箱者，虽间售南洋各国，而中国居其大半，岁不下五六万箱。其烟在印度本地每箱值价银二百五十圆，至广东则价银五六百圆，为利一倍。共烧毁资本银五六百万圆，并利银共千余万圆。

时有各国洋商闻风来观，作文纪事，颂中国之政。林则徐下令尽逐外洋之趸船与澳门之奸商，不许逗留内地。其续至商船，有鸦片者，倘自揣不敢报验，即日回国，亦免穷追。其进口之船，均应具结。有夹带鸦片者，船货没官，人即正法。其令过严，已非律载蒙古化外人犯杀罪准其罚牛抵偿之例。时西洋弥利坚诸国，皆遵具结，于是义律由省下澳，禀言趸船贩烟之弊，极须设法早除，如委员来澳会议章程，可冀常远除绝，并禀请准本国货船泊卸澳门。此洋事第二转机。

林则徐以澳门向例，惟准设西洋额船二十有五艘，若英人援此例，不入黄埔，则海关虚设，而私烟夹带，何从稽察，严驳不许。义律言不准泊澳，便无章程可议，因不受所赏茶叶，不肯具结，言必俟奉国王命定章程，方许货船入口。时义律已寄信附货船回国，往返不过半年，原可少需毋迫也。而五月内，复有尖沙嘴洋船水手殴毙村民林维喜之事。谕义律交出人犯抵罪。义律拘讯黑夷五人，未获正犯，悬赏购告犯之人，亦非故意抗违也。

七月，林则徐与邓廷桢遵例禁绝薪蔬食物入澳，并以澳门寓居洋人，原为经理贸易，今既不进口贸易，即不应逗留澳门。义律率其眷属及在澳英人五十七家，同迁出澳，寄居尖沙嘴货船。于是义律始怨，暗招洋埠兵船二艘来粤，又择三大货船，配以炮械，赴九龙山，假索食为名，突开炮攻我水师船。我参将赖恩爵挥兵发炮，击翻双桅洋船一，杉板船二，及英人所雇吕宋趸船一。八月，义律遂托澳门西人，代为转圜，愿将趸船奸商尽遣回国。其货船亦愿具结，如有夹私者，船货充公，惟不肯具"人即正法"四字。此粤事第三转机。

而林则徐以与各国结不画一，必令书"人即正法"之语，且责缴凶犯。旋有英国二货船遵式具结，于九月晦入口，而义律遣二兵船阻之，且禀请毋攻毁尖沙嘴之船，以俟国王之信。水师提督关天培以凶犯未缴，掷还其禀。时我师船五艘，在洋弹压，彼见前禀不收，且我师船红旗，即发炮来攻。盖西人号令，红旗进战，白旗止战也。关天培开炮应之，击断洋船头鼻，西兵多落海死。十月初，又回攻我尖沙嘴迤北之官涌山炮台，不克。洋船恐我乘夜火攻，又水泉皆下毒，无可汲饮，遂宵遁外洋。前此九龙山之战，奏奉批谕有"不患卿等孟浪，但患过于畏葸"之语。十一月初八日诏曰："英吉利自禁烟之后，反覆无常，若仍准通商，殊非事体，至区区关税，何足计论？我朝绥抚外人，恩泽极厚。英人不知感戴，反肆鸱张，是彼曲我直，中外咸知。自外生成，尚何足惜？其即将英吉利贸易停止。"且于原奏中"洋船遵法者保护之，桀骜者惩拒"之语，批谕云："同是一国之人，办理两歧，未免自相矛盾。"此因禁烟而并断英人贸易之本末也。

上又以大理寺卿曾望颜之奏，欲封关禁海，尽停各国贸易，交两广大吏议奏。林则徐力陈不可，且言各国不犯禁之人，无故被禁，必且协力谋我，始寝前议。自封港以后，英商货船先后至者二三十艘，皆不得入口，人人怼怨。于是义律于十一月复遣人禀言，在粤办事多年，实欲承平，今诸事扰乱，心多忧虑。自后请遵照《大清律》办理，而无违国王之法，乞仍许英人回居澳门，俟国王谕至，即开贸易。此粤事第四转机。

而林则徐以新奉谕旨，不便骤更，复严斥坚绝。其国货船，先后起碇扬帆，驶出老万山者十余艘，并续至之艘，多观望流连，寄泊外洋不肯去。而粤洋渔船蛋〔疍〕艇亡命之徒，贪薪蔬之厚值，并以鸦片与之交易，趋者如鹜〔鹜〕。时林则徐已奉命总督两广，与水师提督关天培密筹，师船未可遽出大洋，不如以毒攻毒。遂招募渔艇、蛋〔疍〕户，授以火船，领以弁兵，于二十年正月，先赴各岛岙潜伏，约俟月晦夜，乘退潮往，乘长潮还。游击马辰等四路分进，出其不意，突攻之于长沙湾，烧毁运烟济夷匪船共二十三，岸上篷寮六，生擒奸民十余，焚溺死者无数。洋船带火，仓皇开避，我兵勇乘潮急还，无一伤者。是时吸烟罪绞、贩烟罪斩之律已颁，一年有六月之限期已半，各省查办日严，纷纷戒食者，已十之五六。而英吉利国中闻广东罢市之信，各埠茶叶皆囤积不肯出售，市价踊贵。我闽、粤贩茶之商船，赴南洋者，皆倍利而返。其伦敦国都银肆，无银转输，至借邻埠之银巨万，以供支发。义律已回国请兵，时女王令国人会议，其文武官皆主战，其贸易商民皆不欲战，连日议不决。最后拈阄于罗占士神庙，三得战阄，始决计。国王命其外戚伯麦为统帅，率兵船十余，加以印度驻防兵舰二三十艘。二十年四月，林则徐奏闻，尚有"以逸待劳，以土待客，彼何能为"之谕。五月初九夜，林则徐又遣兵船于磨刀外洋，以火船烧毁杉板洋船二，毙白洋人四。又有大洋船桅帆着火，弃碇驾逃，先后延烧大小匪艇十有一，擒获汉奸十有三。五月，英国大小兵船十二，并车轮火船三，先后至粤，泊金星门，其余尽泊老万山外。林则徐又以火船十艘，每二艘绲以铁索，乘风潮攻之，洋船皆急驶避，仅焚其杉板小船二，而英人自是不敢驶近海口。

林则徐自去岁至粤，日日使人刺探西事，翻译西书，又购其新闻纸，具知西人极藐水师，而畏沿海枭徒及渔船、蛋户。于是招募丁壮五千，每人给月费银六圆，赡家银六圆。其费洋商、盐商及潮州客商分捐。又于虎门之横档屿设铁练〔链〕木筏，横亘中流。购西洋各国洋炮二百余位，增排两岸。又雇同安米艇、红单船、拖风船，共六十备战船。又备火舟二十，小舟百余，以备攻剿。并购旧洋船为式，使兵士演习攻首尾、跃中舱之法。使务乘晦潮，据上风，为万全必胜计。林则徐亲赴狮子洋校阅水师，号令严明，声势壮甚。至是又下令，每杀白洋人者赏银二百圆，黑洋人半之，斩首逆义律者银二万圆。其下领兵头目，以次递降。获兵艘者，除火药炮械缴官外，余尽充赏。于是洋船之汉奸，皆为英人所疑忌，不敢留，尽遣去。

其近珠江之内河，在澳门西、虎门东者，尽以重兵严守，其余海口多礁浅，非船艘所能入。洋船至粤旬月，无隙可乘，遂乘风窜赴各省。是月洋船三十一艘赴浙江，先以五艘攻福建厦门，时水师提督陈阶平，先期告病，总督邓廷桢督金、厦兵备道刘耀春炮中其大兵船火药舱，沉之。又募水勇数百，伪装商舟，出洋攻之于南澳港。是夜无风，洋艘不便驶避，且柁尾无炮，我舟低，又外蔽皮幕，铳弹不能中，遂坏其柁尾，掷火罐喷筒，歼其夷兵数十，会风起，夷艇始窜遁。六月，全艘赴浙江，攻定海，陷之，总兵张朝发中炮折股，旋死。其分出之船，游奕闽、粤，时时窥伺。七月，洋船突攻澳门后之关闸，我守兵炮沉其数小舟，伤其洋目、洋兵数十。八月，林则徐侦洋帅士密之兵船五艘在磨刀洋，遂遣副将陈连升、游击马辰等，率五兵艘出洋剿之。每艘兵六百，马辰先遇洋帅之船，即乘上风攻之，炮破其头鼻，船欹兵溺，围攻良久，洋船弹已尽，仅放空炮。于是他船以小舟十余来围马辰之船，而洋帅之船，乘我兵与他舟相持，既乘间窜遁，捞获死尸十余，及军器帅旗入奏，遂奉贪功启衅杀人灭口之严旨。盖自定海失守后，浙江巡抚乌尔恭阿、提督祝廷彪束手无策，朝廷以定海孤悬海中，非海道舟师不能恢复，而水战又洋艘所长，且承平日久，沿海恐其冲突，已有蜚语上闻。言上年广东缴烟，先许价买，而后负约，以致激变者。又有言邓廷桢厦门军报不实者。七月，命两江总督伊里布为钦差大臣，赴浙江宁波视师，且敕沿海督抚，遇洋船投书，即收受驰奏。又命侍郎黄爵滋、祁寯藻赴福建查勘。适七月洋酋伯麦及义律以五艘驶赴天津投书。书乃其国巴厘满衙门寄大清国宰相之词，多所要索。一索货价（其初次来书，尚不敢显言烟价，但以货价为名，及见内地复书，不及禁烟之事，后遂显索烟价矣），二索广州、厦门、福州、定海、上海为市埠，三欲共敌体平行，四索犒军费，五不得以外洋贩烟之船贻累岸商，六欲尽裁洋商浮费。直隶总督琦善收书奏闻。是时洋兵艘并未北上，志在求款通商，尚未决裂，使控驭得宜，盟约立就。

天津巡道陆建瀛言，洋人所求，前三事大，后三事小，请以免税代烟价，以澳门为市埠，以海关监督与之平行，但必严持禁烟为名，以鸦片烟之至不至，决数事之许不许。其通商裁费事宜，则令仍回广东与林则徐定议，既可服外人之心，亦不失中国之体。此粤事第五转机。

而任事者，以为在津速结则功小，不如张之使大，遂一切不决许，且于复书中，即言上年广东缴烟，其中必有多少曲折，将来钦派大臣前往查实，不难重治林则徐之罪。诏以琦善为钦差大臣，赴粤查办，革林则徐、邓廷桢之职，留粤听勘，并敕沿海各省不得开炮。八月，洋船自天津起碇，以中国无决允之语，不肯归我定海，惟撤兵船之半赴广东。先是林则徐奏言："自六月以来，各国洋船愤贸易为英人所阻，咸言英人若久不归，亦必回国各调兵船来与讲理，正可以敌攻敌。中国造船铸炮，至多不过三百万，即可师敌之长技以制敌。此时但固守藩篱，即足使之自困。若许臣戴罪赴浙效力，必能殚竭血诚，克复定海，以慰圣廑。"不报。九月，义律回浙，入见伊里布于镇海城，索俘酋安突德。及七月间，余姚知县汪仲洋陷软沙之洋舟及黑白夷数十人，至是索之，不果而去。伊里布遣其奴张喜赴洋船馈牛酒，首贺以林、邓革职之事，洋酋伯麦摇首曰："林公自是中国好总督，有血性，有才气，但不悉外国情形耳！断鸦片可，断一切贸易不可。贸易断则我国无以为生，不得不全力以争通商，岂仇林总督而来耶？"

是时直隶、山东争以敌情恭顺入告，山东巡抚托浑布遣人馈洋船归，至有各人向岸罗拜之奏，而广东裁撤水师之船，已半途被掳矣。署总督怡良奏闻，而十月琦善至广东，查上年义律先后缴烟印文，欲吹求林则徐罪不可得，则首诘劫船之役，何人先开炮，欲斩副将以谢之，而兵心解体矣。撤散壮丁数千，于是水勇失业，变为汉奸，英人抚而用之，翻为戎首矣。撤横档水中暗桩，屡会义律于虎门左右，洋船得以探水志，察径路，而情形虚实尽泄矣。听盐运使王笃之言，尽屏广东文武，专用汉奸鲍鹏，往来传信。其人故奸人颠地之嬖僮，义律所奴视，益轻中国无人矣。义律与琦善信云："若多增兵勇来敌，即不准和。"于是，已撤之兵不敢再调。凡有报缉汉奸者，则诃曰："汝即汉奸。"有探报洋情者，则拒曰："我不似林总督，以天朝大吏，终日刺探外洋情事。"一切力反前任所为，谓可得外洋欢心。而敌人则日夜增造杉板小船，招集贩烟之蜈蚣艇、蟹艇数百，此外火箭、喷筒、竹梯攻具，增造不可数计。水师提督关天培密请增兵，琦善惟恐其妨和议，固拒不许，偿洋商烟价银七百万圆，而其心必欲索埠地。琦善前以厦门及香港二地商之邓廷桢，廷桢言厦门全闽门户，不可许；香港鼎峙，为粤海适中之地，环以尖沙嘴、裙带路二屿，藏风少浪，若令英人筑台设炮，久必窥伺广东。琦善既据以奏闻。至是不能自背前奏，又无以拒义律之求，笔舌往反，终无成议。义律遂乘其无备，于十二月五日突攻沙角、大角炮台，乃虎门外之第一重门户也。副将陈连升守之。连升久历川、楚戎行之老将，兵止六百，洋船炮攻其前，而汉奸二千余，梯山后攻其背。陈连升于后山埋地雷，机发，轰死百余贼，而不能再发。贼后队复拥上，众五倍于我，我兵以扛炮前后歼二三百，而火药已竭。贼火轮杉板船，又绕赴三门口，焚我战艘，水师兵或溃或死，其横档、靖远、威远各炮台，仅能自保，且俱隔于洋船，不能相救。陈连升父子战死，贼遂据沙角、大角两炮台。时提督关天培、总兵李廷钰、游击马辰等，尚分守镇远、威远、靖远各炮台，兵各仅数百，相向而泣。天培遣廷钰回至省城，哭求增兵，阖省文武亦皆力求，琦善置不问，惟连夜作书令鲍鹏持送义律，再申和议，于烟价外复以香港许之，并归浙江俘人，以易定海城。琦善与立契约，遂于正月赴虎门宴义律于狮子洋。既而正月杪批折回，不允，于是事复中变。

初，琦善之陛辞也，奉面谕以英人但求通商则已，如邀挟无厌，可一面羁縻，一面防守，一面奏请调兵，原未令其撤防专款也。及逆党攻陷炮台，大肆猖獗，上震怒。于是有"烟价一毫不许，土地一寸不给"之旨，并调四川、贵州、湖南、江西兵赴剿，命林则徐、邓廷桢随同办理洋务。然琦善不与林则徐商议一事，且洋人和议已绝，尚不许关天培增兵为备，而彼则号召日多，器械日备，凶焰百倍于前矣。

二十一年正月七日，下诏暴逆人罪恶，特命宗室奕山为靖逆将军，湖南提督杨芳、户部尚书隆文为参赞大臣，声罪致讨。命刑部尚书祁𡎴赴江西总理兵饷。杨芳方入觐，行至安徽，奉命先往。二月十三日，驰至广东，而英人已于二月五日，乘风潮连破横档炮台、虎门炮台，提督关天培死之矣。虎门各隘所列大炮三百余门，并林则徐上年所购西洋炮二百余门，皆为敌有。湖南兵千余新到，琦善仓卒即遣御之乌涌，甫交绥，粤兵先走，湖兵且战且走，后阻四河，溺死者半，提督祥福又死之矣。

广东省河广阔，惟东路二十里之猎得、二沙尾，西南十五里之大黄滘，河面稍狭，可以扼守。杨芳相度形势，使总兵段永福率千兵扼东南十余里之东胜寺，为陆路三面咽喉，然其地距河五六里，不能扼贼水路，又使总兵长春以千兵扼大黄滘后五里之凤凰冈，惟筑濠垒，横木筏，未沉石下木桩，洋船可闯而过也。其猎得及二沙尾，虽沉船塞石，而无兵炮守御，敌船至，可拔而除之也。英初詟杨芳宿将威名，又未悉内河虚实，使白洋人持书至凤凰冈议款，从以汉奸，沿途探水。总兵长春收书送城中待报，任汉奸导白洋人遍历营垒，尽得虚实，归报无备。于是分路深入，破凤凰冈营，进攻东西炮台、海珠炮台，尽扼猎得、大黄滘两咽喉矣。

时琦善已革去大学士，拔去孔雀翎，而怡良复以英人香港伪示奏呈，有："尔等既为大英国子民，自应顺之。"于是上益震怒，籍琦善家产，锁逮来京。英人见朝廷赫怒，局势大变，恐和议永绝，且洋船兵费浩大，急欲通商以济饷，各国商船罢市久，亦皆咎之，乃于二十六日，托弥利坚国头目与洋商伍怡和调停，递书言如欲承平，不讨别情，但求照旧通商，如有私夹鸦片者，船货入官。盖并琦善所许之烟价、香港，皆不敢求矣。杨芳谕令退出虎门，义律言俟奉通商之旨，兵船即退。是月杨芳、怡良奏闻，是时门户已失，贼入堂奥，兵溃民散，炮械俱乏，舍暂款无一退敌缓兵之策，而烟价埠地皆不索，亦足申朝廷折冲樽俎之威，与琦善未逮以前情形迥异。是粤事第六转机。

而杨芳正月初行至江西时，闻粤中和议将定，先为给呑堆货之奏，以遥附琦善，固已不取信于上。及是再奏，又不陈明粤中开门揖盗，自溃藩篱，非权宜不能退贼收险，以屈为伸之故；与目前洋人震慑天威，国体已振，势机大转，不可再失之故；及与将来守备已固，如再鸱张，立可剿办之故；但影响呑吐其词。上以其毫无方略，未战先抚，非命将出师本意，不许。是时定海之洋船亦至广东，共五十大艘，半泊香港，半入虎门，舳舻相接，遍树出卖鸦片之帜。将军奕山行至江西，以各省兵炮攻具未集，暂驻韶州以俟。三月二十三日，奕山、隆文及新任总督祁墳，并抵广州。奕山问计于杨芳、林则徐二人，皆言寇势已深，而新城卑薄，无险可守，宜遣人计诱洋船退出猎得、大黄滘之外，连夜下桩沉船，岸上迅垒沙城，守以重兵大炮，为省城外障。俾西人不能制我之命，而后调集船炮、兵勇，以守为战。俟风潮皆顺，苇筏齐备，再议乘势火攻，庶出万全。

是月，林则徐复奉驰赴浙江军营之命，盖去冬浙闽总督颜伯焘、浙江巡抚刘意韵珂、署两江总督裕谦，先后密疏，陈林则徐、琦善守粤功罪。至是裕谦奉命赴浙代伊里布为钦差大臣，故上命林则徐以四品京堂驰往会办，以防英人败窜赴浙。而是时，英人方据省河咽喉，我兵实无胜算，且攻具未齐，所募福建水勇千人未至，近募香山、东莞水勇三千亦未集。杨芳不欲浪战，奕山初至，亦然之。既而或于翼长、随员等之言，以不战则军饷无可开销，功赏无由保奏，急欲侥幸一试，遂不谋于杨芳，即以四月朔夜半，三路突攻洋船。一屯西炮台外出中路，一由泥城出右路，一屯东炮台出左路，日暮兵已出城，奕山始诣杨芳卜休咎。杨芳大怒，拔剑忿诟，而兵已不可挽。时水勇木筏未集，先用四川余丁充水勇者四百，广州水勇三百，乘小舟携火箭、火弹、喷筒，分路埋伏，闻炮齐起，以长钩钩其船底。是夜又值逆风，炮破其二桅大船二，杉板小船五，其被小舟围焚遁免之大船一，火轮船一，溺洋人数百，义律自洋馆登舟窜免。其洋馆中货，为四川、湖南兵掳掠一空，并误伤弥利坚数人，甫黎明而洋人大集，反乘顺风，我兵退走。广州城三面临河，街市鳞栉，繁丽甲南海，至是火光烛天，以及泥城港内，所备攻敌之木筏材料数百，油薪船三十余艘，皆为敌人火轮船及汉奸所烬。其筏材皆运自广西，费以数十万计。越三日，义律投书约诘朝大战，至期敌船环攻城东西南三面。佛山运至新铸八千斤大炮，本洋人所畏惧，而位置不得地势，依山者高出水面，依水者四面受敌，炮架不能运转取准。奕山用文吏李湘芬、西拉本为翼长，将各省之兵，互调分配，各离营伍，兵将皆不相习，溃走则互相推诿，所发盐菜口粮，厚薄不均。祁墡又吝费，令十五兵共一帐房，拥挤无纪律，各择便利，虏取货物。奕山又尽派重兵于东南二路，而西北泥城后路无守备。于是天字炮台及泥城及四方炮台，一日皆失。

守天字炮台者段永福，守泥城者副将岱昌与参将刘大忠，守四方炮台者总兵长春。天字炮台上八千斤大炮，未及一放，即为洋人锢以铁钉。四方炮台者，在城北后山之顶，俯视全城，国初王师攻围广州，半载不能破，及夺后山，置炮俯击，始陷之。乃攻城之利，守城之害也。早当拆毁，而阻上山之径，乃官兵反设炮其上，已为失策。且其地距水次十余里，层崖峭径，一夫扼险可拒。敌自破泥城后，绕东而北，沿途官兵无一阻截。至山下仅百余人，而守台兵望风争窜，陨崖坠死无数。洋兵唾手而得险要，连夜于台下筑土城，运火药，于是阖城军民如坐阱中，而听阱上之下石矣。

将军、参赞不斩一逃将逃兵，反开城纳之，连日城外之火箭炮弹，与四方台上之炮声，如电如雷，昼夜不息。幸大雨盆注，其箭弹非坠池塘，即堕空地，无一延燎。内城贮火药二万斤，汉奸以火箭火弹射之，亦为雨所灭，惟内城尚高厚，而外城低薄，女墙卑于甍脊，人无固志。第七日，洋兵遂并力专攻城东南隅，若知将军、参赞皆居东南者，箭弹入贡院，椽甍皆破。诸帅避入巡抚署，面无人色，议使广州知府余保纯，出城讲款。义律立索军饷银六百万圆，烟价在外，香港再议，限五日内交银，且约将军及外省兵先出省城，洋船始退出虎门。将军等一切允之，城上改树白旗，先令洋商出二百万圆，余于藩库、运库、海关库发给，会奏请罪，而烟价及香港亦未入奏云。

十三日，四方炮台洋兵下山回船，义律即促将军、参赞离城。十六日，奕山、隆文退兵屯金山，离省河数十里，先撤回湖南兵，惟杨芳仍留广州弹压。隆文于讲和时，即愤恚成疾，及抵金山，不数日即卒。初，将军、参赞之至粤也，屡奏粤民皆汉奸，粤兵皆贼党，故远募水勇于福建，而不用粤勇。官兵擒捕汉奸，有不问是非而杀之者。粤民久不平，而英人初不杀粤民，所获乡勇皆释还，或间攻土匪，禁劫掠，以要结民心。故虽有擒斩敌人之赏格，无一应命。当洋兵攻城，居民多从壁上观。会南海义勇为湖南兵诬杀，义勇大哗，数百人拥入贡院，搜兵报复，兵皆鼠窜。将军、参赞摘段永福翎顶慰解之，始散。而洋兵亦日肆淫掠，与粤民结怨，及讲和次日，洋兵千余自四方炮台回至泥城淫掠。于是三元里民愤起，倡义报复，四面设伏，截其归路，洋兵终日突围不出，死者二百，殪其渠帅曰伯麦、霞毕，首大如斗，夺获其调兵令符，黄金宝敕，及双头手炮。而三山村亦击杀百余人，夺其二炮及枪械千。义律驰赴三元里救应，复被重围，乡民愈聚愈众，至数万。义律告急于知府余保纯。是时讲和银尚止送去四分之一，又福建水勇是日亦至，倘令围歼洋兵，生获洋人，挟以为质，令其退出虎门，而后徐与讲款，可一切惟我所欲。此粤事第七转机。

而诸帅不计及此也，反遣余保纯驰往，解劝竟日，始翼义律出围回船。十七日，洋船渐次退出，其大船有滞浅沙者，各乡民复思截而火之，祁墥谕始解散。而新安县武举人庚体群，亦于初四夜半以火舟三队，自穿鼻洋乘潮攻洋船于虎门，轰其后舱，双桅飞起空中，全船俱毁，余船皆乘〔弃〕碇窜遁。又佛山义勇，亦截击于龟冈炮台，据上风纵毒烟以眯敌目，歼杀数十，又破其应援之杉板洋舟。大帅先后奏闻，诏责诸将调集各省官兵，反不如区区义勇，其一切交部议处。义律亦惭愤，强出伪示，言百姓此次刁抗，蒙大英官宪宽容，后毋再犯。粤民愤甚，复回檄诟之曰："尔自谓船炮无敌，何不于林制府任内攻犯广东？尔前日被围时，何不能力战自拔，而求救于首府？此次由奸相受尔笼络，主款撤防，故尔得乘虚深入。倘再犯内河，我百姓若不云集十万众，各出草筏，沉沙石，整枪炮，截尔首尾，火尔艘舰，歼尔丑类者，我等即非大清国之子民。"是时南海、番禺二县团勇三万六千，昼夜演练。义律侦知内河已有备，竟不敢报复。然自是知粤市之不可复开，翻然思变计，不逾月遂复有厦门之事。

论曰：《春秋》之义，治内详，安外略。外洋流毒，历载养痈。林公处横流溃决之余，奋然欲除中国之积患，而卒激沿海之大患。其耳食者争咎于勒敌缴烟；其深悉详情者，则知其不由缴烟而由于闭市。其闭市之故，一由不肯具结，二由不缴洋犯。然货船入官之结，悬赏购犯之禀，请待国王谕至之禀，亦足以明其无悖心。且国家律例，蒙古化外人犯法，准其罚牛以赎，而必以化内之法绳之，其求之也过详矣。

水师总兵奏褫审讯，而仍以掣肘免罪，曷不以外洋没产正法之律惩之乎？海关浮费，数倍正税，皆积年洋商关胥所肥蠹，起家不资，今既倾缴洋商千万之烟资，不当派捐洋商数百万之军饷乎？诚能暂宽市舶之操切，以整水师之武备，尽除海关之侵索，以羁远人之威怀，奏仿钦天监用西洋历官之例，行取弥利坚、佛兰西、葡萄亚三国各遣头目一二人，赴粤司造船局，而择内地巧匠精兵以传习之，如习天文之例，其有洋船、洋炮、火箭、火药，愿售者听，不惟以货易货，而且以货易船，易火器，准以艘械、火药抵茶叶、湖丝之税，则不过取诸商捐数百万，而不旋踵间，西洋之长技，尽成中国之长技。兼以其暇，增修粤省之外城内河之炮台，裁并水师之员缺，而汰除其冗滥，分配各舰，练习驾驶攻战；再奏请遍阅沿海各省之水师，由粤海而厦门，而宁波，而上海，城池炮台不得地势者移建之，水师缺冗者裁并之，一如粤省之例；而后合新修之火轮、战舰，与新练水犀之士，集于天津，奏请大阅，以创中国千年水师未有之盛；虽有狡敌其敢逞？虽有鸦片其敢至？虽有谗慝之口其敢施？夫是之谓以治内为治外，奚必亟亟操切外洋从事哉？

或曰：西变以来，惟林公守粤，不调外省一兵一饷，而长城屹然。使江、浙、天津武备亦如闽、粤，则庙堂无南顾之忧，岛寇有坐困之势，子何不责江、浙、天津之无备，与闽、粤后任之不武，而求全责备于始事之人？且林公于定海陷后，固尝陈以敌攻敌之策矣，陈固守藩篱之策矣，又奏请以粤饷三百万造船置炮，苟从其策，何患能发之不能收之矣。

曰：《春秋》之谊，不独治内详于治外，亦责贤备于责庸。良以外敌不足详，庸众之不足责也。吾曰勿骤停贸易，世俗亦言不当停贸易。世俗之不停贸易也，以养痈。曰英人所志不过通商，通商必不生衅，至于鸦片烟竭中国之脂，何以禁其不来，则不计也。设有平秀吉、郑成功枭雄出其间，觑我沿海弛备，所志不在通商，又将何以待之，则亦不计也。与吾不停贸易以自修自强者，天壤胡越。望之也深则求之也备，岂暇与囊瓦、靳尚之徒，较量高下哉？

夫戡天下之大难者，每身陷天下之至危；犯天下之至危者，必预筹天下之至安。古君子非常举事，内审诸己，又必外审诸时。同时人材尽堪艰巨则为之，国家武力有余则为之，事权皆自我操则为之。承平恬嬉，不知修攘为何事，破一岛一省震，骚一省各省震，抱头鼠窜者胆裂之不暇，冯河暴虎者虚骄而无实。如此而欲其静镇固守，严断接济，内俟船械之集，外联属国之师，必沿海守臣，皆林公而后可，必当轴秉钧，皆林公而后可。始既以中国之法令，望诸外洋；继又以豪杰之猷为，望诸庸众；其于救敝，不亦辽乎！驰峻坂，则群傲善御之衔绥；犯骇涛，则群戒舵师之针向。故《甫田》慎彼劳切，《唐棣》先其翩反也。（《圣武记》卷十）

道光洋艘征抚记下

道光二十一年四月，英人之受款于广东也，在我师则以救一时之危，在敌亦急欲得银以济兵饷，故通商章程，彼此皆未暇议及。

洋兵大困于三元里，自知已结粤民之恐〔怨〕，又畏粤民之悍，不敢复入内河贸易。欲洋商赴香港，而香港隔海风浪，洋商无肯往者，遂欲以香港易尖沙嘴及九龙山。将军、总督以香港尚未奏允，何况两地？约其仍来黄浦，敌遂不许我修复虎门炮台，尽拆各炮台之石，移筑香港，且欲我拔去内河沙石桩筏，彼此相持。虽有通商之名，无通商之实。

又余保纯与义律议先送军饷六百万圆，其烟价在外。将军止以军饷改称商欠奏闻，其余情未上达也。及洋船退出后，内河填塞要害，增修炮台，守备日固，不能如向日之闯突。敌众皆咎义律议款时不别索地埠，遂扬言英吉利国王遣义律无能，改命璞鼎查为兵帅，欲复往沿海各省，必如上年在天津所索各款。

会六月香港有风飓之事，祁墳、怡良张皇入奏，谓撞碎洋船无数，漂没洋兵汉奸无数，所有帐房篷寮、新修石路，扫荡无存，浮尸蔽海。朝廷方发藏香谢海神，布告中外，允广东保举守城文武至数百员，而洋船数十艘已全赴福建，攻陷厦门矣。

初，上年洋艘之攻厦门也，水师提督陈阶平先告病，邓廷桢督同兵备道刘耀春止守旧炮台，叠沙垣，据形势，故贼攻不破。及颜伯焘嗣任，首劾陈阶平之规避与琦善、杨芳之主款，意气甚锐。然故纨裤，虚憍自大，且轻邓廷桢之仅仅自守。奏言用守而不用攻，则贼逸我劳，贼省我费，大炮止可施诸岸上，不能载之水中，小舟止可行诸内港，不能施之大洋。遂请饷银二百万，造战舰五十余艘，募新兵数千，水勇八千，欲与出洋驰逐。又于口外之崎屿、青屿、大小档，增建三炮台，备多力分。新铸千炮，又多未就；空船空台，徒等废物。适闻广东款议成，奉撤兵省费之旨，尽散水勇八千，不筹安置。水师提督窦振彪亦出巡外洋，内备单弱。七月初九日，洋船数十艘突至，投书令让出厦门为外埠，俟上年天津所索各事皆遂，再行缴还。次早驶进，先以数火轮往返。忽东忽西，哨探形势，并试我炮路。炮路者，官炮皆陷于石墙孔内，惟能直轰一线，不能左右转运取准，故夷先以舟试之，知其所值，则避之也。既而诸舟蜂拥齐进，我守青屿、仔尾屿、鼓浪屿之兵，三面环击，沉其火轮舟二，大兵船一，又伤其一桅。敌遂以二三艘并力攻一炮台，一台破，再攻一台，将士死伤相继，洋船遂注攻大炮台，飞炮从空堕岸上，散遣之水勇变为汉奸，从中呼噪应之。颜伯焘、刘耀春同时退避，贼遂登岸，反旋转我台上大炮，回轰厦门一昼夜，官署街市皆毁。颜伯焘、刘耀春退保同安，厦门遂为贼据。

然洋人得厦门亦不守，不数日，全队驶赴浙江，惟留数艘泊据鼓浪屿。八月初四日，颜伯焘即以收复厦门奏闻，然同知潜处四乡，未敢回署视事。诏降颜伯焘三品顶戴留任，遣侍郎端华赴福建勘实以闻。时鼓浪屿洋人，日招工匠，增造小舟，为驶窥内河计。是月，以大船五，小船三十，驶入厦门之木桩港口，炮沉我兵船五，副将林大椿、游击王定国中炮死，提督普陀保、总兵那丹珠督兵御之，炮沉大洋船一，始退出外洋。其福州省河外之五虎门，潮至通舟，潮退搁浅，故洋船未敢驶入云。

初，裕谦自正月赴浙江代伊里布为钦差大臣，时洋船已去定海，总兵王锡朋、郑国鸿、葛云飞以兵五千驻定海，辑流移，修城垒炮台为善后计。裕谦任事刚锐，而不娴武备，与颜伯焘同。前此倾心于林则徐，而林则徐又旋有遣戍新疆、改赴河工之命。盖广东盐运使王笃入京，于召见时，力党琦而排林，林则徐去浙，浙事益无所倚。定海孤悬海中，本不必守之地，徒分兵力。提督余步云庸而狷，素为裕谦所鄙，一时无人可代，姑令驻昭〔招〕宝山，不令渡海调度。三镇又皆武夫，无远略，裕谦所任随营知府黄冕，署定海知县舒恭寿，皆吏才而非边才。及是筑定海外城，葛云飞欲包濒海市埠于城内，左右抵山，其三面则以山为城。裕谦未渡海亲勘，但据图指挥，从之。有诤者曰："守舟山已为下策，况所筑者，又必不可守之城乎？天下无一面之城，此乃海塘耳，非外城也。贼左右翻山入，即在城内矣。备多则力分，山峻则师劳，请但环内城为新郛，勿包外埠，勿倚外山，度城足卫兵，兵足守城，庶犹得下策。"既而挠于群咻，议遂不行。至若捐舟山，专守海岸之策，更无暇筹及也。

是夏，广东讲款，奉旨各省撤兵省费。时精兵五千皆在定海，其镇海、宁波仅兵四千分布各口。八月初，洋船先犯石浦，以礁险不利而退，东西游奕。十二日，进攻定海，我军炮破其火轮舟一，即窜逸。十四日，连檣进攻晓峰岭，开炮数百，我兵皆隐侧崖未伤，其小舟登岸者，为郑国鸿督兵扛炮击退。次两日，又营五奎岛，又绕攻东港浦，又绕攻竹山门，皆为我炮却。十七日，贼乘我守兵力疲，遂分由五奎山、东港浦、晓峰岭三路进攻，以牵我师。其攻晓峰岭之贼，登岸后即撤舟以绝反顾，前贼死伤，后贼继进。我守山兵逆风下击，铳不得力，日午，铳皆热透，贼遂冒死登山入城。三总兵相继战死，舒恭寿服毒死，邑民救苏之，定海复陷。

其镇海防兵四千，裕谦以千余兵守城内外，余步云率千余守招宝山，总兵谢朝恩率千余守隔江之金鸡岭。裕谦先期见招宝山建白旗，知余步云贰志，乃盟神誓众，余步云托足疾不跪。裕谦奏言："洋船黑兵及汉奸不下万人，贼可并帮来犯，我必扼要分守，贼可数日不攻，我必昼夜防备，彼众我寡，彼聚我散，彼逸我劳。又海艘乘风潮而至，前艘稍退，则后艘必自相撞碎，故有进无退。我兵未历战阵，各存一炮火难御之见。是贼五船一心，且众船一心，而我兵则一人一心，是以自粤至闽，莫之敢撄。臣何敢轻视，惟有殚血诚，厉士卒，断不敢以兵单退守为词，离镇海半步，不敢以保全民命为词，受逆人片纸。"余步云心恨之。二十六日，洋船攻镇海，分犯金鸡山及招宝山，每路数千，而余步云不许士卒开炮。且两次上城，请退守宁波，裕谦不许。贼甫由招宝山麓攀援登岸，余步云即率兵西走，贼踞招宝山，俯攻镇海，其隔江之金鸡山兵亦溃。裕谦知事不可为，令副将丰伸赉钦差大臣关防送浙江巡抚，自沉泮池死之。二十九日，洋兵船四、火轮舟二、小舟数十进至宁波，余步云复弃城走上虞，宁绍台道鹿泽长、知府邓廷彩从之。

　　时宁波以西，江渐浅狭，敌小船驶至慈溪、余姚，于是二城亦逃散一空，土匪四起，讹言传播，浙西大震。余步云先后两奏，尚以裕谦先走为词，及殉难事闻，朝廷赐谥、赐祠、赐袭，无可再诬，则又流言此次洋兵至浙，皆为报复裕谦夏间枭斩白夷嗯哩之仇，亲驻曹娥江，以此语遍谕渡江难民。浙江巡抚刘韵珂至，据以入告，而无如敌之在广东，先已败盟，索尖沙嘴，索九龙山，不许修虎门炮台也。且诡称国王褫义律，改命他帅，未至定海，先破厦门也。又无如在浙先后投敌书，悬敌示，皆以欲索各省埠地为词，无一言及裕谦也。（明年，伊里布在乍浦移书英酋，诘其何故再犯，彼复书至，亦一字不及裕谦。）裕谦有攘寇之志，而无制寇之才，同于张浚。议者不咎其丧师失地，而翻以英之在粤在闽败盟诬咎于浙帅，不据英书英示为词，而据余步云逃罪之语为词，则是责张浚不如汪、黄，而汪、黄遂堪退敌也。

　　九月，贼以火轮小舟犯余姚，犯慈溪，二城先溃遁，英焚掠而去。是月命宗室大学士奕经为扬威将军，侍郎文蔚、副都统特依顺为参赞，以河南巡抚牛鉴总督两江，授怡良钦差大臣，驰赴福建。奕经用宿迁举人臧纡青言，浙兵屡衄不可用，除奏调川、陕、河南新兵六千外，宜多用土勇、水勇。宁波、镇海汉奸通贼，宜令浙江京官各保举绅耆，使分伏乡勇为内应，而委员招集山东、河南、江、淮之土勇万人，及沿海渔、盐、枭、贩，江湖盗贼二万余，分伏三城，水陆并攻，以南勇为北勇之目，以北勇为南勇之胆，刊给赏格，惟用散攻，不动大队，不刻期日，陆路伺敌出入，水路各乘风潮，逢敌即杀，遇船即烧，人自为战，使彼出没难防，而后以大兵蹙之，得旨允行。又诏举奇材异能之士，且谕奕经毋遽往杭，先驻苏城，使敌无备，俟各省兵勇齐集，再赴浙江。十月，奕经至苏，幕下侍卫容照，司员杨熙、联芳、阿彦达，皆纨袴〔绔〕少年，所至索供应，征歌舞，纵捬蒲，揽威福。苏城流言四起，远播京师，于是奕经移营嘉兴。十二月十五日，奕经、文蔚同梦洋人纷纷上船，窜出大洋，诘朝各述所梦，不约而符。又适接宁波来禀，有洋人运械上船之信，于是将军、参赞锐意进兵，夜不能寐。

明年元旦赴杭，留参赞特依顺守杭州，而奕经、文蔚渡江。十六日抵绍兴。先是去冬大雪，平地五六尺，入春又淫雨，昼夜兼旬，所备火舟薪苇，皆淋湿不堪用，且三城水陆纵横数百里，兵勇布置未周，非二月中旬不能集事。各路委员皆请缓师期半月，而奕经坚不肯待。定计二十八日进兵恢复三城，而原议分伏散战之法，一变为排阵对战之举。时敌闻大将军至，亦先自为备。宁波英目尽上船，惟留数百人守城上大炮，以待我西门之兵。镇海则英兵尽上招宝山，俟我兵入城，则开炮俯击，为一举歼我之计，此梦兆所由也。而诸将方严饬我军，不许携火器、火箭，恐延烧民舍，但约城中汉奸内应，擒缚英酋英兵以献，三城唾手可得，得城后即执所获英酋，与之议款，谓万全无失。于是奕经以兵勇三千，营绍兴之东关。使文蔚以兵勇四千，半屯慈溪二十里之长溪岭，半属副将朱桂，屯西门外之大宝山，以图镇海。提督段永福以兵勇四千，半伏宁波城外，屯大隐山，以图宁波。而副将谢天贵率兵千余，屯骆驼桥，以扼镇海、宁波适中之路。其领乡勇者，陆路则泗州知州张应云主之，令沉船梅墟，以隔断宁、镇英船，而杨熙伏勇上虞策应。水路则海州知州王用宾主之，专驻乍浦。而故总兵郑国鸿之子郑鼎臣，专司定海水勇，以火攻洋船。及期，陆路官兵皆冒雨夜进，至城则雨霁，其从宁波西门入者，城内伏勇先歼守门之贼，钉城上之炮，洞开城门以待。我兵长驱至府署，敌始惊觉，巷战相持。俄北门洋兵又绕至攻其后，前后受敌，洋兵踞街楼屋甍之上，火箭火炮，两面雨下，巷狭墙高，仰攻不利，屯兵五百，且战且退，死伤者半。段永福督后队至，

闻风反走，既不登城扼斗力战，又不退保大隐山，而直走东关。余步云率
兵二千，驻宁波之奉化，中途闻败，折箐终夜，喘呼遍野。此宁波之师也。
其慈溪、大宝山之兵，则副将朱桂、参将刘天保分领之。刘天保率河南劲
勇五百先发，镇海城亦开门以待，内应寥寥，不能缚贼，急使人出城取火
器，至则天已黎明。城外招宝山敌铳齐发，我军踉跄遁出，而朱桂军风雨
迷路未至。此镇海之师也。

至是始知仓卒布置之误，然所死不过二三百兵，于大局尚无害。于是朱
桂率陕、甘兵千二百回屯大宝山之右，刘天保收河南兵五百回军大宝山之
左，张应云兵勇亦回守慈溪城。奕经既不斩弃营逃将，以肃军令，又不进
营上虞，以壮士气，文蔚复调张应云赴奕经营商军事。于是慈溪城中乡勇
无主，亦溃散。

二月四日，敌遂遣火轮舟焚我火舟数十于姚江，而以兵二三千，自慈溪
登岸，陆行十余里，进攻大宝山，并自撤原舟，以绝反顾。朱桂以扛炮兵
四百御之，自辰至未，击死洋兵四百余，歼其头目巴麦尊，我兵隐崖石树
木间，无一伤者。时洋兵离其船数十里，深入死地，使得一队伏兵截其后，
可获全胜。不然即有兵数百，防守后山，我兵亦不致败。此夷事第八转机。

而谢天贵军不至，张应云城中伏勇已散，刘天保火器已半丧于镇海，虽
据左山，不能下山截贼后。其地即在长溪岭之麓，距参赞营仅十余里，朱
桂请援兵数百，文蔚坚不许发，薄暮始发兵三百，而敌已分兵四百，潜越
旁港，绕出我军山后。朱桂前后受敌，父子死之，刘天保左军亦惊溃。时
长溪岭阻险而阵，洋兵断难黑夜进攻，而容照及联芳等，力请文蔚弃军宵
遁，沿途赏舆夫，赏舟子，惟恐英兵追及。参赞既遁，全军遂溃，弃辎重
器械山积，反妄奏营被汉奸烧毁，其实次日薄暮，英兵尚未至岭也。

长溪岭既溃，军气大阻〔沮〕丧，即有献策请移营上虞，别选新到之
兵，再诱敌深入，与之再战三战，一以牵其北扰江苏之计，一以阻其骄索
无餍之气，而后徐与讲款者。奕经、文蔚心已乱，言不入耳，惟容照之言
是听。镇海之役，刘天保军仅伤七人，而奏言全军覆没，仅脱回七人。大
宝山之战，我军仅死百余，而奏言死者千余，慈溪英兵登岸仅二千余，而
奏言万有七千，无非张贼势而逭己罪。初七日，即与文蔚弃绍兴，走西兴。
奕经旋渡江回杭州，而陆路不可为矣。水路本议由乍浦雇渔舟潜渡岱山，

以图复定海，已渡水勇万余，分伏各港，至是亦用容照言散之，并战船、火船尽撤回。其水勇无归者，遂窜入英船为汉奸，而水路亦不可为矣。为〔惟〕郑鼎臣一路不奉命，容照、联芳等憾之，力请诛以军法，奕经唯唯不决。臧纡青愤盲左目，力辞去，奕经固留之，始复思用原议伏勇散战之法。于二月十六日再渡江，檄饬各路兵勇，相机自效，一月中伺杀黑白英人三百余级，生擒英官四人，白黑夷五十余人，缚献宁渡〔波〕汉奸主谋二人，余尽解散。郑鼎臣水路则三月朔联火舟数十，围攻大洋艘于岑港，又分攻三洋船于他港，共焚沉洋兵船四，及小洋船十余，焚溺死洋兵五六百。镇海知县叶堃亦报大攻洋船于海口，先后奏闻。诏赏奕经双眼孔雀翎，文蔚一品顶戴，郑鼎臣、叶堃奖励有差，于是阖营沸然。

前此主杀郑鼎臣者，今又竞思邀功，而主和议之人，则又哗然以为虚报不实。巡抚刘韵珂据以劾奏，既而郑鼎臣送所获贼首贼衣及毁破船板，共载四大艘呈验，刘韵珂始语塞。而韵珂前月已奏请伊里布来浙主款，上复命宗室尚书耆英为钦差大臣署杭州将军，与参赞齐慎赴浙，降旨不许进兵，并不许擒斩零夷，有兵勇杀一黑白夷，即行正法，并治官弁之罪，皆刘韵珂所奏请也。是月，河南开封黄河决口堵合，诏林则徐由工次赴新疆，大学士王鼎自河南工次入京复命，越五日，发愤具遗疏暴薨。英人是月遂弃浙江窥松江，窥长江，登范氏天一阁，取去《一统志》，又购长江图及黄河图，尽得我军所裁撤水勇为乡导，兼造小蛋船数十为入浅河之用，勒索宁波绅士犒军银二十万圆，许退出城池。遂以三月二十七日，弃城登舟。奕经等以大军逼退英兵，收复宁波入告。盖贼自去秋破宁波后，即遣火轮舟归报国王，其舟自中国至西洋，往返六月可达。至是三月初，国王谕至，令复往天津求埠地通商，故是月退出宁波，于官兵无预也。

四月朔，镇海洋船亦弃城而北，惟留四舟及洋兵千余守定海。钱塘江口龛、赭二山，近年滩涨淤浅，潮至通舟，潮落断流，故洋船不窥杭，而初九日犯乍浦。先以兵船横列成阵，开炮与官兵相持，而遣小舟分路登岸，攻东门。我陕、甘兵以扛炮伤敌甚众，敌转攻南门。驻防旗兵，平日凌辱汉人，至是又动斥为汉奸，由是福建水勇积愤，纵火内应，贼遂逾南城入，尽焚满营，都统长喜、署乍浦同知韦逢甲死之。兵备道宋国经退走嘉兴，杭州、嘉兴俱戒严。原任大学士伊里布至乍浦洋船议款，英邀挟甚侈，不能成议；刘韵珂又奏请释还所擒黑白夷数十送乍浦，则洋船已去，又改送镇海，谓可解仇通好，英置不问。诏将军、参赞分一人前赴嘉兴防堵，于是奕经自绍兴渡江而北，钦差大臣耆英方驰至嘉兴，忽奉命前赴广东，其杭州将军关防，命特依顺署理。盖据御史苏廷魁之言，风闻廓尔喀国已攻袭英人驻防印度之兵，洋船将回兵救援，因有退出宁波之事。故命耆英前赴广东，体察虚实，乘机攻香港。及江左告急，复命中道折回防堵。

时香港洋船十四，杉板小船数十，洋兵千余，汉奸海盗薮聚其间。奕山等既招回汉奸三千余，其香港汉奸头目内向者，亦十之六，各愿立功赎罪，请包修虎门炮台，并请乘冬令晦潮，出其不意，与香港汉奸表里应和，火攻洋船，一举歼之。而奕山听祁𡎴言，惟恐触其怒，不许。六月，诏责奕山视师广东半载，毫无方略，屡命收复虎门，攻香港，以牵制闽、浙贼势，皆以造船未就为词，惟以填塞河道为事，革去御前大臣、都察院左都御史。而颜伯焘亦久未剿除厦门停泊之洋船，革职，以怡良代之。十八日，洋船弃乍浦而北。五月初三日，洋船至吴淞口。初五日，牛鉴接奕经檄令，权宜羁縻。牛鉴迟至初七日，始遣弁赍札赴洋船，则已无及。宝山城在吴淞口外，洋面辽阔，本不如内东沟、江湾两隘之易于设伏，宝山知县周恭寿请伏兵口内诱贼，毋守海口炮台，牛鉴不从。总兵王志元守小沙背之徐州兵五百，即在浙从余步云弃招宝山之溃兵也。牛鉴不惩创之，反令守要害，终日骚掠，居民汹汹。周恭寿力请撤换他兵，亦不听。初八日黎明开炮，提督陈化成炮沉其二艘，又击折其二艘之桅。洋兵溺死二百余，遂以小舟绕攻小沙背，总兵王志元率徐州兵果望风西走，提督陈化成亦中炮死。贼遂由小沙背登岸，仅八九人，而塘上数千兵，皆望风溃矣。牛鉴走嘉定，其东炮台之兵皆同时溃，贼遂陷宝山，丧大炮军仗无算，上海大震。参将继伦率兵先弃城走松江，上海兵备道巫宜禊、上海知县刘光斗从之。所募福建水勇，变为土匪，纵火焚掠。十一日，洋船七八艘驶入上海，城中已空无人。十三日，洋人乘火轮船二、杉板船四五，驶入松江，我兵先塞港口，距城八里。寿春镇总兵尤渤以陕、甘兵二千守之，敌开炮数十，我兵皆伏避之，炮过而起，我炮齐发，相持半日始退。次日复至，亦如之，故松江得无恙。贼又将窥苏州，使火轮舟测水，至泖湖，渔舟引之入浅，轮胶水草，乃返。于是二十日洋艘退出吴淞口，图入长江矣。

初，裕谦奏江海情形，有"长江无遮障，潮来甚溜，甚难防守"之语，牛鉴则驳斥常镇道请守鹅鼻嘴之禀，且遍谕居民，以长江沙线曲折，洋船断不能入。贼劫沙船导火轮船，两次驶探，初报诸险要皆无备，次报诸汉港获洲皆无伏，始连樯深入。六月八日薄瓜洲，瓜洲城已空，遂窥镇江。镇江依北固山为城，以运河为濠，形势险固，非宝山比。驻防副都统海龄，庸缪人也。牛鉴既失吴淞口，自应驰守镇江，会参赞齐慎、提督刘允孝之兵，且节制副都统婴城固守，洋船必不越镇江，而径犯江宁。上之可以徐筹火攻，次之即与敌讲款，亦不致操我死命，无求不遂。乃牛鉴从丹阳、句容直走江宁，海龄又拒齐慎、刘允孝使战城外，惟以驻防兵守城内。镇江繁富十万户，海龄禁难民迁徙出城，出者皆刃夹而搜括之，日捕诛城中汉奸，合城鼎沸，凡木石油炭火器，守城之具，一切不备。又不团练居民乡勇助守，城中仅驻防兵千余，与绿营兵六百，寥落如晨星。始则城外军击其西北登岸之贼，相持二三日，英佯攻北门，而潜师梯西南入城，土兵仅斫其一二人，敌已蚁附上，守兵皆溃。英先焚满营，海龄为乱兵所杀，镇江陷，掳掠焚杀惨甚。宁波、宝山夷酋璞鼎查，即欲出江，前赴天津，而马礼逊阻之，谓此中国漕运咽喉，扼以要挟，必可如志，遂不果。是时洋船八十余艘，炮声震江岸，自瓜洲至仪征之盐艘估舶，焚烧一空，火光百余里。扬州盐商许银五十万免祸。六月二十八日，遂逼江宁，东南大震。

朝廷廑念漕运重地，敕耆英便宜从事。是时敌人已奉国王谕至，但得他省通商，不必更索兵饷、烟价，其鸦片烟亦不再至。故洋师三月出宁波，及在乍浦伪示，皆有"前往天津求和、遵国王所谕办理"之言。至是伊里布遣张喜等至洋船，洋酋言：一、索洋银二千一百万圆，三年交付。一、索香港为市埠，并往广州、福州、厦门、宁波、上海贸易。一、洋官欲与中国官员敌体。余与上年同。张喜言烟价、兵饷广东已给六百万，今索价更奢、索埠太多，若之何？马礼逊言（马礼逊，洋官之通汉语者）此我国所索之价，岂即中国所还之价？且此次通商为主，志不在银钱，但得一二港口贸易，其兵饷、烟价中国酌裁可也。而诸大吏不速覆，遣张喜往返传语。越二日，张喜还，则敌听汉奸言，闻增调寿春兵之信，谓我借款缓敌，如今日不定议者，诘期交战，其意盖欲款局速成，非望所求尽允。而诸帅已胆裂，即夜覆书，一切惟命，其禁约鸦片章程，一语不及，英喜出望外。

诸帅会奏，言敌设炮钟山之顶，全城命在呼吸，盖仿袭粤省失四方炮台之说，其实绝无其事。且奏称昔纯皇帝征缅无功，弃关外地五千里，尤以凿空无稽之谈，诬祖德，骇听闻。（云南铜壁关上有额曰：天朝中原，地尽于此。试披康熙铜板地图，曾有铜壁关外五千里地失于乾隆者乎？）敌人又言讲款文书，中国需用御宝，彼国亦遣火轮舟归，请国王用印。兵船惟退出海口，其舟山及鼓浪屿、香港之洋兵，必俟三年银数交竣，方可撤归。七月初九日，款议成。耆英、伊里布、牛鉴亲赴敌人璞鼎查之舟。越二日，璞鼎查、马礼逊等亦入城会于正觉寺。连日分提江宁、苏州、安徽藩库、扬州运库银数百万，如数馈之。八月杪，洋船将出江，诸帅复饯于正觉寺。九月初旬，洋舻尽回定海，诏以不守江口逮总督牛鉴治罪，以耆英代之，而伊里布以钦差大臣由浙至广东议互市章程。褫逮领兵之奕山、奕经、文蔚、余步云，交刑部治罪。惟余步云于是冬伏法。其沿海失守城池之道、府、县，及领兵将官失事者，以次惩处，分别豁免沿海被寇州县钱粮。而是冬又有索台湾俘人之事，上年及次年又有廓尔喀、佛兰西、弥利坚各国违言之事，又有广东义兵焚洋馆之事。

台湾俘人者，二十一年八月及次年二月，洋船两窥台湾：一在淡水港，遭风触礁；一在大安港，为渔舟诱引搁浅。皆为沿海义勇围攻，擒获三桅大舟一，杉板舟二，白夷二十四，黑夷百有六十五，炮二十门，刀铳器械，并宁波、镇海营中官物，盖攻浙之贼回窥闽洋者。总兵达洪阿、兵备道姚莹先后奏闻。三月，敌遂以十九艘赴台报复，结海盗艇数十，导之入港。我兵先破其盗舟，敌人不敢入，遥轰大炮而遁。又屡遣奸细入台煽乱，皆被擒斩，一方屹然，洋船不敢再犯。屡诏优奖，姚莹加布政使衔，达洪阿加提督衔，各世袭轻车都尉。是秋，江宁议款约，所获兵民，彼此交还，而台湾黑夷百有六十五人，已于五月奉旨斩决，惟以白夷还之，敌目璞鼎查遂讦台湾镇道妄杀其遭风难民。时江苏主款官吏，方忌台湾功，而福建厦门失守，文武亦相形见绌，流言四起。耆英遂据闽人故总督苏廷玉及提督李廷钰二人家信，劾台湾镇道冒功，敕福建新督查奏。新督至台湾查案卷，则所奏皆据厅营及绅士禀报，无功可冒，因强镇道引诬以谢洋人，遂劾逮至京。台湾兵汹汹鼓噪，达洪阿、姚莹谕解之。新督亦旋告病，以刘鸿翔代之。刘鸿翔尽以台湾厅营绅士禀报原案咨送军机处，上遍阅之，鉴二人枉，不深罪，达洪阿、姚莹旋即起用云。

　　廓尔喀者，在西藏西南，与英国所属东印度孟阿腊接壤，世仇。二十年秋，闻英人入寇，即禀驻藏大臣，言小国与底里所属之披楞部相邻，每受其侮，今闻底里与京属构兵，京属屡胜，小国愿率所部，往攻底里所属，以助天讨。使廷臣明地势洋情，许其犄角，则英国印度之兵，怀内顾忧，不能全赴中华。此洋事第一外助。而廷臣未知其所谓底里者即英吉利，所谓披楞者即孟阿腊，所谓京属者，即中国之广东。顾答以蛮触相争，天朝从不过问。于是廓夷罢攻印度，而英人入寇之兵无复内顾。及是秋款议成，英人归印度者，以此大骄廓尔喀，廓尔喀则反唇于驻藏大臣，词甚悖谩。驻藏大臣惟羁縻之而已。

　　佛兰西、弥利坚者，皆大西洋强国，与英人同市广东，且世仇英人而恭顺中国。上年英人入犯，并阻遏诸国货船，不许贸易，诸国皆憾之，言英人若不早回国，亦必各调兵船来粤，与之讲理，林则徐两次奏闻。俄林则徐罢，琦善一意主和，前议遂中止。及去年琦善褫逮甫数日，弥利坚头目即出调停，故有但许通商，不索一切，及私带鸦片、船货充公之请。乃广东诸帅夜攻洋馆，反误杀弥利坚数人，于是弥利坚不复肯出力。而佛兰西洋官于英人再次败盟之后，屡在粤愿助造兵船。是冬来兵船二，兵帅一，言有机密事愿面见将军，请勿用通使，从有能汉语之二僧，可以传言。将军奕山及总督祁𡎚与再会城外，屏左右，密言英人阻隔诸国贸易，国王遣兵船前来保护，并命从中解散，请赴江、浙代款，必能折服英人，不致无厌之求，倘英人不从，亦可借口与之交兵。此粤事第二外助。

　　乃奕山始则拒不肯奏，佛兰西请先赴香港，晤璞鼎查，议之数日，覆称英人以香港及烟价三百万为请。奕山亦屏不奏，良久始奏闻。又言敌情叵测，难保其非阴助英人，代探我虚实。佛兰西自正月至五月，待命半载，及六月驶赴吴淞口，则英人已深入长江。佛兰西请我舟导之入口，上海官吏反难之，往返申请稽时。及佛兰西易舟入江，则款议已成数日，尽饱溪壑，视佛兰西原议相去天渊，佛兰西头目顿足而返。是冬回至广东议互市，英人欲各国洋商就彼挂号始输税，佛兰西、弥利坚皆愤言，我非英国属国，且从未猾夏冯陵，何厚彼而疏我？于是弥利坚来兵船八，不数月，佛兰西亦来兵船八，皆上书求入贡，而陈诚款，并请留兵船于闽、粤，惟贡使数人由陆入京，盖欲密献机宜，效回纥助唐之谊。此洋事第三外助。而廷臣再三却之。时伊里布已卒于广东。二十三年，耆英奉命驰往接办，先后许各国皆如英人之例，不用洋商，任往各海口，与官吏平行，英人反以此德色于诸人矣。

广东义民者，初，英人自去夏困于三元里，不敢入市广州，及讲款后，奉旨许广州贸易。是冬白夷横行于市，粤民怒起诛之，聚众万余，焚洋馆，掠其货，又杀其洋官洋兵于澳门海中，时璞酊兵船正在广东，竟不敢报复。督抚惩治焚馆之民以谢。而番禺绅士潘仕成捐资延佛兰西洋官雷壬士于家，造洋船洋炮，又造水雷，能水中轰破船底，所捐造二桅战舰四艘，材坚工巧，悉如西洋式，每水雷造价仅四十金，每艘仅价二万金。诏广东新造战舰，一切交其承办，毋令官吏经手，以杜侵蚀。大吏尼之，旋亦中止。故敌寇之役中国，非无外援也，非无内助也，无人调度之，则殴属夷以资敌国，且化劲民为奸民，且诬义民为顽民。

迩者，沿海通商，鸦片益甚于前，并用广东巡抚黄恩彤言，开各省天主教之禁。其据定海及鼓浪屿之人，皆胁官吏，薮逋逃，而福州乌石山之人，直据省会腹心，俯瞰全城。总督刘韵珂、巡抚徐泽醇束手惟命，而奏疏讳之，但言给与城外破庙。闽省士民愤怨，时林则徐家居，尤为闽大吏所忌。道光二十四年，召还耆英，降巡抚黄恩彤为同知回籍。二十五年，英人欲践耆英所许三年入城、设洋馆之约。总督徐广缙内联义民，外联弥利坚以拒之，敌受约束退，诏封徐广缙子爵，巡抚叶名琛男爵，粤事始稍定。咸丰元年，又特诏奖雪林则徐及姚莹、达洪阿之尽心竭力于边，而斥耆英畏葸骄敌之罪，中外翕然钦颂。

论曰：夷寇之役，首尾二载，糜帑七千万。中外朋议，非战即款，非款即战，从未有专议守者，何哉？且其战也，不战于可战之日，而偏战于不可战之日。其款也，不款于可款之时，而专款于必不可款之时。其守也，又不守于可守之地，而皆守于不可守不必守之地。粤东不议守而专款，是浪款也。奕山不筹守而即战，是浪战也。颜伯焘、裕谦、牛鉴不择地而守，是浪守也。诚能择地利，守内河，坚垣垒，练精卒，备火攻，设奇伏，如林、邓之守虎门、厦门，先为不可胜以待敌之可胜，则能以守为战，以守为款。以守为战，则岂特我兵可用，即佛兰西、弥利坚皆可用，即廓尔喀亦可为我用，以外敌攻外敌也。岂特义民可用，即莠民亦可用，以汉奸攻逆敌也。以守为款，则我无奢于彼，彼有求于我，力持鸦片之禁，关其口，夺其气，听各国不得贸易之夷居间调停，皆将曲彼而直我，怒彼而昵我，则岂特烟价可不给，而鸦片亦可永禁其不来，且可省出犒夷数千百万金，为购洋炮洋艘、练水战火战之用，尽收外国之羽翼为中国之羽翼，尽转外国之长技为中国之长技，富国强兵，不在此一举乎？时乎时乎，惟太上能先时，惟智者能不失时；又其次者，过时而悔，悔而能改，亦可补过于来者。(《圣武记》卷十)

筹海篇一·议守上

自夷变以来，帷幄所擘画，疆场所经营，非战即款，非款即战，未有专主守者，未有善言守者。不能守，何以战？不能守，何以款？以守为战，而后外夷服我调度，是谓以夷攻夷；以守为款，而后外夷范我驰驱，是谓以夷款夷。自守之策二：一曰守外洋，不如守海口，守海口不如守内河；二曰调客兵不如练土兵，调水师不如练水勇。攻夷之策二：曰调夷之仇国以攻夷，师夷之长技以制夷。款夷之策二：曰听互市各国以款夷；持鸦片初约以通市。今请先言守。

今议防堵者，莫不曰："御诸内河不若御诸海口，御诸海口不若御诸外洋。"不知此适得其反也。制敌者，必使敌失其所长。夷艘所长者，外洋乎？内河乎？吾之所御贼者，不过二端：一曰炮击，一曰火攻。夷之兵船，大者长十丈，阔数丈，联以坚木，浇以厚铅，旁列大炮二层，我炮若仅中其舷旁，则船在大洋，乘水力活，不过退却摇荡，不破不沉。必中其桅与头鼻，方不能行驶，即有火轮舟牵往别港，连夜修治。惟中其火药舱，始轰发翻沉，绝无泅底凿沉之说。其难一。若以火舟出洋焚之，则底质坚厚，焚不能然。必以火箭、喷筒焚其帆索、油薪，火药轰其柁尾头鼻。而夷船桅斗上，常有夷兵远镜瞭望，我火舟未至，早已弃碇驶避。其难二。(夷船起碇必须一时之久，故遇急则斩缆弃碇而遁。)夷舶三五为帮，分泊深洋，四面棋布，并非连樯排列。我火船攻其一船，则各船之炮，皆可环击，并分遣杉船小舟救援。纵使晦夜乘潮，能突伤其一二艘，终不能使之大创。而我海岸绵长，处处防其闯突，贼逸我劳，贼合我分。其难三。海战在乘上风，如使风潮皆顺，则即雇闽、广之大梭船、大米艇，外裹糖包，亦可得胜。郑成功之破荷兰，明汪铉之破佛郎机，皆偶乘风潮，出其不意。若久与交战，则海洋极寥阔，夷船善驾驶，往往转下风为上风，我舟即不能敌。即水勇、水雷，亦止能泅攻内河淡水，不能泅伏咸洋。其难四。观于安南两次创夷，片帆不返，皆诱其深入内河而后大创之，则知欲奏奇功，断无舍内河而御大洋之理。贼入内河，则止能鱼贯，不能棋错四布。我止御上游一面，先择浅狭要隘，沉舟绲筏以遏其前，沙垣大炮以守其侧，再备下游桩筏以断其后，而后乘风潮，选水勇，或驾火舟，首尾而攻之。（沉舟塞港之处必留洪路，以出火舟。）或仿粤中所造西洋水雷，黑夜泅送船底，出其不意，一举而轰裂之。夷船尚能如大洋之随意驶避，互相救应乎？倘夷分兵登陆，绕我后路，则预掘暗沟以截其前，层伏地雷以夺其魄。夷船尚能纵横进退自如乎？两岸兵炮，水陆夹攻，夷炮不能透垣，我炮可以及船，风涛四起，草木皆兵。夷船自救不暇，尚能回炮攻我乎？即使向下游沉筏之地，豕突冲突，而稽留片时之间，我火箭、喷筒已烬其帆，火罐、火斗已伤其人，水勇已登其舱，岸上步兵又扛炮以攻其后，乘上风，纵毒烟，播沙灰，以眯其目，有不聚而歼旃者乎？是口门以内，守急而战缓，守正而战奇，口门以外，则战守俱难为力，一要既操，四难俱释矣。

或曰，门户失守，则民心惊惶；纵贼入庭，则必干罪戾。倘贼方入口，即分夷兵登岸，夹攻我后，或进攻我城，则如之何？曰：所谓诱贼入内河者，谓兵、炮、地雷，水陆埋伏，如设阱以待虎，设罟以待鱼，必能制其死命而后纵其入险，非开门延盗之谓也。奏明兵机，以纵为擒，何失守之有？贼虽入口，尚未至我所扼守之地，何惊惶之有？然海口全无一兵，尚恐贼疑，未敢长驱深入，必兼以废炮羸师，佯与相持，而后弃走，引入死地。即如粤之三元里，非内地乎？若非夷兵登岸肆扰，安能成围酋截敌之举？松江府城，非内河乎？尤提军于上海失守之后，整兵二十〔千〕，以待夷船驶入，放炮相持，二日而退。使先备火攻，塞去路，安在不可奏安南殄敌之功？《传》曰："不备不虞，不可以师。"《易》曰："王公设险，以守其国。"夫险者，非徒据口拒守，敌不能入之谓。谓其口内四路可以设伏，口门要害可截其走，寇能入而不能出也。自用兵以来，寇入粤东珠江者一，入宁波甬江者一，入黄埔〔浦〕松江者一，皆惟全力拒口外，而堂奥门庭荡然无备。及门庭一失，而腹地皆溃，使舍守口外之力以守内河，守口外兵六七千者，守口内兵不过三千，得以其余为犄角奇伏之用，狷贼知兵，必不肯入。如果深入送死，一处受创，处处戒心，断不敢东闯西突，而长江高枕矣。何至鲸驶石头之矶，霆震金焦之下哉？故曰守远不若守近，守多不若守约，守正不若守奇，守阔不若守狭，守深不若守浅。

请纵言浙江：浙海岛屿林立，而舟山居其一，以险则非门户，以富则非沃壤，以大则仅弹丸，明汤和经理沿海，并未收入内地。（明之定海，今之镇海县也。康熙初，始移定海于舟山，而改旧卫称镇海。）顺治八年，议政王大臣奏言："舟山乃本朝弃地，守亦无益，其令副都统率驻防满兵回京。"此皆开国老成，瞻言百里。故康熙以前，皆弃化外。盖城逼海滨，船抵城外，炮及城内，回非台湾、琼州、崇明之比。（崇明虽最小，而四面沙滩，两港曲折数十里，非小舟不能入。）乃宁波濒海连岸之南田山，垦成沃壤者，反禁不许开，而重兵以守孤悬之岛，使外夷得以挟制，此不得地利者一。然则如之何？曰：弃定海，移其兵民于南田，严守宁波，佯退镇海招宝山，以诱入之，而后于甬江下游狭港塞其去路，乘风火攻者，上策；专守镇海不使入者，次之；分守定海者为下。

请纵言广东：香港与尖沙嘴、裙带路三屿相连，周百余里，堪避风浪，而孤悬海面，亦粤之舟山耳。夷与我通商，则必入虎门方能贸易，不与通商，则夷虽孤处香港无益。其地距广州四百余里，距虎门二百余里，何预咽喉利害。次则沙角、大角炮台，远隔虎门之外，江面寥阔，大炮仅及中泓，不足遏夷艘，适足招夷炮，何必守？所宜守者，虎门之横档、三门与虎门内乌涌，再进曰猎得，曰大黄滘。盖广东外城卑薄，而城外市廛鳞次，必应扼其要口，以为外障。至四方炮台，踞省城后山，俯视全城，乃国初王师破城所设，是攻城之要，非守城之要也。事平后早宜毁拆，而阻其上山之径。乃不严守省河要口，而反守四方炮台，即使不失守，其炮能遥击夷船乎？抑将俯击城中之人乎？其失地利者二。然则如之何？曰：拆去四方炮台，增修外城，沉舟筏于猎得、大黄滘，倚山近水，坚筑土城，守以兵炮，使夷兵断不能闯省城，而后潜遣人桩塞乌涌上下，火舟乘夜夹攻者，上策；弃沙角、大角，固守虎门者，次之；弛内备而徒争香港者为下。

请纵言福建：福州、泉州，诸河溜急，皆潮至通舟，潮退浅阁，则一潮不能直达，故贼大艘不敢闯入。所守者，惟厦门。厦门有鼓浪屿障其外，大舟进港可至虎头关，小舟可至税关。旧设炮台于口门，不足制贼，仅足自守。上年反于口外大档、小档、崿屿、青屿等纷增炮台，备多力分，故为夷所破。其失地利者三。然则当如之何？曰：以精兵重炮内伏虎头关，尽藏火舟于内港，佯以废炮疲兵守口弃走，诱入内港，而后水勇火具四面歼之者，上策；固守口门旧炮台不使入者，次之；纷增多台自相牵制者为下。

请纵言江苏：宝山城逼海塘，三面寥阔，潮头浪花，高溅雉堞，故国初李成栋军至此，惊为绝地。（见《宝山县续志》）且以财赋文学之邦，而城中无千金之产，无一命之士，即承平尚宜内移于江湾、罗店，或与嘉定、上海同城。乃以重兵多炮守洋面，即使不失守，亦何能出奇制胜？此失地利者四。然则当如之何？曰：弃宝山专守上海，沉舟筏，阻江湾，而后诱其入江，潜以桩筏塞东沟下游，而火舟水勇攻歼之者，上策；固守东沟毋使深入者，次之；守宝山海塘者为下。

请并言天津：天津府城直沽河，距海口二百里，潮退浅阁，且外有沙洪为门户，中通大艘，可以舟筏沉塞。倘夷艘敢北犯，但内徙炮台于近城，纵其深入，截其出口，而火舟水雷夹攻之者，上策；设兵炮于沙洪，伏地雷于近岸者，次之；远设炮台于口外者为下。

然则浙之钱唐江，苏之扬子江，广阔浩瀚，既不能沉舟筏以截其前后，而火攻又易于驶避，若何？曰：钱唐江西岸，潮落沙滩十余里，夷船即入，止能东扰萧山，断不能西犯杭城。且海口龛、赭二山，近皆涨浅，猾夷早已探明，故不肯驶入。扬子江口外有君山、圌山两重门户，江阴鹅鼻嘴，即君山之麓也，斗入江中，与对江之刘文沙相距四五里，圌山与对江之东新河相去二三里，国初张名振、郑成功动辄闯入，大炮远则无力，本难恃为门户。故凡言守圌山者，皆道听耳食之谭也。若既闯入以后，非北窥扬州，即西犯江宁。扬州宝塔湾，回肠曲折，最便于伏火舟，断去路。惟运河浅狭，夷大舰不能入，其入者，不过火轮、杉板四五舟，夷兵六七百人，即烬之亦无能大创。惟江宁省会，则大兵艘环集于石头城（即下关也），其外界沙洲数十里，江面极狭，而城内秦淮可藏火舟，可出火舟。夷船惟火轮无风能行，其兵船、货船，则无风不能动。攻之之法，宜乘无风之夜，潮退之时，以火舟水勇出水西门，顺流而下，以数小舟攻一舟。夷船首尾无炮，其同帮各船之炮，恐自击其邻舟，则不敢开。火烈具举，船各自救，亦不暇开。我兵或泅或伏，出没如意，亦不畏其开。其尾大不掉之兵舰，有不帆焚、索断、柁烬、鼻坏者乎？四者去，则船不能行，人船可以并获。其奏功之小大，则视火舟之多不多，水勇之练不练。火舟多，水勇练，以数百火舟攻数十兵艘，即有散碇于下游他岸者，亦有下游火艇由运河出，由瓜洲出，由中闸出，各攻各舰。但使一夕无风，夷艘必无噍类。若得粤中水雷百具，水勇黑夜泅送各艘之底，一举而烬之，尤万全策。若弥旬连日大风，竟无风息之时，则以火舟攻其上风，而以石油、江豚油之火箭喷筒，从下风夹攻之，专攻帆索，亦必可焚其半。夷若乘东风驶往上游，则不能出海，仍是槛笼中物。若乘西风驶往下游，则驱逼出海，纵不可歼敌，而可以走敌，永不敢再窥内江矣。

或曰：此皆谋之在预，备之于先，若既不能拒之口外，又未尝备诸口内，一朝夷艘闯入，仓卒风鹤，无火具可购，无小舟可雇，无水勇可募，其若之何？曰：调度不得其人，虽谋之期年，亦溃之一旦。若调度有人，则龙关六闸乃木簰所集，沿江洲地为薪荻所薮，上海之闽、广水手，仪征下河之私枭匪艇，出没风涛，亡命鹜利，视死如归，一呼数千可集。至火药、火球、火箭、奇油、毒药，军兴防堵局购办，所费巨万。夷自六月初破宝山后，七月朔日始抵江宁，九月始出江口，前后将及三月。但一面羁縻，一面备战，何事不可立办？顺治十七年，海寇郑成功百万之众破瓜洲，破镇江，沿江郡县，望风纳款。其时江宁防兵调征云贵，守备空虚，东南全局皆震，其岌岌岂但今日。而梁化凤且款且守，突出陆战以挫之，火其百艘以走之，彼岂备之于先，谋之于豫哉？千兵易得，一将难求。粤东初年有歼夷之备，而无其机，近日江、浙有歼夷之机，而无其备，机与才会，事功乃出。

或曰：圌山、君山之隘，说者皆谓可沉舟以断其去路，子何独谓其不能？火攻必乘顺风，子何以必待无风？若夷舟不能动，则大洋无风亦可攻之，无风何又患其驶避？岂夷船能无风驶动于大洋，而不能驶动于长江耶？曰：沉舟塞江之事，即使施诸珠江、甬江、黄浦江浅狭之处，尚必深下木桩，厚联竹缆，加以大树、大石，始可御潮汐而免漂散。况长江近海之处，至狭亦必数里，江愈狭则洪愈深、溜愈急，又桩不能下，缆不能联，如以无桩无缆，高仅丈许之舟，深沉于数丈之底，横亘于数里大溜之间，以当千里潮汐之冲，何异以朽株遏奔驷？荷兰沉二甲板船于鹿耳门，有浑潮而无内水，故淤沙愈涨愈积，足以纡束港口，若内水与外潮互相撞击，即尽沉夷舶百十，尚不足填天堑，况能截其去路？是沉舟之策，断不可施诸长江。我顺风而火之，夷亦顺风而避之，惟有无风则大艘寸步难动，而小舟桨橹如飞，此安南札船所以制胜也。夷艘虽称能转风势，然亦止能驶三面之风，而不能驶迎面猛烈之风，尤不能驶行无风。观上年夷帅士密之兵船，自澳门至虎门五日方至，其证一。穰西之兵船，在闽洋南澳为我水勇所攻，以无风不能开动，良久风起始起碇，其证二。（均见新闻纸）韩世忠以海舟邀金师于黄天荡，使船如使马；兀术蓦破海舟之策，以小舟载土铺板，乘无风火其帆索，海舟不能避，烟焰涨天，其证三。盖赤壁、鄱湖之役，千艘绲联，万樯林立，故顺风一火，势若燎原。若夷船不过数十艘，分泊各岸，无所牵制，乘风弃碇，谁执惊鸥？若非沉舟截之，则必以无风蹙之，但大洋无风无浪之时极少。盖无论顺风、逆风、微风皆难制者，大洋；无论顺风、逆风、无风，皆可攻者，内河。长江形势比之内河则不足，比之大洋则有余。故有风不可攻，而无风则可攻。

英吉利夷艘两碎于安南，人遂以为安南水战无敌于西洋，札船且胜于洋舶。请试诘之曰：安南船炮果无敌也？则嘉庆入寇闽、浙之艇匪，即阮光平所遣乌艚船百余艘，宜乎横行海外，何以敢劫商船而不敢劫夷艘？又何以屡被挫于闽、粤，被飓碎于浙江乎？殊不知安南胜英夷者，在纵其深入内河，而非驰逐于外洋，拒守于海口也。其所用札船，狭长多桨，进退捷速，如竞渡之龙舟，如粤东之快蟹艇、蜈蚣艇，特多一尖皮顶及左右障板以避铳炮，以小胜大，以速胜迟。若大洋则不能使桨，是斗舰火攻之具，非楼船水犀之军也。富良江、广南港，江面广阔，与钱唐江、扬子江等，一则诱至滩浅潮落而阁之，一则预备火舟晦夜而乘之，以驰骋大洋则不足，以犄角内河则有余，斗智不斗力也。夷船横行大洋则有余，深入堂奥则不足，为客不如为主也。安南界连闽、粤，民习水战，同于漳、泉、惠、潮。故夷船始至，则畏闽、粤而不敢攻，继则两次闯入虎门、厦门，皆弃之不守，而惟滋扰于江、浙。使得调度闽、粤水勇之人，则夷船凡入粤河、入浙河、入吴淞、入长江，同于安南可乘之机者，凡四。交臂束手，而惟归咎于船炮之不如。夫安南之创夷，其为洋舶、洋炮者安在？惠、潮、漳、泉间，其为安南之人何限？其为札船之技何限？或又谓倭寇专骚内地，故舍外洋御海岸、舍海岸御城外者，御倭寇之法，非御英夷之法，不知此又适得其反也。倭寇长于陆战，短于水战，由其入寇皆穷岛亡命，无力置大艘大炮，惟恃其胆力渡洋，恃其刀枪豕突，故登陆则不可敌。使以倭船遇闽、粤之船，则如石碾米也。使其倭船遇大炮火器，则如狼驱羊也。明代剿倭名将，亦惟知角诸陆战，虽间或击其惰归，亦已伤深疮痏，惟唐顺之、俞大猷始惓惓于击贼海中，且谓击归船不若击来船，深得治倭要领，而戈船水犀之备，亦未及见施行。夫倭之所长在陆，击之外海，在攻其所短。英夷所长在海，待诸内河，待诸陆岸，则失其所长。乃明人御倭者不知御之于外，而今日御英者，又不设伏于内，故天下实效之事，必与庸众之议论相反。

或曰：专守内河，诚可制夷艘之横突，而不能制夷炮之猛烈，则我兵犹慑虚声，夺锐气，其若之何？曰：大炮者，水战之用，非陆战之用也。即水战，亦我师击沉敌舟之用，非敌舟击伤我兵之用也。且沉舟亦攻海面远舟之用，非内河近岸近舟之用也。西北平原大碛，陆战用炮，必先立战车以制敌骑，然后驾炮于车以破敌阵。东南江滨海澨，夷若以轮推炮上岸，则有滩涂沮洳之险，有塘陂岸峭之险，有港汉横纵之险，大船不能近岸，小舟不能载大炮。故自用兵以来，夷兵之伤我者，皆以鸟枪、火箭，从无携炮岸战之事。惟我兵之扛炮、扛铳，则跋涉奔驰，所至可用，且较彼鸟枪、火箭更远更烈。其可无惧者一。若夷从船上开炮，则无论数千斤之炮，数十斤之弹，遇沙即止，而我兵得于沙垣中炮击其舟。故厦门、定海、宝山屡为我炮击破夷船，而厦门、定海之土城，宝山之土塘，皆未尝为炮破。即镇海、镇江之城墙，亦未尝为炮破。松江夷船开炮两日，我兵列阵城外，伏而避之，炮过后起，毕竟未伤一人。其破城者，皆小舟渡贼登岸，攻我背后，我兵望风辄溃，及夷至，则城中已无一人，何尝与炮事哉？但使近塘近城之地，兼伏地雷，则我炮可伤夷，夷炮不能伤我。其可无惧者二。夷船在大洋，去岸数里，枪箭所不能及，故非数千斤大炮不能遥击，闯入内河，则舟岸相去不过半里数丈，而我之扛炮必可及半里，火箭喷筒可及十数丈，但沿岸先筑土垣，则我之火器可及夷，夷炮不能及我。其可无惧者三。或谓内河上游要隘，我可预沉舟筏，筑炮城，备兵勇，其下游纵敌入隘之处，预设之则敌疑不前，不备之则仓卒无及。不知惟大炮笨重难运，至桩木筏材，可伏近村，囊沙涂泥，散乱堆野，敌一望无可疑。俟敌舟已过之后，分遣兵勇，一面运筏下桩，一面垒沙成垣，顷刻可就；而我扛炮之兵亦顷刻可集。不恃大炮而用扛炮，出奇设伏，其利无穷。可无惧者四。然有一宜防者，则曰飞炮，非谓悬桅上之号炮，而谓仰空堕弹之炸炮也。我之炮台虽坚，而彼以飞炮注攻，炸裂四出，迸射数丈，我将士往往扰乱。虽攻粤城时所放飞炮、火箭，非堕空地，则飘池塘，以隔城而不能有准（见章奏），而厦门则以飞炮而众溃。宝山则又以飞炮而众溃。惟是内河水势深浅不能一律，即使夷船冒险驶入，必须时时测量以防浅搁，断不能数十艘一齐拥进；其飞炮能及垣内者，不过逼近塘岸之数艘，急用大炮、扛炮注攻其火药之舱，拉篷索、扶头鼻之人，是为急策。更有预备之策，先于土垣内横挖浅田，铺砖贮水，我兵可以往来，飞炮、火箭、堕水即熄；或为斜坡，前高后低，使飞炮转落深坑。此须预先历试，不可临时侥幸。由此观之，夷之长技曰飞炮，我之长技曰扛炮。扛炮又不如扛铳，若能讲求益精，于轻炮中藏用炸弹，则且兼有飞炮之长。（详五十五卷）诚能出奇设伏，则多造大炮不如多造扛炮、轻炮，铸制易，演练易，运负易，挟攻追剿易，横放直透，可伤数十人，可及百余丈，视笨重不灵之大炮，得力十倍。乃张夷者竞曰夷炮之利，御夷者亦曰铸大炮之利，曾不问所施何地。试问用兵以来，定海总兵以扛炮连战数日，歼夷千计。而大炮则击破一舟之外，无他效也。大宝山以扛铳三十击死夷兵四百，而招宝山所列大炮不曾一用。至去冬以来，浙江铸炮，益工益巧，光滑灵动，不下西洋，而效安在也？甚至沙角、大角之战，陈连升以地雷、扛铳击死夷兵三四百，而虎门左右所购列西洋夷炮二百余，未闻足以拒敌，而适以资敌也。不讲求用炮之人，施炮之地，与攻炮、守炮之别，陆炮、水炮之宜，纷纷惟以畏炮为词，铸炮为事，不过只借兵而资寇。故曰：城非不高也，池非不深也，兵甲非不坚利也，委而去之，是器利不如人和也。

兵无利器与徒手同，器不命中与徒器同。自军兴以来，各省铸大炮不下二千门。虎门、厦门、定海、镇海之陷，宝山、镇江之陷，每省失炮约四百余。此皆重八千斤至一千斤，先后遗敌者千五六百门。夷初攻厦门之役，我军开炮二百余，仅一炮中其火药舱，大艘轰裂沉海，夷船遂退，是数百炮仅得一炮之力也。再攻定海时，葛总兵开炮，数日相持，仅一次击中其火轮头桅，即欹侧退窜，是数百炮仅得一炮之力也。攻广东省城时，惟中其一火轮、一兵船头桅及杉板数舟。攻宝山时，陈提军炮中其火药舱，沉翻者二，击破其头鼻、头桅者二，夷遂绕攻小沙背，是亦仅各得数炮之力也。使发而能中，则我炮亦足以破夷船；发而不中，即夷炮亦成虚器。中则一炮亦足威敌，不中则千炮徒费火药。其至，炮力也；其中，非炮力也。夷兵艘五十，火轮艘十，大小杉板舟数十，但使我军开数百炮，内有数十炮命中，即可伤其数十舟，大者翻沉，次者损折，沉一船可歼数百人，伤一船可伤数十人，尚何敌之不摧？如发而不中，则虎门所购西洋夷炮二百位，其大有九千斤者，何以一船未破，一炮未中？是知炮不在大，不在多，并不专在仿洋炮之式，惟在能中与不能中。不能中之弊有三：炮台依山者，前低后高，依水者四面受敌，皆易受飞炮，是建置不得地，难中一；山炮陷于石洞，台炮陷于垣眼，陆炮木架不能运转左右，是以呆炮击活船，难中二；兵士施放不熟，测量不准，临时仓皇，心手不定，难中三；夷船大炮不过重三千斤，我守城守岸之八千斤大炮，本夷船所极畏，止以蹈前三弊，故夷船得以先避我炮路，施其炸弹。诚使台得地势，垣可藏身，架可拨转，别伏奇兵以防后路；炮眼分作两层，高者准夷之中舱，低者准夷之舷底，测以仪器，演以标的，临时手眼合一，心胆俱壮，夷船虽坚，桅虽大，能当一二千斤炮，不能当八千斤之大炮，乌有中而不裂者？其火轮船、杉板船，则二三千斤炮亦足以破之；其船面拉篷索、扶头鼻之人，则千斤炮亦足以歼之。乌有中而不摧者？至夷之炮架，均用车轮，裹以铁叶，其数百斤及千斤之炮，亦可推挽登岸。然泥涂坡坎，即不能行放。定海、慈溪两次陆战，均无推炮；镇江曾推数炮上岸，以地势不便而退。英夷又有马炮军、骆驼炮军，惟用于西洋本国。去冬粤东奏夷船四艘，其载马二百匹，皆高大于内地之马，曾至定海，盖将为陆战之用。然安南、缅甸皆以象负炮，而战伤其象鼻则反奔，况马与骆驼乎？

　　自用兵以来，中外朋议，不出二端：非苟且，即虚憍。虚憍之议，如雇商艘以战大海，沉舟筏以截大江，人皆知其难行。然遂欲以苟且为苟安，信下策为上策，则其谬尤不可不破。说者曰：我兵皆立船上，而夷兵皆藏船中；我以血肉之躯当炮，而夷以坚厚之舟当炮，况我军炮不如，火药不如，炮手更万万不如，奈何误信稗史周郎江上之火，鄂王湖中之草，施诸浩瀚大洋，欲以烬夷舰而胶火轮，岂非儿戏？应之曰：自用兵以来，我兵未尝与夷一战于海中也，安有立船上以受夷炮之事？夷攻岸，则我兵伏土塘中矣；夷攻炮台，则我兵伏沙垣中矣；夷攻城，则我兵又伏女墙中矣。又安有立露地以当夷炮之事？且大炮弹重者数十斤，小者十余斤，若果能以大炮陆战，则无论我炮夷炮，横放直透，当者皆必决成血渠，死伤百计。试问夷寇粤、闽，寇江、浙，曾有大炮陆战之事乎？且夷兵虽藏舱中，而其拉篷索、扶头鼻之兵数十人，则皆立舱面，故我炮能从垣出击夷船，而夷炮不能隔垣以伤我。是我以沙土当夷炮，而夷以血肉当我炮，其证一。夷船一面攻炮台，一面以小舟渡兵，绕攻旁岸。夫夷兵涉滩涂，爬峭岸；我兵守岸上，得以扛铳、矢石俯击，一可当百。其船上大炮，恐自伤其攻岸之夷，亦不敢遥击。是夷兵又以血肉当我火器，而我兵以土岸当彼夷炮，其证二。乃夷兵抵岸后，贼即撤去其舟，使绝反顾，故能冒死突前；而我兵立于万全之地，进退自由，反为一二飞炮惊走。既走之后，溃兵逃将，既张皇敌炮以诿诛；缙绅耳食，复神奇敌军以胁款。甚至以周瑜江上、岳王湖中之火攻水战，皆不足信。不知江上、湖中，皆内河，非大洋也，安南、广南两烧夷舶，片帆不返，非内河火攻乎？余姚之艘陷软泥，台湾之艘〈阁〉浅礁，皆人船并获。其浅阁而我师不攻者，定海郭士利之舟。（辛丑春议款，夷兵退出定海，郭士利三桅大舟陷浅，旁有二舟救护，兼雇远近乡民，拨载二日始动。）粤东天字炮台下之舟（粤东款后，夷兵退出，大舟阁于炮台，粤民欲火之，义律移文大吏，出示禁止），皆数日始能移动，非明证乎？迩者，夷破吴淞后欲闯苏州，遣火轮舟测水至泖湖，轮胶于水草而返，又非岳湖故辙乎？况火轮非战舰，不过哨探之用，炮伤其一轮，则全舟欹侧，不能行。方火轮窥松江，窥余姚、慈溪，窥扬州时，其河横不过三四丈，深不过丈许，有何浩瀚汪洋之处？沉筏、沉舟、沉大树皆可塞其走路，火轮不能闯过，稽延片时，而两岸伏兵、追兵，伏炮、扛炮、火舟、火器齐发，何难收岳王湖上之功？乃不但战舰不能制，并火轮杉板皆不能制，且故危其词，如鬼神雷电，例内河于大洋，诬正史为稗史，悲夫！悲夫！

方夷寇初兴，人皆谓其仅长舟战，一登岸则无用。及浙、粤屡北，则又谓夷兵陆战亦不可敌，陆兵败矣，而所以致败之由，终未明于天下。夫沙角炮台之战，副将陈连升以兵六百当夷数千，歼夷数百，以无援救而败。大宝山之战，副将朱桂〔贵〕以兵六百，当夷二千，歼夷数百，以无策应而败。三元里之战，以区区义兵，围夷酋，斩夷帅，歼夷兵，以款后开网纵之而逸。孰谓我兵陆战之不如夷者？至定海之守甚严，战甚力，何亦败陷？其所以败陷之由，则亦至今未明于天下。方夷寇之未逼定海也，三镇以兵五千，往防堵善后，首议修城。其地三面环山，前面濒海，城外二三里为红毛道头，市长里许。三镇议筑外城，包道头街于城内，左右抵山，其三面则以山为城，有诤者曰：天下无一面之城？此海塘，非外城也，贼一翻山入，即在城内矣。备多则力分，山峻则守劳。请前勿包埠，左右勿倚山，但环旧城再筑外郭，庶城足卫兵，兵足守城。而议者皆谓市埠不可弃，且左右高山，我兵踞高临下，仰攻不入。时主兵者未渡海，但据图指挥，遂从之。呜呼！山虽高峻，而外非峭壁，径路坡陀可上，但知白日晴明之可守，而不知晦冥风雨之难守也；但知一二日之可守，而不知旬久师疲之难守也。夷兵攻城退后，回舟安息，我无舟师水勇以扰之。而我兵则时时处处，昼夜设防，山高岭峻，寝食无所，天下有此守城之法乎？是秋夷艘至，果乘大风雨昼夜攻扰。至第五日，乘我守疲，兼值风逆，遂以小舟渡兵，撤舟死战，火气炎上，下击无力，遂登山入，陷之。呜呼！定海本不必守之地，而所修筑者又必不可守之城。城陷久矣，而所以致陷者，终未明于天下。不戒前车，仍蹈覆辙，恐将来倒柄授敌者，未有已也。然则当如之何？曰：兵无常形，地无定势。要之，凡战者必先谋敌之所以败我至于六七，竭智共攻，其无可败也，乃可以行。凡守者必先谋敌之所以攻我至于六七，竭智共攻其无可入也，乃可以守。

孰为正？孰为奇？节制纪律不可败，坚壁清野不可犯，正也；出奇设伏，多方误敌，使不可测，奇也。今御外夷，请先言外夷之兵法：缅甸用兵，遇强敌，则专用大木树栅，为不可拔，有时守御坚固，虽英吉利军亦为所拒。(《四洲志》)故李定国攻阿瓦都城之役，其城三面环水，缅于一面陆地，复凿为湖，而树木城于其前，出兵守之；俄于木城外，复立一木城，亦出兵守之。如此，渐逼定国营，始出兵大战。虽因象阵被伤反走，而据栅为固，终不可败。（刘健《庭闻录》）乾隆征缅之役，缅守老官屯，先据高坡坚立木栅，栅外三壕，壕外列鹿角。官兵大炮、火箭、地雷百道攻之，终不可拔。此即步步为营，以守为战之法。暹罗军栅亦然，所谓正也。英吉利康熙中以兵船由地中海攻俄罗斯，俄罗斯敛兵，纵其登岸，而奇兵绝其归路，天大风雪，英军饥冻，不战自溃，此一奇也。佛兰西，嘉庆初合列国兵数十万，由陆地攻俄罗斯，俄罗斯倾国迁避，佛兰西兵长驱入其国都，俄罗斯兵乘大风雪夜，潜回纵火，佛兰西兵焚冻死各半，败绩而遁，此二奇也。准噶尔康熙中以兵三万由色棱格河攻俄罗斯，两岸高山，中通一峡，深入六七百里，不见一人。准噶尔疑其设伏诱陷，急班师遁去，此三奇也。俄罗斯之待强敌，与安南之待英夷，如出一辙。夫缅甸、安南之待英军，岂皆有洋艘洋炮，而一胜以陆兵之节制，一胜以水战之诱伏。今师出无律，是不知有正也；临出无谋，是不知有奇也。以无律无谋之兵，即尽得夷炮夷艘，遂可大洋角逐乎？不知自反，而惟归咎于船炮之不若，是疾误庸医不咎方，而咎药材之无力也，噫！（《海国图志》卷一）

筹海篇二·议守下

夷事无所谓用兵也，但闻调兵而已，但闻调邻省之兵而已。夷攻粤，则调各省之兵以赴粤；夷攻浙，则调各省之兵以赴浙；夷攻江苏；则又调各省之兵以赴江苏；兵至而夷已就抚，则供客兵者，又逆归兵，兵甫旋，而夷或败盟，则又调归兵以为战兵。夫国家各省养兵，原以备各省缓急之用，而沿海尤重兵所在，江苏五万，浙江逾四万，福建六万，广东将及七万。若谓本省不皆精锐，而选调客兵，必皆精锐乎？则何以夷初至闽、粤时，未尝调他省一兵，而守御屹然？及征兵半天下，重集于粤，而粤败涂地；重集于浙于江，而江浙又败涂地。若谓英夷强寇，非一省所能抵御乎？则夷兵舰大小不过五十艘，其攻城上岸，不过二三千人，岂一省养兵数万，无数千可用之兵？沿海民风强悍，岂无数千可团之义勇？若谓闽、粤民兵虽可用，而多通外夷，江、浙虽无汉奸，而民多柔弱，则何以广东之斩夷酋、捐战舰者皆义民，两禽夷舶于台湾，火攻夷船于南澳者亦义民？而明人平倭寇皆处州、义乌之兵，近日战定海、保松江者皆寿春之兵，然则各省之勇民，原足充各省之精兵；练一省之精兵，原足捍一省之疆圉。所要者，止在募练之得法；所难者，止在调度之得人，不在纷纷多调客兵也。

前代钱氏有吴越，王氏有闽，刘氏有粤，各通番舶。倘有海警，岂能借助于邻援？又岂能合从以御侮？况防海宜习水战，而多调陆兵，舍长用短，以短攻长，不利一。在籍有安家，在途有传食，事竣有回递，县县传送，驿驿供张，则累在官；来如乳虎，败如鸟散，则骚在民。每土兵四五而赡一客兵，曷若省客兵之费以练土著？不利二。故曰，调兵者，选调本省之兵而已；募兵者，选练本省之人而已。远调不如近调，远募不如近募。

或曰：贼如舍沿海而专攻一省，他省有兵无贼，此省贼多兵少，则如之何？承平恬嬉，水陆弛懈，即有可用之兵而无训练，有可募之勇而无纪律，安能俟数月训练之成，以应仓卒之敌，则如之何？曰：一巡抚提督所辖，则本省之兵也；一总督所辖，则近省之兵也。贼少专用本省，贼多兼用近省。如寇攻粤，则募本省水勇为水师，而广西出陆兵以佐之；贼攻浙，则练金、处、温、台劲兵备陆战，而福建选水勇以佐之；夷攻苏，则练淮扬、松江水勇与徐州兵备战，而安徽寿春兵佐之。合两省之兵勇，岂尚不足御一面之贼？故曰：要在募练之得法，难在调度之得人，不在纷纷多调客兵为也。

问曰：远调不如近调，则然矣。至募勇，则当纠合四方精锐，而曰远募不如近募，何耶？曰：挑选土著之利有三：一曰服水土，二曰熟道路，三曰顾身家。计调兵一，而当募勇之费十，当土著之兵五。以十丁之费募一丁，以五兵之费养一兵；练益精，则调益寡；调益寡，则费益省。以所省者练兵，兵何患不精？费何患不给？或曰：戚继光论选兵之法，除城市柔猾奸巧之人，必不可用外，必选气力，选武艺，选身躯，选灵警，而尤必以胆为主。无胆则气力、武艺、伟岸、灵警，皆无所用。又曰：选浙兵，处州为上，义乌次之，台州次之，绍兴又次之。此外虽韩、白复生，不可用。选兵若是之难，曩相之圃几何人乎？曰：此言专为杭、嘉、湖、苏、松之人而发，又为福建上四府而发。至漳、泉、惠、潮之民，械斗则争先赴敌，顶凶则视死如归矣，舟战则出没风涛如履平地矣。江北颍、亳、寿、泗、徐、沛之民，家家延教师，人人佩刀剑，或一人能负放大炮矣。仪征下河贩盐小舟入捍〔八杆〕舟，持械冒险，莫敢谁何矣。此其胆何待选？
武艺何待教？故选精兵于杭、嘉、苏、松，是求鱼于山，求鹿于原也。选
精兵于海南，于江北，则求柴胡、桔梗于沮泽也，不可以胜收也。一省且
有可调不可调，可募不可募，况纷然征调于数千里外哉？故选兵先在选地。

募水勇之事，天津、山东不如江、浙，江、浙不如闽、广。以福建言
之，当夷艘初犯厦门，大吏激厉水勇，人人思奋，故出洋立功。及款议兴，
俘夷释，军赏迁延，而气一挫。是秋所募赴浙水勇八百，皆人人精悍，及
至浙而定海款议成，水勇空往空返，而气再挫。次年又募精锐千人赴粤，
及至粤而前数日款议成，水勇空往空返，而气三挫。颜制军召募本省水勇
八千，闻粤东款议，漫然散遣，不择其精锐拨补水师，而气四挫。自是水
勇人人离心，及夷船再至，无暇号召，其猾者甚且内应，而厦门不守矣。
广东初年，水勇五千，前后出洋，烧夷艇、匪艇，逆夷望风畏窜，及款议
兴，一朝散遣，而气一挫。新至诸师，误疑粤民尽汉奸，无一可信，又不
约束客兵骚扰居民，而气再挫。于是虎门不守，而省城累卵矣。及夷兵淫
掠激民之怒，于是一战于三元里，而夷酋大困；一截烧于虎门横档，而夷
艘煨烬。可见闽、粤民风之劲悍，各省所无，外夷所慑，而水战火攻，尤
其绝技，断不可望于山东、天津渔盐之户。盖东南长水，西北长陆，迁地
弗良，得人者昌。

今日沿海所患安在乎？必曰：械斗之民也，烟盐私贩也，海盗也，渔艇
蛋户也。今日陆地所患安在？必曰：回匪也，盐匪也，捻匪、红湖匪、曳
刀匪也。官吏切齿为乱民，有事则目为汉奸。其中有一二人能号召数百二
三千人者，非有乌获之力，猗顿之财，而信义意气，能豪一方。其人皆偏
裨将才，其所属皆精兵。而自文法之吏视之，则且谓乱民之首也。夫兵者
毒药，药不毒则不能攻毒，故《易》之《师》曰："以此毒天下而民从之。"
《华事夷言》曰（英夷所著书）："中国之兵若善调度，即为第一精兵。现在
广东岸上力作之人与水中渔贩之人，其技勇皆欧罗巴人所不及，若挑练此
等人为兵卒，可谓一等勇壮之兵。"雍正中西疆未靖，诏各省选技勇送京
师，得数千人，其最者能挽铁弓及二十力弓，以鸣镝射其胸，铿然而堕，
举巨石千百斤，号勇健军。总督命史贻直领之，屯巴里坤，故一时北省盗
贼绝踪，此先朝牢笼猛士之成效。道光回疆之役，伊犁将军奏选南北路遣

犯二千为死士，屡挫贼锋，惜事平尽赦回籍，未能收入营伍，如雍正故事，尚有待于推广焉。嘉庆中海贼蔡牵犯闽，诏安有知县某者，传回乡总〔理〕四人，各予银千圆，令团乡勇，日甫夕而每总理各以二千五百人至，枪械藤牌毕具，一日而得精兵万，贼望风遁，其人即皆械斗之民也。蔡牵又与朱濆窥台湾后山，地本化外，有泉人吴沙者，集四社棚民与熟番拒之，一战其前，一攻其后，牵大败走。事闻，始诏即其地立葛玛兰厅。悍贼不烦官兵，何以文法吏不肯收以为用？然此辈亦不肯为用，盖绿营之饷不足以赡其身家也。英夷攻粤东时，募汉奸三千人，每人给安家银三十圆，每月工食银十圆。而我守虎门兵，月饷不及三两，提督关天培悯兵之穷苦，自捐赏恤，每兵银二圆，而议者且劾水师兵挟制提督要赏，尚望其出死力乎？闽、广水师，每省二万有奇，江、浙水师，每省二万有奇，虚冒半之，老弱半之，未必有数千之可用。诚能汰虚冒冗滥之缺，并两兵以养一兵，广东约万五千，福建约万五千，专选惠、潮、漳、泉四府，精训练而严节制之。以此推诸浙东、江北，岂但国家增无数之精兵，而且沿海销无数之械斗，中原收无数之枭匪。精气化痰，痰化精气，岂二物耶？乌喙、附子，以毒攻毒，毒去而药力亦销，顾用之者何如耳？精兵出其中，李长庚、罗思举之骁将，亦出其中。不此之图，而惟窃窃然曰无将无兵，古人讵借才于异地哉？

言调兵言筹饷者，动虞兵单费绌，而今言并兵并饷，则兵不愈少，饷不愈费乎？不知一省之兵，本足守一省之地；一省之饷，本足养一省之兵。即有军兴一切格外之费，而一省之财亦总足供一省之用。请详破其惑：夫兵之多少，视其实不视其名。养兵数万而无数千之可用，视一千有一千之用者，则不侔矣；视一千可当数千之用者，更不侔矣。调外省之兵，而置本省之兵于不练，则本省之饷皆滥饷，外调之费皆冗费。今以额饷养额兵，而不增一饷；以全饷养半兵，亦不裁一饷。兵减而实多，饷增而实省，其可无惑者一。戚继光鸳鸯阵法，或谓其止可驭三千，不可驭十万。夫十万皆三千所积也，一镇练三千，十镇即练三万，大阵包小阵，大营包小营，岂数万人之节制，有异于三千人之节制？且连大阵、辟战场、决胜负者，惟开创草昧之时，及西北平原之地。若承平东南剿寇，沟洫纵横，坡坎交错，则用三千之处为多。英夷兵艘所在〔载〕为数几何？若各省有百练敢死之卒数千，再团练沿海之渔船蛋户以绝其羽翼，何烦更调外兵？其可无惑者二。练兵之费取诸并饷，团勇之费将何出？东南沿海，殷富甲天下。计自军兴以来，粤、闽、江、浙，每省商捐绅捐各数百万。以本地之富民，养本地之劲民，卫本地之身家，但使用得其宜，尚可撙节赢余，为造船械、修垣垒、悬购赏之费，何尝尽烦外兵、外饷？此可无惑者三。沿海之利，莫大鱼盐。前此宁波试行票盐两月，销至七万引，及停止后，岁销仅二万引，闽盐派签殷户充商，有甘出十余万金求免签者。潮州之盐运同，历任赔累，亏空巨万，皆出官费、胥役费、捆工费层层蠹蚀，不能减价敌私。倘沿海皆行票盐，尽省浮费，匪独化私为官以助饷，并可化枭为良以助兵。他若浙江之南田山、福建之封禁山许民屯垦，沿海之银矿山许民开采，境内自然之利，用之不穷。此可无惑者四。至于兵分见寡之由，由无战舰，别详下篇。

匪特兵不宜多也，即炮台亦不宜多。今为贼去关门之计者，不过曰增炮台，移营汛。增炮台之说曰：多一重门户，增一重保障。夫人家御贼，非固守大门拒不使入，即固守腰门而开大门以延敌。今无一门可恃，而但多设重门以待贼之攻陷，岂知一重失守，重重胆破。何如并十重之费以修一重，修必固；并十重之兵炮以守一重，守必固。以近事证之：厦门旧止二炮台，而守御屹然，迨于口门内外崌屿、青屿、大档、小档增建各台，而贼至立破。宝山有东西炮台、有海塘而失守，松江城无炮台而贼攻不入。是知炮台不在多而在固。固之法如何？曰：建之得地，修之得法，守之得人。福州城距五虎城〔门〕二百里，一潮不能达，而潮退即浅阁；杭州城外，潮退沙滩十余里，海口赭、龛二山淤涨数十里，故此二省城贼皆不犯。厦门、宁波，旧建炮台，本得形势，方当弃去舟山，拆去青、崌各屿炮台，安有更加增建之理？惟广州及江宁，夷船可直抵城下。粤东新城以外，市廛栉比，既无可筑外郭之地，惟猎得、大黄滘二处炮台，实省城内障，与虎门外障并重。于此二处扼险，果能阻遏夷艘，则堂奥高枕。而此外各港汊，正可留为出奇设伏之地。安用处处设炮，河河填塞？若此处不可恃，则他处更可恃乎？江苏则吴淞口内，惟江湾、东沟二处，可扼要设炮以守上海。福山口内，惟君山（即鹅鼻嘴）、圌山二处，可设炮以守长江。方当徙宝山之城，拆去东西炮台，内徙要害，安有更加增建之理乎？地势既得，守必万全。万全之策，在乎奇正相生：一，固土城以御大炮（必三合土坚筑女墙，先以炮演试，不破为度）；二，开浅池以备飞炮（见上篇）；三，沉桩石舟筏以遏冲突（此法不可施于长江，而可施于内河。或临河有大树则伐倒沉之，又或以大木为笼，长数丈，内贮极大石，横亘水中，视碎石舟筏，尤堪御潮刷，而阻冲突）；四，伏地雷、掘暗沟以防陆路；五，别伏奇兵以备陆战，甚或守台之兵弃炮佯走以诱敌，使敌但知全力攻台，而不知台非我所顾惜；又使敌即知分路绕台，而不知台外劲旅尚多。初观之以炮台为正，伏兵为奇；至于奇正相倚，变化不测，致敌而不为敌致，诱敌而不为敌诱，则又反以伏兵为正，而以炮台为奇，方尽兵行诡道之秘。以视泥守炮台，有正无奇，一处受创，望风四溃者，其巧拙不可同年语矣。但所用之伏兵，必须平日精选，优养勤练，而严节制之。必使人人心灵胆壮，技精械利。且将士一心，臂指呼应，临时方足出奇制胜。此则全在训练得人，有非空言所能取效者。（《海国图志》卷一）

筹海篇三 · 议战

内守既固，乃御外攻。岳飞曰："以官军攻水贼则难，以水贼攻水贼则易。"今以海夷攻海夷之法如何？筹夷事必知夷情，知夷情必知夷形，请先陈其形势。英夷所惮之仇国三：曰俄罗斯，曰佛兰西，曰弥利坚。惮我之属国四：曰廓尔喀，曰缅甸，曰暹罗，曰安南。攻之之法：一曰陆攻，一曰海攻。陆攻在印度。逼壤印度者曰俄罗斯与廓尔喀。俄与英之国都中隔数国，陆路不接，而水路则由地中海与洲中海，朝发夕至。康熙三十年间，英吉利曾由地中海攻俄罗斯，败绩遁归，自后不相往来，而兵争专在印度。印度者，葱岭西南，与我后藏、廓尔喀、缅甸接壤，去英夷本国数万里，英夷以兵舶据东、南、中三印度，而俄罗斯兵则由黄〔黑〕海、里海间取游牧诸部，亦与西、中二印度接壤，止隔一雪山，各以重兵拒守。自东印度之孟阿腊之麻尔洼，南印度之孟迈之曼达喇萨，鸦片盛行，英夷岁收税银千余万，俄罗斯觊觎之。及英夷调印度兵艘入犯中国，深恐俄罗斯乘其虚以捣温都斯坦（中印度）。又传闻俄夷使者已自比革特〔特革〕起程入中国（比革特〔特革〕其东都也），惴惴惧其犄角。盖康熙中用荷兰以款俄罗斯，又联俄罗斯以逼准噶尔，故英夷之惧俄罗斯者，不在国都而在印度，此机之可乘者一。廓尔喀者，亦在后藏之西，与东印度逼处。方乾隆中，我师征廓夷时，英夷印度兵船亦乘势攻其东境。故上年英夷罢市后，廓夷亦即禀驻藏大臣，愿出兵攻击印度。当时若许廓夷扰其东，俄罗斯捣其西，则印度有瓦解之势，寇艘有内顾之虞，此机之可乘者二。故可乘而不乘，非外夷之不可用也，需调度外夷之人也。

海攻之法，莫如佛兰西与弥利坚。佛兰西国逼近英夷，止隔一海港；弥利坚与英夷则隔大海。自明季国初之际，佛兰西开垦弥利坚东北地，置城邑，设市埠，英夷突攻夺之，于是佛夷与英夷深仇。及后英夷横征暴敛，于是弥利坚十三部起义驱逐之，兼约佛兰西为援。三国兵舶数百艘，水陆数十万，不解甲者数载。弥利坚断其饷道，英军饥困，割地请和，弥利坚遂尽复故地二十七部，英夷止守东北隅四部，不敢再犯。即印度地亦荷兰、佛兰西开之，而英夷夺之。乾隆初，印度土酋约佛兰西、荷兰二国合拒英夷，连兵数载，始分东印度属英夷，而南印度属西洋诸夷，立市埠，此各国之形也。其互市广东，则英夷最桀骜，而佛、弥二国最恪顺。自罢市以后，英夷并以兵艘防遏诸国，不许互市，各国皆怨之，言英夷若久不退兵，亦必各回国调兵艘与之讲理。去年靖逆出师以后，弥利坚夷目即出调停，于是义律来文，有"不讨别情，只求照例通商"之请，并烟价、香港亦不敢索，此机之可乘者三。乃款议未定，而我兵突攻夷馆，反误伤弥利坚数夷，于是弥利坚夷目不复出力。而荷兰西于英夷再次败盟之后，是冬有兵头兵船至广东，求面见将军，密禀军务，自携能汉语之二僧，请屏去通使，自言愿代赴江、浙与英夷议款，必能折服，不致无厌之求。傥英夷不从，亦可借词与之交兵。乃自正月与大帅晤商，始则不许代奏，及奏又支离其词，反以叵测疑佛兰西。延至六月，闻浙江奏请款抚，始许其行。时英夷兵船已深入长江，犯江宁。于是佛兰西船驶至上海，请我舟导其入江，而上海官吏又往返申请稽时。迨佛兰西易舟入江，则款事已定数日，尽饱溪壑，佛兰西怅然而返，此机之可乘者四。故可乘而不乘，非外夷之不可用也，需调度外夷之人也。

今日之事，苟有议征用西洋兵舶者，则必曰借助外夷恐示弱，及一旦示弱数倍于此，则甘心而不辞；使有议置造船械师夷长技者，则曰糜费，及一旦糜费十倍于此，则又谓权宜救急而不足惜；苟有议翻夷书、刺夷事者，则必曰多事。（嘉庆间，广东有将汉字夷字对音刊成一书者，甚便于华人之译字，而粤吏禁之。）则一旦有事，则或询英夷国都与俄罗斯国都相去远近，或询英夷何路可通回部，甚至廓夷效顺，请攻印度而拒之，佛兰西、弥利坚愿助战舰，愿代请款而疑之。以通市二百年之国，竟莫知其方向，莫悉其离合，尚可谓留心边事者乎？汉用西域攻匈奴，唐用吐番攻印度，用回纥攻吐番；圣祖用荷兰夹板船攻台湾，又联络俄罗斯以逼准噶尔。古之驭外夷者，惟防其协寇以谋我，不防其协我而攻寇也；止防中华情事之泄于外，不闻禁外国情形之泄于华也。然则欲制外夷者，必先悉夷情始；欲悉夷情者，必先立译馆，翻夷书始；欲造就边才者，必先用留心边事之督抚始。

问曰：既款之后，如之何？曰：武备之当振，不系乎夷之款与不款。既款以后，夷瞰我虚实，觇我废弛，其所以严武备、绝狡启者，尤当倍急于未款之时；所以惩具文、饰善后者，尤当倍甚于承平之日。未款之前，则宜以夷攻夷；既款之后，则宜师夷长技以制夷。夷之长技三：一、战舰，二、火器，三、养兵、练兵之法。请陈国朝前事：康熙初，曾调荷兰夹板船以剿台湾矣，曾命西洋南怀仁制火炮以剿三藩矣，曾行取西洋人入钦天监，以司历官矣。今夷人既以据香港、拥厚赀骄色于诸夷，又以开各埠、裁各费德色于诸夷。与其使英夷德之以广其党羽，曷若自我德之以收其指臂？考东、中二印度据于英夷，其南印度则大西洋各国市埠环之，有荷兰埠，有吕宋埠，有葡萄亚埠，有佛兰西埠，有弥利坚埠，有英吉利埠。每一埠地各广数百里，此疆彼界，各不相谋。各埠中皆有造船之厂，有造火器之局，并鬻船鬻炮于他国，亦时以兵船货船出租于他国。其船厂材料山积，工匠云辏，二三旬可成一大战舰，张帆起柁，嗟咄立办。其工匠各以材艺相竞，造则争速，驶又争速，终年营造，光烛天，声殷地。是英夷船炮在中国视为绝技，在西洋各国视为寻常。广东互市二百年，始则奇技淫巧受之；继则邪教毒烟受之，独于行军利器则不一师其长技，是但肯受害不肯受益也。请于广东虎门外之沙角、大角二处置造船厂一，火器局一，行取佛兰西、弥利坚二国，各来夷目一二人，分携西洋工匠至粤，司造船械，并延西洋柁师司教行船演炮之法，如钦天监夷官之例，而选闽、粤巧匠精兵以习之。工匠习其铸造，精兵习其驾驶、攻击。计每艘中号者，不过二万金以内（英夷有军器之趸船，每艘值银二万余员〔圆——下同〕。大兵船三桅者，每艘值银四万员。见澳门新闻纸。凡侈言每艘需十万金者，皆妄也。现在广东义士请弥利坚人造二桅兵船，果仅费银万九千两），计百艘不过二百万金，再以十万金造火轮舟十艘，以四十万金造配炮械，所费不过二百五十万，而尽得西洋之长技为中国之长技。每艘配兵三百人，计百艘可配三万人（靖逆将军奕山奏：夷三桅大兵船三百人，二桅中号兵船二百余人，火轮船八九十人，杉板船大者六七十人，小者二三十人），广东一万，福建一万，浙江六千，江苏四千。其所配之兵必凭选练，取诸沿海渔户枭徒者十之八，取诸水师旧营者十之二。尽裁并水师之虚粮、冗粮，以为募养精兵之费。必使中国水师可以驶楼船于海外，可以战洋夷于海中。不增一饷一兵，而但裁并冗滥之兵饷。

此其章程可推广者尚有六焉：我有铸造之局，则人习其技巧，一二载后，不必仰赖于外夷，如内地钟表亦可以定时刻，逮二十五年大修之期，即可自行改造，一也。（夷艘例二十五年一修。）有铸造之局，则知工料之值、工食之值，每艘每炮有定价，然后可以购买。凡外夷有愿以船炮售官抵税者听；闽商粤商出贩南洋，有购船炮归，缴官受值者听。不致以昂价赝物受欺，二也。沙角、大角既有船厂、火器局，许其建洋楼、置炮台，如澳门之例。英夷不得以香港骄他夷，生觊望；而我得收虎门之外障，与澳门鼎峙，英夷不敢倔强，广东从此高枕。嘉庆中，澳夷曾备兵船二，英夷备兵船四，愿助剿海盗，今更得佛、弥二夷效顺，彼贪市舶之利，我收爪牙之助，守在四夷，折冲万里，三也。鸦片趸船敢于蔓延者，欺我水师之不敢攻剿。今水师整饬，鸦烟自不敢来，纹银自不透漏，以用财为节财，四也。官设水师米艇，每艘官价四千，已仅洋艘五分之一；层层扣蚀，到工又不及一半。（靖逆将军奕山奏言：水师例修之船，新造二只，覆以藤棉，加以牛皮，外施鱼网七层，演试千斤之炮，打穿两面，不能适用。）今制海舰，不拘例价。若不善立章程，则将来修造之期，必然有名无实。考洋艘所以坚固，皆由驶犯风涛，遍行万里。令〔今〕官艘终岁停泊，会哨徒有具文。自后即无事之期，而战艘必岁护海运之米，验收天津。闽、广则护运暹米、吕宋米、台湾米；江、浙则各护苏、松、杭、嘉、湖之米。凡承造之人，即皆驾驶之人；凡内地出洋之商，愿禀请各艘护货者听。凡水师提镇大员入京陛见，必乘海艘，不许由驿陆进；其副将参游以下入京引见，或附海运之舟北上，总禁由陆。其文吏愿乘海艘入京者听，惟不许承办船工，五也。国家试取武生、武举人、武进士，专以弓马技勇，是陆营有科而水师无科。西洋则专以造舶、驾舶，造火器、奇器取士抡官。上之所好，下必甚焉；上之所轻，下莫问焉。今宜于闽、粤二省武试，增水师一科。有能造西洋战舰、火轮舟，造飞炮、火箭、水雷、奇器者，为科甲出身；能驾驶飓涛，能熟风云沙线，能枪炮有准的者，为行伍出身。皆由水师提督考取，会同总督拔取送京验试，分发沿海水师教习技艺。凡水师将官必由船厂、火器局出身，否则由舵工、水手、炮手出身，使天下知朝廷所注意在是，不以工匠、柁师视在骑射之下，则争奋于功名，必有奇材绝技出其中。昔李长庚剿海贼，皆身自持枪，虽老于操舟者不及，故知水师不能舍船械而空谈韬略武备，不能舍船炮而专重弓马，六也。

天下有不可强者三：有其人，无其财，一难也；有其财，无其人，二难也；有其人，有其财，无其材（谓材料），三难也。自用兵以来，所糜费数千万计，出其十之一二以整武备有余，则财非不足明矣。海关浮费，数倍正税，皆积年洋商与官吏所肥蠹，起家不赀。其费皆出自鸦片，岂不当派数百万之军饷，则财又非不足明矣。中国智慧，无所不有，历算则日月薄蚀，闰余消息，不爽杪毫；仪器则钟表晷刻，不亚西土；至罗针、壶漏，则创自中国，而后西行（罗针始自中国，见《华事夷言》）；穿札扛鼎，则无论水陆，皆擅勇力，是人才非不足明矣。船桅船舱所需铁力之木，油木、榉木、梓木，皆产自两广；蓬帆浸以晋石，火不能焚，出自山西；火药配以石油，得水愈炽，出自甘肃（关外玉门县赤金卫迤南之石油河，本年二月陕甘总督解至石油三千六百斤）；火箭参以江豚油，逆风更猛，出自四川。军符所下，旦夕可至。硝提数次而烟白，铁经百炼而钢纯，皆与西洋无异，则材料又非不足明矣。飞炮、火器皆创自佛兰西，而英夷效之，以及船械相等之葡萄亚、荷兰、吕宋、弥利坚等国，皆仰我茶、黄，贪我互市。欲集众长以成一长，则人争效力，欲合各国以制一国，则如臂使指。诚欲整我戎行，但得一边才之两广总督，何事不可为哉？

或曰：五十艘之船械，且造且购，一年而可集；百艘之船械，且造且购，二年而毕集。即其制造施用之法，以我兵匠学之，亦一年而可习，二年而可精。是一二年后，已无铸造之事。尚远重修之期，更何局厂之设乎？曰：是何言也！夫西洋惟英吉利国兵船五百余艘，佛兰西国兵船三百余艘，盖为分守各国埠头而设。其余各国战舰，亦各不过数十艘，而皆有船厂、火器局，终年不息者，何哉？盖船厂非徒造战舰也。战舰已就，则闽、广商艘之泛南洋者，必争先效尤；宁波、上海之贩辽东、贩粤洋者，亦必群就购造，而内地商舟皆可不畏风飓之险矣。西洋火轮舟之受数千石者，止为远越重洋，其在本国内河、内港之火轮舟，皆不过受五百石至九百石而止。以通文报，则长江、大河，昼夜千里，可省邮递之烦；以驱王事，则北觐南旋，往还旬日，可免跋涉之苦；以助战舰，则能牵浅滞损坏之舟，能速火攻出奇之效，能探沙礁夷险之形。诚能大小增修，讵非军国交便？战舰有尽，而出鬻之船无尽，此船厂之可推广者一。火器亦不徒配战舰也。战舰用攻炮，城垒用守炮，况各省绿营之鸟铳、火箭、火药，皆可于此造之。此外量天尺、千里镜、龙尾车、风锯、水锯、火轮机、火轮舟、自来火、自转碓、千斤秤之属，凡有益民用者，皆可于此造之。是造炮有数，而出鬻器械无数，此火器局之可推广者二。

古之圣人，刳舟剡楫，以济不通，弦弧剡矢以威天下，亦岂非形器之末？而《睽》《涣》取诸《易·象》，射御登诸六艺，岂火轮、火器不等于射御乎？指南制自周公，挈壶创自《周礼》，有用之物，即奇技而非淫巧。今西洋器械，借风力、水力、火力，夺造化，通神明，无非竭耳目心思之力，以前民用。因其所长而用之，即因其所长而制之。风气日开，智慧日出，方见东海之民，犹西海之民，云集而鹜赴，又何暂用旋辍之有？昔汉武欲伐南越，爰习楼船水战于昆明湖。乾隆中以金川恃碉险，爰命金川俘卒建碉于香山，又命西洋人南怀仁制西洋水法于养心殿。而西史言俄罗斯之比达王聪明奇杰，因国中技艺不如西洋，微行游于他国船厂、火器局学习工艺，反国传授，所造器械，反甲西洋，由是其兴勃然，遂为欧罗巴洲最雄大国。故知国以人兴，功无幸成，惟厉精淬志者，能足国而足兵。

人但知船炮为西夷之长技，而不知西夷之所长不徒船炮也。每出兵以银二十员安家，上卒月饷银十员，下卒月饷银六员，赡之厚故选之精，练之勤故御之整。即如澳门夷兵仅二百余，而刀械则昼夜不离，训练则风雨无阻。英夷攻海口之兵，以小舟渡至平地，辄去其舟，以绝反顾，登岸后则鱼贯肩随，行列严整，岂专恃船坚炮利哉？无其节制，即仅有其船械，犹无有也；无其养赡，而欲效其选练，亦不能也。故欲选兵练兵，先筹养兵，兵饷无可议加，惟有裁并之而已。粤省水师将及四万，去虚伍计之，不及三万。汰其冗滥，补其精锐，以万五千人为率。即以三万有余之粮，养万五千之卒，则粮不加而足。以五千卒分防各口炮台，与陆营相参；以万人分配战舰，可得三十余艘。无事日，令出哨外洋，捕海盗，缉烟贩；有事寇在邻省，则连艅赴援，寇在本省，则分艘犄角，可以方行南海矣。或曰：粤洋绵长三千余里，水师数万，尚虞不周，今裁汰大半，不弥形单寡乎？曰：水师多而不敷，以无战舰也，无战舰出洋，则口岸处处出防，以水师当陆师之用，故兵以分而见寡。今以精兵驾坚舰，昼夜千里，朝发夕至，东西巡哨，何患不周？是兵以聚而见多。英夷各处巾埠，自大西洋至中国，首尾数万里，何以水师不过九万即能分守各国？又何以入寇之兵不过五十艘，而沿海被其骚动？况水师外，尚有本省绿营数万，何患其无兵分守？前年杨参赞有请水师改为陆兵之奏，吾谓不如并岸上之水师为船上之水师，用力少而收效广。

问：西洋与西洋战，亦互有胜负，我即船炮士卒一切整齐，亦何能保其必胜？曰：此为两客相攻言之，非为以客待主言之也。夫力不均、技不等而相攻，则力强技巧者胜；力均技等，而以客攻主，以主待客则主胜，攻劳守逸。请言其状：夫海战全争上风，无战舰则有上风而不能乘。即有战舰，而使两客交哄于海中，则互争上风，尚有不能操券之势。若战舰战器相当，而又以主待客，则风潮不顺时，我舰可藏于内港，贼不能攻，一俟风潮皆顺，我即出攻，贼不能避，我可乘贼，贼不能乘我，是主之胜客者一。无战舰，则不能断贼接济，今有战舰，则贼之接济路穷，而我以饱待饥，是主之胜客者二。无战舰，则贼敢登岸，无人攻其后，若有战舰则贼登岸之后，舶上人少，我兵得袭其虚，与陆兵夹击，是主之胜客者三。无战舰，则贼得以数舟分封数省之港，得以旬日遍扰各省之地。有战舰则贼舟敢聚不敢散，我兵所至，可与邻省之舰夹攻，是主之胜客者四。故历考西洋各国交兵，凡英吉利往攻弥利坚本国，则弥利坚胜；以英吉利往攻俄罗斯本国，则俄罗斯胜；若英吉利与各国互战于海中，无分主客，则舵师得上风者胜。

问曰：船厂、火器局设于粤东矣，其福建、上海、宁波、天津，亦将仿设乎，不仿设乎？战舰百艘，果足敷沿海七省之用乎？曰：沿海商民有自愿仿设厂局以造船械，或自用、或出售者听之。若官修战舰、火器局则止需立于粤东，造成之后，驶往各岸，无事纷设。盖专设一处则技易精，纷设则不能尽精；专设则责成一手，纷设则不必皆得人。战舰既成以后，内地商艘仿造日广，则战艘不必增造。何者？西洋货船与兵船坚固同、大小同，但以军器之有无为区别。货船亦有炮眼，去其铁板，即可安炮。内地平时剿贼，尚敕〔动〕雇闽、广商艘，况日后商艘尽同洋舶，有事立雇，何难佐战舰之用？惟水师则必以闽、广为主，而江、浙为辅，何则？福建之役，夷船泊于南澳港，邓制军所募水勇，佯作商舟，乘无风攻之，夷艘甫觉，我水勇已逼其后艄，焚其帆索，伤其柁师水手。夷艘无风不能起碇，逼近不能开炮，且小舟外障湿幔，铳弹不能入，良久风起，夷船始遁。此江、浙水勇所不能也。粤东之役，官军方失利于城外，而我武举梁体群，夜以火舟三队，从穿鼻洋截攻其后，乘潮至虎门横档，夷船甫开一炮，而我火舟已逼其后梢，火药枪轰发，两桅飞起空中，全艘俱毁。佛山义勇又围截夷兵于龟冈炮台，绕出上风，纵毒烟以眯夷目，尽歼夷兵，并击破其应援之杉板舟。此江、浙水勇所不能也。靖逆将军奏言：粤中水勇以小舟八人荡桨，旋折如飞，将及夷炮所近之处，即覆舟入水，戴之而行，及至夷船，仍翻舟而上，以火球、喷筒焚其帆索，得势即跃上夷船，不得势即仍下水覆舟而行，铳炮皆不能及，已募得二百余人。此江、浙所无也。夷船犯乍浦时，余艘留踞镇海招宝山，有委员雇闽勇三百余，以火舟易使贼觉，献策用大油篓各装火药二百斤，载以小竹筏以铁索拴筏四角，套于项颈，手扶篓筏，贴水潜行，远望不见，及至夷船后，潜挂柁上，火发轰烈，全船立毁。既而有尼之者，飞檄中止。此亦江、浙所无也。此皆在无战舰之时，可用若是，况配入战舰，用其所长，外夷尚且畏之，岂他省所及？故江、浙舟师宜专护海运，而闽、粤舟师宜专剿海寇。（汉口、瓜洲、钱塘江亦有没水之人，能伏行江底，然每处仅二三十人，不能多也。）

问：子于《议守篇》，专守内河，守近岸，使夷船夷炮失其所长，已可收安南创敌之功，则又何艘械之足学，而厂局之足设耶？曰：夷兵之横行大洋者，其正也；其登岸及入内河者，其偶也。夷性诡而多疑，使我岸兵有备而彼不登岸，则若之何？内河有备而彼不入内河，则若之何？观其初至也，以结怨之广东而不攻，继以结怨之厦门而不力攻，及突陷舟山，徘徊半载而不敢深入，是犹未测内地之虚实，尚有所畏也。自广东主款撤防，破虎门，围省会，而夷始肆然无忌矣；再破厦门、定海，驶入宁波，而益无忌矣；再破乍浦、宝山、上海，驶入长江，而益无忌矣。使夷知内河有备，练水勇、备火舟如广东初年之事，其肯深入死地哉？故广东初年有歼夷之备，而无其机；江、浙近年，有歼夷之机，而无其备。且夷兵舶五十艘，货船二十余艘，火轮舟十艘，其闯入珠江、入甬江、入黄埔江者，皆不过兵舰七八艘，火轮二三艘，杉板小舟十余而已，其余仍寄碇大洋。即使歼其内河诸艇，而奇功不可屡邀，狡夷亦不肯再误。且夷贪恋中国市埠之利，亦断不肯即如安南、日本之绝交不往。此后则非海战不可矣。鸦片趸船仍泊外洋，无兵舰何以攻之？又非海战不可矣。夷船全帮数十艘，驶入者惟长江，江面虽狭于外洋，而倍阔于他港，夷艘散泊各岸，不聚一处，即用兀术之火攻，而天时风色难必，亦不过歼其三分之一，究恐有窜出大半之舰，则亦非追剿不可矣。苟夷畏我内河，专肆惊扰，声东击西，朝南暮北，夷人水行一日可至者，我兵陆行必数日方至。夷攻浙，则调各省之兵以守浙；夷攻江，则又调各省之兵以守江。即一省中，而有今日攻乍浦，明日攻吴淞，后日又回扰镇海，我兵又将杂然四出，应接不暇，安能处处得人，时时设备？况战舰火器，乃武备必需之物，二三百万，乃军需十分之一，何惮不为而见轻于四夷？况有洋舰洋炮之后，亦非漫然浪战也。客兵利速战，主兵利持重。不与相战，而惟与相持，行与同行，止与同止，无淡水可汲，无牛羊可掠，无硝药可配，无铁物可购，无蓬缆可补，烟土货物无处可售，柂枪无处可修，又有水勇潜攻暗袭，不能安泊，放一弹即少一弹，杀一夷即少一夷，破一船即少一船。而我之沿海腹地既有战舰为外卫，则内河近岸高枕无虞，所至接济策应，逸待劳，饱待饥，众待寡，是数十艘可当数百艘之用。况夷兵以大艘为身，以杉板小舟为四足，但多募渔舟快艇，专毁其杉板小舟，小舟尽，则大舟亦可为我有。在得人而已！在得人而已！（《海国图志》卷一）

筹海篇四·议款

我患夷之强，夷贪我之利，两相牵制，幸可无事，非今日主款者之秘略乎？鸦片岁耗中国财数千万计，竭我之富，济彼之强，何以处之？则曰：但禁内地吸食。试问持议之人，果严禁内地吸食乎？则又曰：宜缓不宜急，急之恐触外侮而生内变。嗟乎！强邻恶少，日设赌博于门，诱我子弟，匮我基业，败我教化，一朝绝不与通，攻门索斗。嫟婳调停者曰：姑听其仍开博场，一日赌博，一日无事，百年赌博，百年无事。我产之耗不耗，勿计也；我业之完不完，勿计也；我子弟之败类不败类，勿计也。欲制夷患，必筹夷情。请先陈夷情而后效其说：

中国以茶叶、湖丝驭外夷，而外夷以鸦片耗中国，此皆自古所未有，而本朝有之。茶叶行于西洋自康熙始，而鸦片之入中国亦自康熙始。初准以药材上税，乾隆三十年以前，岁不过二百箱。及嘉庆元年，因嗜者日众，始禁其入口。嘉庆末，每年私鬻至三千余箱。始则囤积澳门，继则移于黄埔。道光初，奉旨查禁，复移于零丁洋之趸船。零丁洋者，在老万山内，水路四达，凡中外商船之出入外洋者，皆必由焉。夷艘至，皆先以鸦片寄趸船，而后以货入口。始趸船不过四五艘，其烟至多不过四五千箱，可用火攻，而大吏密奏：请暂事羁縻，徐图禁绝。于是因循日甚，其突增至二十五艘，烟二万箱者，则在道光六年设巡船之后。巡船水师受月规，放私入口，于是藩篱溃决。及道光十二年始裁巡船，而积习已不可挽。道光十七年复设巡船，议定每千箱以若干箱送水师报功，而鸦片遂岁至四五万箱矣。今以道光十七年广东与英夷贸易出入之数计之：湖丝价银六百五十九万员，茶叶价银千有四百万员，白矾、串珠、樟脑、桂皮、磁器、大黄、麝香、赤布、白糖、冰糖、两〔雨〕伞百二十二万六千员，共计英吉利船所购出广东之货二千一百八十一万六千员。其入口者：棉花八百二十二万员（六十七万七千石），洋米二十三万八千员（二十一万石），大呢百五十五万员，羽纱四十万员，哔叽八十万员，羽缎五万员，洋布七十万员，棉纱七十三万员（千有八百石），水银二十三万员（二千石），锡二十九万五千员（万五千石），铅八万九千员（万四千石），铁四万八千员（万六千石），硝七万五千员（共万石），檀香、乌木、象牙、珍珠、胡椒、沙藤、槟榔、鱼翅、鱼肚、花巾、洋巾，计七十一万员，共英夷进口货千四百四十七万八千员，少于出口货价银七百余万员。使无鸦片而以货易货，则英夷应岁补中国银七百余万员。乃是岁鸦片价银，反出口二千二百万员，计销鸦片四万箱。此数之确然可考者。弥利坚国是岁出口之货：绸缎价七百五十万员，茶叶五百十九万八千员（十二万余石），丝棉、葛布、磁器、席、糖五十七万九千员，共计千有三百二十七万七千员。入口洋货三百六十七万员。（内有洋米八十万员，洋布四十五万员，白银四十二万员，价最巨。）计少银九百六十万员。何以不闻补银？盖亦鸦片价内开除之数。（英夷所运者印度鸦片，弥夷所运者都鲁机鸦片。）他西洋诸国出口入口者，约计二百万员。共计外夷岁入中国之货，仅值银二千十四万八千员，而岁运出口之货，共值银三千五百有九万三千员，以货易货，岁应补中国价银千四百九十四万五千员。使无鸦片之毒，则外洋之银有入无出，中国银且日贱，利可胜述哉！综计英夷所购出之货，莫大于茶，而湖丝次之；所售入中国之货，莫大于鸦片，而棉花次之。至大黄则蒙古所需，非西洋所急，故每岁出洋大黄，不过值五万余员。（即俄罗斯市大黄归，亦反用以染色，非用以治病。见松筠《绥服纪略》。）茶叶虽西洋所盛行，而佛兰西国不甚需之，以其本国皆饮白酒，不甚饮茶，故佛兰西到粤之船较少。然前代市舶，从不闻茶叶出洋，茶叶出洋，自明季荷兰通中国始。及康熙二年，英吉利商又自荷兰购归百斤，饮而甘之，国人饮者岁增一岁。康熙四十九年，至十四万斤；雍正二年，至二十八万斤；乾隆二十四年，二百二十九万斤；三十七年，五百四十七万斤；五十年，遂至千三百万斤；嘉庆十八年，二千一百二十八万斤；道光二年，二千三百七十六万斤；十年后，三千余万斤。及英夷公私〔司〕散后，各商自运，销茶愈广。十七年，广东出口茶叶三十余万石，共价银千有四百余万员。又弥利坚国，道光十七年购茶价银三百六十九万两。（共茶十二万余石。）荷兰岁需茶二百八十万斤不等，佛兰西二十三万斤不等。（佛兰西茶沿途售与各国，其到本国者无几。）此外西洋各国，大约二百万斤。惟俄罗斯由蒙古运往茶叶岁六百四十余万斤。是西洋之饮茶，亦犹中国人之吸鸦片，虽损益悬殊，皆始自近日，非古昔所有。故知洋钱流入内地，皆鸦片未行以前夷船所补之价；至鸦片盛行以后，则绝无货价可补，而但补烟价，洋钱与纹银皆日贵一日矣。漕务、盐务、边务，皆日困一日矣。使非养痈于数十年之前，溃痈于设巡船之后，何以至是？今但归咎割痈之人，而养痈、溃痈者不问，故至今益以养痈为得计，此边患宜溯其源者一。

西洋互市广东者十余国，皆散商无公司，惟英吉利有之。公司者，数十商辏资营运，出则通力合作，归则计本均分，其局大而联。散商者，各出己资，自运自售，利害皆一人独当之，其势专而散。方其通商他国之始，造船炮，修河渠，占埠头，筑廛舍，费辄巨万，非一二商所能独任，故必众力易擎，甚至借国王资本以图之，故非公司不为功。及通市日久，垄断他商之路，挥霍公家之帑，费愈重，利愈微，国计与民生两不利，则又惩公司流弊，而听散商自为之。以中国比例，公司如广东十三家洋行，而散商则如各省赴粤之客货也。公司如淮南盐法之滚总、之整轮，而散商则如票盐、如散轮也。道光十三年以前，粤东贸易一出公司，其局初立于印度，继立于广东。初议公司止设三十年，及限满而公司欲专其利，不肯散局，复以助本国兵饷为词，请再展三十年。而糜费开支，浮冒干没，且运回之货，居奇踊贵，百物滞销，国人皆不服，屡控国王，请散公局，各自贸迁，皆为大班数人把持，与通国散商为怨敌。其公司资本银三千万员，主事二十四商，首领二人，专司机密，每商捐银二千五百员以赡之。道光十年，本国会计入公帑银万有五百万员，公使费银九千万员，公欠项银七〔一〕千五百万员，公司贸易无利。道光十二年载资出本国、出印度国者，置价共三千万员，而所售回之价，仅千有六百万员，公司不如散商者六倍。故道光十三年遂散公司之局，国王尽收帑本，任商自运，而第征其税，此粤中公司合散之情形也。方广东公司未散时，各大班恃其势大多金，凡抗衡中国官吏，皆公司大班所为。公司散则势涣易制，而卢制军莅任未久，误听洋商言，以英夷公司虽散，而粤中不可无理夷务之人，反饬令彼国派领事来粤。十四年，始来者曰劳律卑，突入省河，罢市调兵而后退。十六年，再至者即义律也。只便洋商一日之私图，岂期边疆今日之戎首！试问粤中互市，西洋十余国，何尝有夷官驻粤？若谓英夷货多事赜，则弥利坚国每年货艘至粤之多，亦亚于英吉利，何以二百载从无桀骛？观禁烟新令初颁，各国遵令，即英国新至货船，亦遵例具结，而义律驶兵船阻其入口。苟当时无公司领事，则英夷各商亦不过随同各国具结，惟恐卸货之不早，骛利之不先，何暇抗文法，争体制？何至开兵炮，停贸易？又何至诉国王请兵舰，连兵万里，构衅数年？故驭边在先悉夷情。公司散局，此海疆一大机会，而中国边臣失之者二。

禁鸦片之议有二：一内禁，一外禁。自夷船犯顺，人皆谓外禁必不可行。果必不可行乎？又以夷变归咎于缴烟。果由于缴烟乎？何以五月缴烟之后，旁徨半年而未动？何以尚肯出船货充公之结？何以尚悬购告犯之赏？何以逐出老万山外，复尚有愿遵《大清律》乞回澳门之禀？是其激变绝不由缴烟，而由于停贸易明矣。英夷国禁浓酒小带，有佛兰西使者至其国，英夷闻其携违禁货物，因监禁其使，令禁〔尽〕缴出禁物始释之，与广东之勒缴烟土何异？又英夷国律例，凡他国商携违禁货物入境者，罚其货价三倍。是即科以彼国之法，亦无可辞。其非因缴烟而由停贸易又明矣。然则不停贸易，固可免用兵，亦可禁鸦片使不来乎？曰：奚不可之有！请先陈夷情而后效其说。英夷之说曰：若要印度人不栽波毕，除非中国人不食鸦片；若要中国人不买鸦片，除非印度不栽波毕。中国人若以鸦片贸易同英国讲论，英吉利国王定肯禁止贩运。即印度栽种波毕之事，亦可停止，而栽种别物仍可得税饷贸易之利。（《澳门月报》）又曰：有人言情愿断止鸦片一物，别开南边港口贸易可乎？我恐未必能行。（《华事夷言》）是外禁之事，英夷亦未尝不筹画及之。但外夷惟利是图，惟威是畏，必使有可畏怀，而后俯首从命。故上者严修武备，彼有凭船则我能攻之，彼有夹私应停贸易则立停之，使我无畏于彼，彼无可挟于我，自不敢尝试；次者代筹生计。使彼即停鸦片，而上无缺税，下无缺财，则亦何乐走私之名，而不趋自然之利？请得而详之：夷烟产自印度而销于广东，其东印度种鸦片之地皆官地，如中国盐场，置官收税，不得私煎，除鸦片地税银四百余万员外，加以栽种时、开花时、取汁时、出口时四次收税，又凡五百余万员，共计孟阿腊岁税九百六十八万四千余员，又南印度之孟迈鸦片税亦百余万员，除印度兵饷支用外，岁解英吉利国都者三百余万员，此其国最大之利数。考康熙、乾隆中，准商船运吕宋、暹罗米入口者，每米万石免其船货税十分之五，米五千石以上免税十分之三，即不及五千石亦免税十分之二，并许商人运暹米二千石以上，议叙顶戴。此二国产米不产鸦片，有利无弊。自后港脚夷船，援例岁运印度、新嘉坡、葛留巴米入口者，不下四十万石，多以鸦片寄趸船，而以米入口。由是粤海关裁抑之，但免入口米税，不免出口货税。今与夷约，果能铲除鸦片之地改种五谷者，许其多运洋米入口，并援例酌免其货税，则夷喜于地利之不荒，其必乐从者一。粤东出口之货，则洋行会馆每百两抽内商三分，而三分必增诸货价。其入口之货，则每一大洋艘至黄埔，官费及引水通事使费约需银五千员，皆在正税之外，虽不明取于鸦片，而夷则失诸彼者偿诸此，我则收其实而避其名。今与夷约，果鸦片不至，则尽裁一切浮费，举以前此贡使所屡求，大班所屡控者，一旦如其意而豁除之，俾岁省数百万，夷必乐从者又一。彼国入口之货，莫大于湖丝、茶叶；出口之费〔货〕，莫大于棉花、洋米、呢、羽。今中国既裁浮费，免米税，商本轻省，则彼国不妨于进口之茶、丝，出口之棉、米、呢、羽，酌增其税，以补鸦片旧额。此外，铅、铁、硝、布等有益中国之物，亦可多运多销，夷必乐从者又一。威足慑之，利足怀之，公则服之，有不食桑葚而革鸮音者乎？水师之通贿不惩，商胥之浮索不革，战舰之武备不竞，而惟外夷操切是求，纵获所求，且不可久。矧乃河溃而鱼烂，鸟惊而兽骇，尚何暇议烟禁哉！张奂之服西羌，班超之告任尚，此机会可乘，反以过急失之者三。

　　此皆未变以前事也。既变以后，则不独以夷攻夷，并当以夷款夷。国初俄罗斯争黑龙江地，构兵连年，圣祖命荷兰寄书俄罗斯而献城归地。喀尔喀两部争衅构兵，诏命达赖剌麻遣使往谕，而喀部来庭。缅甸不贡，闻暹罗受封而立贡。廓尔喀未降，闻英吉利助兵而即降。故款夷之事，能致其死命使俯首求哀者上；否则联其所忌之国，居间折服者次之。上年靖逆将军未至粤时，弥利坚夷目即出调停讲款，于是义律来文有"不讨别情，只求照例通商，倘带违禁货物，船货充公"之语，并许"退出虎门"之说。夫命将出师，不过因夷之索烟价、索埠地、踞虎门，今三事皆不敢违命，是不战屈夷，亦足以征朝廷折冲千里之威。非弥利坚居间岂能有是？而利害未能陈明，章奏未能剀切，于是而英夷要盟，又于是而英夷败盟。是冬佛兰西兵帅复以兵艘至粤，求面见将军密陈军事，请代款，请助兵。以夷攻夷，以夷款夷，在此一举。而又迟疑之，支诎之，延及半载始令赴江宁，则英夷款议已成数日，视弥利坚原议相去天渊。故不款于可款之时，而皆款于必不可款之时，此机会可乘不乘者四。

此四机者，谨其始机，则鸦片不至流毒；乘其二机，则公司不致桀骜；乘其三机，则不以罢市兴兵；乘其四机，则不致款议失体。一误、再误、三误于事前，四误于事后，经此四误，而鸦片之外禁不可行矣。

今日之事，非内禁不可矣。内禁之不效有三：一曰不许告发也；二曰不速限期也；三曰不先黥后傮也。不许告发之故，在防诬陷。夫吸烟有瘾，贩烟有土，告不实有反坐，何患其诬？且有告发之令，则雇工邻右，人怀戒心，大厦深堂，皆无固志。虽有贪欲贪利之徒，不敢再为尝试，其必效一。限期不速者，恐死刑太多也。不知期愈宽，犯愈众。昔宋臣宗泽守汴京，承兵燹之后，百物昂价倍蓰，泽念小民所急惟食，乃枭一饼师之首，下令平价，不三日而市价尽平。夫速则枭一人而万人肃，迟则刑千百而四海玩，果不果之异也。且烟瘾有限期，贩烟有何限期？但使沿海各郡县，每城立枭贩烟之首一二人，以令下之日为始，不俟限期，风行雷厉，其必效者二。吸烟未至限期，罪不至死，奈何？曰有《大清律》刺面之法在。今再下令，三月不戒者黥，黥后再三月不戒者死。以下令为始，十七省各出巡烟御史一人，专司有犯必黥之事。其缙绅富户哀求免黥者，许以金赎，不黥面而仍黥手，黥手逾期不戒，毋得再赎。如此，则法易行，法必行。且在前次限期之外，岂得更议其期迫乎？此必效者三。总之，法信、令必，虽枷杖足以惩奸；法不信，令不必，虽重典不足儆众。饮食不已，酿为《讼》《师》；小刑之刀锯不肃，酿为大刑之甲兵。圣人垂忧患以诏来世，岂不深哉！岂不深哉！（《海国图志》卷二）